V 1510
A
©

LA THEORIE ET LA PRATIQUE
DE LA
COUPE DES PIERRES
ET DES BOIS
POUR LA CONSTRUCTION DES VOUTES
Et autres Parties des Bâtimens Civils & Militaires,

OU

TRAITÉ DE STEREOTOMIE
A L'USAGE DE L'ARCHITECTURE,

Par M. FREZIER, Chevalier de l'Ordre Militaire de Saint Louis, Ingénieur ordinaire du Roy en Chef à Landau.

TOME SECOND

A STRASBOURG.
Chez JEAN DANIEL DOULSSEKER le Fils, Marchand Libraire
à l'entrée de la Ruë dite Flader-Gass.
A PARIS,
Chez CHARLES-ANTOINE JOMBERT Libraire, Ruë St.
Jacques, au coin de la Ruë des Mathurins.

M DCC XXXVIII.

AVERTISSEMENT.

IL est à propos que j'avertisse ici Messieurs les Souscripteurs, qu'ils doivent s'adresser aux Libraires de Paris & des Provinces, nommez dans le Projet de souscription qui a été publié, & non pas à moi, pour retirer les Exemplaires qui leur sont dûs.

Plusieurs d'entr'eux m'ont écrit des Provinces les plus reculées pour ce sujet, s'imaginant que j'avois quelque part au produit de l'impression. Je dois leur déclarer que je n'en ai aucune ; que je pense avec toute la noblesse, qui convient à un Officier, n'ayant eu pour objet de mon travail que le bien public, sans viser à aucun benefice : je puis même dire plus, prévoyant que par la circonstance des tems, il me seroit d'ailleurs infructueux quelque considerable qu'il soit.

Dans la même idée ces Messieurs se sont plaint à moi de plusieurs choses, qu'ils ne doivent imputer qu'au Libraire.

La premiere est le retardement de l'Edition, qui ne sera achevée qu'environ deux ans après qu'elle a été promise. Il n'y a pas de ma faute en cela, mon Manuscrit étoit achevé, lorsque l'impression a été proposée.

La Seconde est que le Papier est trop bis. Il n'a pas tenu à moi qu'il n'ait été plus blanc, je l'avois exigé du Libraire, avec qui je n'ai agi avec un extrême désintéressement, qu'à dessein de l'engager à ne rien épargner pour une belle Edition ; je suis faché, comme ces Messieurs, qu'il n'ait pas secondé mon intention.

La Troisiéme est qu'il y a des fautes d'impression : j'en conviens, mais il n'y en a pas assez pour se récrier, il est difficile de les éviter totalement dans un Livre de cette nature, imprimé loin de l'Auteur ; celui de Mr. de la Rue qui est si bien conditionné, & qui a été imprimé sous ses yeux à l'Imprimerie Royale, n'en est pas exempt ; puisqu'on en compte 87. dans l'Errata, sans celles qui ont échapé au Reviseur. Un Lecteur qui s'arrête à ces minuties pour juger d'un Livre, est semblable à un homme qui s'attacheroit plus à examiner le vase, qu'à goûter la liqueur qu'il contient. Les gens éclairez & intelligens ont d'autres remarques à faire, qui méritent des réponses plus sérieuses.

J'en vais raporter ici une d'un de nos Ingenieurs, qui a les deux qualitez nécessaires pour juger de mon ouvrage, lesquelles sont très rarement rassemblées dans la même personne, c'est d'être en même tems Mathematicien & bon Architecte.

J'ai donné au troisième Livre page 325 & suivantes, la maniere de faire le dévelopement du Cône scalene, par le moyen des cordes du cercle de sa base. Cette solution ne lui avoit pas parû suffisante du premier abord, en ce que le dévelopement fait par ses cordes, sera toujours plus petit, que celui de la surface courbe circonscrite à ces cordes. Il auroit souhaité que j'eusse donné la maniere de trouver l'angle B S d (Tome premier, planche 22, figure 266.) que font entr'eux les côtez qui comprennent la surface dévelopée; tels sont, (pour me servir d'un exemple familier) les bords d'un morceau de Papier, dont on avoit fait un cornet, à quoi j'ai répondu.

Premierement, que si l'on examine la fin de ma solution, on verra qu'étant relative à la construction des Voutes, dont les Voussoirs ne le font bien que par le moyen des doëles plates, passant par les cordes des arcs, compris par les divisions des cintres en Voussoirs, elle est très exacte, & très convenable à la pratique.

Secondement, qu'il ne me paroit pas possible, en général, de déterminer l'ouverture de cet angle dans le Cône scalene, & même pas toujours dans la suposition du Cône Droit, ce Probleme est transcendant, car il se réduit à *Trouver la Somme de telle partie qu'on voudra de tous les angles infiniment petits, qui forment l'angle solide du Cône scalene*; en voici la raison:

Il est démontré que la Somme de tous les angles infiniment petits autour du Sommet du Cône, est à la somme de tous les angles autour du centre de la base, c'est-à-dire à quatre Droits, comme réciproquement le rayon de la base est au côté du Cône. Le Lemme second page 22 de ce deuxiéme Tome, peut servir d'introduction à la connoissance de cette verité, que je supose connuë. Ainsi nommant le rayon de la base r, & le côté du Cône c, la valeur de la somme de tous les angles infiniment petits, autour du Sommet, sera exprimée par $\frac{r}{c} \times 4$ Droits; c'est-à-dire, que si par exemple le rayon de la base est la moitié du côté du Cône, ou bien (ce qui revient au même) si la section triangulaire du Cône est un triangle équilateral, la valeur de tous les angles autour du sommet sera de 180. dégrez; mais toutes les fois que la raison de r à c, ne sera pas de nombre à nombre, il sera impossible d'exprimer la valeur de tous ces angles infiniment petits.

Le sçavant Lecteur dont je parle, a été satisfait de cette réponse.

Au reste, je souhaite que ce second Tome soit aussi bien reçû que le premier, qui m'a attiré des lettres obligeantes de plusieurs personnes distinguées par leur science dans les Mathematiques, & dans l'Architecture, parmi lesquels je puis nommer Mr. Senés de l'Academie des Sciences de Montpellier, Ingenieur en Chef de cette Place, & du Canal de Cette au Rône, & Mr. Belidor Commissaire Provincial d'Artillerie, & Professeur Royal des Mathematiques aux Ecoles du même Corps, qui dans la Préface du premier Tome de son excellente *Architecture Hydraulique*, qu'il vient de publier depuis peu, m'honore d'éloges que je mérite moins par mes ouvrages, que par la conformité d'intention que j'ai avec lui, de travailler utilement pour les Arts nécessaires au bien de l'Etat. Heureux si j'avois autant de talens & de capacité que lui, pour seconder cette noble inclination. Nous lui avons l'obligation d'avoir enrichi ces Arts de belles Découvertes, & de les avoir éclairé des lumieres de la raison ; en quoi il a fourni aux Ingenieurs & aux Architectes, les moyens de s'aquiter facilement & parfaitement des Fonctions de leur Profession. Comme Ingenieur, je lui en fais mes remercimens, & comme Particulier, sensible à l'honneur qu'il m'a fait en public, je lui dois aussi en public des marques de ma parfaite reconnoissance, que je le prie de recevoir, déclarant que par un excès de modestie, il attribue à mes conseils les beautez d'une Méthode, qui ne vient que de son propre fond.

Fautes à corriger avant que de lire.

Pages.	Lignes.	Fautes.	Corrections.
4	17	e	e
5	6	trouvera	tracera
13	34	face	base
16	2	ufuels	vifuels
18	35	fare à	faire qu'à
19	16	b i de	b i & d
20	17	peut	veut
23	29	A, B	AFB
24	4	Probl. II.	Probl. III.
25	8	L o	b o
26	14	HIR	HPR
32	{ 5 / 24 }	même 1 / le plan	même 10 / le plus
47	11	E B ... E F	E b ... E p
51	24	AD	BD
52	35	plane & pour	plane pour
55	26	EB	E b
56	{ 4 / 32 }	a b c / D m p	a b e / D m d
67	29	quantité	qualité
74	30	39 b	396
76	{ 1 / 11 }	entrailles	entailles
81	{ 13 / 35 }	g f 2 / C b a	g f 2 / C 2 b
84	13	DA	DA c d
89	{ 8 / 27 }	H a / k m	H e / b m i
91	24	T b m t	T b m d
92	35	toujours le	fois le
94	{ 33 / 35 }	c b / de c	C b / de C
98	19	A T N	ATG ou T g
104	{ 13 / 14 }	à d m b / EX	à m b / FX
109	{ 24 / 32 / 34 }	Charbon / la prifme / 4 A 8	Carton / le prifme / 4 K 8
111	1	E 3 d 4	B 3 & 4° 4
115	25	K, 4 m	X 4 m
118	25	r 2	32
119	{ 22 / 28 }	7 / 11 23	7, / 11, 12, 13
120	18	BE	BF
123	9	1 r2 6	1 2 3
124	27	unc	un
125	{ 16 / 34 }	que fi l'on / 6	que l'on / 6.
127	14	NY	3Y
129	27	conftruction	proportion
134	2	E 11 ... E 8	E 11 ... ES 9
137	29	difficulté	difformité

Pages.	Lignes.	Fautes.	Corrections.
138	32	ceintre	centre
140	20	Cr	Sr
142	31	est par	& par
144	13	Boulogne	Bologne
145	10	CH *ajoutez*	qu'elles couperont e. des points par
149	—	perpendiculaires	parallèles
157	21	BN	AN
158	36	à plomb	sont à plomb
160	12	L'a	I f m
	25	K 2	K 2
170	derniere	comme	commune
173	penultieme	KG	KG
174	30	I on	I ou L
	33	IC	LC
175	18	ce ces	de ces
177	23	& oblique	est oblique
180	16	C— 1	C— 14
187	32	qui est	qui a
189	22	donneront	elles donneront
	25	ensuite par	ensuite si par
	39	1' 2	1' 2'
195	20	l'une en l'autre talud	l'une en talud & l'autre en
198	6	96	95
200	1	DI d i en EM	DI de la fig. 97 en d i & EM
	2	faifat	faisant
	12	1' 2 , 2 3	1' 2' , 2' 3'
209	28	tete egales	têtes égales
217	25	hauteur de	hauteur sur
219	4	b d	BD
221	21	ceintre	ceintre
	26	B d	BD
224	15	L o	LO
	28	egaux	égales
225	derniere	elevez	elevées
227	20	g1	g 2
234	26	U 1	S· 4f
	27	o2	S· 2f
252	23	M	m
254	23	NB	N b
	27	BS d	BSD
268	20	FM & RN	NM & EN2
273	30	menieres	manieres
284	6	i ne faut	il ne faut
	15	passear	passera
273	22	148 *idem en marge*	138
275	33	G	C
284	13	de z à z	de z à Q
286	34	6 & r	6 & 1
288	9	154	4
293	derniere	cistanges	distances

Pages.	Lignes.	Fautes.	Corrections.
296	7 & 11	id	Id
300	28	I ss	I en X
303	{ 8	ajoutez	fig. 154
	{ 26	eleve la	elevera
304	3	1 1′ 1 2′	1 1′, 2 2′
305	3	pl 2 2′	pl 2′
307	1	5	5 1
308	24	n'en connoître	n'en pas connoître
ibid.	penult.	Vivaux	Vitraux
320	13	CD	CP
321	18	G 2	O 2
322	8	lequel	laquelle
ibid.	marge	163... 163	162... 161
326	{ 17	q r	QR
	{ 26	ou de	ou 5 × 60
	{ 28	f r Q	SRQ
327	16	q t	q s
ibid.	24	Q r S	QRS
328	dernier article	au lieu de i, mettez L idem au suivant	
330	7	KS	K s
333	18	enfournement	enfourchement
ibid.	19	formées	fermées
334	6	g f	9 f
336	17	Q n	q n
ibid.	38	N	l
ibid.	39	MG	M g
340	36	AF z	AFZ
341	14	i & m	i & M
345	34	point c	point C
346	11	le règle	la règle
357	3	A n × m p.... n	AE × E p... N
ibid.	5	n n	N n
360	32	179	176
365	8	182..183	183..182
366	29, 30, 31 32	Les petits 6 doivent être des b	
368	12	particulieres	particuliers
374	7	56	58
ibid.	15	59 fig. 207 & 208	60 fig. 209 & 210
383	30	p p... D p & p 6	p d p d... DP & p b
ibid.	31	E p p F	EP, PF
ibid.	derniere	1′ 3	13
391	derniere	s'en	c'en
393	5	porté	portée
ibid.	9	que	; ce que
397	20	en C	en c
409	25	Shériques	Sphériques
410	6	CH toujours	CH sont toujours
ibid.	13	KRC	KR c
ibid.	26	4	p 4
411	6	elevera	levera
ibid.	13	parallelement	perpendiculairement
419	18	ceintre	centre
420	23	MF de la fig. 130	m F de la fig. 124
421	12	horisontale a	horisontale a X

Pages.	Lignes.	Fautes.	Corrections.
421	36	10 m	10 M
422	1	N n	M n
ibid.	14	x c y I¹	x C y I¹
ibid.	27	points repaires	points de repaires
ibid.	ibid.	on trouvera	on tracera
423	5	& y	& y I¹
ibid.	7	trouvera	tracera
ibid.	10	CV f	k V f
424	10	p³ 9³	p³ 9³
ibid.	11	V₃ q¹ 9₃	V₃ q⁴ 9₃
ibid.	16	un fi	d'un fi
ibid.	20	portant	portent
ibid.	21	foiunt	foient
ibid.	23	héliboide	hélicoïde
425	1	fe	fe
ibid.	4	gc	3 c
ibid.	16	&	&c.
430	9	& la a vis	& à la vis
431	2, 5, 6	KL	kl
432	31	1 et F n² LD n &c.	n¹ 1ʳ, F n² LDG n₄
ibid.	32	Dy m₃ x	DY m₄ X
ibid.	33	g y x P	ZYXP
437	1	Probleme	Probleme XXIII.
ibid.	9	de ceintre	de ce ceintre
ibid.	31	divifera	décrira
438	26	on vera	en menera
ibid.	29, 30	I … 1 K	I … IK
439	11	aves	axes
440	3	trouvent	trouvoient
ibid.	17	autres	Auteurs
ibid.	26	entierement	extrêmement
ibid.	dern.	p H ij	PH i
441	6	Conique	Coniques
ibid.	26	BD	b d
ibid.	34	a k	a K
445	12	6907	6 H o 7
ibid.	23	égel	égal
447	26	GY	G 7
ibid.	dern.	dormans	dormant
448	5	gauche	gauches
ibid.	19	5 LP	5 l P
ibid.	penult.	p x	P x
449	1ᵉ	A a	AD
451	8	fur la	fous la
452	33	C 2 du	C 2; du
453	3	à c S	à CS
454	34	R ʼ B	RXB
455	9, 10, 12	x	X
456	35	A n S	A m S
457	1	centre	centres
458	5	d'autant	d'autant plus
ibid.	10	X c M x	c M x
459	29	1, 1ʳ, 22 c	I 1 1ʳ, 22 c 2 c
464	12	b b	b b¹

Pages.	Lignes.	Fautes.	Corrections.
465	3	verticales	verticale
476	13	c'étoit	s'étoient
ibid.	17	il est	il en est
ibid.	29	à fa	à la
477	35, 36, 38.	8,	9
479	11	7, e, f	7, e, f
480	1	16 S	16 S
ibid.	17	il y le	il y a le
486	16	f d	F d
ibid.	18	g f	g F
ibid.	34	centre	ceintre
487	13	converges	convergens
492	32	à f F d	à f F
493	20	d X	d x
496	32	2 p1, 1 p2	1 p1, 2 p2
497	21	X 2	X 2
ibid.	23	point	joint
503	15	points	pointes

TABLE

TABLE DES TITRES
DU SECOND TOME.
LIVRE. IV.

pages.

DE la Tomotechnie, ou de l'Art de couper les solides pour la construction des Voutes & autres ouvrages d'Architecture. 1

CHAP. I. *Premiere partie des Voutes simples.*

Des Elemens de la Pratique de la Coupe des pierres & des bois,
1°. De la connoissance des surfaces. 3
2°. De la position des sommets des angles des portions de surfaces courbes régulieres. 4
Usages des observations précédentes. 5
3°. Des surfaces courbes régulierement irrégulieres, ou des *paremens gauches.* 7
4°. Des differens moyens de parvenir à la formation des parties des corps, dont les surfaces & les angles sont donnez. 11
Des avantages, & désavantages de chaque méthode. 13
Des avantages de la méthode par panneaux. 14
PROB. I. Par trois points donnez dans un solide, faire passer une surface plane, ou *dégauchir un parement.* 15
Remarque sur l'usage. 17
PROB. II. Faire une surface courbe concave ou convexe, qui soit une partie d'un corps régulier primitif, cylindrique, conique ou sphérique, ou creuser une douële, & former un extrados.
Des segmens cylindriques. 18
Des segmens coniques. 19
Des segmens sphériques. 21
LEMME I. Les cordes égales dans des cercles égaux ont plus grande raison aux petits qu'aux grands cercles. 22 ibid.
LEMME II. Les arcs des cercles inégaux, qui ont des cordes égales, sont entr'eux en raison reciproque de de leurs fleches. ibid.
LEMME III. Si l'on fait mouvoir un arc de cercle ma-

TABLE

jeur autour de fa corde, laquelle foit auſſi le diametre de la baſe d'un ſegment de ſphère, il n'en touchera la ſurface, que lorſqu'il ſera perpendiculaire à la baſe de ce ſegment. 23

PROB. III. Par trois points donnez à la ſurface d'une ſphère, ou dans ſa projection faire paſſer un cercle, qui ſoit la baſe du ſegment, fait par un plan, qui la coupe par ſes trois points. 24

Pratique. 1°. Faire un ſegment de ſphère concave ou convexe. 25

2°. Faire ſeulement une portion de ſegment. 27

Remarque. 29

Remarque Hiſtorique. 30

Des ſegmens des Sphéroïdes.

Faute. III. PROB. IV. Par trois points donnez a la ſurface d'un Sphéroïde, dont on a la projection, faire paſſer une Ellipſe, qui ſoit la baſe du ſegment, fait par un plan qui le coupe par ces trois points. ibid.

Pratique. Faire un ſegment de Sphéroïde alongé ou aplati, dont la baſe & la ſection perpendiculaire à la baſe ſont données. 35

IV. PROB. V. Faire une ſurface quelconque régulierement irréguliere, ou une *ſurface gauche*. ibid.

CHAP. II. De l'Apareil & Arondiſſement des Angles en Talud. 39

V. PROB. VI. Faire l'Encognure d'un angle ſaillant ou rentrant, dont les faces ſont en taluds égaux ou inégaux, avec des chaines ou boſſages en ſaillie, ſont les côtez ſe terminent à un plan vertical. 40

Remarque ſur les erreurs des ouvriers. 43

VI. PROB. VII. Racorder deux Taluds égaux ou inégaux.

1°. Par des arondiſſemens cylindriques. 47

Remarque ſur les erreurs des ouvriers. 49

2°. Des arondiſſemens cylindriques, lorſque les taluds des faces ſont inégaux. 50

2°. Partie du Probleme des arondiſſemens coniques; du conique Droit. 51

Du conique ſcalene. premier Cas. 52

De l'arondiſſement d'une ſeule face d'encognure.

2°. Cas des taluds égaux. 54

Aplication du Trait à la formation des Glacis des Fortifications. ibid.

DES TITRES.

	pages.
3ᵉ. Cas des taluds inégaux.	55
Corol. Agrandir ou diminuer l'arondiffement dans une raifon donnée.	57
Ufage des arondiffemens, & Remarques fur les fautes qu'on y trouve fouvent.	61

Des Voutes planes horifontales ou inclinées.

CHAP. IV.

Prob. VIII. Faire une Plate-bande.	64
Remarques fur l'exécution.	67
Ufage des Plate-bandes.	68
Des Voutes plates.	69
Prob. IX. Faire une Voute plate de claveaux égaux entr'eux, dont les joins de la doële foient en Echiquier, & ceux de l'extrados en différens compartimens.	71
2ᵉ. Maniere avec des claveaux mixtes.	73
3ᵉ. Et 4ᵉ. Maniere.	74
5ᵉ. Maniere.	75
Remarque fur l'ufage.	77
Prob. X. Faire une Voute plate inclinée à l'horifon, qui ne s'apuye que fur les deux côtez inférieurs contigus.	78

Des Voutes cylindriques ou Berceaux.

CHAP. V.

Des Voutes cylindriques ou Berceaux.	83
Des variations des Berceaux.	87
Des Courbes d'Extrados, & des cintres inufitez, quoique convenables à la conftruction.	ibid.
Des Courbes d'Equilibre, des extrados & intrados des Vouffoirs Polis.	88
De la Chainette.	97
De l'Ovale de Caffini.	99
De la Cicloïde.	100
De la Spirale.	101
Des Courbes compofées.	102
Remarques fur ces efpeces de cintres.	104
Prob. XI. Faire un Berceau Droit, circulaire, elliptique ou rampant.	
1º. Par équarriffement.	
2º. Par panneaux.	108
Remarques fur les mauvaifes pratiques.	111
3º. Par demi-équarriffement.	113
Obfervations fur les berceaux rampans.	115
Des berceaux obliques.	117
	121

† ij

TABLE

	pages
PROB. XII. Faire un Berceau horifontal de face oblique d'une feule, de deux ou de trois obliquitez.	
Remarque fur quelques fautes que l'on fait contre la bonne conftruction.	122
Du Biais par Abregé.	131
Remarques fur ce Trait.	133
Des Berceaux à double obliquité, ou Porte fur le coin aplomb.	134
Remarque fur l'ufage.	135
Du Biais paffé.	137
Remarque fur la fauffeté de l'ancien Trait, & fon inutilité.	ibid.
Porte Droite en Talud.	141
Remarque fur l'ufage.	142
Porte Biaife & en talud.	151
Remarque fur ces Portes.	152
Porte fur le coin ou dans l'angle en talud.	158
PROB. XIII. *Faire toutes fortes de Berceaux en defcente*	159
1°. Defcente Droite par devant & par derriere.	161
2°. Defcente droite en talud par devant & aplomb par derriere.	163
Des Defcentes biaifes.	167
Defcente biaife rampante par devant & droite par derriere.	170
Remarque fur la premiere difpofition.	177
Defcente biaife par devant & Droite par derriere, dont les naiffances du cintre de face font de niveau.	179
Remarque fur les defcentes biaifes de face rampante.	187
Defcente biaife & en talud, dont l'arc de face eft de niveau, par fes impoftes.	188
Méthode génerale de faire les berceaux, tirée de Defargues.	191
Explication & fommaire de cette méthode, pour toutes fortes de Berceaux.	192

CHAP. VI.	*Des Voutes coniques, ou Trompes & Voutes en Canoniere.*	206
	PROB. XIV. Faire une Voute conique à face plane ou Trompe Droite dans un angle rantrant en plein cintre, furhauffée, ou furbaiffée, ou bien une Voute en Canoniere.	
	Remarque fur quelques erreurs des Auteurs.	208
	Et du P. Deran.	210
	PROB. X. Trompe conique de face oblique à fon axe,	113

DES TITRES.

	pages
premiere difposition, où l'arc de face eft pris pour cintre primitif.	218
2e. Difpofition, où la fection Droite eft prife pour le cintre primitif.	222
Premiere pratique par circonfcription d'un cône Droit au cone oblique.	223
2e. Pratique par l'infcription d'un cône Droit, de bafe circulaire ou elliptique dans le cone oblique.	225
Ufage des Trompes biaifes.	230
2. Trompe Droite & en Talud par une nouvelle tranfpofition.	ibid.
2e. Maniere par la projection ordinaire.	232
3. Voute conique biaife & en talud.	236
4. Voutes coniques en defcente.	240
Abajour en O biais ébrafé & en talud.	241
Ufage.	244
5. Voutes coniques rampantes.	245
Premiere difpofition, Trompe rampante d'un côté, Droite par fa direction fur fa face.	246
2e. Difpofition, Trompe conique rampante par le haut & par le bas.	247
6. Trompe conique de face angulaire en angle faillant, Trompe Droite fur le coin.	249
2e. Efpece, Trompe fur le coin, Droite, furhauffée ou furbaiffée.	254
6e. Faute. 3e. Efpece, Trompe fur le coin biaife.	255
7. Des Trompes de faces en Polygones, ou Trompes à Pans.	258
Maniere générale, de faire toutes fortes de Voutes & Trompes coniques de face angulaire à deux ou plufieurs pans, fans connoitre les Courbes des arcs de face de chaque pan, fupofant le cintre de face circulaire.	261
Des Trompes de faces ondées, dont les impoftes font de niveau, ou rampantes, comme celles d'Anet.	265
Des Voutes coniques, dont les lits font obliques à leurs axes.	266
De la corne de vache.	267
Remarque fur la fauffeté & l'imperfection de l'ancien Trait.	268
Nouvelle maniere de faire la corne de vache par panneaux.	269
Remarque fur la réforme à faire à l'ancien Trait.	271
Des Voutes coniques tronquées par leurs faces & par leurs piédroits.	272

TABLE

1ᵉ. Espece, arriere-Voussure conique bombée, Droite sur son axe. 272

Observation générale pour la position des naissances des arrieres-Voussures, bombées ou cintrées par devant & par derriere. 274

2ᵉ. Espece, arriere-Voussure bombée & ébrasée, Droite ou biaise, dont les arcs de face de feüillure ne sont ni semblables ni concentriques, premier cas. 278

2ᵉ. Cas, Nouvelle arriere-Voussure de Marseille régulierement conique. 281

Observations sur les Traits de la coupe des bois, & des marbres, pour les revêtemens des arrieres-Voussures en lambris de Menuiserie, ou en incrustation de pieces, de Raport. 290

Précis de l'Art des Traits de Menuiserie. 292

Remarque sur la pratique du sieur Blanchard. 294

Traits de menuiserie pour les Revêtemens des arrieres-Voussures coniques quelconques.

1°. Pour l'arriere-Voussure bombée & ébrasée, Droite sur son axe. 295

Autrement, par panneaux de dévelopement. ibid.

Revêtement de la deuxiéme & troisiéme espece d'arriere-Voussure conique. 297

Revêtement de la nouvelle arriere-Voussure de Marseille conique. 299

Erreur des Traits du livre de la coupe des bois de Mᵉ. Blanchard. 301

Remarque sur l'utilité de la connoissance des sections coniques. 307

Usage des Voutes coniques. 308

CHAP. VII

Des Voutes Sphériques, ou en Cu-de-Four.

PROB. XVI. Faire une Voute sphérique de rangs de Voussoirs horisontaux ou verticaux. 310

1ᵉ. Méthode par la formation des segmens de Sphére, pour y inscrire les doëles des Voussoirs. 312

Remarque sur cette premiere méthode. 317

2ᵉ. Méthode par panneaux, en réduisant la Sphère en cônes tronquez inscrits à la Sphère. 318

3ᵉ. Méthode en réduisant la Sphère en Polyèdre. 325

Remarque sur les quatre méthodes de former les Voutes Sphériques & Sphéroïdes. 330

2ᵉ. Disposition des rangs de Voussoirs en situation verticale. 331

DES TITRES.

pages.

3ᵉ. Disposition, où les rangs de Voussoirs sont inclinez à l'horison.   332

4ᵉ. Disposition, où ils sont rangez de differentes manieres dans la même Voute.   ibid.

1ʳᵉ. Espece de variation des Voutes Sphériques fermées en Polygone.   ibid.

PROB. XVII. Faire une Voute Sphérique composée de rangs de Voussoirs de differentes directions.

1ʳᵉ. Disposition & premiere méthode, par l'inscription de l'enfourchement dans un segment de Sphére.   333

2ᵉ. Méthode, par le moyen des panneaux de doële plate.   338

3ᵉ. Méthode, par panneaux flexibles.   342

Erreur de l'ancien Trait, correction & réforme.   344

Aplication de ce Trait aux Voutes Sphéroïdes surhauffées ou surbaissées.   347

Démonstration de l'erreur de l'ancien Trait.   350

LEMME, si l'on fait mouvoir deux couronnes de cercles égales, qui se croisent autour de leurs rayons ou diametres, comme sur des axes de révolution.   351

1°. Plus les axes de révolution seront inclinez entr'eux, plus l'intersection sera éloignée de la ligne, qui passe par les deux centres des couronnes.

2°. Plus l'intersection sera éloignée de cette ligne, plus la Diagonale qui lui est perpendiculaire sera courte & au contraire.   352

Remarque sur le Trait.   356

2ᵉ. Espece de variation desjoins, inverse de la précédente.

Des Voutes Sphériques, faisant le *plan* d'une Voute d'arête. 357

1ʳᵉ. Méthode.   358

2ᵉ. Méthode, par panneaux flexibles.

Remarque.   359

3ᵉ. Méthode par panneaux de doële plate.   360

Usage.   361

Des Voutes Sphériques *incompletes & tronquées*.   362

Des incompletes ouvertes.

PROB. XVIII. Faire une Voute Sphérique ou Sphéroïde incomplete.   364

Trompe en niche Droite par devant, par rangs de Voussoirs paralleles à la face.   365

Trompe en niche & en coquille.   ibid.

Remarque sur cette construction.   366

Trompe sphérique sur le coin ou en niche.   ibid.

TABLE

	pages
Remarque sur la construction.	373
Des Voutes Sphériques tronquées.	
Premier Cu-de-Four en pandantif sur un Polygone quelconque.	374
Remarque sur le Trait.	380
2ᵉ. Voute sphérique en pandantif sur un Polygone régulier quelconque, où les rangs de Voussoirs sont verticaux.	382
3ᵉ. Maniere, par équarrissement.	385
Des Voutes sphériques en Pandantif sur des Polygones irréguliers.	388

CHAP. VIII. *Des Voutes en Sphéroïdes ou Cu-de-Fours, surhaussées, surbaissées, ou sur un plan Ovale.* 389

Erreurs de tous les anciens Traits des Voutes Sphéroïdes. 390
Remarque sur le Trait. 393
PROB. XIX. Faire une Voute en Sphéroïde Oblong, ou Cu-de-Four sur un plan Ovale, premier cas du Sphéroïde régulier. 395
2ᵉ. Méthode, par l'inscription des Cylindres. 399
2ᵉ. Cas des Voutes Sphéroïdes irrégulieres, ou des Voutes Ellipsoïdes, ou Voutes de four surhaussées & surbaissées sur un plan Ovale. 400
Remarque sur l'usage. 401
Observation sur les figures des Domes. 402
PROB. XX. Trouver les axes conjuguez de la portion d'Ellipse Génératrice d'un Sphéroïde, lequel étant vû d'une distance & d'une hauteur donnée, présente à l'œil l'aparence d'un corps sphérique, *ou pour l'Architecture*, faire l'épure du Dome surhaussé, de maniere qu'étant vû d'une distance & d'un niveau donné à la ronde, il paroisse à peu près Sphérique en plein cintre. 403
Des Voutes Sphéroïdes tronquées, ou cu-de-four en pandantif sur un quarré long, ou sur une Lozange, dans laquelle les clefs de formerets sont de niveau. 405

CHAP. IX. *Des Voutes Anulaires, ou Voutes sur le Noyau.* 409
PROB. XXI. Faire une Voute sur le Noyau circulaire ou elliptique, tournant sur une Courbe quelconque. 410
Premiere Méthode, par l'inscription des Cylindres. ibid.
2e. Méthode, par panneaux flexibles. 411
3ᵉ. Méthode, par doëles plates. 412

2ᵉ. Espece

DES TITRES.

	pages
2ᵉ. Espece, des Voutes sur le Noyau elliptique.	414
Des Voutes sur le Noyau incompletes.	416
Des Voutes hélicoïdes, ou des Berceaux tournans & rampans.	417
PROB. XXII. Faire une Voute en Vis d'un cintre quelconque, ou Vis St. Giles.	419
Premiere Courbe de section horisontale.	424
2ᵉ. Courbe de section horisontale au lit de la Vis.	425
Formation du Tambour d'une assise portant la Vis.	426
Du Berceau tournant & rampant incomplet, ou de la Vis à jour suspenduë.	428
Remarque sur l'usage.	433

CHAP. X.

Des Voutes de surfaces irrégulieres.	434
Premiere Classe, des Voutes conico-cylindriques.	435
PROB. XXIII. Faire une Voute conico-cylindrique.	
Premiere Espece, Passage ébrasé entre deux faces droites, dans lequel les impostes sont de niveau, aussi bien que le milieu de la clef.	437
Berceau irrégulier, dont les cintres de faces sont d'inégale hauteur sur même largeur.	439
Arriere-Voussure de Marseille ordinaire.	440
Arriere-Voussure reglée & bombée.	443
Du Larmier reglé & bombé.	449
Du Bonnet de Prêtre.	ibid.
2ᵉ. Classe, des Voutes irrégulieres, dont les surfaces sont à double courbure.	450
PROB. XXIV. Faire une Voute conico-sphérique, ou Trompe Droite sur les impostes, & Courbe sous la clef.	451
Autre façon de Trompe conico-sphérique, à joins cintrez en coquille.	456
PROB. XXV. Faire une Voute cylindrico-sphéroïde, ou Berceau de niveau, dont la clef & les impostes sont de differente nature, l'un droit, l'autre courbe.	458
Premier Cas, Berceau irrégulier, dont les impostes sont courbes & la clef droite.	455
Usage.	461
2ᵉ. Cas, inverse du précédent, Berceau droit sur les impostes & courbe sous la clef.	462
Remarque sur les fautes de l'ancien Trait.	467
Bonnet de Prêtre de direction concave d'une face à l'autre.	468
2ᵉ. Espece, Voute sphérico-cylindrique, ou *Trompe à l'inuache.*	469

t t.

TABLE

Arriere-Voussure de Montpellier.	476
2ᵉ. Maniere, où les lits sont droits.	482
Du Revêtement de cette arriere-Voussure, par un Lambris de Menuiserie.	484
3ᵉ. Espece, Voûte Sphérico-Prifmatique, ou arriere-Voussure de St. Antoine.	489
Premiere façon, où les piédruits sont paralleles entr'eux.	491
Par équarrissement.	492
Second Maniere, & variation de figure par panneau de doële plate.	494
Remarque pour la biaise.	498
Troisiéme maniere, & variation de coupe.	499
Du Revêtement de cette arriere-Voussure, en Lambris de Menuiserie.	501

FIN.

TRAITÉ
DE
STEREOTOMIE.

LIVRE QUATRIEME.
DE LA TOMOTECHNIE,
OU
De l'Art de couper les Solides pour la Conſtruction des Voutes & autres Ouvrages d'Architecture ;
En Termes de l'Art,
Des *TRAITS* de la Coupe des Pierres & des *Bois*.

ES Principes de Theorie & de Pratique qui compoſent les deux premiers Livres de ce Traité, & les Régles du deſſein de l'Epure que nous avons donné dans le troiſiéme, renferment tout l'Art de la Coupe des Pierres & des Bois; j'y avois borné mon Ouvrage, comptant que j'en avois aſſez dit pour mettre un Lecteur en état d'en faire l'Application à chaque eſpece de *Trait* de Voute en particulier, quelque difficile qu'elle puiſſe être, & que je devois renvoyer ceux à qui de telles inſtructions ne ſuffiſent pas, aux Livres du

Tome II.   A

Pere Deran & de M. de la Rue, fur-tout à ce dernier qui est bien circonstancié pour la pratique ordinaire, & enrichi de belles Figures. A l'égard de la coupe des Bois pour les revêtemens de Lambris, j'aurois aussi pû me contenter d'indiquer le Traité du Sieur Blanchard; mais ayant fait attention que ces Auteurs, qui se sont bornez à une simple pratique, ont beaucoup laissé à désirer, & quelquefois à corriger, j'ai suivi le conseil que l'on m'a donné de remanier la même matiere pour l'éclairer de Démonstrations, & la traiter plus méthodiquement; d'autant plus que je me suis senti en état d'y ajouter plusieurs nouveaux Traits, tant de mon propre fond que de quelques-unes des Leçons que feu M. de la Hire a donné à l'Academie d'Architecture au vieux Louvre. Il est difficile de pénetrer dans la Theorie d'une grande partie des beaux Arts sans être redevable de quelques lumieres à ce grand Matématicien, qui les a enrichi de plusieurs Découvertes; cependant comme il laissoit à ses Auditeurs le soin d'en trouver les Démonstrations, & qu'il a fallu les accommoder à mes principes, on n'y reconnoîtra que le fond de la Doctrine, tant j'y ai fait de changemens & d'additions.

Je puis de même avancer qu'on ne trouvera ici de répetitions de livre de la Coupe des Pierres, que celles qui sont nécessaires pour comparer differentes Épures entr'elles, lorsque les *Traits* ont été susceptibles de variations; persuadé que rien n'ouvre mieux l'esprit que de lui présenter differentes idées sur le même sujet. J'ai eu dessein d'approfondir cette matiere; je ne sçai si j'ai réussi, le Public en décidera; j'expose du moins ma bonne volonté pour la perfection de la partie la plus difficile de l'Architecture; je souhaite qu'un plus habile Matématicien acheve cette ébauche, & rencherisse sur ce Traité comme je crois avoir renchesi sur tous les autres qui m'ont précedé.

PREMIERE PARTIE.
DES VOUTES SIMPLES.

CHAPITRE I.
Des Elemens de la Pratique de la Coupe des Pierres & des Bois.

I.
De la connoissance des Surfaces.

AVant que d'entrer en matiere il est à propos de donner ici une idée nette & distincte des differentes sortes de surfaces qu'on peut former dans les ouvrages d'Architecture, afin qu'ayant une pleine connoissance de celles qu'on se propose de faire, on trouve plus facilement les moyens nécessaires à l'exécution.

Les Surfaces sont ou *Planes* ou *Courbes*, c'est une division simple & generale.

La *Surface Plane* est celle à laquelle une ligne droite, comme une Régle, peut s'appliquer en tout sens, & parce qu'il n'y a qu'une sorte de ligne droite, il n'y a aussi qu'une sorte de surface plane.

La *Surface Courbe* au contraire est celle à laquelle une ligne droite ne peut s'appliquer tout au plus qu'en un sens, & non pas de l'autre, ou même en aucune position. Et comme il y a plusieurs sortes de Courbes il y a aussi plusieurs especes de surfaces courbes.

Les unes sont *régulieres*, les autres *irrégulieres*. On peut diviser la premiere espece en deux classes; l'une de ces corps réguliers, que j'appelle Primitifs, tels sont la Sphére, le Cone, & le Cylindre.

L'autre de ceux qui sont un peu moins réguliers comme sont les Sphéroïdes, les Cones & Cylindres, dont les bases ne sont pas circulaires, les Anneaux, &c. on peut appeller leurs surfaces *les régulierement irrégulieres*.

Les surfaces irregulieres sont en nombre infini ; mais celles des ouvrages d'Architecture ont toujours une sorte de régularité, sans quoi elles seroient désagreables à la vûë, & l'on ne pourroit en faire l'objet d'un Art, dont la fin est de plaire autant que de servir aux besoins de la vie. Aprés avoir consideré les surfaces dans le tout, il faut en examiner les parties faites par la section des planes qu'on peut supposer les couper de différentes façons.

II.
De la Position des Sommets des Angles des portions de Surfaces courbes régulières.

Lorsque une sphère, un cone, ou un cylindre seront coupez par trois plans inclinez entr'eux, qui se coupent au dedans du corps, la portion de surface qu'ils comprendront sera un Trilatere, autrement une figure de trois côtez, dont les sommets des trois angles qu'ils forment seront dans un même plan ; c'est-à-dire, qu'ils pourront être appliquez à une surface plane, qu'ils toucheront en trois points tout au moins.

La raison en est évidente par la 2. prop. du 11. L. d'Euclide, en ce qu'on peut toujours faire passer un plan par trois points donnez.

Fig. 1. *& 2.* Si des trois plans qui coupent le corps donné, il y en a deux *aHy*, *bsc* ou *Abx*, *NHp*, dont l'intersection tombe au dehors de la surface en *x*, ou en *Y*, alors il se formera un Quadrilatere, c'est-à-dire, une figure de quatre côtez, dont les sommets *abcy*, *ANpx*, des angles qu'ils comprennent, pourront être ou ne pas être dans un plan, ce que l'on peut connoître par les marques suivantes.

Premierement une portion de surface de quatre côtez peut être le segment formé par les sections de quatre plans aussi bien que par trois. Mais soit par l'un ou l'autre de ces nombres de plans, il sera toujours vrai, pour les segmens cylindriques, que les sommets de ses quatre angles seront dans un plan, lorsque deux de ces côtez seront droits ; parce qu'il n'y a de section rectiligne dans le cylindre que celle qui est formée par un plan passant par l'axe ou parallelement à l'axe, & dans *Fig. 1.* le cone que celle qui est dans un plan passant par le sommet du cone, dont il coupe les côtez en ligne droite de part & d'autre de l'axe ; or dans la portion cylindrique *ac*, les côtez droits sont paralleles entr'eux ; *Fig. 2.* donc [par la 7.ᵉ du 11. L. d'Eucl.] ils sont dans le même plan. Et dans la portion conique *AP* [Fig. 2.] ces côtez concourent au sommet *s* ; donc [par la 2.ᵉ du même.] ils sont dans un même plan.

Fig. 4. Secondement, si une surface sphérique n'est coupée que par trois plans, dont deux *ab*, *db* se croisent hors de la sphère en *b*, la portion de surface qu'ils comprendront sera un quadrilatere, dont les quatre angles seront dans le troisiéme plan *abd*, qui coupe les deux précedens.

Mais si la portion de surface quadrilatere de sphère, de cone ou de cylindre est coupée par quatre plans dans des circonstances differentes, & qu'on ne connoisse que la position des lignes de leurs intersections Fig. 3. dans le corps coupé, on pourra connoitre si les sommets des quatre angles sont dans un même plan comme il suit; en supposant ces intersections coupées par un cinquiéme plan *a s l*.

Premierement pour la sphère, on trouvera un cercle par trois de ces points donnez, ou pour me servir du langage des Ouvriers, on fera le trait *des trois Points perdus*; si le cercle ne passe pas par le quatriéme, les quatre angles ne seront pas dans un plan, parce que toutes les sections planes de la sphére sont des cercles.

Secondement pour la portion cylindrique, ayant joint les quatre Fig. 1. points donnez par des lignes droites, s'il ne s'en trouve pas deux paralleles, les sommets des quatre angles ne sont pas dans un même plan.

Troisiemement pour la portion conique, si deux des lignes qui Fig. 2. passent par les points donnez, ne concourent pas au sommet du cone, les quatre sommets des angles ne sont pas dans vn même plan.

On peut appliquer ces observations au corps de la seconde espece, que nous avons appellé régulierement irréguliers, comme sont 1.° les sphéroïdes formez par la révolution d'une Ellipse sur un de ses axes. 2.° Aux cylindres & aux cones de base Elliptique, avec cette difference, que la maniere précedente ne pourra servir que pour les portions de sphéroïdes, dont les angles donnez seront dans un plan perpendiculaire à l'axe de révolution; pour les autres segmens obliques, on n'y peut parvenir que par le moyen d'une Ellipse, qui doit être celle de la section oblique donnée dans le sphéroïde convexe, par l'inclinaison du plan coupant, s'il est incliné à l'axe de révolution, ou par une Ellipse semblable à la génératrice, si le plan coupant est parallele à l'axe de révolution.

Usage des Observations précedentes.

Pour former une surface courbe il faut commencer par en placer & déterminer les extremitez sur une surface plane, en les posant dans leur juste distance. Ensuite par le moyen des modeles de courbures convenables, appellez *Cerches*, on creuse la pierre ou le bois au dessous de cette premiere surface, autant qu'il est nécessaire; ainsi il importe de sçavoir si les quatre angles de la portion de surface courbe qu'on veut former, se trouvent avoir leur sommet dans cette surface de préparation, on est toujours sûr qu'il y en a trois; mais on ne peut s'assurer du quatriéme que par les moyens que nous avons donnez.

TRAITÉ

J'ay dit au premier Livre qu'on ne connoissoit les lignes courbes que par le moyen des lignes droites ausquelles on les compare, en mesurant de combien elles s'en approchent ou s'en écartent à chaque point, c'est-à-dire, par le moyen des abscisses & des ordonnées. Je dis ici la même chose d'une surface courbe à l'égard de la plane, qui sert de préparation pour en mesurer les profondeurs.

D'où il suit que la méthode qui les suppose, appellée par *Doëles plates*, donne de grands avantages pour la formation des voussoirs des voutes ; car si la portion de surface est cylindrique ou conique, on aura déja sur ce plan les longueurs & la position de ses côtez droits, & celle des cordes des arcs de ses bases opposées, & si la portion de surface est sphérique, ou sphéroïde, coupée par des plans [comme il convient ordinairement à la construction des voutes] passant par leur centre, ou parallelement à son axe, on aura sur ce plan les quatre Cordes des arcs de ses côtez.

D'où il est aisé de conclure quelle peut être la figure des Doëles plates des voussoirs de chaque espece de voute. Premierement celles des voutes en Berceau, qui sont les cylindriques, ne peuvent être que des Parallelogrames ou des Trapezes, qui ayent deux côtez paralleles ; car la section d'un cylindre par un plan qui n'est pas parallele à son côté, ou ce qui est la même chose à son axe, ne peut être une ligne droite, mais bien une courbe.

Secondement que les Panneaux de Doële plate des voussoirs des voutes coniques peuvent être des Triangles, ou des Trapezes ou Trapezoïdes, mais jamais des Parallelogrames ; parce que la section faite parallelement à un côté par un plan coupant le cone, est une Parabole.

Troisiemement que les doëles plates des voussoirs des voutes sphériques ou sphéroïdes ne peuvent être que des triangles ou des Trapezes isosceles, c'est-à-dire, dont les angles des côtez inclinez entr'eux, & avec les côtez paralleles, soient égaux ; parce que nous ferons voir dans la suite que les sommets des quatre angles d'une portion de sphère ne sont dans un plan, que lorsqu'on y peut inscrire une portion de cone droit, excepté le cas de la Section sousoutraire.

Si les quatre angles d'une section de surface courbe, coupée par trois ou quatre plans, ne sont pas dans un seul plan, on peut toujours en comprendre trois dans un plan, & trois dans l'autre, parce que les sommets des angles opposez suivant la diagonale seront communs aux deux plans ; mais nous allons traiter de ces irregulieres.

DE STEREOTOMIE. Liv. IV.

III.
Des Surfaces courbes regulierement irrégulieres.
En Termes de l'Art.
Des Paremens Gauches.

ON appelle *Gauche* en Architecture, une surface qui n'a pas une certaine régularité que sa figure semble exiger, par analogie à la mauvaise grace qu'on trouve a ce qui est fait avec la main gauche; ainsi une surface qui devroit être plane, comme celle d'une pierre ou d'un bois mal équarri, & dont les côtez opposez se croisent en les regardant par le profil, est appellée Gauche.

ON tire aussi la nomination de ces especes de surfaces de la difference des expositions de leurs parties, qu'on compare à un regard louche, en Latin *Limus*, qui semble tourné en même tems vers differens objets, telle est celle des *Limons* des Escaliers tournans, dont la figure est bien exprimée par ce nom, que j'appliquerai aussi à d'autres surfaces pareilles.

J'APPELLERAI surface *Courbe regulierement gauche* celle dont on peut assigner une génération par le mouvement d'une ligne droite ou courbe, qui en parcourt d'autres par ses extrémitez, lesquelles lignes ne sont pas semblables, ou semblablement posées.

DE telles surfaces ont rarement leurs quatre angles dans un plan, si on les suppose coupées par quatre autres.

PAR cette définition on conçoit qu'une portion de surface de sphère, de cône ou de cylindre, qui n'auroit pas les quatre angles dans un plan, ne seroit pas pour cela une surface gauche, mais celle qui passeroit par les quatre lignes droites tirées d'un angle à l'autre ne seroit pas régulierement plane, elle seroit *gauche* de la premiere espece, que j'appelle *Planoliine*, c'est-à-dire, qui ressemble à une plane sans l'être.

POUR aider l'imagination à se représenter la generation d'une surface, il n'y a qu'à penser à la trace d'un bâton dans la neige, ou d'un fil-de-fer chaud dans la cire condensée.

Premiere Espece de Surface Gauche.

SI une ligne droite AB est appuyée vers ses extremitez sur deux Fig. 4. autres droites AD, BC, qui ne sont pas paralleles ni dans un même plan, & qu'on la fasse mouvoir sur ces lignes, la trace de la generatrice AB formera par ce mouvement une furface courbe *Gauche*, dont les diagonales droites tirées d'un angle oppofé à l'autre, ne fe rencontreront point, & feront toutes hors de la furface.

Corollaire de Pratique.

D'où il fuit que pour connoître fi une furface qui paroit plane eft Gauche, comme une porte dont le bois s'eft *Dejeté & Tourmenté* en féchant, il n'y a qu'à tendre un fil d'un angle oppofé à l'autre en diagonale; s'il s'écarte du milieu c'eft une marque fûre qu'elle eft gauche; la même chofe fe connoit par le moyen d'une régle fur un parement de bois ou de pierre.

IL n'eft pas fort néceffaire de connoitre les efpeces de Courbés des diagonales d'une furface gauche, formée comme nous venons de le dire; mais c'eft une curiofité qui me fit plaifir lorfque je l'eu découverte.

SI les quatre lignes ou cotez droits de la furface gauche font égales, on trouve que la diagonale courbe BD eft une parabole, & AC une autre différemment fituée.

Pour le démontrer, il n'y a qu'à fuppofer une furface plane, paffant par les trois angles ADC, comme A*b*CD, qui s'éloignera de l'angle B de l'intervale B*b*, plus ou moins grand felon que la furface fera plus ou moins gauche. Puis ayant divifé les lignes AD, BC & *b*C en quatre parties égales & tiré les droites $1n$, $2n$, $3n$, par ces divifions; on tirera auffi les droites $n1°$, $n2°$, $n3°$ paralleles à B*b*. Alors on reconnoitra que la ligne AB, transportée en $1n$, coupera la diagonale DB au point 9, qui fera aux trois quarts de la ligne $1n$, & au deffus de la ligne $11°$, qui eft dans le plan ADC*b* de la quantité $9x$, qui eft auffi les trois quarts de la hauteur $n1°$. De même la ligne AB, transportée en $2n$ coupera la diagonale DB au milieu en E, qui fera élevé au deffus du plan A*b*CD de l'intervale EF, égal auffi à la moitié de la hauteur $n2°$ ainfi du refte. Si l'on fuppofe donc la plus grande hauteur du gauche B*b* égal à 16 parties, $n1°$ en contiendra 12, qui eft les $\frac{3}{4}$ de 16 & $9x$ contiendra les $\frac{3}{4}$ de 12, qui font 9, de même EF moitié de $n2° = 8$ fera de quatre parties, & $4x = \frac{1}{4}$ de $3n$ fera auffi le quart de la hauteur $n3° = 4$; par conféquent $= 1$, on aura donc cette fuite 16, 9, 4, 1, 0, qui eft celle des quarrez pour les abfciffes de la Parabole, & les nombres naturels 1, 2, 3, 4, pour fes ordonnées; donc cette Courbe eft une portion de Parabole, qui a fon fommet en D, comme il eft repréfenté au deffous de la Fig. 4. en *d*, 1, 4; 9, 16.

PRESENTEMENT fi l'on veut connoitre l'autre diagonale courbe fur AC

AC on trouvera qu'elle est encore Parabolique, mais tournée en sens contraire, & qu'elle a son sommet au milieu en F; car sa distance ou élevation en y, sur le plan A*b*CD sera du quart de 12 = 3; en F de la moitié de 8 = 4, & en z des trois quarts de 4 = 3; ainsi sa plus grande hauteur est en F d'où elle se rapproche du plan vers A & vers C. Pour en avoir un plus grand nombre de points on peut doubler B*b*, le faisant valoir 32 parties, & supposer AD & BC divisez en 8, on aura cette suite 0 3½, 6, 7¼, 8, 7¼, 6, 3½ 0, ou en doublant 0, 7, 12, 15, 16, dont les restes à 16 qui sont les abscisses sont 0, 1, 4, 9, 16, c'est-à-dire, la suite des quarrez des ordonnées 1, 2, 3, 4; mais comme cette Courbe n'est ici d'aucun usage nous ne nous y arrêterons pas.

COROLLAIRE.

Il suit de cette géneration que quoique cette surface soit réellement courbe, on peut la former exactement avec une régle AB, muë d'un mouvement uniforme sur les deux côtez AD, BC changeant continuellement d'inclinaison à l'égard de sa premiere position, comme aux échelons des ailes des Moulins à vent sur le *Voiaui* & les *Antes*, ce qui fait que les *Coterests*, n'étant pas dans un même plan, forment la surface gauche de l'aile du moulin à vent.

J'APPELLE cette premiere espece de surface Gauche *Planolime*, du Latin *Plana* & *Lima*, qui ressemble à une plane, mais qui est gauche, & courbe quoique terminée par des lignes droites, & formée comme les plans, par le mouvement d'une ligne droite.

La seconde espece de surfaces courbes Gauches est formée par le mouvement mixte d'une ligne droite AB, dont une partie vers A se meut Fig. 5. sur une ligne droite EF, & l'autre sur une courbe CD telle qu'on voudra, soit arc de cercle ou d'Ellipse, ou toute autre courbe, d'une seule ou plusieurs inflexions, comme l'ondée F*be* [Fig. 6.] la trace de cette Fig. 6. ligne forme une surface concave ou convexe, qui s'applanit de plus en plus depuis la courbe CD jusqu'à la ligne droite EF [Fig. 5.] où elle perd sa concavité ou convexité: telles sont les doëles de ces *Arrieres Voussures qu'on appelle Réglées & Bombées*, & les Coquilles des escaliers à vis, comme la figure 14. J'appelle cette surface du nom de *Mixtiline*; parce que sa géneration se fait par deux lignes droites CH & HG & une courbe ADG.

COROLLAIRE.

DE-LA il suit, comme ci-devant, que l'on peut former cette surface par le mouvement d'une Régle AB [Fig. 5.] ou *ab* [Fig. 6.] ou RE [Fig. 14.]

Tom. II.   B

Fig. 7.   La *troisiéme espece* de surfaces gauches est formée par le mouvement d'une ligne droite AB, qui se meut sur deux courbes A*b*F, BHD, ou differentes, ou differemment posées, où les cordes AF, BD des arcs semblables ne soient pas paralleles entr'elles; de sorte que les quatre angles ABDF ne sont pas dans un même plan ABD*f*; mais un d'entr'eux comme F s'en éloigne de l'intervale F*f*, plus ou moins, suivant l'inégalité de la position des Courbes, telles sont les doëles des voutes de *la Vis St. Giles quarrée* à chaque Rampe, qui sont semblables à un cylindre tors. J'appellerai cette espece *Delicième*.

COROLLAIRE.

Il suit de même de cette génération, qu'on peut former cette surface par le mouvement d'une Régle *ab* [*Fig.* 7.] muë sur deux arcs de lignes courbes A*b*F, BHD.

Il faut remarquer que je ne comprends pas dans cette espece les surfaces gauches des Limons tournans; car quoiqu'elles soient réellement formées par le mouvement d'une ligne droite sur deux courbes, qui sont des Helices, elle ne doivent être considerées que comme une partie d'une surface *Mixtilime*, telle qu'on la voit à la figure 14. en DKGD.

La quatriéme espece des surfaces courbes gauches est formée par le mouvement d'une ligne courbe dont la courbure n'est pas constante, mais variable, qui se meut sur deux autres courbes constantes, telle seroit, par exemple, une côte de Baleine pliée en arc qu'on appuyeroit sur deux arcs de lignes courbes semblables ou differentes, dont on lâcheroit la corde à mesure qu'on la meut; pour lui donner la liberté de s'ouvrir de plus en plus; & enfin de se redresser tout-à-fait. Ainsi prenant

Fig. 8.   les arcs AEB, DGC [*Fig.* 8.] pour apuis de l'arc AHD, si en lachant insensiblement la corde on le transporte en I*b*K, où elle s'est déja un peu redressée; ensuite en EFG, où elle l'est d'avantage, enfin en BC où elle s'est totalement redressée, on auroit formé une surface pareille à celle que le vent forme dans les voiles lorsqu'il les enfle. En effet si l'on renverse la figure 8. on pourra considerer la ligne droite BC comme la *vergue*, [en terme de marine] les points A & D comme ceux d'*Ecoute*, entre lesquels est la plus grande courbure AHD, & les côtez BEA, CGD, comme les *Ralingues*.

En Architecture on fait de pareilles surfaces pour les doëles des voussoirs de *l'Arriere voussure de St. Antoine*. Je dis les voussoirs, non pas l'arriere voussure entiere; parce qu'elle prend sa naissance sur trois lignes droites, sçavoir, deux sur les piedroits, & une sur le linteau ou Fermeture. J'appelle cette furface *Sphericolime* ; parce qu'elle a quelque rapport à une fphère quoique fort imparfaitement.

Il eft aifé de conclure de la formation de cette furface qu'elle ne peut être faite, comme les trois précedentes, par le moyen d'une Régle ; mais feulement par le fecours de ces modeles de Courbes, contournées fur des planches minces que nous appellons *Cerches*.

Ces quatre efpeces de furfaces comprennent toutes celles qui font poffibles & ufuelles en Architecture, même les vis & écroües, qui font des portions de mixtilimes ; car faifant mouvoir une ligne droite appliquée à angle Droit, Aigu, ou Obtus, à un axe, au long de cet axe, d'un côté & de l'autre, fur une Helice, il fe formera une furface de vis, & fi au lieu de l'Helice, qui ne s'approche pas de l'axe, on fubftitüe une Helice en limace, ce fera la furface que les Ouvriers appellent le Colimaçon, qui s'approche & fe joint enfin à fon axe.

IV.

Des differens moyens de parvenir à la formation des Parties des Corps, dont les Surfaces & les Angles font donnez.

Quoique l'on connoiffe parfaitement la figure du folide qu'on fe propofe de faire, & les furfaces courbes qu'il y faut former, on ne peut les tailler immédiatement dans une pierre de figure quelconque ; on n'y parvient que par la médiation des furfaces planes.

L'on a imaginé pour l'exécution de la Coupe des pierres deux méthodes differentes, qui fuppofent plus ou moins de furfaces planes, & qui y conduifent avec plus ou moins de difpofitifs.

L'une de ces méthodes s'appelle *par Equarriffement*, & l'autre *par Panneau.*, nous en donnerons une troifiéme qui n'a pas de nom, parce qu'elle eft nouvelle ; nous l'appellerons *Demi-équarriffement*.

I.

La méthode par *Equarriffement* eft ainfi appellée, parce qu'avant que de former une figure de folide oblique, on commence par en former une de cube, ou de parallelepipede à l'équerre, capable de la contenir. Enfuite on trace fur chacune des furfaces planes fuppofées en fituation Verticale ou Horifontale, la projection des furfaces du corps qu'on fe propofe de former, & l'on retranche du parallelepipede tout ce qui excéde les contours de chaque projection, en abatant la pierre superfluë, & parce que les surfaces de ce corps sont ou en quarré ou en quarré long avant que d'être taillées ; on appelle la méthode qui en suppose de telles *par Equarriſſement*.

On l'appelle auſſi *par Dérobement*, comme ſi on dépouïlloit la figure propoſée de la robe dont elle eſt envelopée ; c'eſt ainſi qu'on dit *dérober des féves*, pour les dépouïller de leur écorce, ce qui fait voir que le P. Dechalles n'a pas compris le ſens de ce mot, lorſqu'il l'a traduit *per ſuffurationem* par larcin, au lieu qu'il devoit le traduire *per ſpoliationem*.

II.

La ſeconde méthode appellée *par Panneaux*, eſt plus immédiate pour l'exécution, en ce qu'elle ne ſuppoſe qu'une ſurface plane, laquelle peut même ſubſiſter, l'ouvrage étant achevé, ſi l'on commence par une de celles des lits ou des têtes. Elle conſiſte à former des modeles des ſurfaces du corps ou vouſſoir qu'on veut faire, pour les appliquer ſur la pierre, & en tracer par ce moyen le contour exactement. Ces modeles ſe font ſur des matieres inflexibles comme des planches, lorſqu'il s'agit de la formation d'une ſurface plane, & quelquefois ſur des matieres flexibles, comme du Carton, du fer-blanc, ou des lames de plomb, lorſqu'il s'agit d'une ſurface courbe, dont on cherche le contour par la voye du dévelopement qui eſt la moins ordinaire dans l'exécution.

Pour placer ces modeles dans la ſituation où ils doivent être entre eux, on ſe ſert des inſtrumens propres à déterminer les inclinaiſons des ſurfaces, comme ſont les Biveaux & fauſſes équerres.

REMARQUE

Quoique cette méthode s'appelle particulierement *par Panneaux*, il ne faut pas croire qu'on puiſſe tout-à-fait ſe paſſer de modeles dans la précedente par équarriſſement ; car il faut pour tracer un contour courbe employer un panneau, ou quelque choſe d'équivalent, comme un biveau à branche courbe, ou une cerche ; parce que les petites portions des ſurfaces des vouſſoirs ne permettent pas qu'on puiſſe y tracer des arcs de cercle par le moyen du ſimbleau, en ce qu'il faudroit y ajouter une ſurface continuë prolongée pour y placer un centre, s'il s'agit d'un arc circulaire de peu de degrez, ou deux foyers pour une petite portion d'ellipſe ; ou bien employer les pratiques que nous avons donné au ſecond Livre, pour ſe paſſer du centre ou des foyers ; or il eſt bien plus ſimple & plus ſûr de faire un modele ſur une épure où la ligne courbe eſt entierement tracée, que d'avoir recours à des operations fort composées, qu'il faudroit répeter souvent pour de petites parties.

La troisième méthode que j'ai appellé par Demi-équarrissement participe des deux précedentes, feu M. de la Hire qui en est l'inventeur ne lui ayant pas donné de nom particulier, j'ai cru devoir lui en donner un pour la distinguer des autres. J'en renvoye l'explication aux exemples que j'en donnerai; il suffit de la connoître ici comme moyenne entre celle par Panneau, & celle par Equarrissement, en ce qu'on y fait usage des surfaces supposées Horisontales ou Verticales comme dans l'équarrissement, & des Panneaux de Doëlles, comme à la méthode des Panneaux.

Des Avantages & Désavantages de chaque Méthode.

L'Avantage de la méthode par équarissement consiste 1.° en ce que l'on s'épargne la peine de faire un grand nombre de panneaux pour la construction d'une voute, lorsque ses ceintres ne sont pas circulaires; parce qu'il en faut changer à chaque voussoir.

2.° En ce qu'il n'est pas nécessaire de connoître les lignes courbes, qui se forment par l'intersection des surfaces courbes; on les forme par une espece de hazard, en abatant successivement la pierre d'une Doëlle à la régle trainée sur un Arc-Droit.

Ses Désavantages sont 1.° qu'elle consomme beaucoup de pierre en pure perte; car puisqu'il faut chercher des surfaces inclinées entre des verticales & des horisontales; si leur inclinaison est, par exemple de 45. degrez dans un cube, il est clair que tout ce qui est au-delà de la diagonale d'une de ses faces étant inutile, il en faut retrancher un prisme triangulaire égal à celui qui doit rester, de sorte qu'en ce cas la perte de la pierre est évidemment de la moitié; mais ce n'est pas encore tout, si sur cette surface inclinée il en faut élever deux autres à angle Droit ou Obtus, comme sont les joints de Tête avec les Doëlles; il faut encore abatre une seconde fois de la pierre & en retrancher de plus deux Prismes triangulaires, & enfin si le voussoir est extradossé il en faut encore abatre un quatriéme prisme triangulaire. La Fig. 11. le fera voir sensiblement; parce qu'on y a ponctué tout ce qui doit être enlevé. Ainsi dans le prisme dont *dabc* est une face, il faut premierement enlever un Prisme triangulaire qui aura pour base le triangle mixte *fdg*, secondement un autre qui ait pour base le triangle rectiligne *afe*, troisiémement un autre opposé au premier, qui ait pour base le triangle mixte *ebh*, & enfin un quatriéme rectiligne, dont la base est le triangle *gcb*.

Fig. 1:

Le second Désavantage est, qu'il faut non seulement faire inutilement les surfaces d'un Parallelepipede qu'il faut recouper, mais souvent des secondes surfaces, qui sont encore inutiles, & qu'il ne faut supposer que pour trouver les troisiémes, qui doivent subsister quand l'ouvrage est achevé, qu'il auroit cependant fallu faire immédiatement si on avoit pû; on en verra des exemples dans la suite.

Le troisiéme Désavantage est, que si les angles sont un peu alterez par l'exécution, & que l'équarrissement ne soit pas exact dans les renvois, que ces angles sont d'une surface à une autre, soit par la faute des Equerres ou des Biveaux, ou de la main de l'Ouvrier qui s'en sert, il peut en résulter des erreurs sensibles, & des arêtes d'un contour irrégulier & mal formé.

Les Avantages de la Méthode par Panneaux.

DE l'exposition des avantages & désavantages de la méthode par équarrissement, il est aisé d'inferer ceux de la méthode de tracer les pierres par le moyen des Panneaux.

Premierement, il est visible que l'operation étant plus immédiate elle doit être plus courte.

Secondement, qu'y ayant moins de supposition de surfaces planes à faire préceder, il y a plus de facilité à faire servir des pierres de moindre volume.

Troisiémement, qu'y ayant moins à retrancher, il s'y trouve une plus grande œconomie dans la consommation de pierre.

4.° QUE l'operation étant fondée sur l'étenduë des surfaces, dont on a pû exactement tracer les contours par les régles de l'épure, on y est conduit beaucoup plus sûrement, & par conséquent elle en doit être plus exacte.

ENFIN c'est la plus sçavante méthode & le principal objet de l'étude de la Coupe des Pierres, dont les Auteurs qui en ont traité ont fait le plus de cas, comme il paroît par ce qu'en dit le P. DERAN.

Le seul Désavantage qu'on y trouve, est un plus grand attirail d'instrumens, si l'on peut appeller les panneaux de ce nom.

LA troisiéme méthode par *Demi-équarrissement*, participe des avantages des deux autres; nous en renvoyons l'explication au premier exemple du trait des voûtes en Berceau.

MALGRÉ l'imperfection de la méthode par équarrissement, les Appareilleurs la préferent ordinairement à celle des Panneaux par plusieurs raisons; la premiere, parce qu'ils se soucient moins de ménager la pierre, dont la dépense ne roule pas sur leur compte, que de s'épargner de la peine; la seconde, parce qu'ils ont besoin de moins d'instrumens, c'est-à-dire, de Panneaux, & moins d'inquietude que les tailleurs de pierre ne prennent quelquefois les uns pour les autres, ou les placent en fausse position, ce qui arrive souvent, si on n'a soin d'y veiller. La troisiéme, c'est que comptant toujours sur quelques ragrémens, ils sont peu curieux d'une parfaite operation, parce qu'ils se flatent de sauver les apparences par ce moyen.

Nous n'adopterons dans cet ouvrage aucune de ces méthodes en particulier, nous ferons usage des unes & des autres suivant les occurrences, & lorsque chacune d'elles conviendra également à la facilité de l'operation, nous en donnerons l'application au Trait, pour mettre le Lecteur en état de choisir ce qui lui conviendra le mieux, comme on le verra dans celui des Berceaux. Il faut auparavant voir les élemens de la pratique pour tracer les surfaces simples, considerées sans aucune division.

Probleme I.

Par trois Points donnez dans un Solide faire passer une Surface Plane.

En Termes de l'Art.

Dégauchir un Parement.

Soit un quartier de pierre AE [*Fig.* 9.] tel qu'il vient de la car- Fig. 9. tiere, d'où on l'apporte brut, mais ordinairement formé quoiqu'imparfaitement en parallelepipede, sur lequel il faut faire un *Parement droit*, c'est-à-dire, une surface plane, à laquelle la régle puisse être appliquée en tout sens, sans qu'il reste aucun vuide entre deux.

On commencera par tracer une ligne avec une régle où l'on jugera à propos pour y pousser une cisehûre vers un de ses angles, & l'ayant bien dressée à la régle, on y en appliquera une immobile, comme en HE, soit qu'on la fasse tenir par quelqu'un en cette situation; soit qu'on l'y appuye avec une pierre ou autre chose, si l'on est seul. Ensuite on posera une autre régle IK vers la face opposée AC, à l'autre arête aussi près du bord qu'on jugera à propos, & on la placera à l'égard de la premiere régle de maniere que le bord de la seconde couvre exactement celui de la premiere, sans que les deux régles se croisent en regardant de differens endroits par devant leurs côtez extérieurs, enforte que les rayons visuels LN, LO, qui se terminent à la première régle en H & E, rasent la seconde en N & en O, de même l'œil étant situé en M regardant en E & G, le bord de la premiere régle HE rase la seconde IK en B & C; alors on trace une ligne droite le long de la régle IK sur le côté BC, des extrémitez de laquelle on tirera à la régle deux autres lignes BP & CE, sur le lit de dessus AP, & sur celui de dessous DE, le long du bord de la pierre, après quoi on abatra avec les outils convenables tout ce qui excede ces lignes, soit en commençant par y pousser des cisélures, lorsque la pierre peut se tailler au ciseau, comme toutes les pierres tendres; soit en y faisant une *plumée* ou rigole, au lieu de ciselure avec la pointe du marteau, comme l'on est obligé de faire à certaines pierres dures, grenées d'un gros grain, comme du Granite d'Egypte, telles que sont celles de la côte du Nord de la Bretagne, sur lesquelles le ciseau ne mord pas.

Lorsque les quatre lignes du contour de la surface sont déterminées & dressées, on abat la pierre qui les excéde, en examinant de tems en tems avec une régle que l'on place où l'on veut, si elle s'applique aux côtez opposez sans qu'on puisse appercevoir du jour entre la régle & la pierre, car ce jour indique des creux ou des bosses; c'est la premiere chose qu'apprennent les Tailleurs de pierre; & c'est par là qu'on vérifie la justesse & la propreté de leur ouvrage. Ce qui est le but de notre dessein, où nous ne nous proposons pas de dresser des Ouvriers dans les operations de la main, qui sont un effet de l'habitude, mais de former des connoisseurs qui puissent juger de leur travail, les redresser quand ils ont fait faute; & diriger ceux qui s'y prennent mal.

DEMONSTRATION.

La pratique de ce Probleme est démontrée dans la 2.e proposition du 11.e Livre d'EUCLIDE, qui dit que trois lignes droites qui se coupent sont nécessairement dans un plan, & par conséquent toutes celles qui sont tirées dans ce triangle, or les rayons visuels LH, LE avec le côté de la régle GE, forment un triangle, dans lequel [par la construction] est la ligne NO de la régle IK, de même que les rayons visuels MG, ME, avec le côté EH & la ligne FK, partie de la regle IK; donc les lignes BP & CE, qui joignent les deux régles, & toutes celles qu'on peut tirer d'un côté à l'autre, sont dans le même plan, par conséquent la surface ainsi formée sera exactement plane, ou en terme d'Architecture, un Parement droit, ce qu'il falloit faire.

Lorsqu'on n'a pas besoin de faire des arrêtes parallèles entr'elles, on peut on peut former une surface plane par trois points donnez, en faisant une rigole ou ciselure à la régle posée de cant, d'un des points donnez à l'autre, comme pour faire un triangle, & en abatant ensuite la pierre, qui se trouve excéder la profondeur de ces trois rigoles ou *plumées*, ce qu'on connoît en faisant couler la régle sur ces rigoles en travers, comme sur autant d'apuis qu'elle doit afleurer.

Quoiqu'il ne s'agisse pas ici de dresser les Ouvriers dans le maniement des outils, dont nous supposons qu'ils ont fait apprentissage, nous avons cru qu'il étoit à propos d'en mettre ici la figure, pour en donner les noms les plus usitez, & leurs usages, c'est une connoissance nécessaire aux gens de Cabinet, qui ont du goût pour les Arts.

A. *Testu*, marteau qui a d'un côté une pointe & de l'autre une masse pour ébaucher une pierre en abatant des parties avec la masse; dont on frape sur les bords pour faire sauter un éclat, & achever d'enlever avec la pointe le reste, qui fait une bosse. Le *Plan* du même outil est au dessous en *a*.

B. *Laye* ou *marteau bretelé*, qui a d'un côté un tranchant uni & de l'autre un tranchant denté, qui fait des sillons; son *plan* est en *b*.

C. *Ciseau* à ciseler, il y en a de plusieurs grandeurs; lorsque le ciseau est large avec un manche pour être poussé à la main, comme les outils de Menuiseries, on l'appelle *Fer quarré*: on se sert du ciseau pour les pierres tendres & dures d'un grain lié; mais lorsque le grain est sabloneux, comme aux pierres des carrieres de la côte du Nord de la Bretagne, dont j'ai parlé, les Ouvriers ne s'en servent point, ils font tout à la pointe.

D. *Maillet* pour pousser le ciseau.

E. *Marteau à deux pointes* pour la pierre dure; lorsqu'il est un peu plus long on l'appelle *pioche*; son plan est en *e*.

F. *Riflard bretelé* pour la pierre tendre.

G. *Crochet*.

H. *Rippe*.

I. *Compas à fausse équerre*.

Remarque sur l'Usage.

La maniere de former régulierement une surface plane est le fondement de toute la Pratique, non seulement de la coupe des pierres & des bois, mais encore de tous les Arts qui sont de quelqu'usage en Architecture, comme de la Charpenterie, Menniserie, Serrurerie & autres; parce qu'il faut presque dans tous les ouvrages faire des surfaces planes. Lorsqu'il s'agit de petits morceaux qu'on peut tenir à la main, les Ouvriers en examinent la justesse en fermant un œil & regardant avec l'autre la surface plane en profil, ensorte que le rayon visuel ne l'aperçoive que comme une ligne droite; car si un des corps paroît croiser l'autre opposé, c'est une preuve que le parement est gauche; alors ils abatent de la matiere sur un des angles ou sur les deux opposez, s'il convient, pour effacer cette partie qui paroît croiser le côté droit qu'on regarde en profil.

Dans les grands ouvrages qu'on ne peut regarder de même à cause de leur position, on couche une régle d'un angle de la surface à son opposé, ou si la régle n'est pas assez grande, on doit tendre des fils ou cordeaux des uns aux autres suivant les diagonales, pour voir s'ils se touchent au milieu, où ils se croisent. C'est ainsi qu'on peut examiner, comme je l'ai dit ailleurs, si une porte ou une table s'est cambrée en séchant, ou par quelqu'autre cause; car pour peu qu'il reste d'intervale entre ces deux diagonales, c'est une preuve que la surface est gauche & non pas plane. Voyons présentement comment on parvient à la formation des surfaces courbes.

PROBLEME II.

Faire une Surface Courbe Concave ou Convexe, qui soit une partie d'un Corps régulier primitif, Cylindrique, Conique ou Sphérique.

En Termes de l'Art.

Creuser une Doële, ou former un Extrados de Voûtes régulieres des trois premieres especes.

Principes de pratique.

On peut diviser les voûtes 1.° en planes. 2.° En courbes en tout sens. 3.° En mixtes, qui sont droites en un sens & courbes dans l'autre.

Les planes sont les platebandes, les platfonds horisontaux, & enfin les Trompes plates, dont les platfonds sont inclinez à l'horison.

Les courbes en tout sens sont les sphériques, les sphéroïdes, les annulaires, appellées voûtes sur le noyau, & les vis.

Les mixtes sont les cylindriques ou berceaux, & les coniques, qui sont droites suivant leur direction & courbes suivant leur largeur.

Cette division fait tout d'un coup apercevoir quels sont les instrumens dont on peut se servir pour les former. 1.° Que les planes ne peuvent se faire à la *Régle.* 2°. Celles qui sont toutes courbes ne peuvent se faire qu'avec la *Cerche* d'un contour opposé à celui de leur surface, c'est-à-dire, Concave pour les Extrados, & Convexe pour le creux de la Doële. 3.° Enfin que les mixtes peuvent se faire par le moyen de l'un de ces deux instrumens, *la Régle* ou *la Cerche*.

Il faut encore sousdiviser les mixtes, en celles dont la courbure est égale, comme aux Berceaux Cylindriques, & inégales, comme dans les coniques. Les premieres peuvent se faire indifferemment avec la Régle ou la Cerche; mais les autres ne peuvent se faire commodément qu'à la Régle; parce qu'il faudroit continuellement changer de Cerche.

Des Segmens Cylindriques.

Quoique l'on puisse choisir pour former une surface cylindrique l'instrument courbe de la cerche, ou le droit de la Régle, & que l'un des deux suffise, il est cependant vrai que pour bien operer on a besoin de l'un & de l'autre. Si l'on se borne à l'usage de la cerche, il suffit pour la préparation de la taille de la pierre ou du bois de dresser un parement, pour y tracer les côtez paralleles *b i* de la portion cylindrique, lesquels doivent servir d'appui à la cerche C, soit qu'il s'agisse de creux ou de bosse, de Doële ou d'Extrados. Ces deux côtez étant tracez sur le parement, il n'y a qu'à abatre la pierre ou le bois, jusqu'à ce que la cerche C, posée toujours perpendiculairement à ce parement, se meuve sur ces lignes droites, & s'ajuste parfaitement dans le creux *b m e*; ou sur la convexité, si au lieu du creux il s'agit d'un morceau convexe, ensorte qu'il ne reste aucun vuide entre l'un & l'autre. *Fig.* 10.

Si l'on veut ne faire usage que de la régle RE, au lieu d'un seul parement *a d*, qui répond à la Doële, il faut en faire deux opposez *a f*, *b g*, paralleles entr'eux qui sont les bases, en termes de l'art les têtes de la pierre; parce que pour déterminer la position de cette régle RE, il lui faut fixer deux appuis, comme il en a fallu deux à la cerche pour déterminer la position de l'arc; or ceux-ci ne peuvent être rassemblez sur une même surface plane, mais ils doivent être séparez de l'intervale des bases du cylindre; parce que la cerche ou modele courbe doit se mouvoir en ligne droite, & le modele droit doit se mouvoir en ligne courbe, circulaire ou Elliptique, selon la nature des bases ou segmens du cylindre à faire.

D'où il suit qu'on peut s'y prendre de deux manieres pour l'exécution.

Premierement, si l'on veut ne se servir que de la régle, il faut commencer par dresser deux paremens paralleles entr'eux & opposez, pour y placer les segmens des bases donnez ; c'est-à-dire, pour former les deux têtes de la pierre, & tracer ces deux segmens égaux, de maniere que leurs cordes soient paralleles ; c'est pourquoi après avoir tracé le premier avec un panneau ou avec le compas, si le centre se trouve sur la tête on appliquera une régle sur sa corde, & une autre régle à la tête opposée, qui se bornoye par celle-ci, ensorte qu'étant regardées en profil, l'une ne paroisse pas croiser l'autre ; dans cette situation on trace la ligne qui doit servir de corde au second arc, sur laquelle on applique le panneau du même segment de cercle ou d'Ellipse pour le tracer, si les têtes sont paralleles, ou un autre segment donné sur l'Epure, si elles ne le sont pas ; puis ayant tracé ces deux têtes, on abatra la pierre à la régle entre les deux arcs des bases, la faisant couler sur ces arcs parallelement à des distances proportionelles des extrémitez de ces arcs, comme l'on voit à la fig. 10. la régle RE ; alors le creux cylindrique sera bien formé.

SECONDEMENT, si l'on ne peut se servir que de la cerche C, on commencera à dresser un parement $ab l K$ [par le Problême premier] sur lequel on tracera deux lignes droites bi, ed, paralleles entr'elles, & distantes de l'intervale de la corde be, de la cerche du creux qu'on veut former, puis sans s'embarasser de former des paremens pour y tracer les têtes, on abatra la pierre suivant le contour de la cerche C, qu'on tiendra bien perpendiculairement à la premiere surface plane, & qu'on fera couler dans cette situation le long des lignes droites bi, ed, qui doivent en guider le mouvement, ensorte qu'il ne paroisse aucun jour entre la pierre & la cerche ; mais comme il pourroit arriver que la cerche s'enfonceroit un peu trop dans le creux, sans qu'on s'en apperçût, si le segment approchoit beaucoup de la grandeur du demi-cercle, il faut pratiquer deux parties saillantes op, qui soient les continuations de la corde de part & d'autre, sur lesquelles elle puisse s'appuyer ; ainsi on est sûr qu'elle ne s'enfonce ni trop ni trop peu.

ON voit que dans la premiere pratique il faut deux paremens de préparation avant que de commencer à creuser, & que dans celle-ci il n'en faut qu'une, mais aussi elle est moins sûre ; parce qu'il s'y peut faire des ondulations que la régle ne feroit pas ; il est aussi vrai que la régle peut en faire dans la largeur, & ne pas suivre exactement le contour de la Courbe donnée ; ainsi pour operer aussi parfaitement qu'il est possible, il faut se servir de l'un & de l'autre instrument, sçavoir de la régle & de la cerche.

Des Segmens Coniques.

Nous avons donné ci-devant le choix de deux instrumens pour former les surfaces cylindriques, il n'en est pas de même pour les coniques, on ne peut gueres se servir que de la régle; parce qu'il faudroit trop multiplier les cerches, qui varient de contour à chaque point de longueur, en ce que les sections coniques semblables augmentent vers la base, & diminuent vers le sommet.

D'où il suit que la préparation à l'excavation d'une doële, ou à la formation d'une surface convexe d'extrados doit être faite par les deux surfaces planes des têtes, sur lesquelles on placera les arcs & leurs cordes de la même maniere que nous venons de le dire pour les cylindriques, avec cette différence, que les arcs opposez quoique semblables n'étant pas égaux, le mouvement de la régle qui guide l'excavation ne doit pas être parallele à lui-même; mais plus grand vers la base que vers le sommet du cone, dans le rapport des contours des arcs des deux têtes, & comme il n'est pas aisé de bien conduire ce mouvement à vûe d'œil, il faut diviser ces contours bmK, inl [*Fig. 12.*] en un même nombre de parties égales entr'elles, qui seront semblables à celles de la tête opposée, & placer la régle re sur les correspondantes, par exemple, de la seconde division d'une tête, à la seconde division de l'autre, ainsi des autres, du tiers & du quart; dans cette situation la régle ne doit laisser aucun vuide au dessous, ce que l'on connoit en voyant si le jour y passe. Il n'en est pas de même pour peu que cette direction soit changée, la régle ne peut y être appliquée sans laisser du vuide.

Fig. 12.

La raison en est bien sensible, parce que la régle doit tendre au sommet du cone, dont ce segment est une partie tronquée, sans quoi la section ne sera pas verticale, c'est-à-dire par le sommet; or nous avons démontré au premier Livre qu'il n'y a que celle-là de rectiligne.

Ce que nous avons dit pour la formation des surfaces concaves s'applique naturellement aux convexes de même espece & grandeur; mais l'usage en est rare dans les voutes, elles sont rarement extradossées.

Nous avons supposé dans ces exemples de segmens coniques & cylindriques, que les bases ou têtes opposées doivent être paralleles entr'elles, pour la facilité de l'introduction à la pratique; mais rien n'empêche qu'elles ne fassent avec la surface plane, qui passe par leurs cordes, tel angle que l'on voudra; l'operation sera toujours exacte, mais elle produira des surfaces concaves ou convexes différentes du cylindre, par exemple, on ne pourroit pas appliquer perpendiculairement une cerche qui auroit pour contour l'arc d'une de ces bases, à cause que l'obliquité change la section du cylindre, qui devient plus grande sans être plus profonde.

Des Surfaces Sphériques.

Puisque les sphères sont courbes en tout sens, il est évident qu'on ne peut les former qu'avec un instrument courbe, c'est-à-dire, une cerche, qui doit aussi se mouvoir sur un appui courbe, qui est le cercle de la base du segment qu'on veut former; or parce que le cercle est une figure plane, il faut commencer par dresser un parement sur la pierre ou le bois pour l'y tracer; & pour montrer que la position de la cerche sur ce plan n'est pas indifférente, nous allons établir les propositions suivantes.

LEMME I.

PLAN. 29.
Fig. 15.

Les Cordes égales dans des Cercles inégaux ont plus grande raison aux petits qu'aux grands Cercles.

Soient deux cordes égales AB, HL [*Fig. 15.*] posées parallelement dans des cercles concentriques AGB, DKE, dont le centre est en C & les rayons CD, CE menez par les extrémitez A & B, & CK par le milieu de ces cordes; ensorte que AF = HI.

Puisque les arcs AG & DK sont concentriques entre les mêmes rayons, il est clair qu'ils contiennent un nombre égal de degrez; mais la corde HL = AB ou sa moitié HI = AF [par la supposition] n'est que partie de celle de l'arc DK, donc elle est soutendante d'un arc d'un plus petit nombre de degrez du grand cercle, que du petit, ce qu'il falloit démontrer.

COROLLAIRE.

D'où il suit que le rayon du petit cercle AGB est à celui du grand DKE, comme la corde d'un même nombre de degrez, que le plus grand est à celle d'un plus petit AF : DM :: AC : CD :: HI : DM, ou comme AG plus grand en valeur de degrez est à HK plus petit en nombre de degrez.

LEMME II.

Les Arcs des Cercles inégaux, qui ont des cordes égales, sont entr'eux en raison réciproque de leurs flèches.

Fig. 16.

Soient [*Fig. 16.*] deux arcs de cercles inégaux AGB, AFB, qui ont

DE STEREOTOMIE. Liv. IV.

la corde commune AB, dont les centres sont en D & C; je dis que ces arcs sont entr'eux en raison réciproque de leurs flèches EF, EG.

Si par leurs centres D & C, on mene une ligne fG, elle sera perpendiculaire à la corde AB, [par la 5. du 3.ᵉ d'Eucl.] donc EB sera le sinus commun de la moitié de ces arcs; or DB + DE = gE : EB :: EB : EG & CB + CE = fE : EB :: EB : EF [par la 13ᵉ du 6.ᵉ d'Eucl.] donc si l'on retranche la partie CE, commune aux deux diametres gG, & fF; on aura DB : CB :: EG : EF; mais les cercles sont entr'eux comme les rayons; donc BGA : BFA :: EG : EF, *ce qu'il falloit démontrer.*

LEMME III.

Si l'on fait mouvoir un Arc de cercle Majeur autour de sa Corde, laquelle fait aussi le Diametre de la Base d'un Segment de Sphère, il n'en touchera la Surface que lorsqu'il sera perpendiculaire à la Base de ce Segment.

Soit l'arc AFB, partie d'un cercle majeur d'une sphère AfBF, dont la corde AB est le diametre d'un cercle mineur AbBH, qui est la base d'un segment de sphère, représenté en profil par l'arc AFB. Si l'on suppose le même arc tourné perpendiculairement à celui-ci, son rayon sera représenté en profil par la ligne CF, & la corde égale à AB par le seul point E, sur lequel faisant mouvoir comme sur un pivot le rayon CF, le point C décrira l'arc $n c$, & le point F l'arc $l m$, lequel point se détache dans ce mouvement de part & d'autre de l'arc AFB, qu'il ne touche qu'en un seul point F [par la 13. du 3.ᵉ L. d'Eucl.] parce que [par la 3.ᵉ du même L.] CF passant par le milieu de AB lui est perpendiculaire, & par la 12ᵉ elle passe par les deux centres. Il en sera de même de toutes les lignes qui sont dans le plan du même arc de cercle majeur, & paralleles à EF, lesquelles n'atteindront à la surface du segment de sphère que dans la même situation perpendiculaire, par conséquent donneront une suite de points d'attouchement dans cette surface, qui seront la trace d'un arc égal à AfB, *ce qu'il falloit démontrer.*

COROLLAIRE.

D'où il suit, que si l'arc de cercle tournant sur une corde égale au diametre AB de la base du segment de sphère, appartient à un cercle mineur, il ne pourra tourner au tour du point E dans ce segment; parce que [par le 2.ᵉ Lemme] sa flèche sera plus grande que FE, par exemple Fx; alors il est clair qu'elle sera arrêtée dans la situation Ey, au-delà de laquelle elle ne pourra s'approcher du milieu F, il en sera de même de l'autre côté. Et si la flèche étoit moindre que la ligne E F, il eſt évident qu'elle ne pourroit toucher au fond du ſegment nulle part; alors ce ſeroit une marque que l'arc, dont la corde ſeroit toujours égale à A B, appartiendroit à une plus grande ſphère, qu'à celle dont l'arc AEB eſt le profil du ſegment.

PROBLEME II.

Par trois Points donnez, à la Surface d'une Sphère ou dans ſa projection, faire paſſer un Cercle, qui ſoit la Baſe du Segment, fait par un plan qui la coupe par ces trois points.

Fig. 17.   SUPPOSONS premierement que ces trois points ſont donnez à la projection dans les circonſtances ordinaires aux traits des voutes ſphériques, qui font que deux de ces points comme 2 & 3 ſoient dans une ſection horiſontale, dont la projection eſt l'arc 2ƒ3, & que le troiſiéme point 1 ſoit dans une ſection verticale, paſſant par le point donné 2, & par le centre de la ſphère.

AYANT tiré par les points 2 & 3 la corde 2,3, on lui menera par le point 1 une parallele 1, 4, qui coupera l'arc 1 L 4 concentrique au premier 2ƒ3 au point 4, on diviſera la corde 1, 4 en deux également en M, par où on tirera CL, qui diviſera auſſi 2, 3 en deux également en m, & l'arc 2, 3 en ƒ. Par les points ƒ & L on élevera ſur CL des perpendiculaires Ll, ƒF, qui couperont le cercle majeur GAH aux points l & F, par où on menera deux petites paralleles à CL, ſçavoir lO, F r, qu'on fera égales aux fléches de la projection LM, ƒm; par les points o & r on tirera une ligne, qui coupera l'arc GAH aux points Y & y; leſquels ſeront les extremitez du diametre du cercle Yqy, que l'on cherche; il ne reſte plus qu'à le diviſer en deux pour en avoir le centre & le tracer.

SECONDEMENT, ſi les trois points donnez étoient ſans aucun ordre comme 1 e D, il faudroit du centre C mener par chacun de ces trois points des arcs de cercles 1 P, D p, e p, juſqu'à un rayon AC, qu'ils couperont aux points P p p, par leſquels on élevera des perpendiculaires ſur AC, qui couperont l'arc AH aux points Y, d, E, & par ces points on menera des paralleles à AC indéfinies Y o, dg, Ex, ſur leſquelles on portera les diſtances des points donnez priſes à la projection, à laquelle elles répondent, ſçavoir 1D à la plus baſſe en YS, 1 e en Vs, & D e en dx, puis par les points sx élevant des perpendiculaires, qui couperont les horiſontales ſuperieures aux points nx, on aura les hauteurs des points donnez à la projection, au deſſus de l'inferieure 1; ſçavoir s n pour celle du point D, & x n pour celle du point e. Enſuite nx pour celle du point e au deſſus du point D; ainſi ayant

tiré

DE STEREOTOMIE. Liv. IV.

tiré les lignes Y*u*, Y*n*, *dx*, on fera avec ces trois lignes un triangle YE· *g^d*, à part, au tour duquel on circonscrira un cercle, par le Problême que les Ouvriers appellent *les trois points perdus*. Ce second cas se présente rarement à la pratique des Traits des voutes.

DEMONSTRATION.

Puisque les arcs 2ƒ3 & 1... sont des sections horisontales de la sphère, leurs flèches LM, *fm* ..... aussi horisontales; par conséquent elles sont bien représentées au profil par des lignes L*o*, F*r* parallèles à une ligne CQ, qu'on suppose horisontale, & l'arc QAF vertical, & la ligne *or*, qui passe par leurs extrémitez représentera en profil la ligne M*m* de la projection, laquelle est dans le plan qui passe par les quatre points 1, 2, 3 donnez, & le quatriéme trouvé ; donc la ligne Y*y* est le profil de ce plan, lequel étant perpendiculaire au plan vertical QAYC, ne peut être représenté suivant les régles de la projection que par cette seule ligne ; mais parce que le plan vertical dont CQ est la projection horisontale, passe par le milieu du plan 1 2 3 4, il passera aussi par le centre du cercle auquel cette surface sera inscrite ; par conséquent le milieu de la ligne Y*y* sera le centre, & Y*y* le diametre de ce cercle, *ce qu'il falloit trouver*.

Pour le second cas, il est clair que les hauteurs respectives des points donnez D & *e*, à l'égard du point 1, & celle du point *e*, à l'égard du point D, sont bien trouvées, en ce que leurs distances du centre C sont rapportées sur une même horisontale AC, prise pour base d'un quart de cercle vertical AHC, à la circonference duquel sont terminées les verticales élevées sur les points P*pp*, qui représentent les donnez 1*e*D ; ainsi la projection horisontale, & la hauteur verticale étant données, l'hypotenuse de chaque triangle rectangle sera la juste distance d'un point à l'autre, comme nous l'avons démontré au troisiéme Livre.

PRATIQUE.

Faire un Segment de Sphére Concave ou Convexe.

Soit [*Fig.* 18.] un quartier de pierre brute AD, dans lequel on veut creuser une portion de sphère.

Ayant dressé un parement [par le Probl. I.] c'est-à-dire, une surface plane, on y tracera le cercle ƒ*n g* FoK, dont le diametre est trouvé par le Problême précedent, pour celui de la base du segment proposé ; puis on divisera le contour de ce cercle en autant de parties égales qu'on voudra, comme ici en quatre, aux points f, g, F, K, par lesquels & par le centre C on tirera des diametres fF, gK.

On fera enſuite une *Cercle* avec un morceau de planche mince, qu'on coupera ſuivant le contour d'un arc d'un cercle majeur de la ſphère, c'eſt-à-dire, décrit avec la moitié de ſon diametre, il n'importe de la grandeur de cet arc, pourvû que ſa corde ne ſoit pas moindre qu'un diametre fF, il faut même qu'il ſoit plus grand, ou du moins la cerche plus large que la fléche CP, pour la commodité du maniement.

On commencera par creuſer le long d'un diametre comme fF une rigole qu'on appelle *plumée* pour y ajuſter la cerche perpendiculairement au parement, ce qu'on peut faire aſſez juſte à vûë d'œil, ou ſi l'on veut en y appuyant une équerre, comme on voit, à la figure, la cerche HFR, appuyée contre la branche qr de l'équerre eqr.

On en fera autant ſur un ou pluſieurs diametres, qui croiſent le premier, comme ſur gK, & l'on marquera au fond le milieu ou pole du ſegment P, puis on enlevera la pierre entre ces rigoles ou plumées, en préſentant de tems en tems la cerche, qu'on fera tourner ſur ce milieu comme ſur un pivot, ſans l'incliner à droite ni à gauche; enſorte que les extremitez de la corde on affleurent toujours le parement, & que le point P touche au fond ſur la marque qu'on y a faite, auſſi bien que tout le contour de la cerche, ce que l'on connoit, lorſqu'elle bouche le paſſage de la lumiere; car pour peu qu'elle trouve d'inégalité dans le fond on voit le jour entre deux. Et afin que l'épaiſſeur de la planche ne donne pas un faux contour, il faut qu'elle ſoit taillée de part & d'autre en *chanfrain*, plus ou moins aigu, ſelon qu'il convient à la grandeur ou petiteſſe de ſegment.

La néceſſité de ces précautions eſt démontrée dans les Lemmes précedens particulierement au troiſiéme, par lequel on voit que ſi la cerche étoit inclinée ſur la corde on, le ſegment qui ſeroit creuſé ſuivant ſon contour ne ſeroit plus portion de la ſphère propoſée, mais d'un autre de plus grand diametre, dans le rapport réciproque de la fauſſe profondeur, que donneroit la cerche, inclinée à celle de la même en ſituation perpendiculaire.

La *démonſtration* de cette pratique eſt fondée ſur ce que tous les cercles, qui paſſent par le centre de la ſphère ſont égaux entr'eux; de ſorte que la cerche étant portion d'un grand cercle, doit convenir & s'ajuſter à la ſurface de la ſphère toutes les fois & dans toutes les poſitions, où ſon plan doit paſſer par ce centre; mais il ne peut y paſſer que lorſqu'il fera ſes révolutions ſur ſon axe, comme ſur un pivot, qui tourne sur le pole P, ou qu'étant incliné au plan de la base hors du milieu, il le sera de manière qu'il passe encore par le centre, ce qui n'est pas si aisé dans la pratique, que de le placer perpendiculairement au plan de la base du segment, où l'on peut se servir d'une équerre comme nous l'avons dit; car l'usage du biveau, qui pourroit servir pour donner l'inclinaison à la cerche, suppose, ce qui est en question, qu'on a tracé un cercle majeur dans le segment, sur lequel le biveau doit avoir une de ses branches, & l'autre doit être perpendiculaire au plan de la cerche.

Second Cas.

Pour former seulement une portion de Segment.

Il arrive quelquefois qu'on veut creuser une portion de segment *Fig. 19* dans une pierre *abde*, qui n'est pas assez large pour y tracer le cercle *& 19.* de la base entière; de sorte qu'on ne peut y avoir que deux arcs de cette base diamétralement opposés. Alors la manière la plus sûre & la plus correcte seroit de chercher la flèche du segment de cercle mineur, qui a pour corde la ligne *rs*, où la pierre manque, pour y décrire l'arc de base *ros*, ce qui n'est pas bien difficile.

Soit le segment OPQ [*Fig. 19.*] la portion de la cerche HPR, qui doit entrer dans le creux de la pierre. On portera la moitié de la largeur *ae* de cette pierre, du milieu C, en D, par où l'on tirera Dy parallèle à la portion du rayon du milieu C P, & l'on aura la longueur Dy, qui sera la flèche qu'on cherche. Ainsi par les trois points donnez *rs**, extre...ez de la corde du segment, & y extremité de ** Fig.* la flèche, on fera p... un arc de cercle, qui sera le modèle de la cerche qu'il faudroit appliquer aux côtez opposez de la pierre *rs*, & *vu*, où elle manque, pour la formation du segment entier de la sphère.

Mais si l'on veut s'épargner cette peine, qui entraineroit avec elle l'obligation de dresser les côtez de la pierre pour y placer cette cerche, comme un panneau, au lieu qu'on peut les laisser brutes, & cependant faire la portion de segment de sphère demandée, sans erreur sensible; on peut s'y prendre autrement.

Ayant décrit une portion de cercle majeur HPR, pour en former *Fig. 19* la cerche comme on la voit à la figure au dessus; d'un point P, pris pour milieu, on prendra deux arcs égaux PH & PR, plus grands que les deux PO & PQ, qui doivent être dans le creux du segment de sphère, pour avoir le bord de la cerche HR, au dessus du plan de la base. Ensuite par les points F M g f m G, où les lignes diagonales *ad*, *bc*, & celle du milieu M*m* coupent les arcs *rv*, *us* de cette bafe, on tirera des tangentes à ces arcs, ou ce qui eft la même chofe des perpendiculaires aux diametres, comme TN d'un côté, *tn* de l'autre; puis ayant fait les plumées fuivant les diagonales F*f*, G*g*, & la ligne du milieu M*m*, avec le contour de la cerche HPR, que la perfpective nous oblige de repréfenter dans cette figure en portion d'Ellipfe, quoique ce Fig. 19ᵉ. foit la même qui eft en arc de cercle au deffus marquée des mêmes Lettres. On marquera au fond du fegment avec précifion le point P, milieu du creux où fe croifent les trois pofitions de la cerche, qui ont donné la formation des deux triangles fphériques égaux FP*g*, GP*f*.

Ensuite pour former les portions du fegment, qui fe trouvent au delà de ces triangles fphériques, on tiendra toujours le milieu P de la cerche fur celui du fegment, & on la tournera fur ce point comme fur un pivot, en bornoyant la ligne HR par une des tangentes TN, ou *tn*, afin qu'elle ne panche pas plus à droite qu'à gauche, je veux dire vers X que vers Q; fuivant ces points on abatra la pierre pour que le creux s'ajufte parfaitement à fon contour, en toutes ces fituations.

DEMONSTRATION.

Premierement, dans la figure 19ᵉ. il eft vifible que la ligne D*y* étant parallele à la flêche CP, peut exprimer la fection d'un plan coupant la fphère perpendiculairement au cercle, qui eft la bafe du fegment, dont la ligne OQ repréfente le diametre, comme on le voit en perfpective à la fig. 19; or les paremens des côtez de la pierre *ab* & *ed* font fuppofez d'équerre au parement *ad*; donc l'arc d'un cercle mineur paffant par *rys*, exprimé par D*y* de la figure, exprimera auffi parfaitement la fection de la fphère faite par le plan d'un des côtez de la pierre qu'on doit creufer.

Secondement, puifqu'il eft de l'effence de la furface fphérique, que tous ces points foient également éloignez du centre, la corde *yx* doit être perpendiculaire à la flêche CP, qui repréfente une portion de l'axe, & les points *yx* doivent être également éloignez des points C & P, fans quoi ils ne pourroient être équidiftans du centre, qui eft dans la prolongation de la ligne PC; or puifque toutes les fections que l'on peut faire dans la fphère par la corde *yx* font des cercles, il fera toujours vrai que les tangentes de ces cercles, qui feront paralleles à cette corde, le feront à toutes les lignes qui lui feront paralleles, comme HR; donc fi l'on fait une parallele à la tangente dans un plan quelconque paffant par cette corde, on en déterminera par ce moyen la pofition [par la 9.ᵉ du 11.ᵉ liv. d'Eucl.] donc fi HR

DE STEREOTOMIE. Liv. IV.

eft parallele à TN, yx la fera auſſi, & les points y & x feront équidiſtans du centre de la ſphère, *ce qu'il falloit faire*.

Nous n'avons parlé juſqu'à préſent que de la formation du ſegment de ſphère concave; parce que c'eſt le plus uſuel dans la pratique des voutes, s'il s'agiſſoit d'en former un convexe, comme il arrive aux voutes extradoſſées, ou pour former un globe; il eſt premierement évident qu'il faut que les cerches ſoient d'une courbure contraire aux précedentes, c'eſt-à-dire, qu'elles ſoient concaves au lieu d'être convexes, comme elles doivent être pour la formation de la doële. Mais il faut de plus commencer par la formation d'un Cylindre Droit, comme on voit à la fig. † au deſſus du chiffre 20, pour avoir dans une de ces baſes celle du ſegment, & dans la direction de ſes côtez celle de l'axe de la ſphère, qui doit être perpendiculaire à la baſe du ſegment; ainſi ayant formé un cylindre convexe par une pratique contraire à celle que nous avons donné au Problême précedent pour le concave ſur un diametre donné fF ou gK, & de la hauteur de la flèche CP trouvé par le profil, on fera une cerche concave d'un arc de cercle majeur de la ſphère égal à la profondeur du ſegment; puis la poſant ſur le centre P de la baſe ſupérieure du cylindre, perpendiculairement à cette baſe on abatra la pierre en croix $abcd$ pour bien ſe conduire, & enſuite le reſte en faiſant tourner la cerche ſur le pole P, enſorte que ſon extremité parcoure la circonference de l'autre baſe $fgFK$.

Fig. †

REMARQUE.

On voit par toutes ces précautions que l'Auteur du Livre de la *Pratique de la Coupe des pierres*, n'a pas pourvû aux imperfections & aux defauts de la méthode de creuſer ſes *Ecüelles* à la pag. 60. particulierement lorſqu'elles ſont ébréchées, faute de largeur ſuffiſante de la pierre deſtinée à faire un vouſſoir, puiſqu'il ne regle point la poſition de la cerche; cependant il eſt clair, par ce que nous venons de dire, qu'on ne peut la mettre en bonne ſituation qu'avec certaines précautions, leſquelles étant négligées il eſt bien difficile qu'elle ne donne une fauſſe plumée, qui altere la régularité de la ſurface ſphérique; car ſi elle panche, par exemple, ſuivant la poſition ponctuée bz, le point P s'approchera du côté ed, & le point x s'abaiſſera en z au deſſous de la vraie ſurface ſphérique; donc l'arc Pz ſera tout hors de la ſphère, qui doit avoir pour baſe de ſegment le cercle $ttuV$, puis la perpendiculaire au plan de ce cercle paſſant par P ne paſſera plus par ſon centre.

On voit auſſi par la même raiſon que la maniere dont le P. Deran fait ſes doëles ſphériques par le moyen des deux diagonales de ſa pierre *ad*, *be* ne peut conduire les Ouvriers, même encore fort imparfaitement, qu'à la formation des deux triangles sphériques opposez rPV, rPu, & que les restes du segment rPs, VPu sont faits au hazard.

USAGE.

LA formation d'un segment de sphère sert 1.° à celles de toutes les clefs des voutes sphériques, dont les doëles & les extrados sont des segmens complets.

2.° A la préparation des autres voussoirs, qui sont des segmens de sphère tronquez de plusieurs côtez, ordinairement de quatre arcs dans les arrangemens simples des voussoirs, quelquefois de six, comme dans les arrangemens variez aux angles d'enfourchemens, dont nous parlerons ci-après.

Remarque Historique.

LE plus grand segment de sphère qui ait peut-être jamais été fait d'une seule piece, est la clef de la voute du Dôme de l'Eglise de Ste. Marie de la Rotonde, bâtie hors de Ravenne en Italie, vers l'an 757. à laquelle quelques Auteurs donnent dix pieds de diametre, & qu'ils disent peser environ deux cens milliers. Mais si l'on en croit Scamozzi, la chose est bien plus merveilleuse. Il assure que toute la voute qui a trente sept pieds de diametre, qui font 40. des nôtres, s'il se sert de sa mesure ordinaire du pied Vicentin, est toute d'une piece, *la Cupoletta*, dit-il, *del Tempietto di S. Maria fuori di Ravenna di diametro di 37. piedi è tutto d'un Pezzo di pietra*, liv. 8. chap. 14. Il faudroit pour l'en croire que cette Eglise eût été taillée dans le Rocher, comme celle de St. Emilion en Guienne, ce que l'on ne dit pas de celle de Ravenne.

SI la voute n'est pas exactement sphérique mais surhaussée ou surbaissée, alors la clef & les voussoirs ne sont plus des segmens de sphères mais de sphéroïdes, qui demandent plus d'attention pour les bien exécuter, comme nous allons le dire.

Des Segmens des Sphéroïdes.

PROBLEME III.

Par trois points donnez à la Surface d'un Sphéroïde, dont on a la Projection, faire passer une Ellipse, qui soit la Base du Segment, fait par un Plan, qui le coupe par ces trois points.

CE ne seroit pas assez de trois points pour déterminer le contour d'une Ellipse dans toute autre circonstance que celle de la section d'un sphéroïde: parce que par trois points donnez dans un plan, on peut faire passer plusieurs Ellipses différentes; ce n'est pas même assez de quatre en general; ici c'est assez de trois pour déterminer la position d'un plan, pourvû qu'ils ne soient pas en ligne droite dans la projection.

Premier cas, où deux des Points donnez sont dans une section parallele à un des Axes.

Premier Exemple, dans le sphéroïde applati ou oblong, où l'axe est en situation verticale, & où les sections horisontales sont des Cercles.

Soit [*Fig.* 17.] le demi cercle HBG la projection horisontale de la *Fig.* 17. moitié d'un sphéroïde ou voute de four surbaissée, dont le profil, ou section verticale par l'axe est le quart d'Ellipse *bs*B, & les points donnez 1, 2, 3, par lesquels il faut faire passer un plan, dont la section sera une Ellipse, par le Theor. V. [du livre I.] Du point C, centre du sphéroïde & de la distance C*r* pour rayon, on décrira un arc 1, 4, qui coupera le rayon C3 prolongé au point 4, on divisera la corde 1 4 en deux également en N, pour tirer par ce point N le rayon C*y* indéfini.

Par les points 2 & 1, on élevera des perpendiculaires sur le rayon CB, qui couperont l'arc Elliptique *bs*B aux points *o* & Q, par lesquelles on menera *on*, QR, parallelles à CB, qu'on fera égales aux flèches de la projection NO & *r*4. Par les points *n* & R on tirera une ligne, qui coupera cet arc au centre surbaissé aux points Y & *y*; la ligne Y*y* sera un des axes de l'Ellipse qu'on cherche.

Pour tracer son conjugué, on le divisera en deux également au point M, par où on tirera P*s'* parallele à CH, qui coupera l'arc au point *s'*. Du point C pour centre, & CP pour rayon on décrira un arc de cercle, qui coupera le rayon du milieu C*y* au point C*'*, d'où on portera la hauteur P*s'* en C*'* S; puis ayant tiré par le point C*'* la perpendiculaire 5, 6 sur CS, qui coupera le demi cercle horisontal GBH aux points 5, & 6; on prendra cette ligne 5, 6 pour grand axe d'une section verticale de sphéroïde, & C*'* S moitié du petit axe, avec lesquels on décrira une demi-Ellipse 5, S, 6. On portera la flèche M*s'* du profil en *m*S, sur le demi axe de cette Ellipse, & par le point *m* on menera la ligne X*x*, parallele à 5 6, qui coupera cette Ellipse aux points X & *x*; cette ligne X*x* sera le grand axe de l'Ellipse qu'on cherche, dont le petit axe est la ligne trouvée Y*y* du profil, ce qui donne une Ellipse telle qu'on la voit représentée au dessous à part, marquée des mêmes lettres, avec la petite lettre *a* en Y·*y*.

32   TRAITÉ

Second Exemple, dans le Sphéroïde oblong ou aplati, dont les Sections horisontales sont des Ellipses semblables.

Fig. 20. Soit [*Fig. 20.*] le sphéroïde oblong ADB, dont l'axe DE est en situation horisontale ; les sections horisontales étant des Ellipses ; & deux des points donnez étant dans une de ces Ellipses, il faut encore considerer leur position en deux cas differens, qui rendent l'operation plus ou moins facile & simple.

Premier cas, où deux des points donnez sont équidistans d'un des axes de l'Ellipse, comme ceux marquez 2 & 3 ; en ce cas, ainsi que dans l'exemple précedent, on trouve les axes par la même construction, & plus facilement parce qu'après avoir abaissé du milieu *m* de la corde X*x*, une perpendiculaire N*z* sur CE [comme dans l'exemple précedent de la fig. 17. P*s* sur CB] on menera par le même point *m*, la ligne *m*V perpendiculaire à N*z*, & du point N pour centre, & pour rayon N*z*, on décrira l'arc de cercle *z*V, qui coupera *m*V au point V ; la ligne *m*V sera la moitié du second axe. Nous aurions pû prolonger V*m* pour avoir l'axe entier de l'autre côté ; mais nous ne l'avons pas fait pour éviter la confusion des traits de la figure. Par le moyen des deux axes on décrira une Ellipse telle qu'elle est à la fig. à part V*xx* X.

Second cas, où les points donnez *e* 2 sont entre les axes AB & DE. Ayant tiré la corde *e* 2 on la divisera en deux également au point *o*, & on lui menera par le troisiéme point donnée *d* une parallele *d*1 qui coupera l'Ellipse *d*1L4 de la section horisontale par le point *d* au point 1, on divisera aussi la corde *d*1 en deux également au point *q*, par où & par le milieu *o* de la premiere corde on menera une ligne indéfinie FG, qui coupera l'Ellipse ADBE aux points F & G. On divisera la ligne FG en deux également au point *x*, qui se trouve ici sur la ligne CB tout près de C, d'où comme centre, & CB pour rayon on décrira un arc de cercle, qui coupera en *z* la ligne menée par *x* parallelement à CH, la ligne *zx* est le demi axe d'une Ellipse dont FG est le grand axe.

Soit *bp*F un quart de cette Ellipse, par les points P & *r* où la ligne FG coupe les Ellipses des sections horisontales on élevera des perpendiculaires *p*P, *r*R, qui couperont ce quart d'Ellipse aux points *p* & R, par lesquels on tirera des petites lignes *p*Q & R*o* paralleles à FG, qu'on fera égales aux flèches P*q* & *ro*. Ensuite par les points Q & *o* du profil on tirera la ligne Y*y*, qu'on divisera comme dans les exemples précedens en deux également en *m*, d'où on abaissera sur FC la perpendiculaire *m*C, de même que du point Y la perpendiculaire YK, & de l'autre point *y* la perpendiculaire

culaire yk la ligne Kk fera la projection d'un des diametres de l'Ellipfe qu'on cherche, dont la vraie longueur eft la corde Yy de l'Ellipfe Fpb, auquel diametre les lignes $d\,1$ & $e\,2$ font des *ordonnées*. Il ne s'agit que de trouver l'angle qu'elles font avec ce diametre. Pour cet effet on tirera les lignes dK & $K1$, dont il faut trouver les vraies longueurs, ou bien feulement de Kd & Kq.

Soit la ligne Tz la hauteur de la premiere fection horifontale, qui paffe par le point donné d, qui eft prife au deffus de AC de la diftance Pp, on lui fera une parallele ki à la hauteur de YK; enfuite on portera la longueur Kd de la projection, fur cette ligne en kd, & la longueur de la projection Kq en kq fur la même. Par les points $q\,d\,i$ on élevera des perpendiculaires, qui couperont l'horifontale Tz aux points xyz, les lignes tirées à ces points du commun k feront les vraies longueurs des projections Kd, Kq, Ki. On tracera par leurs moyens une Ellipfe à part, qui fera celle qu'on cherche.

On prendra une longueur ky, [*Fig. 20* *au coin en bas*] égale à la corde Yy, qu'on divifera en deux aux points C^x, cette ligne fera un diametre, & C^x le centre. On prendra la longueur kx du profil, qui eft exprimée à la projection par Kq, & on la portera fur Ky en Kq^x. du point q^x pour centre, & pour rayon qd du plan horifontal, on fera un arc de cercle en d^x, & du point k pour centre, & pour rayon kd du profil, on fera un autre arc qui coupera la perpendiculaire au point d^x, ce qui donnera l'angle $d^x q k$, & l'ordonnée $d^x q^x$, au diametre ky, par le moyen de laquelle on tracera [par le Probl. IV. du 2.e Livre] l'Ellipfe $kd^x e y 2 1$, qui eft celle qu'on cherche.

Second cas, de la pofition des points donnez en toute forte de Sphéroïde, lorfqu'ils font fans aucun ordre, comme les points 5, 6, 7, on tirera par ces points des lignes droites 5,6 & 5,7, prolongées indéfiniment par les points 5 & 6, on élevera des perpendiculaires 5,5.^{e} 6,6.^{e} égales à la hauteur des points correfpondans à la furface du fphéroïde, fur leur projection qu'il eft aifé de trouver; par exemple, pour le point 6 on menera par ce point la ligne $W9$, parallele à CB, & par le même point une perpendiculaire 6,9' indéfinie, enfuite du point W pour centre, & pour rayon $W9$ on décrira un arc de cercle qui coupera cette perpendiculaire 6,9' au point 9'. la longueur 6,9' portée de 6 en 6e donnera le point 6e pour la hauteur verticale du point, dont 6 eft la projection.

Fig. 20.

Supposant de même que le point 5.e eft la hauteur du point 5, on menera par les points 5e & 6e une ligne 5e o, qui coupera la ligne 5, 6 prolongée au point o. On élevera de même fur la ligne 5,7 des perpendiculaires 5, 5e, 7, 7e égales aux hauteurs trouvées, & l'on menera par les points 5" 7" une ligne qui coupera l'horifontale 57 au point o"; la ligne menée par les points o" o' fera la fection du plan qui paffe par les trois points donnez avec l'horifon, c'eſt-à-dire, avec le plan de l'Ellipfe ADBE prolongé, lequel coupant le fphéroïde, fera pour fection une Ellipfe [par le Theor. V. du 1. L]

Pour la décrire on fera paſſer par les points 6, 7 des arcs Elliptiques femblables à BgE, & des lignes droites paralleles à o" o', elles couperont ces arcs aux points 6' 7', & la ligne paſſant par le milieu de ces cordes fera un diametre ou un axe de la projection de l'Ellipfe, dont il faut trouver la longueur comme dans les cas précedens, auſquels on revient par cette préparation.

Ce que nous venons de dire pour les points donnez dans le fphéroïde alongé, dont l'axe eſt horifontal, s'applique naturellement à celui dont l'axe eſt vertical, il ne s'agit que de faire attention, que les fections verticales qui fervent à trouver les hauteurs des points donnez, font des Ellipfes dans ces derniers, au lieu que dans l'autre ce font des cercles, lorfqu'elles font perpendiculaires au grand axe.

DEMONSTRATION.

Toutes les fections planes d'un fphéroïde étant des Ellipfes, comme il a été démontré au Theoreme V. du premier Livre, & 3 points étant néceſſairement dans un plan, il eſt clair que la baſe d'un fegment de fphéroïde eſt une Ellipfe, qui doit paſſer par trois points donnez; mais parce que par trois points, qui ne font pas en ligne droite, on peut faire paſſer pluſieurs Ellipfes différentes, il faut avoir quelque choſe de plus pour déterminer l'Ellipfe, qui eſt la fection demandée du fphéroïde; ainſi on cherche un diametre, lequel donne encore deux points; or avec cinq points on peut déterminer le contour d'une Ellipfe, & démontrer qu'il n'en peut avoir qu'une, qui paſſe par ces cinq points.

Fig. 20.

Dans la premiere fuppoſition, où deux points font équidiſtans de l'axe, la poſition du plan coupant eſt déterminée perpendiculaire au plan paſſant par l'axe ED verticalement & horiſontalement; ainſi le diametre trouvé xX eſt un axe, dont le conjugué eſt la ligne perpendiculaire fur fon milieu m, terminée au fphéroïde, dont la fection fuivante Nz eſt un cercle.

Dans la feconde fuppoſition la ligne paſſant par le milieu des lignes e2 & d1 eſt un diametre, qui coupe les ordonnées en deux également.

Enfin dans la troiſiéme fuppoſition, il eſt clair que puiſque les points *or* & *on* sont les rencontres des lignes menées par les points donnez, & par leur situation à l'égard de l'horison, c'est-à-dire, les cordes des sections Elliptiques, la ligne menée d'un de ces points *or* à l'autre *on* sera la section du plan passant par les trois points, avec celui de l'horison ADBE prolongé, de sorte qu'il n'y a qu'une Ellipse qui puisse couper le sphéroïde dans cette circonstance, & satisfaire au Probléme. Or les lignes menées par les points donnez parallelement à cette situation, couperont le sphéroïde en des points de même hauteur ; par conséquent la construction du Probléme retombe dans le cas précédent.

PRATIQUE

Faire un Segment de Sphéroïde alongé ou aplati, dont la Base & les Sections perpendiculaires à la Base sont données.

La maniere de faire une portion de surface de sphéroïde, soit en creux, soit en bosse, est la même que pour la sphère, avec cette difference, que la même cerche ne peut pas servir en toutes sortes de positions perpendiculaires à la base du segment ; car elle ne peut servir que pour une position, non seulement à l'égard des axes de la base, mais encore à l'égard du pole du sphéroïde ; parce que les Ellipses sur lesquelles on forme les cerches sont plus concaves vers le grand axe que vers le petit, où elles sont moins courbes.

La portion du segment de sphéroïde sera aussi bien faite, si l'on trace une tangente sur le plan de la base, parallele à la corde de la cerche ; mais il faut remarquer que ce soit dans un de ces cas, où les quatre angles de la portion de segment sont dans un même plan ; en sorte que la doële ne soit pas gauche.

PROBLEME IV.

Faire une Surface quelconque régulierement irréguliere.

En Termes de l'Art.

Une Surface Gauche.

Pourvu que l'on conçoive bien la generation de ces surfaces, il ne sera guères plus difficile de les tailler dans la pierre ou le bois, que les régulieres.

Premierement, il faut commencer par supposer un plan qui passe par trois de ses angles, & chercher la distance, dont le quatrième angle s'éleve au dessus, ou s'abaisse au dessous de ce plan ; ensuite y

36 TRAITE'

placer les côtez droits ou courbes, qui doivent servir d'appui à la régle generatrice, les tailler par des ciselures pour faire place, par une rigole, ou plumée, à la régle, qui doit être appliquée sur les deux lignes opposées, & continuer à la faire mouvoir sur ses appuis, suivant l'exigence du mouvement generateur de la surface.

Fig. 7. de la PLAN. 28.
SOIT, pour *premier exemple*, une surface gauche de cette espece, que nous avons appellé *Doliclime*, comme la doële de la vis St. Giles, quarrée AB*m*DFM, qui est la même que celle de la fig. 7. renversée ou vûë par dessous. On commencera à l'ordinaire par dresser une surface, suivant le Problème premier, sur laquelle on tracera le contour de la surface plane ABD*f*, dont les trois angles ABD touchent les sommets de ceux de la surface gauche, & dont le quatriéme F est placé par la perpendiculaire *f*F, tirée du quatriéme angle F, de la surface gauche, au plan ABD*f*; ensuite on fera trois paremens de retour d'équerre sur les lignes A*f*, *f*D, DB, & sur l'angle F on portera la perpendiculaire *f*F; on tirera FD & FL sur les faces AF, *f*D, on tracera les arcs de la courbure de cette doële A*b*F, BHD, enfin on abatra toute la pierre qui se trouvera renfermée entre les quatre côtez, dont deux AB, FD sont droits, & A*bf*, BHD courbes, en appuiant toûjours la régle RE sur les deux arcs opposez, sur lesquels on la fera mouvoir à-peu-près parallelement aux côtez, soit pour former une surface concave ou une convexe, comme on voit dans cette figure. Je dis à-peu-près; parce que ces côtez ne sont pas paralleles, mais pour lui donner la situation qui lui convient suivant la plus grande exactitude, on divisera les arcs opposez en un même nombre de parties égales, & l'on placera la régle sur les parties correspondantes 1 & 1, 2 & 2, &c.

QUOIQUE nous fassions ici les côtez circulaires opposez dans des surfaces paralleles entr'elles, & perpendiculaires au plan AD, il peut arriver qu'elles doivent lui être obliques. Il n'importe ici pour un exemple, qui n'est qu'une introduction à la pratique.

Second Exemple d'une de ces Surfaces Gauches que j'ai appellé Mixtiligne.

Fig. 13.
SOIT [*Fig. 13.*] une surface gauche ABDF, qui a trois côtez droits & un courbe; comme sont les *Arrieres-voussures réglées & bombées*. Ayant dressé un parement sur une pierre, on y tracera le plan ABD*f*, qui passe par trois des angles de cette surface, & dont le quatriéme *f* est déterminé par la perpendiculaire F*f*, tirée du quatriéme de la surface courbe sur la surface plane qui en est la projection renversée; on fera trois paremens AD, AF, DF perpendiculaires entr'eux, on portera sur l'arête *f*H la hauteur *f*F, distance de la surface gauche à la droite, qui passe par trois de ses angles. Du point F on menera FD, &

DE STEREOTOMIE. Liv. IV.

du même l'arc donné FMA, & on abatra de la pierre ou du bois en suivant la direction de la régle RE, placée sur les points des divisions correspondantes sur la droite BD, & l'arc AF tout ce qui est compris dans les trois côtez AB, BD, DF droits, & le quatriéme FMA courbe, que l'on aura divisé en même nombre de parties que son opposé droit BD, pour donner à la régle RE directrice la situation qui lui convient, comme on a dit à l'exemple précedent, & la surface Gauche sera bien formée.

Troisiéme Exemple des Surfaces Gauches Mixtilignes Hélicoïdes.

La difference de cette espece de surface gauche avec la précedente est, que la ligne courbe, qui est un de ses côtez, étoit dans un plan, & que celle-ci est dans une surface courbe; telles sont celles des appuis des Grilles ou Balustres d'un escalier à vis, ou des appuis de fenêtres rampantes dans une Tour ronde, laquelle ligne courbe est une *Helice*, que quelques-uns nomment improprement une Spirale, c'est pourquoi nous appellons la surface de cette espece de mixtiligne *Hélicoïde*, laquelle est très-commune dans les bâtimens; telle est celle qui est formée par le délardement du parement inférieur de tous les quartiers tournans des marches des escaliers à vis, & de tous les Limons tournans & rampans.

Pour former cette surface il faut tailler la pierre en portion de cylindre concave ou convexe, nous en représentons [*Fig. 14.*] une moitié ABGF, que l'on taillera suivant la pratique du Probléme 2, comme un cylindre, ensuite, par le Probléme 48. du second Livre, on décrira sur la surface de ce cylindre, la ligne en helice, & sur le parallelograme, qui est la section du cylindre par l'axe ABGF, on tracera au milieu la ligne CH, qui représentera cet axe, lequel sera le côté en ligne droite, & l'helice ADG, la ligne courbe, sur lesquels on fera mouvoir la ligne droite generatrice représentée par la régle RE, qui sert à conduire la coupe de la pierre. Or puisque la régle doit parcourir l'axe droit CH dans le même tems qu'elle parcourt l'helice ADG, il faut diviser l'une & l'autre de ces lignes en un nombre égal de parties égales dans chacune, par exemple, si l'on divise CH en 4, aux points 1D3H, on divisera aussi l'helice en quatre, aux points 1°, D, 3°, G; ensuite on abatra la pierre ou le bois entre les deux lignes CH droite, & ADG courbe de l'helice, comme il sera indiqué par la régle posée sur l'une & sur l'autre, de maniere qu'elle soit appuiée sur les parties semblables 1°1, D; 3°3, GH, en la tournant autour de l'axe CH, & la haussant ou baissant parallelement au plan de la base à chaque position sur les parties correspondantes à celles de l'helice, sçavoir du point H au point G, du point 3 de l'axe, au point

Fig. 1.

3' de l'helice, du point D' de l'axe au point D de l'helice, lesquels deux points sont ici rassemblez par le dessein, du point 1 de l'axe au même 1 de l'helice, ainsi du reste.

Par où l'on voit que plus le nombre des divisions sera grand, plus l'operation sera exacte.

S'il s'agissoit d'une vis de pressoir, au lieu de tenir la régle perpendiculaire à l'axe, il faudroit l'incliner en haut & en bas, mais toujours d'un même angle.

Corollaire I.

Il suit de la formation de cette surface helicoïde, que si l'on prend sur la ligne generatrice HG un point K entre les deux, le mouvement de ce point tracera une helice KDL, à distance égale de l'helice extérieure AD₃G, qui est à la surface du cylindre, laquelle cependant ne lui sera pas parallele, parce qu'elle n'est pas dans le même plan, cette courbe étant à double courbure, & la surface helicoïde étant essentiellement gauche, comme il est clair par sa géneration, *c'est ce qui trompe les Ouvriers*, dans les appuis en Tour ronde & dans les Limons tournans & rampans, comme nous le dirons en son lieu.

Corollaire II.

Secondement, que tous les points comme m, K, n, situez entre les deux côtez de la surface sur la ligne generatrice HG, décriront par son mouvement, autour de l'axe HC, autant d'helices differentes, toutes inégalement courbes, comme mDμ, KDL, nDν, en sorte que celles qui approcheront le plan de l'axe HC seront toujours moins differentes de la ligne droite, jusqu'à ce qu'enfin, si elles en approchent infiniment, elles seront infiniment peu differentes de cette ligne. Ainsi supposant l'axe HC en situation verticale, plus elles en seront éloignées plus elles deviendront inclinées à l'horison, mais toujours d'une maniere uniforme, ce que l'on peut remarquer dans les escaliers à vis, où les girons des marches sont fort étroits au Collet, & fort larges à la Queue qui porte dans la tour ronde.

Corollaire III.

De la formation de la surface helicoïde il est aisé de tirer les moyens de former telle vis ou escalier. Il n'y a qu'à supposer un mouvement de diminution à la longueur de la ligne generatrice, par exemple AC, en sorte que le premier giron, ou le haut de la limace, doit se raccourcir à chaque instant en même temps du mouvement uniforme du point

page 39

Pl. 29

A, qui se rapproche continuellement du point C; desorte qu'il forme une spirale en limace, dont le contour est à la surface d'un cône; ainsi au lieu qu'ici on a formé un cylindre pour y tracer l'helice, on formera un cône pour y tracer la spirale en Limace, comme l'on voit à la Fig. 210. de la planche. 18. Au reste cette surface se formera par un même mouvement de régle, appuyée d'un côté à l'axe, & de l'autre à la limace, sur une partie correspondante à celle de la droite divisée en même nombre de parties, sçavoir de la premiere de l'axe à la premiere de l'helice, de la seconde à la 2.ᵉ ainsi du reste.

Le peu d'usage que l'on fait en Architecture de cette surface, fait que nous ne donnons point d'exemple de la maniere de la tailler, d'autant plus qu'elle est suffisamment expliquée dans celle de la formation de l'Helicoïde.

Nous ne donnerons point non plus d'exemple de la maniere de tailler la quatriéme espece de surfaces gauches, que nous avons appellé *Sphéricolimes*; parce qu'elle est trop composée & trop difficile pour des élemens de pratique, nous la donnerons fort au long dans la suite, lorsqu'il s'agira de *l'Arriere-Voussure de St. Antoine*; nous allons commencer par les traits des angles en talud.

CHAPITRE II.

De l'Appareil & Arrondissement des Angles en Talud.

CEux qui ont écrit de la Coupe des Pierres, n'ont parlé que de celle des voutes, prévenus apparemment qu'il n'y avoit pas de difficulté dans la taille de celles qui sont destinées à être posées horisontalement; cependant il est des cas où l'on a besoin du secours de la Géometrie, je l'ai vû par expérience dans une ville maritime où l'Appareilleur se trouva fort embarassé pour arrondir un angle en talud, qui devoit en raccorder deux inégalement inclinez, après avoir inutilement tenté les moyens de le faire, il vint m'en demander le *trait*, qu'il ne trouvoit point dans les Livres; j'étois jeune & peu exercé dans son Art, mais avec les seuls principes de Géometrie j'eu bien-tôt trouvé les traits que l'on verra ci-après.

J'ai aussi vû les Tailleurs de pierre se tromper si souvent dans le tracé des angles rectilignes en talud, qu'il m'a semblé à propos de commencer nos *Traits* par celui-là, d'autant plus qu'étant fort simple, il est très propre à l'introduction à la Pratique.

PROBLEME V.

Faire l'Encogneure d'un Angle saillant ou rentrant, dont les Faces sont en Talus égaux ou inégaux, avec des Chaînes ou Bossages en Saillie, dont les côtez se terminent à un Plan vertical.

PLAN. 30.
Fig. 21.
CE trait peut être exécuté par différens moyens, avec biveau, ou sans biveau de talud. Ayant pris avec la fausse équerre l'ouverture de l'angle d'encogneure ABC, on portera quarrément sur un de ses côtez AB, le reculement AG du talud d'une assise, par exemple, 2 pouces si le talud est du sixième sur 12 de haut, pour tirer GE parallele à AB, & l'on reculera le même angle suivant sa diagonale BD, pour tracer l'angle du sommet de l'encogneure GEH, si les taluds sont égaux à chaque face; mais comme il arrive quelquefois dans les raccordemens des vieux avec les nouveaux ouvrages, que ces taluds sont inégaux, nous choisirons pour cet exemple celui du raccordement du 12° Hk ou EI, avec le sixième AG ou FE, ce qui donne un reculement d'arête FE, qui ne s'aligne plus avec la diagonale ED; de sorte que l'encogneure devient biaise.

Fig. 22.
LE plan horisontal de l'encogneure étant tracé, on fera les profils des taluds des faces, un pour chacune, puisqu'on les suppose inégaux, pour avoir les biveaux de leur inclinaison, & toute la préparation sera faite.

POUR tailler la pierre on commencera par faire les deux lits de dessus & de dessous parallelés entr'eux de l'intervale de la hauteur de l'assise. Ensuite ayant pris avec la fausse équerre, du compas d'Appareilleur, ou avec une sauterelle l'angle d'ancogneure ABC, on le tracera sur le lit de dessous, puis sur chacun de ses côtez, prolongez jusqu'à l'autre bout de la pierre, on se retournera d'équerre, pour former les joints montans par deux surfaces planes, perpendiculaires aux lits de dessus & de dessous, lesquelles se trouveront aussi perpendiculaires à celles des faces lorsqu'elles seront faites.

Fig. 23.
LES joints, c'est-à-dire, les surfaces ausquelles la pierre suivante doit s'appliquer étant faites [par le Probléme I.] comme AN, on y appliquera le biveau du talud donné, qui convient à chaque face, par exemple, GAE de la fig. 21. en posant une de ses branches sur l'arête Ag du lit de dessous [fig. 23.] l'autre branche Ax prolongée donnera sur le joint l'inclinaison AG du talud, & le point G à l'arête du lit de dessus, par lequel on menera GE parallele à la ligne AB [par le Probl. I.] en bornoyant deux régles posées sur les lits de dessus & de dessous, l'une en AB stable, l'autre sur le point G, autour

duquel

duquel on la fera mouvoir jusqu'à ce qu'elle couvre exactement celle qui est en AB, bien entendu qu'il faut que ces régles soient prolongées au delà des longueurs de la pierre, sans quoi elle les couvriroit, en en regardant une on ne pourroit voir l'autre.

On operera de même sur l'autre côté de l'angle B*b* ou BH, en se servant d'un biveau plus ouvert ou plus fermé que le premier, selon la différence qu'il y aura du second talud au premier, ce qui donnera une arête de faces BE toute biaise, exprimée à la projection de la fig. 21. par la diagonale *b*E, qui ne divise pas l'angle A*b*K en deux également, comme la diagonale BE des taluds égaux, ce qui fait une sorte de difformité inévitable, qu'on apperçoit en regardant l'encognure par devant, vers le milieu sur l'allignement de la capitale; mais dans les Fortifications, où l'on doit ménager la dépense & éviter les démolitions, on doit avoir peu d'égard à cette petite imperfection; il faut quelquefois sacrifier l'agréable à l'utile.

On peut aussi faire la même chose sans se servir du biveau, en faisant une plumée A*a* d'équerre sur les arêtes BA & *g*A, après avoir jaugé la pierre de hauteur à plomb A*a*; puis on prendra au plan [*Fig.* 21.] le reculement FE du talud, qui donnera sur l'arête *a*N le point G, d'où l'on tirera GA qui sera le talud, & par le même point G une ligne GE ou GK, parallele à AB, comme nous venons de le dire, pour avoir l'arête de lit de dessus, par lesquelles paralleles on fera passer une surface plane, qui sera le parement en talud demandé, en abatant tout le prisme triangulaire AG*a*, LBK, dont la face en trapeze BAGE doit subsister, & le triangle restant BEK doit encore être enlevée pour la face en retour BH.

On voit que cette operation par équarissement est plus simple que celle où l'on employe les panneaux, en ce qu'elle épargne la peine de faire le dévelopement des surfaces de la pyramide tronquée, dont cette encognure fait partie, & qu'elle est exacte dans ces sortes d'ouvrages simples.

Il ne s'agit plus à présent que de déterminer la largeur de la chaîne saillante ou à bossages, que l'on fait ordinairement en pierre de taille à ces encognures, pour les fortifier lorsqu'elles sont à des angles saillans, ou par accompagnement de décoration dans les angles rentrans, ce qui est fort aisé par la projection horifontale du haut de l'encognure [*Fig* 21.] car si l'on détermine au sommet la largeur de la chaîne ou pilastre EG = AF, par les perpendiculaires tirées des points G & E sur AB, la diagonale EB donnera la longueur AB de la base de

Tome II. F

cette chaîne en AB, qui sera plus grande que GE, dans les angles saillans, & plus petite dans les rentrans.

On peut sans faire le plan de la chaîne, en *trouver la largeur par le calcul*; car on connoît ordinairement dans les pieces de Fortification la longueur de la diagonale, qu'on appelle *Capitale*, & celle de la demi-gorge. Alors d'un coup de plume on peut trouver de combien la chaîne s'élargit par le talud en montant dans un angle rentrant, ou diminuë dans un angle saillant; en disant, *comme la demi-Gorge A d est à la Capitale dB*; ainsi le talud donné AG ou FE est à la différence FB de la base AB, & du sommet GE de la chaîne de pierre de taille, dont le côté AG doit être dans un plan vertical.

Ou si l'on mesure la diagonale EB, il n'y a qu'à la quarrer, en ôter le quarré de FE, la racine quarrée du reste sera FB, différence des deux largeurs du haut & du bas: ainsi en ajoutant cette différence à celle du sommet de la chaîne, on aura celle qu'il lui faut donner à la base; & au contraire en la retranchant dans un angle rentrant.

Il est visible que l'encognure d'un angle rentrant se fait de la même maniere, en supposant la pierre renversée sens dessus dessous, & ôtant au contraire toute la pierre qu'on laisse aux angles saillans.

La Démonstration de cette pratique est fondée sur le rapport des triangles semblables AdB, EFB rectangles en d & F, & qui ont un angle commun en B; ainsi connoissant deux côtez, du premier on parvient à la connoissance de ceux qui leur sont homologues dans l'autre.

En second lieu sur le rapport des profils ou sections triangulaires, faites par des plans perpendiculaires à celui de la base ABC, & passans par differentes directions, l'une par la diagonale EB, l'autre par la perpendiculaire EF sur AB, lesquels triangles ont pour hauteur commune la distance des deux plans ABC, du lit de dessous, & GEH du lit de dessus; par conséquent ces triangles sont entr'eux comme leurs bases EF & EB, qui sont les reculemens qui déterminent l'inclinaison des taluds.

D'où il suit que si l'angle d'encognure ABC est de 60 degrez, sa moitié ABd étant de 30, le talud de l'arête des faces, ou son reculement BE, sera double de celui d'une face avec son lit de dessous, exprimé par FE; parce que le sinus FE de 30 degrez n'est que la moitié du sinus total BE.

Remarques sur les erreurs des Ouvriers.

Quoique la coupe d'une encognure en talud soit si simple qu'elle ne suppose aucun trait, on remarque cependant que presque tous les Tailleurs de pierres, qui n'y sont pas accoutumez, y font plusieurs fautes.

La plus ordinaire est, qu'après avoir fait le parement d'une face en talud avec le biveau, posé d'equerre sur l'arête du lit, ils veulent tracer l'arête du retour avec le même biveau, posé dans une autre façon, en couchant une branche sur l'arête du lit & du talud, & l'autre sur la face en talud, qu'ils viennent de tailler, sur laquelle ils tracent cette arête, & abatent la pierre suivant ce trait, par l'arête ou la trace de l'arête du lit du côté du retour, qui est donné par l'ouverture de l'angle de l'encognure à son lit.

Dans cette pratique il y a deux erreurs qui sont plus ou moins grandes, selon que l'angle horisontal, qui est proprement celui de l'encognure est aigu, droit ou obtus.

Lorsque l'angle est droit, cette pratique n'est fautive qu'autant que le talud est plus ou moins incliné; car s'il l'étoit très peu l'erreur ne seroit pas sensible & pourroit être négligée, mais si le talud est grand, elle donne une fausse inclinaison à l'arête de rencontre des deux faces, & par conséquent un faux talud à la seconde face, qu'elle rend trop couchée.

Si l'angle horisontal de l'encognure est aigu, la seconde face en retour deviendra trop roide, c'est-à-dire, que l'angle de son talud sera plus ouvert que celui de la premiere, auquel cependant il doit être égal, par la supposition.

Enfin si l'angle d'encognure est obtus, il arrivera au contraire que la seconde face sera trop couchée; cette remarque ne mériteroit pas une démonstration ailleurs que dans une proposition élementaire de pratique; mais pour eclairer les premiers pas que l'on va faire dans l'Art de la Coupe des pierres, il me paroît qu'il ne faut rien négliger.

Explication démonstrative.

Premierement, nous avons dit au troisième Livre, que les biveaux étoient les mesures des angles, des plans & des surfaces entr'elles, dont l'ouverture se doit prendre perpendiculairement à la ligne de leur commune section; or il est clair que le biveau, dans la situation dont

44 TRAITÉ

nous venons de parler, n'a aucune de ses branches perpendiculaires à la commune intersection de la seconde face en talud avec celle du lit de dessous ; car quand même l'angle horisontal de l'encognure seroit droit, il n'auroit qu'une de ses branches d'équerre à cette commune intersection, qui est l'arête du lit & de la face, l'autre branche étant couchée sur le talud de la premiere face, c'est-à-dire, le premier parement qui a été fait ne sera plus perpendiculaire à la même arête de lit & de la seconde face; donc [par le dernier Lemme du troisiéme Livre] il ne peut déterminer ni marquer au juste l'angle des plans, & par conséquent l'arête de rencontre des deux faces en talud, qui dépend nécessairement de la juste inclinaison des deux faces; donc cette pratique est ridicule en tout autre cas que celui d'une encognure à l'équerre & sans talud, d'où les Tailleurs de pierre l'ont prise.

Il est cependant vrai que lorsque l'angle de l'encognure est droit & le talud moindre du 6e, l'erreur n'est pas fort sensible; mais elle l'est encore assez pour qu'on puisse la distinguer du vrai profil; comme on va le montrer.

Fig. 22. Soit [*Fig. 22.*] l'angle d'encognure abR droit, à deux taluds égaux ou inégaux, il n'importe, marquez par les lignes de projection du sommet ge, eb, ayant prolongé be indéfiniment vers T, on fera sur ab pour base l'angle du talud de la face bR en abT, qui coupera la perpendiculaire PT, hauteur de l'assise, au point T, du point P pour centre, & PT pour rayon, on décrira un arc de cercle, qui coupera ba en S, & eg en s, par les points P & s on menera l'indéfinie Py, & par S une parallele à bE, qui coupera Py au point y; je dis que la ligne du talud de la face bR, couchée sur le talud de la face be, ne coupera point l'arête au lit supérieur de l'assise eg, éloignée de ab du talud, par exemple du 6e, qu'on s'est proposé par la position de la projection eg, mais en dedans, en une autre ligne, comme xy à même hauteur, que celle qu'on a fixé à l'assise, de sorte que l'angle du talud couché, couche aussi davantage le talud, & change l'inclinaison de la face sur le lit, qui est alors plus aigue.

Pour le démontrer il n'y a qu'à faire mouvoir le triangle du talud TbP autour de son côté bP. Il est clair que l'ang^{le} TPb étant droit, le point T, dans cette révolution décrira un arc de cercle en l'air, qui est représenté ici par l'arc TSs, lequel rencontrera les plans verticaux sur b, de la premiere face d'équerre sur le lit, & eg de l'arête de la face en talud, l'un en S, l'autre en s, au dessous du point S, de la quantité sS, c'est-à-dire, au dessous de la hauteur de l'assise qu'on suppose égale à PS ; par conséquent pour que la ligne Ps parvienne à cette hauteur elle doit être prolongée jusqu'à la ligne Sy, qu'elle rencontre au point y, & par la même raison la projection de l'arête de rencontre des faces sera prolongée au dedans de la premiere face en x.

D'où il suit qu'une telle position de biveau change les taluds que l'on s'étoit proposé, & les rend tous les deux plus aigus ; puisque sur la même hauteur d'assise PT, les largeurs de ses bases horisontales eP, $e\,i$ augmentent des quantitez gy, fx ; ainsi pour le grand talud transportant gy en Pq, on aura l'angle du talud $q\flat$L, au lieu de celui qu'on s'étoit proposé $q\flat$T, faisant qL égal à la hauteur fixe PT de l'assise ; ce qui montre évidemment qu'on ne doit jamais coucher les biveaux sur les taluds, comme font la plûpart des Ouvriers, si l'on n'y prend garde.

SECONDEMENT, pour voir ce qui arrive lorsque l'angle de l'encognu- *Fig. 21.* re est aigu, il faut remarquer que la diagonale EB du plan horisontal, étant plus longue que la perpendiculaire FE, qui exprime le talud sur le côté AB, & même plus que le côté FB ; puisqu'elle est l'hypotenuse d'un triangle rectangle EFB ; si l'on prend Fb = FE & Fx égal à la hauteur de l'assise, l'angle Fbx exprimera le vrai talud, lequel étant extérieur à l'égard du triangle bBx, est par conséquent plus grand que FBx, qui est encore plus grand, par la même raison, que celui de l'arête de l'encognure sur la diagonale BE, laquelle est, comme nous venons de le dire, plus grande que FE.

PRESENTEMENT si l'on transporte ces differens angles sur un profil, comme à la figure 21, à un même sommet comme B, on verra que l'angle du talud FBX excede celui de l'arête des faces FBx, de la quantité xBX ; par conséquent il diminueroit d'autant l'inclinaison de l'arête, & avanceroit son sommet x en X, de sorte que la face du talud en retour seroit beaucoup moins inclinée qu'elle ne doit être, suivant ce qu'on s'étoit proposé.

3.º SI au contraire l'angle horisontal de l'encognure est obtus, com- *Fig. 21.* me ABO ou ApQ, le côté FE étant plus grand que Fp, l'angle Fbx *& 22.* du talud de face, transporté au dedans sur le sommet de l'angle p, donnera un point q au dedans de x, qui fait voir que l'angle du biveau est plus aigu que l'angle Fpx d'un angle xpq ; par conséquent il donnera une section de face plus couchée que celle qui avoit servi à former ce biveau, ce qui est absurde.

IL n'est pas difficile de démontrer que le côté FB, dans l'angle aigu, est plus grand que FE ; que FE est égal à Fb dans l'angle droit ; & qu'il est plus grand que Fp dans l'angle obtus ; parce que dans le quadrilatere EFBf les angles en F & f étant droits, les deux autres en B & E seront égaux à la somme de deux droits, & l'angle B étant aigu, la moitié de la somme FBE sera plus petite que la moitié de l'obtus FEf; or au plus grand angle est opposé le plus grand côté ; donc FB est plus grand que FE, cette somme est égale à l'angle droit; donc Fb = FE est plus grande à l'angle obtus, & Fp plus petit que FE.

Il est aussi évident que l'angle de l'arête des faces avec la diagonale est toujours plus aigu que celui du talud ; parce que sa base est toujours plus grande que celle du talud, la hauteur de l'assise restant la même. La raison est que la base de cet angle en EB, dans l'angle aigu, ou EB dans le droit, & EP dans l'obtus est toujours l'hypotenuse d'un triangle rectangle, dont le reculement du talud EF est un côté.

Il suit de ce que nous avons dit ci-devant I.° qu'ayant le biveau de l'angle que font les arrêtes du lit avec celle de l'intersection des deux faces, on ne pourroit s'en servir que pour tracer les pierres angulaires, appellées *Ecoinçons*, & non pas les contiguës de la suite de la droite ou de la gauche ; parce qu'il seroit trop *maigre*, c'est-à-dire, trop fermé dans les angles aigus, & trop *gras*, c'est-à-dire, trop ouvert dans les encoignures obtuses.

Fig. 21. & 22. II.° Qu'il y a quatre sortes d'angles à considérer dans une encoignure en taluds, égaux à chaque face, & cinq, lorsqu'ils sont inégaux ; sçavoir, 1.° l'angle horisontal du lit, que j'ai appellé *Angle d'Encoignure* ABC ou abR. Celui-ci est toujours considéré comme un angle de lignes & non pas de plans.

2.° *L'angle de talud* abT [*Fig. 22.*] qui est l'angle du plan de la face inclinée avec le lit horisontal ; celui-ci est dans une section perpendiculaire à l'autre, que font ces deux plans à leur commune intersection, comme nous l'avons dit au troisième Livre.

Fig. 23. 3.° L'Angle des arêtes *de lit & d'encoignure* ABE. Celui-ci est toujours différent de l'angle du talud, comme nous venons de le démontrer.

4.° L'Angle d'inclinaison *d'arête d'encoignure* avec le lit, mesuré sur la diagonale de l'angle horisontal d'encoignure ; celui-ci est toujours plus maigre que l'angle du talud, & n'est perpendiculaire au plan horisontal, que lorsque les taluds des faces sont égaux entr'eux. Car lorsqu'il y en a une plus inclinée que l'autre de la face en retour, l'arête d'encoignure n'est plus dans un plan vertical mais incliné, ce qui la fait toujours paroître biaise sans remede.

DE STEREOTOMIE. Liv. IV.   47

5.º Lorsque les faces sont en taluds inégaux, il est clair qu'il en faut observer les differentes inclinaisons, & avoir un biveau pour chacune.

6.º On pourroit compter un sixiéme angle ABK, formé par l'inter- *Fig. 23.* section d'un plan vertical BL cC, supposé d'un côté, au lieu de la face inclinée, avec celui de la face en retour GABK; celui-ci auroit son utilité pour tracer l'encogneure en talud, dans une pierre équarrée à angle droit sur son lit. Nous avons donné la maniere de le trouver au commencement de cette démonstration.

La distinction de ces angles n'est nécessaire que pour en connoître la différence. Il suffit d'avoir les ouvertures des deux, sur lesquels il faut se régler pour le tracé, sçavoir celui de l'encogneure, sur lequel il convient de former un panneau; parce qu'il s'applique sur les lits, & celui du talud qu'il suffit de prendre avec la fausse équerre; parce qu'il doit s'appliquer en même tems quarrément, sur les faces & les lits; aussi bien que sur les joints montans.

Tout ce que nous avons dit ci devant des angles saillans doit s'appliquer aux rentrans, avec cette différence, qu'alors il faut prendre le haut pour le bas, & ôter dans l'un la matiere de pierre ou de bois qu'on laisse dans l'autre.

Probleme VI.

Raccorder deux Taluds égaux ou inégaux par un arrondissement dans un angle donné.

On peut arrondir un angle de deux façons, ou d'un arrondissement cylindrique, qui soit égal en haut comme en bas; ou d'un arrondissement conique, qui diminuë, ou augmente en s'élevant sur la base.

Des Arrondissemens Cylindriques.

Les murs qui forment une encogneure saillante, ou un angle rentrant, peuvent avoir des taluds différens; quoique suivant l'usage ordinaire ils soient également inclinez à l'horison; comme au sixiéme, ou au douziéme, &c. Il arrive quelquefois que l'un panche plus que l'autre, soit parce qu'ils n'ont pas été bâtis en même tems, soit qu'il y ait eu quelque raison de solidité ou de ménagement, comme de différence de hauteur & de charge.

Premier Cas, où les Taluds sont égaux.

Soit [*Fig. 24.*] l'angle donné ABC aigu ou obtus, saillant ou ren- *Fig. 24.*

trant, qu'on veut arrondir également en haut & en bas. Ayant déterminé le rayon EK de l'arrondissement de la base en arc de cercle, on divisera l'angle donné ABC en deux également par une diagonale BE; ensuite on tracera le plan de chaque assise suivant le talud que donnera leur differente hauteur, si elles sont inégales, par des parallèles aux côtez AB, BC, comme 1 H, 2 n, 3 b, &c. On élevera sur AB & BC les perpendiculaires KE & kE égales au rayon du cercle, dont l'arc doit former l'arrondissement, ensorte qu'elles se terminent au point E de la diagonale BD. Par ces points K & k on menera deux parallèles à cette diagonale KN & kn, lesquelles couperont les projections des lits de chaque assise aux points L & N, par lesquels on menera des parallèles aux lignes KE & kE, comme LF, lF, ND, nD, les points E, FD seront les centres des arcs d'arrondissement des lits de chaque assise, desquels on décrira les arcs Knk, ii, Ll, Nn, & ainsi de suite, jusqu'à ce qu'on soit parvenu à la hauteur du mur.

Si l'on vouloit connoître le reculement des centres de chaque assise par le calcul, il n'y auroit qu'à faire l'analogie suivante:

Comme le sinus de l'angle ABD, moitié de ABC

Est à la distance perpendiculaire d'une assise à l'autre sur son plan horisontal,

Ainsi le sinus total

Est à la diagonale ou distance des centres de chaque assise.

DEMONSTRATION.

Puisque l'arrondissement de l'angle doit être d'une égale portion de cercle en haut & en bas, suivant l'hypoténuse; & que cet arrondissement doit être insensiblement réuni aux surfaces planes des taluds, il s'agit de faire un secteur de cylindre scalene, qui soit touché par deux plans inclinez à l'horison; or un plan ne peut toucher un cylindre que suivant son côté droit, qui est essentiellement parallèle à son axe. Donc les deux attouchemens des plans des taluds doivent être deux lignes droites parallèles entr'elles, & à l'axe du cylindre comme KN, kn; mais parce que les lignes AK, 3N, Ck, 3n sont parallèles entr'elles, elles sont dans le même plan que les lignes KN, kn, & tangentes aux bases supérieures & inférieures du cylindre; puisqu'elles sont (par la construction) perpendiculaires sur les rayons KE, ND & kE, nD; donc ces plans de taluds sont tangens au cylindre, suivant les lignes KN, kn; *ce qu'il falloit faire*.

Il est clair que tous les centres des arcs de cercle des tangentes du
solide

DE STEREOTOMIE. Liv. IV.

solide, coupé parallelement à sa base AKmKC, doivent être dans la diagonale; puisqu'on suppose les taluds égaux. Il n'est pas moins visible que leurs centres sont entr'eux à distances égales de celles des sommets des angles, formez sur cette diagonale par les lignes parallèles, qui expriment les joints de lit de chaque assise, dont elles sont la projection; car si du sommet H on tire sur AB la perpendiculaire HG, on verra qu'à cause de ces parallèles on aura plusieurs triangles rectangles semblables, qui donneront $BG : GK :: BH : HE :: GH : KE = LF = ND :: BH : BE :: HI : Hg$; c'est-à-dire, qu'il y aura toujours même rapport entre le rayon & le reculement, qu'entre le talud de chaque assise & sa diagonale. Ainsi supposant les assises égales, les reculemens des centres seront égaux à la diagonale BH; alors on aura $Eg = gF = FD = Ki = iL = LN$, & si elles sont inégales on aura $KP = GH : Ki :: LQ : LN$.

COROLLAIRE.

Puisque la distance des centres des arcs d'arrondissement entr'eux, ou, ce qui est la même chose, celle de la circonference d'une assise à l'autre, prise sur la diagonale, est égale à celle du reculement d'une assise sur l'autre, mesuré d'angle en angle sur la diagonale, il suit que si l'angle des taluds est de 60 degrez, leur intervale sera le double du talud, parce que le talud GH sera le sinus de 30 degrez, ou de l'angle GBH; par conséquent $BH = 2 GH$, ce qu'il est bon de remarquer; comme aussi que la diagonale BH étant toujours plus grande que le talud GH, la base des taluds d'arrondissement prise à la diagonale, sera toujours plus grande que celle du talud des faces, quand même l'angle des faces en talud seroit très obtus; parce que B H est toujours une hypotenuse à l'égard de GH.

Remarque sur les Erreurs des Ouvriers.

On m'a fait remarquer dans deux Places Maritimes, l'une au Château de St. Malo, à la pointe de la Galere, l'autre à un Bastion du Fort St. Loüis à St. Domingue en Amerique, des angles aigus de Fortifications arrondis cylindriquement, comme des traits de la Coupe des pierres fort difficiles, dont les Ouvriers ne pouvoient venir à bout, ayant été obligez de les démolir plus d'une fois, & d'en tracer les pierres piece à piece sur le tas; parce qu'*en donnant le même talud à l'arrondissement qu'aux faces*, il prenoit une telle figure, qu'on ne pouvoit le raccorder. Surpris qu'une chose, qui paroit simple, eût tant de difficulté, j'y reflechis un moment pour en chercher la raison, & j'apperçûs aussitôt que le talud de l'arrondissement changeoit continuellement, depuis le trait d'équerre IN, sur la naissance N à chaque face jusqu'à sa diagonale gE, ce qui faisoit un parement gauche, quoique partie d'un corps cylindrique régulier ; mais qui paroit gauche, parce que ses quatre angles ne sont pas dans un même plan ; car si l'on tire au lit de dessous de l'assise 2E2, les lignes DI, DL, DE, & qu'on en retranche les rayons de l'assise suivante, ou du lit de dessus de la même assise, il est clair que IN est plus petit que Lx, & Lx plus petit que Eg. Or il est constant que les surfaces des joints montans de chaque assise doivent être dans des plans verticaux, dont les lignes DI, DL, DE, &c. sont la projection ; par conséquent le joint qui passe en x, doit tomber au lit de dessous en L ; d'où il résulte une nouvelle difficulté, qui ne peut être apperçûe par les Appareilleurs qui ne sçavent point de Géometrie ; c'est que le joint montant, dont Lx est la projection horisontale, ou pour parler comme eux, le plan, ne doit pas être une ligne droite, mais une portion d'Ellipse, puisqu'elle est la section oblique d'un cylindre scalene KmkngN ; à la vérité cette courbure étant très peu sensible, on peut la regarder comme une ligne droite ; cependant c'en est assez pour faire appercevoir dans l'ouvrage achevé quelque besoin de ragrément, si les assises sont fort hautes. Il est visible que cette courbure diminue à mesure que le joint approche de la diagonale DB ; car le joint qui sera dans le même plan, comme pourroit être Eg de la seconde assise, est parfaitement droit ; parce qu'il est dans un plan qui coupe le cylindre par son axe DE. On ne croiroit pas qu'il y eût tant de choses à considérer dans l'exécution d'un ouvrage, qui paroit tout simple du premier abord.

Second Cas des Arrondissemens Cylindriques, lorsque les Taluds des Faces sont inégaux.

Fig. 25.

La différence de ce cas avec le précedent ne consiste qu'en ce que dans la projection horisontale des assises, qui est plus serrée d'un côté que de l'autre, parce que Ee a moins de talud que Aa, la ligne Bb, qui passe par le sommet de l'angle supérieur EBA & ba inférieur, ne se confond pas avec la diagonale de chaque angle BC & bC', de sorte que l'axe du cylindre qui doit être parallele à l'intersection Bb des faces en talud Eb & Ab, forment avec les trois lignes précedentes un parallelograme AbCC' incliné à l'horison.

Pour trouver les centres de l'arrondissement des lits de chaque assise, on portera sur l'axe CC' les longueurs FG en CC", & GH en C'C" ; c'est-à-dire, les parties de la ligne FH, qui est celle de l'attouchement des faces en talud, & du cylindre scalene de l'arrondissement, comprises entre les tranches parallèles & horisontales des lit des chaque

DE STEREOTOMIE. Liv. IV.

aſſiſe, comme on a fait au cas précedent, auquel on renvoye le Lecteur pour la démonſtration, & les obſervations qui la ſuivent; il eſt d'ailleurs bien clair que l'axe du cylindre, dans lequel ſont les centres de tous les arcs de chaque aſſiſe arrondie, doit paſſer par les diagonales BC & bC' de leurs angles EBA, & eba, qui ſont égaux; puiſque [par la 4.e du 4.e liv. d'Eucl.] le centre d'un arc inſcrit dans un angle eſt dans ſa diagonale, & à cauſe que les diagonales bC' & BC ſont paralleles & égales, par la ſuppoſition, l'axe CC' ſera auſſi parallele & égal à l'interſection des faces en talud Bb, & aux lignes d'attouchement de ces faces avec le cylindre en FH & fh.

Remarque ſur cet Arrondiſſement.

Il ſemble que lorſque les taluds ſont inégaux, il ne convient pas de faire un arrondiſſement cylindrique, mais plutôt un conique; parce que le biais de l'angle, qui ſe jette tout d'un côté, doit y être plus ſenſible à la vûe, & en ſauver moins la difformité, qu'un arrondiſſement conique, qui ſe partage un peu de chaque côté.

Seconde partie, du Problême pour les Arrondiſſemens Coniques.

Les arrondiſſemens coniques ſont plus naturels aux encognures en taluds que les cylindriques, & le plus naturel, lorſque les taluds ſont égaux, eſt celui d'un ſecteur de cône Droit, ou parfait ou tronqué.

Du Conique Droit.

Cet arrondiſſement n'a aucune difficulté. Ayant diviſé à l'ordinaire l'angle donné ABE [Fig. 27.] par la diagonale AD, & ayant déterminé le centre de l'arrondiſſement ſur cette diagonale en C, & tiré CF & CG perpendiculaires aux côtez AB, BE; on portera ſur ces lignes les taluds de chaque aſſiſe Fn, no, op, pc, & l'on fera par ces points n, o, p, autant de cercles concentriques à C, qui donneront les panneaux des arrondiſſemens des lits de chaque aſſiſe, juſqu'aux lignes FC, GC, où ſont les attouchemens du cône & des ſurfaces planes des taluds, auſquels l'arrondiſſement doit ſe raccorder imperceptiblement.

Fig. 27.

G ij

Du Conique Scalene.

Premier Cas.

De l'Arrondissement d'une seule Face d'Encognure.

Nous avons supposé dans le cas précedent, qu'on vouloit arrondir l'angle ABE entierement, je veux dire à distances égales de son sommet B; mais il est des circonstances où l'on ne veut arrondir qu'une partie de l'encognure, seulement pour diminuer la grande foiblesse d'un angle trop aigu, & faire ensorte que l'angle mixte de la face arrondie avec celle qui ne l'est pas, soit Droit autant qu'il est possible, c'est-à-dire, que le côté CB & ses paralleles soient perpendiculaires à la tangente TE de l'arc PE de l'arrondissement donné, & de tous ses semblables.

Fig. 26. Soit [Fig. 26.] l'angle donné ABC qu'on veut émousser. On commencera par faire le plan horisontal de chaque assise par des paralleles à AB & CB, distantes entr'elles de l'intervale ou reculement du talud, qui convient à la hauteur de chacune, comme $c'e$, $d'e$, c^+e pour la face qui ne doit pas être arrondie, & f_2, f_3, f_4 pour l'autre. Puis ayant pris à volonté un point P, sur AB, pour la naissance de l'arrondissement, on y élevera une perpendiculaire PC, qui coupera toutes les paralleles de l'autre talud BC, en des points C, c^a, c^j, c^a, qu'on prendra pour les centres des arrondissemens de chaque assise, & leurs distances aux lignes correspondantes à l'autre face, pour la longueur des rayons. Ainsi du point C pour centre, & pour rayon CP, on décrira l'arc EP, qui se terminera à la ligne CB en E. Du point c' & de l'intervale $c'2$ l'arc $2e$, du point c^j & de l'intervale $c^j 3$, pour rayon l'arc $3e$, &c. & l'on aura ainsi les projections horisontales des arêtes de chaque lit, qui se termineront à une droite Ee, differente de la diagonale BD de l'angle donné, laquelle sera la projection de l'arête de l'angle des faces courbe & droite en talud.

REMARQUE

Cette espece d'arrondissement, qui est souvent très necessaire, réussit fort bien en exécution, comme je l'ai éprouvé aux chaines de pierre de taille des encognures de plusieurs réduits que j'ai fait faire dans des Places d'armes rentrantes, où j'ai arrondi une partie de la chaine & laissé l'autre droite, je veux dire plane, & pour correspondre avec la chaine plane de l'angle saillant, & faciliter la position & l'alignement de celle de l'épaule; mais il faut avoir grand soin de tracer sur chaque panneau des lits de dessous l'arc du lit de dessus, qui ne lui est pas parallele, & veiller que les Tailleurs de pierre obfervent le *Gauche* que donne leur écartement vers l'angle, qui augmente le talud de la face à mefure qu'elle approche de l'arête de rencontre des deux faces; parce que les Appareilleurs & les Tailleurs de pierre s'imaginent que le talud doit toujours être égal, & regardent cette difference de parallelifme comme un défaut : Au premier que je fis faire, l'Appareilleur s'imaginant que je n'entendois pas auffi bien fon métier que lui, faifoit fans m'en rien dire cette prétendue correction, & voyant qu'à chaque affife il y avoit de grands ragrémens à faire, qui augmentoient à mefure qu'il s'élevoit, il fe récrioit fur la difficulté de cet ouvrage, qu'il mettoit au deffus de tout ce qu'il avoit vû dans fes voyages; je fus obligé de faire faire un plomb de talud pour l'arête de rencontre des faces, afin de le conduire, & lui faire fentir la difference du talud des faces planes, & la variation du talud de la partie qui étoit arrondie. Enfuite de quoi l'ouvrage fe continua fans ragrémens à douze encognures femblables.

Quoique dans cette encognure nous fuppofions les taluds égaux, fa conftruction pourroit également fervir, fi les taluds des faces étoient inégaux.

La démonftration de la régularité de cet arrondiffement eft fenfible à la feule infpection de la figure; car puifque tous les rayons CE, *ee* font paralleles entr'eux fur une face, par la conftruction, & qu'ils font tous fur la même ligne PC perpendiculaire à l'autre face, il eft évident que tous les fecteurs de cercle PEC, *2ec*ˢ, &c. font femblables; par conféquent les angles mixtes, qu'ils font fur la ligne E*e*, qui eft la projection de l'arête de rencontre des deux faces droite & courbe, font égaux entr'eux, & infiniment peu differens du Droit; puifque le rayon eft toujours perpendiculaire à la tangente de fon arc, *ce qu'il falloit premierement faire.*

En fecond lieu, parce que la ligne PC eft perpendiculaire au côté AB, le point P fera celui de l'attouchement de l'arc P E, & de la tangente A P; par conféquent la naiffance de l'arrondiffement eft au point où elle doit être, pour que la jonction des furfaces planes P*f*, & courbe P *e*, foit imperceptible à la vûe, par les raifons que nous avons donné au fecond Livre.

Il eft vifible par cette conftruction qu'on fait une portion de cône fcalene, dont le fommet eft en S, à l'interfection des lignes PS & ES, qu'on doit confiderer comme la projection des deux plans perpendiculaires à la portion de bafe PES, partie du fecteur PEC; de forte que la ligne SC repréfente en projection l'axe de ce cône, qui eft par conféquent fcalene; puifqu'il n'eft pas perpendiculaire à fa bafe.

Second Cas.

De l'Arrondissement Conique Scalene d'une Encognure, dont les Taluds des deux faces sont égaux.

PAR l'exemple de l'arrondissement conique du cone Droit, on a vû qu'on peut arrondir une encognure saillante par sa base, sans en arrondir le sommet, & dans l'angle rentrant arrondir le sommet sans arrondir la base. Nous faisons voir ici au contraire, que par un arrondissement conique d'un cone scalene on peut arrondir le sommet, sans arrondir la base de l'encognure saillante ; & au contraire dans un angle rentrant, arrondir la base sans arrondir le sommet, soit que les taluds des faces soient égaux ou inégaux.

Fig. 28.   SOIT [Fig. 28.] l'angle ABE, sommet d'une encognure rentrante, ou base d'une saillante, qu'on ne veut point arrondir, ou seulement l'arrondir d'un arc de cercle d'un plus petit rayon que l'opposée FGf ; ayant divisé l'angle donné ABE en deux également par la diagonale BD, & d'un centre C, pris à volonté, on déterminé par la longueur d'un rayon donné CT de l'arc de cercle d'arrondissement, on inscrira cet arc entre les points d'attouchemens T & t, desquels on tirera au point B les lignes TB, tB, qui seront celles de l'attouchement des faces en talud, au secteur de cone TmtB, lesquelles couperont la projection des joints de lit de chaque assise aux points l, k, L, K, par lesquels menant des paralleles lc^1, kc^2 aux rayons donnez de la base TC, tC, on aura sur la diagonale CB les points c^1 & c^2, qui seront les centres des arcs d'arrondissement des lits de chaque assise, dont les rayons seront les lignes lc^1, kc^2, qui se termineront aux sections des lignes d'attouchement TB & tB, avec les joints des lits 3K, $2l$, parallèles à AB & $3k$, 2L parallèles à BE.

Application de ce Trait à la formation des Glacis des Fortifications.

C'EST depuis peu une espece de régle dans les Fortifications, d'effacer les angles des Glacis, tant saillans que rentrans, par des arrondissemens qui élevent les Goûtieres & rabaissent les arétes ; ce que l'on ne fait pas regulierement suivant les méthodes ordinaires ; voici la mienne.

SOIT [Fig. 28.] l'angle donné ABE rentrant à la palissade du chemin couvert, & son parallele FGf à la queuë du Glacis. Ayant prolongé la diagonale BG, je prends à volonté, suivant la convenance de l'ouverture de l'angle donné les longueurs égales GT, Gt de part &

DE STEREOTOMIE Liv. IV.

d'autre du point G. puis me retournant d'équerre fur GT, la perpendiculaire TC rencontrant la diagonale GC me donne le point C pour centre de l'arrondiffement T*mt* à la queuë du Glacis, duquel je tire les lignes droites au fommet B, autant que je le juge néceffaire, pour me donner des piquets d'alignement & de hauteur, par le moyen de ces bâtons égaux, qu'on appelle *jalons*, & dans quelques Provinces *voyans*, ainfi les lignes d'attouchement BT & B*t* font les termes des parties planes du Glacis, &. de la furface conique de l'arrondiffement, où fe fait une jonction imperceptible de ces deux efpeces de furfaces; il eft vifible que pour l'angle faillant l'operation doit être la même, avec cette feule difference que l'arrondiffement fait en G auroit été fait vers B.

QUOIQUE ce ne foit pas ici le lieu d'examiner fi les arrondiffemens conviennent à tous les angles faillans des Glacis; je dirai en paffant, que leur utilité eft facile à prouver dans les faillans, qui font débordez, ou pour me fervir d'un terme de marine *dépaffez* par d'autres plus avancez dans la campagne, comme font les faillans au-devant des Places d'armes rentrantes; parce qu'ils ouvrent un libre paffage aux feux des brnches collaterales; mais ceux qui arrondiffent les faillans les plus avancez font des Copiftes peu judicieux, qui ne fçavent pas faire du difcernement de l'éxigence des differentes circonftances.

Troifiéme Cas où les Taluds font inégaux.

AYANT fait la projection horifontale des affifes de taluds inégaux, [*Fig.* 29.] on divifera en deux également l'angle donné ABE, pour placer dans fa diagonale BC le centre C de l'arrondiffement, qui doit être un fecteur de cone fcalene tangent à deux furfaces planes A*b*, EB; on tirera de ce point C deux perpendiculaires CT, C*t*, égales au rayon de l'arc de cercle, qui doit faire le plus grand arrondiffement, lefquels donneront les points d'attouchement T & *t*, des lignes AT & E*t*; on tirera de ces points au fommet du cone les lignes T*b* & *tb*, qui feront les attouchemens des plans des faces en talud & du cone. Enfin du point C centre de fa face, on tirera une ligne C*b*, qui fera fon axe, dans lequel tous les centres des arrondiffemens des lits de chaque affife doivent fe trouver, comme dans l'exemple precedent, par la fection des lignes LC^1, KC^2 paralleles à TC; la feule difference de ce cas à celui-là eft qu'à caufe de l'inégalité des taluds, l'arête de l'angle des plans inclinez *b* B, ne fe confond pas avec l'axe du cone; parce que la projection horifontale de cet axe eft inclinée à la diagonale CB de l'angle donné ABE.

Fig. 29.

Explication démonstrative.

Pour se former une idée nette de cette construction, supposant que l'encognure soit saillante, on peut la regarder comme une portion de pyramide, dont la base de sa surface est l'angle *abc*, dans laquelle portion de pyramide tronquée on inscrit une portion de cone, tournée en sens contraire, ou renversée à l'égard de la pyramide, & concevoir que ces deux solides sont divisez par des tranches parallèles & horisontales.

Or puisque suivant la Geometrie de l'infini on peut considerer la pyramide & le cone comme une suite infinie de tranches de figures semblables & parallèles à leur base; il est clair que si l'on fait des tranches semblables & parallèles à cette base, c'est-à-dire, renfermées par des surfaces semblables, dont les côtez soient en même raison entr'eux que leurs distances au sommet, ou à la base, ces tranches assemblées formeront le même solide; puisque les parties prises ensemble sont égales au tout.

Il n'est pas nécessaire de démontrer que tous les secteurs de cercle $CTms$, $c^{\iota}tL$, $C^{\iota}Kk$ sont semblables; puisque, par la construction, tous leurs rayons sont parallèles entr'eux, & que de plus étant compris entre les lignes droites BT, Bt & BC, ils sont entr'eux dans le rapport de leurs distances au sommet du cone b; puisque $bk : kc^{\iota} :: Bl : lc^{\iota}$, donc tous ces arcs sont semblables, proportionels, & tangens aux lignes des joints de lit, ce qu'il falloit faire.

COROLLAIRE.

Il suit de-là que, lorsque les arrondissemens coniques ne sont pas des portions d'un cone entier, mais seulement d'un cone tronqué, on peut varier de differentes façons ces arrondissemens, dans les angles des talus inégaux, selon les differentes circonstances des points donnez, pour le commencement ou la fin de l'arrondissement, en haut ou en bas, & la grandeur des rayons des arcs de cercle du lit supérieur ou inférieur du cone tronqué. Par exemple:

Fig. 30.

Le noyau cD & l'arc Dmp étant donnés, ainsi que le point X, où l'on veut que l'arrondissement commence ou finisse, il faut trouver les deux lignes d'attouchement des faces en talud avec l'arrondissement conique, & le point X, où il finit de l'autre côté.

Ayant fait la projection horisontale des joints de lit de chaque assise par des lignes droites parallèles à l'ordinaire à leurs bases AB & BR, & tiré les diagonales BC, Bz, les angles ABR & abc, on prolongera la ligne
Bb

DE STEREOTOMIE. Liv. IV.

B b d'intersection des deux talus indéfiniment vers S; ensuite par le point donné X, & par l'extrémité d de l'arc d'arrondissement donné, on tirera une ligne X d, qu'on prolongera jusqu'à la rencontre de BS en S, d'où par l'autre extrémité D de l'arc donné on menera une ligne SD x, qui sera celle de l'attouchement du talud, & de l'arrondissement conique, aussi bien que X d de l'autre côté. Enfin du point S par le point c, centre de l'arc donné, on tirera une ligne SD jusqu'à l'intersection de la ligne BSC, diagonale de l'angle ABE, cette ligne SC sera l'axe du cone scalene, dans lequel seront tous les centres des assises entre l'espace des deux diagonales BC & b 3 des angles des bases supérieure & inférieure ABE & abe.

Pour trouver les centres de chacune des assises comprises entre ces bases, il n'y a qu'à mener par leurs angles g & i des lignes gf, & ih paralleles à CS, & en porter les longueurs fg, bi sur cette ligne, qui est une partie de l'axe du cone, pour y avoir les points 1 & 2, lesquels seront les centres des arcs Kk, & Ll, de l'arrondissement des lits de la premiere & seconde assise.

Corollaire II.

Secondement, on peut agrandir ou diminuer l'Arrondissement dans une raison donnée.

On veut, par exemple, que l'arc ae soit à l'arc donné AmE, com- Fig. 31. me deux est à cinq. On divisera une des tangentes AB ou BE en deux parties, & l'on en portera cinq de D en a ou en e, & par les points a & e, & par les extremitez de l'arc donné A & E on tirera des lignes aAS, eES, jusqu'à la rencontre de DB prolongée en S, comme dans l'exemple précedent. Le point S sera le sommet du secteur de cone scalene, qui fait l'arrondissement, par lequel, & par le centre donné C, on tirera la ligne SC4, jusqu'à la rencontre de la diagonale D4 de l'angle aDe. Cette ligne S4 sera l'axe du cone, dans lequel seront tous les centres des assises, entre les points C & 4, compris entre les deux diagonales BC & D4, des angles ABE & aDe.

Pour avoir ces centres on tirera par les points f & g, d'intersection des joints de lits, des assises des deux faces en talud, des paralleles à la diagonale BC ou D4, lesquelles donneront les points 2 & 3, qui seront les centres des assises correspondantes.

Ce *Trait* est celui que j'ai imaginé & fait exécuter à St. Malo, pour arrondir l'angle rentrant du flanc de la droite du Bastion St. Michel, suivant l'intention de l'Ingénieur Directeur (M. Garengeau) qui vouloit sagement y éluder par un arrondissement le choc des flots de la Mer,

Tome II. H

lesquels auroient réjailli avec violence dans un angle rectiligne, au lieu que par ce moyen ils ne font qu'y couler en tournant. Cet arrondissement n'a pas moins bien réussi pour y raccorder les taluds inégaux de Flanc qui est au sixième, & de la Courtine qui est au douzième; car à moins que d'en être informé on ne s'en apperçoit pas, tant l'Art a de pouvoir pour cacher des difformitez, en quoi la routine d'un bon Appareilleur, & celle du Sr. D*** Ingénieur, mon Ancien de 16. ans avoient échoué après une tentative.

Jusqu'ici nous n'avons pourvû qu'à la position des centres des arcs de cercles des joints de Lit, & à la longueur de leurs rayons, pour en former les cercles nécessaires à les tracer par differentes portions, comme il convient à la longueur de chaque pierre ; il nous reste à donner les moyens de former les joints de Tête, tant pour trouver les biveaux des angles mixtes, que leurs surfaces forment avec le parement extérieur, que pour déterminer la courbure de leurs joints montans.

Premierement, à l'égard de l'angle mixte, que les arêtes des lits de dessus & de dessous doivent faire à la Courbe du paret avec la ligne droite du retour du joint, on doit en former le biveau sur la projection horifontale; puisque toutes les assises sont posées horifontalement; mais la direction des lignes des joints de tête, ne peut être prise suivant notre régle du troisième Livre, perpendiculairement aux arcs de cercle, c'est-à-dire, à leur tangente au point de la division, lorsque les taluds sont inégaux ; parce que le plan du joint, passant par la direction horifontale, qui sera telle à l'égard d'un des lits, ne peut pas l'être à l'égard de l'autre ; puisque les arcs des arêtes des lits de dessus & de dessous ne sont pas concentriques; or puisque tous les joints de tête doivent être des plans verticaux, ils ne pourront être perpendiculaires aux arcs de l'arroudissement, que dans le seul cas où les taluds de faces sont égaux, & l'arrondissement conique d'une portion de cone Droit, comme dans le premier, figure 27. où les lignes CF, CT, Cs sont des joints perpendiculaires aux arcs.

Partout ailleurs où les arrondissemens sont des portions de cone scalene, on ne peut les tirer des centres de chaque arc, sans incliner le joint de tête, excepté le cas où la projection se confond avec celle du plus petit côté du cone.

Puisque la direction des joints ne peut être tirée du centre de chaque arc, il paroît naturel qu'on les tire du milieu des deux, qui comprennent les lits de dessus & de dessous de la même assise; ainsi

Fig. 31. [*Fig.* 31.] au lieu de tirer le joint is du centre 4 de l'arc es, ou du centre 3 de l'arc *l*L, auxquels ce joint se termine, il convient de le tirer du point *z*, moyen entre les deux, & la direction de la coupe sera juste sur le milieu de la pierre, & à-peu-près également fausse, au lit de dessus & de dessous; l'angle *uiV* sera le biveau de tête du lit de dessous dans un arrondissement concave, & *utV* celui du lit de dessus.

Secondement, à l'égard du joint montant, il est encore visible, qu'il ne peut être une ligne droite que dans l'arrondissement qui est portion d'un cone Droit, ou dans le joint du milieu de l'arrondissement conique de cone scalene renversé, entre deux taluds égaux, comme en *mo* sur CB, figure 28; parce qu'il n'y a que ces deux cas où un plan vertical puisse passer par l'axe & par le sommet du cone.

Dans tous les autres cas où les taluds des faces sont inégaux, l'axe du cone devient incliné à l'horizon : mais quoique incliné il se trouve encore un cas, que nous avons excepté ci-devant, dans lequel la projection de tous les rayons se confond avec celle de l'axe ; de sorte qu'ils passent tous par le sommet S, comme aux joints *op*, *pn*, [Fig. 31.] ou ils se trouvent dans le plan vertical qui passe par la projection de l'axe 4S, & alors les joints *op*, *pn*, sont des lignes droites, puisque leur plan passe par le sommet du cone.

Il resteroit à déterminer la Courbe des joints montans des arrondissemens scalenes, si dans la pratique ils étoient sensiblement courbes; mais parce que la portion est peu considerable, approchant fort de la ligne droite, il suffit que l'on sçache qu'elle n'est pas droite pour y avoir quelque égard.

Cependant comme nous tendons à la perfection, autant qu'il est possible, nous ferons remarquer que ces joints sont toujours des arcs de quelque section conique, qu'il seroit aisé de reconnoitre par la projection ; car si l'on tire le joint montant, dont la projection est *lx*, [Fig. 28.] ou L*x* [Fig. 29.] du point C centre de la base du cone, & *Fig.* 28. que du point B son sommet en projection on tire une tangente à cette *& 29.* base, qu'elle touchera en *d*, la ligne B*d* représentera le côté du cone ; ainsi il n'y aura plus qu'à examiner la direction de *lx* à l'égard de ce côté ; si elle lui est parallele, le joint montant sera une portion de parabole ; si *lx* étant prolongée rencontre ce côté aussi prolongé au delà de B, ce sera une hyperbole, & si la même ligne rencontre le côté B*d* prolongé au delà de *d*, ce sera une Ellipse ; parce que la projection ne change point la nature du triangle par l'axe du cone, ni les sections, elle ne fait que les racourcir, comme nous l'avons dit au second Livre.

H ij

60   TRAITE'

Si ces arcs étoient assez confidérablement courbes pour qu'il fût nécessaire d'en chercher la courbure, nous trouverions assez de données pour les décrire, suivant les Problêmes du second Livre ; car la direction du joint sera toujours un axe de la courbe, & l'intervale *lx* celui de l'abscisse de l'arc qu'on cherche. Le point *z*, qui coupe le côté *AB* au dessus de *l* sera le sommet de la courbe ; parce qu'il est dans la section commune d'un triangle par l'axe *CdB*, & d'un plan qui lui est perpendiculaire ; on a de plus la base, & l'obliquité de l'axe du cone scalene, qui est la hauteur verticale de l'encognure, dont l'intersection *bB* des faces en talud est l'hypotenuse, & le point *B* la projection de l'aplomb. On peut donc décrire ces courbes, ou par la voye de la projection, comme nous l'avons enseigné aux Problêmes du Chap. I I. du 2.ᵉ Liv. ou par d'autres voyes suivant les Problêmes 35. 36. 37. l'arc qui aura *xl* pour abscisse sera celui que l'on cherche.

Application du trait sur la Pierre.

Lorsqu'on a trouvé par l'épure toutes les lignes, & tous les angles nécessaires pour en venir à l'exécution de tracer la pierre, il faut encore un peu d'attention & d'industrie pour en faire usage, & sçavoir connoître s'il est plus avantageux de les tailler par le moyen des panneaux ou par la méthode de l'équarissement. Dans les arrondissemens dont il s'agit, nous préferons cette derniere, mêlée si l'on veut de la premiere.

Fig. 30.   Soit pour exemple une pierre à tracer, qui doive occuper l'espace *xqsK* de l'épure de la fig. 30. que nous supposons partie d'un arrondissement concave dans un angle rentrant.

On commencera, à l'ordinaire, par faire une surface plane, suivant le Problême I. laquelle servira pour un des lits de dessus ou de dessous, comme l'on voudra, lequel étant fait on retournera la pierre pour lui en faire un parallele. Ensuite ayant levé un panneau du quadriligne *OKsp* pour le lit de dessous, on l'appliquera sur la pierre pour y en tracer le contour, & en abatant les parties de la pierre, qui excedent les lignes *sp* & *KO*, on fera les deux joints de tête à l'équerre sur les lits de dessus & de dessous ; de sorte qu'on en formera une espece de coin tronqué *AFTB*, fig. 32. ensuite ayant porté sur ces bases des

Fig. 30. joints les longueurs *sq* d'un côté, & *Kx* de l'autre ; par les points *q*
& 32.   & *x* on élevera deux perpendiculaires *qQ*, *xX* sur ces bases par le moyen d'une équerre, lesquelles donneront au lit de dessus les points *Q* & *X* ; ensuite on prendra la cerche de l'arc *xq* de la fig. 30. ou si l'on veut un autre panneau de lit *sxqp*, different du premier, po-

fant les points x & q du panneau fur les points X & Q trouvez, comme nous l'avons dit à l'arête du lit de deſſus de la pierre, & l'on tracera l'arc XQ fuivant le contour du panneau & de la cerche. Enfin on tirera fur les joints de tête des lignes droites tQ & KX, au lit de deſſus, & l'on abatra toute la pierre qui excede ces quatre traits ; fçavoir les deux arcs oppofez K t au lit de deſſous, XQ à celui de deſſus, & les deux joints montans, que nous fuppofons ici droits, quoiqu'à la rigueur ils ne le foient pas, mais des portions d'arcs hyperboliques, à la vérité fi peu concaves, qu'on peut les confiderer comme droits, leur courbure étant prefque imperceptible dans l'exécution, ou tout au plus matiere à un petit ragrément. Au refte fi la courbure étoit fenfible, nous avons donné les moyens d'y pourvoir. Il ne convient pas d'embroüiller ici une propofition élementaire de tant de difficultez. Enfin le folide prifmatique kKXQtT étant enlevé la pierre fera achevée, le parement qui doit refter en une fera la furface gauche kXQt concave, fi l'angle eft rentrant; & au contraire, fi l'angle étoit faillant fon arrondiffement feroit la même furface renverfée, alors on conferveroit toute la pierre, qu'il faut enlever dans cet exemple, en prolongeant les joints q, t & x K, vers C, & non pas vers O.

La Fig. 33. qui repréfente une pierre convexe peut faire voir d'un coup d'œil, que la maniere de la tracer eft la même dans un fens oppofé.

Fig. 33.

Ufage des Arrondiffemens des Angles, & Remarques fur les fautes qu'on y trouve fouvent.

LORSQUE les angles faillans des Fortifications font trop aigus, comme de 60 degrez & au deffous, il convient de les arrondir pour leur donner plus de folidité ; on doit feulement prendre garde de ne pas laiffer une place affez grande à la diagonale, pour qu'un homme puiſſe s'y cacher à la vûë des parties flanquantes collaterales, à caufe des inconvéniens qui en peuvent arriver.

On peut auſſi avoir d'autres raifons d'arrondir les angles faillans, de quelque ouverture qu'ils foient, par la fujétion des lieux. Quelquefois d'arrondir la bafe fans toucher au fommet du revêtement; comme, 1°. lorfqu'un chemin tourne au pied d'une terraſſe, dont on ne veut pas émouſſer l'encognure au fommet par raifon de fimetrie, ou de propreté, ou pour y laiffer une place de Guérite plus avancée pour la découverte des lieux circonvoifins ; alors l'arrondiffement doit fe faire en portion de cone scalene, comme à la fig. 27. CfMgC, qui émousse la pointe du bas fBg, sans toucher à celle du haut SCs.

2°. Si au lieu d'un chemin il passoit à cet angle une Riviere ou la Mer, comme aux Forts bâtis sur les Rochers de la Conchée & du petit Bay, dans la Rade de St. Malo; alors il convient de faire l'arrondissement en portion de cone Droit, comme CFKGC, de la même fig. par raison de plus grande solidité, pour faciliter le passage des eaux, ou en éluder le choc & les retours, qu'on appelle en terme de marine *Remoux*. Ce changement n'empêche pas cependant qu'on ne conserve l'angle rectiligne du sommet de revêtement, si l'on juge à propos; en ne commençant l'arrondissement qu'à la perpendiculaire tirée de la projection de cet angle à la base du talud.

Ces raisons d'arrondissement peuvent être communes aux Ouvrages de Fortifications & d'Architecture civile. Dans les premiers il s'en trouve aussi pour arrondir au contraire le haut sans toucher à la base de l'encognure, comme lorsque le revêtement peut être un peu vû de la campagne au sommet, & qu'on doit conserver le pied; alors il faut que l'arrondissement soit fait en portion de cone renversé comme aux fig. 28. & 29. 3°. Enfin s'il ne s'agit que d'émousser une arête trop aiguë du haut en bas, il doit être cylindrique, comme aux fig. 24. & 25.

Il est encore à propos de faire attention aux effets des arrondissemens sur les taluds, qu'ils alterent.

1.° Le conique Droit n'augmente ni diminue le talud des faces, ni dans l'angle rentrant ni dans l'angle saillant.

2.° Le conique scalene en situation naturelle, la base en bas & le sommet à celui de l'encognure, diminue toujours le talud, que seroit l'arête de rencontre des faces, si l'angle n'étoit pas arrondi dans l'angle saillant, & au contraire l'augmente dans le rentrant.

3.° Le conique scalene renversé augmente le talud dans l'angle saillant, & le diminue au rentrant, plus ou moins selon la grandeur du rayon de la base du cone.

4.° Le cylindrique augmente le talud au retour des faces, mais non pas celui de l'arête de l'encognure, auquel il est égal dans son milieu.

D'où il suit que ces arrondissemens ont des avantages selon leurs situations; car en rendant les taluds plus ou moins couchez, ils peuvent ôter ou faciliter l'accès des sommets des encognures des revêtemens, & occasionner ainsi ou empêcher la désertion; une fâcheuse expérience nous apprend que les Soldats se laissent couler dans les angles rentrans,

Pl. 30.

lorſque les revêtemens n'ont que 15. à 18. pieds de haut, ils ne l'oſeroient ſi les angles étoient arrondis en cone ſcalene renverſé.

Sans avoir recours à cette raiſon, on en a de fréquentes pour arrondir les angles rentrans dans les ouvrages qui ſont au bord de la Mer, afin que l'eau des *Lames* ou vagues, qui s'y viendroient briſer, n'y rejailliſſent pas avec violence, mais s'échapent à côté en tournant ſuivant le contour du parement, comme je l'ai exécuté au flanc du baſtion de St. Malo, dont j'ai parlé.

A l'égard des arrondiſſemens coniques Droits, on en fait à tous les angles rentrans des contreſcarpes; & parce que les taluds ſont ordinairement égaux de part & d'autre, il ne ſe rencontre pas de grandes difficultez dans cet arrondiſſement; mais lorſque les taluds des côtez de la contreſcarpe ſont inégaux, faute de les ſçavoir raccorder, bien des gens ſont obligez de trancher le nœud de la difficulté par un reſſault, comme je l'ai vû à la contreſcarpe de l'angle de la pointe de la Galere du Chateau de St. Malo.

Cette faute eſt rare à cauſe de la rareté du cas; mais il ſe préſente quelquefois une autre difficulté qui embaraſſe les gens ſans Theorie; lorſqu'un foſſé vient en baiſſant au retour de l'angle flanqué, & que l'on veut que l'arrondiſſement de la tablette de la contreſcarpe au chemin couvert, qui peut être de niveau, ne ſe ſente pas de cette irrégularité. Les ſimples praticiens tracent un arc de cercle dans le fond du foſſé, comme s'il étoit de niveau, & arrivent enſuite au ſommet, comme ils peuvent, en Ellipſe contre leur intention; il eſt cependant fort aiſé d'y finir par un arc de cercle, il n'y a qu'à tracer au rez du fond du foſſé la portion d'Ellipſe qui convient à la portion de cone renverſé, qui forme l'arrondiſſement.

La ſeconde faute des gens de routine, dont il paroît que le nombre n'eſt pas petit par la quantité de celles qu'on remarque dans les Places, c'eſt que pour tracer l'arrondiſſement, ils prolongent les faces des Baſtions & demi-Lunes juſqu'à la contreſcarpe, & commençant leur arrondiſſement aux points que donnent ces alignemens, prennent le centre des arcs d'arrondiſſement à l'angle flanqué du Baſtion ou de la demi-lune. Lorſque ces angles ſont Droits cela va le mieux du monde; mais comme ils le ſont aſſez rarement, ces arrondiſſemens font toujours un jarret avec les portions droites des contreſcarpes, auſquelles ils ſe réüniſſent; plus l'angle eſt aigu ou obtus, plus cette irrégularité eſt ſenſible, & comme on voit que cette jonction de droit & de courbe choque la vûë, quelques-uns en corrigent le jarret à vûë d'œil comme ils peuvent, d'autres l'y laiſſent, croyant que la choſe doit être de même. Nous avons donné au Livre II. les moyens d'y remedier, non seulement pour les jonctions des arcs de cercle avec les lignes droites, mais aussi pour celles des arcs Elliptiques avec des lignes droites, par le moyen des tangentes, comme il convient de faire, lorsque l'arrondissement est Elliptique dans le cas de l'inclinaison du fond du fossé dont nous venons de parler; ce qui arrive souvent dans les Places bâties sur des hauteurs.

Le cas du raccordement des deux taluds inégaux arrive tous les jours aux traverses des Chemins couverts, dont on arrondit un peu les angles; parce que le côté du passage a peu de talud, & celui du parapet extérieur est plus couché; mais parce que ces angles se font en gazon, que l'on coupe comme on veut après qu'il est posé, les Gazonneurs n'y sont point embarassez, quelques coups de louchet en font l'affaire pour contenter la vûë; il n'en seroit pas de même s'ils se faisoient en pierres de taille.

CHAPITRE IV.

Des Voutes Planes, Horisontales ou Inclinées.

ON peut faire des voutes dont les surfaces sont planes de differentes manieres.

1.° Les unes horisontales, qui ne s'appuyent que de deux côtez opposez, qu'on appelle *Platebandes*.

2.° Les autres aussi horisontales, qui s'appuyent de quatre côtez, que j'appelle *Voutes plates*.

3.° Les autres enfin inclinées à l'horison, qui s'appuyent sur deux côtez contigus, qu'on appelle *Trompes plates*.

Il faut remarquer que les pierres qui composent les voutes de ces trois especes s'appellent *Claveaux*, à la difference de celles des voutes concaves, qui s'appellent *Voussoirs*.

PROBLEME VII.

Faire une Platebande.

On peut tracer l'épure de cette espece de voute de plusieurs manieres, qui reviennent toutes à la même fin, dans lesquelles il y a plus de disposition de goût que de Géometrie, & l'on peut dire que la solution de ce Problême est assez arbitraire pour la détermination de l'inclinaison

DE STEREOTOMIE. Liv. IV.

naifon des joints en lit; car à confiderer la conftruction de la platebande dans la rigueur Méchanique, pourvû que les claveaux foient pyramidaux, & bien butez ils doivent fe foutenir; parce que la partie fupérieure eft plus grande que l'ouverture inférieure, entre les appuis de ces tronçons de pyramide renverſée.

Soient les piedroits AM, BO, écartez de l'intervale AB, qu'on appelle, en terme d'Architecture, la *Portée* de la platebande, on la divifera en deux également au point D, par lequel on lui tirera la perpendiculaire EDC, fur laquelle on prendra DC égale à AB, ou bien fuivant l'ufage ordinaire, on fera fur AB le triangle équilateral ABS. Du point C, ou S, fi l'on veut, on décrira un arc de cercle AFB, que l'on divifera en autant de parties égales, que l'on voudra avoir de claveaux, comme ici en cinq aux points 1, 2, 3, 4, toujours en nombre impair, afin qu'il n'y ait pas de joint au milieu. Par le point C, ou S, comme centre on menera les rayons C 1, C 2, C 3, &c. jufqu'à l'extrados LG, qui fera une parallele à AB, où fe terminera la hauteur de la platebande.

PLAN. 31.
Fig. 34.

La direction de ces rayons donnera l'inclinaifon des joints en lit, fur lefquels les claveaux s'appuyent mutuellement, comme *nx*, *cy*, *qz*, AG, & l'épure fera faite.

Je baiſſe le centre de la coupe un peu plus que le fommet du triangle équilateral, auquel les Architectes s'affujettiffent; parce que la coupe A *a* ou B *b* du fommier en eft un peu moins oblique, & celle des claveaux donne des parties un peu moins inégales, & des angles *q* & *s* moins aigus auprès du fommier AL, ou BN; en effet les arêtes du joint de lit de ce premier claveau font fi aiguës o Jinairement, qu'elles fe caffent à la charge pour peu que la pierre foit fragile. Les Architectes pour obvier à cet inconvenient ont imaginé de faire une portion de joint à plomb comme 1 *r*, qui fait un coude dans le joint *z1r*, & un pli dans le contigu, c'eft-à-dire, un angle faillant dans l'un & rentrant dans l'autre claveau.

Mais il faut remarquer que ce retour d'équerre fur le platfond AB, eft autant de retranché de la longueur de la coupe inclinée, qui fait le fupport des claveaux, & par conféquent une diminution fur la force de la platebande, qu'il ne faut plus compter de *q* en *z*, mais de 1 en *z*; parce que la partie verticale 1 *r* eft inutile pour l'appui.

D'où l'on doit conclure, que, lorfque les butées des piedroits font bonnes, il convient de prendre le centre encore plus bas que je ne le propofe; parce que les angles des premiers claveaux en deviendront plus forts, les inclinaisons des lits moins differentes, & les claveaux plus uniformes à la vûë; puisque leurs extrados augmentent sur l'égalité des divisions de la moitié de l'arc FB dans le rapport des tangentes.

Quelques Architectes pour plus de simetrie & d'uniformité se contentent de régler l'inclinaison de la coupe des sommiers à l'angle de soixante degrez, par le moyen du côté du triangle équilateral; après quoi ils ne font plus d'usage du centre S; mais ils divisent l'intrados AB & l'extrados ab en un même nombre de parties égales, & tirent les joints de tête de l'un à l'autre par les divisions correspondantes nx, oy, qz; tout cela se peut sans inconvénient.

Il faut seulement remarquer que Mr. de la Hire, & ceux qui l'ont suivi ont réglé le calcul de la poussée des platebandes sur le sistême de l'inclinaison des lits des sommiers au triangle équilateral, ce qui soit dit en passant, pour y faire attention dans la recherche de l'épaisseur des piedroits.

Il nous reste à dire quelque chose des moyens de donner de la solidité à ce genre de voute, où les pierres sont dans une situation plus forcée que dans toute autre.

Pour cela les Architectes se sont avisez de différens expédiens. Les uns font des ressauts ou redens, comme on voit en gm, ef, tz au milieu du joint; mais c'est une difformité qui n'est supportable que lorsqu'ils sont cachez par quelques moulures, comme lorsque la platebande est taillée en Architrave, & que le ressaut est caché sous la saillie d'une face. Pour moi je préfere à cet artifice l'uniformité des joints unis, qui s'affaissent aussi plus également à la charge de la platebande. Je voudrois cependant pour empêcher les claveaux de couler le long de leurs joints en lit y faire de petites cavitez hemispheriques, propres à y loger une balle de plomb d'un pouce de diametre, moitié dans chaque claveau, & y en mettre deux au moins à chaque lit, ce qui est d'une exécution très facile; puisqu'il ne s'agit que d'y pratiquer deux cavitez égales & bien également placées; quoique cette invention soit nouvelle, il me semble que la raison en assure le succès.

D'autres Architectes au lieu de ressaut dans le milieu des claveaux, en font au dessus de l'extrados, qui se surpassent les unes les autres par des crochets, appellez *Crossettes*, en s'élevant jusqu'à la clef, comme on voit en $H7x$; cet artifice est plus sûr que le précedent, mais il n'est propre qu'à des portes rustiques, & ne seroit pas bien au dessus d'une Architrave.

DE STEREOTOMIE. Liv. IV.

Enfin les plus timides fortifient les platebandes par des barres de fer dont ils traversent les claveaux, ou par dedans ou par derriere, ou per deſſous, ce dernier eſt le plus déſagréable à la vûë & le plus mauvais: car le fer n'eſt pas d'une rigidité inflexible, il plie ſous la charge, comme on le voit en pluſieurs endroits; il faut avoüer que le fer eſt le grand antidote contre les affaiſſemens de cette eſpece de voute, cependant lorſque les butées ſont bonnes, & la pierre dont les claveaux ſont faits, de bonne conſiſtance, qu'on a ſoin de décharger la platebande du fardeau qui eſt au deſſus, par une Arcade apparente ou cachée, on peut s'en épargner la dépenſe mettant en uſage l'expedient que je propoſe.

Quelques Architectes au lieu de faire les joints apparens inclinez, comme ils doivent être, les ont fait à plomb, comme on en voit au dedans du vieux Louvre, ce que l'on appelle en *fauſſe coupe*; mais puiſqu'une telle ſituation de pierres ſans ſupport n'eſt pas naturelle, elle n'eſt pas belle ſelon moi; elle ne ſurprend point le ſpectateur, & ne fait point admirer l'induſtrie de l'Architecte par les connoiſſeurs; on conjecture bien que les claveaux ſont ſoutenus ou par des barres de fer, ou par de *bonnes coupes*, pratiquées au dedans des *fauſſes*, qui ne ſont qu'une trompeuſe apparence, comme on voit à la fig. 34.ᵉ

Remarques ſur l'exécution.

Quoique le détail de la conſtruction ne ſoit pas de notre ſujet, je crois devoir avertir que quelque exactitude qu'on apporte à l'appareil & à la poſe des platebandes, on ne doit jamais les faire horiſontales ſur leur étayement, mais un peu bombées; parce qu'en ôtant leur ſupport elles s'abbaiſſent toujours un peu vers le milieu on ne peut dire de combien doit être cet exhauſſement, pour qu la charge mette le platfond de niveau; cela dépend, 1.° de la longueur de la portée, 2.° du nombre des claveaux, 3.° de la quantité de la pierre, & de l'adreſſe des Ouvriers qui la taillent, 4.° & enfin de l'attention à les poſer & ſerrer au joint.

On en voit une de vingt-ſix pieds ſix pouces de *portée* à l'Egliſe des Jeſuites de Nimes, dont les claveaux n'ont que deux pieds de coupe à la clef & qu'un pied d'épaiſſeur, M. Gautier dit qu'on lui donna ſix à ſept pouces de bombement en la poſant, & qu'elle ne deſcendit que de trois pouces, après qu'on eut ôté l'Etayement, de ſorte qu'elle bombe encore à préſent de quatre pouces.

Les Appareilleurs croyent qu'il faut que les platebandes tombent un peu, prévenus qu'elles paroissent bomber en *Contrebas*, quand elles font exacte... ... de niv...; c'est une erreur que l'optique condamne dans d'aussi petites lon... ...urs que celle qu'on peut donner à leur portée; car celle dont nous ...ons de parler est peut être la plus grande qui ait été exécutée, encore ne peut-elle l'être à ce point qu'avec bien des précau...ons, & une qualité de pierre d'une forte consistance.

A propos de pierre forte, je dirai qu'il s'en trouve de telle, qu'on lui fait des tenons & des queues d'yronde, comme à la menuiserie; des témoins oculaires m'ont dit avoir vû en Languedoc des platebandes se soutenir avec très peu de butée, & qu'en ayant approfondi la construction, ils ont trouvé les claveaux liez entr'eux par des tenons à queuë d'yronde, logez dans des mortoises, à peu près comme on en voit assez souvent aux bahus des gardefous des ponts. Fig. 34.

Usage des Platebandes.

Les platebandes sont en usage dans toutes les portes de Villes de Guerre, au dessus de l'arcade de la baye cintrée, pour y pratiquer le renfoncement nécessaire à loger le *Chevêtre* du pont levis, lorsqu'il est levé; mais comme ce renfoncement n'a pas une grande profondeur, les claveaux sont liez avec les voussoirs de l'Arcade de la porte cintrée, sur laquelle ils sont appuyez; cependant on voit des portes où le centre C de la direction de la coupe des claveaux est plus près de la platebande que le sommet d'un triangle équilateral fait sur sa portée, comme si l'on avoit craint la poussée & l'affaissement de la platebande, quoique dans cette circonstance on doive placer ce centre beaucoup plus loin; parce que la butée est d'une force infinie au milieu d'un revêtement.

Cette mauvaise construction peut venir apparemment de l'écartement qu'on a pû remarquer à quelques platebandes de portes de Fortification à demi-revêtement, où l'on n'a pas donné aux piedroits la largeur convenable pour leur butée; autre faute d'ignorance de Theorie. J'en ai vû un effet au Fort de L**, où malgré l'arcade de la baye cintrée au dessous de la platebande, & une barre de fer mise dans la construction, & non après coup, la platebande s'est affaissée, & a fait écarter l'arcade en plein cintre de la baye audessous, faute de butée suffisante, peut être pour ménager la grace d'un colifichet de pilastre.

Nous donnerons à la fin de cet Ouvrage des régles sûres pour ne pas tomber dans cet inconvénient.

Les Architectes font aussi des platebandes dans le même goût, en saillie au dessus des Arcades, décorées de quelqu'Ordre par devant, pour continuër sans retour les Architraves d'une colonne ou d'un pilastre à l'autre ; nous dirons notre sentiment sur cette ordonnance dans une dissertation sur les Ordres d'Architecture à la fin de cet ouvrage.

Quoique le principal usage des platebandes soit de suppléer à la grandeur des pierres, qu'il faudroit employer pour faire les fermetures ou *Linteaux* des portes, & des Architraves d'une seule piece, comme les Anciens le pratiquoient, on employe aussi le même Trait & appareil à faire les voutes plates entieres aux endroits où l'on n'a pas assez de hauteur, pour y en faire de concaves, dont il faudroit prendre la naissance trop prés de terre ; c'est ainsi qu'on a vouté les Chapelles souterraines de la nouvelle Eglise Cathedrale de Cadix en Espagne, qu'on a rendu par ce moyen fort belles ; les plus larges ont environ 24 pieds, & les claveaux que j'ai vû poser ont trois pieds de queuë, d'une pierre pesante, quoique poreuse & percée de trous comme la pierre ponce.

Nous ne disons rien ici de l'application du Trait sur la pierre, elle est trop facile pour s'y arrêter ; il ne s'agit que de prendre l'ouverture des angles avec la fausse équerre & l'appliquer sur les faces où l'on veut lever un panneau de chaque claveau en particulier sur l'épure, en tracer le contour sur un parement dressé, & enlever la pierre qui l'excede au retour d'équerre sur les arrêtes de la face ; on se contente d'en représenter une à crocette à la fig. 34.ᵉ qui paroit tirée d'une pierre équarrie, où ce qui doit être enlevé, est distingué par des points & des hachures.

On a aussi représenté à la fig. 34.ᵉ un claveau en *fausse coupe* déssiné en perspective, pour en mieux faire voir les differentes surfaces.

Des Voutes Plates.

Ce nom est aussi nouveau que l'invention de ces voutes, qui ne sont pas des platebandes, en ce qu'elles butent de quatre côtez, & que les claveaux sont faits tout differemment.

L'Epoque de cette invention que nous tenons de M. Abeille, fameux Architecte, qui a été dans le Corps des Ingénieurs, est de l'année 1699. suivant la date de l'approbation de l'Academie des Sciences. Voici mes conjectures sur son origine.

Serlio, à la fin de son premier Livre de Géometrie, qu'il a composé à Fontainebleau en 1545. a donné une maniere de faire des planchers avec des poutrelles trop courtes pour être appuyées de part & d'autre sur les murs des sales, par le moyen d'une certaine disposition, qui consiste à les faire croiser alternativement, ensorte qu'elles s'appuyent réciproquement le bout de l'une sur le milieu de l'autre, duquel arrangement on voit le premier élement à la fig. 36.

Fig. 36.

QUAND je dis le premier élement, je n'entends pas celui de tous les arrangemens possibles, qui est le triangulaire qu'on voit à la fig. 35. lequel est sans contredit le plus simple, n'étant composé que de trois pieces, AK, ID, BG, qui s'appuyent réciproquement le bout de l'une sur le milieu de l'autre; mais comme cette disposition donneroit des angles trop aigus si on l'imitoit en pierre, nous n'en tirerons aucun avantage pour la construction des voutes plates.

WALLIS dans ses Oeuvres de Mathematiques en Latin, en 3. vol. in-folio vers la fin du L'a varié de differentes manieres l'arrangement des poutrelles pour produire le même effet, parmi lesquels il y en a dont il cite des exemples exécutez en Angleterre.

On ne peut douter que nos voutes plates n'ayent été imitées de la Charpente; car si l'on considere chaque parallelograme de l'extrados de la fig. 37. comme une piece de bois, on verra qu'on a suppléée aux entailles & aux tenons de la fig. 36. par des taluds sur les côtez, & par des coupes en surplomb sur les bouts; les uns & les autres conservant toujours cette figure d'arrangement, que les Architectes appellent à *Bâtons rompus*.

MAIS ce qui rend l'invention de cette voute plus ingénieuse que la Charpente, c'est que par le moyen de ces taluds, & de ces surplombs prolongez, on remplit le vuide qui restoit entre les poutrelles dans le parement inférieur, où l'on forme un platfond continu, & d'une figure differente de la Charpente; puisqu'il est tout composé de quarrez parfaits, arrangez de suite en échiquier [*Fig.* 37.] qu'on appelle en Architecture *en déliaison*, ce qui rend l'artifice digne d'admiration.

Fig. 37.

IL n'en n'est pas de même dans la surface supérieure, elle ne peut être continuë; parce que les coupes des taluds restent en partie découvertes, de sorte qu'il s'y forme des vuides en pyramide quarrée *abcds* renversée, dont le sommet *s* est en bas à la croisée des quatre joints; mais cette imperfection donne occasion de faire un compartiment de pavé agréable & varié; parce qu'on peut y mettre des carreaux d'une couleur differente de celle des premieres pierres, & si l'on n'habite pas le haut de la voute, on peut se contenter de remplir le fond de ces pyramides d'un peu de mortier ou de plâtre pour y boucher le passage de l'air, & épargner ainsi une charge inutile à la solidité de la voute.

Cette interruption de continuité a donné occasion au P. Sebastien, Carme de l'Academie des Sciences, de chercher un moyen de remplir les vuides pyramidaux par des claveaux mixtes, dont les lits sont des surfaces gauches, ce qui cause quelque difficulté dans l'exécution, parce qu'il faut de bons Ouvriers & une grande attention pour faire de telles surfaces concaves & convexes, qui s'ajustent bien l'une dans l'autre.

J'ai trouvé deux autres moyens de les remplir en faisant des surfaces de joints & de lits planes, & une troisiéme de les faire mixtes; partie planes, parties coniques tangentes aux planes, comme je le dirai à la suite des Traits de M. Abeille, & du P. Sebastien.

Probleme VIII.

Faire une Voute plate de Claveaux égaux entr'eux, dont les joints de la Doële soient en Echiquier, & ceux de l'Extrados en differens Compartimens.

Premiere façon, où l'extrados est en compartiment de *Bâtons rompus*. On trouve ce premier *trait* de l'invention de M. Abeille, dans le recueil des Machines de l'Academie des Sciences [Tom. I. pag. 159] d'une maniere à laquelle je ne crois pas devoir me conformer, dans ce qui concerne l'épaisseur de la voute, j'en dirai la raison.

L'Auteur veut que *le quarré du parement de Doële des Claveaux étant déterminé à une certaine grandeur, l'épaisseur de ces Clav ait les trois quarts de la longueur du côté de ce quarré, & que la coupe des panneaux des joints soit d'un tiers de cette épaisseur*.

D'où il suit une absurdité, que plus les quarrez seront grands plus la voute doit avoir d'épaisseur, supposant, par exemple, le côté du quarré de 12. pouces, l'épaisseur de la voute seroit de 9, & la coupe de 3, & si au lieu de 12 pouces les quarrez en ont 24, l'épaisseur de la voute sera de 18, & la coupe de 6; cependant le nombre des joints diminué dans la voute; par conséquent l'épaisseur & la coupe, c'est-à-dire, l'appui des claveaux, au lieu d'augmenter devroit plutôt diminuer; ce raisonnement est tout simple, en effet si les quarrez avoient trois pieds de côté, y auroit-il de la raison de faire une voute de 27 pouces d'épaisseur?

Je croi donc que l'épaisseur de la voute en une affaire de jugement, indépendante de la grandeur des quarrez de la doële, où l'on ne doit avoir égard qu'à la largeur totale, au nombre de ses claveaux, & à la qualité de la pierre qu'on emploie, qui doit occasionner une plus grande épaisseur qu'on ne juge nécessaire, si elle est cassante, cela supposé.

Fig. 37.ᵃ

Ayant divisé le platfond en un certain nombre de quarrez pour autant de claveaux, on tracera l'épure de la doële en Echiquier, sur laquelle on ajoutera celle de l'extrados, comme on le voit ponctué à la figure 37.ᵃ ce que l'on ne peut faire qu'après avoir réglé l'épaisseur de la voute & la coupe, c'est-à-dire, l'inclinaison des lits des claveaux, qui forme leurs appuis, & tient lieu des entailles dans la charpente du plancher de SERLIO dont nous avons parlé.

CETTE inclinaison devroit être réglée à l'angle de 45 degrez, pour que la partie horisontale de l'appui fut égale à la hauteur de l'épaisseur du claveau; cependant à cause que cette inclinaison donne une arête un peu foible, on peut augmenter le nombre des degrez de l'ouverture; mais on augmentera aussi la poussée; parce que la partie horisontale de la coupe, dans laquelle consiste tout l'appui, diminuë à l'égard de l'épaisseur. Suivant la régle cette partie n'étant que *le tiers de l'épaisseur*, l'angle aigu sera de 71 degrez 34', qui a pour tangente le triple du sinus total, ce qui donne un angle fort ouvert, & par conséquent beaucoup de poussée sans nécessité; au reste comme les figures du recueil ne s'accordent pas avec cette partie du discours, on peut soupçonner qu'il y a quelque erreur dans l'un ou dans l'autre.

QUOIQU'IL en soit, la Retombée de la coupe étant déterminée, on la portera de part & d'autre des côtez des quarrez de la doële, & l'on tracera les lignes parallèles, qui se croiseront & formeront la figure qu'on voit au dessus, au chiffre 37.ᵇ composée de rectangles *t b*, *e s*, qui auront en longueur le quarré de la doële, plus deux fois la retombée en saillie, au-delà de chacun des côtez opposez du quarré; & en largeur celle du côté du quarré, moins deux largeurs de la retombée. Entre lesquels rectangles seront des quarrez vuides *a b c d*, qui auront pour côtez le double de la retombée, traversez alternativement par les rectangles de l'Extrados de deux en deux, comme on le voit dans la figure, qui est en cela parfaitement conforme à la charpente de SERLIO, de la figure 36.

Application du Trait sur la Pierre.

COMME tous les claveaux sont parfaitement égaux, excepté les parties de ceux qui entrent dans les murs, où ils n'ont pas besoin de coupe; il nous suffit d'en tracer un pour servir de modele à tous les autres.

AYANT

DE STEREOTOMIE. Liv. IV.

Ayant fait deux paremens opposez, & jaugez à une pierre de longueur & d'épaisseur convenable, on ajoutera deux fois la retombée pu [*Fig.* 41.] de la coupe gu, à la largeur us d'un côté du quarré de la doële tracée à la fig. 37.ᵉ pour former un rectangle go qu'on tracera à l'extrados, dans lequel on menera les lignes ke, VT, il, Ff, à distance du point g & Q égale à la retombée pu; puis ayant repairé au parement opposé de la doële les points u & s par des retours d'équerre, on y fera les lignes ut; sr parallèles à VT, fF, & la pierre sera tracée.

Il ne s'agit plus que d'abatre à la régle des prismes triangulaires, qui formeront les coupes en talud, & en surplomb ; sçavoir $gput TG$, & son égal $Qsqo$ pour former les deux coupes en surplomb, ensuite $gkuseQ$ & son égal opposé $Glsroi$ pour les coupes en talud, & le claveau sera fait tel qu'on le voit par dessus à la fig. 1.ᵉ, par dessous à la fig. 1.ᵈ, par le bout à la fig. 1.ˢ & par le côté à la fig. 41.

Il ne reste plus pour la construction de la voute qu'à arranger les claveaux sur un plancher d'Etayement de niveau, dans le même ordre qu'on les voit à la fig. 37.ᵇ s'appuyant réciproquement les uns sur les autres. Il restera un vuide entre quatre marqué $abcd$ en pyramide renversée, dont le sommet, c'est-à-dire, la pointe, est au fond du creu en s, & à la jonction du platfond au sommet commun de quatre angles droits.

Seconde Maniere de Voute plate sans vuide à l'Extrados par le moyen des Claveaux Mixtes.

Si l'on inscrit la partie saillante du Polygone de la tête du claveau $iKlm$ [*Fig.* 37.ᵇ] dans un arc de cercle convexe, comme en nop [*Fig.* 38.ᵃ] & la rentrante $mqrs$ dans un arc concave de même grandeur que le précédent, & que l'on opere de même sur les côtez opposez, on aura une figure curviligne, quadrilatere $ntzxypon$ semblable par ses bouts à un tranchet de Cordonnier, laquelle sera le contour de l'extrados d'un claveau, dont l'intrados restera cependant quarré, tel qu'on le voit par dessous à la fig. 2.ᵈ & posé en échiquier, comme à la maniere précedente.

Ce claveau ainsi tracé, on abatra à la régle des figures solides curvilignes mixtes, au lieu des prismes qu'on a enlevé dans la maniere précedente, suivant ce que nous avons enseigné au Chapitre premier pour la formation des surfaces gauches mixtes. Ainsi l'on formera deux surfaces creuses en talud pour les lits de dessous, & deux convexes en surplomb pour les lits de dessus, comme on voit à la fig. 38., en perspective.

Quoique l'exécution de ces surfaces gauches soit très possible, il est cependant vrai dans la pratique qu'il est plus difficile de les former que les surfaces planes, & qu'il est rare qu'elles conviennent assez exactement pour que la convexe s'adapte parfaitement dans la concave ; c'est ce qui m'a donné occasion d'imaginer trois autres moyens de remplir les vuides de la voute de M. Abeille, plus faciles que celui du P. Sebastien, en ce que les côtez des claveaux sont des parties de surfaces courbes régulieres, dont la taille est plus simple que celle des gauches, ou des parties de surfaces planes.

Troisième Maniere, où les Lits des Claveaux sont des Surfaces partie Courbes, partie Planes.

Si au lieu d'inscrire la tête entiere du claveau *iKlm* de la fig. 37.ᵇ on décrit seulement un quart de cercle du point *u* pour centre, & pour rayon la moitié du vuide *u m* dans la tête saillante en surplomb, & de même du point V pour centre dans le lit rentrant concave *mq*, on aura la base d'un cone scalene, dont le sommet sera en *m*, les lignes *um* dans le convexe *lm*, & V*q* dans le concave *mq* représenteront en projection les axes; par ce moyen les têtes des lits *kl*, *qr* restant planes en surplomb & en talud, feront d'une plus facile exécution, & le contour des joints de l'extrados fera un compartiment mixte, aussi agréable au moins que le précédent, où les courbes ne feront aucun jarret ; parce que la ligne qui passe par les centres opposez, passe aussi par le point d'attouchement des arcs tournez en sens contraire, & les parties courbes des lits étant des surfaces coniques régulieres se pourront exécuter plus facilement.

Quatrième Maniere en Surfaces Planes, où le Compartiment de l'Extrados est composé d'Exagones & de Dodécagones irreguliers.

Fig. 39.⁶ Si l'on ajoute aux têtes des claveaux de M. Abeille un triangle, comme *dsa* au claveau *ea* de chaque côté des deux têtes, qui soient le quart du vuide *abcd*, on aura une pyramide triangulaire *ds* [Fig. 42.] qui est représentée droite au claveau renversé *d*, & renversée au claveau vû par dessus. 39.ᵃ laquelle remplissant le quart de vuide, il est évident que les quatre rempliront le tout, & ces quatre triangles ajoutant chacun deux côtez aux quatre du rectangle *ae*, il en résultera une figure de 12 côtez, telle qu'on la voit sous la fig 39. en 3ᵉ, par ce moyen tous les lits sont des surfaces planes.

DE STEREOTOMIE. Liv. IV.

Quoique le compartiment fait de ces dodécagones irréguliers mêlez d'exagones, ne soit point désagréable à la vûë, comme on le voit à la fig. 39.*, on peut encore le varier & changer en celui qu'on appelle en terme de Vitrerie *Pieces de Bornes*, il ne s'agit que d'y graver quelques faux joints, comme l'on voit en *ef*, *gh*, d'où il résulte un mélange de quarrez & d'exagones oblongs.

Cinquième Maniere, dont l'Extrados est en compartiment de quarrez réguliers diagonalement opposez à l'autre de l'Intrados.

Si après avoir tracé les quarrez de la doële, comme on a fait dans tous les traits précedens, on prend leurs côtez pour les diagonales d'autres quarrez, on aura pour épure de l'extrados la fig. 40.* à l'égard de celle de la doële 40.* ce qui donnera pour chaque claveau vû par dessus la fig. 4.* & par dessous 4.* en projection; les parties triangulaires rentrantes *ad* seront évuidées en pyramides quadrangulaires, dont un côté de la base sera le côté du quarré de la doële *ad*, & l'autre l'épaisseur de la voute *aA* [*Fig. 4.f*] qui est le profil du claveau vû dans sa longueur, comme 3.* l'est par sa largeur coupée au milieu. *Fig. 40.*

Ou il faut observer que la pointe saillante *p* de la fig. 4.* étant trop aiguë pour être conservée entière, soit en la taillant, soit à la charge, il convient de la renforcer, comme on voit au profil 4.* en R, *r* ; mais parce que cette coupure affoiblit le claveau dans son milieu, il faut y avoir égard lorsqu'on en régle l'épaisseur.

L'Application du Trait de toutes ces Voutes sur la Pierre n'a aucune difficulté ; il ne s'agit que de dresser un parement pour y tracer l'extrados, qui est toujours plus grand que la doële, & y inscrire le quarré du parement de cette doële, comme il est à l'épure ; ensuite ayant retourné la pierre, & l'ayant jaugé pour lui faire un second parement bien parallele, on fera un des joints à l'équerre, ou seulement deux plumées pour reporter au dessous par des traits d'équerre les quatre angles du quarré de la doële, laquelle étant tracée on abatra la pierre qui excéde les côtez de la doële & de l'extrados, suivant la nature de la surface plane ou gauche de ses joints en lit, dont les uns sont couchez en talud dans les rentrans, & les autres en surplomb dans les saillans, comme on pourra le voir en jettant les yeux sur les figures qui sont au bas de la planche, où celle qui est marquée en perspective 41.* représente un quartier de pierre, tracé pour un claveau rectiligne rectangulaire vû par dessus ; la suivante 38.* représente aussi en perspective un claveau de la 2.* espece mixte, vû

K ij

par deſſus, les figures à côté du chiffre 42. repréſentent un claveau tracé pour la ſeconde eſpece à extrados en dodécagone, vû par le deſſous en *d*, & par deſſus en 39.ᵉ Enfin la figure 43. repréſente de la même maniere en façon de perſpective un claveau à extrados, diviſé en deux quarrez, vû par deſſus.

Quoique toutes ces figures donnent une bonne idée de la conſtruction, on peut s'éclaircir encore mieux de leur effet en coupant du Trait.

Nous avons dit que l'arrangement triangulaire des poutrelles, qui ſe ſoutiennent mutuellement, comme à la fig. 35. étoit peu propre à ſervir de modele pour des claveaux de voute plate; parce que les angles de ſuite ſont inégaux, l'un aigu IDB, l'autre obtus IDG, d'où il réſulte des figures diſſemblables, & ſi on les faiſoit égaux, il ſe formeroit ſix angles au point D, au lieu qu'il ne s'en forme que deux en *d* à la figure 36. & ſi on mêle l'arrangement de triangles équilateraux *Fig. 35.* & d'exagones, comme à la fig. 35.ᵐ il ſe formera encore quatre angles oppoſez au ſommet D, ſçavoir deux aigus de 60 degrez, & deux obtus pour les exagones, laquelle diſpoſition pourroit cependant être exécutée en pierre dans le même ſiſtéme des claveaux de M. ABEILLE, faiſant des taluds de part & d'autre de leur longueur, leſquels du côté des angles obtus ſerviroient de coupe à des claveaux exagones d'une ſeule piece, qu'on pourroit décharger d'une partie de leur peſanteur en y pratiquant un renfoncement de moulure, & l'orner au milieu d'un Roſon, ſuivant le goût de l'Antique, ce qui feroit un beau plat-fond, comme on en voit l'idée à la figure 35.ᵐ

Je pourrois propoſer une infinité de variations des doëles plates, auſſi bien que des extrados; car quoique je les aye fait toutes qu... ez en Echiquier, rien n'empécheroit qu'on ne les fît octogones régulieres avec des petits quarrez entre quatre claveaux; car puiſque la force de la voute ne conſiſte point dans le vuide du quarré *abcd* [*Fig. 37.*ᵇ] qui n'eſt qu'une charge inutile, il eſt clair qu'on pourroit en émouſſer les angles autour du milieu du quarré, diſpoſé diagonalement, que l'on pourroit remplir d'un claveau, qui auroit à l'extrados la figure d'un autre quarré circonſcrit à ce premier.

Si au lieu d'un quarré *abcd* on faiſoit un trou rond, il ſe formeroit à la doële des quarrez à pans coupez à oreilles, qu'on pourroit orner de moulures ravalées, & y mettre au milieu un Roſon, ce qui déchargeroit auſſi la voute d'une partie d'un fardeau inutile.

D'où il eſt aiſé de conclure que les voutes plates, tant en arrangement quarré qu'en triangle, peuvent être variées de pluſieurs façons ſans

page 77
Pl. 31.

en alterer la premiere solidité; puisque tous les vuides qui restent entre les poutrelles de la charpente ne sont remplis aux voutes que d'un fardeau, dans l'espace duquel l'Architecte peut exercer son genie. Il pourroit même donner à la doële l'arrangement des Bâtons rompus de l'extrados, & ne couvrir les vuides que d'une Dale ou pierre fort mince.

Remarque sur l'Usage.

Puisque les coupes des claveaux des *Voutes plates* sont tournées de quatre côtez alternativement, il est clair que ces voutes poussent aussi de quatre côtez, à la difference des *Platebandes*, qui ne poussent que de deux côtez; d'où il suit qu'elles font la moitié moins d'effort que les platebandes pour renverser leurs piedroits, & par conséquent demandent moitié moins d'épaisseur de mur, ce qui est un avantage.

Cependant il faut considerer que le poid que les claveaux du milieu ont à soutenir est trés considerable; puisque dans un quarré de 36 claveaux les quatre du milieu sont chargez d'un poids égal à quarante fois leur propre pesanteur, suivant le calcul de Wallis, pour la charpente; ainsi pour peu que la pierre soit cassante ou *fissideuse*, c'est-à-dire, sujette à avoir des fils ou des liaisons naturelles, il y a beaucoup à risquer; car si un claveau seul vient à manquer, toute la voute tombera, ce qui ne peut arriver à une voute en platebande, où les claveaux sont en liaison, & où ils s'appuyent sur leurs lits & non pas sur leurs têtes, comme dans les voutes plates où elles sont encore affoiblies par leurs corps.

D'ou il semble que l'on doit conclure que cette invention est plus ingénieuse qu'utile; du moins dans une étendue un peu considerable. Je la crois seulement propre à vouter quelques cabinets que l'on veut mettre hors d'atteinte des accidens du feu; parce que n'étant pas concave, elle ne demande pas plus de hauteur d'étage qu'un plancher ou un platfond de plâtre, qu'on ne peut faire sans mélange de bois. On peut aussi en diminuer la portée en fortifiant sa naissance par une voussure suivant l'usage ordinaire, ce qui est une décoration fort à la mode dans les étages un peu exhaussez.

A l'égard des précautions nécessaires dans sa construction, il est de la prudence de ne pas poser les claveaux sur un étayement de niveau, mais un peu bombé vers le milieu, afin que lorsqu'on le décintre le platfond ne bombe pas en *Contre-bas*, l'affaissement étant inévitable, quelque précaution qu'on prenne dans l'Appareil.

Il est encore visible que l'on peut diminuer considerablement la pousfée de ces voutes, en faisant aux claveaux des appuis à entrailles; car si l'on pouvoit, comme dans la charpente, ne les pas faire en plans inclinez, il n'y auroit point de pouffée, mais feulement de la charge fur les piedroits.

La démonstration de la solidité de ces voutes dépend de l'examen de l'arrangement Méchanique de fes parties, où l'on voit une suite de leviers, dont les appuis fe renvoyent la charge de l'un à l'autre jufqu'aux piedroits, tel est celui de la figure 35. & de la figure 36. où l'on peut fe reprefenter que le vuide qui refte dans cette charpente eft rempli par l'élargiffement en talud de chaque côté des claveaux pour tenir lieu des entrailles qu'on pratique dans le bois, & recevoir la piece qui croife. Ainfi en réuniffant le poids de chacun des claveaux à fon centre de gravité, & à fon appui fur le fuivant, on les réduira à autant de leviers qui s'appuient réciproquement les uns fur les autres, comme dans la charpente, & par gradation on parviendra à la connoiffance du poids, dont chacun d'eux eft chargé, avec d'autant plus de facilité que la charge tombe toujours au milieu du levier. J'en ferois ici le calcul s'il n'avoit été fait par WALLIS, & s'il s'agiffoit ici de Méchanique.

PROBLEME IX.

Faire une Voute plate inclinée à l'Horifon, qui ne s'appuye que fur les deux côtez inférieurs contigus.

En Termes de l'Art.

Faire une Trompe plate.

ON trouvera peut-être étrange que dans un commencement de pratique j'entre dans les *Traits* difficiles, mais l'ordre des chofes le demande : puifqu'il s'agit ici des voutes qui ne font compofées que de furfaces planes, & que nous avons fait préceder des principes qui en ont déja réfolu toutes les difficultez.

Fig. 44. SOIT [Fig. 44.] le quarré ABCD la projection horifontale d'une fur-
Fig. 45. face plane inclinée à l'horifon dans un angle rentrant de deux murs, comme on la voit à la figure 45. en petit profil, fur lefquels elle doit s'appuyer.

ON commencera par tracer l'angle de fon inclinaifon par un profil, dont nous prenons ici la bafe pour la commodité du trait fur le côté CB, fur lequel ayant élevé une perpendiculaire Ba égale à la hauteur de l'inclinaifon d'un des côtez de la Trompe, on tirera la ligne Ca, qui fera la rencontre de fa furface avec le piedroit du mur. Et parce que les quatre cotez font fuppofez égaux, ce profil fervira pour tous ; c'eſt-à-dire, que la ligne C a exprimera la vraye longueur des quatre côtez CA, CB, AD, BD, qui font racourcis dans la projection.

Formation de la Figure de la Doële.

Les quatre côtez de la doële étant donnez par le profil, il ne reſte plus qu'à trouver les angles qu'ils font entr'eux, dont les oppoſez font égaux, & ceux qui font de ſuite font leurs ſuplémens à deux droits. Du point C pour centre, & pour rayon Ca, on décrira un arc de cercle ab, dans lequel on inſcrira la diagonale AB du plan horiſontal en ab ; puis des points a & b pour centre, & pour rayon Ca, on fera une interſection d'arcs en 'b, à laquelle on tirera les lignes a'b, b'b, & bC, le Rhumbe, Cb'ba fera la vraye figure & grandeur de la ſurface de la doële, dont ABCD eſt la projection.

Panneaux de Tête, ou Elevation d'une des Faces en Saillie.

Ayant prolongé indéfiniment les côtez AD, CB vers 'H & a', on portera la hauteur Ba en Ba', & deux fois la même de D en 'H ; puis on tirera a', 'H, qui fera l'élevation de l'arête de rencontre de la doële & d'une des faces.

Preſentement pour y marquer les joints de tête des claveaux, on décrira de la pointe C de la trompe un arc AB, qu'on diviſera en tel nombre impair que l'on voudra pour autant de claveaux, comme ici aux points 1, 2, 3, 4, par leſquels on tirera des lignes Ci, CK, CE, CF, qui ſeront les projections des joints de lit ; par les points E & F, où ils rencontrent la projection de la face DB, on lui élevera des perpendiculaires Eg^e Ff', qui couperont l'élevation a' 'H aux points g^e f', par leſquels & par le point D, on tirera les joints de tête f' '4, g^e '3, & on aura l'élevation d'une des faces à laquelle l'autre eſt égale, par la ſuppoſition que la trompe ne ſoit pas biaiſe, ni irréguliere.

Panneaux de Doële.

Les intervales des joints de tête étant trouvez, comme nous venons de le dire, on les portera ſur la doële étendue de part & d'autre de l'angle ſaillant, comme 'Hg^e en 'bE', & en '$b$$k$; 'Hf' en 'bF' & 'bl ; puis l'on tirera du point C les lignes CI, CK, CE', CF', & l'on aura les panneaux de doële.

Nous avons marqué dans la figure la maniere de trouver toutes les longueurs des joints de lit à part, suivant la régle generale des profils des Trompes, où l'on voit que quoique toutes ces lignes soient en effet dans une surface plane, & terminées à une ligne droite a^*b, la suite de leurs profils rassemblez en projection est terminée par une ligne courbe $a^*f\ {}^*gb$, ce qui fait voir la difference des productions de l'arrangement des profils.

Nous avons dit que les joints de tête devoient être tirez du point D, où est l'angle saillant, comme d'un centre ; mais rien n'empêche qu'on ne le prenne plus près ou plus loin du centre C, suivant qu'on voudra donner plus ou moins d'inclinaison aux coupes des lits. Il suffit que leur centre soit dans la ligne du milieu CD, qui doit être la commune intersection de tous les plans des lits. Le plus ou le moins d'inclinaison de la doële peut occasionner du changement dans cette disposition.

Nous avons déja quatre differentes représentations de la Trompe. 1.° Celle de son plan ou projection horisontale. 2.° Son profil. 3.° L'extension de sa doële. 4.° L'élevation d'une de ses faces. Il ne nous reste plus qu'à trouver les angles que les surfaces planes de sa doële & de ses lits, ou de la doële & de la tête font entr'elles. C'est-à-dire, les biveaux de lit & de doële, ou de doële & de Tête.

Les Angles des Plans pour former les Biveaux.

PREMIEREMENT pour tracer l'angle que fait la surface *de la doële avec* celle de la *Tête*. Ayant fait au point C la ligne OCX perpendiculaire à la diagonale CD, on prolongera BD en H à distance égale à D*H, CA en a^1 à distance égale à Ba^* & DA jusqu'à la rencontre de CO en O ; puis ayant tiré Ha^1 on lui fera une perpendiculaire HP, qui rencontrera AD prolongée en P, par où on tirera aussi à la même PA une perpendiculaire PX, qui rencontrera OC prolongée en X ; ensuite sur OP prolongée on portera la longueur PH en Pb, d'où l'on tirera une ligne au point X, qui fera avec la precedente l'angle obtus MbL, lequel sera celui que l'on cherche de la *Doële avec la Tête*, pris quarrément sur l'arête de leur intersection, cet angle est le même à chaque voussoir de cette Trompe.

SECONDEMENT pour avoir l'angle de la *Doële avec les Lits*, par exemple, pour le biveau de lit & de doële du joint dont la projection est CE & l'élevation de tête $g^*\ 3$, on élevera sur CE, au point E la perpendiculaire EG, égale à la hauteur Eg^e de ce joint sur le plan horisontal, & l'on tirera GC, à laquelle on fera la perpendiculaire GQ, qui rencontrera CE prolongée en Q. Sur la même prolongée on transportera

DE STEREOTOMIE, Liv. IV.

portera la longueur QG en Q'G; sur le point Q on fera la perpendiculaire QT sur CQ, qui sera inclinée à l'horisontale OR, ensorte qu'elle la rencontrera étant prolongée hors de cette planche, & par le point 'G on tirera une autre ligne 'G*, qui concoure au même point par le Probléme L page 285. du troisiéme Livre, l'angle N'GV sera celui du biveau que l'on cherche, lequel sera aigu du côté de l'imposte, & obtus du côté de la clef, comme n'GN, qui servira pour le lit en joint de cette clef, & l'autre aigu pour le lit de dessus du claveau suivant, lequel aura aussi un angle obtus à son lit de dessous.

Les biveaux étant trouvez on a tout ce qui est nécessaire pour tracer les claveaux, par exemple, le second CEF.

Premierement, on a pour son panneau de doële le triangle CE' F'.

Secondement, le panneau de Tête en '3 gf' 24 qu'on terminera à volonté aux points '3, '4.

Troisiémement, le biveau ou angle d'inclinaison de la doële sur la face est trouvé en MbL.

Quatriémement, le biveau ou angle des plans de la doële & de son lit de dessus est trouvé en V'GN; il faut encore celui du lit de dessous que nous n'avons pas cherché; mais il est aisé de le trouver, de même que le précedent.

Pour *appliquer le Trait sur la Pierre* on commencera par faire un parement, sur lequel on appliquera le panneau de doële CF'E', ensuite on en fera un second sur l'arête F'E', non pas à l'équerre, mais avec le biveau LbM, posé cependant à angle Droit sur cette arête.

Ce second parement servira à placer le panneau de tête '3 gf' '4.

Enfin avec le biveau de lit & de doële posé toujours à l'équerre sur les lignes CE', CF', on abatra la pierre qui les excede, & l'on formera les lits, dont le supérieur sera avec la doële une arête maigre, & l'inférieur une grasse, qui font une figure de coin, à peu près semblable à celle qu'on a dessiné à gauche, au chiffre 46. La figure de la droite qui a deux faces représente la clef en perspective.

Explication Démonstrative.

Pour entendre l'explication de la construction de cette voute en Trompe plate, il faut considerer que nous avons étendu la surface du quarré ABCD en un Rhumbe Cb'ba, que ce quarré représentoit en racourci par la projection donnée suivant les côtez inclinez; mais parce que la diagonale AB doit être de niveau elle est parallele à l'horisonn, & égale à celle du Rhumbe que le quarré hori-

Tome II. L

fontal représente, c'est la seule ligne qui lui doit être parallele. L'alongement du Rhumbe donne aussi celui de toutes les lignes qui y sont semblablement posées qu'à sa projection, comme sont les joints de lit CE, CF, &c. lesquels sont terminez aux côtez de ce Rhumbe à des distances proportionelles à celles de la projection.

A l'égard des faces verticales dont les lignes AD & DB sont la projection, il est clair qu'il en faut faire l'élevation pour les connoître; puisque tous les joints de tête, qui sont dans ce plan, sont confondus par la projection dans la même ligne DB horisontale, laquelle représente l'inclinée Ha, dont l'inclinaison nous est donnée par la hauteur trouvée D'H de son angle, par le moyen de la hauteur donnée Ba en Ba sur le piedroit BCa par l'angle de son inclinaison.

Nous avons aussi trouvé les angles des plans suivant nos principes generaux de Goniographie; premierement, la section de la doële avec l'horison par la ligne OR; parce qu'il est clair qu'en prolongeant les côtez du Rhumbe inclinez également sur leur projection DA, DB, ils couperont le plan horisontal, dont DACB est partie en O & en z; donc la ligne qui passera par OCz sera la commune section du plan incliné de la doële, & de l'horisontal de la projection.

SECONDEMENT, puisque nous voulons que tous les plans des lits se coupent au milieu de la projection suivant la diagonale horisontale CD, cette ligne sera la commune section de tous les Lits avec l'horison.

Troisiémement, puisque les faces sont verticales; leurs communes sections avec l'horison seront les lignes de leur projection AD, DB; nous connoissons donc les sections de trois plans, qui forment un angle solide & la hauteur de la perpendiculaire DH; donc par le Probléme 13. du 3.e livre nous trouverons les angles de ces trois plans entr'eux, ce que nous avons fait, comme il est aisé de le voir par la construction, & ce qu'il *falloit trouver*.

REMARQUE.

A cause que les angles de claveaux réunis au point C deviendroient tellement aigus qu'on ne pourroit les tailler sans en casser la pointe, il est de nécessité indispensable de faire d'une seule pierre tout l'angle z C 9, ou en partie triangulaire, comme CXY, ou mixte qui à part, ou en parallelograme, ce qui donne occasion à un nouvel appareil pour les têtes inférieures des claveaux, qui se doivent appuyer sur cette pierre *en Trompillon*.

La maniere la plus simple seroit de faire ce Trompillon Isocele, retran-

page 83

Pl. 32.

DE STEREOTOMIE. Liv. IV.   83

chant des côtez Cs & Cb une grandeur à volonté égale en CY & CX, & faisant la tête à l'équerre sur l'arête marquée par la soutendante X Y de la doële, & de couper de même les têtes inférieures des claveaux. Cependant comme c'est l'usage des Architectes, par raison de beauté, de faire le trompillon de même figure que la trompe, dont il est une partie, on se servira des mêmes biveaux de tête & de doële pour le trompillon que pour les claveaux dont nous venons de parler.

Il y a encore une observation à faire sur la coupe de la Tête, c'est qu'on peut la faire de deux manieres ; sçavoir, 1.° à plomb, lorsqu'on fait le trompillon semblable à la figure totale de la trompe, auquel cas cette coupe devient inutile pour l'appui des claveaux, qui ne le soutiennent plus que sur les lits. 2.° On peut la faire en coupe à l'équerre sur la doële, & alors elle porte une partie de la charge des claveaux, qui y sont appuyez sur leurs têtes inférieures, de sorte que dans cette construction ils font moins d'effort sur leurs piedroits pour les écarter. Dans l'une & l'autre construction on voit que le lit inférieur de la clef doit être divisé en deux parties, par un angle rentrant xzy [Fig. 46.] Fig. 46. qui doit recevoir le saillant du trompillon.

CHAPITRE V.
Des Voutes Cylindriques.
En Termes de l'Art.
Des Berceaux.

L'Espece des Voutes la plus usuelle est sans contredit celle des Berceaux, la construction de celui qu'on appelle Droit, c'est-à-dire, dont la face est perpendiculaire à sa direction, est le premier de tous les *traits* chez les Appareilleurs.

Les Tailleurs de pierre les moins habiles sçavent l'exécuter au moins en plein ceintre ; mais leur science ne va gueres plus loin, ils commencent à faire des fautes aux surhauffez & aux surbaissez. Premierement, en ce qu'ils en tracent le contour avec des portions de cercles mal assemblées, qui font des jarrets à leur jonction ; secondement, en ce qu'ils tracent mal les joints de tête, lorsqu'ils font le ceintre d'une maniere plus correcte, par *le Trait du Jardinier*, de sorte qu'on peut avancer qu'ils ont besoin d'être conduits dès les premiers pas qu'ils font dans l'Art dont ils font profession.

Nous allons entrer en matiere par des principes generaux.

L ij

Formation Generale des Berceaux.

Sous le nom de *Berceaux* nous comprenons toutes les especes de voutes qui font des moitiez de cylindre proprement dit, dont la base est circulaire ou Elliptique, même celles qui pourroient être de quelqu'autre courbe, comme de Parabole, d'hyperbole ou de Chainette, &c.

PLAN. 34. Fig. 54. Suivant cette définition nous pouvons expliquer la formation d'un berceau comme celle d'un cylindre, par la trace d'une ligne AB [*Fig.* 54.] muë parallelement à elle-même, autour d'une Courbe quelconque AGD ou BEF; cependant comme il ne s'agit pas seulement ici d'une surface, mais d'un corps d'une certaine épaisseur, qui en comprend deux, l'une concave l'autre convexe, nous exprimerons la formation d'un berceau, par *la trace du mouvement du plan rectiligne ou mixte quadrilateré*

Fig. 55. *DA*: *qui se meut autour d'une courbe DHB, ensorte qu'un de ses côtez droits, qui parcourt la circonference de la courbe, soit toujours parallele à lui-même, & que ce plan soit toujours perpendiculaire à la tangente de cette courbe, au point où il la coupe.*

Lorsque le plan generateur est un parallelograme rectangle, comme l'on suppose *a*AD*d* [*Fig.* 55.] qu'on représente par un oblique à cause de la perspective, & qu'il est perpendiculaire au plan de la courbe *aa'b*, le berceau formé par son mouvement autour de cette courbe s'appelle *Droit*, de quelque figure que soit la Courbe, Cercle, Ellipse, Parabole, Hyperbole, Chainette, ou toute autre.

Lorsque le plan generateur rectangle parcourt un demi cercle suivant les mêmes circonstances, le berceau s'appelle, *Droit & en plein ceintre*; alors ce plan est toujours également éloigné du centre C, & de l'axe du cylindre C*c*, telle est la figure que décriroit le mouvement du couvercle d'un coffre sur ses chamieres.

Cette figure de berceau étant la plus simple & la plus naturelle, est regardée comme la plus parfaite; les berceaux qui s'écartent plus du diametre de leurs bases s'appellent *Surhauffez*, comme s'ils étoient trop exhauffez, tel est celui de la fig. 60. ou AHB, fig. 57. & ceux qui s'en approchent plus s'appellent *Surbaissez*, comme s'ils étoient trop écrasez, tel est A*s*B, fig. 57. ceux dont le diametre est incliné à l'horison s'appellent *Rampants*, tel est A*b*B, fig. 61.

Par où l'on voit que ce mot de *Droit*, ne signifie ni une érection verticale de ses côtez, qu'on exprimeroit par le mot *de-bout*, comme font les Tours rondes; ni la droiture de ses côtez, qui est commune à toutes sortes de berceaux; ni l'érection verticale de ses faces ou bases, qui est commune aux berceaux *Biais*, ni la projection horisontale de son

DE STEREOTOMIE. Liv. IV.

axe; car un berceau peut être Droit fur fes bafes, quoiqu'elles foient inclinées à l'horifon aufli bien que leur axe; mais il fignifie la *Direction perpendiculaire des côtez ou de l'axe fur une bafe*. Parce qu'en langage de Geometrie on dit qu'une ligne est Droite fur un plan, ou qu'un plan eft *Droit* fur un autre lorfqu'il lui eft perpendiculaire. En effet puifque le parallelograme *a*D, qu'on fuppofe rectangle, eft partie du parallelograme *a*C, qui fe meut fur fon côté C*c*, il eft évident qu'étant élevé à la hauteur 2,2 ou *a*³A³, il fera toujours perpendiculaire à la bafe; puifque cette tranfpofition ne change rien à fes angles avec les rayons du cercle AC, 2C, A³C, CB. Fig. 55.

COROLLAIRE I.

D'où il fuit que quoique les furfaces foient l'une concave & l'autre convexe, elles font formées par le mouvement des lignes droites; par conféquent qu'elles peuvent être imitées par le mouvement d'une régle comme nous l'avons dit ci-devant.

COROLLAIRE II.

2.° Que puifque fuivant les régles de la conftruction, que nous avons donné au livre précedent, les joints de Tête doivent être perpendiculaires aux tangentes des Courbes, leur direction doit tendre au centre des berceaux en plein ceintre, & leur plan de lit à fon axe.

COROLLAIRE III.

3.° Que puifque le berceau Droit eft formé par la tranfpofition du même parallelograme, les furfaces de lits font toutes égales à celles des premiers lits à l'impofte, fi la voute eft extradoffée, c'eft-à-dire, fi elle conferve la même épaiffeur à la clef, comme à l'impofte; car on peut, en bonne conftruction, lui en donner moins à la clef; mais nous la fuppoferons toujours également épaiffe, fuivant l'ufage le plus ordinaire.

COROLLAIRE IV.

4.° Que les arcs extérieurs ou interieurs de la Couronne de cercle, qui eft la bafe ou la face du berceau, font la mefure de l'inclinaifon des plans des lits avec l'horifon, puifque leur direction tend au centre de cette bafe.

COROLLAIRE V.

5.° Que les cordes des arcs, compris entre deux lignes, font toujours avec les joints de tête des angles rectilignes obtus, qui ont un rapport constant avec ceux que ces mêmes joints prolongez font au centre de l'arc de face ; parce qu'ils sont toujours *égaux à la moitié de l'angle du centre ajouté à son angle Droit*.

Voyez le Lem. Liv. III. pag. 378. Fig. 56.

Pour le démontrer, du point C on menera une perpendiculaire sur la corde AB, & par le point A, on lui menera une parallele EA, qui fera l'angle EAB Droit, & FAE égal à l'interieur du même côté ACD; donc l'angle FAB du joint de tête, & de la corde d'une doële plate est obtus, & égal à un droit plus à la moitié de l'angle du centre.

COROLLAIRE VI.

D'où il suit que si l'on a l'angle du centre, c'est-à-dire, de la rencontre des plans des lits prolongez jusqu'à l'axe du berceau, on aura celui de ces lits avec la doële, & au contraire si on a celui-ci, par la déduction de l'angle Droit on aura la moitié de celui du centre; & en le doublant celui du centre.

COROLLAIRE VII.

7.° Que puisque les angles des plans ne se mesurent que par des perpendiculaires à leur commune section, ceux des lits & des doëles ne se peuvent connoître que par la supposition d'un berceau Droit, lorsque la direction de ses côtez est oblique sur ses faces, ce qui établit la *nécessité de faire un Arc-Droit dans toutes sortes de voutes cylindriques*; car quoique la base ne soit pas circulaire mais Elliptique, ou d'autre courbe, on la peut toujours supposer inscrite ou circonscrite au cercle, au centre duquel se mesurent les angles d'inclinaison des lits prolongez, soit que ce centre de leur intersection parvienne au diametre, ou qu'il soit en dedans ou au dehors, comme dans les coupes Elliptiques, qui sont dirigées sur la tangente, & non pas à l'axe du berceau, contre ce que les mauvais Ouvriers ont coutume de faire.

Fig. 55.

On peut encore tirer d'autres conséquences de la génération des berceaux pour connoître quelques-unes des surfaces de leurs rencontres avec d'autres voutes ; car si l'on suppose le triangle A D k retranché du parallelogramme rectangle generateur *a*AD*d* [*Fig. 55.*] le mouvement de la ligne A k, transportée autour du centre C, formera une portion de cone tronqué. Et si au lieu de ce triangle rectiligne on en retrancheroit un secteur de cercle DA*i*, l'arc A*i* formeroit une zone de sphére, ou de sphéroïde si le secteur étoit Elliptique, ou de paraboloïde si la courbe A*i* étoit portion d'une parabole; ce qui sert à faire connoître que lorsque les berceaux Droits rencontrent directement d'autres solides, qui ont un axe commun avec le cylindre, tous les panneaux de lit sont égaux entr'eux, ou ils sont des trapezes rectilignes, ou des

DE STEREOTOMIE. Liv. IV.   87

trapezes mixtes, ce qui n'eſt pas inutile d'obſerver pour la conſtruction. Nous traiterons de leurs irrégularitez dans la ſuite.

La generation des berceaux étant bien entenduë, il ne ſera pas difficile de les conſtruire de pluſieurs portions raſſemblées, qu'on appelle *Vouſſoirs*. Lorſque le plan generateur ſera perpendiculaire à celui de la Courbe, qui ſert de baſe au cylindre ; mais comme il lui eſt ſouvent oblique, & qu'il en réſulte pluſieurs variations, & quelques difficultez, il eſt à propos de les examiner avant que de paſſer outre.

Des Variations des Berceaux.

Les Berceaux peuvent varier de pluſieurs façons, qui ſe réduiſent toutes à deux.

Premierement, *par le contour de leurs ceintres*, qui peut être de differentes courbes.

Secondement, *par la direction de leurs côtez*, à l'égard de leurs faces ou terminaiſons.

La premiere eſpece de variation peut encore être ſubdiviſée en deux; car les ceintres peuvent être formez d'une courbe *ſimple*. ou d'une *compoſée* de portions de courbes.

Les *Courbes ſimples uſitées* ſe réduiſent à deux, qui ſont le *Cercle* & *l'Elipſe*, dont nous avons ſuffiſamment parlé au 2.ᵉ Livre, pour n'avoir rien laiſſé à déſirer de ce qui peut concerner leur deſcription, ſuivant differentes circonſtances *données*, & leur diviſion par des perpendiculaires à leurs arcs, en quoi conſiſte tout l'uſage qu'on en peut faire pour les Ceintres; il nous reſte à dire quelque choſe des autres Courbes qu'on peut leur ſubſtituer, & dont les Architectes pourroient faire uſage.

Des Courbes des Extrados & des Ceintres inuſitez, quoique convenables à la Conſtruction.

Si l'on avoit plus d'égard à l'équilibre des vouſſoirs d'un berceau, qu'à la grace du contour de ſa doële, il eſt certain que les ceintres circulaires ne ſeroient pas les plus uſitez ; car ſi l'on veut que les vouſſoirs ſoient d'égale épaiſſeur entr'eux, pluſieurs Mathematiciens ont démontré que la Courbe du ceintre priſe au milieu de l'épaiſſeur de la voute, doit être celle de la *Chainette* lâche, que l'on peut prendre dans la pratique pour la *Parabole* ; car ces deux courbes different ſi peu entr'elles, que de bons Auteurs s'y ſont trompez en les confondant, comme nous l'avons dit ailleurs, tels sont GALLILÉE, BLONDEL, PARENT, & le P. CASTEL, qui ont en été repris par Mrs. LEIBNITZ & BERNOULLI; mais parce que le contour de ces courbes n'est pas agréable à la vûë comme celui du ceintre circulaire ou Elliptique, il semble qu'en faveur de cette beauté on doit faire les berceaux avec des voussoirs inégaux pour en mieux conserver l'équilibre; quoique jusqu'à présent l'usage des Architectes n'ait pas été directement conforme à cette convenance, on peut dire qu'il l'a été équivalemment; car ils remplissent les reins des voutes avec de la maçonnerie, pour les appuyer lorsque les reins ne sont pas butez par quelques directions de Lunettes qui les croisent. Je sçai bien que cette précaution fait l'effet des voussoirs inégaux, que nous proposons, mais comme on ne sçait pas quelle est l'épaisseur qu'il faut ajouter aux reins pour les fortifier, il n'est pas inutile de faire connoitre celle que la Theorie de la Méchanique des voutes nous indique, pour en faire usage dans l'épaississement des voussoirs inégaux, ou en les appuyant par une addition de maçonnerie aux voussoirs égaux.

Des Courbes d'équilibre des Extrados & Intrados des Voussoirs Polis.

Si l'on suppose qu'une voute doit être faite de voussoirs extrémement Polis & glissans, il est démontré qu'ils doivent être de longueurs de queuës inégales, & que la courbe du ceintre à la doële ne peut être semblable à celle de l'extrados, ainsi faisant le ceintre de l'intrados circulaire, l'extrados devient une Courbe ondée, qui s'ouvre infiniment, & si l'on prend le ceintre circulaire dans le milieu de l'épaisseur de la voute, celui de l'extrados sera à peu près de même que dans le cas précedent; mais le ceintre de la doële sera une courbe de cette espe, ce que quelques Géometres appellent *Lemiscate*, qui rentre en elle-même, & se croise en forme de nœud de ruban; nous allons donner la construction de ces courbes.

Premiere disposition où l'Intrados est Circulaire, dont nous ne prenons qu'une moitié pour Exemple.

PLAN. 33.
Fig. 47.

Soit [*Fig. 47.*] le demi cercle BM, divisé en parties de voussoirs 10, 9, 8, 7, 6 égales entr'elles, plus la moitié 6M pour la clef 6,5. Soit aussi la longueur HM donnée pour l'épaisseur de la clef, il faut trouver celle de chacun des autres voussoirs 6*i*, 7*k*, 8R, 9*s*, laquelle augmente tellement leur pesanteur, que tout glissant qu'on les suppose, ils demeurent en équilibre. Sur HC, comme diametre, on fera un demi cercle HIC, qui coupera le ceintre de doële BIM au point I, par lequel on menera IK perpendiculaire à HC.

ENSUITE

DE STEREOTOMIE. Liv. IV.

Ensuite on portera la moitié de la longueur de la clef HM sur le diametre AB de C en *d*, par où on menera *dm* parallele à CH, qui rencontrera le rayon C6 en *m*, où l'on menera LN parallele au diametre AB, laquelle coupera les rayons tirez par les divisions des voussoirs 6, 7, 8, 9, aux points *m*, *n*, *o*, *p*, dont nous ferons usage, par exemple, pour trouver l'épaisseur 8R, on portera la longueur *op* de K en P, puis sur PC comme diametre, on décrira un arc de cercle PQ, qui rencontrera la tangente H*a* au point Q; le rayon CQ transporté en CR, donnera la longueur 8R que l'on cherche.

Il en est de même pour tous les autres voussoirs. Si l'on avoit cherché la longueur 7*g*, au lieu de la partie *op* de la ligne LN, on auroit pris *no*, qui répond au voussoir 78, & l'on auroit fait la même operation, qui auroit donné un rayon C*g*; par conséquent son excès sur la doële 7*g*, ainsi des autres.

Supposant qu'au lieu de faire des ressauts d'un voussoir à l'autre, comme *mi*, on mene une ligne H*xyz*Y par les milieux, on aura une courbe d'extrados, qui seroit celle des voussoirs, qu'on supposeroit fort étroits par leurs têtes, ensorte que les ressauts deviendroient presqu'imperceptibles, quoique toujours réels; parce qu'il les faut supposer pour la démonstration.

Seconde disposition, où l'on prend le Ceintre Circulaire au milieu de l'épaisseur de la Voute.

Soit pour une moitié le demi cercle ADM, le cintre donné pour Fig. 47. le milieu de l'épaisseur de la voute, laquelle épaisseur est donnée à la clef en *bm'*. Ayant divisé ce ceintre également en ses voussoirs aux points 1, 2, 3, 4, 5, 6, &c. & tiré les rayons C1, C2, C3, &c. on portera le quart de la longueur *km'* de la clef en C*f* sur AB, pour tirer par le point *f* une parallele à C*b*, qui coupera le rayon C5 en *a*, par où on menera RG parallele à AB, qui coupera les rayons en *a*, *b*, *c*, 2', R; ensuite on prendra successivement les longueurs *a e* double de *aG*, *ab*, *bc*, *c*2', 2'R, pour les porter sur les rayons correspondans en dessus & en dessous de l'arc donné ADM, sçavoir *ae* en 55ᵉ & 55', *ab* en 44ᵉ & 44', *bc* en 33ᵉ & 33', *c*2' en 22ᵉ & 22'; enfin 2'R en 11ᵉ, 11', & par les points trouvez 1ᵉ, 2ᵉ, 3ᵉ, 4ᵉ, &c. on tracera à la main ou avec une régle pliante la courbe d'extrados WE*b*, de même que par les autres points 1', 2', 3', &c. celle d'intrados CF*m*, dont la partie CF devient inutile, & même contraire à la construction; parce, qu'elle rentre en dedans du berceau qu'on doit vouter: de sorte que supposant le point F, le plus écarté de la ligne du milieu C*b*, ce doit être celui de la jonction du piedroit F*p*, s'il est vertical, c'est-

Tome II. M

à-dire, à plomb, comme ils le sont ordinairement ; ainsi par cette construction le ceintre ADM se change à l'intrados en un surbaissé F4. m, dont l'imposte qui étoit donnée en A est remonté en F.

DEMONSTRATION.

Il est démontré dans presque tous les traités de Méchanique, & particulierement dans la Proposition 22 de celui de M. de la Hire, que les perpendiculaires aux directions des trois puissances en équilibre, qui tirent ou poussent un même point, forment un triangle, dont les côtez expriment le rapport de ces trois puissances ; or dans chaque voussoir il y en a trois à considerer autour de son centre de gravité ; sçavoir l'effort de la pression des deux voussoirs collateraux, qui agissent perpendiculairement à l'inclinaison du joint en lit, c'est-à-dire, à la Coupe de la pierre pour le soutenir à peu près comme dans une foule deux hommes en soutiennent un troisiéme entre deux, & la troisiéme puissance est la pesanteur du voussoir, qui fait effort pour s'échaper d'entre deux & tomber. Cela supposé.

Il est clair que dans les constructions de nos Courbes nous avons commencé par former des triangles, dont les côtez sont perpendiculaires à ces trois puissances, tels sont les triangles Cae, Cab, Cbc, Cmm, Cno, &c. car les parties horisontales ae ab bc, mn, no, &c. sont perpendiculaires aux directions verticales des pesanteurs, & les parties des rayons Ca, Cb, Cc, Cm, Cn, Co sont perpendiculaires aux directions des pressions ; donc ces triangles expriment les rapports de chacune des puissances.

Mais parce que nous n'avons besoin pour trouver les longueurs des voussoirs, que de connoitre l'expression de leur pesanteur, il suit qu'ayant determiné une ligne, qui exprime une longueur de queuë donnée en rm ou en ae, on aura la suite des expressions des autres longueurs en mn, no, op, ou pour le second cas en ab, bc, &c. par consequent les longueurs sont bien trouvées.

COROLLAIRE I.

Comme toutes ces parties horisontales sont inégales étant proportionnelles aux tangentes T, 13, 14, 15, 16, correspondantes à des parties égales du cercle, il suit que les courbes de doële & d'extrados ne sont pas semblables ; puisque l'on ajoute au dehors des rayons du ceintre circulaire, ou qu'on en retranche au dedans des parties inégales.

COROLLAIRE II.

Si au contraire on fait les parties d'un ceintre inégales, provenant des divisions égales d'une horisontale LN ou GR, alors l'extrados & l'intrados deviendront paralleles, & l'épaisseur de la voute sera égale, quoique les voussoirs soient en équilibre, ce qui ne peut être appliqué au ceintre circulaire, mais seulement à celui que l'on feroit de la courbe de la Chainette lâche, comme il est démontré par plusieurs Matématicien, & fort nettement par M. Couplet, dans les Mémoires de l'Academie des Sciences de l'année 1729.

COROLLAIRE III.

Il suit aussi de cette construction, que quoique la courbe donnée du ceintre ne soit pas circulaire mais Elliptique, surhaussée ou surbaissée, & même si peu bombée qu'elle dégenere en ligne droite comme aux platebandes, pourvû que les directions des coupes partent toujours d'un même centre C, il sera toujours vrai que les courbes ou les droites d'extrados & d'intrados mettront l'équilibre entre les voussoirs, qu'elles comprennent ; parce que les directions des puissances restans toujours les mêmes, il sera aussi toujours vrai que les *pesanteurs des voussoirs seront en raison des differences des tangentes des angles que font les lits*, en commençant au milieu de la clef, comme il est démontré dans la Méchanique de M. de la Hire, à la Proposition 125.

COROLLAIRE IV.

D'où il suit, comme l'a démontré M. Couplet au Mémoire cité, que la surface rectiligne de la platebande $Thm\,l$ est égale à sa correspondante ceintrée $2^e\,b\,m\,2'$, ce qui fournit un moyen facile de faire le toisé de cette surface mixte ; & par conséquent celui de la solidité de la voute.

COROLLAIRE V.

Il suit aussi qu'il n'y a aucune espece de voute que les platebandes qui puissent avoir un extrados en ligne droite, & par conséquent que dans le sistême des voussoirs infiniment polis. une voute arasée de niveau ne pourroit subsister, quoique l'expérience nous assure du contraire dans les pierres de surfaces raboteuses, & même que cette pratique soit fort usitée.

COROLLAIRE VI.

Enfin que si les voussoirs étoient infiniment polis, il faudroit que les piedroits & les coussinets fussent infiniment longs ; parce que la courbe d'extrados *b*EW ne rencontre l'impofte BA prolongée qu'à une diſtance infinie, ce qui montre qu'il faudroit une force infinie pour réſiſter à la pouſſée des vouſſoirs ſuſpendus, dans la ſuppoſition qu'ils ſoient infiniment gliſſans, ſans aucun frottement, ſuivant l'hypotheſe néceſſaire pour établir un raiſonnement géometrique.

Mais comme il n'eſt rien de tel dans la nature, particulierement dans le genre des pierres taillées pour les voutes, dont les lits les mieux dreſſez ſont toujours fort raboteux, cette ſpéculation devient inutile pour l'exécution; cependant elle ne l'eſt pas pour les conféquences qu'on en doit tirer.

Premierement, que l'uſage ordinaire des vouſſoirs d'égale épaiſſeur eſt très défectueux; parce qu'il n'a aucune conformité aux principes de la Théorie, auſquels il doit avoir au moins quelque raport; puiſque les frottemens ne ſont pas ſuffiſans pour réſiſter à la pouſſée & au *gliſſement* des vouſſoirs, & qu'ils ne font qu'en diminuer l'effort.

Secondement, qu'ayant égard aux frottemens des lits des vouſſoirs, on doit diminuer de l'épaiſſeur, qui leur conviendroit s'ils étoient infiniment polis, ſuivant un raport des tangentes priſes ſur T*b*, dont les longueurs diminueroient dans la raiſon de la réſiſtance des frottemens, que perſonne que je ſçache n'a encore pû aſſigner, cette détermination étant trop mêlée de cauſes Phyſiques, en ce que les pierres ſont plus ou moins dures ou tendres, grenées ou polies, peſantes ou légeres, & plus ou moins uniment applanies & dreſſées dans leurs lits, ſelon l'adreſſe de l'Ouvrier.

D'ailleurs les vouſſoirs plus ou moins gros comprennent un arc du ceintre d'un plus grand ou plus petit nombre de degrez, ce qui augmente ou diminue le nombre des lits; par conſequent les frottemens.

D'ou l'on peut conclure qu'il eſt aſſez difficile de pouvoir bien déterminer une courbe d'extrados; tout ce qu'on en peut dire ſûrement c'eſt qu'elle ne doit pas être la même que celle de la doële, contre l'uſage ordinaire de la plûpart des Architectes, & la ſuppoſition de tous les Livres de la coupe des pierres, à laquelle je me ſuis cependant conformé, pour ne pas embaraſſer les Traits; & parce que je n'ai rien de bien prouvé à ſubſtituer à cet uſage, dont la ſeule expérience a fait ſentir le défaut.

Il ſeroit inutile de remarquer ce défaut, ſi l'on n'y apportoit quelque correction; c'eſt pourquoi j'ai cru que je devois en propoſer une, tirée partie de l'expérience, partie de la Théorie.

DE STEREOTOMIE Liv. IV.   93

PREMIEREMENT, je puis faire remarquer que les anciens Architectes, guidez par la seule expérience & les régles du bon sens, se sont parfaitement rencontrez avec celles de la Theorie, qui n'ont cependant été découvertes que de notre tems; car si l'on en croit les profils que PALLADIO nous a donné des voutes du Pantheon & de la Galluce, qui sont des plus grandes qu'il nous reste de l'Antique, on trouvera que leur épaisseur prise à 30 degrez au dessus de leur naissance, est environ triple de celle de la clef, ce que l'on peut comparer avec la figure 47, où la ligne EF passant par le point D, a 30 degrez au dessus de la naissance A, du quart de cercle ADM est aussi le triple de l'épaisseur bm'.

LES Architectes modernes en ont usé de même; si l'on en croit aussi les profils gravez par MAROT, du Dôme du Val de Grace à Paris, on y remarquera le même épaississement de la voute à 30 degrez au dessus de la naissance.

JE tiens cependant qu'un si grand épaississement n'est pas nécessaire, & qu'on peut sans crainte le diminuer d'un septiéme; en voici la raison: L'épaississement EF vient de la supposition que les voussoirs soient des corps infiniment polis, mais il s'en faut de beaucoup que nos pierres, quelques fines qu'elles soient & proprement taillées par leurs lits ne soient telles; puisque nous voyons par expérience, qu'elles ne glissent plus ou très peu, sur un plan dont l'inclinaison est moindre de 30 degrez & au dessous, lorsque la longueur de la coupe du lit est plus grande que la corde de la doële; ou pour parler plus positivement, lorsque le centre de gravité du voussoir ne tombe pas au dehors du plan incliné du lit, sur lequel il est posé; or en ce cas le côté du lit incliné est à sa projection horisontale, comme 2 est à la racine de 3, ou à très peu près comme 7 est à 6; donc il suffit que les reins de la voute à 30 degrez au dessous de la naissance, soient à l'égard de la hauteur de la clef, où est la moindre épaisseur, comme 18 est à 7.

D'où je croi qu'on peut tirer une assez bonne *Régle de pratique pour les Extrados*, qui est de porter trois fois de suite l'épaisseur de la clef à l'imposte comme bm' en AL [*Fig.* 48.] ou bQ en AO; puis ayant tiré la corde LH, on élevera sur son milieu M une perpendiculaire Mc', qui coupera l'aplomb du milieu HC prolongée en c', où sera le centre de l'arc de l'extrados LH, lequel arc sera toujours le moindre que le quart de cercle, & ne sera pas équidistant de la doële.

Fig. 48.

ON pourroit trouver plus précisément la courbe de l'extrados dans un sistème tout opposé à celui que nous venons d'établir, considerant les voussoirs comme des corps, qui ne glissent point sur leurs lits, mais qui ne font effort que pour s'écarter & se renverser; c'est ainsi que

M. COUPLET les a considéré dans un Mémoire, qui a été inséré dans ceux de l'Academie de l'année 1730. dont il ne sera pas inutile de donner un extrait pour les ceintres de demi cercle entier & de 120. degrez.

Il trouve par un long calcul Algébrique qu'une voute de 28 pieds de diametre d'épaisseur par - tout égale, dont l'intrados & l'extrados sont des arcs de cercles concentriques, ne peut avoir moins d'un pied cinq pouces dix lignes & un quart d'épaisseur, qui sont près de 18 pouces, & que celle d'un même rayon de quatorze pieds, qui ne seroit que d'un arc de 120 degrez, pourroit être près de cinq fois moins épaisse, n'ayant que trois pouces trois lignes & trois quarts d'épaisseur.

Si au lieu de considerer la largeur de 28 pieds comme diametre d'un demi cercle, on la considere comme la corde d'un arc de 120 degrez, on n'aura pour son épaisseur que trois pouces & près de dix lignes, c'est-à-dire, seulement environ six lignes de plus.

D'où il suit évidemment, que si l'arc étoit d'un moindre nombre de degrez, & cependant toujours d'un même rayon, l'épaisseur diminueroit encore, puisque la charge diminue.

Cependant comme dans cette hypotese l'effort de la pesanteur de la voute se fait sur les arêtes des voussoirs, qui peuvent s'écraser par la charge plus ou moins facilement, suivant la consistance de la pierre, laquelle peut être plus ou moins dure; il croit pour éviter tout accident, qu'il faut au moins doubler & même tripler l'épaisseur trouvée par la formule Algébrique, afinque les points ou plutôt les lignes des appuis se trouvent au quart ou au milieu des lits des voussoirs & non pas sur les arêtes.

D'où je tire une construction, qui me paroit d'autant plus convenable à la pratique, qu'elle differe peu de la précédente, quoique venant d'une hypotese toute opposée & avec cet avantage, qu'en celle-là nous avons donné à la clef une épaisseur arbitraire sans en connoître la nécessité, & qu'ici nous connoissons la moindre épaisseur, que la prudence d'un Architecte doive hazarder; la voici:

Fig. 48.   Supposant encore le diametre de la voute en plein ceintre de 28 pieds, on portera sur le rayon cb prolongé une longueur de 8 pouces de b en Q, si la pierre est dure, ou bien un pied si la pierre est tendre, & la sixiéme partie de ce rayon de c en g; d'où comme centre, & de l'intervalle gQ pour rayon on décrira un arc de cercle Qo, qui sera celui de l'extrados de la voute, ce qui donnera à peu près l'épaississement qu'exige la formule doublée ou triplée, comme on le jugera à propos, en déterminant l'épaisseur de la clef, afin de donner aux appuis la résistance convenable à la charge.

En effet puisque la formule donne pour un arc de 120 degrez, & de 18 pieds de rayon 3 pouces 3 lignes $\frac{1}{2}$, dont le double est 6 pouces 7 lignes $\frac{1}{2}$ en prenant 8 pouces à la clef, on a encore un pouce quatre lignes $\frac{1}{2}$ de renfort à la clef, & à la hauteur de 30 degrez, on aura environ un pied trois pouces d'épaisseur, quoique la formule ne demande que 6 pouces 7 lignes $\frac{1}{2}$; par conséquent la force est plus que doublée aux reins. Enfin si l'épaisseur de la formule doublée à l'imposte d'une voute d'égale épaisseur de 28 pieds de diametre ne donne qu'environ trois pieds, & même un peu moins, celle de notre construction sera plus que suffisante pour une voute d'épaisseur inégale, qui diminue continuellement depuis l'imposte à la clef, ensorte qu'elle est déchargée de plus des $\frac{1}{2}$ de la pesanteur qu'elle auroit si elle étoit d'égale épaisseur par-tout.

L'extrados de la moindre épaisseur étant ainsi supposé & tracé, il sera facile d'en tracer un autre de plus grande épaisseur, s'il est nécessaire par quelque raison de fortifier la voute, comme en *b*H au lieu de *b*Q; puisqu'il n'y a qu'à faire passer par le point H un arc de cercle H*d* concentrique à Q*o*, qui ajoute par-tout une égale épaisseur.

Au reste il ne faut pas regarder cette pratique comme une régle Géometrique absolument conforme aux loix de la Méchanique & de la Statique, mais comme un bon guide pour se conduire dans l'exécution, & ne rien risquer du côté de la solidité.

Nous avons toujours supposé les ceintres circulaires pour plus de facilité; mais s'ils étoient surhaussez ou surbaissez, il faudroit avoir égard au plus ou moins de poussée, sur quoi nous donnerons quelques régles à la fin de cet Ouvrage.

On peut faire une objection contre la maxime que je viens d'établir, de diminuer l'épaisseur des voutes, depuis l'imposte jusqu'à la clef, c'est que, quoique les voussoirs ne soient pas des corps polis, ils ne sont pas aussi des corps adherens, comme dans la seconde hypothese, ils tendent à glisser sur leurs lits, d'autant plus qu'ils approchent de la situation verticale; or en diminuant la longueur de la coupe, qui fait la largeur des lits, on diminue deux choses qui contribuent à les soutenir, l'une c'est le frottement, qui est plus considérable dans une grande que dans une petite surface, l'autre c'est la retombée, qui est d'autant plus grande, que le joint de tête de la coupe est plus long; or cette retombée, qui est une ligne horisontale, exprime la force qui soutient le vouſſoir contre la verticale qui exprime ſa peſanteur, par conſéquent plus on diminuë la retombée, moins on eſt aſſuré du ſupport de la clef.

Pour répondre à cette objection on peut premierement lui oppoſer la fig. 47. où les régles de la Méchanique & de la Statique nous font voir, que le ſommet de la voute doit être la partie la plus mince.

Secondement, quoiqu'il ſoit vrai que le frottement ſoit plus conſiderable dans une grande que dans une petite ſurface, qu'il augmente & diminuë par la peſanteur des vouſſoirs, il eſt auſſi vrai que l'effort pour le vaincre augmente ou diminuë, ſuivant le plus ou moins d'épaiſſeur.

Enfin il eſt viſible que la coupe d'un joint de tête d'une inclinaiſon conſtante donnera toujours des retombées & des hauteurs de retombées proportionelles, quoique prolongée ou racourcie; par conſéquent qu'en diminuant l'épaiſſeur d'un vouſſoir, on diminuë autant de l'effort du poids qui le pouſſe en bas, que de la puiſſance du vouſſoir contigu qui le ſoutient en l'air; puiſque l'une de ces puiſſances eſt exprimée par la hauteur de la retombée, & la ſeconde par l'hypotenuſe de la retombée.

On me demandera peut-être ici quelque régle, tirée de l'expérience, touchant l'épaiſſeur des voutes à la clef, ſur laquelle on puiſſe raiſonnablement compter, ſans avoir recours au calcul Algébrique, dont tout le monde n'eſt pas capable, & auquel les cauſes Phyſiques ne ſont pas ſujettes, ſans quelque correction, comme dans cet exemple des pierres plus ou moins dures.

A quoi je répondrai qu'il faut premierement faire attention aux uſages des voutes; il en eſt qui doivent porter de gros fardeaux inégalement diſperſez ſur leur ſurface, comme ſont les arcs des ponts, ſur leſquels paſſent de peſantes voitures; il en eſt qui en portent peu, comme des voutes ſur leſquelles on appuie quelques pieces de Charpenté, il en eſt qui ne portent rien du tout, comme pluſieurs voutes d'Egliſes, dont la Charpente porte ſur les murs.

1.° A l'égard des voutes de la premiere eſpece on remarque dans quelques ponts Antiques, que leur épaiſſeur à la clef eſt au plus le dixiéme du diametre de l'arche, & plus ordinairement le douziéme, & que le moins qu'on puiſſe leur donner ſuivant le ſentiment d'un bon Architecte, Leon Baptiſte Alberti, eſt le quinziéme.

2.° Lorſque les voutes ne portent rien il ſuffit de leur donner moitié moins d'épaiſſeur, que je réduis à une vingt-quatriéme partie du diametre

diametre, c'est-à-dire, un demi pouce par pied; ma raison est que le voute de la nef de l'Eglise de St. Pierre de Rome, qui est des plus grandes que je sçache, & qui n'est pas même absolument sans charge, puisqu'elle porte une partie de la charpente de la couverture, est à peu près dans cette proportion; car suivant les mesures de M. Tarade, elle a 82 pieds de diametre, & seulement trois pieds six pouces d'épaisseur en brique, ce qui revient à $\frac{1}{27}$ & $\frac{1}{7}$; sur ce principe une voute de 28 pied de diametre auroit 14 pouces à la clef, ce qui paroit assez conforme à la construction ordinaire, pourvû que les Reins soient épaissis au moins du double à 30 degrez de hauteur au dessus de la naissance, ou butez par quelques lunettes.

Si l'on descend dans les plus petites voutes, comme d'un pied ou deux de diametre, on trouvera une comparaison surprenante des épaisseurs que je propose, avec celles de la Table de M. Gautier; puisque pour un arceau d'un pied, il donne 25 fois plus d'épaisseur en pierre dure, & 36 fois en pierre tendre, c'est-à-dire, un pied six lignes en pierre dure, & un pied six pouces en pierre tendre; mais il faut faire attention qu'il pourvoit à la charge des voitures, & moi seulement à la pesanteur de la voute considerée dans ses parties; en effet on cessera d'être surpris qu'un demi pouce d'épaisseur puisse suffire à un arceau d'un pied, lorsqu'on sçaura que des voutes Gotiques en tiers point de 24 & de 25 pieds de rayon subsistent avec une épaisseur de 5 & 6 pouces, laquelle devroit être du double suivant notre régle, prenant le rayon des Gotiques pour diametre ou largeur de la voute, comme il l'est en effet; il est vrai que ce n'est que dans des arcs de 60 degrez; car je doute qu'elles eussent subsisté à 90 degrez, si elles n'avoient eu qu'un ceintre.

De la Chaînette.

S'il est démontré que le ceintre d'un berceau étant circulaire, on ne peut mettre l'équilibre entre ses voussoirs, qu'en les faisant de longueur inégale, il est aussi par l'inverse, que lorsqu'on veut faire des voussoirs d'égale épaisseur, on ne peut les ranger sur une Courbe circulaire; mais sur une autre espece, qui est celle que forme le poid d'une chaîne, ou corde chargée à distances égales de poids égaux, suspendue par les deux bout, & plus ou moins lâche, comme on la veut, pour la distance de la ligne d'imposte, jusqu'au milieu de la clef.

C'est donc à l'Architecte à prendre son parti dans la construction d'une voute, sur l'égalité ou l'inégalité de son épaisseur, & à voir s'il n'est point asservi à la grace du contour circulaire ou Elliptique. S'il veut que sa voute soit également épaisse, il n'a rien de mieux à faire qu'à tracer sur un mur à plomb, une ligne qui soit de niveau ou rampante de longueur égale à la largeur de la voute, & abaisser au milieu un aplomb égal à sa hauteur. S'il pend ensuite une corde aux naissances, & qu'il la lâche jusqu'à ce que son milieu parvienne à l'extrémité de la verticale, qui exprime la hauteur renversée, cette corde lui marquera le contour qu'il doit suivre & tracer sur le même mur, cette courbe sera le ceintre demandé, qu'il n'y aura plus qu'à renverser pour le mettre dans sa situation naturelle, comme on voit AGB ou ANB, fig. 50. tournée au dessus en AgB & AmB.

Cependant cette courbe qui convient si bien à l'équilibre des voussoirs égaux, ne convient gueres à la beauté du contour de la doële ; parce qu'elle fait un jarret avec le piedroit à sa naissance en A & B, qui devient d'autant plus choquant à la vûë, que le ceintre est surbaissé, comme on voit en RAm : Dans ce cas si l'on veut en faire usage, il faut prendre sa naissance, non pas sur le tableau du piedroit en A, mais un peu en dedans, comme en a, pour y inscrire un arc de cercle d'un ceintre pris sur la ligne AB, comme AT du centre C pour la moitié de chainette ATN, ensorte qu'il la touche en un point T pour effacer le jarret, faisant cet arc plus ou moins grand, comme on le jugera à propos, je veux dire d'un plus grand ou plus petit rayon ; car pour le nombre de degrez, il est déterminé par l'attouchement à la chainette ; mais cette correction ne fait que transporter le jarret de a en T, & le rendre le moins sensible qu'il se peut, elle ne l'ôte pas tout à fait ; le cercle & la chainette sont deux courbes trop différentes pour que l'œil n'en apperçoive pas encore un peu la jonction, lorsque la hauteur qui est ici la profondeur de la voute n'est pas plus grande que sa demie largeur.

Fig. 50.   Le ceintre usité qui approche le plus de cette courbe est le Gotique, comme on voit à la fig. 50. où Axs est presque confondu avec la chainette Axg, dont il ne se détache que vers la clef, où se fait l'angle Gotique.

On peut voir les proprietez de la chainette pour les voutes dans les Mémoires de l'Academie des Sciences de l'année 1729. où M. Couplet les a clairement démontrées.

Dans le sistême des voussoirs inégaux on pourroit faire les ceintres des voutes de plusieurs sortes de courbes, dont le contour seroit agréable à la vûë, telles sont, par exemple, l'Ovale de Cassini, & la Cicloïde pour les surbaissez ou surmontez, & la Spirale pour les arcs Rampans, & de plusieurs autres.

DE STEREOTOMIE. Liv. IV.
De l'Ovale de Caffini.

Le contour de la Caffinoïde reffemble beaucoup à l'Ellipfe des fections coniques, elle eft feulement un peu plus ouverte entre fes axes,
comme on peut le voir à la fig. 49. ce qui fait auffi que fes foyers ne *Fig. 49.*
s'approchent pas tant des extremitez du grand axe.

Nous avons remarqué en parlant de l'Ellipfe, que la fomme des
lignes fT & FT, tirées des foyers à un point de la circonference
étoit égale à la longueur du grand axe AB; dans la Caffinoïde, le
produit ou rectangle fait de ces deux lignes eft égal au rectangle fait
des lignes Af & fB, ou, ce qui eft la même chofe, de BF & AF.

Soit AB le grand axe, & CD la moitié du petit. Du point C pour
centre, & CB pour rayon, on décrira un quart de cercle BH, dans
lequel on tirera une ordonnée fd, telle qu'elle foit égale à Df; en portant CH en Bb, & tirant du point b par D, la ligne Db, qui coupera le quart de cercle HdB en d, par où on menera df parallele
à CH, qui coupera le diametre AB en f, ce point f fera un des foyers;
puis portant l'intervale Cf de l'autre côté en CF, on aura l'autre foyer F.

Présentement pour trouver autant de points qu'on voudra à la circonference, comme en T, on cherchera une quatriéme proportionelle
à trois lignes données, fçavoir $Bp : BF :: Bf : Bx$, dont la premiere
Bp eft prife à volonté, mettant le point p entre C & f. Ce que l'on
peut faire facilement en tirant du point B une ligne Bg, qui faffe avec
AB un angle quelconque, puis on fera Bg égal à BF; alors après avoir
tiré la ligne pg on lui fera la parallele fx, qui coupera Bg en x; la
ligne Bx fera la quatriéme proportionelle demandée pour la longueur fT.

Ainsi du point F pour centre, & pour rayon Bp on fera un arc de
cercle en T, & du point f pour centre, & pour rayon Bx, on en
décrira un autre qui coupera le précedent au point T, lequel fera à la
circonference de l'ovale.

La raifon de cette conftruction eft qu'il s'agit de trouver des côtez
inégaux de rectangles égaux; or à caufe que les rectangles égaux ont
leurs côtez en raifon réciproque, par la 14.ᵉ du 6.ᵉ Livre d'Eucl. on
a fait $Bp : Bg :: Bf : Bx$, ce qui donne $FT : BF :: Bf : fT$;
donc $FT \times fT = BF \times Bf$ ou AF, *ce qu'il falloit faire.*

Présentement pour tirer les joints de tête de cette efpece de ceintre, par exemple, pour celui qui paffera par un point de divifion
de vouffoir comme T; on cherchera une troifiéme proportionelle aux

N ij

lignes FT & Tf, en portant la longueur TF en TI, & menant IK parallele à AB, qui coupera FT en K ; on portera la longueur TK fur fT prolongée en k, par où on tirera kF, à laquelle on menera par le point T la parallele TN, qui fera le joint de tête demandé.

La raifon eft que fi par le point T on mene tT perpendiculaire à kF, elle fera tangente de l'ovale au point T, par conféquent TN, qui eft parallele à kF lui fera perpendiculaire, ce que M. Varignon a démontré dans les Mémoires de l'Academie des Sciences de l'année 1703.

De la Cicloïde.

La feconde efpece de Courbe qu'on pourroit mettre en ufage feroit la Roulette ou Cicloïde, dont le contour eft agréable à la vûe.

Fig. 51.   Soit [Fig. 51.] un ceintre furbaiffé à faire, dont la longueur du diametre horifontal eft AB, & fa hauteur fous clef MH, du point C, milieu de MH pour centre, on décrira un cercle MNH6, dont on divifera la circonference en autant de parties égales qu'on voudra avoir de points au contour du ceintre, par exemple, ici en douze aux points 12M4567, &c. par lefquels & par le centre C on tirera autant de rayons ou de diametres. Enfuite on menera par le point C une ligne ab parallele & égale à AB, qu'on divifera en autant de parties égales entr'elles, qu'on à divifé la circonference du cercle, & par tous ces points on menera des lignes paralleles & égales aux rayons du cercle correfpondans aux mêmes divifions ; ainfi par le point 5 de cette ligne ab, on tirera la ligne 5, 12 parallele & égale à C2 ; par le point 4 la ligne 4, 11 parallele & égale à C1, par le point 3 la ligne 3, 16 égale à Cn ou C6 fur la même ligne, & ainfi de fuite 2, 15 parallele & égale à C5, &c.

Par les points trouvez A, 12, 11, 16, 15, 14, on tracera à la main ou avec une régle pliante une ligne courbe qui fera la Cicloïde demandée.

Si la ligne AB a été faite égale à la circonference du Cercle MNH6, la Cicloïde fera celle qu'on appelle du premier Genre, laquelle convient à un arcade, dont les piedroits font à plomb ; fi la ligne ME moitié de la bafe eft plus grande que la moitié du contour du Cercle, elle ne peut convenir qu'à des piedroits en furplomb, & au contraire fi elle eft plus petite que la demie circonference, comme MD ou Md, à des piedroits en talud ; parce que ces dernieres rentrent en elles-mêmes ; on pourroit auffi les employer en une voute, dont la naiffance eft ornée d'une Corniche qui a de la faillie, & qui eft affez élevée pour cacher une partie de cette naiffance.

DE STEREOTOMIE. Liv. IV. 101

Il nous reste à donner la maniere de mener une tangente à cette Courbe par un point donné, pour trouver la coupe ou inclinaison des joints de téte des voussoirs, qui doit être perpendiculaire à cette ligne, comme nous l'avons dit au troisiéme Livre.

Soit [*Fig.* 51.] le point *d*, donné pour un joint, par où il faut me- *Fig.* 51. ner une tangente pour le faire perpendiculaire à cette ligne, on menera par le point *d* & H les lignes *df* & HG paralleles à AB, dont la premiere coupera le cercle generateur en *i*, on prendra sur *df* la longueur *dg* égale à *if*, & GH égale à *fg*, la ligne tirée de G par *d* sera la tangente qu'on demande, ce qui a été démontré par M. de la Hire, dans son traité des Epicloïdes, & dans les Mémoires de l'Academie de 1706.

De la Spirale.

La troisiéme espece de Courbe qui peut servir à la formation des ceintres, dans les cas où les naissances ne sont pas de niveau, est la Spirale d'Archimede ou de Varignon, dont nous avons parlé au 2.ᵉ Livre, particulierement cette seconde, qui peut être variée suivant les occurrences & les points donnez en beaucoup plus de manieres que les sections coniques, par le moyen des courbes generatrices differentes, qu'on peut choisir de telle espece qu'on jugera à propos. La seule raison qui pourra en empêcher l'usage, sera peut être la difficulté de les tracer, & faire passer par des points & des lignes de sommité données ; cependant si l'on veut faire attention aux moyens que nous avons donné pour faire passer la premiere révolution par où l'on veut, & lui mener des tangentes par toutes sortes de point donnez, on verra qu'il n'est gueres plus difficile de trouver des arcs rampans de portion de spirales, que de les faire de portion de sections coniques. Je suppose même que l'on se trouve un peu embarassé ; il y a un moyen simple & usité, dont j'ai parlé au même livre, de l'abaisser ou de l'élever par le moyen de la Graticule, faite de parallelogrames plus ou moins oblongs, rectangles ou obliquangles.

On verra à la figure 52. l'effet d'une portion R*b*M de spirale cir- *Fig.* 52. culaire AR*b*M*c*C appliquée à un arc rampant, où l'on a ponctué la continuation de cette Courbe, qui est inutile au sujet dont il est question.

Pour moi je trouve que lorsque la ligne de sommité n'est pas parallele à celle de Rampe, qu'elle concourt avec elle au bas, du côté de l'imposte inférieure, que le grand axe de l'Ellipse est incliné d'environ 45 degrez à l'horisontale, il se fait une espece de jarret au dessus de cette imposte, qui ne se trouve point dans le contour de la spirale de Varignon. La raison de cette apparence de jarret vient de ce que c'est à cette distance des axes que le changement de courbure des Ellipses est le plus sensible, lorsque les axes sont considerablement inégaux; car la partie de la circonference vers le petit axe s'applatit, c'està-dire, se redresse considerablement, & je suis persuadé que ceux qui compareront l'effet de l'un & de l'autre de ces courbes dans plusieurs cas, prefereront la grace du contour de la Spirale circulaire ou Elliptique appliqué à un arc rampant, à celles des portions de Cercles rassemblées, ou de l'Ellipse même, lorsque les piedroits sont aplomb, & que les lignes de rampe & de sommité ne sont pas paralleles.

Des Courbes Composées.

Outre les Courbes simples qui servent à former les ceintres des berceaux, il en est d'autres qui sont composées de deux ou plusieurs portions de Courbes.

Premierement, la plûpart des voutes surbaissées, surhaussées & rampantes sont faites par les Ouvriers ignorans de portions de Cercles, nous en avons expliqué l'art au 2.e livre, il est inutile de le répeter ici.

Fig. 50. 2.° Les ceintres des voutes qu'on appelle en *tiers point* ou *Gotiques* sont aussi composez de deux arcs de cercles, dont les centres A & B [*Fig.* 50.] sont à distance égale entr'eux & avec le sommet S, comme les trois angles d'un triangle équilateral, d'où vient le nom de *tiers point* donné aux voutes Gotiques; parce que les bâtimens qui nous restent de l'Architecture des Gots sont la plûpart ainsi voutez, & si les arcs de chaque pendentif ne sont pas exactement de 60 degrez, ils en approchent toujours beaucoup.

Cette construction est désagréable à la vûe, à cause de l'angle que forment à la clef les doëles de chaque pendentif; mais elle avoit ces avantages:

1.° Qu'elle donnoit la facilité d'exécuter les voutes avec de très petits voussoirs, sans façon; car ils étoient souvent à l'équerre sans Coupe, ce qu'on appelloit des *Pendans*.

2.° Ils coutoient peu de dépense.

3.° Ils rendoient les voutes légeres, & cependant de longue durée, comme nous le prouvent la plûpart de nos anciennes Eglises.

4.° Cette légereté diminuoit encore la dépense des piliers & piedroits, qui étoient contenus facilement par quelques arcs boutans aussi légers, mais suffisant pour résister à la poussée des voutes.

Nos ceintres circulaires ou Elliptiques n'ont pas le même avantage, parce que la coupe des voussoirs auprès de la clef, est si inclinée, qu'elle approche beaucoup d'une ligne aplomb; de sorte que pour augmenter la largeur de la queuë à l'extrados sur celle de la doële, on ne peut se dispenser d'allonger cette Coupe, & de faire le voussoir un peu épais; au lieu qu'aux ceintres en tiers points les Coupes de la clef même sont toujours inclinées à une ligne aplomb d'un angle de 30 degrez, de sorte que sur six pouces d'épaisseur de voussoir, la queuë à l'extrados est élargie de trois pouces, c'est-à-dire, de moitié, ce qui est considérable. Les Architectes de ces tems-là faisoient de grands & bons ouvrages avec beaucoup moins de frais que nous ne faisons aujourd'hui, par la seule disposition de ceintres de leurs voutes, mais ils étoient difformes.

Pour concilier la légereté des voutes avec la régularité de la doële, on pourroit effacer l'angle rentrant que la clef fait en S, par le moyen d'un arc de cercle, qu'on y peut inscrire, en prenant pour termes des points 5, 7, à distance du point S à volonté; si l'on tire 5B ou 7A, le point D où ces lignes coupent l'aplomb SC, donnera le centre de cet arc, qui touchera les côtez du ceintre en tiers point, en effacera l'angle rentrant, & le rendra fort semblable à la courbe de la Chainette, dont il conservera quelque proprieté, sans avoir le défaut de son jarret à l'imposte. Mais après tout, une demi-Ellipse vaut encore mieux que cette composition.

3.º Il est une autre sorte de ceintre composé de deux portions de Paraboles, que quelques bons Architectes ont mis en usage, & préféré aux compositions d'arcs de cercles ou aux Ellipses; Maître BLANCHARD, qui ne s'embarasse pas des noms, l'appelle l'*Ellipse* ou *Ovale*. En voici le Trait:

Soit [*Fig.* 53.] la largeur de la voute D*d* & sa hauteur IA, on menera par le point A une ligne B*b* parallele & égale à D*d*, & l'on tirera les perpendiculaires BD, *bd*. On divisera ensuite BD en autant de parties égales que l'on voudra avoir de points de la Courbe, & BA en un même nombre de parties aussi égales entr'elles, par exemple, ici en 4, supposant BD divisé aussi en quatre; & par les points correspondans de ces divisions, à commencer vers D & B, on menera des lignes droites 1 11, 2 12, 3 13, qui se croiseront aux points *k* & *l*, & formeront une portion de polygone D1*k*13A, dans lequel on

Fig. 53.

tracera à la main une Courbe, qui touche ses côtez, telle qu'on la voit seule en A*gbsd*, laquelle Courbe est une Parabole, que les Architectes formoient sans la connoître avant que M. de la Hire l'eût examinée & reconnuë, comme il l'a expliqué dans les Mémoires de l'Académie des Sciences de l'année 1702.

Si l'on veut trouver les lignes & les points nécessaires pour décrire cette parabole, il n'y a qu'à mener la corde A*d*, la diviser en deux également en *m*, tirer *mb* qui sera un diametre [art. 47. du Liv. 1. pag. 19.] auquel ayant tiré par le point *b* la perpendiculaire E*f*, on menera par les points A & *d* les paralleles A E, *df* à *mb*, qui couperont E*f* aux points E & *f*. Si l'on porte la longueur *df* sur *d*A en *d*F, on aura le point F, qui sera le foyer de la parabole [L. 2. art. 31.] & si par ce point on mene FX parallele à *dmb*, on aura l'axe, [L. 1. art. 20.] puis divisant EX également en S, on aura le sommet S, de cette parabole; avec ces données, il sera aisé de la décrire par le Problême X. du 2.ᵉ Liv. pag. 148.

Remarques sur cette espece de Ceintre.

Quoique les deux portions de Parabole, dont le ceintre est composé soient réünies au point A, où chacune d'elles touche la même ligne B*b*; il est cependant vrai de dire qu'on doit y appercevoir un peu de jarret, particulierement si la hauteur de la clef AI est grande à l'égard de la largeur D*d* : de même qu'on en trouve dans la jonction de deux arcs de cercles, dont les rayons sont de longueur bien differente, comme nous l'avons fait remarquer au 2.ᵉ Liv. & encore plus parce que l'uniformité du Cercle est plus propre à ces sortes de transitions. Il semble aussi qu'au sommet S de chaque parabole il se fasse un renfoncement un peu trop sensible, comme l'a remarqué M. de la Hire, qui le trouve convenable lorsque l'imposte de la voute est ornée d'une Corniche, qui cache une partie de la naissance du ceintre; mais les Architectes y suppléent ordinairement par une portion de surface droite verticale, qu'ils laissent au-dessus de la Corniche, pour que sa saillie ne couvre pas une trop grande partie de la naissance de la voute. Alors pour bien faire & éviter ce remede; il faut faire les Corniches des dedans très légeres, suivant le conseil de Vitruve, dont nous parlerons dans une Dissertation à la fin de cet Ouvrage. Voilà à peu près ce que l'on peut dire de plus remarquable touchant les variations des Berceaux à l'égard de leurs ceintres.

LA SECONDE espece de Variation des Berceaux, qui vient du changement de direction de leurs côtez sur les faces, & où l'on considere leur

leur situation à l'égard de l'horifon peut être divisée en six cas différens.

1.° Lorsque le berceau a son axe de niveau & perpendiculaire à ses faces, c'est-à-dire, lorsque le demi cylindre est Droit, le berceau s'appelle aussi en termes de l'Art, Berceau *Droit & de niveau*.

2.° Lorsque le ceintre de face d'un berceau horisontal est dans un plan vertical, mais oblique à la direction des côtez, ou, ce qui est la même chose, à celle de l'axe; alors le berceau est appellé *Biais*.

3.° Lorsqu'à cette obliquité de face à l'égard de l'axe, c'est-à-dire, à la direction du berceau, il survient une seconde obliquité de la face à l'égard de l'horison, auquel elle est inclinée en angle obtus, comme au talud, ou en angle aigu, comme au surplomb, on ajoute au nom de *Biais* celui de la double obliquité, en disant *Biais & en Talud*, ou *Biais & en Surplomb*.

4.° Lorsque l'axe du berceau est incliné à l'horison, & que sa face est dans un plan vertical perpendiculaire à la direction horisontale, alors la double obliquité à l'égard de l'horison & de la face, s'exprime en termes de l'Art par le nom de *Descente Droite*, où il faut remarquer, que la direction horisontale est exprimée par la projection de l'axe ou des côtez dans le *plan* Ichnographique.

5.° Si la face de la descente, restant verticale, est tournée obliquement à la direction horisontale du berceau, il se forme une triple obliquité qu'on appelle *Descente Biaise*.

6.° Si à ces trois obliquitez; sçavoir, 1.° de l'axe à l'horison, 2.° de l'axe à l'égard de la face, 3.° de la face à l'égard de la direction horisontale de l'axe, il en survient une quatrième, qui est celle de la face à l'égard de l'horison en angle obtus de talud, ou en angle aigu de surplomb, on exprime ces quatres obliquitez par le nom de *Descente biaise & en Talud* ou en *Surplomb*.

Nous ne parlons pas ici des berceaux, dont l'axe est en situation verticale, on ne les comprend pas sous le nom de voute, mais de *Tour Ronde* ou *Creuse*, & les obliquitez de leur face supérieure ne peuvent varier, que lorsque quelque berceau horisontal ou incliné y aboutit. Nous parlerons de ces rencontres à la seconde partie de ce 4.° Livre.

Observations generales sur les effets que produisent les variations des Berceaux dans le Trait des Epures.

PREMIEREMENT, il est évident que lorsque les berceaux sont Droits & extradossez circulaires, & leurs faces divisées en voussoirs égaux, toutes les surfaces de même espece sont égales entr'elles. Sçavoir, 1.° les Têtes, puisqu'elles sont, par la supposition des portions, égales d'une même Couronne de cercle, 2.° les doëles plates & les creuses, lesquelles sont, les unes des parallelogrames rectangles égaux, les autres des segmens de cylindre aussi égaux. 3.° Les Lits sont aussi des parallelogrames rectangles égaux entr'eux, supposant la voute extradossée d'égale épaisseur ; mais si elle ne l'étoit pas, ces parallelogrames rectangles deviendroient inégaux en s'élargissant de plus en plus, à mesure que les lits approcheroient de celui des impostes.

2.° Si le berceau, étant encore supposé Droit, étoit Elliptique par son ceintre, les surfaces des têtes, quoique provenant de divisions égales des joints au contour de la doële, ne peuvent être égales entr'elles de suite, mais seulement les opposées à même hauteur sur les impostes ; parce que les couronnes d'Ellipses, dont elles sont parties, sont inégalement divisées par des perpendiculaires à la tangente de dedans au dehors ; ainsi il faut un panneau pour chacune.

3.° Dans les berceaux biais & descente avec talud ou sans talud, les surfaces rectilignes des doëles piates ou des lits sont nécessairement inégales, quoique l'on fasse celles des têtes égales entr'elles ; parce que ces doëles ou lits ne sont plus des rectangles, mais des trapezes ou des Rhumboïdes ; ainsi il faut les tracer chacune en particulier.

A l'égard des differences des contours de ceintres qui résultent des variations des berceaux, il est clair qu'elles sont renfermées dans le plus ou le moins d'alongement des Ellipses ; puisque les berceaux étant des demi-cylindres, lorsque leurs surfaces sont planes, il n'en peut résulter que des sections cylindriques, tant que le ceintre primitif ne sera que circulaire ou Elliptique, surhaussé ou surbaissé ; ainsi le biais, par exemple, ne peut produire dans toutes les manieres de le représenter dans l'Epure, soit en élevation, soit en profil, soit en plan, je veux dire en projection horisontale, que des cercles ou des Ellipses. Si l'Arc-Droit est circulaire tous les biais donneront des Ellipses, & jamais des cercles ; mais si l'Arc-Droit est surbaissé ou surhaussé, il peut arriver que quelque situation de biais donnera un cercle, ou dans l'élevation, ou dans le profil, ou dans le plan horisontal ; ce que nous avons expliqué au premier Livre en parlant des cylindres scalenes coupez par une section souscontraire.

D'où il suit aussi que si l'arc de face biaise est un cercle, non seulement ses paralleles seront des cercles, mais aussi ceux qui feront un angle égal au biais de la face, tournez en sens contraire, comme FGB ABD sur le même côté BD ; ainsi [*Fig.* 58.] supposant que le pa-

PLAN. 34.
Fig. 58.

DE STEREOTOMIE. Liv. IV.

rallelograme AD est le plan horifontal d'un berceau, dont la face AB est biaise & circulaire, non seulement les ceintres qui lui sont paralleles ED, ƒG lui sont égaux, mais encorr. FG & ses paralleles EI, &c. sont aussi circulaires, ce qui fait voir que quoique l'Arc-Droit soit très nécessaire pour la formation d'un berceau biais, on pourroit, absolument parlant, s'en passer pour creuser une doüle, si l'on avoit les positions paralleles & souscontraires des arcs que chaque voussoir comprend; mais comme la position à angle droit est la plus sûre & la plus commode pour bien placer un cercle, ce moyen n'est pas convenable pour la justesse; parce qu'un angle obtus ou aigu plus ou moins ouvert, causeroit un grand changement au ceintre, quoique les hauteurs sous la clef CH, M b, m k soient toujours égales.

Si par quelque cas extraordinaire, qui arrive cependant en certaines voutes, le ceintre du berceau étoit de quelqu'autre section conique que le cercle ou Ellipse, comme, par exemple, celui qui est composé de deux portions de Parabole, dont nous avons parlé ci-devant, & dont Maitre BLANCHARD fait mention dans sa coupe des Bois, ou bien d'un arc d'hyperbole, comme le ceintre de ce berceau tronqué, qu'on appelle *Trompe trigée sur une ligne droite*, le biais d'une face ou d'un lit donneroit encore une section courbe de la même espece que la premiere, c'est-à-dire, que les faces biaises ou les lits obliques seroient encore dans leur contour des arcs de parabole ou d'hyperbole, qui differeroient du ceintre primitif en cela seulement, qu'ils seroient un peu plus alongez, ou plus racourcis, suivant le plus ou le moins d'obliquité, ce que nous avons démontré au Theor. III. du premier Livre, pag. 29.

PROBLEME X.

Faire un Berceau Droit, Circulaire ou Elliptique, ou Rampant.

LE berceau Droit n'est susceptible d'aucune autre varieté, que de celle de son ceintre, qui peut être surhaussé, ou surbaissé, en plein ceintre, ou Rampant.

S'IL est en plein ceintre, ses voussoirs sont si uniformes, que lorsque leurs têtes sont égales par la division arbitraire de leur ceintre; qui en a fait un, les sçait tous faire; puisqu'il ne s'agit que de la répétition d'une même chose. Il n'y a quelque diversité entr'eux, que lorsque le ceintre est Elliptique; car en ce cas les voussoirs du premier rang ne conviennent pas au second ni aux suivans; pour ne pas nous arrêter à des choses trop faciles, nous commencerons par donner la construction d'un berceau droit Elliptique, laquelle comprend celle du cir-

O ij

culaire, en ce que celle-ci est plus aisée; & parce qu'on peut y parvenir par les trois méthodes, dont nous avons parlé au Chap. II. nous en ferons l'Epure & l'application du trait des trois manieres.

1.° *Par Equarissement.*

Fig. 59. & 60. Soit [*Fig.* 59. & 60.] la face d'un berceau extradossé DHE, dont l'épaisseur de la voute est une portion de couronne de cercle ou d'Ellipse AbBEHD, qui a son centre en C, & ses foyers en ƒ & F, si elle est surmontée, c'est-à-dire, verticale suivant son grand axe.

Ayant tracé cette couronne par deux Courbes concentriques & semblables, par le Prob 7. du 2.ᵉ Livre, & de la grandeur dont on veut faire le berceau, ce qu'on appelle de grandeur naturelle, ou sur un mur, ou sur un plancher, on divisera le ceintre intérieur AbB en autant de voussoirs que l'on voudra, & qu'il conviendra à la grandeur des pierres que l'on doit employer. Dans tous nos exemples nous ne les diviserons qu'en cinq, pour ne pas multiplier les lignes dans les figures, & éviter la confusion qu'elles causent ordinairement.

Fig. 59. Du centre C, si le ceintre est circulaire, on tirera la direction des joints de tête 1.5, 2.6, 3.7, 4.8, & si la face est Elliptique, des foyers
Fig. 60. F & ƒ, on tirera par chaque division 1, 2, 3, 4, des lignes qui se se croiseront, comme F 1 l., ƒ 1 N, F 2 l, ƒ 2 n, dont on divisera l'angle en deux également, par exemple, du point 1, pour centre, on fera l'arc LN de tel rayon qu'on voudra, la ligne tirée de son milieu M au point 1 sera la direction du joint de tête 1 5; on trouvera de même celle du second & troisiéme voussoir en 2.6, la moitié de la face suffira pour le tracé de l'Epure, si le ceintre n'est pas rampant, comme il l'est à la figure 61.

Fig. 61. Si l'arc est Rampant [*Fig.* 61.] & qu'il soit d'une portion d'Ellipse, comme il convient à la bonne construction, on en cherchera l'axe & les foyers par les Probl. 2. & 20. du 2.ᵉ Liv. & l'on s'en servira pour tracer la coupe des joints de tête, comme à la fig. 60.

S'il étoit rampant, composé de deux ou plusieurs arcs de cercles de differens rayons, comme il a été enseigné aux Probl. 22. & 23. il est évident que ces mêmes joints devroient être tirez chacun du centre qui appartient à chaque arc.

Les joints de Tête étant tracez, on abbaissera des perpendiculaires sur le diametre du ceintre, de chaque point de division des voussoirs, ce qu'on appelle des *aplomb*, comme à la fig. 60. les lignes 3 P, 4 P, &c.

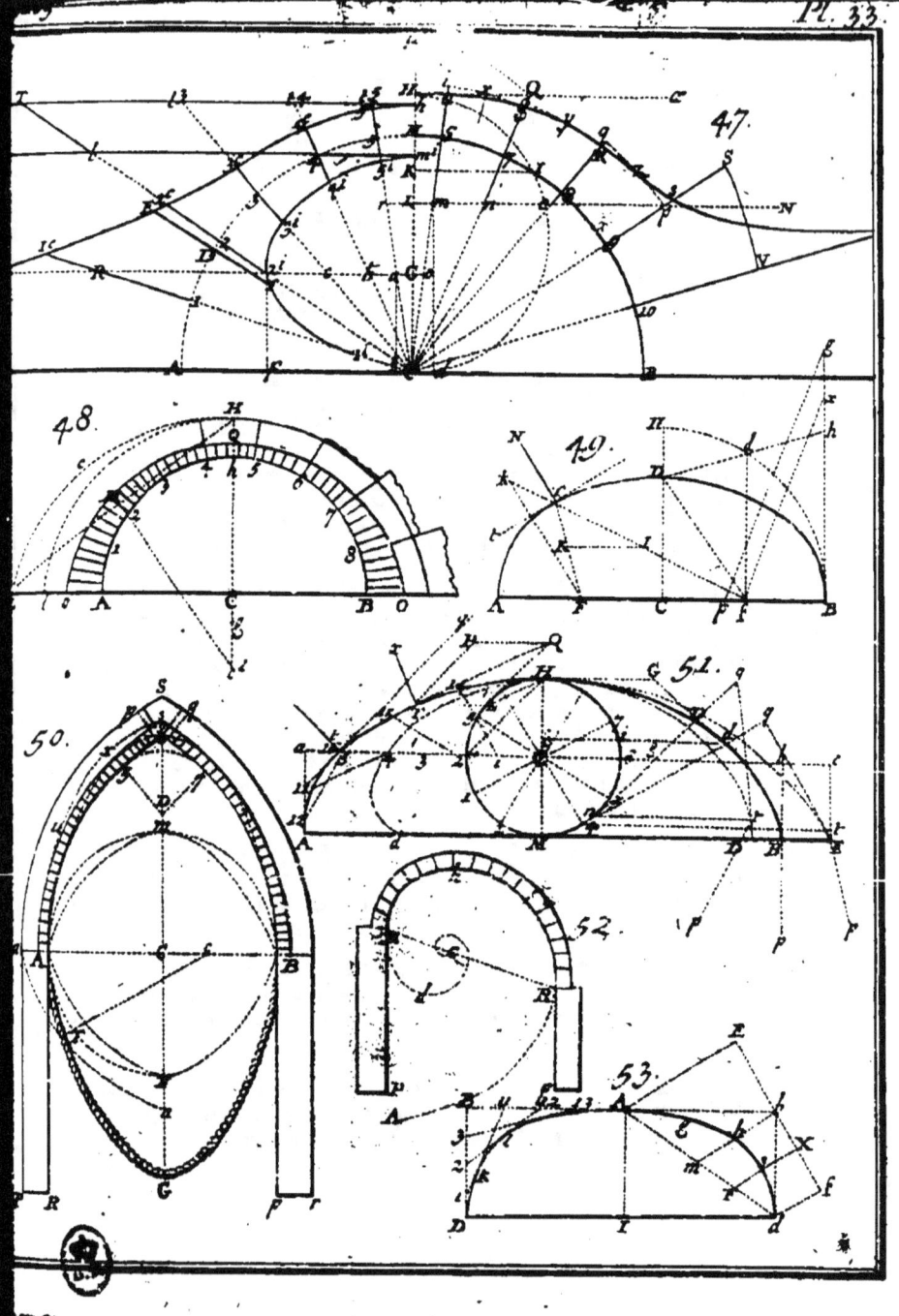

& enfuite on tirera des paralleles au diametre, comme 4*g*, jufqu'à la rencontre de l'aplomb 3P en *g*; lefquelles donneront les faillies des retombées, & la difference des hauteurs des points 4 & 3; on fera la même chofe pour chaque vouffoir, & l'épure fera achevée.

PRESENTEMENT il s'agit *d'appliquer le Trait fur la Pierre* qu'on veut tailler par *Equarriffement* dans une pierre brute, à peu près formée en parallelepipede, comme on les tire ordinairement aux carrieres. Ayant examiné fi fa hauteur eft égale à 7*i*, & fa largeur à *g*K, on lui fera deux paremens à l'équerre, un fuivant fa hauteur d'aplomb, l'autre fuivant fa largeur de niveau, par exemple D*g* & FK [*Fig.* 62.]

POUR mieux faire connoitre le rapport d'une pierre d'appareil d'un mur aplomb avec un vouffoir, nous repréfentons dans cette figure une partie de chacune de ces deux efpeces; tel feroit un vouffoir, qui entreroit en partie dans un mur, & on le fuppofe tranfparant, pour y voir les arêtes que le devant doit cacher.

CES deux paremens étant faits, on en fera encore deux autres, auffi à l'équerre avec les premiers, pour fervir de têtes à la pierre, tels font FA ou GC, & *g*B, fur lefquels on portera au long des arêtes *g*K & F*k*, la retombée *g*4 de la fig. 50. & fur les arêtes *g*I, FD la hauteur de la retombée *g*3, enfuite par les repaires 4. 4°, on tirera fur le lit FK la ligne 4. 4°, & fur le parement FI, la ligne E3, par les repaires E, 3, ces deux lignes marqueront les arêtes des lits avec la doële.

ON formera enfuite un panneau fur l'épure de la tête 7, 3, 4, 8 de la fig. 60. avec du bois ou du charbon contourné fur le trait, & on l'appliquera fur la tête *g*B, pofant les angles 3 & 4 fur les repaires 3 & 4 de la fig. 62. pour y tracer le même contour à chaque tête oppofée. Enfin on abbatra toute la pierre, qui fera hors du tracé de ce panneau, & à la régle; fçavoir, 1.° le prifme mixte F*g*43E4°, dont la partie 43E4° de la doële eft une portion de cylindre, qu'on creufera comme il a été dit au premier Chapitre de ce livre, avec la régle & une cerche, pour former la doële.

2.° La prifme rectiligne triangulaire EDH73I, pour former le lit de deffus E 7.

3.° Le prifme auffi triangulaire 4*k*8 *k*4°*x* pour former le lit de deffous 4° 8.

4.° Le prifme mixte 7B8*x*AH, pour former l'extrados s'il en eft befoin.

ON peut au lieu d'un panneau de tête 3. 4. 8. 7. fe contenter d'un biveau, si le berceau est en plein ceintre, mais s'il est surbaissé ou surhaussé, comme à la fig. 60. il en faut faire deux, l'un pour le lit de dessus sur l'angle mixte 4. 3. 7, l'autre pour le lit de dessous sur l'angle 3. 4. 8; parce que ces angles des lits avec la doële sont inégaux.

Il est rarement nécessaire de former la surface convexe de l'extrados; mais si la voute est extradossée, on peut le faire de la même maniere que la doële à la régle, comme il a été dit au Probléme II. Si au lieu de panneau pour tracer l'arc 7, 8, on vouloit se servir de biveau, il en faudroit un concave comme en B', de sorte que se servant de cet instrument, il en faudroit quatre differens pour chaque voussoir de ceintre Elliptique, sçavoir, deux pour la doële, un au lit de dessus, un à celui de dessous, & autant à l'extrados, ce qui deviendroit fort incommode, & qui montre que les biveaux ne conviennent gueres qu'aux voutes circulaires, dans lesquelles un seul convexe suffit pour tous les voussoirs de la doële, & un convexe à l'extrados.

Lorsque l'on fait une voute en plein ceintre seulement avec un biveau de doële, on peut tracer l'arc d'extrados sans le secours d'un panneau ni d'une cerche, en ouvrant le compas de la longueur d'un joint de tête comme 5, 1. [*Fig.* 59.] & trainant une de ses pointes sur l'arc A1, & tenant l'autre dirigée perpendiculairement à cet arc, ensorte que la ligne qu'on tireroit par les deux points passât par le centre C, cette seconde pointe tracera l'arc d'extrados. On fait la méme chose avec un échantillon, c'est-à-dire, un morceau de bois, coupé de longueur égale au joint DA ou 1, 5.

Mais il faut bien se garder de suivre cette méthode dans les voutes, dont les ceintres sont surbaissez ou surhaussez, parce que premierement, il seroit assez difficile de tenir ces pointes ou ces échantillons, dirigez perpendiculairement à l'arc, dont les coupes ne tendent pas au centre C, mais à differens points du diametre AB.

Secondement, parce que les ceintres de couronne Elliptique ne sont pas équidistans à la doële & à l'extrados, les contours s'approchent vers le petit axe DE, & s'éloignent davantage vers le grand, de sorte que H*b* doit être plus long que DA; ce que les Ouvriers n'observent cependant pas, & croient même qu'on ne doit pas observer; quoiqu'il ait été démontré au Theor. 1. & 4. du I. Livre, qu'on le doit, pour operer régulierement.

On a pû remarquer que des deux premiers paremens qu'on a formé l'un aplomb, l'autre de niveau, il ne reste rien quand la pierre

DE STEREOTOMIE. Liv. IV.   111

eſt achevée, que les lignes E3, 4404, qui ſont les arêtes des lits avec la doële.

On voit auſſi qu'en ſuivant cette méthode par équarriſſement, la perte de la pierre eſt très conſidérable ; car le quadrilatere en trapeze mixte de la tête du vouſſoir 3. 4. 8. 7. eſt inſcrit dans un rectangle gB, où il laiſſe quatre triangles inutiles, ſçavoir pour les lits, deux rectilignes 3. 7. 4. 8. K. , & deux mixtes 364 & 7B8, leſquels ſont les baſes d'autant de priſmes de la longueur du vouſſoir ; ainſi il arrive ſouvent que l'on perd plus de moitié du cube, ſelon que les angles ſont plus ou moins ouverts, & que les retombées ont plus ou moins grande raiſon à leur hauteur ; puiſque les priſmes de même hauteur ſont entr'eux comme leurs baſes, ce qui doit faire donner la préférence à la méthode où l'on ſe ſert de panneaux, dont nous allons parler.

Seconde Maniere de faire un Berceau Droit.
Par Panneaux.

La maniere de tracer les pierres par le moyen des panneaux eſt eſtimée la plus difficile & la plus ſçavante ; c'eſt pour quoi les Maitres Maçons ne reçoivent que celle-là dans les Chef-d'œuvres qu'ils exigent de ceux qui demandent à être reçus dans le corps du métier, c'eſt le P. Deran qui le dit, je cite mon garant ; car je ne ſçai quel eſt leur uſage à Paris, il aura pû changer depuis l'année 1643. dans laquelle écrivoit ce Pere ; nous en avons dit notre avis ci-devant.

Soit l'élévation d'une face de berceau en plein ceintre, comme à la fig. 59. ou ſurmontée, comme à la fig. 60. ou rampante comme à la fig. 61. il n'importe. Le ceintre étant diviſé en ſes vouſſoirs, & la direction tirée comme à la maniere précédente, on tirera les cordes des arcs A 1, 1,2, 2,3, &c. & la longueur du piédroit étant donnée toute l'épure ſera tracée. *Fig. 59. 60. & 61.*

1.° Les *Panneaux de Tête* ſont donnez, puiſque ce ſont les portions de la couronne, ou d'Ellipſe A b B E H D [*Fig. 60.*] ou de cercle [*Fig. 59.*] ou d'arc rampant [*Fig. 61.*] coupée par les joints de tête 5·1, 6·2, 3·7, & 8·4 ; ainſi on n'a qu'à couper du carton ou une planche ſuivant le contour mixte D A 1·5, & ce panneau ſuffira pour toute la face, ſi le ceintre eſt circulaire ; car quand même on feroit des vouſſoirs d'inégale largeur, la direction des joints ſera toujours le même angle avec la courbe de la doële.

Si le ceintre eſt Elliptique, comme aux fig. 60. & 61. il faut un panneau pour chaque tête de vouſſoir.

Secondement les *Panneaux de Doële* font aussi donnez; car ils sont tous des parallelogrames rectangles, dont la corde A1, ou 1·2, 2·3, &c. est un des côtez, & l'autre est la longueur du voussoir supposée A*a*, prise au plan horisontal, ou bien une partie de cette longueur, telle qu'il convient à la pierre qu'on veut employer, ou à la distribution de la longueur totale A*a* ou B*b*, pour la propreté de l'exécution, comme lorsqu'on veut observer une espece d'égalité de liaison d'un voussoir sur l'autre; le modele qui sera fait sur ces deux côtez sera le *Panneau de Doële plate*, qu'il faut tracer sur la pierre avant que d'en creuser la concavité.

Fig. 56.

Troisiémement, les *Panneaux de Lit* font aussi donnez sur l'épure; parce que ce sont encore des parallelograme rectangles, comme D*e* & B*e* [Fig. 59.] dont un côté est le joint de tête, & l'autre la longueur du voussoir qu'on a déterminé pour la doële.

La Fig. 59.ᵉ fait voir le dévelopement du voussoir & l'arrangement de ses surfaces, tel qu'en les pliant toutes sur les côtez communs, on formera le voussoir à l'extrados près, dont on ne fait point de panneaux par deux raisons; la premiere, c'est qu'on ne pourroit faire de surface plane qui le couvrit; car une tangente ne parviendroit pas aux côtez des autres surfaces de tête & de lit, entre lesquels elle laisseroit un vuide. Secondement, parce que le panneau, quand même il seroit courbe comme une tuile, qu'il toucheroit les quatre angles de l'extrados, il seroit inutile; puisque les côtez des panneaux de tête & de lit vers l'extrados étant tracez, il n'y a plus qu'à abatre la pierre qui les excede, comme l'on fait dans l'équarrissement.

Il ne reste donc plus qu'à faire les *Biveaux*, qui servent à donner à chaque surface du voussoir l'inclinaison qu'elle doit avoir avec sa contiguë. Or ce biveau pour les têtes & les doëles est une équerre; puisque le berceau est Droit sur la surface; & quand les deux têtes opposées sont tracées, on n'a que faire de biveau pour situer les lits à l'égard de la doële; puisque leur inclinaison est déterminée par les côtez des joints de tête; de sorte qu'on peut encore se passer de panneaux de lit; puisqu'il n'y a qu'à abatre à la régle la pierre qui se trouve entre les deux joints de tête, & le joint du lit le long de la doële, & faire une surface plane, dont on a trois côtez donnez.

De sorte qu'au berceau Droit, de quelque courbe que soit son ceintre, on peut se passer de panneaux de lit & de biveau; il n'en est pas de même lorsqu'il y a du biais, comme on le verra ci-après.

Les Auteurs des Livres de la Coupe des pierres pour voir le rapport
& la

DE STEREOTOMIE. Liv. IV.

& la figure des doëles & des lits, ont accoutumé de faire, comme nous l'avons dit, un dévelopement des doëles & des lits; qu'ils mettent sur une même surface, enforte que les panneaux de lit font supposez couvrir une partie de ceux de doële, comme on voit ici à la figure 59, fous l'épure du plein ceintre, cette extenfion des panneaux ainfi arrangez ne fert de rien, on peut les faire chacun à part, particulierement dans le cas préfent, où un feul fert pour tous ceux de la même efpece; quand ils font inégaux, comme dans les voutes biaifes, ils fervent à guider un Appareilleur pour la fuite; alors il peut les faire fur un morceau de papier; mais il eft très inutile de les faire fur l'épure en grand dans cet ordre d'arrangement.

REMARQUE

Il faut auffi remarquer que les Auteurs des livres de la Coupe des pierres, au lieu des cordes des arcs de tête prennent celles de leurs moitiez, pour approcher davantage de la rectification de ces arcs dans leurs dévelopemens, mais cette pratique eft très mauvaife; parce qu'élargiffant le panneau plus que la doële plate, il ne peut être fait qu'avec une matiere flexible, comme du carton ou du fer-blanc, & ne doit être appliqué que dans une furface creufe, qu'il faut déja fuppofer faite, laquelle eft cependant à faire, de forte qu'un tel panneau ne peut fervir qu'à terminer une portion cylindrique, déja faite à propos, mais qui feroit trop large ou trop longue, ce qui eft très inutile dans le Trait dont il s'agit.

Nous n'avons pas compris dans les Berceaux Droits, les voutes à *Tiers-Points*, dont on voit la figure du ceintre au nombre 57 en ATB; parce qu'ils ne font plus gueres d'ufage depuis qu'on a abandonné l'Architecture Gotique, & que les berceaux ne font qu'un compofé de deux portions de berceaux en plein ceintre, chacune ordinairement de 60. degrez, enforte qu'elle fait le tiers d'un berceau fimple en demi-cercle complet, d'où eft venu le nom de *tiers-point*; foit auffi parce que dans cette conftruction les trois points du fommet à l'angle de la clef, & les deux des naiffances aux impoftes font équidiftans, comme les fommets des angles d'un triangle équilateral; cependant on en voit, dont les arcs font d'un nombre de degrez audeffus de 60. Quoiqu'il en foit il eft clair que la conftruction d'une telle voute ne differe en rien de celle du plein ceintre ordinaire, que dans la pofition des ceintres, qui ne font pas au milieu du diametre, & dans la formation de l'angle de la clef.

REMARQUE

Quoique les voutes Gotiques foient prefentement hors d'ufage, quelques Ingénieurs les ont employé à couvrir des Magasins à poudre, comptant leur donner plus de résistance aux efforts des Bombes; il est vrai que si leur chute étoit en ligne verticale, ces voutes leur présentant une surface plus oblique, en éluderoient beaucoup le choc; mais parce que les bombes tombent en ligne parabolique, dont l'amplitude est souvent fort grande, elles peuvent frapper l'extrados perpendiculairement à sa tangente, & faire plus d'effort vers la clef qu'aux voutes en plein ceintre, ce que l'expérience a confirmé dans quelques siéges, où les dernieres ont plus résisté que les Gotiques; particulierement à Landau, où les magasins voutez en plein ceintre n'ont pas été percez par une quantité considerable qui y sont tombées.

Application du Trait sur la Pierre.

Pour en venir à l'Application du Trait sur la Pierre, on commencera par dresser un parement qu'on destinera à servir de doële plate, & l'ayant tracé avec le panneau appliqué dessus, on fera aux deux bouts deux autres paremens d'équerre sur les côtez, qui sont communs aux deux têtes; & sur chacun de ces paremens, on appliquera le panneau de tête, qu'on tracera en suivant son contour; ensuite on abbatra à la régle toute la pierre, qui excedera les lignes des deux joints de tête opposez, & le joint de doële & de lit.

Ainsi on peut se passer de panneau de lit. On pourroit aussi se passer ici de panneaux de doële, si ceux de tête sont bien placez parallelement entr'eux, & perpendiculairement à la ligne du milieu de la doële, ou bien tracer seulement au compas & à l'équerre la doële plate; mais il est toujours plus sûr dans la pratique de se servir de panneau; parce que pour peu qu'on varie dans les mesures, on trouve des différences sensibles, quand on vient à poser les voussoirs. On ne sçauroit trop prendre de soin pour l'exactitude; car les Ouvriers sont assez sujets à faire des fautes, sans les exposer à en faire par les moyens, qui les guident moins sûrement.

D'ailleurs la raison qui peut dispenser de faire des panneaux de lit aux berceaux Droits n'est pas la même pour les doëles; parce que les lits ne se font qu'après qu'elles sont tracées; ainsi leur contour est déterminé, & leurs arêtes faites de trois côtez.

Après que le voussoir est taillé suivant les surfaces planes de doële plate de tête & de lit, il faut pour creuser la doële concave, abatre le segment de cercle 1 2, 2 3 [*Fig.* 60.] que la corde renferme, en faisant une cisselure suivant le trait courbe, & en posant la régle suivant les cisselures des deux bouts parallèlement au joint de lit, on formera cette doële; cependant pour plus de perfection on se sert encore souvent d'une *Cerche*, qu'on pose bien d'équerre sur les joints de lit, & sur le plan de la doële plate; on voit mieux par ce moyen ce qui manque à la concavité pour la rendre bien réguliere, en la promenant dans la même situation. La figure 59 représente le tracé sur la pierre avant que d'être taillée.

Troisiéme maniere de faire un Berceau Droit.
Par demi-Equarrissement.

CE terme comme nous l'avons dit, n'est pas usité dans les livres, parce que la méthode est nouvelle; voici en quoi elle differe de l'équarrissement ordinaire. 1.° En ce que à l'équarrissement il y faut au moins deux paremens d'équerre, l'un à l'autre pour y placer les hauteurs des retombées & leurs saillies, ce qui n'est pas nécessaire dans cette méthode. 2.° En ce qu'à l'*équarrissement* on peut se passer de panneau par le moyen des biveaux & des cerches; ici il convient d'y en employer quelques-uns, mais moins que dans la méthode qu'on appelle simplement par panneaux; un exemple rendra la chose sensible.

SOIT [*Fig. 63.*] une tête de pierre brute 3798k4, de figure irréguliere, dont on veut faire le voussoir de la figure 60, marqué 4. 8. 7. 3. on tirera par le point 4 l'horisontale 4K, & on prendra avec un biveau l'angle K. 4. 3 que l'on portera sur un parement qu'on aura dressé sur la tête de la pierre, qui doit avoir la largeur 4. 3. de la doële plate, & l'on fera une ciselure suivant l'angle K, 4 m tracé par le moyen du biveau, que fait une ouverture de compas d'Appareilleur, ou une sauterelle posée sur l'angle K43 de l'épure de la fig. 60; ensuite on fera un second parement en retour d'équerre à la tête sur la ligne 3. 4, sur lequel on appliquera le panneau de doële, ou si l'on veut par des retours d'équerre sur les angles 3 & 4 on fera un parallelograme rectangle, comme celui de Pp 14. 13 de la fig. 60, & avec les biveaux des angles de coupe 4. 3. 8. & 4. 3. 7, s'ils sont inégaux, comme dans les voutes Elliptiques, on abatra la pierre pour former les lits, après avoir fait à l'équerre la tête opposée à la premiere.

Fig. 63.

L'AVANTAGE de cette méthode n'est pas considerable dans l'exemple d'un Berceau Droit, dont l'uniformité ne présente point de difficulté pour tailler la pierre; mais on verra dans la suite des exemples des autres voutes combien elle est commode, & combien elle sert au ménagement de la pierre, & à une plus prompte expédition, que celle de l'équarrissement.

116   **TRAITÉ**

Premierement, quant au ménagement de la pierre, il est visible que lorsqu'elle est mal *pratiquée*, c'est-à-dire, d'une figure qui n'approche gueres du parallelepipede, il y a déja beaucoup de perte pour mettre deux paremens à l'équerre, & que s'il avoit fallu équarrir celle dont nous donnons la Téte pour exemple, on auroit été obligé d'abatre en pure perte presque la valeur de la moitié, par la ligne $3x$, qui auroit retranché toute la partie irréguliere $3m4kx$, au lieu que par le moyen de l'angle de la doële avec l'horifon, qui fait toujours un angle obtus $o'4'3'$, on profite de cette partie irréguliere, & si on veut se servir de la hauteur de la retombée $3g$, on peut la prendre sur une des branches de l'équerre, en posant l'autre sur la ligne droite $4, k$ horifontale, ce qu'on ne peut faire par la méthode des panneaux.

Secondement, à l'égard de la prompte exécution, il est clair qu'on épargne le tems qu'il faudroit mettre à dresser toute la partie $g4$, du lit au parement horifontal, & toute celle $g3$ du parement vertical en retour d'équerre du premier, ce qui en certaines rencontres peut avoir son mérite, & qui fait toujours plus que la valeur de la doële, puisque deux côtez $4g, 3g$ font plus grands qu'un $4' 3$.

Troisiemement, quant à la justesse de l'operation, il est certain qu'une corde de doële, qui est donnée, de position immédiate, est toujours plus exactement située que celle qui suppose un angle Droit, & la longueur de deux côtez; puisque pour peu qu'il y ait d'élargissement ou de rétrecissement d'ouverture, l'hypotenuse que l'on cherche sera allongée ou racourcie, & si un des côtez differe tant soit peu de la retombée ou de sa hauteur, l'inclinaison de la doële sera alterée; or il n'y a pas plus de difficulté à former un angle obtus avec un biveau, qu'un angle Droit avec une équerre; il faut que l'Ouvrier ait la même attention, de tenir les bras ou branches de l'instrument perpendiculairement à l'aréte des deux paremens, dans l'une & dans l'autre operation.

Cette méthode a encore une avantage, c'est qu'au lieu de se servir de l'angle de l'horifon avec la doële, on peut se servir de l'angle de l'aplomb avec la doële, selon qu'il convient à la facilité d'avoir l'un plutôt que l'autre, ou pour un plus grand ménagement de pierre; car dans l'exemple du quatriéme vousfoir de la fig. 59. il est visible que le triangle mixte $3V7$, fait par la verticale $V3$, & le joint $3, 7$ est plus petit que le triangle $o'4'8$, fait de l'horifontale $o'4$, & du joint $4'8$; de sorte qu'on a le choix de celui qui convient le mieux à abatre suivant l'irrégularité de la premiere téte que l'on dresse. On verra dans la suite que nous faisons usage de l'un & de l'autre.

Ces pratiques n'ont pas besoin de démonstration, où en a expliqué les raisons au troisiéme Livre.

DE STEREOTOMIE. Liv. IV.

Observations sur les Berceaux Rampans.

Quoique les Arcs des Berceaux Rampans soient de même espece de ceintre que les surhaussez & surbaissez, dont les impostes sont de niveau entr'elles ; puisque les uns & les autres sont Elliptiques, il y a cependant quelques differences, qui méritent des attentions particulieres.

La premiere est que si l'on fait une voute extradossée ou un bandeau à la face, on ne peut le faire comme aux autres faces Elliptiques de deux arcs d'Ellipses concentriques & semblables à l'arête de la doële & de l'extrados; lorsque chacune des impostes est formée par un lit, ou par des moulures de niveau ; parce qu'alors la ligne de rampe AB de la doële n'est pas de même inclinaison que celle de l'extrados DE, quoique l'une & l'autre passent par un centre commun C ; ainsi supposant une ligne de sommité SO horisontale, il est clair que ces deux Ellipses n'auront pas des mêmes diametres conjuguez semblablement posez ; alors il convient de prendre le ceintre au milieu de la largeur du bandeau, comme en RNM, & de porter au dessus & au dessus la demi-largeur, en la trainant avec le compas fixe, d'un côté sur le trait du milieu, & la pointe de l'autre dirigée suivant la coupe, c'est-à-dire, perpendiculairement à l'arc tracé au milieu. *Fig. 61.*

La seconde observation à faire est sur la position des axes de l'Ellipse, qui ne passe pas par les impostes, & par la clef dans les arcs rampans, comme dans les surhaussez & surbaissez, dont les impostes sont de niveau entr'elles.

Les lignes qui passent par ces points sont ordinairement des diametres conjuguez, ou des autres diametres, qui font entr'eux des angles inégaux de part & d'autre de leur intersection ; sçavoir un aigu du côté de l'imposte supérieure, & un obtus vers l'inférieure.

D'où il suit que le contour de la demi-Ellipse, ou d'un autre arc plus ou moins grand, suivant l'inclinaison des piedroits, lorsqu'ils ne sont pas aplomb, étant partagé par le milieu de la clef en deux parties inégales, ne peut être divisé en voussoirs égaux, comme les ceintres de berceaux ordinaires, ce qui entraine des irrégularitez inévitables.

Si le hazard fait qu'on puisse diviser chaque côté en parties égales entr'elles, il est clair qu'elles ne seront pas égales en nombre, il y aura plus de voussoirs dans la partie inférieure que dans la supérieure. Si l'on veut que le nombre soit égal de part & d'autre de la clef, il est évident que ceux de la partie inférieure seront plus grands que ceux de la supérieure, comme on voit à la fig. 64 de la planche 3e.

Fig. 64

Il reste à sçavoir s'il convient de les faire égaux entr'eux dans chaque partie, comme on a fait à la même figure, ou s'ils doivent être tous inégaux suivant une certaine progression.

Si on les fait égaux dans chaque partie, il est visible que la différence de l'un à l'autre devient choquante au sommet, par une trop grande proximité de deux contreclefs, qui en présente de près la comparaison.

Si l'on distribuë la différence par une suite continuë, depuis l'imposte inférieure à la supérieure, on pourra considerer l'arc Rampant comme une portion de spirale, prendre un centre & la décrire au dedans, & l'on aura une diminution continuelle. Mais il en résulte, que le coussinet de l'imposte supérieure deviendra le plus petit de tous les voussoirs.

Si l'on veut faire la diminution depuis chaque imposte à la clef, on peut trouver differentes manieres pour y parvenir.

L'une est de diviser les tangentes moyennes dans l'épaisseur, comme rS, SO, Om en un même nombre de parties égales, depuis les points d'attouchement r, T, m, ou en autant de parties que l'on veut avoir de voussoirs, comme ici en 7, pour en avoir dans chacun trois & demi, à cause de la moitié de la clef; puis tirant les lignes droites de chacun des points rTm aux divisions des tangentes opposées, les intersections de ces lignes donneront des points x^1 x^2 3^1, &c. qu'on cherche. Ainsi les lignes $T1'$, $r.1'$ donneront par leur intersection le point x^1; les lignes $T2'$, $r2'$ donneront le point x^2, par où doit passer le second joint de tête, ainsi du reste.

Il faut cependant remarquer que la diminution ne commençant pas à l'imposte, mais au petit axe IC, il faut y suppleer en élevant un peu la premiere division.

Cette operation est fondée sur une propriété des tangentes, démontrée dans les traitez des sections coniques; sçavoir qu'elles sont en même raison dans les parties comprises entre leurs intersections & leurs points d'attouchement d'un côté à l'autre, ainsi $ST : TO :: Sr : Om$.

On peut faire une division inégale depuis les impostes à la clef, par le moyen des arcs de cercles égaux, laquelle paroît plus convenable que la précédente; parce qu'il n'y faut point de correction.

page 119   Pl. 34.

DE STEREOTOMIE. Liv. IV.

Ayant tiré une perpendiculaire indéfinie TV7 à la ligne de sommité SO, par le point d'attouchement T, qui coupera la ligne de rampe RM au point V; de ce point pour centre & d'un rayon pris à volonté comme VC, on décrira un arc C78, qui coupera TV prolongé en 7; on fera l'arc 7,8 = C7, & l'on tirera la ligne 8V, à laquelle on menera par le point M la parallele MX, qui coupera TV au point X.

Ensuite du point V pour centre, & du rayon pris à volonté, on décrira un arc 9 10, qui coupera RM au point 9, & TV au point 10; puis du point X pour centre, & d'un rayon aussi pris à volonté, on décrira un autre arc 10 M. On divisera l'un & l'autre en parties égales pour autant de voussoirs qu'on voudra de chaque côté de la clef, & une moitié de plus pour la clef, comme aux points 1, 2, 3, 4, 5, 6, par lesquels on tirera des lignes qui rencontreront l'arc rampant en des points, qui en marqueront les divisions qu'on a ponctué & tiré des centres V & X, si l'on juge à propos, ou tous d'un seul centre V.

On pourroit encore faire une division des parties inégales suivant une certaine progression, par le moyen des arcs de cercles égaux entr'eux, en supposant que le grand axe & les foyers de l'arc rampant Elliptique sont donnez.

Ayant tiré par un des foyers, par exemple F, l'horisontale $g7$°, de ce même point F pour centre & d'un rayon pris à volonté on décrira un demi-cercle g H° 7, qu'on divisera en autant de parties égales qu'on voudra de voussoirs, comme ici aux points 1,2,3,4,5,6,7; ensuite du foyer opposé f pour centre & pour rayon le grand axe K k, on décrira un arc de cercle d z' Y, qui coupera les rayons tirez du centre F aux divisions du demi cercle en des points z' z' z'' z^4, &c. desquelles si on tire les lignes au second foyer f, elles couperont l'arc rampant aux points 1 1 2 3, &c. que l'on cherche. Ensuite pour trouver la coupe des joints de tête, passans par ces points trouvez, on menera des lignes du centre F aux points z' z' z', &c. & par les points trouvez r^1 r^2 r^3 on leur menera des parallelles 1 1 q, &c. qui feront les coupes demandées pour les joints de tête. Quoique cette maniere soit différente de celle que nous avons donné ci devant à la page 108. Elle n'est pas moins Géometrique, ce que je pourrois démontrer s'il étoit nécessaire.

Lorsqu'on a plusieurs arcs rampans à faire de suite, comme il arrive ordinairement sous les terrasses rampantes, ou sous des grands escaliers; il faut les agrandir ou diminuer dans une même proportion, afin que le rapport des ouvertures soit toujours le même à l'égard de la hauteur des piedroits. Le trait n'en n'est pas difficile à quiconque a des principes de Géometrie; cependant comme on voit des estampes gravées de la face du Château neuf de St. Germain en Laye, où ces proportions ne sont pas observées, soit que ce soit par la faute du Dessinateur ou de l'Architecte; j'ai cru que je ferois bien de le donner ici, en suivant la même idée d'Architecture.

Fig. 65.   Soit [Fig. 65.] la ligne de rampe HB, que je prends ici sous la Phrise, il n'importe en quel endroit, sous laquelle le trapeze ABED est déterminé de largeur horisontale DE, pour y tracer un Arc Rampant avec deux moitiez des trumeaux qui doivent l'accompagner, il s'agit de continuer ces Arcs en même proportion.

Ayant tiré les diagonales AE, BD, on menera par le point inférieur A la ligne Aa parallele à DE, qui coupera le côté BE en a, par où on menera ax parallele à BA, qui rencontrera la diagonale AE en x, d'où on menera xF parallele à DE, & par le point F la ligne verticale FG, qui donnera sur ED prolongée le point G. Le trapeze FA, DG sera celui qui doit suivre le premier ABED; ensuite pour avoir le troisiéme; ayant prolongé Fx en f à la rencontre de la ligne BE, on menera fy parallele à BA, & y H parallele à EG, qui rencontrera la ligne de rampe BE prolongée au point H, d'où abaissant l'aplomb HI, on aura le troisiéme trapeze HFGI, pour la place du troisiéme Arc rampant.

Presentement pour avoir les largeurs proportionelles, ayant déterminé celle d'une moitié de trumeau eL, & avec son piedroit eK, qui couperont la diagonale AE en K & L, on menera par ces points des lignes Kv, LV, au point de concour des lignes EI & BH, qui sont convergentes; mais comme ce point est ici hors de la figure, on aura recours au Probl. 7. du 3. Livre. Ces lignes couperont toutes les diagonales des trapezes semblables en des points k, l; m, n; o, p; q, r; s, t; &c. qui détermineront toutes les largeurs des trumeaux & des piedroits, il ne s'agira plus que de mener des verticales par ces points trouvez.

La hauteur de l'imposte étant aussi réglée en b, pour le milieu du premier trumeau, on en aura la continuation en tirant de ce point une ligne à celui de rencontre des lignes de niveau EI, & de rampe BH, comme ci-devant.

Il faut remarquer que ce n'est qu'en pareil cas de plusieurs Arcs rampans de suite qu'on doit faire les impostes rampantes; parce que cette disposition de lit en plan incliné est contraire à la solidité, du moins en apparence; car les bons Appareilleurs font un joint de niveau

DE STEREOTOMIE. Liv. IV.

Explication Démonstrative.

Puisque les raports de la largeur d'une baye à sa hauteur, & à la largeur de ses piedroits & Trumeaux font la principale grace de cette sorte, de piece d'Architecture, il est de la convenance dés qu'on les a réglé de ne les pas alterer, dans la suite des arcs avec lesquels elle doit faire simétrie ; or il est clair, par la construction, que tous ces raports sont conservez dans le triangle ABE du premier trapeze ABDE; puisque la premiere hauteur BE est à la largeur inclinée BA, comme la seconde hauteur AD égale [par la construction] à *a*E, est à la seconde largeur inclinée *ax* ou son égale AF, & comme la troisiéme hauteur FG = *f*E, est à la troisiéme largeur inclinée *fy* = FH. Ainsi des autres raports de largeur de trumeaux & de piedroits ; puisqu'en imaginant les deux lignes de base EI & BH prolongées jusqu'à leurs rencontres, on trouvera par-tout des triangles semblables, formez par les verticales des arêtes des piedroits, & de celles des Avantcorps des trumeaux ; *ce qu'il falloit faire.*

La même raison qui nous a engagé de tracer ici les Arcs rampans de la deuxiéme Terrasse du Château neuf de St. Germain, nous invite à proposer un changement aux arcs rampans de la Chapelle de Versailles, l'Architecte Jules Hardouin, qui a un peu imité dans le Comble & son couronnement le goût Gotique, l'a aussi fort imité dans les arcs rampans des *Arcs Boutans*, qu'il a fait buter presqu'horisontalement avec la clef en TD, au lieu de prendre la naissance sur un dosseret en MxT, & former un arc rampant complet RETxM, qui auroit eu plus de grace & plus de force. Il est vrai que la corniche C & la balustrade B cachent cette partie de bâtiment, ce qui l'a sans doute déterminé à n'avoir aucun égard à la décoration; car quoiqu'il ne fût pas aussi habile que le fameux François Mansard son Oncle, dont il a pris le nom, on ne peut disconvenir qu'il ne fût bon Architecte.

DES BERCEAUX OBLIQUES.

TOUT Berceau, dont l'axe n'est pas perpendiculaire à sa face, pourroit être appellé *Biais*, en terme de l'Art; cependant comme il y a des noms destinez pour exprimer differentes obliquitez, on ne doit donner le nom de *Biais* qu'à celui dont la face est verticale, mais inclinée à la direction horisontale. Si l'obliquité consiste dans l'inclinaison de la face, à l'égard de l'aplomb ou du niveau, elle s'appelle *Talud*. Et enfin si elle consiste dans l'inclinaison de l'axe à l'horison, elle s'appelle *Descente*.

122 TRAITÉ

Les Berceaux obliques doivent quelquefois être considerez comme des demi-cylindres scalenes, lorsque leurs faces étant circulaires, sont inclinées à l'axe qui est proprement la direction du Berceau.

Quelquefois ils doivent être considerez comme des demi-cylindres Droits, coupez obliquement par leurs faces, lorsque l'Arc-Droit est circulaire, & la face surhaussée ou surbaissée ; ainsi on ne peut les bien designer par le mot de *Scalene* ; puisque les Berceaux droits, de face Elliptique, sont aussi intrinséquement des demi-cylindres scalenes.

On peut seulement dire en general, que la différence du Berceau Droit au biais, soit en talud, soit en descente, consiste en ce que le ceintre de face n'est pas égal à celui de l'Arc-Droit.

D'où il suit, 1.° que dans la construction d'un berceau biais il faut toujours connoitre deux ceintres, l'un perpendiculaire à son axe, lequel est l'Arc-droit, qui d'un berceau biais en fait un Droit, mais non pas toujours un demi-cylindre Droit, l'autre est un ceintre oblique à ce même axe, qui montre l'excès dont le berceau oblique surpasse le Droit.

Secondement, que ces deux ceintres doivent être divisez proportionellement ; puisqu'ils doivent comprendre un nombre égal de voussoirs, semblablement posez, & séparez par les surfaces des lits, dont chaque direction prolongée doit passer par l'axe du berceau.

Troisiémement, que ces ceintres sont dans une dépendance mutuelle, comme les sections d'un même cylindre, ensorte que si l'un est circulaire, l'autre sera Elliptique ; parce que la section souscontraire ne peut avoir lieu entre l'arc droit & l'arc de face, l'angle de l'un à l'égard de l'axe étant droit & l'autre oblique ; enfin que si l'un est oblique, l'autre par la même raison ne peut lui être égal, mais d'une Ellipse plus ou moins alongée, s'il n'est pas circulaire. Cela supposé, nous allons donner la construction des obliques dans leurs faces, à l'égard des axes horisontaux, & ensuite de ceux dont les axes sont inclinez à l'horison.

PROBLEME XI.

Faire un Berceau Horisontal de face oblique d'une seule ou de deux & trois obliquitez.

Premier cas, où les faces sont simplement biaises sans talud.

Fig. 67. Soit [*Fig. 67.*] ABEF le plan horisontal d'un berceau, dont la face AB est inclinée à l'axe CN, qui exprime sa direction.

Sur *a b*, comme diametre intérieur de la face à la doële, ayant tra-

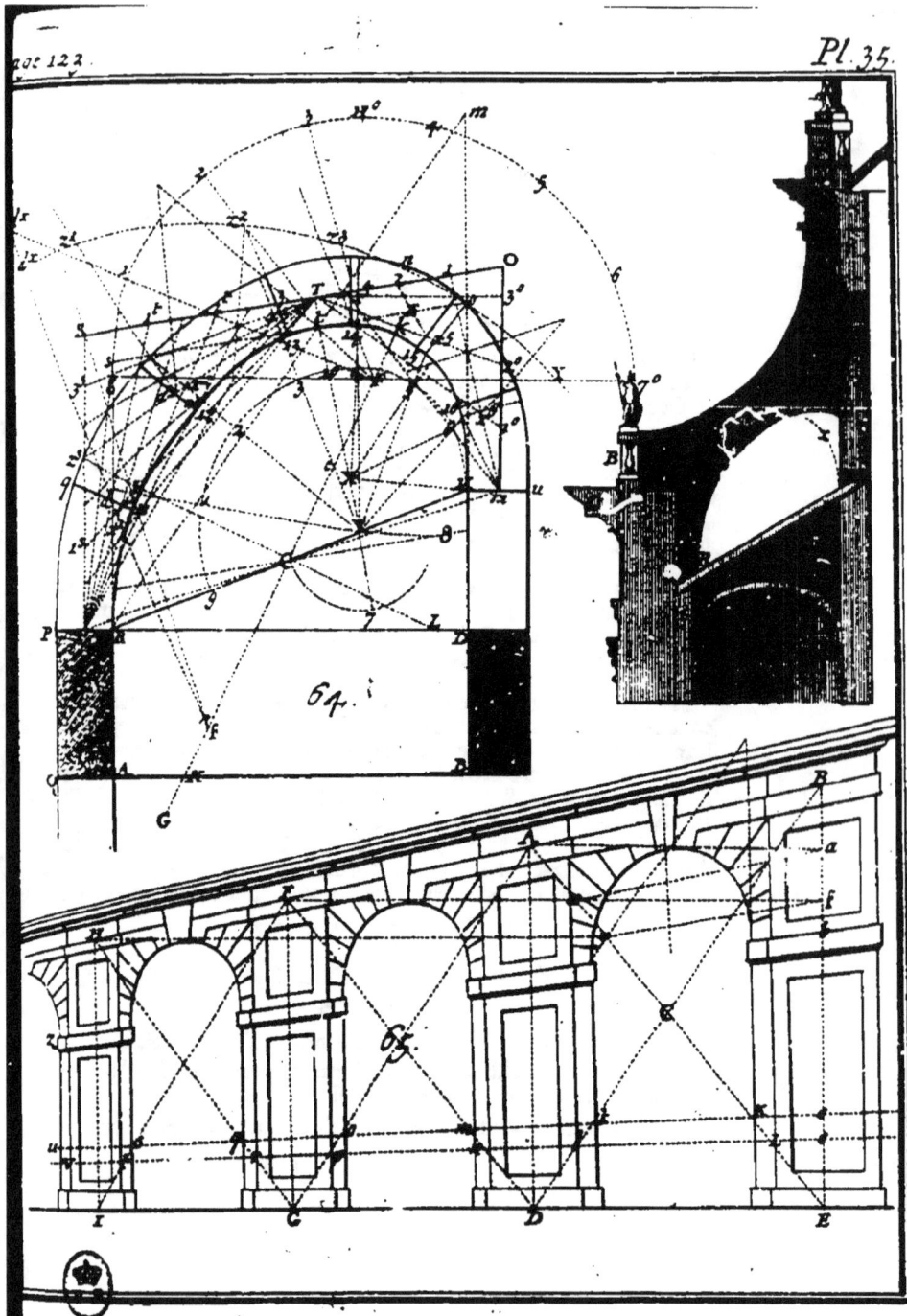

DE STEREOTOMIE. Liv. IV.

cé le ceintre *abb* en demi-Ellipfe ou en demi-cercle, tel qu'on veut; & l'ayant divifé en fes vouffoirs aux points 1, 2, 3, 4, on tirera les joints de tête 1·5, 2·6, 3·7, 4·8, du centre C, fi le ceintre eft circulaire ou perpendiculairement aux tangentes, qui le toucheroient à chaque point de divifion comme nous l'avons dit ci-devant. Enfuite on abaiffera de chacun de ces points des perpendiculaires au diametre *ab*, qui le couperont aux points p^1, p^2, p^3, p^4, par lefquels on menera des paralleles à l'axe CN, prolongées indéfiniment, comme $p^1 r^1$, $p^2 r^2$, $p^3 r^3$, &c.

On en fera de même pour l'extrados AHB, comme la fig. le montre.

Formation de l'Arc-Droit.

Ayant tiré par un point *d*, pris à volonté, une perpendiculaire *d*B aux côtez AF, BE, qui coupera ceux de la doële aux points D, R, on prendra cet intervale DR pour le petit axe d'une Ellipfe, & le diametre *ab* de la face pour le grand axe, fi le ceintre de face eft circulaire, & s'il ne l'eft pas, mais qu'il foit furbaiffé, il peut arriver par hazard que le ceintre de l'Arc-Droit devienne circulaire, mais non pas fi l'arc de face eft furhauffé; car alors quoiqu'il arrive DR fera toujours le petit axe d'une Ellipfe, & C*b* la moitié du grand axe. Avec ces deux lignes on décrira [par le Probl. 8. du 2.ᵉ Livre] une demi-Ellipfe DXR, qui coupera les projections des joints de lit qu'on vient de tracer au plan horifontal aux points 1', 2', 3', 4', qui feront au contour de l'Arc-Droit, & qui en marqueront les divifions en vouffoirs, correfpondantes aux points du ceintre primitif 1, 2, 3, 4, lefquelles divifions feront inégales entr'elles, quoique provenant de celle de l'Arc deface, qu'on vient de fuppofer égales entr'elles.

Les joints de Tête de cet arc-Droit feront tirez du centre C, comme s'il étoit circulaire, quoiqu'il foit Elliptique, contre la régle que nous avons donné pour les coupes des faces de cette efpece de ceintre; parce que en la fuivant ces joints de tête 1'·5', & 2'·6' ne feroient pas paralleles à ceux du ceintre de face 1·5 & 2·6, d'où il réfulteroit que les lits feroient des furfaces Gauches, par la définition que nous en avons donné ci-devant, page 7. ce qui les rendroit de difficile exécution, pour que les parties convexes & concaves s'ajuftaffent parfaitement l'une fur l'autre, c'eft pourquoi tous les joints doivent tendre à l'axe du cylindre, les uns au point C pour la face, les autres à C' pour l'Arc-Droit.

Il fuffit d'avoir la pofition des coupes de l'Arc-Droit, lorfque les voutes ne font pas extradoffées. Si elles le font, il faut déterminer les lóngueurs de ces joints en traçant pour l'extrados une Ellipfe *d*x B, concentrique & semblable à celle de l'arc droit DXR à la doële, par le Probl. VII du 2.ᵉ Livre, laquelle coupera les joints de tête tirez du centre C·, par les points 1', 2', 3', &c. aux points 5', 6', &c. On seulement en tirant les projections des joints de l'extrados, qui détermineront ces longueurs par leur intersection avec les coupes des joints de tête de l'arc-droit, comme la projection passant par le point p' rencontrera la coupe 1', 5' au point 5', qui détermine la longueur de joint 1', 5', ainsi des autres provenant de l'extrados p' 6', &c.

CETTE derniere operation est ordinairement inutile ; parce que les voutes sont rarement extradossées, il suffit d'avoir l'angle de chaque coupe à la doële de l'arc-droit pour avoir le biveau de lit & de doële de chaque voussoir ; parce que cet angle change à toutes les voutes biaises d'un voussoir à l'autre, ainsi l'angle D 1' 5' de la premiere doële plate avec son lit de dessus n'est pas égal à l'angle suivant 5' 1' 2', quoique ces angles proviennent de ceux de la face a 1· 5, 5'·1'·2, &c. qui sont égaux entr'eux, si le ceintre primitif est circulaire.

ON peut aussi décrire l'arc-droit par plusieurs points, suivant le Problême IX. du 2.ᵉ Livre ; c'est la méthode de tous les Auteurs de la Coupe des Pierres, qui portent les hauteurs des retombées de l'arc de face 1 p', 2 p', &c. perpendiculairement au diametre DR sur les projections des joints de lit, ou sur des perpendiculaires tirées à part par des divisions proportionelles à celle du diametre ab. Cette méthode est bonne pour les doëles plates tirées de division en division ; mais comme il faut aussi avoir les arcs compris entre ces divisions, ma premiere méthode est préferable à celle des Auteurs, en ce qu'elle est plus simple, plus expéditive & plus juste ; en effet comme les arcs de tête sont quelquefois une peu grands, ce n'est pas assez de deux points pour les tracer à la main, ils sont obligez de sousdiviser les primitifs a 1, 1'·2, &c. en deux, aux points m & m, pour en tirer un troisiéme point de l'arc-droit qu'on cherche, ce qui augmente le nombre des lignes, & la confusion dans les épures. Il faut seulement prendre garde en suivant ma méthode, de tracer l'arc-droit par un mouvement continu, d'observer les précautions dont nous avons parlé au second livre pour éviter les faux contours.

APRÈS avoir trouvé le contour, les points de divisions de l'arc droit en voussoirs, & les angles des coupes pour les biveaux de lit & de doële, on n'a plus besoin que de chercher la difference des longueurs des joints de Lit pour former les *Panneaux de doële plate*, qui sont des trapézes, comme AdDa rectangles à l'arc droit en d & D, dont les longs côtez sont donnez sans alteration à l'épure dans la projection, & leurs

DE STEREOTOMIE. Liv. IV.

diſtance, qui eſt la largeur de la doële plate, eſt donnée par les cordes correſpondantes de l'arc droit ; ainſi on a tout ce qui eſt néceſſaire pour tracer ces panneaux, leſquels étant aſſemblez & rangez de ſuite donneront la figure D*a*M*b*R, dont la doële oblique ſurpaſſe celle d'un berceau Droit, qui ſeroit terminé à la ligne DR, laquelle figure eſt le dévelopement du trapeze de la figure 67. *ab* R D.

Fig. 68.

Pour donner un exemple de la conſtruction d'une doële plate, ſoit la projection de celle du premier vouſſoir *ap*¹, 1ʳD, on fera à part une ligne D 1ʳ [*Fig.* 68.] égale à la corde D 1ʳ de la fig. 67. & ayant élevé aux extrémitez de cette ligne des perpendiculaires indéfinies D*f*, 1ʳ*g*, on prendra à la fig. 67. la longueur D*a* qu'on portera ſur D*f*, où elle donnera le point *a* la longueur 1ʳ *p*¹ de la fig. 67. ſur 1ʳ*g* de la fig. 68. qui donnera le point 1ᵈ, ayant tiré la droite *a*1ᵈ, le trapeze *a* 1ᵈ 1ʳD ſera la figure de la premiere doële plate, ainſi des autres.

S'il étoit trop incommode de prendre toutes les longueurs des joints de lit, depuis la ligne DR, & que ſi l'on voulût ſe diſpenſer de faire un panneau. Ayant ſeulement l'angle aigu ou obtus de la tête, il n'y a qu'à tirer par les points de projection *p*¹ *p*¹ des perpendiculaires à la direction du berceau D*a*, qui rencontreront les projections des joints de lits aux points *y z*; alors portant la longueur *ya* en DY de la fig. 68. on tirera Y1ʳ, qui donnera les angles de tête DY1ʳ aigu, & Y1ʳE obtus & pour la doële plate ſuivante les angles 1ʳ 2 2ʳ & 22ʳ *e*, &c.

Ou il faut remarquer que le panneau de la clef eſt donné dans ſes juſtes meſures, au plan horiſontal en *p*¹ *p*¹ 3ʳ, 2ʳ, excepté aux deſcentes.

On trouvera de la même maniere les *Panneaux de lit*, qui ſeront auſſi des trapezes rectangles, par un bout vers l'arc-droit, dont les côtez ſont exactement donnez à la projection des joints de lit, il ne s'agit que de les écarter parallelement de l'intervale des coupes de l'arc droit 1ʳ 5ʳ, 2ʳ 6ʳ, &c. de la fig. 67.

Ou il faut remarquer que les deux premiers lits ſont toujours donnez dans leurs juſtes meſures à la projection horiſontale, comme *d*A*a*D, *b*BR excepté aux deſcentes.

Suppoſons, pour exemple, qu'on veuille faire le panneau du ſecond lit, dont la projection eſt le trapeze *p*ᵉ *p*¹ 2ʳ 6ʳ, ayant tracé à part une ligne 6ʳ 2ʳ fig. 68. égale à 6ʳ 2ʳ de la fig. 67. on élevera à ſes extremitez deux perpendiculaires indéfinies 6ʳ *b* & 2ʳ *i*, ſur leſquelles on portera les longueurs 6ᵉ *p*ᵉ, 2ʳ *p*¹ de la fig. 67. qui donneront les points 6ᵈ 2ᵈ, le trapeze 6ᵉ 6ᵈ 2ᵈ 2ʳ ſera le panneau de lit que l'on cherche.

On peut aussi comme pour les doëles plates en trouver les angles de tête, par le moyen des lignes Vp', xp

Si après avoir fait le dévelopement de la doële comme nous venons de le dire ci-devant pour l'assemblage de tous les panneaux de doële rangez de suite, on range aussi ceux de lit sur les lignes des joints de lit qui leur sont communs, on aura une figure telle qu'on la voit au chiffre 68, que les Appareilleurs appellent *Dévelopement*, dont nous avons parlé au troisiéme Livre, laquelle est un composé de deux especes de surfaces differentes, dont l'assemblage sur une plane ne sert de rien qu'à montrer d'un coup d'œil les differences des parties ; c'est pourquoi nous l'emploirons rarement dans le cours de cet Ouvrage.

Nous l'employons dans ce commencement pour montrer que les panneaux de l'une & de l'autre espece varient dans les voutes biaises d'un côté de la clef à l'autre, dans les ouvertures des angles de leurs Têtes ; d'un côté ils sont obtus, & de l'autre ils sont aigus, parce que d'un côté de la clef ils s'alongent dans la partie du haut ou du bas, dans laquelle ils se racourcissent de l'autre, ensorte que les angles aigus ou obtus de la droite sont les suplémens de ceux de la gauche à distances égales de la clef.

Biveaux.

Fig. 67. Il ne reste plus présentement pour faire usage des panneaux qu'à connoître les angles qu'ils doivent faire entr'eux, & en former les *Biveaux* ; il y en a de deux especes, sçavoir ceux de *Lit & de Doële*, qui sont donnez par le trait de l'Epure aux coupes de l'Arc-Droit, comme l'angle D1'5' marque l'inclinaison des surfaces de la doële plate D1, & du lit 1'5', qui est le même plan que celui qui passe par 1'5', laquelle surface est équivalente de deux ; sçavoir au lit de dessus du consisment, & au lit de dessous du premier poussoir, dont l'inclinaison avec sa doële est l'angle 5'1'2' different du premier, si l'arc-droit n'est pas circulaire, comme il ne l'est pas en effet si la face est en plein ceintre.

D'où il suit que l'angle obtus que font deux doëles plates n'est pas le double du suplément du biveau de lit & de doële d'un des voussoirs contigus, mais la somme de deux suplémens inégaux.

Cet angle obtus des doëles ne peut être d'usage dans la construction, que pour un Poseur qui n'auroit pas de cerche pour se conduire.

La seconde espece d'angles dont on a souvent besoin pour l'appareil est celle des doëles plates avec leurs têtes, ceux-ci ne peuvent se trouver sur le Trait que nous venons de faire, ni sur le plan horisontal, ni sur l'élevation & le dévelopement; car quoique la direction horisontale de la doële d'un berceau de niveau fasse un angle Droit avec une section verticale de la face aplomb, cette direction n'étant pas perpendiculaire à la corde, qui est la commune section de la doële plate & de la face, n'est pas aussi perpendiculaire au plan de la face, mais à une seule ligne de cette face dans la situation verticale ; ainsi il faut avoir recours au Probl. XIII. du troisiéme Livre.

On veut, par exemple, trouver le biveau de la doële plate 3´ 4´ *Fig. 67.* avec la face, c'est-à-dire, avec la tête 3´ 7´ 8´ 4´ ayant prolongé la corde 3´ 4´ jusqu'à ce qu'elle rencontre le diametre horisontal AB, prolongé en o, on menera par ce point o une ligne o Y parallele à la direction BE ou bR, puis par un point b pris à volonté sur ce diametre, on tirera sur la ligne 3´ o la perpendiculaire bq´, & sur le même diametre AB la perpendiculaire BY, qui rencontrera la ligne o Y au point Y, puis portant la longueur bq en bL sur le diametre AB on tirera la ligne LY; l'angle ALY sera celui que l'on cherche, comme il est démontré au Probl. cité.

Application du Trait sur la Pierre.

On peut tracer & tailler un voussoir de trois manieres, qui conduisent par differens moyens à la même fin. En commençant par la tête ou par le lit; la meilleure est ordinairement de commencer par la doële plate.

Ayant dressé un parement pour servir à une de ces trois surfaces, par exemple, pour la doële plate on y appliquera le panneau qui convient à la place du voussoir tiré du nombre de ceux qu'on avoit de suite à la fig. 68. lequel sera découpé sur un morceau de carton ou de planche mince, pour en tracer le contour exactement sur le parement dressé. Ensuite prenant le biveau de *doële & de lit*, ou si l'on veut *de doële & de tête*, on abatra la pierre suivant l'ouverture de l'angle, observant que ses branches soient toujours posées d'équerre sur l'arête, & après avoir formé cette seconde surface, on lui appliquera aussi un second panneau, ou de lit, s'il s'agit du lit, ou de tête, s'il s'agit de la tête, celui-ci donnera les positions des deux lits, & celui de lit donnera à ses extrémitez la position des deux têtes anterieure & posterieure. Ainsi il est plus avantageux de faire la tête en second parement ; parce que faisant passer une surface plane [par le Probl. L. de ce 4. liv.] par le joint de tête & par le côté du panneau de doële, on formera les deux lits, terminez du côté de la face seulement, & l'autre se terminera de même, si les faces anterieure & posterieure sont paralleles, ou suivant l'angle qu'exigera le Trait. Voyez la fig. † au bas de la planche 36.

La doële plate étant faite, il ne reste plus qu'à la creuser suivant le panneau de tête, & pour plus d'exactitude par le moyen d'une cerche convexe, & le voussoir sera achevé.

Nous avons supposé dans cet exemple, que le ceintre de face étoit primitif & circulaire, & par le rapport des sections cylindriques, il en arrive que l'arc-droit est Elliptique & surhaussé ; parce que le cylindre est scalene, dont la section perpendiculaire à son axe est une Ellipse, & non pas un cercle, ce qu'il est bon de remarquer en passant pour sçavoir ce que l'on doit penser sur ce qu'avance M. de la Rue, à la page 18. où il dit, *qu'il est certain que la coupe faite perpendiculairement à l'axe, doit former un cercle, si les bases du cylindre sont parfaitement rondes.* Il n'a pas pris garde que tous les cylindres ne sont pas Droits sur leurs bases, témoin celui-ci.

Mais si nous avions supposé l'arc-droit DR circulaire, nous aurions rendu le cylindre droit intrinsèquement, & sa base AHB, qui est une section oblique, seroit devenue Elliptique.

D'où il résulte ; comme nous l'avons dit ci-devant pour une disposition contraire, que si l'on avoit tracé les joints de tête suivant la bonne régle perpendiculairement à la tangente de la division de l'arc intérieur en voussoirs, & ceux de l'arc-droit suivant la régle, aussi tendant au centre C, il seroit arrivé que les lits auroient été Gauches ; parce que les joints de tête de la face, & ceux de l'arc-droit n'auroient pas été paralleles entr'eux, en ce que ceux de l'arc-droit auroient concouru à l'axe, & ceux de l'arc de face n'y auroient concouru qu'à l'imposte seulement ; par-tout ailleurs leur direction auroit varié suivant le plus ou le moins d'obliquité de la face.

Or comme il importe pour la commodité de l'exécution de faire les lits en surfaces planes, il faut de nécessité fausser une des coupes, ou celle de face, ou celle de l'arc-droit, ce que la maniere de tracer l'épure par la projection donne, sans qu'il soit nécessaire d'y rien changer. Il faut seulement en ce cas tirer ces projections des joints de lit d'extrados, que l'on pouvoit se dispenser de tirer dans le cas de l'arc-droit Elliptique, dont nous avons fait les joints de tête en fausse coupe, pour que tendant au centre C, qui est dans l'axe du berceau, ils soient dans le même plan que ceux de tête à la face.

Je ne prétends pas au reste qu'il soit de nécessité indispensable de faire les lits plans, on pourroit fort bien les faire gauches jusqu'à l'arc-droit ; mais de l'arc-droit en continuant ils feroient un pli à l'extrados, d'où ils reprendroient une differente direction ; l'inconvenient n'est pas

grand

DE STEREOTOMIE. Liv. IV.

grand ; un habile Appareilleur pourroit fort bien se conformer à la régle, lorsque le joint de lit d'extrados ne doit pas paroitre. De telles voutes extradossées sont rarement vûës par dessus ; mais ce seroit se donner une peine assez inutile.

Pour faire les lits plans, lorsque le ceintre de face est surbaissé ou surhaussé Elliptique, & que ses joints de tête sont tracez suivant les régles perpendiculairement à la tangente, au point de chaque division de voussoir, il faut chercher l'inclinaison de la coupe de l'arc-droit comme il suit.

Soit [*Fig.* 70.] le joint de tête donné ds à l'arc de face surbaissé AbB, *Fig.* 70. ayant prolongé cette ligne ds jusqu'à ce qu'elle rencontre le diametre AB en x, on menera par ce point x une ligne xy parallele à la direction Cc de la voute biaise , qui coupera le diametre DB de l'arc-droit DHB au point y; par lequel & par le point 4 de l'arc-droit correspondant du point d [l'un & l'autre provenant de la projection du même plan gp^*] on tirera la ligne y 4 z ; le joint 4 z sera celui que l'on cherche, lequel est different de la coupe naturelle au plein ceintre 4 8 tirée du centre C.

La même construction servira pour tous les autres joints de tête qu'on peut tirer suivant les regles au ceintre Elliptique AbB.

Explication Démonstrative.

Premierement, la démonstration de cette derniere operation particuliere est fondée sur la 7.e proposition du 11. Liv. d'Eucl. car puisque les points d & 4 doivent être supposez en l'air, perpendiculairement au plan ABFE, & à même hauteur, ils sont dans une horisontale parallele à leur projection gp^*, laquelle est par la construction parallele à xy; donc par la construction citée, les points d & 4 sont dans le même plan que xy, ce qu'il falloit démontrer.

Quant au reste des operations précedentes, il faut se rappeller les sections des cylindres scalenes que représente les berceaux biais. Nous avons dit au premier Liv. que si la base d'un tel cylindre qui est ici la face du berceau, étoit circulaire, la section perpendiculaire à l'axe étoit nécessairement une Ellipse ; or le diametre de la base circulaire oblique étant donné, les deux axes de la section perpendiculaire Elliptique le sont aussi ; puisque les hauteurs à la clef doivent être égales au ceintre de face, & à celui de l'arc-droit, & que la section par l'axe du cylindre qui est le plan horisontal, donne le raport du diametre de la base au petit axe de l'Ellipse ; cela supposé.

Tome II.   R

130 TRAITÉ

Fig. 67. Si l'on releve par la pensée le demi-cercle AHB de la face du berceau en le faisant mouvoir sur son diametre AB, comme sur une charniere, jusqu'à ce qu'il soit perpendiculaire au plan dAB de la projection horisontale, qu'on releve aussi de même l'arc-droit dXB, ces deux plans, qui dans le dessein étoient confondus avec l'horisontal, deviendront verticaux, sans que les points de leurs divisions s'approchent de leur diametre ; de sorte que les perpendiculaires menées à ces diametres deviendront des *aplombs*, c'est-à-dire, des verticales ; par conséquent parallèles entr'elles, quoiqu'elles ne le soient pas dans le dessein à plat ; d'où il suit [par la 7.ᶜ du 11.ᵉ d'Eucl.] qu'elles seront dans un même plan, & toutes celles qui les couperont. Or puisque les hauteurs de l'arc-droit ont été faites égales à celles de l'arc de face, il suit que les joints de doële & d'extrados, qui passeront en l'air par ces hauteurs, comme du point 6 à 6, & de 2 au point 2′, seront à la surface d'un cylindre, & de longueurs égales à celles de la projection, puisqu'elles leur sont parallèles horisontales, terminées par des verticales ; donc les mesures des longueurs des joints de lits sont bien prises sur le plan horisontal.

À l'égard des cordes de doële plates lesquelles sont inclinées à l'horison, leur mesure ne peut être prise que dans l'élevation de ces arcs qui sont censez verticaux dans le dessein, quoiqu'ils ne le soient pas.

Il est donc clair que la vraye figure de la doële plate est bien trouvée ; puisque les quatre côtez sont donnez avec deux angles droits & les deux angles obliques de la tête, laquelle figure est differente de celle de la projection horisontale, en ce que les angles obliques du trapeze trouvé sont l'un plus ouvert, l'autre plus fermé qu'ils ne sont au plan horisontal, & les intervales des côtez paralleles plus grands.

SCOLIE.

On pourroit trouver les côtez des panneaux de doële plate par le calcul si l'on vouloit, car les côtez des joints de lit & de têtes sont proportionels aux saillies & aux hauteurs des retombées, & aux differences des longueurs qui expriment l'obliquité du biais ; ainsi,

1.° Pour trouver la difference de longueurs des panneaux, dont tous les joints de lit sont paralleles à la direction du berceau, on aura cette analogie $AB : A d :: A p' : A s$, c'est-à-dire, le diametre de la face est à l'avance de l'entiere obliquité sur l'arc droit, comme la retombée est à la difference du joint passant par la premiere division en voussoir ; laquelle difference As étant soustraite de l'avance Ad, donnera la longueur $p' 1'$ du premier joint sur l'imposte. 2.° Pour avoir la retombée de l'arc-droit, connoissant celle de la face on fera cette analogie $B a : a p :: BD : D 1'$.

DE STEREOTOMIE. Liv. IV.

3.° Puisque les retombées des lits sont proportionelles aux lits dont elles sont les projections [par le Theor. I. du 2.ᵉ livre, chacune dans son arc, ou de face, ou Droit, il suit que les retombées & les lits correspondans entre ces differens arcs sont entr'eux comme les longueurs des diametres de l'arc de face & de l'arc-droit ; car si l'on prolonge les joints de tête $5'1$ en C & $5'1'$ en C', jusqu'à la rencontre du diametre horisontal dB, on aura $p^5 p^1 : 5'1 :: p^1 C : 5C$, $5^e 1' : 5'1' :: 5^e C' : 5'C'$, mais par l'article précedent les retombées sont entr'elles dans les differens arcs de face & Droit, comme leurs Diametres ; donc les largeurs des lits marquées par les joints de tête, qui expriment aussi l'épaisseur de la voute, sont entr'elles comme les diametres passans par ces joints.

COROLLAIRE.

Puisque les hauteurs des retombées correspondantes de l'arc de face & de l'arc-droit sont toujours égales, par la construction, à l'extrados, comme à la doële, il suit que si l'on suppose une section aplomb par le milieu de la clef, l'épaisseur de cette clef dans l'arc-droit sera égale à celle de l'arc de face ; car si des hauteurs égales on ôte des quantitez égales, les restes sont égaux ; mais l'épaisseur H b égale à la largeur du lit A a de l'imposte, est plus grande que celle dD de l'arc-Droit, donc les *Voutes biaises extradossées, dont l'arc de face est circulaire sont d'une épaisseur inégale*, qui augmente continuellement *depuis l'imposte jusqu'à la clef*, ce qui est contre la bonne construction, comme nous l'avons dit ci-devant, puisque la partie qui est la plus foible devroit être la plus forte.

CETTE conséquence est une confirmation de ce que nous avons avancé au Theor. IV. du premier liv. où nous avons démontré que les sections planes d'un cylindre creux, qui ne sont pas paralleles à la base, étoient des couronnes Elliptiques, comprises par les contours de deux Ellipses, concentriques & semblables, mais non pas équidistantes.

REMARQUE
Sur les fautes que l'on fait contre la bonne construction, dans le choix du ceintre primitif des voutes extradossées.

IL est clair que lorsqu'on fait l'arc de face d'une voute biaise en plein ceintre, on forme un cylindre scalene creux, dont l'arc-droit, qui est la section perpendiculaire à l'axe, est une couronne Elliptique de ceintre surmonté, qui est plus large à la clef qu'aux impostes, comme nous venons de le démontrer au Corol. précedent ; d'où il suit évidemment que les voussoirs qui devroient y être plus légers qu'aux impo-

stes, suivant les régles de la Méchanique, y sont au contraire plus pe-
sans, ce qui entraineroit la ruine de la voute, si les Reins n'étoient pas
remplis.

Cette charge illégitime n'est pas un petit objet, lorsque les berceaux sont très obliques à leurs faces, comme il s'en trouve dans certains réduits de nos Fortifications modernes qui sont à la mode, où
l'angle du biais, c'est-à-dire, l'obliquité du passage vouté, est moindre
de 60 degrez; alors l'épaisseur au-delà de celle de l'imposte devient
une augmentation à peu près du tiers de la charge, si la voute est extradossée; mais comme elle ne l'est pas ordinairement dans nos Réduits, & qu'elle est bien appuyée par 5 & 6 pieds de terre au dessus,
cette observation n'est d'aucune conséquence pour nos ouvrages de
Fortifications.

Ce qu'on en doit inferer est que si une voute de grande obliquité
étoit extradossée, il seroit de nécessité indispensable de faire l'arc de face
Elliptique surbaissé, pour qu'il en résultât un arc-droit circulaire, ou
un peu surmonté, si l'on le croit convenable, ce qu'aucun des Auteurs de la coupe des pierres n'a observé.

Il ne faut pas s'imaginer qu'on évite cet inconvenient en faisant le
ceintre de face en ovale, composé d'arcs de cercles concentriques, suivant l'usage des Ouvriers & des mauvais Appareilleurs; car chaque
portion de cercle qui est comprise par deux segmens de cercles semblables & concentriques, est une portion de base d'un cylindre scalene creux, dont la section perpendiculaire à l'axe est Elliptique, &
si le ceintre a trois centres, ce sont trois portions de differens cylindres.

L'on se jette de plus dans un autre inconvenient, qui est celui des
jarrets, qui se forment à la jonction des arcs, parce que la position
des centres n'étant plus dans une distance proportionelle à celle de la
base, les rencontres des arcs ne se font plus aux points d'attouchement, où est la seule jonction réguliere, pour effacer tout jarret.

Il est vrai que les Auteurs de la coupe des pierres, qui font des
arcs de face composez d'arcs de cercles, ne font pas leurs arcs-droits
de pareille construction, mais par des points trouvez; cependant leur
Trait augmente encore un peu le surcroit de l'épaisseur, de la partie supérieure de la voute biaise, dont l'arc de face est ovale, même surbaissé; parce que si l'arc de face étoit une couronne Elliptique réguliere, elle seroit plus large aux impostes qu'à la clef, ce qui pourroit,
en certains cas, rendre l'arc-droit circulaire & d'une épaisseur uniforme, au lieu que la couronne ovale de contour équidistant, donnera

DE STEREOTOMIE. Liv. IV.   133

toujours à l'arc-droit plus d'épaisseur à la clef qu'aux impostes.

Il n'est pas nécessaire d'ajouter à la démonstration du trait du berceau biais, pourquoi on a formé les biveaux de lit & de doële à l'arc-droit plutôt qu'à l'arc de face; nous en avons expliqué les raisons au troisieme livre page 370. où nous avons démontré que les angles des plans devoient le prendre sur des perpendiculaires à leur commune intersection.

Du Biais par abregé.

LORSQU'ON choisit l'arc-droit & circulaire pour ceintre primitif d'une voute biaise, & que l'on fait les divisions des voussoirs parfaitement égales entr'elles, on réduit le Trait à une operation fort simple, qu'on appelle *Biais par abregé*, laquelle est tirée du premier Chap. de la 2.e partie du P. DERAN.

SOIT [**Fig. 70.**] ABFE le plan horisontal du berceau biais. On pro- *Fig. 70.* longera le côté EA vers D, auquel on tirera une perpendiculaire BD, sur laquelle, comme diametre, on décrira le demi-cercle DHB, qui sera l'arc-droit, & le ceintre primitif du berceau, qu'on divisera à l'ordinaire en ses voussoirs, avec cette circonstance, que nous n'avons pas exigé ailleurs, qu'ils soient tous égaux entr'eux aux points 1, 2, 3, 4, par lesquels on menera autant de paralleles à DE, qui couperont la projection de l'arc de face AB aux points 1°, 2°, 3°, g.

PRESENTEMENT, pour trouver les panneaux de doële, il faut tirer des points A, 1°, 2° des paralleles à DB, qui couperont les projections des côtez de la clef p° e, p° f, aux points k, l, m, n, d'où l'on tirera des lignes de l'un à l'autre k, l, m, n, qui exprimeront l'obliquité de la tête du panneau de doële sur les joints de lit; ainsi supposant une voute d'égale profondeur, comme dans cette figure, & faisant la même chose pour la face EF qu'à la face AB, le trapeze k l f e sera le panneau de la premiere doële, m n q o celui de la seconde, & 2° 3° 3° 2° celui de la clef. Il n'est pas nécessaire d'en tracer davantage; parce qu'en renversant les panneaux du côté de la gauche, ils serviroient pour celui de la droite, les angles d'un côté étant, comme nous l'avons dit à la fig. 68. les suplémens de l'autre, ce sont toujours les mêmes tournez du dedans au dehors.

POUR former les *Panneaux droits* on fera à peu près la même chose, avec cette difference, que des points 1° 2°, on menera les paralleles à DB jusqu'au côté DE, comme 1°r, 2°s, qui rencontreront ce côté aux points r & s, par lesquels & par le centre C, on tirera les lignes

134   TRAITE'

rt, su, qui exprimeront l'inclinaison des joints de tête sur les joints de lits ; ainsi l'angle Est sera celui du premier lit, Eru celui du second, & supposant la voute d'égale profondeur, le premier lit sera le trapeze TRrt, le second VSsu, il n'importe des largeurs TR, VS, elles sont arbitraires suivant l'épaisseur de la voute, & ne changent rien aux angles des joints de lit & de tête.

Par la même raison de l'égalité de voussoirs les panneaux de lit de la gauche peuvent servir pour la droite en les tournant en sens contraire, l'angle obtus étant mis à la place de l'angle aigu.

Le ceintre de face biaise AB, qui doit donner les *panneaux de tête* sera une demi-Ellipse AbB, formée par le diametre AB pour grand axe, & DB pour le petit.

Explication démonstrative.

Puisque par la supposition les voussoirs sont tous d'égale largeur, ils le sont tous dans ce sens à la clef, qui est représentée à la projection horisontale, sans aucune altération de ses mesures; parce que sa corde est de niveau; par conséquent parallele au plan horisontal, il ne s'agit donc que de trouver la différence des longueurs & des angles, que la différence d'inclinaison cause à chaque tête; or puisque les longueurs sont données dans la projection des joints de lit, il est clair qu'en tirant les paralleles Ak, $1^a m$, $2^a n$, on transporte ces longueurs sur les joints de la clef, par conséquent en tirant les lignes $k l$, mn, d'une longueur à l'autre, on a la juste position de la tête, les côtez $2\cdot 2\prime$, $3\cdot 3'$ étant dans leur juste distance respective; donc les *doëles plates* sont exactement tracées.

Remarque sur ce Trait.

Il y a une imperfection dans ce trait, que les joints de tête, qui sont tirez du centre commun C, doivent être tirez perpendiculairement à l'arc de face au point de sa division; parce que la face est apparente, ils ne peuvent l'être suivant cette construction; parce que l'arc droit DHB étant circulaire, l'arc de face biaise, dont AB est le diametre, sera Elliptique; or nous avons démontré au livre 2.e que hors des axes les lignes tirées au centre d'une Ellipse ne sont pas perpendiculaires à la tangente de l'arc au point où elles le rencontrent; donc les joints sont mal tirez, ce que le P. Deran, & M. de la Rue qui l'a suivi n'ont apparemment pas aperçû ; car ils n'auroient parlé de ce trait que comme d'une pratique d'Ouvrier difforme, & peu réguliere en ce point.

COROLLAIRE.

Des Berceaux à double obliquité de Face verticale brisée en deux directions.
En Termes de l'Art.
DE LA PORTE SUR LE COIN DANS L'ANGLE APLOMB.

De la construction du premier cas de ce Problême il est aisé de conclure, qu'elle doit être celle d'un berceau, dont la face est angulaire, comme pliée en deux parties, qui forment un angle saillant aCb, ce qu'on appelle *Porte sur le coin*, ou un angle rentrant LMN, ce qu'on appelle *Porte dans l'Angle*, comme on voit à la fig. 69. & en élevation sur l'angle saillant à la fig. 71.

Fig. 69.

Car premierement, si l'on compare la partie FNE de la fig. 67. à la fig. 69. il est évident qu'il ne peut y avoir aucune différence de construction, depuis l'imposte jusqu'à la clef de part & d'autre des faces de droite & de gauche, si elles sont égales entr'elles; puisque l'angle FNE est une continuation de la fig. 67. dont la moitié ExN est semblable au biais EFG, qui peut être égal à celui de l'autre bout BAd, semblable encore à la partie FxN, qui est une moitié de berceau biais tournée à gauche, NE une autre moitié tournée à droite. la seule différence de ce trait avec le précedent consiste à la clef, qui comprend les deux obliquitez par un angle saillant ou rentrant, dont la diagonale xN [*Fig. 67.*] ou MC [*Fig. 69.*] sera dans l'axe du berceau, si les faces aC, bC sont égales.

Mais si les faces ne sont pas égales, comme si le piedroit La avançoit en X, alors la diagonale de l'angle ne tomberoit plus sur l'axe, & s'en écarteroit d'un côté, ce qui fait voir que la porte sur le coin seroit un composé de deux obliquitez differentes l'une Cb plus oblique, l'autre XC moins inclinée à la direction du berceau.

D'où il résulte une inégalité de ceintre dans chaque face, si l'on fait les impostes de niveau entr'elles; car la plus courte XC^a seroit nécessairement surmontée si l'autre étoit en plein ceintre, & si XC^a étoit en plein ceintre l'autre bC^a seroit surbaissée ; parce que la hauteur du milieu de la clef étant commune, les demi-diametres horisontaux XC^a, bC^a sont inégaux, lequel changement de ceintre de face entraine aussi celui de l'arc-droit, où il peut causer des irrégularitez, s'il n'est pas pris pour ceintre primitif.

Pour éviter toute difficulté en pareille circonstance, il convient de prendre l'arc-droit pour ceintre primitif, comme on vient de le faire au *Biais par abregé*, & il en résulte à chaque face un ceintre particulier

Elliptique, si l'arc-droit est circulaire, l'une des faces est plus, l'autre moins surbaissée.

Toute la différence de la Porte sur le Coin & de la Biaise ne consistant qu'à la clef, on fera l'épure de chaque partie *a*C, *b*C, comme au biais de la fig. 67. ou 70. & la rencontre des deux biais donnera au plan horisontal la figure de la doële plate de la clef dans sa juste mesure, telle qu'on la voit en M*fp*¹ C*p*¹ *c*.

Application du Trait sur la Pierre.

Ayant dressé un parement pour servir de doële plate, on y appliquera le panneau de la figure nommée, trouvée à l'épure 69. puis avec les biveaux de lit & de doële trouvez par le moyen de l'arc-droit *a*D*b*, comme à la fig. 67. on abatra la pierre pour former les deux lits de droite & de gauche, sur lesquels ayant appliqué les panneaux de lit trouvez, comme aux biais simples, on abbatra la pierre à l'équerre sur les demi-faces *p*¹C & *p*¹C, pour le saillant, & de même en M*e*, M*f* pour le rentrant, lesquelles deux demi-faces étant faites, on y appliquera le panneau 2 H K 6, qui lui convient pris sur l'arc de face *a* 1· 2· H en 2 H, qu'on retournera pour l'autre face, si les deux sont égales, ou qu'on prendra en 3 *b*, si le cintre *b*43*b* étoit different du premier, ce qui ne peut arriver qu'au cas que les obliquitez des deux demi-faces soient inégales.

Nous n'avons pas parlé d'un autre cas, qui seroit, que l'arête de l'angle saillant ou rentrant ne se trouvât pas au milieu de la porte; parce qu'il causeroit une grande difformité, qu'il est rare qu'on ne puisse pas éviter. Alors la double obliquité ne se trouveroit pas à la clef, mais à un autre voussoir, & le centre des deux portions d'arcs de face ne seroit plus commun en C; supposant, par exemple, le piedroit prolongé en X, & l'angle saillant en *g*, il faudroit prolonger la portion de face X*g*, jusqu'à la rencontre de l'axe ou ligne du milieu MC en *z*, où seroit le centre de la portion de cintre X*z*, qui conviendroit à X*g*, laquelle seroit déterminée par une perpendiculaire *g z* à X*z* élevée sur le point *g*, & celui de la face *bb*G seroit toujours au même endroit en C; mais il seroit augmenté au-delà du quart d'Ellipse ou de cercle, d'un arc *b*G que donneroit la perpendiculaire sur *bg* au point *g*. Cet avertissement suffit pour un cas qui ne doit jamais arriver.

Explication démonstrative.

Il est clair que si l'on prend pour cintre primitif l'arc-droit, & qu'on
le fasse

le fasse circulaire, cette porte est un cylindre Droit coupé obliquement de deux sections obliques contraires, qui se croisent à l'axe lorsque l'angle est au milieu. Et si l'on fait les arcs de faces biaises circulaires, c'est un cylindre scalene coupé par une section souscontraire, si les deux faces sont égales; & si enfin l'angle n'est pas au milieu, les faces sont deux portions de section, qui se croisent hors de l'axe, & par conséquent leurs centres ne peuvent être communs; parce que dans les sections cylindriques l'axe passe toujours par le centre des sections Elliptiques, qu'oiqu'il n'en soit pas de même dans les cônes.

On a marqué à la fig. 68. par des lignes ponctuées un dévelopement qui peut servir à Trois sortes de traits; sçavoir AB*d* pour le berceau *biais*, *d*MB pour la *porte dans l'angle*; AMN pour la *porte sur le Coin*, qui est le même tourné en sens contraire, saillant au lieu du rentrant.

Remarque sur l'Usage.

La *Porte sur le Coin* est un des Traits de la Coupe des pierres qu'on exécute rarement, & qu'un bon Architecte sçait éviter; parce que lorsqu'on est obligé de placer une porte dans un angle saillant ou rentrant, ce qui arrive quelquefois, on y forme un Pan, comme on a fait aux portes de sorties de l'Envelope de Manheim; ou bien on forme ce pan en arrondissement de Tour creuse, pour faire porter l'encognure sur une Trompe en niche, s'il faut conserver l'angle saillant dans la partie superieure, comme on voit à l'Hôtel de Toulouse, rue des Bons-enfans à Paris; cependant s'il arrive qu'on n'ait pas de hauteur sur la porte pour y pratiquer cette trompe, alors on est obligé de faire une Porte sur le coin. Où il faut observer que l'angle doit être au moins Droit; car s'il est plus aigu, l'appareil aura peu de solidité; parce que les voussoirs pousseront au vuide, & ne se soutiendront que par la longueur de leur queuë; ainsi ce genre d'ouvrage ne convient qu'aux angles obtus, ou tout au plus aux Droits, d'autant plus que la difficulté y devient moins sensible à mesure que l'ouverture de l'angle est plus grande.

D'une Espece de Berceau oblique, dont les Lits ne sont pas dirigez à l'axe.
Appellé en Termes de l'Art.
BIAIS PASSÉ.

Ce que les Appareilleurs appellent *Biais passé*, ou assez mal à propos avec les Auteurs, *Corne de Vache Double*, n'est autre chose qu'un berceau biais, de figure ordinaire, mais dont les joints de lit ne sont pas paralleles; parce que les têtes sont inégales & inverses du devant au derriere.

On doit donc considerer cette voute comme une portion de cylindre scalene coupé obliquement par les plans des lits, dont les joints de la doële sont par conséquent des arcs d'Ellipses, & non pas des lignes droites comme les trace le P. DERAN, & ceux qui l'ont suivi, tels sont le P. DECHALLES & M. de la RUE, ce qui est incontestable.

Erreur des Auteurs.
PLAN. 37.
Fig. 72.

Soit [*Fig. 72.*] ABDE le plan horisontal de la voute, qui est le parallelograme & la seule section par l'axe. Ayant tiré des perpendiculaires E*e*, D*d*, par les points E & D de la face anterieure ED à la posterieure AB prolongée, on rassemblera sur la même base A*d* les elevations des deux faces AB, ED, en décrivant les demi-cercles A*b*B, *e*H*d* de leurs ceintres. Puis sur la partie commune *e*B, comme diametre, on décrira le demi-cercle *e*FB, qu'on prendra pour un ceintre primitif, sur lequel on fera les divisions des voussoirs aux points 1, 2, 3, 4, ou si l'on veut sur le ceintre gotique *e*gB, qu'il ne faut pas cependant considerer comme l'*Arc-Droit*, ainsi que le dit M. de la RUE, qui s'est trompé dans cette expression; car il s'en faut tout que cet arc ne soit *Droit*, puisqu'il est parallele aux faces qu'on suppose biaises.

La division des voussoirs étant faite aux points 1, 2, 3, 4, on tirera par ces points & par les centres C' & C⁴ des ceintres de faces opposées, les lignes C⁰ 1', C⁰ 2'; C' 3⁴, C' 4⁴, qui seront les projections verticales des joints de lit & ceux de tête, en les prolongeant vers les points 5', 6'; 7⁴, 8⁴, & l'épure sera tracée, pour operer par équarrissement suivant la maniere ordinaire des Auteurs citez.

MAIS il s'en faut de beaucoup que le Trait ne soit fait, si l'on veut operer exactement, parce qu'au lieu de faire les arêtes des joints de lit & de doële en ligne droite, il faut chercher la courbure d'un arc Elliptique, comme nous allons le dire.

ON tirera par le centre C⁰ d'un des ceintres de face *e*H*d* une perpendiculaire GY sur AB, prolongée indéfiniment de part & d'autre, laquelle rencontrera les côtez du berceau AE & DB prolongez en X & en Y, la ligne XY sera un des diametres de l'Ellipse qu'on cherche, & son milieu C en sera le ceintre.

ENSUITE ayant pris sur sa partie C⁰ C' autant de points *n* que l'on voudra en avoir pour l'arc du joint de lit, comme ici seulement deux *n*⁰, *n*', on menera par ces points autant de paralleles *ox*, *ox* aux faces AB ou ED, & d'autres au lit dont il est question, par exemple, pour le lit C⁰ 2', les lignes indéfinies *n*'q, *n*⁰ C', C' q, dont les longueurs aux points *q* seront déterminées par l'intersection d'un arc de cercle, comme *zq*', *q*⁰ 2, tracé des centres 5', 4, C' pris sur l'axe du berceau C⁰ C', à l'in-

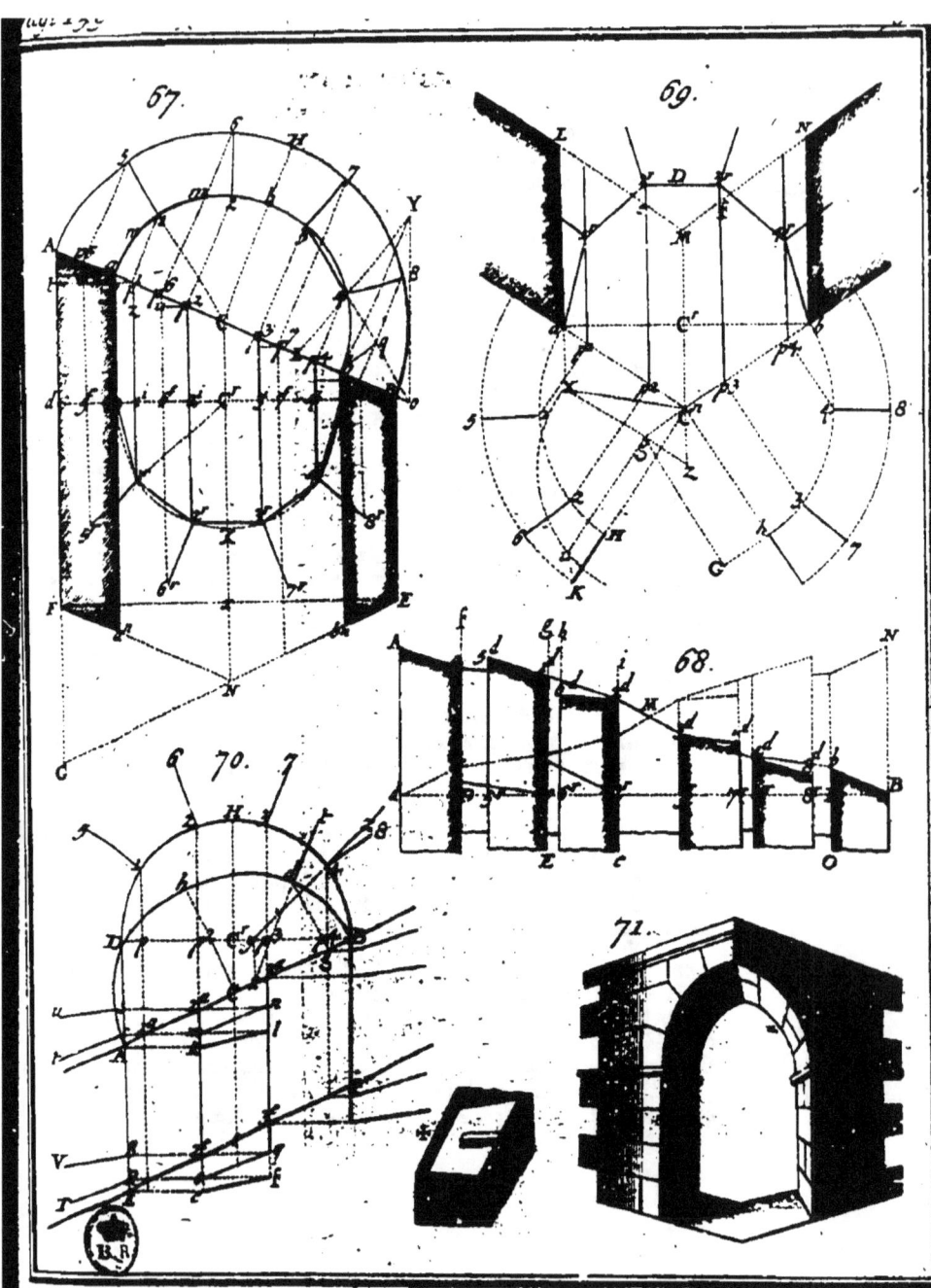

terfection des lignes ou, ou, & pour rayon le demi-diametre AC'.

Les points q, q, q, z & z étant trouvez comme nous venons de le dire, il fera aifé d'avoir la projection horifontale du lit $ppp\,pa^z$ en abaiffant des perpendiculaires des points $z'qqq'$, qui rencontreront les paralleles ou, ou aux points $pppp'$, y & y, mais cette projection n'eft pas néceffaire ; parce qu'elle redreffe le joint, & l'on a befoin de l'arc dans toute fa courbure fans alteration.

C'est pourquoi on portera les longueurs $C^4\,z'$ en $C^4\,Q'$, $n^5\,q$ en $n^5\,Q$ & $C^3\,q$ en CD, & par les points Q, Q^5, Q & D on tracera à la main ou avec une régle pliante l'arc $Q,Q^5\,QD$, qui fera la cerche du joint de lit à la doële de deffus du fecond vouffoir exprimé à l'élevation par la petite ligne $z'\,z^z$, qui eft auffi celui du lit de la clef.

On tracera de la même maniere la courbure du joint du premier lit $1^z\,1'$, en menant par les points n', $n^4\,C^3$ des lignes paralleles au lit $C^4\,1'$, comme $n'V$, $n^4\,V$, C^3V, dont on déterminera les points VV par l'interfection des arcs faits des points $5^c, 4^c\,C^3$ pour centres, & de l'intervale $C'A$, pour rayon, comme on a fait pour l'autre joint ; fi l'on porte les longueurs $C^4\,1'$, $n^5\,V$, $n^4\,V$, & C^3V en C^4u, n^5u, n^4u, C^3u, on aura les points $u^4, u, u, 3$, par lefquels on tracera la portion d'arc que l'on cherche, laquelle fera beaucoup moins courbe que la précedente, étant partie d'une Ellipfe plus allongée.

Application du Trait fur la Pierre.

Ayant dreffé un parement pour fervir de lit horifontal vrai ou fuppofé, fuivant l'ufage ordinaire pour l'équarriffement, on lui en fera un autre à l'équerre pour fervir de face de devant, par exemple, & un troifiéme jaugé, c'eft-à-dire, parallele à celui-ci pour la face de derriere, comme fi l'on vouloit faire un vouffoir de berceau Droit ; puis ayant tiré une ligne fur le lit de deffous à l'équerre fur les deux arêtes des faces & du lit, on portera à fes extremitez fur les deux faces l'arc de tête pris fur l'épure par le moyen de la retombée, lequel pour le premier vouffoir eft l'arc $e\,1^a$, enfuite fur une des deux faces l'autre arc $A\,1'$ en dedans du premier avec fon joint de tête $1^a\,1'$ prolongé en L.

Chaque tête étant ainfi tracée, on abatra la pierre fuivant le trait pour le lit de deffus, lequel étant formé on y appliquera la cerche ou le panneau de la courbe u^eu^s, pour tracer l'arête du joint, au lieu qu'au lit de deffous on tirera une ligne droite d'une tête à l'autre, enfuite on abatra la pierre depuis l'arc du devant à celui du derriere à la régle, qu'on aura soin de tenir toujours parallele à l'arête du lit de dessous, comme on voit à la figure 73. ensorte qu'elle coule partie sur l'arc de la plus grande face & partie sur l'arc du lit de dessus, dés qu'elle sera au dessus de la hauteur de la plus petite retombée, sans quoi la doële seroit mal formée.

Fig. 72.

Comme il n'y a pas de joint droit au second voussoir, sur lequel on puisse se régler pour la position de la régle non plus qu'aux autres voussoirs supérieurs & à la clef, il faudra tirer sur l'épure des lignes paralleles à AB, qui couperont les arêtes des têtes du devant & du derriere à même hauteur $r\,2^a$, ou toucheront la clef comme bH; puis ayant porté les arcs de tête, que ces lignes comprennent, comme $1'r$ sur la tête posterieure ou de derriere, on tirera dans la doële avec la régle une ligne droite à l'angle de la tête anterieure 2^a, laquelle servira de guide pour achever de creuser la doële, en tenant la régle parallele à cette ligne $r\,2_a$, & la faisant couler en cette situation sur les arêtes des têtes & des lits.

Fig. 74.

On en usera de même pour la clef en y, traçant une ligne RE, comme on voit à la figure 74. où nous l'avons représentée faite & renversée, & où l'on voit qu'il faut commencer par faire comme une clef de berceau droit, dont la doële plate seroit le parallelograme rectangle $C'\,a^a\,d'\,s^s$ formé par des perpendiculaires à AB, tirées par les points des retombées, abaissées sur ce diametre par les points $2^a\,3'$, puis ayant ainsi formé la clef d'un berceau droit $s^a\,a^a\,d'\,s^s$, $6'\,7'\,7'6$, on portera sur les arêtes de lit & de têtes opposées la longueur $2'\,2^a$ prise à l'elevation, & par les point $2^a\,s^s\,3'\,a'$ on tracera la ligne courbe $Q'D$ trouvée pour l'arête du second lit à la doële, comme nous l'avons dit, par le moyen d'un panneau levé sur l'épure, la pierre étant abatuë à la régle, posée sur les arêtes, & coulante parallelement à la ligne de foy RE, on creusera la doële avec toute la régularité possible.

Remarque sur la faussseté de l'ancien Trait.

On voit par ce que nous venons de dire, que le Trait que donnent tous les Auteurs de la Coupe des pierres, ne pouvoit former une surface de berceau régulier, mais d'un cylindre très irrégulier; puisque chaque voussoir fait à la régle avec des arêtes de doële droite étoit une portion de cône scalene, lesquelles étant assemblées devoient faire des arêtes saillantes entre les deux têtes, à peu près en côtes de melon; il est vrai que les arêtes des lits auprès des impostes sont très peu courbes; mais elles le deviennent très sensiblement à mesure qu'elles approchent de la clef.

DE STEREOTOMIE. Liv. IV.

2. Remarque sur l'imperfection & l'inutilité du Trait.

PREMIEREMENT, il est visible que si le biais est considerable, on perd beaucoup de pierre dans l'operation du biais passé, comme le montrent les fig. 73. 74. & †. où l'on a distingué par des hachures, ce qu'il faut abatre.

2.° On perd beaucoup de tems à former ces parties de surfaces, qu'il faut ensuite enlever.

TROISIEMEMENT, je ne vois aucune nécessité de faire cette voute par des lits obliques, qui rendent les têtes des voussoirs inégales de part & d'autre de la clef & des joints de lit courbes, une voute biaise par têtes égales, & lits droits, tels que nous venons de le dire au cas precedent du berceau biais, ne seroit-elle pas plus belle & plus reguliere?

ON peut dire que le *Biais passé* dans son origine est un enfant de l'ignorance, qui a eu recours à un mauvais artifice pour faire un berceau biais de la même maniere qu'un berceau Droit, j'en fais si peu de cas que je n'en aurois pas fait mention, si tous les Auteurs de la coupe des pierres n'en avoient parlé comme d'un trait utile, en quoi ils ont fait voir ou peu de science, ou tout au moins peu d'amour pour l'exactitude; cependant le dernier cité l'exige rigidement ailleurs, comme lorsqu'il rejette les panneaux des voutes sphériques pour une difference d'un joint droit à un courbe, qui n'est pas plus sensible, que celle du biais passé, dont je parle.

Explication démonstrative.

IL est démontré, comme nous l'avons tant de fois répeté, que la section d'un cylindre quelconque, coupé par un plan qui croise son axe est une Ellipse ou un cercle; ainsi puisque les lits du biais passé croisent l'axe, si on les prolonge, il est déja évident que leurs joints à la doële sont des portions d'arcs Elliptiques.

2°. Il n'est pas moins clair que le plan horifontal ABDE, coupant le cylindre par son axe, le coupe en deux également; par conséquent [par la 18° du 11.° liv. d'EUCL. que les plans des lits 1' C°, 2' C° couperont l'horifontal suivant une perpendiculaire C° C°; puisque les lignes 1' C°, & 2'C° sont les intersections de ces lits avec un plan vertical, auquel les lits sont perpendiculaires.

3.° Que la commune intersection de ces lits prolongez avec le plan horifontal est un diametre de la section, puisqu'il doit resser autant du cylindre au deſſous du plan horiſontal qu'au deſſus, s'il étoit continué, & que ce diametre eſt terminé par les côtez horiſontaux du berceau AE & DB prolongez ; donc la ligne XY eſt un diametre de l'Ellipſe.

4.° Enfin il eſt clair que toutes les ſections *ab*, *ab* paralleles à AB, perpendiculaires au plan ABDE feront des cercles ou des Ellipſes ſemblables & égales au cientre A*b*B, & que toutes les lignes *nq* paralleles à Z, Q, V, paralleles à 1.ᵉ C. font par la 8. du 11.ᵉ d'Eucl. dans les mêmes lits que les lits, par conſéquent que leurs interſections avec les cercles ſur *ab*, *ab*, &c. ſeront au contour de l'Ellipſe, qui eſt la ſection du lit ; or ces lignes couperont les cercles au-delà du point X en deux points, comme H *q*° en *q*° & en Z, 3′ *q*ᵇ en *q*ᵇ & en *z* ; par conſéquent l'Ellipſe paſſera au-delà du point X, ce qui montre que le diametre XY n'eſt pas un axe. Enfin ces lignes en s'écartant du point X arriveront à un point où elles ne couperont plus les demi cercles des ſections *ab* ; mais une d'entr'elles ne fera plus que le toucher en T, comme la ligne TG′.

5.° Enfin puiſque toutes les lignes *nq* ſont perpendiculaires à la commune interſection des lits GY, ſi on porte leurs longueur ſur des lignes *nx*, *nx*, qui lui ſont auſſi perpendiculaires, on repréſentera exactement ſur le plan horiſontal, que je prends pour celui de la direction de l'épure, la demi-Ellipſe XQDY, qui ſe forme en l'air dans la doële par l'interſection du ſecond lit, ainſi des autres, & par conſéquent les arcs Q′D *x*′ *x*′, qui en ſont des parties correſpondantes à l'étendue de la voûte ABD, ſont les arcs des joints de lit, *ce qu'il falloit trouver*.

2.ᵉ Cas de l'obliquité des Berceaux de niveaux, qui conſiſte dans l'inclinaiſon de leur face à l'horiſon.

En Termes de l'Art.

Berceau ou Porte Droite en Talud.

Nous avons conſideré dans le cas précedent l'obliquité de la face d'un berceau à l'égard de ſa direction ſeulement. Ici nous ſuppoſons le diametre horiſontal de la face perpendiculaire à la direction du berceau, mais la face inclinée à l'horiſon eſt par conſéquent à l'axe qui eſt de niveau.

Si l'on veut ſuppoſer l'obliquité égale dans l'un & l'autre cas, enſorte que l'angle de la face verticale biaiſe, fait avec l'axe horiſontal, ſoit égal à celui de la face inclinée à l'horiſon, à l'égard d'un axe perpendiculaire à ſon diametre, on reconnoîtra, que le berceau biais ſans

page 143.

Biais Passé

2.e Voussoir

Coussinet

72.

73.

74.

DE STEREOTOMIE. Liv. IV.

talud, & le berceau Droit avec talud ne font dans le fond que le même tourné differemment autour de son axe.

Pour faire sentir cette vérité soit [*Fig.* 75.] un cylindre ABRD, ou droit ou scalene, il n'importe, nous le supposerons ici droit pour plus de facilité; si l'on fait mouvoir le trapeze ABRD, qui est la section par l'axe sur son milieu C*x*, ensorte que d'horisontal qu'étoit ce trapeze il devienne vertical en C*xG*, il est clair qu'il se formera un demi-cylindre de face en talud; car le rayon CB, qui étoit horisontal, sera incliné à l'horison en C*b* suivant l'angle *x* CB, transporté en *x* C*b*, où la projection le fait disparoitre, les deux cotez de l'angle étant l'un sur l'autre, & continuant de faire mouvoir ce trapeze, le diametre horisontal qui étoit en AB se tournera en EF, où il redeviendra encore simplement biais, mais en sens contraire. Enfin si l'on continue de le faire mouvoir encore d'un quart de révolution, le diametre AB se rangera en *ab*, d'une inclinaison aussi contraire à celle du talud; car le point B, qui étoit monté en *b* au dessus du cylindre, sera descendu au dessous, & le point *a*, qui étoit au-dessous, se trouvera au dessus; de sorte que la face biaise verticale se changera en *surplomb*.

PLAN. 38.
Fig. 75.

D'où il suit que si le cylindre est Droit, la section par AB étant une Ellipse le grand axe AB sera dans un plan vertical à la face en talud ou en surplomb, & le petit axe H*o* dans l'horison; ainsi de surbaissé qu'étoit le ceintre du biais, il deviendra surhaussé au talud & au surplomb; mais si le ceintre est scalene, il n'arrivera par cette révolution aucun changement à la face; parce qu'elle sera toujours un cercle, ce sera à l'arc-droit, qui deviendra sujet aux mêmes changemens dans le scalene que l'arc de face dans le cylindre Droit. Car supposant le cylindre droit, la section DGR*r* perpendiculaire à l'axe C*x*, laquelle est ici représentée en perspective, sera un cercle, & D*i*RK sera une Ellipse, si le cylindre est scalene, ce qui est clair par tout ce que nous en avons dit ci-devant; il est donc évident qu'un berceau en talud n'est autre chose qu'un berceau biais, tourné sur son axe, ou plutôt qu'un berceau en talud est un composé de deux moitiez d'un berceau biais, prises depuis la clef à l'imposte, & de l'imposte à l'opposé de la clef, du côté de l'angle obtus CBR, & qu'un berceau de face en surplomb est de même un composé de deux moitiez de berceau biais, pris du côté de l'angle aigu CAD; par conséquent que le Trait du berceau biais convient au berceau en talud & en surplomb, en mettant l'imposte à la clef.

Il semblera peut être ridicule que je parle ici des berceaux en surplomb, comme d'une chose usuelle; parce qu'il est contre la solidité de faire une face de mur en surplomb; cependant on peut considerer ainsi, & on le doit, toutes les têtes des voussoirs des berceaux qui en rencontrent d'autres ; puisque, lorsqu'on travaille par panneaux de doële plate, on fait un parement en surplomb avant que de creuser la doële de l'enfourchement. Ce surplomb est peu considerable au coussinet, mais il augmente à chaque rang de voussoir, jusqu'à ce qu'enfin il devienne horisontal à la clef. Il ne sera pas inutile de faire attention à cette remarque, qui est une introduction à ce que nous avons à dire des *Voutes composées* dans la seconde partie de ce Livre.

Je pourrois encore ajouter ici, qu'il n'est pas sans exemple de voir des bâtimens en surplomb, fait exprès, il s'est trouvé des Architectes, qui ont voulu se distinguer par des constructions qui paroissent impossibles. J'ai vû à Boulogne en Italie, la Tour quarrée de la Carzenda, qui surplombe au moins de 9. pieds, quelques-uns disent de 11. les portes & fenêtres ceintrées dans un pareil bâtiment sont des berceaux en surplomb ; & à Pise il y a une Tour ronde ornée tout autour d'Arcades, laquelle a 188. pieds de hauteur, & surplombe de 15. ce sont des monumens de bizarrerie qu'on ne doit pas imiter. Il y a cependant plus lieu de croire que ce sont des effets du hazard, causez par l'inégalité de l'affaissement du terrain que ceux de l'intention des Architectes.

Par cette remarque qui réunit les berceaux biais sans talud à ceux qui sont en talud ou en surplomb, il est visible qu'on peut faire un berceau droit en talud, comme un simple berceau biais. Il ne s'agit pour en faire le trait que de prendre l'imposte du biais pour la clef du talud.

Il arrive de cette differente position de la face que les lits & les doëles se racourcissent à-mesure que les voussoirs approchent de la clef, au lieu que dans le simple biais de face verticale ils s'alongent d'un côté & se racourcissent de l'autre ; de sorte que les angles des joints de lit avec ceux de tête sont aigus d'un côté & obtus de l'autre, ici ils sont toujours aigus, par la raison que j'ai donné ci-devant, que la face du berceau en talud n'est qu'une répétition de la moitié du biais, pris du côté de l'angle obtus CBR, ce qui est visible, en portant de suite deux fois le dévelopement de la doële M*b* de la figure 68. de la Plan. 36. sans égard aux divisions des voussoirs.

Ce que nous disons de l'arc de face doit s'appliquer aussi à l'arc Droit, qui suit le sort de l'arc de face, auquel il est relatif, soit que le berceau soit Droit ou moitié d'un cylindre scalene. Ces observations présupoosées, le trait du berceau en talud se fait plus facilement, étant consideré comme s'il étoit biais, que suivant l'ancienne méthode. Toute naturelle qu'est cette construction, elle est nouvelle ; je suis le premier qui la mets en usage.

Soit

Soit [*Fig. 76.*] l'angle DCH celui du talud de la face donnée, DR le demi-diametre du berceau à l'extrados, & D*r* à la doële, perpendiculaire à DC; par les points R & *r* on menera les lignes RH & *rh* paralleles à DC, qui couperont le profil du talud CH en *b* & H. Sur CH & C*b* comme rayons, on décrira du centre C deux quarts de cercles concentriques A 5 H, B 1 *b*, qu'on divisera en voussoirs à commencer du point A, par exemple, ici en deux & demi, qui sont la moitié de cinq, aux points 1, 2, *b*, d'où l'on abaissera des perpendiculaires 1*p*, 2*p*, sur le rayon CA, & d'autres perpendiculaires 1 1ƒ, 2 2ƒ, 5 5ƒ, 6 6ƒ, sur le rayon CH, par lesquels on menera des paralleles à CD, 1ƒg, 2ƒi, qui représenteront les projections horisontales d'une moitié de voute biaise sans talud, & les verticales d'une moitié de voute droite en talud, supposant que l'on fasse mouvoir le trapeze CHƒX sur son côté CX, jusqu'à ce que le point H soit élevé en l'air perpendiculairement sur le point T, & que le rayon CA, perpendiculaire à CH le soit aussi à l'axe du berceau CX en position horisontale.

Alors le rayon CH élevé ainsi en l'air sur CT sera dans la situation naturelle du talud donné, de même que ses paralleles 1*p*, 2*p*, qui sont dans le même plan.

Cela supposé, il ne s'agit plus pour achever le trait que de faire l'arc-droit sur le rayon D*r*, ou toute autre ligne perpendiculaire à CX.

On portera la longueur CB de D en *d*, la distance 1ƒ 1ƒ de E en 1ƒ, & de 2ƒ 2ƒ de *e* en 2ƒ, l'on tirera les cordes *d* 1ƒ, 1ƒ, 2ƒ, & la demi-corde 2*e* de la clef pour avoir les biveaux de doëles plates, & au-dehors de ces cordes un arc Elliptique surbaissé *d* 1ƒ 2ƒ *r*, qui sera l'arc-droit demandé, & l'Epure sera faite pour une moitié. Il ne s'agit que de doubler l'operation. *Formation de l'Arc-Droit.*

1.° Les *Panneaux de doële* seront des trapezes rectangles à l'arc-droit, & obliquangles à la face, & dont tous les côtez sont donnez; par exemple, pour les deux premiers au dessus du coussinet, qui sont égaux entr'eux, & représentez à la projection verticale par CDE 1ƒ, on a les côtez CD, E 1ƒ dans leur juste mesure, & au lieu de DE, qui est racourci par cette projection, on prendra la corde *d* 1ƒ de l'arc-droit, au lieu de C 1ƒ, qui est aussi racourci, la corde B 1ƒ, & l'on aura le trapeze BD*d*ƒ 1ƒ [*Fig.* 81.] ainsi des autres panneaux de doële 1ƒ *d*ƒ *d*ƒ 2ƒ, excepté celui de la clef, qui sera un parallelograme rectangle *d*ƒ 2ƒ 3ƒ *d*ƒ [*Fig.* 81.] *Panneaux de Doele.*

Fig. 81.

2.° Les *Panneaux de Lit* seront aussi donnez, par exemple, pour le premier, représenté à la face par la ligne 1ƒ5, on aura le trapeze E 1ƒ 5 L, dont les côtez 1ƒ E, 5ƒ L, sont dans leurs mesures; il ne s'agit *Panneaux de Lit.*

Tome II.   T

que de faire l'intervale EL, du plan vertical, égal à 1' 5' de l'arc-Droit, déterminé au point 5' par la section de la ligne 5ƒ 5' parallele à 1ƒ 1' avec le joint de tête 1' 5' tiré du point D, centre de l'arc-droit.

Nous avons rangé de suite à la fig. 81. tous les panneaux de doële & ceux de lit par dessus, suivant l'usage ordinaire des Auteurs de la Coupe des pierres, ce que nous ne ferons plus dans la suite, comme chose peu nécessaire, nous nous contenterons de déveloper les doëles.

Les Biveaux.

3.° Les *Biveaux* ou angles des plans des *Lits & de Doële* sont donnez à l'arc-droit comme dans le trait du simple biais, celui du premier voussoir à l'imposte est *k d* 1', le second au dessus *d* 1' 5', & ainsi des autres.

4.° Les Biveaux de *Doële & de Tête* se trouveront aussi comme au trait précedent, où l'on peut remarquer que toute la difference de ce trait au précedent ne consiste qu'à l'arrangement des points de division des voussoirs sur l'épure, qui commence au milieu où étoit la clef de l'autre & qui se répete de suite, les deux cotez de la clef du berceau en talud étant égaux entr'eux, au lieu qu'aux simples biais ils sont inégaux, l'un est aigu, l'autre obtus, & suplémens l'un de l'autre.

Explication démonstrative.

La seule explication de la nouvelle maniere que je propose, fait voir évidemment qu'un berceau en talud n'étant qu'une répetition de deux moitiez de berceaux biais du côté de l'angle obtus, chacun d'un quart de cylindre oblique, tourné d'un quart de révolution autour de son axe, il ne doit y avoir d'autre changement de construction à faire au trait de ci-devant du simple biais, que celui de la division des voussoirs, sçavoir, que celle du biais commence & finit au diametre de plus grande obliquité, qui répond au petit axe de l'Ellipse de l'arc-droit & celle du talud au diametre Droit, je veux dire, perpendiculaire à l'axe oblique, qui répond au grand axe de l'arc-droit.

Ou si l'on veut considerer cette difference à l'égard de la projection dans le berceau biais, on se sert de l'horisontale, c'est-à-dire, en termes de l'Art, du *Plan*, & au berceau en talud dans cette nouvelle méthode je ne me sers que de la verticale, c'est-à-dire, du profil.

Je vais cependant ajouter ici le trait ordinaire, avec plusieurs changemens, pour ne pas répeter seulement ce qui a été dit, mais perfectionner beaucoup l'operation.

DE STEREOTOMIE. Liv. IV.

Seconde maniere de faire la Porte ou Berceau Droit en talud *par la projection de l'Arc de Face.*

Dans la précédente hypotese du berceau biais tourné sur son axe, on suppose nécessairement que l'arc de face est incliné à son axe, comme il l'est en effet; mais rien n'empêche qu'on ne puisse aussi supposer un ceintre primitif vertical dans la construction du berceau en talud, lequel ceintre seroit la base du cylindre Droit sur cette base Elliptique ou circulaire, c'est-à-dire, qu'au lieu de prendre l'arc de face pour primitif on peut prendre l'arc-droit, ce qui cause une petite inégalité dans les divisions de l'arc de face en ses voussoirs, si ceux du ceintre primitif sont égaux entr'eux, de là vient que les Auteurs de la Coupe des pierres font une distinction du talud ainsi fait, & du talud où l'arc de face couché est primitif, qu'ils appellent *par têtes égales*. Cette observation fait voir qu'on peut coucher sur le talud ou ne pas coucher les hauteurs des divisions du ceintre primitif, comme on va le dire dans le trait.

Soit [*Fig. 79.*] *i* S *n* l'arc de face à la doële circulaire ou Elliptique, il n'importe, nous le faisons ici circulaire pour plus de commodité du trait. Soit aussi [*Fig.* †] l'angle T*a*L celui du talud de la face, qu'on suppose donné au sixième ou au dixième de la hauteur, ou à tout autre raport, tel qu'il plaît à l'Architecte. On portera le demi-diametre CS de *a* en *t*, d'où on abaissera une perpendiculaire *tz* sur *a*L, qui la coupera en z, la longueur *az* sera la moitié du petit axe d'une Ellipse, qui doit être la projection horisontale de l'arête de rencontre de la doële & de la face. Avec ce demi-axe & le grand axe *i n*, qui est le même que le diametre de l'arc de face à la doële, on fera [par le Probl. 7. du 2. liv.] l'Ellipse *izn*, de même par l'extrados on portera le demi-diametre CB sur *a*T de *a* en T, d'où abaissant une perpendiculaire sur *a* L, on aura *ab* pour la moitié du petit axe d'une Ellipse H*b*O, dont le grand axe HO est donné, laquelle Ellipse sera la projection de l'arête de face à l'extrados.

Fig. 79.

Fig. †

à côté de la Fig. 76.

Où il faut remarquer que ces deux Ellipses ne sont pas paralleles, quoique les arcs de face H*b*O & *i* S *n* d'où ils dérivent, le soient entr'eux, la raison est que leurs intervales H*i* & *n*O à l'imposte étant horisontaux ne sont pas racourcis par la projection, mais bien l'intervale BS, qui est incliné à l'horison.

Presentement, il sera facile de trouver toutes les divisions des voussoirs dans la projection comme dans l'élévation, il n'y a qu'à prolonger les *aplombs* 1*p* 2*p*, jusqu'à ce qu'ils rencontrent l'Ellipse *izn* en 1' 2', puis du point C pour centre, on tirera par les points 1' 2' les

T ij

148 TRAITE'

lignes 1' 5' 2' 6', 3' 7' 4' 8', qui seront les projections des joints de tête.

La projection de la face étant faite, il reste à former l'arc-droit à la douële, qui sera encore Elliptique si l'arc de face est circulaire, le grand axe de cette Ellipse sera encore *in* ou son égal DR, & le petit axe sera la perpendiculaire *tz* de la fig.†. S'il s'agissoit de l'extrados, le grand axe seroit HO, & le petit T*b* ; mais on peut se dispenser de ce dernier si l'on veut ; parce que si du centre C on tire les joints par tous les points 1', 2', 3', 4', où les aplombs 1*p*, 2*p*, &c. prolongez, coupent l'Ellipse D*b*R, on aura les angles des biveaux des *lits avec la douële*, dont on a besoin pour l'application du trait sur la pierre. Cette manière est encore plus simple & plus expéditive que celle de faire la projection de l'arc de face, & l'arc-droit par plusieurs points cherchez, comme l'enseignent les livres de la Coupe des pierres.

Fig. 79. Au lieu de faire l'angle du talud T*a*L à part, on peut prolonger le côté K*o* en A, mener BA parallèle à H*o* ; puis du point *o* pour centre & pour rayon OA, on fera l'arc AT, qui coupera la ligne inclinée suivant le talud OT au point T, d'où tirant T*e* parallèle à BA ou HO, jusqu'à la rencontre de A*o* en *e*, on aura la hauteur O*e* au lieu de CB ou OA, qui sera diminuée de l'intervale *e*A ; il est clair par cette construction que la hauteur *e*O est égale à la hauteur T*b*.

On trouvera de la même manière la hauteur SO au lieu de la hauteur SC ou *a*O, dont elle sera diminuée de l'intervale *s a*.

Si le ceintre primitif HBO n'étoit pas supposé incliné suivant le talud OT, mais aplomb, comme l'arc-droit, représenté par la ligne AO en profil, il est évident que l'intervale de cet aplomb au talud se prendroit sur les lignes horisontales BA & S*a*, prolongées en *x* & en *y*, jusqu'à la rencontre de la ligne OT, prolongée s'il le faut en *x*, & que les intervales de la ligne de base HO à la demi-Ellipse de projection horisontale H*b*O deviendroient plus grands ; parce qu'au lieu de *e*T on prendroit A*x* pour l'extrados, & au lieu de *s t* on prendroit *a y* pour l'arc de la douële ; en ce cas l'arc de face deviendroit surhaussé, au lieu qu'au cas précedent il étoit en plein ceintre, & on n'auroit pas besoin de former l'arc-droit, puisqu'on suppose qu'il est le primitif.

Pour tracer les demi-Ellipses de projection H*b*O, *izx*, par plusieurs points, suivant la méthode ordinaire qu'on trouve dans les Livres de la Coupe des pierres, on cherchera les hauteurs de chaque retombée, comme nous avons fait pour trouver les demi-axes C*b* & C*z*, en faisant la même operation avec les hauteurs 1P, 2*p*, qu'avec BC & SC, pour avoir les projections P 1', *p* 2',

DE STEREOTOMIE. Liv. IV.

c'est-à-dire, en les portant sur la ligne OT, ou directement avec le compas, ou par renvoi, ou en tirant des perpendiculaires à Ho par les points 3 & 4 jusqu'à la verticale OA. Ensuite faisant un arc de cercle du centre O jusqu'à la ligne OT, qu'il coupera en n, d'où tirant $n u$ parallele à OH, on aura les hauteurs diminuées Ou OV, qui sont des ordonnées de l'Ellipse $i z n$ de l'arête de la doële. On en fera de même avec les hauteurs 5 Q, 6 4 pour l'Ellipse Hb de l'Extrados.

La projection de l'arc de face en talud étant donnée & l'arc-droit, est visible qu'on a toutes les mesures nécessaires pour former les panneaux de doële, de lit & de tête, & les biveaux de l'inclinaison de la doële avec les lits. C'est tout ce qui est nécessaire pour former & tailler les voussoirs.

1.° Pour les *Panneaux de doële*, il s'agit de former des trapezes, dont les cotez parallèles, qui sont les projections des arêtes des joints, sont donnez au plan horisontal, entre les projections de la face & l'arc-droit ; ainsi pour la premiere on a le côté i D & 1'd, pour la seconde doële les côtez 1'd, & 2'd, &c. & pour leur distance perpendiculaire les cordes de l'arc-droit D 1', 1' 2', 2' 3', &c.

2.° Pour les *Panneaux de lit* on a les mêmes lignes de projection des joints de doële d'un côté, & pour le côté parallele la projection de l'extrados 5' D, 1'd, pour le premier lit au dessus de l'imposte & 6'v, 2'd pour le second, & leurs intervalles perpendiculaires à l'arc de face pris en 1' 5, 2' 6, égaux entr'eux.

3.° Les *Panneaux de tête* sont donnez à l'arc de face H i 1' 5 pour le coussinet, 5' 1' 2' 6 pour le second voussoir, &c.

4.° Les *Biveaux* ou l'inclinaison du lit avec la doële sont donnez à l'arc-droit aux angles D 1' 5', 1' 2' 6', &c.

Si au lieu de cette sorte de biveau on aimoit mieux se servir de celui de la doële plate avec la tête, il seroit aisé de le trouver suivant notre méthode generale du Probl. 14. du 3.e Liv. par exemple, pour les voussoir 7' 3' 4' 8 on prolongera la corde 3' 4, jusqu'à ce qu'elle rencontre en W le diametre HO prolongé, auquel on tirera par ce point W une perpendiculaire W x', du même point W on tirera une ligne au point 3', qui passera par le point 4', si la projection est bien faite, par lequel point 4' on élevera une perpendiculaire 4' 9, égale à la hauteur de la retombée p 4 ; puis on tirera la droite y W, à laquelle on fera au point y la ligne $y g$ perpendiculaire, qui coupera W 3' au point g. Ensuite par le point g on menera g G perpendiculaire à W g, qu'on prolongera jufqu'à ce qu'elle rencontre Wx^*, ce qui n'arrive pas dans cette figure, où la rencontre se trouve au dehors de la planche. Enfin ayant porté la longueur yg en gY fur Wg prolongée, on tirera la ligne YX à la rencontre des lignes Wx^* & gG, l'angle ZYX fera celui que l'on cherche.

Pour remedier à l'inconvenient du peu d'étenduë de la planche, où l'on ne peut avoir le point de rencontre des lignes Wx & gG, il n'y a qu'à prendre fur la ligne yW ur. point 9 à volonté, plus près de W tirer 9.10 parallele à yg, & par le point 10 la parallele à YX, qui coupera la ligne Wx^* en x^*, qui eft dans l'étenduë de la planche. Enfuite portant l'intervale 10 9 fur Wg, comme on a fait yg en gY, on tirera du point 11 en x une ligne qui donnera le même angle de biveau que donneroit XYZ dans la premiere operation, ce qui eft clair; parce que les paralleles donneront toujours des triangles femblables; par conféquent des angles égaux.

Application du Trait fur la Pierre.

Ayant dreffé un parement pour fervir de doële plate, on abatra la pierre, fuivant les traces du panneau de doële qu'on y aura appliqué avec un des biveaux. Si l'on veut fe fervir des panneaux de lit, on prendra le biveau *de Lit & de Doële*, fuivant lequel on abatra la pierre à angle obtus le long des joints de lit; enfuite on appliquera fur chacun de ces nouveaux paremens les panneaux de lit de deffus & de deffous, lefquels donneront les pofitions des joints de tête, fuivant lefquels abatant la pierre de l'un à l'autre on formera une furface, où l'on appliquera le panneau de face pour tracer les arcs des arêtes de la doële, qu'on creufera avec le biveau mixte de lit & de doële pris fur l'arc-droit. On tracera auffi avec le même panneau l'arc de tête à l'extrados, fi on en a befoin, comme lorfque la voute eft extradoffée, ou que la face eft ornée d'un bandeau ou d'une Archivolte.

Si l'on veut s'épargner la peine de faire des panneaux de lit, après avoir tracé le contour de celui de doële, il faut commencer par abatre la pierre fuivant le biveau de doële & de tête pour former un fecond parement, qui fera pris pour une partie de la face, fur laquelle ayant appliqué & tracé le contour du panneau de tête, qui donne la pofition de la coupe, on abatra la pierre à la régle, pofée d'un côté fur l'arête du lit, & de l'autre fur celle du joint de tête, & l'on formera ainfi les deux lits, déganchiffant le joint d'une tête antérieure avec celui de la pofterieure, alors la pierre fera achevée, fi la voute n'eft pas extradoffée, par exemple, celles qu'on laiffe brutes ou qu'on recouvre de terre ou de maçonnerie, ou bien les portes dans un mur qu'on éleve encore au dessus de la clef par lits de niveau.

Si cependant, ce qui n'est gueres usité, on lui fait un extrados, on n'a qu'à mener des paralleles aux arêtes du lit de doële en trainant un échantillon ou le compas ouvert, comme nous l'avons dit ailleurs au mot *Trainer* du premier Tome.

Si l'on veut faire un dévelopement de la doële totale, pour voir Fig. 81. l'effet d'un coup d'œil; ayant pris pour directrice une ligne DR à volonté, on portera sur sa longueur les cordes de l'arc-droit rangées de suite, sçavoir D $1'$, $1'$ $2'$, $2'$ $3'$, &c. puis ayant tiré par chacun des points D d^1, d^1, d^1, d^1 des perpendiculaires à la directrice DR, on prendra sur le plan horisontal les longueurs comme D B = D i de la fig. 79. d^1 $1' = d 1'$, d^1 $2' = d 2'$ D. b = C 2, ainsi de suite, en répetant de b en E les lignes & points donnez depuis B vers b, pour avoir un entier dévelopement de l'arc de la doële & de la face B b E.

Les panneaux de lits se feront par la même méthode, en remarquant qu'ils ont déja chacun une ligne commune avec la doële, & que les têtes de ces panneaux font toutes un angle aigu avec cette ligne de joint de lit à la doële, excepté le premier lit horisontal de l'imposte, qui n'est point altéré par le talud, & qui est dans ce cas un rectangle mABD égal à celui du plan horisontal MHiD. Le second panneau de lit se fera en portant la longueur D $5'$ du *plan* en $d^1 u$, d'où l'on tirera $u 5$ parallele à DR, puis du point $1'$ pour centre & de l'intervalle $1 5$ du joint de tête du ceintre primitif HBO, on fera un arc de cercle, qui coupera la droite $u 5$ au point 5, par où tirant $5L$ parallele à $1'$ d^1 on aura le trapeze L 5 $1'$ d^1, qui sera la surface du premier lit, ainsi des autres. On peut aussi prendre l'intervalle L d^1 à l'arc-droit $1'$ $5'$, si l'on a prolongé les aplombs de l'extrados 5 $5'$, jusqu'à la rencontre du joint $1'$ $5'$ de l'arc-droit, lequel doit être plus court, parce qu'il est dans un plan perpendiculaire à l'axe.

Remarque sur l'Usage.

Ce Trait est un des plus usuels dans les Fortifications, où tous les murs de revêtemens sont en talud; ainsi toutes les portes & autres ouvertures des murs de revêtement d'Escarpe ou de Contrescarpe sont des portes droites en talud, lorsqu'il n'y a point d'obliquité de sujetion; le cas arrive plus rarement dans l'Architecture civile, où les murs sont ordinairement aplomb.

Troisième Cas des Berceaux obliques horisontaux, lorsque les faces ont une double obliquité une à l'égard de la direction, l'autre à l'égard de l'horison.

En Termes de l'Art.

Berceau, ou Porte Biaise & en Talud.

Le seul énoncé de ce titre expose qu'il s'agit ici de la composition des deux cas précedens réunis dans un même berceau, où la face n'est ni perpendiculaire à l'axe de niveau, c'est-à-dire, à la direction horisontale, ni verticale oblique à cette direction, mais inclinée à la direction & à l'horison.

Pour concevoir l'effet de cette espece de berceau biais, il faut reprendre la figure 75. & se représenter celui de la variation que cause le mouvement d'un cylindre de base oblique tournant sur son axe.

Nous avons dit pour expliquer celle du cas précedent du talud sans biais, que supposant l'axe horisontal & la plus grande obliquité AB dans un plan vertical, le changement du simple biais au talud sans biais, étoit l'effet de la révolution d'un quart de la circonference, prenant la clef du biais pour l'imposte de la voute de face en talud ; or il est clair que si la révolution est moindre du quart, ou plus grande, la base du cylindre, qui représente la face du berceau sera en même tems encore inclinée à sa direction, puisque le diametre vertical n'a pas assez tourné pour prendre une situation horisontale, ou qu'ayant trop tourné il l'a passée. Alors elle sera aussi inclinée à l'horison ; parce que le diametre horisontal AB du simple biais, n'a pas assez tourné pour reprendre une situation contraire EF à celle qu'il avoit auparavant AB, ce qui ne peut arriver qu'après une demi-révolution complete ; ainsi lorsque le point B est parvenu en *e*, le point A se placera en *f*, & la face sera moins oblique à la direction ; parce que l'angle *b*C*e* est plus petit que *b*CB, mais elle sera inclinée à l'horison ; parce que le point B est monté en *e*, & le point A descendu en *f*, au dessous du plan horisontal EAFB, de la quantité d'un arc B S, dont *e*B est le sinus verse ; ainsi l'on peut dire que le berceau biais & en talud est une modification de situation, composée de l'obliquité *b e* à la direction *e*C, & de la hauteur *e s* sur l'horison, dans un plan vertical ESB qui est l'arc-droit, suivant le rayon *b s* de cet arc & SC de la base, qui est représenté dans la projection par *e*C.

COROLLAIRE I.

D'où il suit qu'une telle situation de face produit pour les panneaux des

DE STEREOTOMIE. Liv. IV.

des vouſſoirs les deux effets des obliquitez ſimples, du talud & du biais des deux traits précedens; ſçavoir qu'elle alonge les joints de lit depuis un côté de la clef juſqu'à l'impoſte, & les racourcit de l'autre; que les doëles plates ſont d'un côté de la clef des Romboïdes, dont les angles oppoſez ſont de même eſpece aigu & obtus, & que de l'autre ils ſont de differente eſpece, l'un aigu l'autre obtus, au lieu que dans le ſimple biais les changemens des doëles & des lits, de même que dans le ſimple talud, ſont uniformes de chaque côté de la clef à hauteurs égales.

COROLLAIRE II.

D'où il ſuit encore que ſi l'arc de face gEG eſt circulaire, ſurhauſſé ou ſurbaiſſé, droit ſur la baſe, c'eſt-à-dire, d'une Ellipſe dont le diametre horiſontal ſoit un des axes, l'arc-Droit du Berceau biais & en talud ſera une eſpece de rampant DSR, c'eſt-à-dire, une demi-Ellipſe, qui ſera plus couchée d'un côté que de l'autre; parce que ſon diametre horiſontal ne ſera pas un des axes, mais un diametre conjugué à celui qui paſſera par le milieu de la clef, avec lequel il fera des angles inégaux de part & d'autre, l'un aigu l'autre obtus, comme le centre D,R de la fig. 77. on en ſentira la raiſon après la conſtruction du trait.

Soit [*Fig. 77.*] $gGrd$ le plan horiſontal d'un berceau biais & en ta- Fig. 77. lud, dont la face gG eſt oblique à la direction Cc, ſuivant l'angle c CG, & inclinée à l'horiſon, ſuivant l'angle donné TaL. Sur gG comme diametre ayant fait le ceintre de l'arc de face gEG circulaire ou Elliptique [nous le ſuppoſons ici circulaire] avec ſon concentrique pour l'arête de la doële ÆbB, & l'ayant diviſé en ſes vouſſoirs aux points 1, 2, 3, 4, on abaiſſera des perpendiculaires de ces points ſur gG, qu'on prolongera un peu au delà; puis on cherchera la moitié du petit axe de l'Ellipſe, qui doit être la projection de chaque ceintre à la doële & à l'extrados, comme au cas précedent, en portant le rayon CE en aT de la fig. † & Cb en et; puis abaiſſant ſur la baſe du talud aL les perpendiculaires Tb & tz, on aura ab pour demi-axe de l'extrados, & az pour demi-axe de la doële; & avec les grands axes gG, ÆB on décrira, par le Probl. VII. du 2.ᵉ Livre, les demi-Ellipſes geG, ÆHB, qui ſeront les projections des arêtes de la doële & de l'extrados de l'arc de face, leſquelles ſeront coupées par les perpendiculaires $1p$, $2p$, &c. prolongées aux points $1'$ $2'$ $3'$ $4'$, par leſquels & le centre C on tirera la projection des joints de tête $1'5'$, $2'6'$, $3'7'$, $4'8'$.

Enſuite par les mêmes points $1'$ $2'$ $3'$ $4'$, $5'$ $6'$ $7'$ $8'$, on tirera des paralleles à l'axe C c, jusqu'à une perpendiculaire DR, placée à volonté, qu'elles couperont aux points 21 22 23 24.

Cette ligne DR sera prise pour un des diametres de l'arc-droit, & on trouvera l'autre en prenant au profil du talud [*Fig.* †] la perpendiculaire *tz*, qu'on portera sur la ligne H*z*, qui passe par le milieu de la clef de *z* en S, d'où on tirera SC′, qui sera le diametre conjugué d'une demi-Ellipse rampante, laquelle sera l'arc-droit que l'on cherche, avec ces deux diametres DR & SC′, on la tracera par le Probl. VIII. ou ce qui est plus commode par les Probl. 5. & 7. du 2.ᵉ Liv. puis on tirera les cordes D1′, 1′ 2′, 2′ 3′, &c. par les points d'intersection de cette Ellipse, & de la projection des joints de lit. Enfin du centre C′ on tirera les joints 1′ 5′, 2′ 6′, &c. & le trait sera fini.

AUTREMENT.

Suivant l'usage ordinaire des Apareilleurs instruits par les livres, on cherche les points des Ellipses de la projection de la face & de l'arc-droit sur le profil T*a*L, en portant sur *a*T toutes les hauteurs 1*p* 2*p*, &c. des divisions pour avoir des perpendiculaires, comme T*b* & *b a*, *t z* & *z a*, c'est-à-dire, qu'on fait autant de profils qu'il y a de hauteurs de division ; mais comme les divisions sont souvent trop loin l'une de l'autre pour tracer exactement une Ellipse par ces points trouvez, ils sont obligez de multiplier encore ces operations en faisant des sousdivisions au milieu de chaque tête de voussoir, pour trouver un plus grand nombre de points ; ce qui augmente aussi le nombre des lignes & l'embaras du trait, il est bien plus simple, comme je viens de l'enseigner. Au reste cette méthode comprend l'ancienne ; car il n'y a qu'à faire pour toutes les lignes 1*p*, 2*p*, &c. ce qu'on a fait pour E C & *b* C, toutes les lignes sur L*a* comme *b a*, *z a* serviront pour la projection, & toutes les perpendiculaires à L*a* comme T*b*, *tz* serviront pour l'arc-Droit.

Explication Démonstrative.

Si l'on fait mouvoir le demi-cercle ou demi-Ellipse *g*EG sur son diametre *g*G, jusqu'à ce qu'il soit incliné au plan *dg*G*r* suivant l'angle du talud donné T*a*L, il est visible que le point E sera posé verticalement sur *e* comme T*b* est au profil sur *b* par la construction. De même le point *b* sur H ; & puisque la projection d'un cercle est une Ellipse par le Theor. II. du 2.ᵉ livre, l'Ellipse *g e*G sera la projection du demi-cercle *g*EG, & Æ H B celle de Æ *b* B.

Secondement, puisque les points *e* & H, milieux des projections de la doële & de l'extrados, s'écartent du plan vertical paſſant par l'axe CC', l'un de la longueur H*m* l'autre de *e n*, il eſt clair que le milieu de la clef n'eſt pas le milieu du Berceau ; cependant le nombre des vouſſoirs doit être égal de part & d'autre, ſuivant la diviſion de la face A*b*B; donc il faut qu'ils ſoient plus ſerrez d'un côté que de l'autre, & par conſéquent que l'arc-droit ſoit panché ; or dans ce cas le cylindre étant ſuppoſé ſcalene, parce qu'on a fait l'arc de face circulaire, la ſection perpendiculaire à ſon axe eſt une Ellipſe, dont les axes ſont l'un dans le plan paſſant par l'axe du cylindre, à ſa plus grande inclinaiſon ſur la baſe enC'X, l'autre au plan qui coupe celui-ci perpendiculairement en C'Y, le premier cas eſt celui du biais ſans talud, & le ſecond celui du talud ſans biais ; donc dans le biais & talud les axes de l'Ellipſe de l'arc-droit ne ſont ni dans le plan horiſontal ni dans le vertical, par conſéquent un tel arc eſt couché d'un côté en façon de rampant, *ce qu'il falloit démontrer.*

Il eſt aiſé de conclure par l'inverſe, que ſi au lieu de l'arc de face on avoit pris l'arc-droit circulaire, pour ceintre primitif, la même irrégularité ſeroit tombée ſur la face ; car alors le milieu de la clef paſſant par *m*, les parties Æ*m* & B*m* de l'arc de face Æ*m*B ſeroient inégales, à cauſe de l'inégalité des angles ÆEC*m* obtus, & BC*m* aigu.

D'où il ſuit que l'Architecte doit ſe déterminer au choix d'un ceintre primitif, ſuivant l'attention que mérite l'ouvrage au dedans ou au dehors.

Lorsqu'il s'agit d'une porte, l'arc de face doit être préféré à l'arc-droit pour la régularité ; parce que l'un eſt plus apparant que l'autre, mais s'il s'agiſſoit d'un berceau habité au dedans, l'arc droit devroit être préféré à l'arc de face. Enfin ſi l'un devoit être auſſi apparent que l'autre, on pourroit en faiſant l'un & l'autre Elliptique, un peu incliné de la moitié de la différence, jetter l'irrégularité ſur l'un & l'autre, & le rendre preſqu'inſenſible par cet artifice.

Lorsque l'obliquité du Berceau eſt double par une face briſée en deux directions à l'égard de l'axe, comme dans les portes *ſur le coin* ou *dans l'angle*, on ne peut ſe diſpenſer de choiſir l'arc-droit pour ceintre primitif, par les raiſons que nous dirons ci-après, lorſque nous parlerons de ces portes ; voici la différence que ce choix cauſe dans l'opération du trait.

Soit [Fig. 80.] le demi-cercle DHR le ceintre primitif d'une face Fig. 80. biaiſe & en talud LEO, ou ſeulement d'une portion LEA, il n'importe. Ayant prolongé le diametre RD vers L', & élevé une perpendiculaire ſur un point *a* pris à volonté, on fera l'angle B*a*T égal au complement de celui du talud T$_a$L*; puis par tous les points de divisions du ceintre primitif 1, 2, 3, 4, on tirera des parallèles à DR, qui couperont aT en des points 1f, 2f, qui donneront entre eT & aB, les reculemens 1fu, 2fV, TB du talud, qui conviennent à chacun de ces points. Ensuite ayant pris à volonté sur LO un point T*, pour y élever une perpendiculaire, on y portera de suite tous les reculemens ou intervalles des lignes eT & aB, qui conviennent aux divisions 1, 2, H, du ceintre primitif DHR, par exemple, 1fu en T* 1*, 2fV en T*2*, bk en T*n, & par tous ces points on menera des parallèles à LO, qui couperont les aplombs prolongez 1P, 2p, HCE aux points A 1*, 2', N, qui seront les projections des divisions de l'arc de face, & des points au contour de la portion d'Ellipse, qui est celle de l'arc de face.

On auroit bien pû se contenter de tracer cette Ellipse par le moyen des deux demi-petits axes, qu'on cherche pour le reculement du talud, & les deux moitiez du grand axe donnez, comme nous avons fait dans les cas précedens; mais j'ai jugé à propos d'en chercher des points pour donner une pratique meilleure que celle qu'on trouve dans les Livres de la Coupe des pierres, particulierement de celle de M. de la Rue page 12. où il donne un exemple *pour tout*, d'une maniere peu correctement énoncée; car ce qu'il appelle *Section* 21. qui doit *couper la ligne du biais par le milieu* n'est rien moins que cela, c'est un point d'attouchement qui ne doit rien couper; mais faisant grace au discours, cette pratique est très défectueuse, en ce qu'elle n'est qu'un pur tâtonnement, comme il en convient, en ajoutant que si on n'ajuste pas bien pour sa section, il faut *rabaisser ou relever une des pointes du compas au long de l'aplomb*; voici le Problême.

Fig. †83. Il s'agit de placer la ligne donnée ab dans un angle donné cED, perpendiculairement sur le côté cE, ensorte que les deux points a & b soient l'un dans la ligne cE l'autre dans la ligne ED. La pratique de l'Auteur est de prendre avec le compas l'intervale ab, de mettre la pointe b sur ED à l'aventure en x, & de faire un arc gf, qui doit toucher cE & non pas la couper par une *section*, comme le dit le livre. Il est visible que si le point x est trop loin l'arc gf ne touchera rien, que si il est trop près comme en z, il coupera *la ligne du biais*, & donnera deux points de section vv; alors le rayon ab placé en zv ne sera plus perpendiculaire à cE, donc il faut avancer & reculer la pointe du compas jusqu'à ce qu'elle se trouve à juste distance, ce qui fait perdre bien du tems, & à la fin ne donne pas un point d'attouchement connu. J'aimerois mieux méchaniquement faire couler une équerre sur cE, & tenant une des pointes du compas sur son côté & sur la ligne cE, l'autre pointe rencontreroit DE en un point y.

DE STEREOTOMIE. Liv. IV.

Pour le faire Géometriquement, on tirera par un point pris à volonté sur cE une perpendiculaire cB égale à ab, si par l'extrémité B on mene une parallele à cE, elle coupera DE au point y qu'on cherche, duquel on abaissera exactement une perpendiculaire égale à AB. Je ne me serois pas arrêté à si peu de chose, si pour un cas qui tombe souvent en pratique, un Auteur suivi n'avoit donné aux Ouvriers un mauvais exemple *pour tout*.

Au lieu de poser les reculemens du talud perpendiculairement à la base Fig. 8o. LO de la face, il seroit aisé de les poser sur les projections des joints de lit, qui sont obliques à cette face, avec autant de justesse, & plus de commodité pour l'operation en faisant une correction à l'angle du talud donné TaL°.

Soit NZ le reculement du talud égal à celui du profil Kb, provenant du milieu H de l'arc-droit DHR, lequel NZ doit rencontrer en N la ligne du milieu HA, dont nous avons trouvé le point N, d'intersection de ces deux lignes, comme on vient de le dire ci-devant fig. 83. il n'y a qu'à porter sur bk prolongée, la longueur NA du plan en bz, & tirer par les points z & a la ligne za, l'angle zaL° sera celui du talud changé, de façon que tous les reculemens BT, bK, &c. étant prolongez en TY, bz pourront être portez sur les projections des joints de lit, & sur le milieu de la clef en AE, & BN au lieu de Ey, NZ, perpendiculairement à LA.

La démonstration de la justesse de cette pratique est visible par la similitude des triangles YTa, Zba, qui donnent toujours des parties YT, zb à ajouter aux reculemens TB, bk, lesquelles leur sont proportionelles. Car YT : TB :: ab : bk, ou bien dans le plan EN : NA :: yz : zA [par la construction] *ce qu'il falloit faire.*

Le trait étant fait tel que nous venons de le décrire en toutes sortes de circonstances, il sera aisé de former les panneaux, & trouver les biveaux de la même maniere qu'il a été dit pour les berceaux & portes en talud.

Premierement les *Panneaux de douële* sont donnez pour leur longueur Fig. 77. au plan horisontal, & pour leur largeur à l'arc-droit, comme dans tous les autres Traits. La longueur est terminée d'un côté de l'arc-droit DR, & à l'autre à la projection Elliptique de la face Æ H B, & la largeur se prend toujours à la corde de l'arc-droit; ainsi pour le 2.e voussoir on aura les côtez paralleles 1' 21 & 2' 22, & la distance de ces lignes perpendiculairement sera la corde de l'arc-droit 1'2'.

SECONDEMENT, les *Panneaux de lit* feront encore des trapezes rectangles à l'arc-droit & obliques au joint de tête. Les premiers aux impostes font donnez au *plan* de la fig. 77. à droite c'est le trapeze P.BGr, & à gauche *dg*ÆD. Le premier lit au deſſus aura pour longueurs les lignes 5' e & 1' 2 1 priſes au *plan*, & leur intervale perpendiculaire ſera le joint de tête 5,1, pris à l'élevation.

3.° Les *Panneaux de tête* font donnez à l'élevation, comme ici 1'5'6'2.

4.° Enfin les *Biveaux de lit & de doële* ſont donnez à l'arc-droit, c'eſt pour le lit de deſſous l'angle 2' 1' 5', & pour celui de deſſus 1° 2' 6', qui n'eſt pas égal à l'autre à cauſe de l'obliquité de l'arc-droit DSR.

L'application du trait ſur la pierre ſera la même que dans les cas précedens, ayant fait un parement pour y appliquer le panneau de doële on abatra la pierre avec le biveau *de lit & de doële*, pour placer ſur les deux ſeconds paremens les panneaux de lit, & l'ayant tracé on abatra la pierre ſuivant leur contour, & ſur la tête dont ils donneront les joints. On appliquera le panneau mixte de tête pour y tracer les portions courbes des arcs devant & derriere, puis avec une cerche de la partie convexe de l'arc-droit, qui convient à la doële, on creuſera à la régle la partie concave de la doële, pour laquelle on avoit déja fait un parement plat.

Remarque ſur les Portes Biaiſes & en Talud.

QUOIQUE les tableaux des portes biaiſes & en talud ſoient parfaitement aplomb, l'inclinaiſon oblique de leurs arêtes avec la face les fait paroitre pancher, à moins qu'on ne les regarde d'un peu loin, lorſqu'on eſt placé dans le milieu de la direction du biais.

D'où ſuit naturellement un raiſonnement contraire à celui de DAVILER, qui faiſant mention de ces piedroits en ſurplomb, dont parle le Vitruve, uſitez par les Anciens, comme on voit encore au Temple de la Sibile à Tivoli, & par quelques modernes, comme par Julien Sangallo en deux endroits du Palais Farneſe, & par Vignole à celui de la Chancelerie à Rome, conclud que *ſi cette maniere de Porte étoit ſuportable, ce ſeroit plûtôt dans les murs en Talud d'une Citadelle qu'à la face d'un bâtiment d'Architecture civile, parce que les piedroits ſont diſpoſez à arbouter contre la Platebande.* Il eſt viſible au contraire que les arêtes de face en talud ou les piedroits aplomb paroiſſent déja ſe rétreſſir vers le haut, par le ſeul effet de la perſpective, qui reſſerre les objets paralleles à meſure qu'ils s'éloignent; ce ſeroit donc augmenter cette apparence, que d'y ajouter un ſurplomb aux piedroits; par conſéquent augmenter la difformité. Voyez la fig 78.

COROLLAIRE.

Des Berceaux Biais & en Talud à deux Faces obliques, qui font un Angle Saillant ou Rentrant.

En Termes de l'Art.
Porte sur le Coin ou dans l'Angle en Talud.

La construction que nous avons donné ci-devant de la porte sur le *coin*, ou dans *l'angle* sans talud, en prenant chacun de ses faces pour une moitié de berceau biais, seroit une suffisante introduction pour celle qui a du talud, s'il n'y avoit quelques nouvelles difficultez à celle-ci de plus qu'à l'autre.

Premierement à cause de l'obliquité de l'arc-droit du berceau biais & en talud, dont l'arc de face est circulaire, on ne peut répeter la construction précedente pour chaque face de la porte, sans que la voute fasse un pli à la doële vers la clef. La raison est que l'arc-droit seroit composé de deux moitiez d'Ellipses, couchées en façon d'arc rampant RYM, dont la rencontre seroit un angle en M, comme les voutes Gotiques *en tiers point*. *Fig.* 77.

Secondement, il s'en suivroit une grande inégalité de division dans les têtes des voussoirs, qui se resserreroient en approchant de la clef; car quoique l'arc de face d'un pan de la porte, telle que seroit GEC, soit divisé également aux points 4, 3, &c. il est visible que les projections des joints de lit, qui en résultent, s'écartent de l'imposte BR, à mesure qu'ils approchent de la clef suivant l'inclinaison de l'arc-droit RYM; de sorte que la clef se trouve rétrecie de chaque côté de la distance MS, qui est la différence du milieu M, entre les deux impostes, & du milieu S de la clef de l'arc-droit DSR. Ainsi elle est moins large que le voussoir attenant, de deux fois l'intervale MS.

Troisiémement, si pour éviter le pli de la doële à la clef, on laissoit l'arc-droit rampant comme dans le biais en talud, il résulteroit une autre difformité sur les faces de la porte sur le coin, en ce que l'une seroit en plein ceintre, par exemple, GEC, dont la projection est G*e*C & le demi-diametre GC, & l'autre dont le demi-diametre seroit C*q*, deviendroit surhaussée & beaucoup plus étroite dans le raport de CB à C*q*.

Pour remedier à ces trois inconvéniens on prend pour ceintre pri- *Fig.* 80.

mitif l'arc-droit DHR, qu'on peut faire circulaire ou Elliptique, comme on le juge à propos, ayant égard à l'effet qu'il doit produire pour les ceintres fécondaires des faces LA & A*l*, qui deviendront plus ou moins furbaiſſez, ſi l'arc-droit eſt en plein ceintre, ſuivant le plus ou le moins d'obliquité des faces AL & A*l* ſur l'axe AC, enſuite on operera de la même maniere que nous l'avons dit ci-devant pour les reculemens, que donne le talud aux diviſions de la face ſur les demi-diametres des ceintres LA & *l*A, de la droite & de la gauche.

Ayant fait une perpendiculaire E*e* ou T*e g* ſur la face LA prolongée, s'il le faut, on y portera ſur une perpendiculaire T*e e* les reculemens du profil 1*fa*, 2*f*V, *bk*, TB en 1*a* 2*a b' g*, par où on tirera des paralleles à L*l*, qui couperont les projections des joints de lit aux points 1' 2' N & E, par leſquels & par le point A on tirera les projections de joints de tête 1' ʃ', 2' ϭ', &c. en un mot on fera chaque moitié de la por. ſur le coin, comme la moitié d'une porte biaiſe en talud, dont l'arc-droit eſt le ceintre primitif.

Il reſte à former les arcs de face briſée L 6*e*, *l*7*e*.

Par les points de projection 1'2'N trouvez, comme nous venons de le dire, on menera des perpendiculaires à la baſe LA, qui la traverſent, comme N*n* E*e*, 2' 2, 6' 6, 1' 1, ſur chacune deſquelles on portera la longueur qui lui convient, priſe au profil du talud T*a* L*a*, par exemple *ab* en *zn*, *a*T en *ye*, *a*2*f* en 22, &c. & par tous ces points Q 1 2 *n c*. tracera une portion d'Ellipſe, qui ſera l'élévation de l'arête de la doële à l'arc de face, on fera de même pour l'extrados.

On pourroit auſſi tracer ces quarts d'Ellipſe par les Probl. VIII. & V. & VII du 2ᵉ Livre par le moyen des diametres conjuguez LO pour l'extrados avec le demi-diametre AE doublé, & QU pour la doële avec le double de AN; car quoique les faces ſoient égales entr'elles, & d'une régularité apparente, ce ſont cependant des moitiez d'un arc rampant, ou plutôt couché en façon de rampant, comme il eſt viſible en jettant les yeux ſur la demi-Ellipſe QN*n* de la doële, ou LEO de l'extrados d'une face de berceau biais & en talud, qui ne ſeroit pas recoupé par un pan A*l* ou A*q*; ce qui paroit encore en tirant du centre A la ligne A*e* à l'extrados; parce que l'on voit que l'angle L A*e* du demi-diametre LA, & A*e* du quart d'Ellipſe Lʃ*e* eſt aigu.

La projection LEA & l'élévation Lʃ*e* de l'arc de face étant donnez pour chaque pan de la porte ſur le coin, il eſt aiſé d'en faire les panneaux de lit & de doële, comme d'un ſimple berceau biais & en talud.

La

DE STEREOTOMIE. Liv. IV.

La seule différence qu'on y remarquera est la figure de la clef, qui sera telle qu'on la voit dans le dessein en perspective, où il est écrit *Clef*, qui est composée de huit surfaces, sçavoir de deux faces, qui font un angle saillant en talud, deux qui font un angle rentrant aplomb, deux qui sont inclinées en coupe pour les lits, une concave pour la doële & une convexe pour l'extrados, si la porte étoit extradossée, ce qui n'arrive gueres; car on termine plutôt le dessus par un lit de niveau pour la suite des assises au dessus de la porte.

Il est évident que tous ce que nous venons de dire du trait de la porte sur le coin peut s'appliquer à celui de la porte *dans l'angle*, il n'y a qu'à renverser la projection horisontale de la face QNA de la doële en IXC, de même celle de l'extrados pour faire le talud dans l'angle rentrant, au lieu qu'on l'avoit fait ci-devant sur le saillant, ce qui ne change en rien les panneaux de doële & de lit, ni les biveaux, qui sont seulement tournez en sens contraire.

Ces sortes de portes sont si rares dans l'exécution, qu'il n'est pas nécessaire de s'arrêter à un plus grand détail; il suffit de jetter les yeux sur la fig. 82. pour en voir l'effet.

Pour *l'explication du Trait*, il suffira de dire, que l'on doit se représenter les arcs de face de chaque pan de la porte, comme mobiles sur leur base LA, autour de laquelle faisant plus d'un quart de révolution, comme sur un axe horisontal, les points e & e' qui sont en bas dans la figure séparez & écartez se réuniront en un seul E, au dessus de la ligne LA en l'air, à la hauteur du demi-diametre CH du ceintre primitif, qui est ici l'arc-droit DHR, & leurs demi-diametres eA e'A, qui sont en deux plans se réuniront dans l'arête de rencontre, dont la ligne AE est la projection horisontale.

Quatriéme Cas des Berceaux, lorsqu'ils sont inclinez à l'horison.

Probleme XII.

Faire un Berceau de face plane en situation quelconque, dont l'axe soit incliné à l'horison.

En Termes de l'Art.

Faire toutes sortes de Berceaux en Descente.

Nous ne mettons à part les Berceaux en *descente*, que pour ne pas surcharger le Probléme précedent d'un trop grand nombre de cas;

Tome II. X

car l'inclinaison de l'arc d'un berceau n'étant qu'un accident de corps cylindrique, considéré comme ayant une certaine situation à l'égard de l'horison, ne change en rien la figure, elle ne fait que donner un nouveau nom au berceau simplement *biais*, qui ne signifie aucune nouvelle proprieté particuliere à la voute, considerée en elle même à l'égard de ses parties ; mais seulement un changement de leur situation à l'égard de l'horison.

Pour faire sentir cette vérité, nous pouvons reprendre l'exemple de notre berceau *biais par tête*, de la fig. 75.

Si l'on fait tourner ce berceau comme un cylindre de base oblique à son axe, en sens contraire du mouvement que nous lui avons supposé autour de cet axe, pour former une face en talud, par exemple de E vers B, au lieu que nous l'avons fait tourner de B vers E, il est évident que par la révolution d'un quart de sa circonference la base ou face, qui étoit en talud, se couchera en surplomb, qui est la situation opposée, & alors si on incline le cylindre suivant son axe, sans changer de situation à l'égard des côtez, ensorte que la face qui étoit en surplomb se redresse en situation verticale, le cylindre aura pris la figure d'un berceau en *descente Droite*.

2.° Si on incline encore davantage l'axe, alors la face devenant inclinée au plan vertical on représentera la figure d'un berceau en *descente Droite & en talud*.

3.° Si tenant l'axe du cylindre incliné on le tourne un peu sur un côté, ensorte que la base soit encore verticale, on aura l'image d'un berceau en *descente biaise sans talud*.

Enfin si dans la même situation, on incline encore un peu l'axe, ensorte que la face biaise se couche à l'égard du plan vertical, on aura la figure d'une *descente biaise & en talud*.

Corollaire.

D'où il suit qu'il n'y a rien à considerer dans les descentes de plus que dans les berceaux biais, que l'inclinaison du plan passant par son axe, & par ses impostes, que Desargues a nommé *plan de chemin*, & les Architectes ordinaires *plan suivant la Rampe*.

Or comme cette inclinaison ne change en rien la figure de ce plan, dont on connoit les côtez, il suit qu'on peut faire toute sorte de descentes, par les mêmes moyens qu'on fait les Traits des berceaux biais

Pl. 38.

DE STEREOTOMIE. Liv. IV.

horifontaux, il n'y a qu'à faire une fuppofition que le plan fuivant la rampe eft horifontal, & agir en conféquence comme nous allons faire.

AVERTISSEMENT.

Nous devons avertir le Lecteur, que nous ne confiderons ici les Defcentes, que comme terminées par des faces planes, dont nous appellons l'inférieure *face de montée*, & la fupérieure *face de defcente*, fans entrer dans aucun des cas où elles rencontrent d'autres voutes de même, ou de différente efpece, en quoi nous ne fuivons pas l'exemple des Auteurs qui ont traité de cette matiere, pour ne pas compliquer deux chofes très diftinctes, qui n'ont point de connexité néceffaire; notre raifon eft, premierement, pour ne pas embroüiller les Traits. Secondement, pour ne nous pas écarter de l'ordre que nous nous fommes propofé de traiter des voutes fimples, avant que d'aller à la compofition de la rencontre de deux ou plufieurs, ce que nous remettons à la feconde partie de ce Livre, qui fait le troifiéme Tome.

Premiere Efpece de Berceaux inclinez à l'Horifon.

En Termes de l'Art.

Des Defcentes Droites.

On appelle *Defcente Droite* tout berceau incliné à l'horifon, dont la direction de la face eft perpendiculaire à celle du berceau, confideré fuivant la direction horifontale de fon axe; c'eft-à-dire, fuivant fa projection horifontale. D'où il fuit qu'il peut y avoir de deux fortes de defcentes Droites, l'une dont la face eft aplomb, & l'autre dont la face eft en talud ou en furplomb.

PREMIER CAS.

Defcente Droite par Devant & par Derriere.

Soit [*Fig.* 84] le parallelograme ROA'B de la moitié du plan horifontal d'une defcente droite, laquelle fuffit, puifque l'autre moitié lui eft parfaitement égale.

Fig. 84.

Soit OC la hauteur dont le berceau s'éleve par un bout au deffus de l'horifon RO, & RC *la ligne de Rampe*.

Du point C pour centre, & pour rayon R*b* moitié de la largeur horifontale du berceau à la doële, fi on veut le faire en plein cein-

X ij

tre, on décrira le quart de cercle *b1 a* pour moitié du ceintre primitif, qui se terminera en *b* sur OC prolongée, & en *a* sur CA parallele à RO, & on lui fera le ceintre concentrique d'extrados, si l'on veut, H5A. On divisera cette moitié de ceintre en ses voussoirs, par exemple, ici pour 5 en deux & demi aux points 1, 2, *b*, par lesquels, du centre C, on tirera les joints de tête 1·5, 2·6.

PAR les mêmes points 1 & 2 on menera des paralleles à OR, comme 2*f*, 1*g*, qui couperont la verticale OH aux points *f* & *g*, par lesquels & par les points *b* & H on tirera des paralleles à la ligne de rampe RC, comme HE, *be*, *fF*, *gG*, qui couperont la verticale RE aux points E, *e*, F, G, & le profil de la voute sera fait.

IL faut présentement transposer le plan horisontal ROAB suivant la rampe RC, ce qui n'en change pas la figure, mais seulement un peu la longueur, pour laquelle on prend RC au lieu de RO.

PAR les points R & C ayant tiré deux perpendiculaires à la rampe RC, on prendra sur ces lignes les largeurs du plan horisontal R*b* & RB, & l'on tirera les lignes *b' a'*, B' A', qui formeront le plan suivant la rampe, suivant lequel nous devons operer, comme s'il étoit horisontal, pour trouver les longueurs & les distances des projections des joints de lit, lesquelles donnent les moyens de tailler les voussoirs par équarissement ou par panneau, ce qui réduira cette descente droite à une autre espece, dont l'énoncé est celui-ci.

Berceau horisontal Droit sur sa direction, en Surplomb par devant, & en Talud par derriere.

PAR les points 1 & 2 ayant abaissé des perpendiculaires sur CA, qui la couperont en *k* & *i*, on portera la longueur C*k* en C*p'* & C*i* en C*p'*, & par les points *p' p'* on menera des paralleles à RC, prolongées indéfiniment de part & d'autre, qui seront les projections des joints de lit sur le plan de rampe.

ENSUITE par les point *f* & *g* du surplomb CH, on menera des perpendiculaires à RC, qui rencontreront les projections des joints de lit correspondans, prolongez aux points 2' & 1', & la ligne de rampe, qui est le milieu de la clef en *b'*, la courbe menée par ces points *b'* 2' 1', sera la projection de l'arête de la doële, avec l'arc de face qui avance par le surplomb au delà de sa base C*a'*.

ON tracera de même la Courbe de l'arête de l'extrados & de la face, si on en a besoin, mais on pourra s'en passer comme nous le dirons ci-après.

DE STEREOTOMIE, Liv. IV.

Par la même manière on trouvera sur le plan de rampe le reculement de l'arête de doële avec la face de montée au bas de la descente, que nous considerons au contraire de la premiere comme en talud. Il ne s'agit que de tirer par les points eFG des perpendiculaires sur RC, prolongées jusqu'à ce qu'elles rencontrent les projections des joints de lits, correspondans à ceux du profil; ainsi celle qu'on tirera par F, qui provient du point 2 du ceintre de face, coupera la projection, qui vient du même point au point f', & cellequ'on menera par G, qui provient du point 1, donnera sur $P^1 g'$ le point g', la courbe c, f' $g'b$ sera la projection du reculement du talud.

Il faut presentement former l'arc-droit de la descente, lequel sera surbaissé, si le ceintre de face est en plein ceintre, dans le raport des lignes Cb à Cd, qui est le même que celui de la rampe à sa projection horisontale; car à cause des paralleles RC, eb l'angle OCR est égal à Che, les angles en d & en O sont droits; donc $Cb:Cd::CR:RO::Cg:Cu::Cf:Ct$; ainsi prenant une perpendiculaire à RC où l'on voudra, comme en eC, on a toutes les hauteurs des joints, il n'y a qu'à porter sur la base & sur ses paralleles, les largeurs horisontales, qui sont constantes & égales dans l'arc de face & dans l'arc-droit.

On portera donc la longueur Ca' en $C\cdot a$, Cp' en $U 1'$, Cp' en $T 2'$; le quart d'Ellipse mené par les points $e 2, 1' a$, sera l'arc-droit qu'on cherche.

Il ne reste plus à présent qu'à faire le dévelopement de la doële pour en avoir les panneaux en doële plate.

Par les points F, G, R, on tirera des perpendiculaires à RC vers a' sur Ra', on portera de suite les cordes de l'arc-droit $a' 1'$, $1' 2'$, &c. nous en avons mis ici la moitié à commencer au point m pris à volonté, ce qui a donné les points n^1, n^1, a^d, par lesquels on tirera des perpendiculaires à Ra^d, lesquelles feront coupées par les paralleles, qui passent par les points F & G aux points $1^d 2^d$.

Les deux angles $Pa^d 1d$, $a^d 1d n^2$ formeront la tête du premier panneau de doële de face de devant, & leurs suplémens $Q a' 1d$, $a^i i^d n$ formeront la tête du premier panneau de doële plate de la face de derriere, qui est considerée comme en talud d'un angle égal au surplomb de la premiere.

Les panneaux de doële étant faits, on fera ceux de lit par le moyen de l'extrados H5A, ou en prenant à volonté une longueur de joint comme $2'6$ ou $1'5$ plus ou moins, par exemple, pour celui-ci on menera par le point 5 une perpendiculaire à CH, qu'elle coupera en x, par où on menera xY parallele à EH, & qu'on reproduira depuis le point Y par un retour d'équerre en Yy; puis ayant pris avec le compas la longueur du joint de tête $1'5'$, on posera une de ces pointes au point I^4, & l'on fera de l'autre un arc, qui coupera la ligne Yy au point y, par lequel si l'on mene y parallele à la rampe RC, on aura les têtes des deux panneaux de lit pour les faces de montée & de descente, sçavoir pour la premiere $Sy 1^4 u$, & son complément $z y 1^4 n^2$ pour la descente.

Pour s'épargner la peine de faire les panneaux de lit on peut se servir du biveau de doële plate & de tête, qu'on trouvera suivant notre méthode generale, dont voici l'application à la figure précedente pour le second voussoir.

Par le point 1, base de ce voussoir on menera l'horisontale $1L$, qui coupera le joint de lit du profil supérieur fF au point L; par le point 2 sommet de ce voussoir on tirera $2x^i$ perpendiculaire à la corde 21, qui coupera $1L$ au point x^i, par où on tirera la perpendiculaire $x^i S$, qu'on fera égale à $x^i L$, ensuite ayant porté la longueur $x^i 2$ en $x^i y^i$. On tirera du point S la ligne Sy^i, qui formera avec $x^i L$ l'angle $Sy^i L$, qui est celui du biveau qu'on cherche, & le trait sera fait.

Application du Trait sur la Pierre.

Ayant dressé un parement destiné à servir de doële plate on y appliquera le panneau qui lui convient, pour y en tracer exactement le contour. Ensuite avec le biveau de *doële* & *de lit* pris sur l'arc-droit à l'ordinaire, comme $a 1' 5'$ pour le premier voussoir, ou $1' 2' 6'$ pour le second, on abatra la pierre en surface plate pour y appliquer le panneau de lit qui lui convient, lequel étant tracé donnera les joints de tête, suivant lesquels on abatra la pierre en surface plane pour y poser le panneau de l'arc de face.

Ou sans se servir de panneaux de lit, après avoir tracé la doële plate on abatra la pierre suivant le biveau de doële & de tête, qu'on fera comme il a été dit au berceau en talud & en surplomb, pour tracer la tête suivant son panneau, & par le moyen des lignes de joint de tête & de joint de lit, on peut former la surface plane, qui fait le lit par le Probl. I. comme nous l'avons tant de fois répeté, ce qui est exprimé par la fig. 85.

Il faut remarquer que par le seul profil joint à l'arc de face avec ses aplombs & l'arc-droit, on peut trouver tous les panneaux sans le secours d'aucun plan ni de l'horisontal, qui ne peut donner ici aucune mesure, ni de celui de rampe, qui n'en donne pas de nouvelles qu'on ne trouve au profil.

1.° Les longueurs des joints de lit sont données au profil. 2.° Leurs intervales de la doële à l'extrados sont donnez à l'arc de face par la longueur des joints de tête. 3°. Leur obliquité, c'est-à-dire, celle de leurs côtez parallelés est donnée par les perpendiculaires sur RC, comme Yz donne la longueur Gz, qui est la difference de la tête en rectangle, comme elle seroit si le berceau étoit droit.

Ainsi les longueurs des joints de lit, leur intervale à la doële sur l'arc-droit, & leur difference d'avance par les perpendiculaires, comme Rr pour l'obliquité RGr étant donnez, on peut former les panneaux de doële. Enfin les panneaux de tête sont donnez à l'arc de face ; donc on peut se passer de tout *Plan*, moyenant le profil ; mais pour rendre le Trait plus suivi & plus sensible, il convient de faire le plan horisontal ; parce qu'il sert de guide pour empécher qu'on ne se trompe.

Le principal usage du plan de rampe RB' A' C supposé horisontal, quoiqu'il ne le soit pas, est pour tailler les voussoirs des berceaux en descente, par voye d'équarrissement, comme il est aisé de le voir ; puisque ce plan de rampe est le même à l'égard de la voute, que le plan horisontal à l'égard d'un berceau de niveau, dont les faces seroient en talud & en surplomb.

Second Cas des Descentes Droites.

Descente Droite mais en Talud par devant & Aplomb par derriere.

Soit [*Fig.* 86.] le parallelograme ROA'B la moitié du plan horison- Fig. 86. tal d'un berceau en descente, dont RC est la ligne de rampe, & OC la hauteur sur l'horison. Soit CT le profil de la face inclinée, suivant l'angle du talud donné LCT ; on fera CA perpendiculaire sur CT, & du point C pour centre, on décrira pour moitié du ceintre de face de descente un quart de cercle, si on le veut en plein ceintre, ou un quart d'Ellipse, si on le veut surhaussé ou surbaissé ; nous le supposerons ici circulaire A12s à la doële, A5T pour l'extrados, & divisé en ses voussoirs aux points 1, 2, c'est-à-dire, en deux parties & demie pour cinq voussoirs au demi cercle.

Par les points 1 & 2 on menera des perpendiculaires à CT, qui la couperont aux points $f'g'$, & par les points T, s, f', g, on menera des paralleles à la ligne de rampe RC, qui couperont la verticale BH aux points Hb, F & G, par lesquels on menera des parallele à l'horifontale OR, comme G 1ᵉ, F 2ᵉ, qu'on fera égales à celles de l'arc de face f' 2, g' 1, Ca, leurs extremitez donneront les points b^a : ^{a} 2$^e b$, par lesquels on tracera le quart d'Ellipse furhauſſé, qui est la moitié du ceintre de face de montée, à laquelle l'autre moitié est égale.

Il reste à préſent à former le ceintre de l'arc-droit, qui doit être ſurbaiſſé à l'égard du ceintre de face dans le raport des rayons CT à CD, dont la difference n'eſt pas grande dans cet exemple.

Ayant tiré une perpendiculaire à la ligne RC, où l'on voudra, comme bC, on portera la longueur du rayon de l'arc de face Ca en C$'a$, ſa parallele g' 1 en n 1$'$, ſur le joint de lit Gg, & f' 2 ſur n 2$'$, & par les points b 2$'$ 1$'$ a' on tracera la demi-Ellipſe ſurbaiſſée, qui ſera le contour de l'arc-droit.

On a donc trois ceintres differens, ſçavoir celui de la face de deſcente circulaire, celui de l'arc-droit furbaiſſé, & celui de face de montée furhauſſé, leſquels avec le profil de coupe par le milieu de la voute TR, ſuffiroient pour trouver tous les panneaux néceſſaires pour tailler les vouſſoirs, comme nous l'avons dit pour la deſcente droite précedente, ſans qu'il ſoit néceſſaire de faire aucune projection, ni ſur le plan horiſontal, qui ne peut donner aucune meſure, ni ſur le plan de rampe, qui n'en donne point de nouvelle; puiſque celle des longueurs des joints de lit ſont dans leur juſte meſure ſur le profil.

Cependant comme ce plan ſert à préſenter à la vûë une projection du talud de la face de derriere, & du ſurplomb de la face antérieure, qui eſt cependant en talud à l'égard du plan horiſontal RA$'$, on fera bien de le faire de la même maniere que nous l'avons dit à l'exemple précedent avec les développemens des panneaux de doële, ce que la figure montre ſenſiblement, ſans qu'il ſoit néceſſaire d'y ajouter une nouvelle explication, qui ne ſeroit qu'une répetition du premier cas de la deſcente droite; il faut ſeulement remarquer ici que quoique le rayon CA de l'arc de face en talud paroiſſe incliné à l'horiſon dans cette ſituation, il ne le ſera du tout point en œuvre; car puiſqu'il doit être perpendiculaire au plan de projection par l'axe TCR, & qu'il l'eſt, par la conſtruction; au rayon CT; ſi l'on fait mouvoir le quart de cercle TA ſur ſon rayon CT, le point A tombera ſur C, qui ſera alors la projection de toute la ligne CA, laquelle ſera auſſi perpendiculaire à la ligne de rampe RC; car ſi une ligne eſt perpen-

diculaire

diculaire à un plan, elle la fera à toutes celles qu'on peut mener dans ce plan, qui passeront par le point C; donc le rayon CA qui est ici incliné à l'horiſon, devient en œuvre horiſontal, & perpendiculaire à la direction horiſontale de la voute RO, ce qui conſtitue la nature des deſcentes Droites.

Explication démonſtrative des deux cas précedens.

Premierement, nous ne faiſons aucun uſage de la projection horiſontale dans les deſcentes, par la raiſon que nous avons donné touchant cette eſpece de repréſentation, qu'elle racourciſſoit tous les objets qui n'étoient pas paralleles au plan de deſcription, & comme la rampe RC eſt plus longue que le niveau RO, il ſuit que tous les joints de lit qu'on pourroit tracer dans le plan horiſontal ſeroient trop courts dans le raport de RO à RC.

Pour ſuppléer aux meſures que l'on trouve ordinairement dans la projection horiſontale, on a recours à la projection verticale, faite ſur un plan vertical par l'axe, ou parallele à la direction de la voute; ainſi tous les joints de lit de la repréſentation étant paralleles à ceux de la réalité dans la voute, ſont tracez dans leur juſte meſure, & leurs avances ou reculemens les uns ſur les autres à l'égard de la ligne de rampe RC, étant déſignées par des perpendiculaires Yz & Gr ſur la ligne RC, donnent des triangles rectangles YGz, GRr, qui ſont les excès ou les défauts dont les ſurfaces planes des lits & des doëles plates ſurpaſſent des parallelogrames rectangles, qui ſeroient des figures convenables à un berceau Droit de niveau; c'eſt pourquoi on a mené des perpendiculaires à RC par les points FYG, qu'on a prolongé indéfiniment vers B^d & vers a^a pour avoir les reculemens ou les avances des têtes des panneaux; & parce que dans les triangles, dont nous venons de parler, il y a deux côtez racourcis par la projection verticale, qui ſont la repréſentation des lignes inclinées au plan vertical; on eſt allé chercher la longueur d'un de ces côtez, comme Gr ſur $1'$ a' de l'arc-droit, qui eſt parallele à ce côté, quoique dans la figure il ne le ſoit pas, parce qu'on ne le doit exprimer que ſur un plan qui ne ſoit pas racourci.

C'est pourquoi l'arc-droit $e\,1'\,a'$, & l'arc de face H₅A ne ſont pas *Fig. 84.* dans leur ſituation naturelle à l'égard du profil; il faut les imaginer ſe mouvoir en tournant ſur leurs rayons, qui ſont dans le plan du profil CH & C'e juſqu'à ce qu'ils deviennent perpendiculaires à ce plan RH.

A l'égard de l'uſage que nous faiſons du plan de rampe comme d'un plan horiſontal, nous en avons déja rendu raiſon, en expliquant les differentes positions d'un cylindre oblique sur sa base, il suffit de remarquer qu'il nous sert à trouver les courbes Elliptiques, ou seulement leurs moitiez; puisque ces sortes de berceaux ne varient pas dans leurs côtez, qui sont les projections inclinées des têtes de la voute, sçavoir b' 2 1', 1' a' pour la partie de descente, qu'on considere comme en surplomb, quoique dans sa vraye situation elle soit verticale, & C' f g b' pour la montée, qui est considerée comme en talud à l'égard du plan de rampe RC.

Les arcs de cercle AA', a' a, 1p¹, kp¹ font voir le rapport des retombées des points 1 & 2, sur le rayon CA, avec la tête du plan incliné CA'.

Usage du Trait par équarrissement.

On peut, comme je l'ai déja remarqué, se passer de ce plan & de ces projections; mais outre qu'elles font prévoir l'effet des panneaux de doële dans leur suite naturelle, c'est que ce genre de projection inclinée peut servir à *tailler la pierre par Equarrissement* ; si l'on ne veut pas se servir de panneaux, on prendra les longueurs des voussoirs sur ce plan RA', les obliquitez des têtes par les biveaux de rampe RCH, & les panneaux de tête, comme, par exemple, pour le second voussoir en 5 1 q 2 6, ou en panneau ou avec des biveaux mixtes 5 1 2, ou des biveaux d'aplomb, comme q 2 6, tenant les branches parallèles au plan de la face.

Fig. 84.

Seconde espece de Berceaux inclinez à l'Horison, dont les faces sont obliques à leur direction horisontale.

En termes de l'Art.

Des Descentes Biaises.

Nous faisons encore deux classes des descentes biaises, l'une de celles dont la face est aplomb, l'autre de celles dont la face est en talud.

Il faut se rappeller ici ce que nous avons dit du changement de position d'un cylindre oblique, laquelle peut le rendre semblable à toutes sortes de biais & descente, quoiqu'il demeure toujours le même dans la figure intrinsèque; cela supposé:

La *Descente Biaise* est un berceau dans lequel il faut considerer trois sortes d'obliquitez, dont deux viennent de la position de sa face; sçavoir, 1.° celle de la face sur la direction horisontale du berceau, laquelle est comme au berceau horisontal, simplement biais par tête.

page 171.   Pl. 39.

DE STEREOTOMIE. Liv. IV.

2.° Celle de la même face sur l'axe du cylindre, laquelle lui est commune avec le berceau horifontal en talud.

3.° Celle de l'inclinaifon de l'axe à l'horifon, qui lui est commune avec la defcente droite.

Si l'on raffemble l'effet de chacune de ces fortes de pofitions de face, on connoîtra d'abord celui qui doit réfulter de celle-ci, pour la formation des panneaux, & pour l'efpece de projection, fur laquelle il faut en prendre les mefures.

Premierement, que de même que dans le fimple biais horifontal, les panneaux de doële & de lit s'alongent au-delà de l'arc-droit en defcendant d'un côté de la clef, & fe racourciffent de l'autre.

Secondement, que de même qu'au berceau horifontal en talud, mais en fens contraire que produiroit le furplomb, la tête du panneau de lit, qui pafferoit par le milieu de la clef, n'eft pas un rectangle, mais elle fe racourcit à la doële autant que celle en talud fe racourcit à l'extrados, & à toutes les autres têtes à proportion.

Troifiémement, que de même qu'à la defcente droite on ne doit mefurer la longueur des joints de lit, de doële, ou d'extrados que fur la projection verticale: c'eft-à-dire, fur le profil ou *Coupe* fuivant la direction.

Il faut de plus remarquer une irrégularité inévitable dans les defcentes biaifes, qui arrive ou dans l'arc-droit ou dans l'arc de face. C'eft que l'un des deux arcs, ou celui de face ou l'arc-droit deviennent rampans, c'eft encore une fuite de la conformité qu'elles ont avec les berceaux biais & en talud, où dans certaines circonftances l'arc-droit devient incliné, comme rampant, fi l'arc de face eft circulaire; ici à caufe de l'inclinaifon de l'axe du berceau, non feulement l'un ou l'autre de ces arcs devient rampant par la figure, c'eft-à-dire, par l'inclinaifon des ordonnées à fon diametre, mais encore par la différence du niveau de fes impoftes, dont l'une eft plus élevée que l'autre au deffus de l'horifon.

Pour expofer fenfiblement la mutuelle dépendance des ceintres, qui entraînent une efpece d'irrégularité dans l'un des deux d'une defcente biaife, lorfque l'on en fait un de contour circulaire, nous avons repréfenté en maniere de perfpective deux bouts de cylindre, à la Plan. 40. fig. 87 & fig. 88. inclinez à l'horifon fuivant une pante RM ou R*m*, *Fig.* 87. dont *m* exprime la hauteur, & RO la bafe horifontale. *& 88.*

Soit le parallélograme vertical HxCS, qui coupe la moitié du cy- *Fig.* 87. lindre jufqu'à fon axe Cx, & le trapeze LMRE la fection du cylindre

Y ij

par l'axe suivant la ligne de rampe RM, & perpendiculairement au plan vertical HxCS, dans laquelle section la ligne LM exprime l'obliquité de la base du cylindre LHM sur sa direction horisontale OR, ou sa parallele Ve, ou si l'on veut encore au plan vertical passant par l'axe xC, ce qui revient au même.

Dans cette situation, si l'on suppose le cylindre Droit, mais coupé obliquement par cette base LHM, on reconnoîtra que l'arc-droit, qui est la section LDK perpendiculaire à l'axe xC, est circulaire, & que son diametre LK est une ligne de niveau, parce qu'il est perpendiculaire au plan vertical HxCS, c'est-à-dire, que les naissances de cet arc sont de niveau.

Il n'en est pas de même de la section oblique LHM, car le point M, qui est dans la ligne de rampe RK prolongée, est autant élevé au dessus de L qu'il est au dessus de K, qui est de niveau avec le point L; donc les naissances L & M de l'arc LHM, ne sont pas de niveau entr'elles; par conséquent cet arc est de cette espece de ceintres irréguliers, que nous appellons Rampans.

Si l'on fait une application de cette figure à celle du berceau biais en descente, on reconnoîtra que si l'arc-droit a ses impostes de niveau, l'arc de face les aura de différentes hauteurs.

Fig. 88.   Par un raisonnement inverse [Fig. 88.] si au lieu de supposer un cylindre Droit, on suppose un cylindre scalene, dont la base dHm est circulaire, mais oblique au plan vertical SHCc, la section dik, faite par un plan perpendiculaire à l'axe Cc sera une Ellipse, dont les naissances d & k, qui sont cependant dans les mêmes côtez du trapeze NdmR passant par l'axe, & par les naissances de niveau d & m de la base de cylindre, seront à des hauteurs inégales; car la naissance k sera toujours au dessous du point m, qui est de niveau avec d, comme à la section semblable eNSR, le point R de niveau avec e sera au dessous du point N; donc [par la supposition]k avec le point d.

Donc si l'arc de face d'une descente biaise est de niveau, l'arc-droit sera rampant, & les naissances de la voute à droite & à gauche seront l'une haute l'autre basse, ce qui est une difformité souvent insupportable.

D'où il suit qu'on ne peut éviter un arc rampant ou à la face, ou à l'arc-Droit; c'est à l'Architecte à voir s'il doit préférer la régularité de la face d'entrée à celle du dedans, ou s'il doit jetter l'irrégularité sur la face pour rendre le dedans de la voute plus beaux.

La même relation des ceintres se trouve dans les descentes dont les faces font en talud; car la variation que cause le talud ne se fait pas aux impostes, mais à la clef, où le sommet tombe un peu en arriere de ce qu'il auroit été, si la face avoit été élevée aplomb; ainsi les inconvéniens des descentes biaises avec talud ou sans talud sont à peu près les mêmes, le seul changement que le talud peut y faire, c'est que rapprochant le ceintre de face de la situation de l'arc-droit, il occasionne une moindre différence de contour. Cela supposé, nous allons donner les Traits des descentes biaises quelconques, suivant notre nouveau sisteme, qui supprime l'obliquité de la descente, en supposant le plan de rampe de niveau & les faces en talud ou en surplomb.

Premier cas des Descentes Biaises, lorsque les faces sont aplomb.

On peut faire les descentes biaises, comme tous les autres berceaux biais de deux manieres, en choisissant pour ceintre primitif l'arc de face ou l'arc-droit.

Premiere disposition où l'arc-Droit est donné pour Ceintre primitif.

En Termes de l'Art.

Descente Biaise Rampante par devant & droite par derriere.

Soit [Fig. 89.] le trapeze ABDE, le plan horisontal de l'intérieur de la voute en descente biaise, dont RM est la ligne de rampe, & OM celle de la hauteur totale des coussinets. *Fig. 89.*

On commencera par faire le plan de rampe par le moyen de l'horisontal donné, lequel étant trop court ne peut servir à prendre des mesures de longueur.

Par le point D du jambage le moins avancé, pris à la doële, ou si l'on veut K pour l'extrados, on tirera une perpendiculaire à la ligne RO, qu'on prolongera jusqu'à la rencontre de la rampe RM en F, d'où se retournant d'équerre sur RM, on tirera F*k*, qu'on fera égale à la largeur RG du plan horisontal, & l'on tirera M*k* pour diametre de la face, ensuite ayant fait *kg* parallele & égale à RG, on aura pour le plan de rampe le trapeze RM*kg* à l'extrados, ou *abde* à la doële.

174

Présentement, sur le diametre intérieur *a e* égal au donné AE, on décrira un demi-cercle *a b e*, ou une demi-Ellipse surhaussée ou surbaissée, telle qu'on la voudra pour cintre primitif, qu'on divisera en ses voussoirs aux points 1, 2, *b*, 3, 4, par lesquels on menera autant de paralleles *p s*, *p s* à la ligne de rampe RM, indéfinies & prolongées un peu au delà de M *k*, & la ligne du milieu *b* C jusqu'en RG, qu'elle coupera au point N.

Pour terminer ces paralleles qui doivent être des projections de lit sur la Rampe, on menera par le point *a* de la doële la ligne *a n* parallele à RG, qui rencontrera CN au point *n*. On portera C *n* en C *e*, puis [par le Probl. 7. du 2.ᵉ Livr.] on fera une demi-Ellipse *a t e* avec les axes donnez *a e*, *n e*, laquelle coupera toutes les projections aux points 1′ 2′ 3′ 4′, où seront celles des divisions de la face de montée sur le plan de rampe, où elle produit l'effet du talud.

Pour avoir aussi la projection de la face de descente sur le même plan, on décrira une autre demi-Ellipse *b s d* par le moyen des diametres conjuguez *b d* & *n s* [par le Probl. 8. du 2.ᵉ Liv.] faisant entr'eux des angles égaux à ceux de la rampe K'M, ou du milieu SN sur RG, laquelle demi-Ellipse *d b*, coupera les projections des joints de lits aux points 1′, 2′, 3′, 4′, où seront celles des divisions de la face en ses voussoirs.

Quoique nous ne cherchions ici que les avances des faces de descentes & les reculemens de celle de montée à la doële, il faut en faire autant par l'extrados pour s'en servir à former les panneaux de lit, comme il a été dit ci-devant à la page 165.

Il ne s'agit plus que d'en trouver les hauteurs des divisions, ce que l'on peut faire de différentes manieres, 1.° par un profil de la face, comme dans les traits ordinaires des Livres de la Coupe des pierres, 2.° ou sans profil, suivant ma nouvelle maniere, qui est beaucoup plus simple, & dont le Trait est moins embarassé de lignes ; on fera seulement le profil de l'arc droit comme il suit :

Sur GR prolongée on portera NR en RI, du point I on abaissera sur RM la perpendiculaire IC, qui la coupera au point C, d'où comme centre & du demi-diametre C *a* pour rayon on décrira un quart de cercle, I *a a*, sur lequel on portera les divisions *a* 1, *a* 2 en *a* 1′, *a* 2′, par lesquelles & par I on menera des paralleles à la rampe RM indéfinies *p* 1′, *n* *q* 2′, I H.

On tracera ensuite du point C *r*, milieu de RM pour centre la demi-Ellipse X *b* Y avec les diametres conjuguez, l'un *b d* pour la doële ou

Mk, pour l'extrados & l'autre LN pour l'extrados, ou deux an pour la doüle inclinez entr'eux, suivant un angle fC·H que nous allons chercher.

Par les points F & M on menera les lignes Mm, Ef paralleles à l'horisontale RO, puis lui ayant fait C·H perpendiculaire, on ouvrira le compas de l'intervale cM pour l'extrados, ou cb pour la doüle, & posant une des pointes en C·, on fera avec l'autre de part & d'autre des arcs qui couperont Ff en f, & Mm en m; par les points m & f on menera mf qui est le diametre conjugué au demi-diametre C·H.

Ainsi [par le Probl. 8. du 2e. Livre] on tracera cette demi-Ellipse rampante, qui sera l'arc de face auquel il ne manque plus que d'y marquer les divisions en voussoirs, correspondantes à celles de l'arc-Droit LC·, qu'il sera très-facile de trouver; car si par les points pQ, où les projections verticales des joints de lit Pp, Qq coupent le demi-diametre vertical C·b on mene des paralleles au diametre mf, où pour la doüle XY, elles couperont la demi-Ellipse XbY aux points 1^f, 2^f, 3^f, 4^f, où sont les divisions demandées, par lesquelles & par le contre C· on tirera les coupes des têtes $1^f 1^v$, $2^f 2^v$, &c.

Par le moyen de ces paralleles qui sont des ordonnées, on auroit pû tracer l'arc de face par plusieurs points, en portant sur chacune les retombées prises sur la ligne bd, comme $c 1^v$ en $p 1^f$ & $p 4^f$; $c 2^v$ en Q2^f & Q3^f.

Si la face de descente étoit apparente, & qu'on voulût lui faire les coupes de tête suivant les régles des joints perpendiculaires à la courbe, on le pourroit, mais il faudroit alors changer la direction des joints de tête de l'arc-Droit, qui deviendroit secondaire, comme nous l'avons dit ci-devant, pour que les lits ne soient pas gauches.

Il ne reste plus présentement qu'à former le ceintre de face de montée qui sera surhaussé, & dont les impostes seront de niveau, quoique celui de face ait été fait rampant.

Par les points R, p, q ayant tiré des perpendiculaires à RI, qui est le profil de cette face, on portera sur chacune les largeurs horisontales de l'arc-Droit à chaque division de voussoir, c'est-à-dire, les retombées, qu'on peut prendre sur le ceintre abc, au profil en $l 1^v$ $l 2^v$.

Ainsi l'on portera Cs, ou ce qui est la même chose, C·s en RV. $l 1^v$ en P1^v, $l 2^v$ en $q 2^v$, & par les points V$1^v 2^v$L on tracera une demi-Ellipse, qui sera la moitié du ceintre de face à laquelle l'autre sera égale.

On pouvoit tout d'un coup tracer cette demi-Ellipse par le moyen des demi-axes donnez, sçavoir RL & C a doublez pour en faire les axes.

Le Trait étant ainsi fait, il est visible qu'on y trouvera toutes les mesures nécessaires pour former les panneaux.

Premierement, pour ceux de *Doële plate*, on a les longueurs des joints de lit, qui en font les côtez sur le plan de rampe, par exemple pour le second voussoir 1′ 1′, 2′ 2′, & leurs avances ou reculemens de l'un à l'égard de l'autre se prendront par les distances de ces points au diametae *ae*, ou à la perpendiculaire F*k*, à l'égard des largeurs, qui sont l'intervale des côtez des panneaux. Nous avons tant de fois dit qu'elles se prennent à l'arc-droit, comme aux cordes *a* 1′, 1′ 2′, qu'il semble inutile de le répeter.

Pour mettre sous les yeux la suite des panneaux de doële plate par un *dévelopement*, par exemple pour les angles des têtes de doële de face de descente, on peut, comme nous avons fait à la fig. 89. prolonger la perpendiculaire F*k* indéfiniment, sur laquelle on portera de suite les cordes de l'arc-Droit *a* 1′, 1′ 2′, en *f* *d*, 1*d*, 2*d*, 3*d*, &c. par où ayant tiré des perpendiculaires à la directrice *f* *d*, qui sont des paralleles à la rampe RM, on lui menera par tous les points de la projection de la face *b* 1′ 2′ 3′ 4′ des perpendiculaires qui les rencontreront aux points *b*ᵈ, 1ᵈ, 2ᵈ, 3ᵈ, 4ᵈ, &c. par lesquels si l'on mene des lignes droites de l'un à l'autre, on aura le dévelopement de la partie des doëles plates, qui est vers la face de Descente.

On en usera de même pour les têtes de ces mêmes doëles plates à la face de montée, en prolongeant *ea* & lui menant par les points de la projection 1′ 2′ des paralleles à *ae* prolongées indéfiniment, puis ayant pris à volonté un point Aᵈ sur *ea* prolongée, on portera de suite les cordes de l'arc-droit *a* 1′, 1′ 2′, 2′ 3′, &c. aux points *o*′, *o*′, *o*′, &c. par lesquels on menera des paralleles à RM, qui couperont les perpendiculaires à la même ligne aux points 1ᵈ, 2ᵈ, 3ᵈ, &c. par lesquels menant des lignes droites de l'un à l'autre, on aura le dévelopement des têtes de doële à la montée que l'on cherche ; ainsi on aura les angles des doëles du haut & du bas.

On n'a plus à former que les panneaux de lit, comme il a été dit au trait précedent des descentes droites.

Les panneaux de tête sont donnez aux ceintres des faces de montée & de descente.

L'*application du trait sur la pierre* ne differe en rien de celle des descentes Droites, tracées suivant le même sisteme, dont nous venons de parler, c'est-à-dire, que si elle se fait par panneaux, on commencera par

DE STÉRÉOTOMIE. Liv. IV. 177

par la doële plate, & par le moyen des biveaux de lit & de doële, pris à l'arc-droit, on formera pour secondes surfaces celles du lit, ausquelles on appliquera leurs panneaux pour tracer les ouvertures des angles de têtes de descente ou de montée.

On peut même s'épargner les panneaux de lit en cherchant les biveaux de tête & de doële, comme il a été dit au dernier Problême du 3.ᵉ Livre, en commençant par la tête & la doële.

Si on veut tailler les voussoirs par équarrissement on le peut par cette méthode, & non pas par l'ancienne, sans une longue operation & beaucoup de perte de pierre. Ici le plan de rampe servant de plan horisontal on fera la descente biaise comme un berceau biais en surplomb, & la montée droite comme un berceau Droit en talud, comme nous l'avons expliqué au trait précedent.

Explication Démonstrative.

Il y a une chose de plus à considerer dans ce Trait que dans les descentes Droites, c'est l'inégalité du niveau des impostes de la face de descente, dont on a déja donné la raison en expliquant la fig. 87.

Puisque les impostes de l'arc-droit sont de niveau, & que le plan de cet arc-Droit aussibien que celui de rampe quoiqu'inclinez tous les deux à l'horison, sont supposez perpendiculaires à un plan vertical, leur commune intersection & toutes leurs paralleles seront des lignes horisontales; mais à cause que le plan de la face de descente, qui est vertical & oblique, tant au premier vertical qu'à celui de l'arc-droit & à celui de rampe, leur commune intersection ne peut être parallele à la premiere; par conséquent elle ne peut être de niveau comme elle. La raison en est bien sensible, car au dessus de la ligne F k, qui est de niveau, la rampe continuë de monter jusqu'en M, quoiqu'elle ne change pas de hauteur en k; par conséquent la ligne Mk doit être inclinée à l'horison d'une hauteur égale à la difference des points F & M, qui est la même que celle des points f & m.

Si la face de montée étoit oblique à l'horisontale RO, il est clair qu'elle feroit aussi rampante d'une imposte à l'autre, par la même raison.

Remarque sur cette Disposition.

Quoiqu'il se trouve une difformité dans la face de descente biaise, dont les naissances de l'arc-droit sont de niveau, en ce que le ceintre de cette face devient rampant, on ne peut disconvenir que ce ne soit

Tome II. Z

la disposition la plus naturelle pour l'usage interieur, parce que les impostes se suivent à hauteurs égales sur les marches ou sur la rampe, & sont de niveau entr'elles dans les parties directement opposées; il arrive seulement qu'à l'entrée il faut faire un Palier de niveau dans l'espace du triangle FMK, ou au moins des marches tournantes, parce que le seüil de la porte ne peut être rampant comme la ligne des impostes.

Si au contraire les impostes de la face étoient de niveau, il arriveroit que dans l'intérieur elles deviendroient d'inégale hauteur dans les parties diametralement opposées, de sorte que les marches en seroient plus près d'un côté que de l'autre, cependant pour ne pas faire une entrée difforme, on peut quelquefois faire une disposition contraire à la precedente, telle que nous allons l'expliquer.

Seconde Disposition de la Descente Biaise, où le Ceintre primitif est pris à la face de Descente.

En Termes de l'Art.

Descente Biaise par devant & droite par derriere, dont les naissances du ceintre de face sont de niveau.

Dans la disposition précedente nous avons représenté la descente biaise comme un demi-cylindre Droit, coupé obliquement par le plan de la face de descente; ici nous faisons un cylindre scalene, qui a pour base la face de descente, lorsqu'elle est en plein ceintre, & pour arc-Droit une demi-Ellipse rampante par ses impostes.

Fig. 90. Soit [Fig. 90.] le trapeze ABDE, le plan horisontal de la voute à la doële ou à l'extrados, & l'angle de rampe donné BAF. Pour ne pas embroüiller le dessein de trop de lettres & de lignes, nous supprimerons ici l'épaisseur des piedroits & de la voute en dedans.

Par le point D du piedroit le plus court, on tirera une perpendiculaire DG au côté AB, qu'on prolongera jusqu'à la rampe AF, qu'elle coupera au point F, par lequel on tirera FM parallele à AB, & égale à GB; & par le point M, on menera MR parallele à AF, qui rencontrera AE au point R, le trapeze AFMR représentera en profil le plan de rampe, qui est doublement incliné à l'horison, sçavoir, 1.° suivant la direction de ses côtez paralleles AF, RM. 2.° Suivant sa direction transversale de E en A, qui est exprimée à son profil par la hauteur verticale AR.

D'où il suit que le plan de cette rampe n'est pas semblable au plan

DE STEREOTOMIE. Liv. IV.

horifontal dans les têtes de la face de montée, comme il l'étoit dans toutes celles des Traits précedens, que faifant la projection de la voute fur ce plan, les lignes verticales lui deviendroient inclinées, & qu'enfin si on fait la projection fur un plan incliné, mais fuppofé perpendiculaire au vertical paffant par l'axe du berceau, on ne pourra prendre des mefures de largeur horifontale fur cette projection, comme aux autres Traits des defcentes, où nous avons confideré le plan de rampe comme horifontal; ainfi pour en faire cet ufage nous prendrons le plan de rampe pour horifontal, & le plan vertical paffant par l'axe pour incliné à l'horifon; cela fuppofé:

Pour faire le plan de rampe dans toute fon étendue, ayant tiré par le point F une perpendiculaire à RM indefinie. Du point M pour centre & d'une ouverture de compas, égale à BD; on décrira un arc qui la coupera au point d, par lequel on menera de parallele & égale à FA; puis on tirera eP, le trapeze RMde fera la figure du plan de rampe dans toute fon étendue.

Presentement il faut tracer les avances du furplomb de la face de defcente, & les reculemens de celle de montée.

Ayant divifé FM en deux également en c, on y élevera la perpendiculaire cb, qu'on fera égale à la moitié de BD; puis avec les axes, BD & FM, on décrira [par le Probl. 7. du 2.e Liv.] la demi-Ellipfe FbM. *Profil de face.*

Ensuite du point c pour centre & cb pour rayon, on décrira le quart de cercle bm, ou fi l'on veut une demi-Ellipfe telle qu'on la voudra pour ceintre de face, qu'on divifera en fes vouffoirs aux points 1, 2, &c. par lefquels on menera des paralleles à MF, qui couperont la demi-Ellipfe FbM aux points 1′, 2′, 3′, 4′, où feront les hauteurs des divifions de la face en vouffoirs fur fon profil, par lefquels on menera des paralleles indefinies à Fd, pour en avoir les projections fur le plan de rampe par le moyen de ce profil; enfuite on décrira fur Md un demi-cercle MHd, ou une demi-Ellipfe telle qu'on a fait à la moitié du ceintre de face ci-deffus; puis l'ayant divifé en fes vouffoirs, auffi comme ci-deffus m1, m2, aux points 1, 2, 3, 4, on abaiffera de chacun de ces points des perpendiculaires fur Md, lefquelles rencontrant les paralleles à Fd donneront les points 1′, 2′, 3′, 4′, où feront les avances du furplomb; ainfi la demi-Ellipfe MSd repréfentera fur le plan de rampe la projection inclinée de fon arête à la doëlle ou à l'extrados.

Par les points trouvez 1′, 2′, 3′, 4′ on menera des paralleles à la rampe RM, qui feront les projections des joints de lit fur le plan de

180 TRAITÉ

Reculemens en talud. rampe. Il reste présentement à trouver les reculemens du talud de la face de montée, & le ceintre de cette face.

Premierement, pour le reculement ayant mené par tous les points 1ᶠ, 2ᶠ, 3ᶠ, 4ᶠ des parallèles à la rampe, qui couperont EA prolongée aux points 1ᵐ, 2ᵐ, 3ᵐ, 4ᵐ, on menera par ces points des parallèles à F*d*, qui rencontreront les projections des joints correspondans aux points 1′, 2′, 3′, 4′, par lesquels on tracera la demi-Ellipse RT*e*, qui sera la projection de l'arête de la doële de la face de montée.

Pour trouver les angles des têtes des panneaux de lit, il faut chercher les avances de l'extrados sur ceux de doële à la face de descente, & les reculemens à la face de montée, comme il a été dit à la page 163.

Ceintre de montée. Pour tracer le contour du ceintre de cette face de montée dans toute son étendue, sur BA prolongée, on prendra AK égale à AE, & l'on tirera KR, qu'on divisera en deux également en Cᵐ, par où on élevera une perpendiculaire à AK, sur laquelle on portera les hauteurs des retombées de l'arc *mb*, sçavoir P1 ou *c*1ᵃ en Cᵐ 1, *p*2 ou *c*2ᵃ en Cᵐ 2ᵃ, & *cb* en Cᵐ I, puis par ces points on menera des parallèles à RK pour trouver les hauteurs des divisions des voussoirs au ceintre de montée, qui sera une demi-Ellipse rampante, qu'on pourra faire par le Probl. 8. du 2 Livre, par le moyen des diametres conjuguez, donnez KR, & deux fois *cb* demi diametre vertical, cette demi-Ellipse KIR coupera les lignes parallèles à KR, menées par 1ᵃ 2ᵃ, aux points 1ᶜ 4ᶜ, 2ᶜ 3ᶜ.

On remarquera que je propose toujours de tracer les ceintres comme les demi-Ellipses, par le moyen des diametres conjuguez, pour n'être pas obligé, comme les Auteurs des anciens Traits, de faire des sousdivisions de voussoirs en deux parties égales, nécessaires pour augmenter le nombre des points donnez, lorsque les voussoirs sont si larges qu'il reste un grand intervalle de courbe d'une division de tête à l'autre, ce qui multiplie tellement le nombre des lignes d'une épure, qu'il est difficile d'en éviter la confusion.

On peut aussi trouver ces mêmes points, & par conséquent aussi le contour du ceintre de montée, en menant par les points 1ᵐ, 4ᵐ, 2ᵐ, 3ᵐ, provenant des points 1ᶠ 2ᶠ 3ᶠ 4ᶠ, des parallèles à AK, qui couperont les précedentes, parallèles à KR aux mêmes points 1ᶜ 2ᶜ 3ᶜ 4ᶜ.

Ou bien on menera par les points *p*ᵃ *p*ᵃ des retombées du ceintre primitif MH*d* des parallèles à RM, qui couperont R*s* aux points *l*ᵃ, *l*ᵃ, *l*ᵃ, *l*ᵃ, on portera ensuite les distances de ces points au point R, sur le diametre rampant RK, comme R*l*ᵃ en RL*ᵃ*, R*l*ᵃ en RL*ᵃ*, &c. &

par les points L', L', &c. on menera des parallèles à C-I. qui couperont les ordonnées passant par 1", 2", aux points 1°, 2°, &c. qu'on cherche.

Il ne nous reste plus présentement qu'à former l'arc-Droit, qui est aussi une demi-Ellipse rampante, mais moins exhaussée que celle du ceintre de montée, que nous venons de faire.

On a déja sur le plan de rampe un de ses diametres qui passe par les impostes, lequel est gd, & l'on trouve l'autre qui passe par la clef en menant par le centre c, du profil de la face, une ligne CX, parallele à la rampe RM, qui représentera l'axe du cylindre, & par un point C', pris à volonté sur cet axe, on lui menera une perpendiculaire, qui coupera iF au point O, la ligne C'O sera la moitié du diametre conjugué à celui qui doit passer par les impostes, dont il sera facile de trouver les angles de conjugaison, comme il suit.

Du point C' pour centre & d'une ouverture de compas, égale à la moitié de gd, on fera de part & d'autre des arcs, qui couperont l'un la ligne AF en d', l'autre RM en g', l'angle d' C'O ou son supplement OC'g' sera celui que l'on cherche, par le moyen duquel & les longueurs des diametres donnez on décrira une demi-Ellipse [suivant les Probl. 8. ou 9. du 2.° liv.] laquelle coupera les parallèles des projections verticales des joints de lit provenant des divisions 1', 2', 3', 4' aux points correspondans 1", 2", 3", 4", par lesquels du ceintre C' on tirera les joints de tête 1' 5, 2' 6, &c.

On peut encore trouver le diametre de l'arc-Droit, & son angle de conjugaison, d'une autre maniere, sans le secours du plan de rampe sur le plan horisontal. Ayant tiré par le point B, le plus avancé du biais, une ligne Br, parallele à celle de rampe RM, on lui menera par le point G une perpendiculaire Gq, qui la coupera en q; puis ayant porté la longueur Gq sur GB en GQ, on tirera la ligne QD, qui sera le diametre qu'on cherche, & l'angle GQD celui de la conjugaison du second diametre, qui passe par la clef de l'arc-Droit.

Si l'on veut tracer cet arc par plusieurs points sans avoir recours aux Problémes citez, on peut en trouver plusieurs points, en menant par les divisions de la ligne cb, 1", 2", des parallèles à la rampe RM, jusqu'à la ligne C'O, qu'elles couperont en a & b, par où on menera des parallèles au diametre gd, qui rencontreront celles qui proviennent des divisions du profil de la face de descente 1', 2', 3', 4', aux points 1", 2", 3", 4", par où on tracera la courbe rampante de l'arc-Droit, & le Trait sera achevé.

PRÉSENTEMENT il est visible que l'on a tout ce qui est nécessaire pour former les panneaux, & tracer la pierre.

PREMIEREMENT, les longueurs de ceux de doële sont données en deux endroits, sçavoir sur la projection verticale du profil, & sur le plan de rampe aux lignes 1' 1', 2' 2', &c. qui sont les joints de lit.

LES avances de surplomb & les reculemens de talud se trouvent aux mêmes points 1', 2'; 1', 2', comparez par la distance à une perpendiculaire gd qui les traverse tous; enfin leurs intervales de largeur sont donnez à l'ordinaire, par les cordes de l'arc-Droit d 1', 1'2', &c. par conséquent toutes les figures des doëles plates sont faciles à décrire.

LES panneaux de lit se trouveront par les mêmes moyens en faisant une seconde épure d'avance de la face de montée, & de reculement de celle de descente, semblable à la premiere pour l'extrados, si l'on a commencé par la doële, comme il convient, ou pour la doële, si l'on avoit commencé par l'extrados, comme dans cette figure, ce qui a déja été repeté dans les Traits précedens.

ENFIN les biveaux de lit & de doële plate sont aussi donnez à l'ordinaire aux angles de l'arc-Droit n 5 1', 1' 5 6, &c. Ainsi on peut tracer la pierre par panneau.

A l'égard de la maniere de tracer la pierre par équarrissement, qui est très aisée par notre nouveau sistême dans tous les Traits précedens, elle se trouve un peu plus embarassée dans celui-ci, à cause que la double obliquité du plan de rampe ne nous permet pas de le considerer comme un plan horisontal; parce qu'il est incliné suivant sa largeur, outre son inclinaison en longueur. Il faudroit pour l'équarrissement que les aplombs fussent perpendiculaires aux diametres supposez perpendiculaires à ses côtez, & ils ne le sont pas. Ainsi il faudroit faire une projection horisontale exprès, ce qui rendroit le trait trop composé.

CEPENDANT on pourroit le faire en posant les retombées du ceintre primitif MHd sur des lignes paralleles au diametre de face Md, qui est horisontal, lesquelles sont par conséquent de niveau en œuvre; mais non pas sur d'autres diametres qui sont inclinez, ce qui n'est pas de difficile exécution; parce qu'il ne s'agit que de faire couler la fausse équerre ouverte de l'angle edM au long du côté ed du plan de rampe, & mesurer les retombées suivant le bras parallele à dM.

DE STEREOTOMIE Liv. IV.
Explication démonstrative.

Nous avons démontré au 2.ᵉ Livre, que les projections des cercles quelconques verticales, horisontales ou inclinées étoient des Ellipses, & que celles des Ellipses étoient d'autres Ellipses plus ou moins allongées ou resserrées, & quelquefois des cercles. Or toutes les bases ou sections des berceaux en descente, qui se font ici en trois endroits ; sçavoir, 1.° à la face de descente, 2.° à celle de montée, 3.° à l'arc-Droit, sont des cercles ou des Ellipses ; donc les projections des faces inclinées au plan de rampe, sont des demi-Ellipses, qui ont été bien décrites par les axes ou diametres donnez, ou par des points trouvez par le moyen des divisions proportionelles des axes & des diametres de la courbe projettée, & de celle de sa projection, ce qui est visible; parce que toutes ces divisions ont été faites par des lignes paralleles entr'elles, suivant les loix de la projection énoncées au 2.ᵉ Liv. pag. 209.

Quant aux diversitez des différentes dispositions du ceintre primitif pris à des naissances de niveau à l'arc-Droit, ou à celui de montée, comme à la fig. 89. ou à la face de descente, comme à la fig. 90. nous en avons déja donné l'explication par celle des fig. 87. & 88. il reste seulement à rendre raison de la pratique qui a été donnée pour trouver le diametre rampant des impostes de l'arc-Droit, & son angle avec le demi-diametre conjugué passant par le milieu de la clef.

Il faut se représenter [*Fig.* 90.] la ligne B*r*, comme abaissée, & *Fig.* 90. transportée avec la même ouverture d'angle GB*r* égal à celui de rampe [par la construction qui fait B*r* parallele à RM] dans un plan vertical sur AB, alors la ligne G*r*, qui étoit couchée sur l'horisontal, deviendra verticale, & dans ce même plan elle n'y sera plus représentée que par un seul point G; or comme l'arc-Droit doit être dans un plan perpendiculaire à la direction de la rampe *r*B, qui est parallele à l'axe du berceau, sa section avec le premier vertical par AB sera dans une perpendiculaire G*q*, qui coupe la rampe en *q* plus haut que le point *r* ; ainsi le triangle G*q*D représente en racourci la partie du plan de l'arc-Droit, qui est audessous du plan horisontal, passant par une imposte D, & par un point G vis-à-vis, qui est au dessus de l'imposte de la longueur G*q* ; mais comme ce triangle qui doit être rectangle est racourci par son côté *q*D, on a transporté G*q* en GQ, pour avoir l'angle Droit DGQ, que fait le plan de l'arc-Droit dans son intersection avec le vertical passant par AB, & l'intersection QD du plan de l'arc-Droit avec le plan de rampe, laquelle intersection est le diametre de l'arc-Droit ; puisque le plan de rampe coupe le cylindre par l'axe ; par conséquent par le centre de l'arc-Droit ; donc ce diametre est bien trouvé.

Il est aussi visible que le plan vertical passant par la clef & par l'axe est parallele au vertical passant par AB ou B r côté du cylindre ; par conséquent l'angle DQA est celui de la conjugaison des diametres de l'arc-Droit ; *ce qu'il falloit trouver.*

REMARQUE.

La comparaison des hauteurs des naissances des voutes se fait naturellement du premier coup d'œil aux parties opposées perpendiculairement, qui sont vis-à-vis les unes des autres dans les piedroits, & cette comparaison est d'autant plus facile, que les piedroits sont longs & inégaux, c'est-à-dire, lorsque la voute est plus longue & plus biaise ; ainsi cette derniere disposition où les impostes de la face de descente sont de niveau, entraîne infailliblement une difformité dans l'intérieur, de sorte qu'elle ne convient qu'à celles où l'on doit avoir plus d'égard à la décoration de l'entrée qu'à la régularité intérieure, comme aux descentes de caves.

La fig. 91. montre le dévelopement de la doële à la face de montée RK, qui est rampante ; celui de la face de descente étant moins irrégulier, on ne l'a pas mis, faute de place, d'autant plus que la construction en est la même qu'à la fig. 89.

Second cas des Descentes Biaises, lorsque les Faces sont en Talud.

La différence que la nouvelle obliquité du Talud des faces cause entre cette voute & la descente simplement biaise, consiste 1.° en ce que la projection de la face de montée sur le plan de rampe augmente le reculement en talud, & que celle de la face de descente diminuant l'avance du surplomb. 2.° En ce que la projection verticale raccourcissant au profil le talud de la face, il faut une préparation pour en trouver les mesures. Au reste le trait est susceptible des mêmes effets que produit le changement du ceintre primitif.

Premiere dispostion où l'on prend l'arc-Droit pour ceintre primitif.

En Termes de l'Art.

Descente Biaise en Talud, rampante par devant & droite & en Talud par derriere.

Fig. 92. Soit [fig. 92.] le trapeze ABED le plan horizontal de la descente, AM l'inclinaison de la rampe, & BM sa plus grande hauteur.

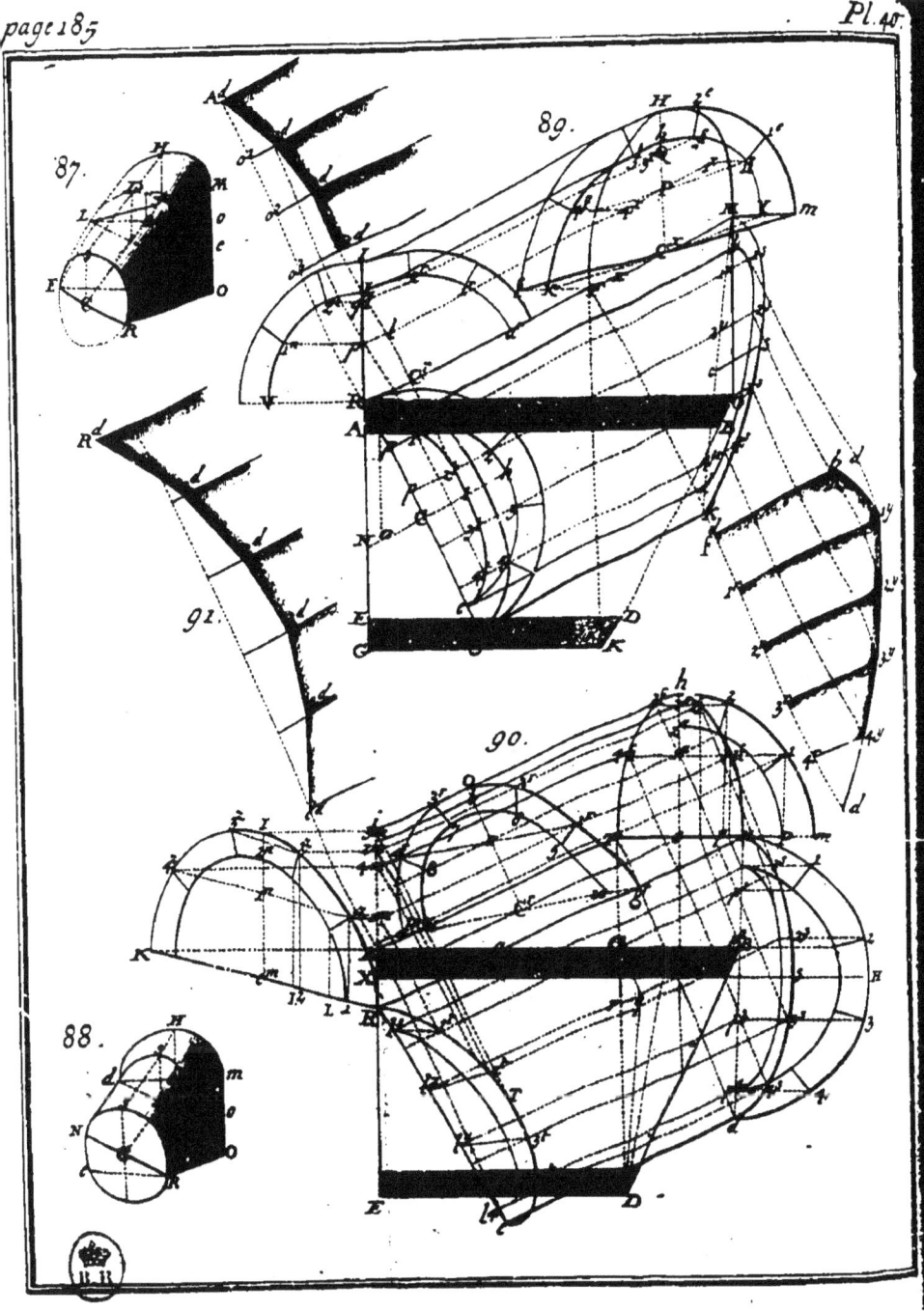

DE STEREOTOMIE. Liv. IV.

On formera comme au trait de la descente biaise, page 173. le plan de la rampe A M *dc*, le ceintre primitif AH*c* avec les projections des divisions des voussoirs 1, 2, 3, 4 en $p^1 q^1$, $p^2 q^2$ prolongées, & l'arc-Droit C'T *d*' avec les projections verticales de ses divisions, comme à la fig. 89. qui couperont le profil de la face de montée AT aux points *m*, *m*' T, par le moyen desquels on tracera la projection en talud A*b'c*, comme à toutes les montées précédentes.

Jusqu'ici la construction a été la même qu'à la fig. 89. à cela près qu'on a pris l'inclinée AT au lieu de la verticale A*u* du profil de la face de montée.

Présentement il faut faire le profil de la face de descente, & chercher la valeur de son demi-diametre en talud *b*K, ce qui n'est pas si aisé ; il y faut une préparation.

On fera dans une fig. † à part, l'angle aigu du biais horisontal *abd*, *Fig.* † & par un point P, pris à volonté, une perpendiculaire PL au côté *bd*, sur laquelle on fera au point P l'angle du talud donné LPV ; on tirera ensuite P*n* parallele à *ba*, & par le point L une perpendiculaire *bL* à la même *ab* qui coupera P*n* au point *n*. On fera *nb* égale à LV, & l'on tirera *bP* ; enfin on fera au point *n* sur P*n* l'angle P*nm*, dont le côté *nm* coupera P*b* au point K.

On divisera ensuite FM en deux également en K, & l'on portera *Fig.* 92 la longueur K*n* de la préparation de K en X, par où on fera X*b* per- & *Fig.* † pendiculaire à AB, laquelle coupera T*b* au point *b*, que l'on cherche, la ligne *b*K sera le profil du diametre de la descente, qui est encore raccourci par la projection, c'est pourquoi il en faut encore chercher la valeur par la préparation, menant K*o* parallele à *mp*, & ayant porté *n o* en L*p*, on tirera *gk* parallele à LP, qui coupera VP en *k*, la longueur V*k* sera le diametre du ceintre de face conjugué au diametre M*d* ; il ne s'agit plus que de trouver les angles de leur conjugaison pour décrire la demi-Ellipse de face de descente en talud.

Par le point *b* du profil on tirera une perpendiculaire à la rampe AM, qu'on prolongera jusqu'à la rencontre de C*s* en *s*, par où on tirera la ligne Q*s*H' perpendiculaire à M*d* ; puis du point *c*, milieu de M*d* pour centre, & pour rayon *ky*, on fera un arc qui coupera QH' au point H', l'angle *dc*H' sera celui que l'on cherche, par le moyen duquel & les diametres donnez on décrira [par le Probl. 8. du 2.ᵉ Liv.] la demi-Ellipse *b*MH'*d*, qui sera le ceintre de face de descente en talud.

Pour avoir au contour de ce ceintre les divisions des voussoirs, pro-

Tome II.   Aa

venant de celles du centre primitif de l'arc-Droit, il faut tirer par les points q^2 & q^4 des parallèles à cH^2, qui couperont l'arc de face aux points 1^a, 2^a, 3^a, 4^a qu'on cherche, ou bien tracer une demi-Ellipse Msd avec les diametres conjuguez Md, & deux fois cs, faisant entr'eux l'angle dcs; cependant comme les demi-Ellipses très resserrées sont sujettes à des imperfections dans l'exécution, il convient mieux de chercher chaque avance par le profil. En effet si l'angle du talud est égal en profil à celui de la rampe, cette demi-Ellipse devient infiniment étroite, ensorte qu'elle se confond avec le Diametre Md.

D'où il suit que si ce même angle est plus ouvert, au lieu des avances en surplomb, la demi-Ellipse de projection sur la rampe passera en dedans du diametre Md, & se change ainsi en projection de talud.

Par tous les points q, où les projections des joints de lit coupent le diametre de face de descente Md, on menera des perpendiculaires à la rampe AM, qui la couperont aux points $Xxxx$, par lesquels on menera des parallèles à Kb, qui couperont les profils des joints de lit, provenant des points de l'arc-Droit 1^a 2^a aux points f^1, f^2, f^3, f^4 qu'on cherche, par lesquels tirant des perpendiculaires à la rampe, jusqu'aux projections des joints correspondans, on aura les points 1^a, 2^a, 3^a, 4^a, par lesquels on tracera la demi-Ellipse de surplomb MSd.

Si l'on n'avoit pas les divisions du centre de face de descente, qui ont été trouvées par le moyen des ordonnées, comme nous venons de le dire, on pourroit les trouver en tirant par tous les points d'avance $1'$, $2'$, $3'$, $4'$ des perpendiculaires au diametre Md, qui donneront les mêmes points 1^a 2^a 3^a 4^a; enfin tirant du centre c les joints de tête par tous ces points, on aura les panneaux de face de descente.

Les panneaux de lit & de doële se formeront, comme à toutes les autres descentes, par le moyen des longueurs des projections des joints de lit & de tête.

Les biveaux de lit & de doële se prendront aussi à l'arc-Droit.

L'elevation de la face de montée NrA se fera par le moyen des divisions de la ligne de profil de talud AT, en faisant $Cr = AT$ = $1r = Am'$, $M2'' = Am''$, &c.

Explication démonstrative.

Il y a deux choses à trouver dans le Trait de cette espece de voute de plus qu'aux descentes simplement biaises, comme étoient les précedentes.

Premierement, l'inclinaison de la face en talud, que le profil ne donne pas exactement; parce qu'il la donne suivant la direction de la voute, elle doit être mesurée, comme nous l'avons dit au 3.e Livre, page 369. perpendiculairement à la commune intersection de la face, & du plan vertical passant par le diametre rampant M*d*, ce qui rend le talud L*k*V plus aigu que celui de l'angle *gKb* du profil; parce que la hauteur *zb* étant commune, ses angles sont entr'eux comme *nk* est à L*k* [par la construction] c'est-à-dire, comme la base *nk* du talud suivant la direction de la voute est à la base L*k* du même talud, prise sur une ligne horisontale, perpendiculairement au diametre BD dans sa projection.

Il est aussi clair, que le triangle L*nk* ayant ses trois côtez perpendiculaires aux trois côtez du triangle du biais NBD, il lui est semblable; par conséquent que pour avoir la position de la base L*k*, si on fait l'angle du talud hors de la position où on l'a mis, il n'y a qu'à ajouter à l'angle droit VL*k* l'angle NDB, ou tout d'un coup faire cet angle égal à EDB.

Il reste à démontrer que l'angle des diametres conjuguez de l'arc de face de descente rampante a aussi été bien trouvé.

Il est clair par la construction & par les regles de la projection inclinée, que le point *s* représente le point *b* du profil; parce que *bs* a été faite perpendiculaire à CS, milieu du plan de rampe. Il est aussi visible par la même regle de projection, que le point Q, sur le diametre M*d* représente les points *s* & H², & que la représentation peut être dans tous les points de la ligne QH², comme au point *s*, par où elle passe; mais un diametre quelconque doit passer par le centre de la section qui est en *c*; donc il doit passer en *c*H² ; par conséquent l'angle *dc*H² ou son supplément M*c*H² est celui de la conjugaison du demi-diametre *c*H² à l'égard du diametre M*d*, *ce qu'il falloit trouver* en second lieu.

Remarque sur le Trait des Descentes biaises, & face rampante.

Il y a une observation à faire dans ce Trait, qui est échapé au P. Derand, je ne parle pas de M. de la Rue, parce qu'il l'a passé sous silence, c'est que l'angle du biais ABD ou EDB ne doit pas être pris sur le plan horisontal sans une correction, qui mérite attention.

On menera par le point F de l'imposte inférieure du profil, une ligne FO parallele à AB, & par le point M une ligne MO parallele à *b A*, qui rencontrera F O au point O; la ligne *i* O, qui excede l'aplomb du point M, sera la longueur qu'il faut ajouter au dehors du piedroit AB sur son allignement, en la portant de B en *b*, l'angle A *b* D sera celui du biais reformé au niveau de l'imposte inferieure; si la base AB ne peut être allongée, il faudra porter cette longueur *i* O en dedans, pour diminuer l'obliquité du biais de la quantité necessaire, pour racheter par le talud la hauteur de l'imposte superieure M de l'arc rampant.

La raison en est sensible si l'on fait attention, que le talud doit reculer le point M en dedans du point B, sur lequel il étoit aplomb; or comme le seuil de la baye de la descente doit être de niveau entre les piedroits de la voute, il suit necessairement qu'un des piedroits soit plus haut que l'autre de la hauteur *i* M aplomb, de la distance M O mesurée en talud, par consequent qu'il sera plus avancé en O que en M; puisque le talud couche le piedroit en dedans.

Seconde disposition de la Descente Biaise en Talud, où le Ceintre primitif est pris à l'Arc de face sur un Diametre horisontal.

En Termes de l'Art.

Descente biaise & en Talud, dont l'Arc de face est de niveau par ses impostes.

Ce Trait est si semblable à celui de la seconde disposition de la descente biaise sans talud, qu'on peut dire, qu'il ne s'agit que d'un peu plus ou moins d'avance de surplomb, & de reculement de talud sur le plan de rampe; parce que le talud de la face de descente diminue l'avance du surplomb, & le talud de la face de montée augmente le reculement que produisoit déja la face de montée sur le plan avant que d'être en talud.

Fig. 93.
Ou il faut remarquer que si le talud de la face de descente, pris en profil AC, faisoit un angle droit avec la direction de la rampe RM ou AC', ce qui peut arriver, quoique le plan de face de descente soit biais à cette direction, l'avance considerée comme surplomb sur le plan de rampe s'évanouïroit, & la projection de la face de descente sur ce plan se confondroit alors avec la ligne Droite M*i*, il n'y a donc rien dans ce trait de plus qu'à celui dont nous parlons, que l'inclinaison des faces en talud, dont il faut trouver la projection sur le plan de rampe, comme on a fait au précedent, dont celui-ci est l'inverse.

Sur le milieu *k* de la projection horisontale de la face BD, ayant fait

DE STEREOTOMIE. L.v. IV.

la perpendiculaire k L, on fera l'angle LkV égal à celui du talud donné, puis on portera sur kV la longueur du demi-diametre CH du ceintre primitif MHd, qui donnera le point V, par lequel on menera VL perpendiculaire à Lk, qui donnera le point L, par lequel on tirera Lb perpendiculaire à AB prolongée indéfiniment, ensorte qu'elle rencontre la ligne MF au point X. On portera au dessus de ce point sur la même ligne prolongée la hauteur LV en Xb.

On tirera ensuite par k la ligne kC^f, qui coupera la projection verticale du diametre horisontal du ceintre primitif en C^f, par où & par le point b on tirera C$^f b$, qui sera le profil du demi-diametre CH.

Par le point b on tirera bT parallele à la rampe, jusqu'à ce qu'elle rencontre le profil AT du talud de la face de montée, le trapeze ATbC^f représentera le plan de la section de la descente aplomb par la clef, sur lequel on trouvera toutes les hauteurs des joints de lit, comme il suit.

On tirera par les points pp des paralleles à dF, qui couperont FM, en des points f & f, par lesquels on menera des paralleles à C$^f b$. Ensuite ayant porté les hauteurs des retombées p^x, p^v en $k\pi$ kv, on menera par les points π & v des paralleles qui couperont LK aux points x & π, par lesquels on menera des paralleles à Lb, qui couperont C$^f b$ aux points O & φ. Enfin tirant par ces points des paralleles à $c^f b$ donneront en profil les points de division de l'arc de face 1^f, 2^f, 3^f, 4^f, qui déterminent les avances de ces points sur le plan de rampe, ensuite par ces mêmes points on mene des paralleles à bT, elles couperont le talud de montée AT aux points 1^m 2^m 3^m 4^m, qui détermineront les reculemens des divisions de la face de montée à l'égard du plan de rampe.

On rangera ces avances & reculemens sur ce plan de rampe RMde dans leur place, pour éviter la confusion des projections des joints de lit dans le profil, en menant des paralleles à Fd par tous les points 1^f, 2^f, 3^f, 4^f, jusqu'à la rencontre des perpendiculaires p^x, p^v, au diametre du ceintre primitif MHd, qu'elles rencontreront aux points s^x, s^v, s^1, s^v, par lesquels on tracera la demi-Ellipse MSd.

Par ces derniers points s^x, s^v, s^1, s^v, on menera des paralleles à la rampe RM, qui rencontreront les perpendiculaires à cette rampe, provenant des points 1^m 2^m, &c. aux points 1^x 2^x, &c. qui donneront le contour de la demi-Ellipse R T^m e; qui détermine le reculement du talud de la montée.

L'arc Da-oatr de ce trait se formera précisément de la même manière qu'il a été dit à la page 181. pour les descentes biaisées sans talud de la seconde disposition.

L'arc de face de montée se fera ainsi de même, avec cette seule différence, que les lignes de niveau tirées du profil R de cette face, prendront leur origine sur des points 1. 3. 2. 4. trouvez sur R par des arcs de cercle faits du point R pour centre, & pour rayons les longueurs RT, R3″, R2″, &c.

Nous n'ajoutons rien ici touchant les biveaux, le développement, la formation des panneaux, & l'application du Trait sur la pierre; parce que la manière est la même que pour toutes les autres descentes.

Cette grande conformité nous dispense aussi d'une ample explication, il suffira de rendre raison de ce qu'il y a de particulier touchant le talud.

Explication démonstrative.

Dans la disposition précédente nous avions plusieurs choses à trouver pour la formation de l'arc de face de descente, sçavoir le demi-diametre conjugué à celui qui passe par les impostes, & l'angle qu'il fait avec le même, de l'inclinaison du talud. Ici où l'arc de face de descente est donné, on a besoin de chercher que le plus ou la moitié d'avance que son contour donne, en delà ou en deçà de son diametre de niveau dans la projection inclinée sur le plan de l'angle, & parce que l'inclinaison du talud se mesure toujours par une perpendiculaire au diametre de devant de la face de descente, on a fait un profil du talud perpendiculairement à ce diametre, comme à la disposition précedente, pour trouver par son moyen les hauteurs des divisions des [...] [...] de la disposition précédente par l'accroît [...] contre-pointes, de sorte qu'on a toute celle l'avance du précedent [...]

[...] des descentes, quoi-[...] parce que si la face de montée étoit aussi biais, on retomberoit dans le même Trait, où il n'y auroit [...] qu'il [...] [...] [...] qui servent à faire [...] des sons que si la [...] [...] permettoit de l'avoir [...] [...] pour hauteur, qu'on sauroit seulement quatre enveloppes pour avoir autant de hauteurs, de qu'ils dussent donner en faux plomb à l'égard de l'axe du biveau.

page 191

Pl. 4.

92.

93.

DE STEREOTOMIE. Liv. IV.

REMARQUE

C'est particulierement dans les Traits des descentes biaises & en talud, qu'on trouve occasion de faire usage des Problêmes du second Livre, pour la description des Ellipses par le moyen de leurs diametres conjuguez ; puisque trois sections du même berceau, sçavoir l'arc Droit, l'arc de face de descente, & celui de montée, outre leurs descriptions dans toute leur étenduë, doivent encore être représentez par des projections horisontales, verticales & inclinées, ce qui peut produire neuf demi-Ellipses differentes, & au moins necessairement cinq, y compris un demi-cercle, s'il s'en trouve un.

On peut s'épargner presque toutes ces descriptions, par la méthode de Desargues, dont nous allons parler ; mais selon moi on ne sçauroit representer de trop de façons les cintres des berceaux ; parce que rien n'éclaire plus l'esprit dans l'Appareil, & ne le conduit plus sûrement.

METHODE GENERALE,
Pour toutes sortes de Berceaux Droits & Obliques, tirée de Desargues.

Abraham Bosse, habile Graveur, plus curieux des pratiques tirées de la Geometrie, que de s'instruire de la connoissance de leurs principes, comme il semble en convenir lui-même *, a donné au Public en 1643, un livre sur la coupe des pierres, intitulé, *Pratique du Trait à preuves de M. Desargues*, qu'il a écrit d'un stile si diffus, avec des nouveaux termes, dont quelques-uns sont si impropres, que les Artistes, & même quelques Auteurs, l'ont regardé comme un galimatias inintelligible ; c'est ainsi qu'en parle M. de la Rue, dans sa Préface : *il semble*, dit-il, *que Desargues, dont le Graveur Bosse a mis les Ouvrages au jour, ait eu envie de dérober aux autres la Science de la Coupe des Pierres, par les Principes même qu'il en donne ; tant il a affecté de nouveauté dans ses Termes, & de singularité dans ses Traits*, à quoi il ajoute que *Jacques Curabelle a relevé exactement toutes ses fautes*. Je n'ai pas vû cette critique, & par conséquent je ne puis juger de son exactitude ; j'avancerai cependant, sans la craindre, que la Méthode de Desargues n'est du tout point à rejetter. Je conviens qu'il y a des difficultez, mais comme elles ne viennent que d'une faute d'explication du principe, sur lequel elle est fondée, & un peu aussi de la nouveauté des termes, je vais suppléer à ce qui manque au Livre de Bosse, qui ne pouvoit expliquer ce qu'il n'entendoit pas lui même ; puisque son Maître ne lui

*Voyez son Avantpropos page 5.

* *Ibid.* difoit pas tout *; & qu'il s'en repofoit fur lui pour la juftefle, comme
pag. 55. il le dit dans fon avantpropos *.
* *Ibid.*
pag. 5.
* Je les
ay reçûës
pour être
précifes &
je vous les
donne pour
telles.

Explication & Sommaire,
De la Methode de Defargues.

Il eft conftant, comme je l'ai fait voir dans tout ce Chapitre, que les differences des voutes en Berceau ne font que des changemens de pofition, ou de fection d'un corps cylindrique, qui n'alterent en rien la nature du cylindre, ni celle de fes fections. Defargues ayant fenti cette vérité a réduit tous les Traits de la formation des Berceaux, Droits, Biais, en Talud, & en Defcente, à un feul Problême, qui eft de chercher l'angle que fait l'axe du cylindre avec un diametre de fa bafe, lequel eft dans la fection d'un plan paffant par l'axe, perpendiculairement à celui de la bafe, c'eft-à-dire, *à chercher l'angle de la plus grande obliquité de l'aiffieu du Berceau avec le plan de la face*, dans laquelle eft une ligne qu'il appelle *Soufeffieu*, nom qui entraîne une fauffe-idée-de-la chofe, qu'il auroit été plus expreffif d'appeller *le diametre de la plus grande obliquité*. Je ne fçai pas s'il y a voulu faire du myftere, ou s'il a tiré ce nom de la conformité d'un pareil, comme celui de *fustentant*; il en donne d'autres auffi impropres aux perpendiculaires à ces deux lignes; celle qui l'eft à l'effieu y eft appellée *Traverfeffieu*, & celle qui l'eft à la foufeffieu *Contreffieu*. Cette premiere devoit être appellée *le Diametre de l'Arc-Droit*, & l'autre *le diametre perpendiculaire à l'axe oblique*.

Tout le fecret du Trait de Defargues confifte donc 1.° A trouver l'angle que fait l'axe ou effieu du berceau avec le diametre de fa face, qui lui eft plus incliné que tous les autres qu'on peut tirer dans cette face, ou pour parler fon langage, l'angle de *l'effieu* & de la *foufeffieu*, pour avoir la plus grande obliquité du berceau fur fa face.

2.° A faire la projection des divifions de l'arc-de-face, divifé en vouffoirs fur le *diametre de plus grande obliquité* [foufeffieu] en quelque fituation qu'il foit, de niveau, aplomb ou en pente, par des perpendiculaires à ce diametre, qu'elles diviferont en parties plus ferrées.

3.° A mener par chacune des divifions de ce diametre d'autres lignes perpendiculaires à l'effieu, pour avoir les hauteurs des retombées de l'arc-Droit fur l'effieu, & la projection de cet arc fur un de fes axes, & par ce moyen parvenir à fa formation.

4.° A porter dans les intervales de ces dernieres lignes perpendiculaires à l'axe, les longueurs des joints de tête ou des cordes des doëlles

prifes

prises sur l'arc de face, depuis la ligne correspondante ou issuë d'un joint, à celle qui correspond à celle d'en suite, pour avoir l'angle du joint de lit avec la tête de la doële plate, enfin à porter les joints de l'arc de face entre les lignes provenant des joints de doële & d'extrados, pour avoir les angles que font les joints de lit de la doële avec les joints de tête de l'arc de face.

Voila en deux mots tout le mystere de cette méthode éclairci, & les principes de sa pratique revelez & débrouillez, comme on le verra plus clairement dans les exemples ci-après.

I.° *Du Berceau Droit.*

La méthode de Desargues ne consistant qu'à chercher l'angle de la plus grande obliquité d'un berceau, elle n'a rien de particulier sur la maniere ordinaire lorsque le berceau est Droit; parce que tous les diametres de la face peuvent être pris en particulier pour sousessieu, & toutes les perpendiculaires à chacun de ces diametres pour essieu, & comme la ligne qu'il appelle *traversessieu*, qui est le diametre de l'arc Droit, lui est perpendiculaire, il suit que la *Traversessieu* se confond alors avec l'Essieu, & la ligne qu'il appelle *contressieu*, qui ne sert pas de grand chose dans sa méthode, étant perpendiculaire à la sousessieu, se confond au profil avec l'Essieu.

Ou il faut remarquer que hors le cas du berceau Droit, jamais la *traversessieu* ne se confond avec l'essieu dans les obliques, n'étant pas dans le plan de la face, c'est-à-dire, de la base du cylindre, non plus qu'en certaines circonstances l'essieu & la *contressieu*.

La démonstration de ce que j'avance est claire par la 4.e du 11.e Liv. d'Euclide, qui dit, que si une ligne est perpendiculaire à deux autres qui se croisent, elle l'est à toutes celles qui sont dans le même plan, & se croisent au même point; or le berceau étant Droit son axe est perpendiculaire à la ligne de niveau, & à l'aplomb de la face; donc il est perpendiculaire à tous ses diametres; par conséquent ils peuvent tous representer la sousessieu à l'égard d'une ligne qui leur étant perpendiculaire, passe par le centre, ou pour mieux dire, dans ce cas il n'y a point de *sousessieu*.

Corollaire.

D'où il suit qu'il n'importe que cette face soit circulaire ou Elliptique, parce que le plus ou moins de longueur des côtez d'un angle ne fait rien à son ouverture; ainsi l'angle que l'essieu fait avec un diametre ne

194 TRAITÉ

sera en rien altéré, s'il survient de l'inégalité de longueur à ce diametre, comme aux faces Elliptiques où ils sont inégaux ; ce qu'il est à propos de remarquer pour sentir, que dans les cas d'obliquité des berceaux sur leurs faces, il n'est pas nécessaire de faire attention à la courbe de leurs arcs de face.

2.°

Des Berceaux dont la Direction horisontale est Droite, c'est-à-dire, perpendiculaire au Diametre des Impostes de la face, ou à sa projection horisontale, mais dont le plan de face est oblique à son axe.

  1.° En Talud,   2.° En Surplomb,
  3.° En Descente,   4.° En Montée,
  5.° En Descente Droite & en Talud, ou en surplomb,
  6.° En Montée Droite & en Talud, ou en Surplomb.

Lorsque l'axe ou essieu du berceau est perpendiculaire au diametre horisontal de la face, quoiqu'il soit incliné au demi-diametre du milieu qui passe par la clef, la méthode de Desargues, à bien la considerer, n'est presque pas différente de celles des autres Auteurs de la coupe des pierres ; parce qu'alors la plus grande obliquité est dans l'angle que ce demi-diametre fait avec l'axe du berceau, lequel se trouve par le profil, qu'on a coutume de faire suivant leurs manieres, mais qu'on ne place pas au même endroit ; ainsi dans tous ces cas où la ligne du milieu CH représente, ou peut représenter la projection verticale du plan vertical passant par l'axe, elle sera prise pour la *sousession*, & la projection de l'essieu à son égard sera trouvée par le profil.

Fig. 94.

Soit [*Fig. 94.*] l'arc AHB la face d'un berceau de niveau, laquelle doit être en talud. Ayant prolongé la ligne du milieu HC vers K, on fera le profil de ce talud au dessous du diametre des impostes AB, comme en KCT, ou seulement le complement du talud, qui est son inclinaison avec un plan vertical, représenté ici par AB, sçavoir l'angle ACT, la ligne TCS représentera la position de l'axe à l'égard du diametre HK, qui est la *sousession*. Il est visible qu'on auroit trouvé la même position en prenant le profil au dessus de AB ; mais on ne considere ici que le demi-diametre CT, qui est sous AC, on en dira la raison ci-après.

  2.° Si, à pente égale, la face étoit en surplomb, au lieu de cet angle il faudroit prendre son supplement à deux droits TCH ou KCS.

  3.° Si le Berceau étoit en descente droite, au lieu de faire l'angle de son profil au dessous du diametre horisontal AB, on le feroit au dessus, comme en SCB.

  4.° Si au lieu de la descente on consideroit la même inclinaison comme une montée, on feroit son profil au dessous comme en ACM.

DE STEREOTOMIE. Liv. IV.   195

5.° Suppofant toujours l'eſſieu perpendiculaire au diametre AB, mais
incliné à l'horiſon en deſcente, & que de plus qu'au cas précédent, il
fût incliné en talud; ayant fait les angles du talud & de deſcente de
ſuite, & comme on vient de le dire, l'un deſſus, l'autre deſſous l'horiſontale AB, on prendra ſur le côté du talud CT, un point T à vo- Fig. 96.
lonté, par lequel on lui menera la perpendiculaire TM, la ligne MC
repréſentera l'axe, & l'angle MCH celui de l'eſſieu avec la fouſeſſieu HK,
c'eſt-à-dire, celui de la plus grande obliquité.

6.° Si dans les mêmes circonſtances on conſidere la pente de l'eſſieu,
comme une montée à l'égard de la face, on fera l'angle de la deſcen- Fig. 96.
te en ACG, & du point T tirant ſur le talud CT la perpendiculaire
TG, la ligne GC repréſentera la poſition de l'axe ou eſſieu, à l'égard
de la fouſeſſieu HK, qui ne change point, & l'angle GCK ſera celui
de la plus grande inclinaiſon de l'axe du cylindre ſur ſa baſe.

Nous pourrions encore ajouter ici les cas des *ſurplombs* à ces deux derniers, où nous avons ſuppoſé des taluds, ce qui en feroit huit differens, dans les berceaux de direction perpendiculaire au diametre horiſontal de la face.

EN effet il y a huit combinaiſons d'obliquitez; ſçavoir deux inclinaiſons oppoſées de la face à l'égard d'un axe horiſontal, l'une en l'autre talud & ſurplomb, deux de l'axe à l'égard d'une face verticale, de montée
& deſcente, deux de face en talud à l'égard d'un axe incliné, & deux de
face en ſurplomb, à l'égard d'un axe de pareille ſituation, ce qui fait
huit cas, où la fouſeſſieu eſt toujours dans le milieu de la face en HK,
& dont l'angle avec l'eſſieu ſe trouve par le profil ordinaire.

Explication démonſtrative.

Premierement, pour le berceau Droit en talud, ſi l'on ſuppoſe la ligne Fig. 94.
KC du profil KCT, dans le plan horiſontal, & que l'on faſſe mouvoir
cet angle autour de ſon côté KC, juſqu'à ce qu'il ſoit dans une ſituation aplomb, il eſt évident, par la conſtruction, que le côté TC repréſentera exactement l'inclinaiſon de la face, comme on peut ſe le re-
préſenter en faiſant mouvoir le demi-cercle AHB autour de ſon diametre horiſontal AB, juſqu'à ce qu'il ſoit couché ſur la ligne TC, qui
dans cette ſuppoſition eſt en l'air; or parce que l'angle HCS eſt égal à
TCK, ſi l'on ſuppoſe auſſi la ligne CS dans un plan horiſontal paſſant
par AB, enſuite l'angle HCS tourné perpendiculairement à ce plan AB,
cette ligne CS alors ſera repréſentée par la ligne C*s*, comme TC l'eſt
par *t*C, & la ligne C*s* partie de CH, qui paroît en élévation dans une

196   TRAITÉ

situation verticale sera inclinée en surplomb, comme TC à l'égard de CK l'est en talud.

Secondement, si au lieu de supposer la même CH couchée en talud ou en surplomb, on la suppose aplomb, il est visible que l'angle HCS restant le même, la ligne SC représentera une inclinaison en montée; de sorte que supposant cette ligne MS tourner sur son milieu C, jusqu'à ce qu'elle soit perpendiculaire au diametre AB, le point M tombera sur *m*, & le point S sur *s*, & alors toute la ligne MS sera représentée par la hauteur *ms*, qui est la différence du niveau des points M & S, & les perpendiculaires M*m*, S*s* seront les sinus droits de l'angle SC*s* ou MC*m*, qui exprime la plus grande obliquité de l'axe sur la base du cylindre; c'est-à-dire, de l'essieu sur le plan de la face AHB.

Fig. 96.   *Troisiémement*, si le berceau est en descente & en talud, comme on le suppose à la montée de la gauche de la fig. 96. il sera facile de reconnoître que le talud diminue l'obliquité de l'essieu avec la face en descente; par conséquent qu'il rend l'angle du profil moins obtus, & au contraire plus aigu avec la face en montée; c'est pourquoi dans la construction l'angle du talud ACT est ajouté à celui de la descente MCA, & qu'au contraire, il est retranché de celui de la montée GCA, ce qui donne l'angle de la descente MCH plus grand que GCK, ou ce qui est la même chose *s*CK = à son opposé au sommet HC*d* plus aigu que HCM, de la quantité de l'angle *s*CM égal à celui du talud ACT.

Pour s'en convaincre, soit tirée HV parallele à MC, & les lignes VT & *s*C supposées aplomb & perpendiculaires à TC, qu'on prend pour horisontale.   Soient de plus les angles VM*b*, *s*CH égaux à ceux du talud, il est visible que la ligne *b*M représente le talud de la face de descente à l'égard de l'aplomb VM, & *s*C le talud de la face en montée à l'égard d'un aplomb HC, ou d'une horisontale CB; alors on reconnoîtra que l'angle du talud VM*b* diminue l'obliquité de l'axe CM sur la face MV, & qu'il augmente celle du même axe à l'égard de la face C*s*. C'est-à-dire, qu'il rend leur angle MC*s* plus aigu, & son suplément *s*C*x*, qui est l'angle de montée, plus obtus.

Où il faut remarquer que la ligne du milieu HC a toujours une situation aplomb, en apparence dans les élevations où AB est horisontale; parce qu'étant la projection du plan vertical perpendiculaire à AB, elle se confond avec toutes les lignes qu'on peut tirer dans ce plan, telle est celle du talud; ainsi on est obligé de supposer une autre ligne verticale C*u*, pour exprimer l'angle du talud *s*CH, & par conséquent de supposer une autre horisontale CT, qui lui est perpendiculaire, à

DE STÉRÉOTOMIE, Liv. IV. 197

laquelle tirant la perpendiculaire TM ou TV, on a une paralièle à C*u*, qui eft par conféquent auſſi verticale devant la face ſupérieure, comme C*u* l'eſt ſur l'inférieure ; auquel cas, ſi ſans changer la baſe horiſontale TC on vouloit exprimer une montée de face en talud, il faudroit encore retrancher l'angle *u*C*y*, & la ligne HC qui repréſentoit un aplomb ſur l'horiſon AB, repréſenteroit alors un ſurplomb ſur l'horiſon TC, ce qui eſt aſſez clair pour qu'il ne ſoit pas néceſſaire de s'y arrêter davantage.

3.º
Du Berceau ſimplement Biais.

DANS tous les cas précédens nous avons trouvé que la ſousfſlieu, ou diametre de la plus grande obliquité étoit ſur le milieu de la face; ici nous la trouverons à la ligne de niveau AB dans une ſeule ſuppoſition, que le berceau ſoit horiſontal, & ſa direction oblique ſur le diametre AB ; alors comme dans le premier cas du berceau Droit, la méthode de Deſargues n'a rien de particulier ; car la projection de l'arc de face ſe fait à l'ordinaire ſur le diametre horiſontal AB, & l'angle de l'axe avec la face eſt donné par le plan horiſontal.

Soit, par exemple, la moitié de la Fig. 95. la face AHB, dont le *Fig. 95.* diametre AB horiſontal eſt biais ſur la direction du piédroit du berceau MB, ou de ſa paralièle par le milieu LC qui eſt l'axe, il eſt clair que l'une & l'autre de ces lignes étant dans le plan horiſontal, elles ſont placées l'une à l'égard de l'autre ſans aucun changement cauſé par la projection ; ainſi AB eſt ſans contredit le diametre de plus grande obliquité, & HK perpendiculaire au plan horiſontal, ſur lequel il n'eſt repréſenté en projection, que par le point C, ſera la *Traverſeſſieu*, qui eſt le diametre Droit ſur l'axe oblique ; ce qui eſt l'inverſe des cas précédens, où AB étoit le Droit ſur l'axe oblique, & HC celui de la plus grande obliquité ; mais ce cas eſt unique, car s'il y a du talud ou de la deſcente, l'obliquité ne ſe trouvera plus ni dans l'un ni dans l'autre de ces diametres.

Des Berceaux à double obliquité.

1.º *Biais & en Talud ou en Surplomb.*
2.º *Biais & en Deſcente ou en Montée.*

C'EST proprement dans ces ſortes de Traits & les ſuivans, que la méthode de Deſargues eſt intrinſèquement différente de l'ordinaire des Auteurs de la coupe des pierres ; mais bien loin de la trouver ridicule comme eux, je lui donnerois la préférence sur toute autre, si elle présentoit un peu plus distinctement à l'idée les avances & les reculemens des surfaces des panneaux, dont les figures sont un peu difficiles à trouver & à reconnoître dans leur place ; c'est la seule raison qui m'a empêché de la suivre.

Fig. 95.   Soit [*Fig. 96.*] ABFV le plan horisontal d'un berceau biais, dont la face AHC doit être inclinée en talud suivant un angle donné TOX, ayant pris à volonté sur la ligne du milieu CQ, qui représente l'axe, un point X, on tirera de ce point une perpendiculaire XO sur le diametre AB, qu'elle coupera en O, d'où on tirera la ligne OT égale à OX, faisant l'angle XOT égal à celui du talud, ou AOT égal à son complement.

Du point X on tirera sur OT une perpendiculaire X*s*, qui coupera OT en *s*, on portera O*s* en O*s* sur OX, & par le point *s* & le centre C on tirera le diametre DI, qui sera celui de la plus grande inclinaison, appellé par Desargues la *sousessieu*.

Cet Auteur la cherche d'une autre maniere, il fait OT égal à OX, & par le point T mene à OX la perpendiculaire T*s*, qui la rencontre en *s*, par où & le centre C il tire la sousessieu, ce qui revient au même, comme il est facile de le démontrer ; car à cause des triangles semblables TO*s*, X*s*O rectangles, l'un en *s* & l'autre en *s*, qui ont l'angle TOX commun, & TO=OX, par la construction ; donc *s*O = *s*O, ce qu'il falloit démontrer.

Présentement pour avoir l'angle que fait ce diametre avec l'axe du berceau ou l'*essieu*, on fera un triangle CE*s* avec les trois lignes CX, qui est partie de l'axe horisontal, X*s*, & *s*C, ou suivant Desargues, on élevera au point *s* sur C*s* la perpendiculaire *s*E égale à *s*T, & l'on aura le point E, par lequel & le centre C on tirera EC, qui donnera l'angle EC*s* qu'on cherche.

Si au lieu du biais & en talud on avoit eu un biais & surplomb, on prendroit le suplément de l'angle ECI, qui est ECD.

Si au lieu du biais & talud on avoit eu du biais en descente, la construction seroit la même que pour le biais & surplomb, on auroit mis l'angle de la descente au dessus de AB, au lieu qu'on a mis celui du talud au dessous ; & au contraire, si on avoit eu du biais en monté, on auroit opéré tout comme pour le talud.

DE STEREOTOMIE. Liv. IV.

Explication Démonstrative.

Puisque le diametre de la plus grande obliquité est la section de la base d'un cylindre par un plan passant par son axe perpendiculairement à cette base, il doit passer par la ligne CX, qui est l'axe horisontal, & la ligne X*p* perpendiculaire au talud OT, qui a été tracé sur le plan horisontal; parce qu'on ne peut représenter une ligne en l'air sur ce plan.

Présentement pour concevoir plus facilement la raison de cette construction, il faut supposer que le demi-cylindre du berceau est mis dans une situation differente; au lieu qu'on supposoit l'axe dans l'horison, nous y supposerons la base ou face du berceau, & l'axe incliné élevé au dessus; alors la ligne du profil OT sera exactement la même que l'ordonnée OX avec sa division en *s*, qui étoit en *p*, & parce que *p* X lui est perpendiculaire, cette ligne *p* X ne sera représentée en projection horisontale que par le seul point *s*, lequel consideré élevé en l'air d'un intervale de hauteur *p* X sur le plan de la base, représentera aussi le point X de l'axe CX, & *s* C représentera cette portion d'axe; par conséquent la seule ligne *s* C pourra être considerée comme la projection d'un triangle égal à *s* CE; puisqu'on doit imaginer sur *s* une verticale égale à PX = T*s* = *s* E par la construction, qui est la hauteur d'un point E de la circonference de la base sur le plan horisontal, & dans notre changement de position, celle du point K de l'axe sur la face en talud, couchée sur le plan horisontal, de sorte que CE = CX représente cette portion d'axe dans son étendue, laquelle a aussi sa projection en *s* C, qui est partie d'un demi-diametre CI; donc l'angle ECI ou son égal ICK sera celui de l'axe avec le diametre de l'intersection des plans de la face en talud, & celui qui lui est perpendiculaire passant par l'axe, puisqu'il passe par CK & par E*s* ou *p* X, c'est-à-dire, que cet angle est celui de la plus grande obliquité de l'axe sur la base du cylindre, & suivant le langage de Desargues, celui de l'essieu avec la soussessieu, *ce qu'il falloit démontrer*.

On auroit pû expliquer cette construction sans imaginer un changement de situation du cylindre, mais avec un peu plus de difficulté; car il faut concevoir que le triangle rectangle C*s*K ou son égal CE*s*, se meut autour de son côté C*s*, que par cette révolution le point K étant parvenu en *g*, se trouve dans le plan vertical passant par l'axe CX, & qu'alors le triangle *s*C*g* est la projection de la partie du plan incliné à l'horison, mais perpendiculaire à la base passant par l'axe, comprise entre cet axe CX & le diametre EC représenté par *s*C; or par la supposition de la révolution autour de *s*C, *sg* représente *s*K, ou

$tE = tT = pX$, Cg représente CK ou CE, & tC est commun au triangle de la projection horisontale tCg & à sa valeur tCE; mais à cause que Xp est perpendiculaire à TO, par la construction, & à tC, comme nous l'avons démontré ci-devant, la ligne tg sera la représentation d'une ligne perpendiculaire aux deux tO, tC; par conséquent au plan de la base, dans laquelle est un point de l'axe g, représentant E ou K ou X, & le point C de cet axe étant immuable, il suit que tCg représente l'angle de la plus grande obliquité, dont la valeur est donnée en tCE, *ce qu'il falloit démontrer*.

Du Biais en Descente.

Nous venons de donner la construction des doubles obliquitez du biais & talud, ou biais & surplomb. Toutes inclinaisons égales dans le biais en descente, on trouvera par le même moyen la même *soussessieu* & la même *essieu* qu'on a trouvé dans la figure précédente pour le biais en talud.

Fig. 95. Soit [*Fig. 95.*] l'angle BCL, l'obliquité de la direction horisontale du berceau sur le plan de la face, que nous supposerons premierement verticale sur le diametre AB, ayant tiré d'un point L, pris à volonté la perpendiculaire indéfinie LQ sur ce même diametre, on fera au point O où elle le coupe, l'angle GON égal à celui de la descente; puis ayant fait OG égal à OL, on élevera sur AB prolongée au point G la perpendiculaire GN, qui coupera le profil de la descente NO au point N; ensuite on portera la hauteur GN en Q*n* sur L*f*, pour y avoir le point *n*, par où & par le centre C, on tirera le diametre ID, qui sera la *soussessieu*.

Pour trouver l'essieu on fera comme au cas précedent *S* perpendiculaire sur DI & égale à N*n*, qui donnera le point S, par lequel & par le centre C, on tirera la ligne SE qui sera l'essieu, & l'angle DCS ou son opposé au sommet ICE, celui de la plus grande obliquité de l'axe sur la base du cylindre.

La démonstration est évidemment la même qu'au cas précédent; puisqu'il n'y a d'autre différence de construction, que de placer ici au dessus de l'horisontale ce qu'on avoit placé au dessous; parce qu'il est évident que si l'on avoit un berceau horisontal en surplomb, & qu'on inclinât son axe en descente, la face qui étoit en surplomb deviendroit à plomb, comme nous l'avons expliqué ci-devant.

Ce que nous disons du biais en descente s'applique aussi très naturellement au berceau biais & en montée, en faisant le contraire, c'est-à-dire,

DE STEREOTOMIE, Liv. IV.

à-dire, en mettant l'angle de la montée sous l'horisontale, comme on a fait pour le biais en talud. En effet si l'on incline en montée l'axe d'un berceau biais & en talud, on pourra sans aucun changement que cette inclinaison, mettre aplomb la face qui étoit en talud.

§. *Des Berceaux à triple obliquité.*
1.° *Biais en Descente & en Talud ou Surplomb.*
2.° *Biais en montée & en Talud ou en Surplomb.*

SOIT [*Fig. 96.*] la face AHB celle d'une descente, dont l'obliquité ou biais horisontal est l'angle LCB, ayant tiré comme ci-devant par un point L, pris à volonté sur la projection LC de l'axe en descente, une perpendiculaire L*n* à son diametre horisontal AB, on fera sous ce diametre au point O l'angle du talud LOP, ou son complément POB, & au dessus de la même ligne, le profil ou angle de descente BON; puis ayant fait OP = OL, on tirera sur OP la perpendiculaire PN, qui coupera le profil de la descente en N, par où menant N*n* parallele à AB, qui coupera L*n* au point *n*, on tirera par *n* & le centre C la ligne DI, qui sera la *sousfessien* ou diametre de plus grande obliquité.

ENSUITE pour trouver la position de l'essieu à son égard, on lui fera au point *n* la perpendiculaire *nq* égale à *n*N, & par son extrémité, & le centre C on tirera la ligne ES*q*, qui représentera l'essieu.

SI, au lieu de descente il s'agit de *montée biaise & en talud*, supposant la même obliquité LCB & le même talud BOP, on fera l'angle ou profil de la montée BOF sous l'horisontale AB, comme le talud; puis ayant fait OP égale à OL, on menera au point P la ligne PF perpendiculaire à OP, qui coupera le profil de la montée FO au point F, par où on tirera F*f* perpendiculaire à L*n*, qu'elle coupera au point *f*, la ligne *i d* menée par ce point *f*, & le centre C sera la *sousfessien*, ou diametre de plus grande obliquité.

LA position de l'essieu à son égard se trouvera comme à l'ordinaire, en faisant au point *f* une perpendiculaire *ff* à *di*, & tirant par les points *s* & C la ligne *se*; il est clair que quand même la montée seroit égale à la descente, les angles d'obliquité ne seroient pas pour cela égaux, par les raisons que nous avons donné au 2.° article, que le talud de la descente diminue l'angle de l'obliquité de l'axe avec la face, & qu'au contraire il l'augmente dans la face en montée & en talud, soit qu'il y ait du biais ou qu'il n'y en ait pas.

Tome II.   Cc

Il n'est pas nécessaire d'ajouter une démonstration aux précédentes, puisque cette augmentation d'obliquité n'est qu'une composition de celles que nous avons expliqué en particulier, & dont nous avons démontré la justesse de la construction.

Application & Usage des Angles de plus grande obliquité & de leurs côtez.

Ayant fait la division du ceintre de face en ses voussoirs à l'ordinaire, on fera la projection de ses divisions, non sur le diametre de la face, comme on a coutume de faire dans la maniere ordinaire, mais sur la sousessieu, laquelle ne se confond avec ce diametre que lorsque le berceau est Droit, encore peut-on la mettre en toute autre position; puisque tous les diametres peuvent être pris pour la sousessieu; parce qu'ils sont tous perpendiculaires à l'axe; ainsi en quelque situation que soit un diametre, aplomb, de niveau, ou incliné, il fait toujours le même angle avec son axe.

C'est pourquoi 1.º *dans le Berceau Droit* [*Fig. 94.*] on prendra, si l'on veut, AB pour sousessieu, & la perpendiculaire CH pour essieu, non qu'elle soit en réalité dans la même surface, puisqu'elle lui est perpendiculaire, mais on l'y transporte pour y tracer l'épure, & parce qu'elle n'y est pas nécessairement, il suit qu'on peut faire l'épure séparement de l'élevation de la face, il suffit d'avoir l'ouverture de l'angle des lignes d'essieu & de sousessieu, & la projection des divisions de la face sur la sousessieu.

Il est donc clair que deux lignes à l'équerre suffisent pour faire l'épure d'un berceau Droit, comme [*Fig. 94.*] AB & HK, & qu'on peut faire la projection des divisions 1, 2, 3, 4. sur la ligne AB, ou sur la ligne CH; puisque si l'une est prise pour sousessieu, l'autre sera prise pour l'essieu. Cette projection étant faite, on s'en servira pour faire les panneaux, suivant la méthode ordinaire; car dans le cas du Berceau Droit, celle-ci n'en differe en aucune façon.

Fig. 94. 2.º Dans les berceaux Droits, mais en talud, surplomb, montée, ou descente, où la sousessieu se trouve dans une ligne aplomb KH, & où l'essieu ne lui est pas perpendiculaire, mais incliné comme MS, les projections des divisions doivent se faire par des horizontales 1, 2 V. sur HG; puis des points s, V, où ces lignes rencontrent la sousessieu, on abaissera des perpendiculaires s r, V R. sur l'essieu MS, lesquelles sont les hauteurs des retombées de l'arc Droit; parce qu'elles sont des sections des plans passant par les divisions 1 & 2 perpendiculairement à l'axe; & au lieu que dans la maniere ordinaire elles font toutes dans un plan coupant le berceau perpendiculairement à l'axe; dans celles-ci elles font dans la fituation du parallelograme par l'axe.

Cette feconde inftruction de pratique doit s'entendre non feulement pour les cas que je viens de nommer, mais encore pour les autres de double & de triple obliquité; il fuffit d'avoir trouvé la foufeffieu placée dans l'arc de face, & enfuite l'angle que cette ligne fait avec l'axe du berceau.

Comme il arrive que la foufeffieu DI eft fouvent inclinée au diame- Fig. 97. tre horifontal AB, les projections des divifions de l'arc de face fe font de part & d'autre de cette ligne, comme on voit à la figure 97. où la partie de l'arc A6D eft au deffus de ID, & la partie DB au deffous; ainfi on tirera d'un côté les perpendiculaires aF, $1P$, $2p$, $3R$, & de l'autre côté bq, $4q$, ce qui fait un mélange de divifions fur la ligne ID, qu'il faut avoir foin de diftinguer par les chiffres de leur origine, faute de quoi cette maniere fournit de fréquentes occafions de fe tromper.

Il eft vifible qu'on doit en ufer pour l'extrados A6D comme pour la doële $a2T$, & pour D8B comme pour T4b.

Pour la feconde operation on tirera par toutes les divifions que la projection inclinée a donné fur la foufeffieu DI, des perpendiculaires fur l'effieu ES, comme PQ, aV, Rr, Gg, Ff, qui donneront les hauteurs des retombées de l'arc-Droit, non pas fur un plan horifontal, mais fur le plan d'une fection par l'axe perpendiculaire à celui qui paffe par l'effieu & la foufeffieu.

Elles donneront de plus les angles des têtes des panneaux de lit & de doële, en les prolongeant au delà de l'effieu ES.

Premierement, pour les panneaux de doëles, elles expriment les avances & reculemens d'une divifion de vouffoir à la fuivante; ainfi puifque les points Q & r provenans des divifions 2 & 3, marquent l'intervale, dont un de ces joints 2 avance plus que l'autre 3, fur le plan paffant par l'axe, & le diametre de plus grande obliquité; il eft clair que l'angle que fait le joint de lit, qui eft toujours parallele à l'axe, avec la corde 2 3 de la doële plate, fera toujours égal à celui qui fe fera à l'axe même avec cette corde, placée entre les avances Q & r; c'eft pourquoi on prendra avec le compas la corde 2 3, & plaçant une de fes pointes en Q, provenant du point 2, on fera avec l'autre pointe un arc, qui coupera la ligne Rr prolon-

Cc ij

gée [laquelle provient du point 3] en un point z, par lequel menant une ligne zu parallele à QS on aura pour le panneau de doële la fig. SQzu.

Secondement, pour les panneaux de lit on en usera de même, en plaçant entre les paralleles Q & Vu, provenant des divisions 2 & 6 de la doële 2, & de l'extrados 6, la longueur 26 du joint de tête de l'arc de face; ainsi on trouvera le point Y par l'intersection d'un arc fait du centre Q, & de l'intervalle 2, 6, pour rayon avec la ligne VY qu'il coupera en Y, par où si l'on mène une parallele Yo à l'axe ES, on aura le trapeze QQYo pour le panneau de lit de la seconde division, qui est le lit de dessus du second voussoir, & celui de dessous du troisiéme.

Pour ne pas embrouiller l'épure de trop de figures, & séparer celles de differente espece, comme les lits & les doëles, qui s'y trouveroient mêlez, & causeroient de la confusion, on peut les ranger ensemble dans une figure à part, comme on voit à la figure 98. où l'on a mis les lits d'un côté & les doëles de l'autre.

Fig. 98.

Ayant tiré deux lignes D, P & E, S, qui se croisent perpendiculairement en M, on portera de ce point M les largeurs des doëles d'un côté & des lits de l'autre, prises perpendiculairement à la ligne ES de la fig. 97. comme u S, O &c., qui donneront sur la ligne D, P des points 1, 2, 3, 4, par lesquels on menera autant de paralleles à ES, comme z T, 2 u ; puis si les voussoirs sont égaux sur l'arc de face; du point M pour centre & de l'intervalle d'une doële u 2 de la figure 97. on fera un arc de cercle, qui coupera toutes les paralleles Vz aux points z ; de même si l'on prend pour son arc le rayon du joint de tête 1 5 de la fig. 97, il donnera tous les points y, y de la figure 98.

On tirera plus commodément & sans confusion toutes les largeurs de doële & de lit, en formant l'arc-droit comme il fait:

Fig. 97.

On tracera par le centre C une perpendiculaire 7K, à l'essieu ES, sur laquelle on renversa les divisions de la sousfesseu, provenant des joints de tête 1, 2, 3, 4 par des perpendiculaires à K7, ou, ce qui est le même, des paralleles à l'essieu, sur lesquelles on portera les longueurs des perpendiculaires tirées par les divisions de l'arc de face à la sousfesseu.

Fig. 99.

Pour ne pas embrouiller la figure d'une trop grande quantité de lignes, il est à propos d'en faire une à part, comme on voit à la fig. 99.

Ayant transporté les lignes ES & DI *di* en EM, de la fig. 97. faisant entr'elles le même angle, on prendra sur la ligne DI toutes les divisions provenantes des perpendiculaires, tirées à cette ligne par les joints des voussoirs, qu'on portera en *di*.

Ensuite on tirera par le centre C une ligne D 1 perpendiculaire à l'essieu ES, & par les divisions de la sousessieu *efgbiklmnop*, on menera des parallèles à l'essieu ES, qui couperont la ligne D 1 aux points A, *e*, 5, 1, 2, 6, 3, 7, &c. desquels points, comme termes, on portera sur les parallèles à l'essieu les longueurs des ordonnées à la sousessieu, prises à la figure 97. sçavoir GA en AA, F*a* en *fa*, *b*5 en 55, P 1 en 1 1, ainsi de suite, & l'on aura les points *e* 1, 2, 3, 4, &c. pour les divisions de la doële, par lesquels on tirera les droites *e* 1, 1 2, 2 3, qui donneront un poligone formé par la suite des doëlles plates de l'arc-Droit.

La même chose se fait pour l'extrados.

Présentement, il est clair que l'on a tout ce qui est nécessaire pour tracer les voussoirs sur la pierre; car on a les panneaux de lit & de doële & les biveaux de lit & de doële à l'arc-Droit, comme dans les Traits de la maniere ordinaire.

Explication Démonstrative.

Nous avons rendu raison de la justesse de l'opération pour trouver l'essieu & la sousessieu dans toutes les circonstances de biais, talud & descente données. Il reste présentement à montrer que l'arc-Droit est bien trouvé.

Puisque la sousessieu est le diametre de la plus grande obliquité, il sera aussi le plus grand de tous les diametres, si la face du berceau étoit Elliptique; parce qu'il en seroit le grand axe, & supposant que le berceau ait la face circulaire, comme lorsqu'il est moitié du cylindre scalene, ce diametre de sousessieu, quoiqu'égal à tous les autres, sera toujours plus grand que celui de la section perpendiculaire à l'axe, puisqu'il lui est incliné; mais les lignes perpendiculaires au plan par l'axe, & ce diametre de sousessieu seront toutes égales à leurs correspondantes dans l'arc de face & dans l'arc-Droit; c'est pourquoi on a porté les longueurs des ordonnées à la sousessieu comme AG, *a*F perpendiculairement au diametre de l'arc-Droit en AA, *a e*, &c. parce que l'axe n'est pas incliné à toutes les lignes, qui sont perpendiculaires au plan passant par la sousessieu; mais il l'est à toutes les lignes parallèles ou inclinées à cette sousessieu; c'est pourquoi dans cette méthode, en quelque situation que la face soit à l'égard du berceau, ou n'a aucun égard ni au talud, ni à la descente ; parce que les lignes tirées des divisions au diametre sur lequel se fait la premiere projection de l'arc de face, ne sont pas comme dans les autres méthodes, des aplombs, ou des lignes inclinées dans un plan vertical, qui peuvent changer de rapport & d'inclinaison à l'égard de l'axe; dans celles-ci elles sont toujours égales à la largeur du berceau, à toutes les sections des lits; parce qu'elles sont toujours perpendiculaires au plan par l'axe, qui est perpendiculaire, par la construction, à celui de la face ou base du cylindre. Ingénieuse invention de Desargues, qui auroit dû lui faire honneur, s'il n'avoit pas affecté de la rendre mysterieuse, & difficile à deviner; il auroit mieux fait d'en inferer l'explication & la démonstration dans le Livre de Bosse, que ce pitoyable extrait des Régistres de la Communauté des Maîtres Maçons de Paris, pour prouver que Charles Bressi n'avoit pas été refusé pour avoir voulu faire son chef-d'œuvre suivant la nouvelle méthode, & prendre querelle avec un Critique ignorant, qu'il auroit terrassé par la seule démonstration.

CHAPITRE VI.
DES VOUTES CONIQUES.

En Termes de l'Art.

Des Trompes & Voutes en Cornieres.

ON connoît ce genre de voute en Architecture sous differens noms. Celles qui sont des moitiés de cônes continuées jusqu'au fond de la pointe, c'est-à-dire, de son sommet, s'appellent Trompes; celles qui ne sont que des moitiés de cônes tronqués, dont les impostes se réferent sans se joindre, s'appellent Voutes en Cornieres.

Cette difference de nom n'en cause aucune au Trait de l'épure, ni à l'execution; car on est obligé de réduire tous les voussoirs des trompes à des portions de cône tronqué, parce que la fragilité de la pierre ne permet pas qu'on puisse la tailler en angle aussi aigu que le seroit leur pointe vers le sommet du cône, s'ils y aboutissoient. Pour obvier à cet inconvénient, & pour la beauté de l'appareil, on fait le fond de la trompe d'une seule pièce, qu'on appelle Noyau, au tour duquel les voussoirs s'ajustent au rayon, & s'appuyent sur les côtés, & quelquefois en partie sur un siege tête, dont la surface est assez gran-

page 207

Pl. 4

DE STEREOTOMIE. Liv. IV. 207

de pour qu'elle ait une solidité capable de résister aux coups des outils, dont on se sert pour tailler la pierre, & aux chocs ou aux efforts des outils en la posant.

Pour donner une juste idée de cette espece de voutes, nous en allons expliquer la generation.

Tout le monde sçait que la surface d'un cône est la trace d'une ligne Droite SA, immobile sur une de ses extremitez S, qui parcourt en A une courbe circulaire ou Elliptique AHE appellée base, & que la ligne SC, menée du point immobile au centre C du cercle ou de l'Ellipse s'appelle l'axe du cône. *Fig.* 100.

Comme il ne s'agit pas ici simplement d'une surface de cône, mais d'une voute solide, comprise entre deux surfaces, l'une concave, l'autre convexe, nous devons expliquer la generation de la trompe Droite par le *mouvement d'un trapeze* ABsS, *immobile sur son côté* sS, *au tour duquel il fait la moitié d'une révolution*.

Si ce trapeze fait partie d'un triangle rectangle ACS, qui se meut sur son côté SC, il formera cette espece de solide qu'on appelle Trompe Droite, qui est compris par deux surfaces de cônes, l'une concave, qui est la doële, l'autre convexe, qui est l'extrados, lesquelles ont une partie de leur axe sS commun, & une partie du diametre de leur base, que nous appellons l'*Arc de face*.

COROLLAIRE.

D'où il suit 1.° qu'en quelque situation que soit le triangle ACS, horisontale, verticale ou inclinée, le trapeze ABsS, qui est la section de la voute, appellée *Lit*, sera toujours dans le plan qui passe par l'axe SC.

2.° Que ses côtez, restant à même distance entr'eux dans ce mouvement, marqueront un intervale toujours égal entre les deux surfaces de la doële & de l'extrados, supposant la voute d'égale épaisseur.

3.° Qu'un des côtez de ce trapeze, qui est à la surface de la base du cône appellée la *Face* de la trompe, tendra toujours au centre C de cette face, qui est nécessairement circulaire; suivant cette generation, laquelle est perpendiculaire à la trompe droite circulaire. Mais comme il y a des trompes, dont la face quoique perpendiculaire à l'axe, n'est pas circulaire, mais Elliptique, & d'autres dont la face, quoique circulaire, n'est pas perpendiculaire à l'axe, d'autres enfin ou elle n'est ni perpendiculaire à l'axe ni circulaire ; il faut toujours en revenir à la generation du cône pour chacune des deux surfaces, qui comprennent l'épaisseur de la voute, ou bien, en supposant le trapeze AB.S, considerer que ses angles changent d'ouverture à mesure qu'il fait sa révolution, que ses côtez s'alongent & se racourcissent, comme ceux d'un cône scalene, lorsque la base qu'il parcourt n'est pas perpendiculaire à l'axe SC, & que lorsqu'elle lui est perpendiculaire, & de contour Elliptique, ce trapeze ne se meut pas au-tour d'un axe, mais perpendiculairement à la tangente de chaque point de l'Ellipse, qu'il parcourt par sa tête mobile; cela supposé, nous allons commencer par la Trompe droite circulaire, c'est-à-dire, par le cône Droit.

PROBLEME XIII

Faire une Voute Conique de face plane, qui soit portion d'un Cône Droit circulaire, ou d'un Cône scalene, consideré comme Droit sur une base Elliptique.

En Termes de l'Art.

Faire une *Trompe Droite* dans un angle rentrant *en plein ceintre*, *surhaussée ou surbaissée*, ou bien *une Voute en Canoniere*.

Fig. 101. PAR le mot de *Trompe Droite* nous entendons celle dont l'axe & les impostes sont de niveau, & la face aplomb à l'équerre sur le milieu de la trompe, ce qui comprend deux cas, l'un où la face est circulaire, qui fait ce que le P. DERAN appelle la *trompe fondamentale*, representée en perspective à la figure 101. l'autre où la face est surhaussée ou surbaissée.

Premier cas, *de la Trompe Droite Circulaire.*

PAR l'explication que l'on a donné de cette trompe dans sa generation, il est visible qu'elle est très uniforme dans ses parties.

CAR si la division de la face en ses voussoirs est faite de parties égales, un seul voussoir représente tous les autres. Les panneaux de tête, de lit & de douële ne souffriront aucun changement d'un voussoir à l'autre.

1.o Les têtes seront des portions de couronnes de cercles égales, Par la construction.

2.o Les panneaux de douële plate seront des triangles isosceles égaux.

3.o Et les lits des trapezes aussi égaux, dont les angles aigus sont de 45. degrez, si l'angle rentrant, dans lequel on fait la trompe est Droit, & les obtus de 135. cela supposé.

Soit

DE STEREOTOMIE. Liv. IV.

Soit [*Fig.* 102.] le triangle ASE le plan horisontal de la Trompe, & la figure ASED*s*B celle de son épaisseur à ses impostes, qu'on suppose de niveau. Soit aussi la portion de couronne de cercle AH*E*, D*b*B l'arc de face de la trompe, divisé en ses voussoirs à l'ordinaire par des joints de tête, qui tendent à son centre C. Ayant abaissé de chacune de ces divisions 1, 2, 3, 4 des perpendiculaires au diametre AE, qui le couperont aux points *p* P, &c. on tirera de chacun de ces points des lignes au sommet *s* de l'angle B*s*D de la doële, lesquelles seront les projections des joints de lit, qui ne peuvent servir, comme dans les voutes cylindriques, à en prendre les mesures; parce que toutes ces lignes, excepté celles des impostes AS, ES, sont des représentations de lignes inclinées à l'horison, qui sont par conséquent racourcies dans cette projection; mais elles serviront dans les autres cas pour trouver les veritables longueurs des panneaux de lit & de doële.

Je dis dans les autres cas ; parce que supposant la trompe Droite circulaire, la valeur de chacune de ces projections est égale à *s*D, longueur du côté à l'imposte. Ainsi pour former les panneaux de doële plate tout est donné ; il ne s'agit que de faire un triangle isoscele C*d d*ᵃ où l'on voudra, qui ait deux côtez égaux à *s*D, & le troisième égal à la corde de l'arc D4, ce que l'on a fait dans la fig. 103. en faisant du point C pour centre & *s*D pour rayon un arc *d d*ᵃ, dans lequel on inscrit la corde 4 D. *Panneau de Doële.*

2.° *Les panneaux de Lit* sont donnés dans le plan horisontal, parce qu'ils sont tous égaux au trapeze d'une imposte *s*DES ou AS*s*B, par la raison de la generation de cette trompe.

3.° Les panneaux de tête sont aussi donnés sur l'élevation ; puisque ce sont les portions de couronnes de cercle AB15, 1265, &c. qui sont égales entr'elles, si les voussoirs ont été faits à tête égales.

Il ne reste plus à trouver que les biveaux de lit & de doële, comme nous l'avons dit au Probl. 14. du 3.° Livre, dont nous allons faire l'application à cette trompe, par exemple, au deuxiéme ou quatriéme voussoir, il n'importe pour lequel dans la trompe Droite à têtes égales, où l'angle de ce biveau est toujours le même.

Ayant prolongé la corde 3 4 jusqu'à la rencontre du diametre AE au point O, on tirera à ce point, par le sommet *s* de la doële, une ligne *s*O, qui sera la section de la quatriéme doële plate prolongée avec l'horison. *Biveau de Lit & de Doële plate.*

On prolongera aussi la projection *s*P du lit, dont il s'agit indéfiniment vers *x*¹, & sur cette ligne on tirera par le point P une perpen-

Tome II. Dd

diculaire P p^3 qu'on fera égale à la hauteur de la retombée 3P. On tirera du point s la ligne sp', sur laquelle on fera une perpendiculaire $p'Y$, qui coupera la projection sx^3 au point Y, par lequel on lui menera une seconde perpendiculaire yz, qui coupera la ligne sO prolongée au point z, & la diagonale de l'angle B D, ligne du milieu de la trompe en y, on portera la longueur Yp' en Yx^3, & l'on tirera les lignes $x^3 z$, & $y x^3 i$ l'angle $L x^3 i$ sera celui que l'on cherche.

Présentement, si l'on veut trouver le biveau de *doële plate* & *de tête*, pour se dispenser de faire des panneaux de lit & abreger ainsi l'ouvrage, on operera comme il suit:

A l'extrémité 3 de la corde 3,4, on lui fera une perpendiculaire 3Q, qui coupera le diametre AE au point Q, par lequel on menera Q x parallele à l'axe C s jusqu'à ce qu'elle rencontre la section O s de l'horison & de la doële au point s; ensuite ayant porté la longueur 3Q sur le diametre EA prolongé en Q'Q', on tirera la ligne s Q' l'angle s Q' i sera celui du biveau que l'on cherche, lequel est moins obtus que celui du panneau de lit s D E, comme on va le voir.

Lorsque la trompe Droite est de face circulaire, on peut abreger cette operation, l'uniformité du cône Droit, dont elle est une moitié, fournit un moyen plus simple, qui ne convient pas aux autres.

Il ne s'agit que de tirer la corde de l'arc d'une tête, par exemple, 4D à la doële, & sur le milieu l la perpendiculaire lf, dont on portera la longueur de D en x, on tirera xs, l'angle sxE sera celui du biveau que l'on cherche.

REMARQUE.

Quoique cet angle soit peu different de celui du lit à l'imposte sDE, il ne convient pas de prendre celui-ci sDE pour le biveau de doële plate & de tête comme fait M. de la Rue, page 68. c'est le biveau de doële creuse & de tête; or celui de la doële plate est manifestement moins obtus; car puisque l'angle sDE est extérieur à l'égard du triangle sD r, il est plus grand que l'angle s x D. cette erreur devient d'autant plus sensible, que la tête du voussoir comprend un plus grand arc de cercle, enfin elle peut aller de pair avec celle que cet Auteur reproche aux panneaux des voutes sphériques, suivant l'ancienne méthode; par conséquent elle mérite attention chez les amateurs de l'exactitude.

Il nous reste à dire quelque chose des joints de doële transversaux, comme sont ceux des têtes des voussoirs; dont le rang est fait de plusieurs pieces, & lorsqu'il est d'un seul voussoir, celui de la tête inférieure qui s'appuye sur le trompillon.

La plûpart des Appareilleurs font les joints de doële & les lits de tête plans & paralleles au plan de la face, apparemment parce que cette méthode est la plus simple, par conséquent la plus commode, en ce qu'il ne s'agit que de retrancher des panneaux de doële & de lit des parties paralleles aux lignes de tête de face, pour faire une surface plane, cependant elle n'est pas la meilleure, parce que les arêtes des têtes en joints contiguës sont l'une obtuse l'autre aiguë; celle du trompillon est obtuse de 135 degrez à la trompe droite circulaire, & celle du voussoir qui se pose dessus fait un angle de 45 degrez, qui est trop foible pour qu'on puisse en conserver l'arête vive sans risquer de la casser, pour peu que la pierre soit fragile.

Il conviendroit mieux de faire les têtes intérieures coniques de portions de cônes tronquez, tournez en sens contraire de celui de la trompe, telles sont G*e*g, qui ont leurs sommets en *e* & *e* [*Fig*. 100.] sur l'axe SC formez par les lignes G*i* & *gi* prolongées, lesquelles par leur révolution autour de l'axe SC de G en *g* forment autant de cônes, dont les surfaces sont celles des joints en lit transversaux de la trompe.

La raison est que, par cette construction, la tête inférieure du voussoir s'appuye pleinement sur celle de l'inférieur; ainsi elle décharge les piedroits d'une partie de la poussée, au lieu que lorsque les têtes sont aplomb, l'effort du poid du voussoir se fait presque tout sur les lits collateraux, & par conséquent sur les piedroits qui les soutiennent, d'où il suit qu'ils ont besoin d'une bonne épaisseur, pour ne pas être écartez par cet effort; nous donnerons les deux manieres de faire les lits en joints transversaux, plans & coniques.

Pour les premiers, ayant déterminé la position du joint dans la projection, comme en TN, on portera la longueur SN de la figure 102. en C*n* de la fig. 103. & l'on menera N 4' parallele à *dd*', pour le premier voussoir, & du point 4' une autre parallele 4' 3' à la tête du panneau *d' d'*, ainsi des autres, & après avoir déterminé la tête de la doële plate, on fera la tête inférieure du panneau de lit, comme N*e* de la fig. 102. parallele à DE, pour former par le moyen des deux & trois lignes données une surface plane, sur laquelle on appliquera le panneau de tête de l'arc de trompillon 4' N pour le premier voussoir, 4' 3' pour le second, &c. & appuyant la régle sur le contour de cet arc & de celui de tête de face, on formera la doële creuse du voussoir.

Si la trompe est surhaussée ou surbaissée, on décrira sur l'axe TN une demi-Ellipse semblable à celle de face B*b*, dont les divisions 1°, 2°. seront déterminées par les perpendiculaires q 1°, q 2° élevées sur les points q, q, des intersections du diametre TN, avec les projections des joints de lit, p' q, p' q, &c. comme il a été fait pour la partie circulaire LN.

Secondement, pour faire les têtes en lits coniques, il n'y a point de changement à faire au panneau de doële plate dans la position du joint de doële; mais bien dans le panneau de lit, où au lieu de prendre N*r* parallele à DE, il faut tracer sur le lit une ligne N*r*, perpendiculaire sur le joint ND; puis par le moyen d'un panneau flexible, formé en arc d'un cercle, qui ait pour rayon C*n*, on tracera sur la doële creuse un arc *n* 4' pour le premier vousloir, ou 4' 3' pour le second, & on abatra la pierre suivant une équerre, dont une des branches qui sera sur la doële creuse, sera toujours dirigée au sommet du cône, par les moyens que nous avons donnés pour former cette surface au commencement de ce Livre; ainsi on formera une seconde surface conique creuse perpendiculaire à celle de la doële qui sera la tête en lit concave, qu'on doit appliquer sur la tête en lit convexe du trompillon, ou d'un vousloir contigu, en continuation de la doële. Suivant cette construction il est visible que les arêtes des têtes seront à l'équerre, au lieu que dans la précedente elles étoient l'une aigüe, l'autre obtuse: secondement que par cette disposition la tête convexe sert d'appui à la tête concave, au lieu que, dans l'autre elle ne sert qu'à l'arrêter pour ne pas trop avancer vers le trompillon.

Application du Trait sur la Pierre.

On commencera par former la pointe de la Trompe d'une seule pierre appellée Trompillon, après avoir dressé un parement pour servir de lit, en y appliquera le panneau de l'angle donné TsN, sur lequel on tracera la diagonale *s n*; on fera ensuite un second parement d'équerre au premier, sur lequel on y tracera le demi-cercle TLN, prenant pour son diametre TN; puis on abatra la pierre à la régle, tournant sur le point *s* immobile par un bout, & faisant mouvoir l'autre partie de la régle sur l'arc donné TLN, on formera la surface creuse d'un demi-cône complet, qui fait la naissance de l'angle de la trompe, en occupant la place de toutes les pointes des voussoirs, qui devroient aboutir au point *s*.

Pour former les autres voussoirs qui sont des portions de cônes tronquez, on peut s'y prendre, comme pour les berceaux, de deux manieres, ou par les angles des lits & de la doële, ou par ceux de doële & de tête, cette derniere étant plus expéditive, parce qu'elle dispense de faire les panneaux de lit, nous la préferons à l'autre.

Après avoir dressé un parement pour servir de doële plate, on y *Fig.* 103. appliquera le panneau qui convient, lequel sera égal pour tous les voussoirs, si la division de leur tête de face a été faite égale, & après en avoir tracé le contour, par exemple, $4^e d^* d n$, on prendra le biveau de doële & de tête $e Q^i i$, suivant lequel on abatra la pierre le long du côté $d d^*$, pour former un second parement, sur lequel on posera le panneau de tête $4^e 8 E D$, posant la corde 4D sur l'arête du *Fig.* 102. côté $d d^*$ pour en tracer le contour, puis avec l'angle du supplément & 103. à deux droits du biveau $e Q^i A$, on formera la petite tête inférieure, sur laquelle on appliquera un panneau de l'arc $e N 4^e$ du trompillon; ainsi ayant les deux appuis de la régle à chaque tête on la fera couler sur ces deux arcs opposez, en abatant toute la pierre qui l'excéde, comme il a été dit au commencement de ce Livre, pour la formation des surfaces coniques.

Présentement pour former le lit, on fera couler la régle sur les lignes de joint de tête, & l'arête de lit & de doële ou sur la coupe de tête inférieure $4^e 3^s$; l'autre lit se fera de même, & le voussoir sera achevé, s'il n'y a pas d'extrados; au cas que la voute soit extradossée, il sera facile d'en former la surface convexe de la même maniere que pour la concave.

Si l'on s'étoit servi du biveau de lit & de doële, après avoir formé les surfaces destinées pour les lits, il auroit fallu y appliquer les panneaux de lit pour avoir la position des arêtes des têtes supérieure & inférieure.

Remarques sur des Erreurs du P. Deran.

Il faut remarquer que pour former la surface creuse de la doële, on doit bien se garder de suivre la pratique du P. Deran, qui dit, qu'il faut se servir de la cerche circulaire, formée sur l'arc du secteur, qui est le dévelopement du cône, le posant *quarrément* sur la doële; car il est évident que la section perpendiculaire à une doële conique de trompe Droite est une Ellipse, & non pas un cercle. Il faut encore autant éviter sa pratique de faire servir la même cerche à la petite tête comme à la grande, & tout au long du voussoir; car il n'est pas moins évident, que plus les sections Elliptiques ou circulaires approchent du sommet, plus leurs arcs sont courbes dans des intervales égaux.

Il fait une troisiéme faute dans l'usage de la cerche formée sur l'arc de face en la posant obliquement. De quelque façon qu'elle soit posée elle ne peut convenir qu'à la base du cone, qui est la face de la trompe, & nullement plus près du sommet, par la raison que nous venons de dire, laquelle est aussi fondée sur ce Lemme, du commencement de ce livre, qui dit que les cordes égales des arcs de cercles inégaux soutiennent un arc d'un moindre nombre de degrez dans les grands que dans les petits; or les cordes des doëles coniques doivent soutenir des arcs de cercles égaux en nombre de degrez ; parce que les sections droites des cônes coupent proportionellement les obliques qui sont paralleles entr'elles ; donc cette pratique est condamnable.

Nous avons supposé dans ce Traité que les têtes inférieures doivent être planes, si l'on vouloit que les têtes intérieures des voussoirs superieurs se posassent quarrément sur les inférieurs, il faudroit abatre la pierre à l'équerre suivant l'arc de cercle de la doële creuse, & l'on formeroit des surfaces coniques comme nous l'avons dit ci-dessus, l'une convexe à la tête en lit de la pierre inférieure, l'autre concave à la tête inférieure du voussoir suivant, pour s'adapter sur la convexe.

Second Cas des Trompes Droites, lorsqu'elles sont surhaussées ou surbaissées.

Il y a plusieurs differences du cas précedent à celui-ci, la premiere à l'égard de la Geometrie, c'est que la trompe Droite à face circulaire est un cône Droit proprement dit, & que la trompe droite surhaussée ou surbaissée est intrinséquement un cône scalene coupé perpendiculairement à son axe, dont la section circulaire, qui est inconnuë, mais qu'on peut trouver par le Probl. 33 du 2.e Livre, est oblique à ce même axe.

A l'égard du trait de la Coupe des pierres, cette trompe differe de sa fondamentale en quatre choses.

1.º Dans le contour du ceintre de face, lequel est surhaussé ou surbaissé, au lieu que dans celle-là il est circulaire.

Fig. 102. 2.º Dans la direction des joints de tête, qui ne doivent pas tendre au centre C, mais être perpendiculaires à la tangente de l'arc au point de chaque division de voussoir, comme nous l'avons dit des berceaux de face Ellipique ; ainsi le joint de tête 5.e 1.º aboutit sur le diametre AE au point x, & le joint 6.e 2.º prolongé tend au point y.

3.º Dans la longueur des joints de lit qui ne sont pas égaux entre

DE STEREOTOMIE. Liv. IV.

eux, mais qui s'alongent ou se racourcissent, en s'élevant depuis le niveau des impostes à la clef, selon que le ceintre est surhauſſé ou surbaiſſé.

4.° DE cette inégalité de lits suit celle des angles des têtes de leurs surfaces, qui sont auſſi inégaux entr'eux, au lieu que dans la trompe précedente les lits & leurs têtes sont égaux en tout.

SOIT [*Fig.* 102.] à la gauche, la moitié d'une face surhauſſée A*ab*B, élevée sur le même diametre AE, & sur le même angle rentrant ASE que dans la trompe précedente. L'ayant divisé en ses vouſſoirs, & abaiſſé des perpendiculaires $1°p^1$, $2°p^2$, on tirera les projections des joints de lits p^1s, p^2s au sommet de l'angle s, lesquelles seront plus serrées du côté du piedroit Bs, qu'elles n'étoient à la trompe circulaire, ce qui les alonge un peu plus.

PAR le moyen des projections & des aplombs $1°p^1$, &c. on cherchera les vraies longueurs des joints de lit par des profils, comme nous l'avons dit au 3.e Livre.

AYANT porté sur une ligne BC, placée où l'on voudra [*Fig.* 103.] les longueurs des projections de la Fig. 102. comme sp^1 en C'p^1 de la Fig. 103. sp^2 en C'p^2, on élevera sur ces points $p^1 p^2$ des perpendiculaires $p^1 1'$, $p^2 2'$ égales aux hauteurs des retombées $p^1 10$, $p^2 2°$, & l'on tirera les hypoténuses $1'C'$, $2'C'$, qui seront les vrayes longueurs des joints de lit, qui étoient racourcies dans la projection; parce que les lits ne sont pas parallèles au plan horisontal, comme dans plusieurs berceaux.

Fig. 103.

PAR le moyen de ces vraies longueurs des joints de lit, on fera facilement les *panneaux de doële plate*, qui sont des triangles scalenes, lesquels ont pour côtez deux de ces joints, & pour tête la corde de l'arc de face, qui est entre les deux lits. Ainſi ayant pris à volonté une longueur B'C' égale à celle du piedroit SB, pour la premiere doële du même point C' pour centre, & C' 1' pour rayon, on fera un arc $d^x 9$, & du point B' pour centre & pour rayon la corde B 10 de la ſig. 102. on fera un autre arc qui coupera le précedent au point d^x, par lequel tirant les lignes d^x B' & d^x C' on aura le triangle B' d^x C', qui sera le panneau de doële plate du premier vouſſoir, ainſi des autres qu'on voit de suite à la gauche de la figure 103.

MAIS parce que nous avons remarqué ci-devant, que cette doële entiere deviendroit ſi aiguë en C', qu'on ne pourroit tailler la pierre sans la caſſer, il faut en retrancher une partie t 1 C', semblable un grand triangle, en menant par un point t, qui a été déterminé au plan horiſontal en T, à une diſtance de C' priſe à diſcretion ſuivant

216   TRAITÉ

la grandeur qu'on veut donner au trompillon TN ; ainsi ayant porté s T de la figure 102. en C's de la figure 103. on tirera par s une ligne s 1 parallele à B' d', qui coupera C' d' au point 1, ensuite par ce point trouvé 1 on tirera 1 2 parallele à d' d', qui donnera le point 2, les triangles s 1 C, 1 C 2 seront les parties des doëles plates, qu'il faut retrancher des panneaux, qui se réduisent par cette generation à des trapezoïdes B' s 1 d', d' 1 2 d', le restant de la figure est la moitié de la clef, qui est toujours un trapeze isoscele; parce que les deux côtez de la clef étant à même hauteur & distance du milieu, sont égaux.

Il faut présentement former les panneaux de lit, qui ne seront plus, comme dans la trompe Droite circulaire, perpendiculaires au plan de la face verticale, mais inclinez à ce plan aussi bien qu'à l'horison ; parce *Fig. 102.* les joints de lit [*Fig. 102.*] doivent tendre au centre C, & le plan passant par le joint de tête s° 1° x, doit couper celui de la face, suivant une ligne 1° x, d'où il suit que le triangle 1° C x sera la projection verticale du plan de lit dans le vuide conique de la trompe ; par conséquent il n'est pas perpendiculaire au plan vertical ; par ce que la projection d'un tel plan ne seroit qu'une seule ligne Droite, comme nous l'avons démontré au 2.° Livre. Telle est C s à la trompe Droite circulaire.

On prendra donc la valeur des trois côtez de ce triangle pour en former un qui représentera exactement la grandeur de ce plan dans le vuide, sçavoir la ligne 1° x, qui est dans sa mesure sans alteration : Secondement la distance x s sur le plan horisontal, qui est la valeur de s C où est la section du plan de lit avec l'horison ; enfin la longueur du joint de lit C' d' de la figure 103. pour troisième côté, dont on se servira pour le triangle X O S, dont le côté X O prolongé sera avec la ligne S O l'angle S O Z, que l'on cherche pour former le panneau de lit, qu'on a transporté à la figure 103. en Q d' z Z sur la place qu'il doit occuper au dévelopement composé.

Comme la division du cintre de face en parties égales donne des voussoirs de longueurs inégales à la doële, si l'on vouloit qu'ils y fussent égaux, mesurez transversalement à distance égale du sommet S, il faudroit chercher la section circulaire par le Probl. 33. du 2.° Livre, & la diviser également ; alors les têtes des voussoirs de la face deviendroient plus grandes vers la clef que vers les impostes.

A l'égard des biveaux de doële & de tête, de lit & de doële, on les cherchera par la même methode generale, qui a servi à la trompe Droite circulaire, qui sert ici d'exemple pour les deux, observant que le même biveau de lit & de doële ne peut servir pour d'autres

voussoirs

page 217.

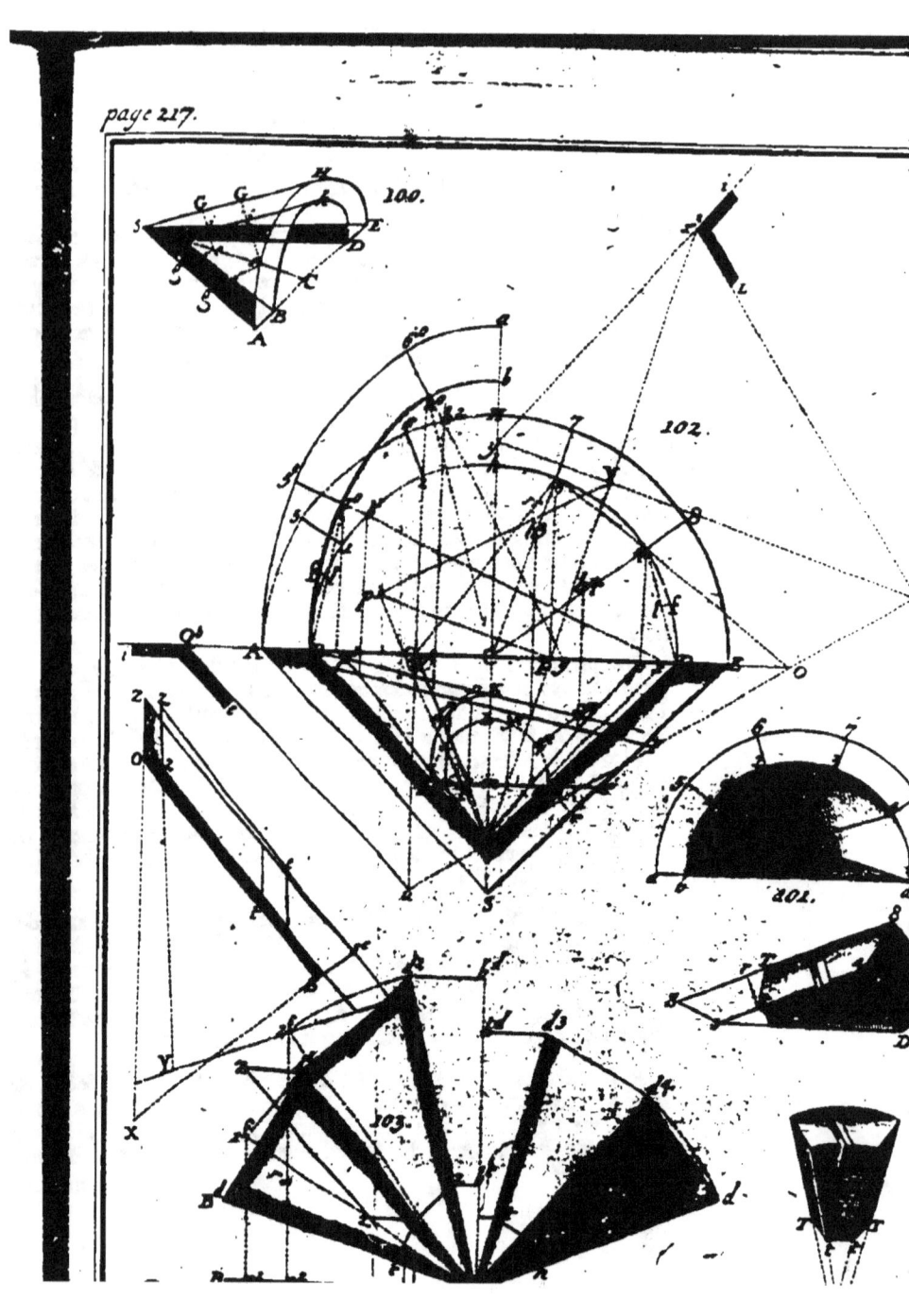

vouſſoirs, que pour les deux égaux à même hauteur, à droite & à gauche au deſſus de l'impoſte, & même qu'il en faut deux à chaque vouſſoir, un pour le lit de deſſus, l'autre pour celui de deſſous, au lieu qu'à la trompe Droite circulaire le même ſert pour tous.

L'application du trait ſur la pierre eſt auſſi, en tout, la même que celle de la trompe Droite circulaire, il n'y a de différence qu'en ce qu'il n'eſt pas indifferent de faire uſage des arcs de face & de trompillon d'un vouſſoir à l'autre; parce que ces arcs ſont auſſi toujours inégaux, il en faut obſerver la poſition, comme nous l'avons dit en parlant des berceaux ſurhauſſez & ſurbaiſſez.

Explication Démonſtrative.

Pour parvenir par gradation à la formation de la ſurface courbe du cône, nous commençons par y inſcrire une pyramide, qui a autant de côtez qu'il y a de cordes dans l'arc de face, que l'on réduit en polygone, & cette pyramide eſt encore ſubdiviſée en d'autres quadrilateres par les ſections des plans des lits, qui doivent tous ſe croiſer à l'axe, ſi la trompe eſt circulaire; ſi la pyramide étoit pleine, les diviſions de ces plans formeroient des parties de pyramides triangulaires; mais comme l'eſpace au dedans de la doële eſt vuide, il reſte dans l'épaiſſeur des parties pyramidales quadrilateres, qui ſont les vouſſoirs compris par deux triangles, l'un de la doële & l'autre l'extrados, & deux parallelogrames, qui ſont les lits.

On comme leurs côtez ſont tous inclinez au plan horiſontal, ils ſont auſſi tous racourcis dans la projection; c'eſt pourquoi il faut en chercher la valeur par le moyen de la hauteur de la projection horiſontale, comme il a été expliqué au troiſiéme Livre, & les biveaux ou angles de ces ſolides, comme il a été dit au même Livre.

Comme on ne peut raſſembler les pointes de pluſieurs vouſſoirs en un même ſommet de cône, on en retranche la partie du trompillon, qui réduit les triangles des doëles à des trapezes. Et parce que la ſection du trompillon eſt parallele à la face, il ſuit que le ceintre de ſa tête eſt toujours ſemblable à celui de la face en petit. Si la face eſt circulaire ſa tête ſera un petit demi-cercle, & ſi elle eſt Elliptique, elle ſera une demi-Ellipſe, dont les axes ſeront proportionels à ceux de la face.

TRAITÉ

PROBLEME XIV.

Faire une Voute Conique de face plane quelconque Circulaire ou Elliptique, oblique à son axe horisontal.

Ce Problême comprend plusieurs cas de biais, talud ou surplomb, simple ou composé de deux obliquitez, lesquelles causent les mêmes effets dans les voutes coniques que dans les cylindriques, dont nous avons parlé en traitant des berceaux.

1.° L'obliquité de la face qui est verticale sur la direction horisontale de l'axe de la trompe ou voute conique, alonge les douëles & les lits d'un côté, & les racourcit de l'autre.

2.° L'obliquité du simple talud racourcit ces mêmes parties des voussoirs vers la clef, & celle du surplomb au contraire, les alonge à mesure qu'elles s'élevent au dessus des impostes jusqu'à la clef.

3.° Enfin l'obliquité composée du biais & du talud a aussi de doubles effets.

Nous ne comptons pas ici les voutes à triple obliquité, où l'axe est incliné à l'horison; parce que nous les mettrons à part, comme nous avons fait des descentes en berceau.

Il s'agit dans les traits dont nous parlons, de trouver les sections triangulaires & Elliptiques des cônes, dont l'axe est incliné à la face, soit que le cône soit scalene sur une base circulaire ou sur une Elliptique, ce qui peut comprendre le cône Droit coupé obliquement. D'où l'on tire differens moyens de faire les trompes biaises, comme nous allons le dire.

Premier Cas.

Trompe conique biaise de face plane quelconque, circulaire, surhaussée ou surbaissée sans talud.

Premiere Disposition,

Où l'Arc de face est pris pour ceintre primitif.

Fig. 104.   Soit [Fig. 104.] le triangle B*b*D le plan horisontal du vuide de la trompe, dont les piedroits sont A*s*, *s*E, & le ceintre de face de la douële B*b*D avec son extrados AHE, que nous supposerons, pour la facilité de l'exemple, circulaire, quoique la construction puisse convenir au surhaussé ou surbaissé.

L'ayant divisé en ses voussoirs aux points 1, 2, 3, 4, & abaissé à l'ordinaire des points de ces divifions des perpendiculaires à fon diametre AE, qui le rencontreront aux points P & p, on menera par ces points des lignes droites au fommet de l'angle s, qui exprimeront les projections des joints de lit, dont on cherchera la valeur, comme au Trait précedent, par des profils, pour chacun en particulier, qu'il fera facile de faire en prenant chacune de ces projections pour bafe du profil, & en élevant à chacun des points P p une perpendiculaire égale à la hauteur de l'aplomb correfpondant $p'1$, $p'2$, &c. pour tirer l'hypotenufe, qui eft la valeur cherchée du joint de lit.

On peut auffi faire ces profils en prenant pour côté ces mêmes aplombs, & en portant les longueurs des projections fur la ligne AE prolongée, qui leur eft perpendiculaire; ainfi portant Ps en PO, & tirant 4O, on aura la valeur de la projection Ps; de même fi l'on porte la projection $p's$ en $p'O'$, on aura $3O'$ pour la valeur de $p's$ qu'on cherche.

L'une & l'autre de ces manieres font bonnes; mais lorfqu'il y a plufieurs vouffoirs, elles caufent de la confufion dans l'épure.

Il convient mieux de faire ces profils dehors, par exemple, fur une bafe G g, paffant par le point s du fommet de l'angle, puis tenant une des pointes du compas immobile en ce point, on l'ouvrira fucceffivement des intervales sp^1, sp', &c. qu'on portera fur la bafe de profil aux points b^1 b^2 d'un côté, & b^3 b^4 de l'autre, ce qui eft indiqué par des arcs de cercle ponctuez $p^1 b^1 p^2 b^2$, pour en indiquer les origines.

Ensuite par les points marquez on abaiffera des perpendiculaires $b^1 1$, $b^2 2$, $b^3 3$, &c. égales aux aplombs du ceintre de face $1p'$, $2p'$, &c. puis tirant les lignes $1Ys$, $2Ys$, $3's$, $4's$, on aura toutes les longueurs des joints de lit, fans confufion à part.

Si l'on veut les valeurs des diagonales des lits du fommet s, aux extrados 5, 6, 7, 8, on prendra du même centre commun s les longueurs $s\,sp$, $s\,6p$, &c. & l'on trouvera leur valeur, comme on a fait à la doële, $5^e s$, $6^e s$, &c.

Les longueurs réelles de chacun des joints de lit à la doële étant trouvées, il fera aifé de former les panneaux de lit & de doële plate, comme nous l'avons dit pour les trompes droites.

Les doëles font des triangles fcalenes, formez par trois lignes données, fçavoir, deux joints de lit & une corde de l'arc de tête d'une divifion à l'autre.

Mais comme leur pointe doit être émouffée pour la place du trompillon, il faut auffi chercher par le profil la longueur qui doit être retranchée de chaque joint; ainfi ayant déterminé au plan horifontal la projection de la face du trompillon bd parallele à la face bd, ou fi l'on veut perpendiculairement à l'axe SC de la trompe, on pofera une des pointes du compas en s, & ouvrant l'autre de l'intervale des points de fection des projections des joints de lit sP sp avec cette ligne bd ou TN, on portera les intervales sy, sy en st, st, où l'on tirera des perpendiculaires à Gg, qui couperont les profils aux points Y^1, Y^2, les longueurs sY^1, sY^2, sY^3, sY^4, qui font toutes inégales, feront les parties qu'il faut retrancher de chaque doële, à commencer à la pointe, ce qui eft exprimé à la figure 105. où l'on voit la fuite des doëles plates hachées, & la pointe fupprimée de chacune pour le trompillon laiffée en blanc, ce qui fait voir d'un coup d'œil le développement de la pyramide tronquée, infcrite dans le cône fcalene, qu'on fe propofe de faire.

Les panneaux de doële étant faits on fera ceux de lit, comme nous l'avons dit pour la trompe Droite furhauffée ou furbaiffée, par le moyen des triangles, qui font les fections des plans des lits dans le vuide intérieur de la trompe, dont les trois côtez font donnez, fçavoir, 1.° l'interfection à l'axe du cône CS, où tous les plans fe croifent, fi la face eft circulaire, comme dans cet exemple, laquelle longueur CS fert pour tous les triangles; ainfi on l'a tranfportée en S' C' à côté pour bafe de tous les profils.

2.° L'on a tous les rayons C_1, C_2, C_3, C_4, qui font égaux entr'eux fi la face eft circulaire; ainfi du point C' pour centre & d'un même rayon on décrira un arc indéfini 3, 4, 2, 1.

3.° L'on a toutes les longueurs des joints de lit à la doële, trouvez aux profils en $s1'$, $s2'$, $s3'$, $s4'$, avec lefquels pour longueur de rayon & du point S' pour centre, on décrira des arcs fucceffivement, qui couperont le premier fait du centre C' aux points 3, 4, 2, 1, par lefquels & le centre C' on tirera des lignes 3, 7; 4, 8; 2, 6; 1, 5, qui donneront les angles $s'3$ 7; $s'4$ 8; $s'2$ 6; $s'1$ 5, qui font ceux des têtes des lits à la face.

Enfin du point S de l'extrados, pris au plan horifontal de l'intervale Ss^* porté en sS, on tirera des paralleles à chaque joint de doële pour avoir fa largeur à l'extrados, ce qui donnera les trapezes Ss 3 7, & les autres de fuite, qu'on voit à la figure diftingnée par des petites hachures, pour marquer qu'ils font les uns devant les autres.

Tels feroient les lits s'il n'y avoit pas de trompillon; mais comme il est de nécessité indispensable d'en faire un, il faut retrancher de chacun la même partie du profil des joints de lit, que nous avons retranché à la doële, sçavoir sY^1 pour le premier, sY^2 pour le second, portez en sft^1, sfs^2, &c. & mener par les points trouvez t^1, t^2 des paralleles aux têtes de coupe 3, 7; 4, 8, &c. le parallelograme s^1 7 sera la figure du premier lit; ainsi des autres, supposant que la face du trompillon soit aplomb. Si on vouloit la faire en coupe de surface conique convexe, au lieu de la parallele s^1, e^1, il faudroit tirer une perpendiculaire sT au lit s^1 3, comme il a été dit au Traité précedent.

Il reste à tracer le ceintre de tête du trompillon, qui sert aussi pour toutes les têtes en lit des voussoirs, qui se posent sur le trompillon.

Premierement, si la tête du trompillon est faite parallele à la face, comme bd à BD, il est visible, que ce ceintre sera un demi-cercle, dont bd est le diametre, sur lequel les intersections des projections des joints de lit sp^1, sp^2, donneront des points de division des voussoirs, sur lesquels les perpendiculaires élevées dans le demi-cercle donneront les hauteurs des retombées des têtes inférieures, qui s'appuyent sur le trompillon.

Mais si au lieu de faire la tête du trompillon biaise on vouloit la faire Droite sur l'axe, alors le centre de cette tête seroit une demi-Ellipse, dont TN est un diametre; pour trouver son conjugué on le divisera en deux également en m, par où on menera bd parallele à BD, puis on prendra une moyenne proportionelle entre bm & md, qui donnera mz pour le demi-diametre que l'on cherche, supposant la face Bd & sa parallele bd circulaire.

Mais si la face n'est pas circulaire, comme si elle étoit surhaussée ou surbaissée, alors il faut mener par tous les points $y y$, où les projections des joints de lit sp^1, sp^2 coupent le diametre TN, des paralleles à la ligne sC jusqu'à la rencontre du diametre BD aux points ii, par lesquels on élevera des perpendiculaires au même diametre, qui couperont les lignes 1C, 2C, 3C, 4C aux points x^1, x^2, x^3, x^4, les hauteurs ix^1, ix^2, ix^3, &c. seront celles des retombées des têtes inférieures des voussoirs, lesquelles étant arrangées de suite perpendiculairement sur le diametre TN aux points yy, donneront des points au contour de l'Ellipse qu'on cherche, qui sera le ceintre de face du trompillon Droit; on verra ci-après cette construction inverse, qui servira d'explication à ce qu'on pourroit n'avoir pas bien entendu dans celle-ci.

On peut aussi trouver toutes ces mêmes hauteurs de retombées, par les profils des joints de lit, en portant du centre *s* tous les intervales *sy¹*, *sy²* en *ss*, *ss* sur la base de profil *gG* les perpendiculaires sur cette base *s* Y¹, *s* Y² seront celles que l'on cherche, qui doivent être arrangées sur les divisions trouvées. *yy* du diametre T N de la face du trompillon, ou d'une division transversale de têtes en lits, lorsque les voussoirs sont trop courts, pour occuper toute la longueur depuis la face au trompillon.

Nous n'ajoutons rien ici touchant la maniere de trouver les biveaux de lit & de doële, & de tête & de doële; parce que celle que nous avons donné pour la trompe droite est generale pour tous les autres biaises, soit que le ceintre soit circulaire ou surhauffé ou surbaissé, avantage que n'ont pas la plûpart des autres méthodes données par les Auteurs; telle est celle du profil d'une section transversale que donne M. de la Rue, laquelle ne peut servir que pour le cône intrinséquement Droit circulaire, ou tel ou coupé obliquement, & non pas pour celui qui est intrinséquement scalène, sans plusieurs correctifs, en ce que dans celui-ci les biveaux sont inégaux à chaque lit à distances inégales des impostes.

Seconde Disposition, où l'on prend une Courbe de Section Droite pour un Ceintre primitif.

Dans la construction précedente où nous avons pris le ceintre de face biaise pour ceintre primitif, nous avons cherché celui de la section Droite, pour former la tête du trompillon Droit, & les joints transversaux de la doële. Ici par une méthode inverse nous supposons une section Droite, ou au dedans de la trompe comme celle du trompillon, ou une section imaginaire hors de la trompe prolongée, pour en tirer la Courbe du ceintre de face biaise.

Lorsqu'on suppose une section Droite dans le cône donné, on appelle cette méthode *par inscription*; lorsqu'on la suppose au dehors, on l'appelle *par circonscription*.

Il est évident que puisque toutes les sections du cône, qui sont paralleles entr'elles sont semblables, il importe peu pour la justesse de l'operation, qu'on se donne un ceintre au dedans ou au dehors du cône donné.

Fig. 106. Le P. Deran, & après lui M. de la Rue operent par *Circonscription*, en prolongeant le plus petit côté de la trompe, jusqu'à ce qu'il devienne égal à l'autre, pour réduire la trompe biaise en Droite, de laquelle ils retranchent ensuite les parties qui excedent la biaise; ainsi leurs panneaux se font par la soustraction, au lieu que la prenant au dedans, ils se font par addition des parties excedentes.

L'une & l'autre de ces méthodes à quelques inconvéniens, qui ne se trouvent pas dans la premiere difposition, où le ceintre de face est primitif; le premier est, que le ceintre de face devenant secondaire, n'est connu que lorfque l'operation est faite, de forte que fuivant le plus ou le moins de biais, il est plus ou moins furbaissé, & quelquefois couché en forme de rampant, le milieu de la clef n'étant pas aplomb sur le milieu du diametre passant par les impostes, au lieu que formant l'arc de face primitif, sur le diametre du biais de face, on lui donne tel contour qu'on juge à propos.

Le second inconvénient est, que l'arc de face secondaire perd non feulement la régularité du ceintre primitif de section Droite, qu'on s'est donné, mais encore celle de l'épaisseur apparente des têtes de ses vouffoirs, laquelle est moindre dans la partie la plus courte que dans la longue, comme on peut le voir à la figure 107. à commencer aux impostes, dans le raport des lignes, qui font les têtes des piedroits AB & DE, de la fig. 106. ce qui méritoit l'attention des Auteurs citez, qui n'ont pas parlé de la premiere difposition. *Fig.* 107.

On peut auffi dire en faveur de leur méthode, que fi l'arc de face est moins régulier le contour intérieur de la doële le paroît davantage; faifant donc plus d'attention à la doële qu'à la face, on pourra operer de deux façons, qui reviennent à la même.

Premiere Pratique, par Circonfcription d'un cône Droit à un cône oblique.

Ayant prolongé le côté SE jufqu'en *e*, enforte que S*e* foit égal à SA, on tirera la ligne A*e*, qui repréfentera le diametre de la bafe d'un cône Droit, fur lequel on décrira tel ceintre que l'on jugera à propos, nous le fuppoferons premierement circulaire, auquel on peut fe fervir du trait du P. Deran, qu'à fuivi M. de la Rue, mais fi le ceintre eft furbaiffé ou furhauffé, il n'eft plus jufte, & par conféquent d'aucun ufage.

Le voici: Ayant décrit le demi-cercle *b b d*, & fon concentrique pour l'extrados AHE, on le divifera en fes vouffoirs aux points 1, 2, 3, 4, par lefquels on abaissera à l'ordinaire des perpendiculaires au diametre A*e*, qui le couperont aux points p^1, p^2, &c. par lefquels & le point *s* fommet du cône, on tirera des lignes $p^1 s$, $p^2 s$, qui couperont le diametre donné BD, aux points y^1, y^2, y^3, &c. qui donneront les divifions de ce diametre, fur lefquels on élevera les perpendiculaires des hauteurs des retombées, dont il faut chercher la longueur, comme nous l'avons fait au trait précédent.

Par tous les points *y* on tirera des paralleles aux lignes $1 p^1$, $2 p^2$, qui couperont les rayons 1C, 2C, &c. en des points x^1, x^2, x^3, x^4, par lesquels on tracera une demi-Ellipse, comme on voit à la figure 106; mais à cause de la multiplicité des lignes, il convient de la tracer à part, comme on voit à la figure 107. Où les intervalles Bq sont égaux à ceux de By de la figure 106. & les hauteurs qx^1, qx^2, &c. égales à celle de qx^1, qx^2 de la figure 106.

CEPENDANT comme la méthode des Auteurs citez donne de grands intervales d'un point à un autre, par où il faut faire passer une demi-Ellipse, ils sont obligez de faire des sousdivisions pour trouver des points de l'Ellipse entre deux, ce qui allonge l'operation, & embroüille le Trait d'un grand nombre de lignes.

Fig. 106. & 107. IL est plus simple & plus court de chercher le demi-axe conjugué au donné BD, il ne s'agit que de mener par le milieu *m* de BD une parallele à A*e*, qui est LO, & prendre une moyenne proportionelle entre L*m* en *m*O, c'est-à-dire, de la moitié de L*o* pour rayon, & du point près de C, où elle coupe l'axe pour centre, faire un arc de cercle, qui coupera *mz* en *z*; cette ligne *mz*, sera le demi-axe qu'on cherche, par le moyen duquel on tracera tout d'un coup [par le Probl. 7. du 2.ᵉ liv.] la demi-Ellipse B*b*D pour la doële, qui coupera les perpendiculaires indéfinies, élevées à tous les points *q* aux points x^1, x^2, &c.

ON en fera de même pour l'extrados, en prenant le milieu de AE en Cᵉ, & traçant la demi-Ellipse AH'E pour l'extrados excentrique à la premiere [par le Theor. L du premier livre.]

POUR tracer le biais des têtes des panneaux de doële, [lorsque le cône est Droit & circulaire, ayant mené des paralleles au diametre A*e*, par tous les points *y*, qui couperont SB, côté de la trompe, aux points 1, 2, 3, 4, on aura la suite du racourcissement de chaque joint de lit; ainsi supposant les divisions des voussoirs égaux au ceintre primitif, on portera la corde *br* en *br* & l'on tirera *sr*; puis du point *s* pour centre, & pour rayons les côtez inégaux *s*1, *s*2, *s*3, *s*4, *s*B on fera des arcs, qui couperont *sr* en des points *n*¹ *n*² *n*³ *n*⁴, par lesquels & par les côtez immédiatement plus longs on tirera les lignes biaises 1*n*¹ 2*n*² 3*n*³, &c. qui seront les têtes des voussoirs de doële plate.

POUR tracer celles des joints de lit, il n'y a qu'à tirer du point C pour centre par les points *o o o*, où les paralleles passant par les points *y*, coupent le côté *s d* des lignes *o*1ᵉ, *o*2ᵉ, *o*3ᵉ, qui seront les têtes des joints de lit; mais cette pratique comme je l'ai dit n'est pas generale, elle est particuliere au cône Droit circulaire; ainsi lorsque l'arc de face sera surhauffé ou surbaissé, il faut chercher les valeurs des pro-

jections

jections des joints de lit, comme aux traits précedens, & operer de même pour la formation des panneaux de doële & de lit.

Il est clair, 1.° que si l'on fait la tête du trompillon TN, de la *Fig. 106.* fig. 106. parallele au biais AE, que le ceintre de cette tête sera une demi-Ellipse, semblable à celle de la face, qu'on trouvera par conséquent de la même maniere.

Secondement, que si l'on vouloit faire le trompillon Droit, son ceintre seroit aussi semblable au ceintre primitif, fait sur le diametre bd, sçavoir un demi-cercle; si le cône est Droit circulaire, coupé obliquement par AE, & Elliptique surhaussé ou surbaissé, semblable à celui de face supposée par la construction; auquel cas l'axe conjugué à celui de la section oblique AE ne se trouve plus par une moyenne proportionelle, comme nous l'avons dit, mais par un profil fait sur la projection de la ligne du milieu de la clef passant par smg, dont sg & gi étant mis à angle Droit, en portant gs en gX, l'hypotenuse iX sera le côté du cône Droit Elliptique; puis portant gm en gM, & tirant MY parallele à gi, qui coupera iX en Y, la ligne MY sera le demi-diametre que l'on cherche.

On voit que la suite de cette operation jette une grande irrégularité dans la division des têtes des voussoirs de la face; mais que la doële en est plus réguliere dans le fond de la trompe, où les voussoirs deviennent d'égale largeur mesurez transversalement.

Seconde Pratique, par l'inscription *d'un Cône Droit de Base Circulaire ou Elliptique dans le Cône Oblique.*

Il est visible que cette pratique est l'inverse de la précedente, qu'il *Fig. 106.* faut prendre le cône Droit au-dedans de la face oblique, & ajouter l'excès de l'obliquité, au lieu que dans la précedente on retranchoit l'excès du cône Droit sur le cône oblique.

Ainsi on prendra sur les côtez sB, sD des longueurs égales, comme sI, sK, & l'on tirera IK pour diametre du ceintre primitif, qu'on fera circulaire ou Elliptique, comme on le jugera à propos, puis l'ayant divisé en ses voussoirs, & abaissé des perpendiculaires, qui couperont le diametre IK au point nn, on menera par ces points & le sommet s, les projections des joints de lit, qu'on prolongera jusqu'à ce qu'elles rencontrent le diametre de face BD aux points yy.

Puis on fera des profils sur les hauteurs du ceintre primitif pour avoir les valeurs des joints de lit par le moyen de leur projection, lesquels joints étant prolongez jusqu'aux perpendiculaires, élevez sur les projections aux points yy, donneront les hauteurs des retombées nécessaires pour former le ceintre de face de la figure 107. ce qui est assez clair pour ne pas s'y arrêter plus long-tems.

REMARQUE.

De quelque maniere qu'on fasse les trompes biaises extradossées, on ne peut éviter tous les inconvéniens de l'obliquité, nous en avons trouvé deux dans celles où le ceintre primitif est imaginaire Droit, l'un dans l'inégalité de la division des têtes des vousssoirs, l'autre dans l'excentricité de l'arc de face de doëlle à celui de l'extrados, dont les intervalles sont inégaux d'une imposte à l'autre, par le Theor. I. comme on voit à la figure 107. Si au contraire on fait l'arc de face primitif, de deux arcs de doëlle & d'extrados concentriques, il en résulte une inégalité d'épaisseur dans les piedroits; & dans l'épaisseur de la voute, si elle est extradossée, comme on le voit à la figure 104. où l'épaisseur BF est plus petite que DG, suivant le plus ou le moins d'obliquité de la trompe, ce qui seroit contraire à la solidité de la construction, si l'on examinoit la chose en elle-même; mais comme cette inégalité d'épaisseur n'est pas apparente, & qu'on peut ordinairement y suppléer, cet inconvénient est plus facile à lever que celui de la difficulté de la face des ceintres secondaires excentriques & de divisions inégales; ainsi c'est à l'Architecte à choisir; s'il veut une face réguliere, il faut y prendre le ceintre primitif, s'il veut la doëlle réguliere, il faut supposer une section Droite circulaire, & operer par inscription ou circonscription.

Explication démonstrative.

Pour concevoir la raison de toutes ces différentes constructions, il faut se rapeller ce que nous avons dit au commencement du premier Livre, touchant les sections des cônes coupez par des plans. 1.° Que toutes celles qui passent par le sommet sont des rectilignes, que nous pouvons subdiviser en deux especes; sçavoir celles qui passent par l'axe, & celles qui n'y passent pas.

Lorsque la trompe est Droite & sa face circulaire ou biaise, de face aussi circulaire, tous les lits sont des sections triangulaires de la premiere espece; parce qu'étant prolongez dans le vuide de la voute, ils s'entrecoupent tous dans l'axe. C'est de cette Theorie que nous vous tiré la pratique de la figure 104. pour tracer les angles des têtes des lits; parce que les triangles dans le vuide ont tous pour côté commun l'axe SC, & un autre côté aussi égal dans toutes les sections circulaires, lequel est le rayon de la base; or ayant les angles internes dans le vuide de la trompe : 1 C, s2 C, on a leur supplément à deux droits s' 1 s, s' 26, &c. qui sont ceux des têtes des panneaux de lit.

Les sections triangulaires de la seconde espece, qui ne passent pas par l'axe sont celles des plans, supposez dans le vuide de la voute passant par les aplombs 1 p, 2 p bC de la face, lesquelles, à cause qu'elles sont perpendiculaires au triangle par l'axe ASE, qu'on suppose encore perpendiculaire au plan de la face du cône, sont divisées par ce plan en deux triangles rectangles, qui n'ont point de côtez communs ni égaux, comme dans les sections perpendiculaires ; c'est pourquoi il faut les former chacun à part ; or dans ces rectangles on connoit les deux jambes, sçavoir la projection du joint de lit & la hauteur de la retombée ou aplomb sur le diametre de la face ; par conséquent on en trouve facilement l'hypotenuse, comme nous avons fait à la figure 104.

A l'égard des ceintres primitifs & sécondaires des faces biaises & des Droites sur l'axe, il est visible que l'on a toujours un diametre donné sur le plan horisontal, qui est un axe, & que l'autre son conjugué est proportionel à celui du ceintre primitif.

Si le cône est Droit, l'axe de la base oblique est une moyenne proportionelle entre L m & mO ; si le cône est scalene il sera proportionel à la perpendiculaire g sur le point g, provenant de la projection s m g, & l'on aura s g = X g : g i :: s m : m z.

Nous n'ajoutons rien ici touchant la construction des panneaux de doële plate, il est clair que nous inscrivons dans le cône une pyramide, dont les côtez des surfaces triangulaires sont donnez.

A l'égard des biveaux nous renvoyons au 14.ᵉ Probl. du 3.ᵉ Livre l'explication de leur construction.

COROLLAIRE I.

De la construction de la trompe simplement biaise, on peut tirer celle de toutes les autres trompes de differentes obliquitez simples, comme du talud, surplomb, ou descente, & même celles dont les faces ont une double obliquité, comme nous l'avons fait pour les Berceaux, en supposant que la simple biaise est tournée sur son axe, ou changée de position à l'égard de l'horison.

1.° Si un cône oblique qui représente une trompe biaise sans talud, *Fig. 108.* dont le plan horisontal est le triangle ASE [*Fig.* 108.] & la ligne AE le diametre de sa face, est supposé tourner sur son axe SC, ensorte qu'il fasse un quart de révolution de E vers A, alors le point E, qui se meut dans un plan ET, perpendiculaire à l'axe SC, viendra se placer en l'air sur le point T, & le cône ainsi tourné aura sa face couchée en talud, comme elle est représentée en DTFM de la figure 108. & en AxE de la figure 111. ainsi l'on a dans cette situation une *trompe Droite en Talud*. Nous disons *Droite* ; parce que le diametre MT s'étant placé en DF est devenu perpendiculaire à l'axe SC.

2.° Si au lieu de faire tourner le cône de E vers A, on lui fait faire un quart de révolution en sens contraire de A vers E, le point A tombant sur le point M en-deçà du centre C, la moitié superieure de ce cône sera l'image d'une trompe Droite en surplomb. Nous disons *Droite* ; parce que le même diametre MT, qui n'étoit représenté en projection que par un point C, s'est placé à angle Droit sur l'axe SC.

3.° Si au lieu d'un quart de révolution, on en fait un peu plus ou moins, comme en G *b*, il est clair que l'obliquité ne s'évanouira pas, comme dans les quarts de révolution; parce que le diametre AE ne parvient pas au plan vertical par l'axe MC; il est aussi clair que l'inclinaison de la face ne s'évanouira pas, comme dans le simple biais; parce que le même diametre AE, que nous avons supposé dans un plan vertical, en est sorti; puisque le point A a été transporté en *b*, & le point E en G, & qu'il ne peut revenir au même plan vertical, qu'après une révolution complete, ou dans un autre plan vertical différemment tourné B, après une demi-révolution ; ainsi il est clair que la face aura pour lors une double obliquité, l'une de direction, exprimée par *b*M ou GT, l'autre d'inclinaison sur le diametre horisontal DF, exprimée par *b*K. Que cette inclinaison soit en talud ou en surplomb, ce sera toujours la même en sens contraire. On appelle les trompes qui sont dans ce cas, *Trompe biaise en talud ou en surplomb*, & si les impostes ne sont pas de niveau, on les appelle de plus *rampantes*.

4.° Si dans une de ces situations on incline l'axe, que nous avons supposé horisontal, sans le tourner vers A ni vers B, on aura l'image d'une trompe en descente ou rampante, comme sont plusieurs de ces ouvertures évasées, qu'on appelle *Abajours ou descente Droite*.

5.° Enfin si en penchant l'axe on le tourne vers A ou vers B, on y ajoute la circonstance de la *descente biaise*.

Il est donc clair par cette exposition des différentes situations d'un cône oblique, que les différences des trompes ne sont que des différentes positions de la trompe simplement biaise, qu'on doit regarder

page 229.

Pl. 44.

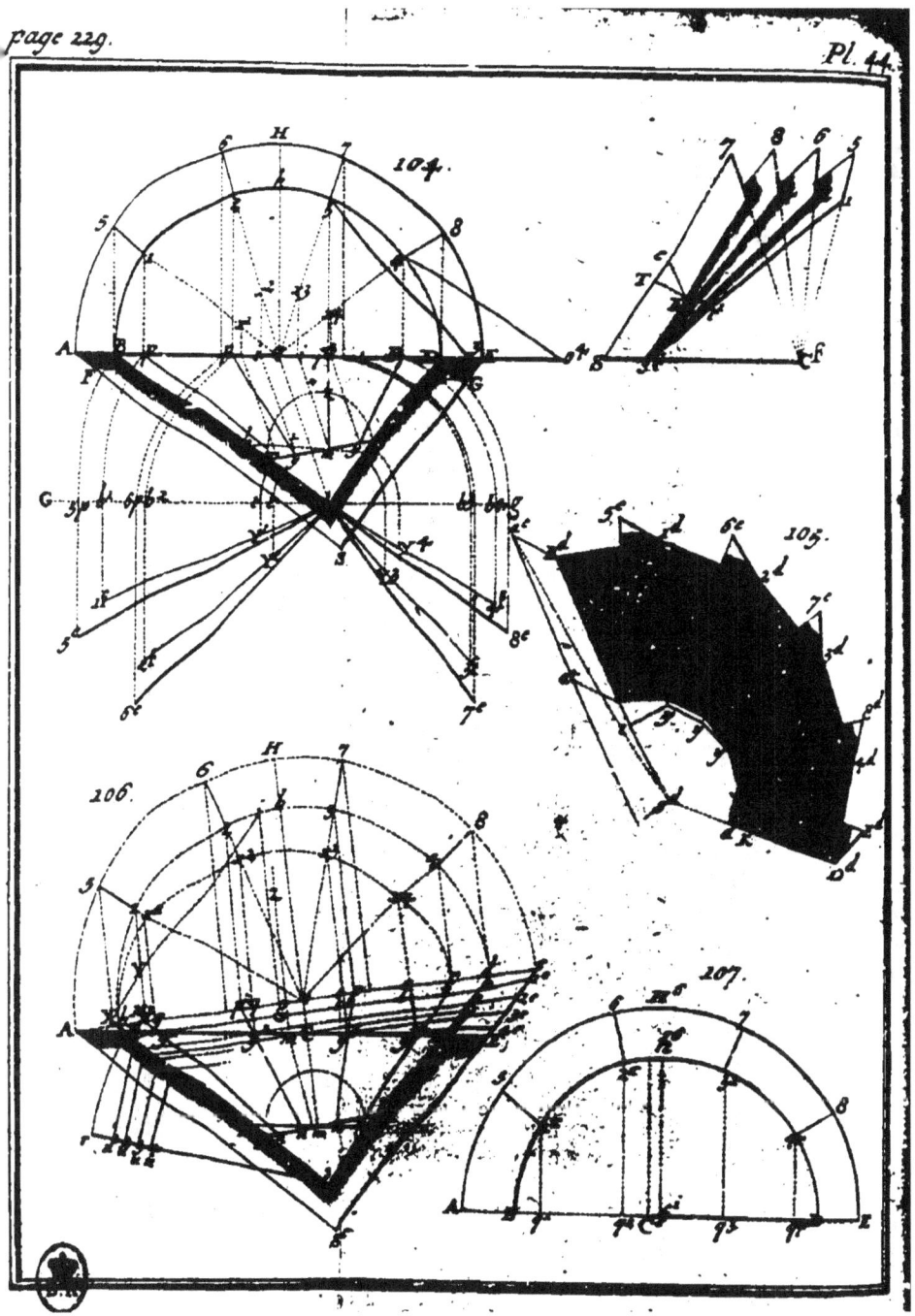

comme la fondamentale, à laquelle toutes les autres obliquitez peuvent se raporter.

COROLLAIRE II.

Il suit encore qu'elle est non seulement l'élement des trompes obliques à une face, mais encore de celles qui en ont deux ou plusieurs, faisant des angles saillans ou rentrans, comme sont les *trompes sur le coin*, qui ont deux faces, & les *trompes à pans*, qui en ont trois ou plusieurs.

En effet on peut considerer la trompe sur le coin de la figure 122. à la Planche 47. comme deux moitiez de trompes biaises adossées, tournées en sens contraire, telles sont BNS, DNS. Si leurs faces sont circulaires, ce sont deux quarts de cônes scalenes, si elles sont Elliptiques, surhaussées ou surbaissées, ce sont deux quarts de cônes obliques sur une base Elliptique, & si elles sont paraboliques, c'est une moitié de cône Droit circulaire, coupé obliquement de deux sections contraires.

Il importe peu que les faces des trompes, qui sont en saillie, soient égales ou inégales, l'une plus, l'autre moins biaise, ou l'une plus grande, l'autre plus petite ; ce ne sont que des accidens de sections du cône, qui ne doivent rien changer à la surface intérieure de la doële ; parce que si on vouloit se fixer à une courbe de ceintre de face à chaque pan en particulier, il arriveroit que la doële ne seroit plus une seule surface conique suivie, mais composée de deux interrompuës par un angle vers la clef, ou par plusieurs, si la trompe étoit à plusieurs pans.

REMARQUE

Il suit de cette observation, que l'on peut appliquer aux trompes la méthode generale de Désargues, en ce qui regarde la recherche de la plus grande obliquité de la face à l'égard de l'axe du cône, qui est suivant son langage, l'angle de la *soufession* avec l'*essieu*. Mais le reste des pratiques tirées de cette méthode ne convient plus si bien aux trompes qu'aux berceaux, l'Auteur s'est un peu embroüillé par la multiplicité des essieux.

Premierement, en ce qui regarde l'arc-Droit, il est clair que l'objet est tout changé.

Secondement, il a été obligé de multiplier les essieux à chaque voussoir, lorsque les faces des trompes sont Elliptiques ; mais ce qu'il appelle essieu n'est plus celui du cône que par hazard, c'est la section d'un plan horisontal par la prolongation du lit. Pour avoir le vrai essieu, il auroit dû chercher la section circulaire de ces sortes de trompes, lesquelles, quoique Droites, c'est-à-dire, dont l'axe est perpendiculaire à la face, sont des demi-cônes intrinséquement scalenes, dont on peut trouver la base circulaire, par le Probl. 33. du second Livre, & par conséquent le seul & véritable *essieu* du cône; car on ne peut appeller de ce nom la section du plan du lit prolongé avec le plan de l'horison, lorsque le lit n'est pas dirigé à l'axe du cône, comme dans les trompes de face Elliptique, dont les têtes sont en bonne coupe, puisqu'alors il ne tend pas à l'axe de la trompe.

USAGE.

Les trompes biaises sont quelquefois un très bon moyen de raccorder les parties angulaires, qui se trouvent dans les bâtimens, lorsque la place est naturellement irréguliere, ou que dans un édifice régulier il se trouve des parties de Tour Ronde adossées à des murs en ligne droite, qui laissent nécessairement des angles mixtes, qu'on doit corriger en les rendant rectilignes par une addition d'épaisseur au mur convexe; parce que ces angles sont desagréables à la vûë. Je sçai bien qu'un bon Architecte trouve le moyen de les cacher, & de les employer à donner des commoditez à l'habitation; mais il arrive des cas où il ne convient pas d'en user ainsi, comme lorsqu'on y veut ménager quelques ouvertures de communication, tel est celui où je me suis mis par la composition du *Plan* de l'Hôpital Militaire que je bâtis actuellement à Landau sur mes Desseins, pour mille Malades.

Les Sales aboutissent à une Chapelle en Rotonde, qui en occupe le milieu, & pour y ménager des portes & des fenêtres de communication, qui expose l'intérieur de la Chapelle à la vûë des Sales, j'ai racheté & voûté les quatre angles rentrans par autant de trompes, lesquelles quoique biaises d'un pied sur une face de près de neuf, & surbaissée, font un effet agréable à la vûë, à laquelle elles présentent à chaque côté des Sales un objet, où l'on n'apperçoit aucune irrégularité sensible, & au travers duquel on voit la Chapelle & une autre Sale d'un bout à l'autre.

TROMPE DROITE EN TALÜD.

Premiere maniere, par une nouvelle Transposition.

De même que nous avons tracé les berceaux Droits en talud, en les considérant comme biais sans talud, nous pouvons faire l'épure de la trompe Droite en talud, comme celle d'une biaise sans talud, dont

DE STEREOTOMIE. Liv. IV.

l'obliquité de la face fur fon axe feroit égale à celle du talud fur le plan horifontal.

Soit [*Fig.* 110.] le triangle SCH la fection verticale par l'axe de la trompe Droite en talud, prife au lieu de plan horifontal.

Fig. 110.

Ayant fait HT perpendiculaire fur l'axe SC, la ligne CT repréfentera le reculement du talud au milieu de la clef, que l'on fuppofe connu, pour déterminer l'inclinaifon de la face, dont CH eft le profil, fur lequel on fera CA perpendiculaire à CH, & égale au demi-diametre de la face, c'eft-à-dire, à CH, fi le ceintre eft circulaire, plus grande ou plus petite, s'il eft furbaiffé ou furhauffé; nous le fuppoferons premierement circulaire.

Du point C pour centre, & avec le rayon donné on tracera le quart de cercle B1b, pour la doële & fon concentrique A5H, pour l'extrados, & l'ayant divifé en parties égales à la moitié du nombre des vouffoirs de toute la face comme ici en deux & demi pour cinq vouffoirs, aux points 1, 2, b, on abaiffera par ces points des perpendiculaires fur CH, comme 1F, 2f, & d'autres 1P, 2p fur AC.

Par le fommet s de la trompe on tirera aux points F & f les lignes sF, sf, qui feront les projections verticales des joints de lit, dont on trouvera les vrayes longueurs, comme ci-devant aux autres trompes, en les portant fur une bafe de profil sg, fçavoir sF en sG, & sf en sg, enfuite on fera les perpendiculaires g2f', G1$'$ égales à f2, F1, & l'on tirera du fommet s les lignes s2$'$, s1$'$, qui feront la valeur des joints de lit que l'on cherche.

Les vrayes longueurs des joints de lit étant connues, il eft clair que dans ce Trait comme dans les précedens, on a tout ce qui eft néceffaire pour faire les panneaux. 1.° Ceux de doële plate feront faits en triangles fcalenes, formez de deux de ces joints & d'une corde 12 de l'arc de face, le dévelopement de ces panneaux fera la petite moitié de la figure 110 repréfentée pour chaque côté de la clef.

2.° Les panneaux de tête font donnez à l'élevation en AB15, &c.

3.° Ceux de lit fe trouveront par le moyen des joints de lit & des rayons de la face, comme à la trompe biaife à la figure 106.

Les biveaux de lit & de doële, & de doële & de tête, comme à la même trompe.

La *Démonftration* de cette operation eft toute comprife dans la remarque, où nous avons montré que la trompe biaife tournée fur fon axe d'un quart de révolution en fait une en talud ou en furplomb.

Seconde maniere, par la projection ordinaire.

On peut faire le Trait de la Trompe en talud, comme toutes les obliques, de deux manieres, 1.º par inscription ou circonscription d'un cône Droit sur une base circulaire ou Elliptique.

2.º En formant immédiatement un cône scalene, si l'on veut faire la face circulaire.

Le P. Deran la fait suivant la premiere méthode, en prenant pour ceintre primitif un arc vertical sur le diametre de la face en talud.

M. de la Rue au contraire a pris pour ceintre primitif l'arc de face, qu'il place en situation verticale pour le contour, ensuite par un profil il le couche sur le talud donné, comme le P. Deran a fait dans le trait des Berceaux en talud.

La seconde maniere paroît préferable en ce qu'elle ne change point le ceintre primitif qu'on a choisi, au lieu que la premiere l'altere par l'obliquité du talud; en effet si le plan vertical est circulaire, la face en talud devient Elliptique; mais il faut bien se garder d'imiter ce dernier Auteur cité, dans l'exemple qu'il donne de la trompe en talud surbaissée, au lieu de faire une demi-Ellipse sur son grand axe, il fait un segment de cercle, dont il met le centre au dessous de l'imposte; car il en résulte infailliblement un jarret à la naissance de la voute.

Nous allons donner un exemple plus régulier de ceintre surbaissé, qui servira pour les surhauffez & circulaires, ce dernier étant encore plus simple.

Fig. 111. Soit [*Fig.* 111.] l'angle rentrant BSD, qu'on doit vouter en trompe en talud surbaissée.

Sur BD, comme grand axe d'une Ellipse, & Cb pris à volonté pour petit axe, ayant décrit [par le Probl. VII du 2.e Livre.] la demi-Ellipse BbD, on la divisera en ses voussoirs aux points 1, 2, 3, 4, d'où l'on abaissera les perpendiculaires 1p, 2p, sur le diametre BD, au delà duquel on les prolongera un peu, pour servir à la projection du talud.

On prolongera aussi DB pour y prendre un point A à volonté, sur lequel ayant tiré une perpendiculaire AL, on y fera l'angle du talud donné LAT; on prendra aussi successivement les hauteurs Cb, p2, P1, pour les porter sur la ligne AT en Ab', A2', A1', d'où on menera des parallèles à AD, qui rencontreront les perpendiculaires bC, 1P, 2P, &c. prolongées au dessous de AB en X, 1', 2', 3', 4', qui seront des points de la projection de la face, par lesquels on pourra la

tracer

page 241.

DE STEREOTOMIE. Liv. IV. 233

tracer à la main, ou si l'on veut par un mouvement continu, suivant le Probl. VII. du 2.e Livre ; parce qu'elle est une demi-Ellipse, dont le grand axe BD, & CX moitié du petit, sont donnez.

Si du sommet s on tire des lignes droites aux divisions de cette projection 1' 2', &c. on aura les projections des joints de lit.

La projection de l'arc de face d'extrados, si l'on en fait un, & celle de ses joints de lit se trouvera de la même maniere que pour la doële.

Présentement il faut tracer les joints de tête 1ϛ, 2 6, non du centre C, comme font les Ouvriers, mais perpendiculairement à l'arc Elliptique, suivant la pratique que nous avons donné au Probl. X. de ce 4.e Livre, en parlant des berceaux surhaussez ou surbaissez ; parce que nous supposons que cette face doit être apparente. Ces joints, qui seront les lignes ϛ1, 62, étant prolongez, couperont le diametre AE aux points O & o, d'où par les points 1' 2' on tirera les lignes O 1' ϛ', O 2' 6', qui seront les projections des sections de la face par les plans des lits.

On cherchera ensuite la vraye longueur & inclinaison des joints de lit à la doële à l'ordinaire, en portant sur une base de profil sD les longueurs des projections horisontales s 1' s 2' aux points G & g, où on élevera des perpendiculaires G 3', g 4', qu'on fera égales aux hauteurs du profil du talud 1's, 2'k, puis on tirera les lignes s 4', s 3', qui seront les longueurs & les inclinaisons cherchées.

Par le moyen de ces profils de joints de lit on pourra faire le ceintre du trompillon comme on le jugera à propos, ou en talud parallele à l'arc de face, ou aplomb.

Si on le fait parallele à la face, il est visible qu'il faut faire en petit sur un diametre pris à volonté, ce qu'on a fait en grand pour la face antérieure.

Mais si on veut faire ce ceintre dans un plan vertical, il en résulte un changement de courbe ; car si celui de la face est circulaire, celui du trompillon sera Elliptique surhaussé, & si elle est surbaissée, celui du trompillon le sera moins.

Soit [*Fig.* 111.] RN le diametre du trompillon, dont on veut faire la face ou tête verticale, par tous les points 1e P^e ou les lignes s 1', s 2', qui sont les projections des joints de lit coupent ce diametre, on élevera des perpendiculaires p 1e, P 2e, dont on cherchera les hauteurs par le profil de chaque joint de lit, on portera les longueurs s P^e p

Fig. 111.

Tome II. Gg

en 1^d & $3^{d'}$, puis sur le point d^2 d^3 on élevera des perpendiculaires à $1D$, qui couperont les profils des joints de lit 3^f 4^f aux points 2e 3e, les longueurs d 4°, d^3 3e feront les hauteurs des aplombs des joints, qui aboutissent au trompe en du côté de la clef, & les mêmes en sens contraire serviront pour l'autre côté du ceintre. Par les points de leurs extremités on tracera la courbe R1234N, qui sera le ceintre qu'on cherche ou bien on se contentera de chercher le demi-axe vertical mu, lequel étant doublé donnera le grand axe, par le moyen duquel & le petit RN donné ou pris à volonté, on décrira la demi-Ellipse du ceintre : tête du trompillon, dont les parties R1°, 12, 23, &c. seront les têtes inférieures en lit des voussoirs.

Presentement on a tout ce qui est nécessaire pour former les panneaux de doële, de lit & de tête.

1.° Les panneaux de doële plates seront des triangles formez de deux joints de lit & d'une corde de tête de face, duquel triangle on retranchera la pointe qui coupe le trompillon ; ainsi pour la seconde & quatriéme doële plate, par exemple, ayant formé un triangle des trois lignes $1 1^f = 1 4^f$, $1 2^f = 1 3^f$, & de la corde 2^f ou $3 4$, on portera vers la pointe les longueurs 1^s $1^e = 1 4^f$, $1 3^e$, sur les joints de lit correspondans ; pour en retrancher un triangle, qui réduit la doële plate naturellement triangulaire en un trapezoïde, comme à la figure 113. $1^s 2^s 2^n 1^n$.

2.° Les panneaux de lit se trouveront par la maniere generale pour toutes les trompes, qui a été expliquée ci-devant à la figure 102. & 103. qui en sera l'inverse, dans cet exemple, parce que les triangles dans le vuide de la trompe, qui augmentent vers la clef, diminuent dans celui-ci. Le premier panneau, qui sert aussi pour le quatriéme, se formera avec les lignes O1, O3, O1 ; le second avec les lignes 2^n, 3^n, 2^n, & les supplémens des angles en 1° 2°, faits par la prolongation des côtez, venus des points O & o, donneront les têtes des panneaux de lit, comme on a vû à la fig. 104. de la Planche 44. & suivant fig. 114.

On retranchera aussi de ces panneaux de lit la pointe, qui coupe le trompillon, & pour avoir l'angle du panneau de lit de ce côté, il faudra faire pour cette tête inférieure la même operation que pour la face ; parce que la face étant en talud, & la tête du trompillon aplomb, les panneaux de lit ne sont pas terminez par des lignes paralleles.

3.° Les panneaux de tête sont donnez à l'arc de face & à celui du trompillon.

4.° Les biveaux de lit & de doële, ou de tête & de doële se trouveront par la méthode generale expliquée au Probl. 14. du 3.° Livre en rangeant trois surfaces de suite; mais de ces trois surfaces, il n'y en a que deux de données, sçavoir une doëlle plate & un lit, la troisiéme sera celle qui passe par la diagonale de la tête.

On peut aussi se servir de la méthode générale par la projection que nous avons donné aux trompes précédentes; mais comme la face de celle-ci est en talud, il faut y faire quelque attention particuliere.

Supposons, par exemple, qu'on cherche le biveau de lit & de doëlle du second voussoir. Ayant prolongé la corde 21 jusqu'à ce qu'elle rencontre l'horisontale EA prolongée en O', on tirera à l'ordinaire au sommet s la ligne O's, qui sera la section du plan de la doëlle avec l'horison; mais à cause que la ligne 2O' est inclinée au plan vertical, puisqu'elle est en talud, il faut en prendre la projection en tirant O' 2' pour avoir la hauteur verticale du point 2' au profil du talud TAL, en $2'k$, & la ligne O's sera la section du lit avec l'horison; ainsi on trouvera le biveau de lit & de doëlle par la maniere ordinaire du Probl. 14. du 3.e Livre.

L'application du trait sur la pierre n'a rien de différent de celle des Traits précédens.

Explication Démonstrative.

On peut reconnoître ici une partie du Trait des berceaux en talud; la ligne AL représente en projection un plan vertical perpendiculaire à la face AE, dans lequel est l'angle du talud donné LAT, qu'on est obligé de coucher sur le plan horisontal; parce qu'on ne peut le représenter en l'air, & comme on le suppose se mouvoir sur son côté AL, perpendiculaire à AE, il ne résulte aucun changement de cette différence de position pour les distances des points des hauteurs couchées T, b', $2'$, 1^+, ni pour les hauteurs aplomb, qui sont toujours comprises dans l'angle TAL perpendiculairement à la base AL; ainsi les lignes Tx, δ X menées parallelement à AE représenteront des plans verticaux, passans par les points Hb', qui rencontrent la ligne du milieu CH à certaine distance horisontale, qui est l'interval Xx, ainsi des autres parallelles à AE, qui donnent les projections des points 1, 2, 3, 4 aux points 1', 2', 3', 4', lesquels sont à la circonférence d'une demi-Ellipse BXD, ainsi que tous les reculemens de toutes les divisions possibles de la face BδD.

Cette demi-Ellipse raccourcit aussi toutes les projections des joints de lit s 1' 2', &c. lesquelles ne sont pas continuées, comme dans les trompes précédentes, depuis le sommet s jusqu'au diametre AE; &

leur direction est aussi changée, en ce qu'elle n'est pas tirée du sommet ; aux aplombs P*ppp*, tombant des divisions 1, 2, 3, 4, mais à leurs projections 1', 2', 3', 4'.

La raison en est bien sensible, si l'on fait attention que la face AHE, qui est représentée pour la commodité du trait en situation verticale, doit se mouvoir autour de son diametre AE, pour se coucher suivant le talud TA, supposé en l'air ; dans ce mouvement tous les points des divisions 1, 2, 3, 4 seront toujours dans des plans verticaux 1 1', 2 2', qui sont exprimez par les perpendiculaires 1 1', 2 2' au diametre AE.

La raison de la construction n'a rien de particulier, qui n'ait été expliqué dans les traits des trompes précédentes.

A l'égard du changement de figure qui se trouve entre le ceintre de face & celui du trompillon, il est visible, puisque les sections des cônes, par des plans qui ne sont pas paralleles, ne sont pas semblables, excepté le cas de la section soûcontraire. Si l'on fait la tête du trompillon couchée en talud d'un angle égal à celui de la face, les deux ceintres seront parfaitement semblables, il ne s'agira que de répeter en petit, ce qui avoit été fait en grand pour la face.

Troisiéme Cas,

Des Voutes Coniques Biaises & en Talud.

Ce que nous avons dit de la construction de la voute conique *Droite en Talud*, par la voye de la projection horisontale de la face, s'applique si facilement à la *Biaise & en Talud*, dont l'arc de face est pris pour ceintre primitif, qu'il ne paroît pas nécessaire d'en donner un exemple, il suffit d'avertir, que le profil du talud doit être fait comme aux berceaux biais & en talud, ayant égard à la double obliquité.

Pour ne pas donner dans les répétitions, & cependant ne rien laisser à désirer, nous mettrons ici un exemple de l'inverse du Trait, c'est-à-dire, d'une voute conique *biaise & en talud*, dont le ceintre de face n'est que secondaire, prenant pour primitif une section Droite ou même biaise, qui ne seroit pas parallele à la face, telle est, par exemple, une *Canoniere biaise & en talud*, dont le ceintre des colles est demi circulaire ou Elliptique.

Fig. 112. On doit considerer une canoniere ADFGEB [*fig.* 112.] comme une voute composée de deux trompes, qui se pénétrent sur un axe commun, & dont les bases sont tournées en sens contraire, comme les cônes de la fig. 83. & 84. du premier Livre; & parce que nous ne traitons encore que des voutes simples, ce n'est pas ici le lieu de parler de la rencontre de ces deux cônes, & par conséquent d'une canoniere complete. Nous ne considererons qu'un des cônes ASB, dont la face est en talud, & dont la partie retranchée DSE peut être regardée comme le vuide du trompillon. L'autre cône FKG, dont la face FG n'est pas supposée en talud, tombera dans le cas de la trompe biaise, dont l'arc de face n'est que sécondaire; ainsi l'angle des deux embrasemens intérieur & extérieur sera la somme de ceux des panneaux de lit de deux cônes, coupez aplomb sur la ligne DE.

Ou il faut remarquer en passant que si le ceintre du collet DbE, n'étoit pas primitif, mais que ceux de face le fussent, chacune pour son cône, celui du collet ne seroit plus une courbe plane, mais à double courbure, à moins que par un hazard extraordinaire ils ne fussent tels que nous les allons trouver.

Soit le triangle ASB, le plan horisontal de la trompe ou voute conique, qui fait l'embrasure extérieure de la Canoniere, dont l'axe SK, qui exprime sa direction, est oblique sur la face AB, avec laquelle il a une double obliquité; sçavoir celle de la direction horisontale, qui fait des angles inégaux de suite AKS, BKS, & celle de l'inclinaison de la face, avec laquelle il fait aussi des angles inégaux, l'un au dessus, l'autre au dessous de l'horison, celui du talud étant aigu.

Supposant que le ceintre du collet DbE est donné en demi cercle, & perpendiculaire à la direction SK, la voute de cette embrasure sera une portion de cône Droit coupé obliquement par la face en talud AxB. C'est le cas ordinaire d'une embrasure bien tournée.

On commencera par chercher la projection horisontale de l'arc de face en talud, pour trouver par le moyen des projections des joints de lit & des hauteurs des retombées la vraye longueur de ces joints, comme on a fait aux trompes Droites en talud.

Par un point B pris à volonté sur AB, on tirera BR perpendiculaire à ce diametre AB, sur laquelle on fera l'angle du talud RBT, & par le sommet S du cône une parallele au même diametre, qui coupera BR au point R; enfuite par tous les points p' y', &c. des projections des divisions du ceintre primitif DbF, on menera des paralleles à AB, prolongées indéfiniment au-delà de BR, sur lesquelles on portera les hauteurs des retombées du ceintre primitif p' 1, p' 2, &c. suivant leur ordre aux points 1°, 2°, 3°, 4°. Par tous ces points & le point R, on tirera des lignes qui couperont le profil du talud BT aux points 1e, 2e, 3e, 4e, par lesquels on menera des paralleles à AB, qui couperont les projections des joints de lit aux points $1'$, $2'$, $3'$, $4'$ que l'on cherche, par lesquels on tracera à la main la courbe A x B, qui sera la projection du talud de la face.

On pourroit trouver ces points avec moins de profils, ayant seulement élevé la hauteur cb sur le milieu de ed, pour avoir le point le plus élevé T, par où ayant tiré T x parallele à BA, qui auroit coupé SK en x, la ligne C x tirée du milieu C, de B A au point x, étant doublée, auroit donné le diametre conjugué à la ligne AB, pour décrire par le Probl. 8. du 2.e Livre une demi-Ellipse AxB, qui auroit coupé toutes les projections des joints de lit aux points $1'$, $2'$, $3'$, $4'$, que l'on cherche pour deux usages; premierement, pour avoir les projections des joints de lit; secondement, pour décrire l'arc de face en talud dans toute son étenduë, comme il suit:

Par tous les points $1'$, $2'$, $3'$, $4'$ on tirera des perpendiculaires sur AB prolongées indéfiniment au-delà, sur lesquelles on portera au dessus de AB les longueurs du profil B 1^m en 1e, B 2^m en 2e, &c. & par les points trouvez 1e, 2e, 3e, on tracera la demi-Ellipse AXB, qui sera l'arc de face, qu'on peut aussi tracer par le Probl. 8. du 2.e Livre, sur les diametres conjuguez donnez AB & deux CX.

Par les divisions de la face & le point K de l'axe, on tirera les joints de têtes qui seront en fausse coupe, quoiqu'ils donnent une bonne coupe au ceintre primitif du collet D b E, ce qui convient mieux dans les ouvrages, comme sont des embrasures, que de faire les têtes plus régulieres au dehors &, les coupes gauches ou faussées au dedans en D b E; cependant il sera au choix de l'Architecte de faire les divisions & les coupes sur le ceintre de face, si c'est dans une exposition apparente; parce que les divisions des têtes des voussoirs deviennent fort inégales en grandeur du côté A, où le biais éloigne le plus la face du ceintre primitif D b E.

Les projections des joints de lit étant données; & les hauteurs des retombées de l'arc de face, on aura tout ce qui est nécessaire pour former les panneaux de lit & de doële, comme on a fait à la trompe précedente en talud, & aux autres, ce qui est inutile de répeter.

Les biveaux de lit & de doële se trouveront aussi de la même maniere qu'aux autres trompes, par le moyen des sections de la doële plate avec l'horison, & de la hauteur de la retombée prise perpendiculairement sur le plan horisontal, au lieu de celle en talud sur le diametre de la face.

DE STEREOTOMIE. Liv. IV.

Ou bien si l'on veut par une autre voye fort simple expliquée au Probl. 12. du 3.ᵉ Livre. On fera un developement d'une Pyramide imaginaire, comprise 1.° par la doële plate, 2.° une moitié de lit, & 3.° une moitié formée, par exemple, pour le second vouſſoir par la diagonale 1ᶜ 6, tirée du point de la diviſion 1ᶜ à un autre 6 pris à volonté dans le joint de tête 2ᶜ 6, lequel développement conſiſtera en trois triangles rangez de ſuite, comme on voit à la fig. 113. ſçavoir, celui de la doëlle plate *s¹* 1ᵈ 2ᵈ, ſecondement une moitié de lit *s¹* 26 [*Fig.* 114] formée par la diagonale *s¹* 6, tranſporté en *s¹* 2ᵈ 6ᵈ, troiſiémement, le triangle de la diviſion imaginaire paſſant dans l'épaiſſeur du vouſſoir par le ſommet du cône S, & la diagonale de tête 1ᶜ 6, qui eſt le triangle *s¹ dᵗ 1ᵈ*, dont les trois côtez ſont donnez, ſçavoir *s¹ 1ᵈ* commun à la doële, *s¹ dᵗ* égal à la diagonale du lit *s¹ 6ᵈ*, enfin *dᵗ 1ᵈ* égal à la ligne 1ᶜ 6 de la fig. 112.

Ces trois triangles étant rangez de ſuite comme on voit à la figure 113. on prendra ſur le joint de lit & de doële *s¹ 2ᵈ* un point *a* à volonté, par lequel on lui tirera une perpendiculaire *b*E, qui coupera *s¹ 1ᵈ* au point *b*, & *s¹ 6ᵈ* au point E, on portera la longueur *s¹*E en *s¹ e* ſur *s¹ dᵗ*, & l'on tirera *e b*; puis du point *b* pour centre, & *b e* pour rayon, on décrira un arc vers *x*, & du point *a* pour centre, & *a* E pour rayon, on fera un autre arc, qui coupe le précedent en *x*, l'angle obtus *b a x* ſera celui du biveau que l'on cherche, pour former la ſurface du ſecond lit.

Explication Démonſtrative.

Nous avons dit au 3.ᵉ Livre que les angles des plans doivent être pris ſur des lignes perpendiculaires à leur commune interſection. Or la direction SK de l'axe de la trompe étant oblique à la ligne AB d'interſection du plan de face en talud & de l'horiſontal, on ne peut prendre la meſure de l'angle du talud ſuivant la direction de l'axe, ni des projections des joints de lit, qui ſont obliques à l'égard de AB; c'eſt pourquoi du point S on tire une ligne Sq, ou, pour ne pas embrouïller la figure on lui tire une parallele BR hors du cône, pour ſervir de baſe du profil du talud RBT, lequel, quoique couché ſur le plan horiſontal, produira les mêmes effets que s'il étoit élevé en l'air en ſituation verticale, pour marquer les reculemens des hauteurs des points de diviſion des vouſſoirs; parce que en ſuppoſant la ligne inclinée BT ſe mouvoir autour de BR, ſans changer d'ouverture d'angle, il eſt clair que le point T du plus grand reculement, & tous les autres, déterminez ſur cette ligne, demeureront toujours à diſtance égale du plan vertical, qui paſſeroit par AB; par conſéquent toutes les lignes menées par les points T 1^m, 2^m, 3^m, 4^m, peuvent représenter des plans verticaux, qui couperont le contour de la face en talud, & la projection de ses joints de lit en des points $1'$ $2'$, qui représentent les divisions des voussoirs.

Et parce que la projection du talud, par le Théorème 3. du premier Livre, doit être proportionelle à l'Ellipse de la face, dont elle est la projection, & avec laquelle elle a un axe commun AB; il suit que toutes les ordonnées à cet axe doivent être prolongées à angle Droit; quoique les deux plans de la face & de l'horison fassent un angle aigu entr'eux par le talud; & conserver toujours le raport de Bv à BT, ce qui a été fait pour déterminer le reculement des divisions de la face sur les projections horisontales des joints de lit, par le moyen desquelles on trouve leur valeur, & les mesures nécessaires pour former les panneaux de lit & de doële, comme dans les autres trompes.

USAGE.

Les voutes coniques en talud, Droites ou biaises, sont fort fréquentes dans les Fortifications, où il y a des Cazemates ou places souterraines, comme dans les Tours bastionnées de M. de Vauban, & particulierement dans les Forts Maritimes, bâtis sur les rochers, voutez pour battre à fleur d'eau, elles servent à couvrir les *Embrasures* où l'on place le Canon, d'où leur est venu le nom de *Canoniere*, qui n'est plus gueres en usage; & comme l'objet sur lequel on doit tirer ne se présente pas toujours en face directement, mais un peu de côté, les voutes biaises & en talud sont presque plus usuelles que les Droites.

Il est visible qu'une Canoniere & une Trompe ne different qu'en ce qu'en celle-ci le demi-cône est complet, & qu'à la Canoniere il est tronqué vers le sommet, telle seroit une trompe, dont on supprimeroit le trompillon; ainsi le Trait de l'une convient à l'autre à la réserve de l'angle du collet, qui est plus ouvert que celui du vuide, que feroit la tête inférieure avec le trompillon; nous en parlerons à la deuxième partie, lorsqu'il s'agira des voutes composées.

Quatriéme Cas,
Des Voutes Coniques en Descente.

J'ai déja donné au 3.ᵉ Livre deux manieres de faire les voutes coniques en descentes, l'une par les projections verticales & les perpendiculaires aux élevations des faces, l'autre par les diagonales des projections des voussoirs.

DE STEREOTOMIE. Liv. IV.

Je vais présentement montrer, qu'on peut faire les descentes coniques, suivant le même principe que j'ai employé pour les cylindriques; cependant avec un peu plus de composition du Trait; parce que l'on ne peut trouver les mesures des joints de lit sur aucune projection de plan, il faut nécessairement les chercher chacune en particulier par un profil.

Lorsqu'une voute conique est élevée en fenêtre sur des piedroits courts, au dessus de la hauteur d'apui, on l'appelle *Abajour ébrasé*.

Lorsque la voute se referme par en-bas, comme un trou rond, on l'appelle *Abajour en O ébrasé*. Nous choisissons ici pour exemple celui qui comprend toutes les obliquitez qu'on peut rencontrer dans l'usage ordinaire, pour éclairer des souſterrains, afin qu'il serve pour tous les cas.

Abajour en O biais Ebrasé & en Talud.

Soit ABED la projection horisontale de l'ouverture qu'on se propose PLAN. 46. de faire dans un mur, laquelle ne peut marquer que l'obliquité de sa Fig. 115. direction horisontale, & abED la projection verticale, qui marque la hauteur C^mI de la face extérieure sur l'interieure, & l'intervale oblique de leurs diametres ab & DE.

Sur AB du plan horisontal comme diametre on décrira le demi-cercle ou demi-Ellipse AHB pour ceintre primitif renversé, qu'on divisera en ses voussoirs aux points 1, 2, 3, 4, d'où on tirera à l'ordinaire des perpendiculaires au diametre AB, qui le couperont aux points Pp, au-delà desquels on les prolongera un peu pour y marquer le reculement du talud.

On fera ensuite un profil suivant la section perpendiculaire au mur CI, Fig. 116. & un autre suivant la direction du trait du milieu rC. Ayant tracé à part une ligne verticale Vu, sur laquelle on prendra un point M pour centre du profil, on fera avec cette ligne le complement de l'angle du talud VMF. Sur MF on portera successivement les longueurs 1 P', 2p', HC de l'arc de face en M1, M2, MF, & des points F, 2, 1, on tirera des perpendiculaires, qui rencontreront la verticale VM aux points V, l,l. On portera ensuite les intervales horisontaux FV, 2l, 1l, au plan horisontal en CT $p s'$, $p s'$, &c. pour avoir des points de la demi-Ellipse ATB, qui sera la projection de l'arc de la doële & de la face.

Il faut présentement prolonger les côtez DA, EB, jusqu'à ce qu'ils se rencontrent en s, où sera le sommet du cône en projection, & de ce point s, & par tous les points p & t de la projection de la face, tirer

Tome II. Hh

des lignes pq, to, qui couperont le diametre DE, de la face intérieure, aux points q & o.

Si le point s se trouvoit trop loin & hors du plan, sur lequel on trace l'épure, on auroit recours au Probl. 1. du 3.e Livre.

Par tous les points o on élevera des perpendiculaires indéfinies sur DE, & par les mêmes o & t d'autres perpendiculaires sur les lignes so, to, comme TV, tl, qu'on fera égales aux hauteurs correspondantes au profil Ml', Ml, MV; puis du point s, par les points V & l, on menera des lignes qui se rencontreront sur les points o, aux points Y & y; les longueurs oY & oy portées sur les perpendiculaires à DE, donneront les hauteurs des joints de face intérieure & inférieure DbE, par le moyen desquelles ayant les points $1\cdot$, $2\cdot$, $b\cdot$, $3\cdot$, $4\cdot$, on tracera la demi-Ellipse, qui est le ceintre de cette face, *qu'il falloit trouver*.

Jusqu'ici nous n'avons considéré dans ce Traité que la projection horisontale du plan, & la verticale du profil, pour avoir les reculemens des panneaux de doële, il faut y considerer une projection inclinée, faite sur le plan de rampe, dont il faut chercher l'étenduë par un profil; parce qu'elle est racourcie dans le plan horisontal.

Ayant porté la hauteur c°I du diametre extérieur de la face sur l'intérieur DE, & mené une horisontale GR perpendiculaire à Vu, on portera la distance horisontale rC, qui est la projection du trait du milieu en GR, & l'épaisseur du mur IC en Gi, puis on tirera les lignes iMx & RM, qui seront les vrayes longueurs des *traits milieu*, l'une iM de l'épaisseur, l'autre RM de la rampe.

On prendra avec le compas la longueur RM du profil, & on la portera au plan horisontal, posant une pointe en r, & faisant avec l'autre une section sur la ligne IC prolongée, qu'elle coupera en m, par où on menera une ligne $a^m b^m$ parallele & égale à AB, qui donnera de part & d'autre de m les points $a^m b^m$, par où & par les points D & E on menera les lignes Da^m, Ea^m, le trapeze D$a^m b^m$E sera la vraye étenduë du plan de rampe, & une portion de tri^angle par l'axe du cône, dont on aura le sommet X en prolongeant les côtez Da^m, Eb^m jusqu'à ce qu'ils se rencontrent en X, où doit aussi aboutir la ligne du milieu rm.

Presentement il faut faire sur ce plan les projections des deux faces, lesquelles changeront d'espece, celle de la face antérieure, qui étoit en talud, y sera représentée en surplomb, & celle de la face inférieure, qui étoit aplomb, y sera représentée en talud.

Pour trouver les points de la face en surplomb, par les points F, 2, 1,

DE STEREOTOMIE. Liv. IV.

du profil, on tirera des perpendiculaires sur iMs, qui rencontreront cette ligne aux points s^1, s^2, s^3, & donneront les avances $M1^o$, $M2^o$, $M3^o$, qu'on portera au plan de rampe en m^1s, m^2s, m^3s, m^4s, & par les points sss, &c. on tracera la demi-Ellipse $a^m s b^m$, qui sera la projection inclinée de la face en surplomb sur le plan de rampe.

Pour avoir la projection inclinée de la face inférieure sur le plan de rampe, on menera par le sommet X du plan de rampe, & par les points s^1, s, s, des lignes Droites, qui rencontreront les perpendiculaires abaissées des points o, qui sont les premiérs $1^o o$, $2^o o$ prolongées, en $K x$ & x, par lesquels on tracera la demi-Ellipse DKE, qui sera la projection de l'arc de face intérieure, laquelle étant supposée aplomb, étoit représentée au plan horisontal par la seule ligne DE, mais qui devient en talud en prenant le plan de rampe pour le plan horisontal.

On peut présentement trouver en même tems, & les vrayes longueurs des joints de lit, & les angles des têtes des panneaux de lit, par exemple, pour le second joint de lit.

On portera sur la ligne intérieure du profil Ni les hauteurs trouvées oY, oy, oy en iN, iy, iy, & par les points Nyy, on tirera des perpendiculaires sur iM, qui la couperont aux points Kxx, on fera un triangle rectangle avec les deux lignes données Xx^s sur le plan de rampe, & la perpendiculaire yk^s, l'hypotenuse Xz sera le côté du joint, duquel on retranchera la longueur qui sera donnée pour reste d'un autre triangle rectangle, en élevant sur le point s une perpendiculaire ss^s, qui coupera le joint entier Xz en s^s, la longueur zs^s sera celle qu'on cherche.

Presentement il sera aisé de former les *panneaux de lit* par la méthode generale aux voutes coniques, faisant un triangle des trois côtez donnez, sçavoir de l'axe Xr du demi-diametre de la face intérieure $r 2^o$, & du joint trouvé Xz. Et pour la face antérieure de l'axe XC, du rayon CA & du joint trouvé Xr.

Les panneaux de doëlle se feront comme ceux de lit, en faisant deux triangles avec les longueurs des joints de lit, jusqu'à la face inférieure, & d'une corde de cette face, puis de deux joints de lit dans le vuide de la partie tronquée & de la corde de la face supérieure, dont le triangle qui sera plus petit que le premier étant retranché, donnera pour le second lit un trapeze, tel qu'on le voit à la figure 118. aux chiffres où est le 2^d.

Les biveaux de lit & de doëlle se trouveront suivant la méthode ge-

Hh ij

mentale, dont l'application a été faite aux voutes coniques biaises & en talud, à quoi se réduit celle-ci considerée sur le plan de rampe, comme sur un plan horisontal.

L'application du trait sur la pierre est la même aussi que pour cette espece de voute conique.

Explication démonstrative.

Puisque tous les côtez des cônes sont inclinez au triangle par l'axe DSE, considéré comme horisontal, ils sont tous differens de la vraye longueur, qu'on représente en projection ; c'est pourquoi on est obligé de faire autant de triangles rectangles qu'il y a de joints de lit, par la même raison le triangle, qui est la projection d'un cône incliné, étant encore diminué de longueur, il faut élever sur cette projection des perpendiculaires, qui donnent une vraye longueur inclinée ; or comme le diametre DE de la base du cône DFE, & cette base même sont communs aux deux cônes, sçavoir à celui de la projection horisontale, & à l'incliné en descente ; il est clair qu'ayant trouvée, par la supposition d'un cône horisontal, cette base, elle sera aussi trouvée pour le cône incliné : mais si cette base, qui a été consideree comme immobile à l'égard de ces deux cônes, restant toujours dans une situation verticale, est supposée se mouvoir autour de son diametre DE, jusqu'à ce qu'elle prenne la place du plan incliné de la rampe, qui est le triangle par l'axe du cône incliné ; il est clair que les lignes verticales, qui passent par les joints de tête 1°. 2°. 3°. 4°, seront inclinées suivant la même inclinaison que le plan de rampe, lequel alors deviendroit horisontal ; ainsi la face verticale aura pris la place d'une face en talud, dont la projection des divisions sera bien faite par des verticales représentées 2x, h k, &c. ce qu'il falloit faire pour la face inférieure. La même transposition n'est pas moins claire à l'arc de face supérieure, qui devient en surplomb quoiqu'il fût en talud.

USAGE.

Les abajoux ébrasez sont très fréquens dans les bâtimens où il y a des souterrains, on en trouve même dans les Fortifications modernes, comme à celles de Manheim dans le Palatinat ; mais comme l'intérieur de la voute est de moilon ou de briques, le Trait de la coupe des pierres n'est nécessaire qu'à une seule face, qui est l'apparente en talud.

Cinquiéme Cas,

Des Voutes Coniques Rampantes.

ON donne le nom de *Rampantes* à toutes les trompes, dont les impostes ne sont pas de niveau, mais inclinées à l'horison, comme celle qui est représentée à la fig. 117. en quoi elles different des précedentes. Fig. 117.

DANS cette espece de trompe il peut y avoir beaucoup de cas. Premierement, on peut faire une des impostes de niveau, & l'autre rampante, comme à la trompe d'Anet, alors l'axe du cône est rampant; parce qu'il vient de l'angle des piedroits, qui comprennent la trompe à la hauteur de la naissance inferieure, & s'éleve au milieu de la hauteur de la rampe, telle est la ligne MC de la fig. 119. qui represente l'axe en projection verticale.

2.° Les deux naissances ou impostes de la trompe peuvent être inclinées, l'une en montant, comme CA [*Fig.* 120.] l'autre en descendant, comme CR. C'est ce que le P. DERAN appelle *Trompe rampante par le haut & par le bas*. Dans celle-ci l'axe est de niveau, & n'est representé en projection verticale que par le seul point C.

DE ces deux cas principaux il en suit d'autres, où l'on peut compter differentes variations à l'égard de l'axe & de sa direction; car dans le premier la direction de l'axe, & dans le second l'axe peut être même perpendiculaire au plan de la base du cône RHA, & alors la trompe quoique rampante peut s'appeller *Droite sur sa face*, mais differemment; car la premiere est *rampante par son diametre*, & par son axe, mais *Droite par sa direction*, & l'autre est rampante par son diametre, & *Droite par son axe*, & par sa direction.

ET ar contraire, lorsque la direction est oblique à la face, la trompe sera toujours *Biaise & rampante*.

Nous comprenons sous cette obliquité les variations que causent le talud, ou le surplomb; de sorte qu'on pourroit compter huit sortes de trompes rampantes.

LA premiere, qui ne rampe que d'un côté de piedroit, du fond de la trompe en montant.

LA 2.° Celle qui rampe par haut & par bas.

LA 3.° qui est biaise sur son axe.

LA 4.° qui est biaise sur sa direction.

LA 5.° qui est droite par sa direction, mais en talud ou surplomb.

246 TRAITÉ

La 6.ᵉ qui est biaise & en talud, ou en surplomb.

La 7.ᵉ qui est conduite par son axe sur la face en talud, ou en surplomb.

Et la 8.ᵉ qui est biaise dans toutes les circonstances : cela supposé, voici le trait pour un de ces cas, & une introduction pour les autres.

Premiere Disposition,

Trompe Conique Rampante d'un côté, Droite par sa direction sur sa Face.

Pour ôter tout l'embarras que peut causer la rampe d'une des impostes & de l'axe de cette trompe, il n'y a qu'à faire une supposition, que le Coussinet du piedroit, qui est une surface plane triangulaire, fait une partie de la voute conique, étant pris de niveau avec la naissance ou imposte, qui est de niveau dans la partie inférieure ; ainsi considerant le coussinet MAB comme un voussoir déja fait, il ne sera plus nécessaire d'avoir attention à la ligne de rampe ou diametre RA, mais seulement à l'horisontale RB, que l'on considerera comme le diametre d'une trompe conique droite, pour trouver toutes les longueurs des joints de lit, par le moyen de la projection des points de division du ceintre de face, ce qui paroît assez clair, mais que nous allons encore mieux faire connoître par un exemple.

Fig. 119.

Soit RSB l'angle des piedroits de la trompe, considerez comme coupez par un plan horisontal, lequel est un peu moins aigu que celui de la section de la trompe par son axe RMA. Ayant élevé au point B une perpendiculaire BA sur RB, à telle hauteur A qu'on le juge à propos, on tirera la ligne de rampe RA, qui sera le diametre d'un demi-cône scalene RbAM, dont la hauteur de la base ou face RbA peut être prise à volonté en b, plus haut ou plus bas.

Par les trois points donnés RbA on fera passer un arc rampant, comme il a été enseigné au Probl. 20. du 2.ᵉ Livre ; puis on divisera le contour de ce ceintre en ses voussoirs aux points 1, 2, 3, 4, plûtôt en nombre pair qu'impair contre la régle ordinaire des arcs, dont les impostes sont de niveau, afin que la clef se trouve au sommet en b, qui ne répond pas au milieu de l'intervalle horisontal RB, faisant ensorte que la corde 23 de la clef 2b3 soit de niveau, ce qui me paroît convenable ; quoique M. de la Rue ne l'ait pas observé dans sa trompe d'Anet ; par les points de division des voussoirs, on tirera des joints de tête 1,4 ; 2,5 ; 3,6, à l'ordinaire, & par les mêmes points on abaissera des perpendiculaires 1p, 2p, 3p sur l'horisontale RB, qu'on prendra pour le diametre de la trompe, & des points *p* on tirera des lignes au point S, sommet du cône, qui seront les projections des joints de lit, par le moyen desquelles & des aplombs abaissez des divisions 1, 2, 3, 4 on tracera leur juste longueur, qui est l'hypotenuse du triangle rectangle, qui a ces deux lignes pour jambes, comme nous l'avons tant de fois répeté. Ainsi transportant les aplombs 1*p*, 2*p*, 3*p* à angle droit sur l'extremité des projections des joints de lit, comme on le voit exprimé à la figure par des arcs de cercles A*a*, 3*f*¹ ; on aura pour longueur du premier joint de lit la ligne S*f*¹, pour second la ligne S*f*, ainsi des autres, & pour longueur de l'imposte ou naissance rampant la ligne S*a*, qui est racourcie au plan horisontal SB, comme toutes les autres.

Les Biveaux de lit & de doële, & de doële & de tête, se trouveront aussi facilement dans cette trompe que dans la trompe droite, & supposant, comme je l'ai dit, que le coussinet MAB fait partie de la doële.

REMARQUE

Il faut observer ici que les têtes des voussoirs sur le trompillon deviennent inégales entr'elles, quoique les divisions 1, 2, 3, 4 du ceintre R*b*A soient égales ; parce que le cône étant scalene, les impostes, qui sont les côtez de la section du triangle par l'axe RM, MA, sont inégales ; puisque RM, qui represente en projection verticale, l'imposte de niveau, est égale à RS du plan horisontal ; mais non pas AM a SB ; parce que MA incliné est plus grand que SB de niveau ; de sorte que tous les joints de lit sont de longueur inégales, & par conséquent les angles qu'ils font au sommet du cône S inégaux, quoique les arcs R1, 12, 23, &c. soient égaux entr'eux.

Seconde Disposition,
Trompe Conique Rampante par le haut & par le bas.

La construction de cette trompe paroît d'abord contraire à la solidité, en ce que son imposte ou naissance inférieure est dans un plan incliné, & elle la seroit en effet si on faisoit les lits des voussoirs de cette partie en pente, comme l'imposte ; car malgré le frottement il tendroit toûjours à couler sur le devant, si l'inclinaison étoit de plusieurs degrez ; mais cet inconvenient cesse en prenant la naissance dans un voussoir, qui porte une partie triangulaire plane, posée de niveau par son lit, comme les autres pierres du piedroit, d'où la naissance s'éleve comme par degrez, que la ligne d'imposte traverse diagonalement.

248 TRAITÉ

de sorte que chacune de ces pierres est partie plane, partie concave. On peut même, si l'on veut, graver cette ligne en façon de faux joint pour en marquer la continuité & la direction, ce qui convient particulierement vers le trompillon, où la surface concave, quoique tangente aux piedroits, se distingue plus subitement de sa surface plane.

Les projections de lit SP, Sp, &c. étant faites comme au cas precedent, il faut les joindre differemment à leurs aplombs, pour faire les triangles rectangles, dont l'hypotenuse donne la vraye longueur des joints; parce que les aplombs des divisions 1, 2, 3, 4 ne doivent pas tomber jusques sur l'horisontale RB où étoit le sommet du cône. Ici il est plus haut, sçavoir en C, centre du ceintre, qui represente dans ce point aussi tout l'axe en projection verticale. C'est donc par ce point C qu'il faut mener l'horisontale ON, qui coupera les aplombs $1p$, $2p$, &c. aux points L. & l; les hauteurs $1L$, $2l$, $3l$ seront celles des aplombs, qui doivent servir de jambe au triangle rectangle, dont l'hypotenuse donne les vrayes longueurs des joints de lit; ainsi on portera les projections horisontales Sp, SP, sur l'horisontale ON, des points L, l, l, en d, e, f, les longueurs $d1$, $e2$, $f3$ seront celles des joints de lit.

La même horisontale ON servira à trouver les biveaux de doële & de tete, & de doële & de lit, comme aux autres trompes.

On peut faire ce Trait d'une maniere encore plus simple, en considerant cette voute comme une horisontale Droite, qui n'a aucune difference de la premiere trompe fondamentale, que celle de la courbe de son ceintre, qui n'est pas circulaire ni Elliptique suivant l'usage ordinaire aux trompes horisontales, en ce que la ligne passant par les impostes n'est pas un axe, mais un autre diametre RA.

Ainsi au lieu d'abaisser les perpendiculaires des divisions 1, 2, 3 sur la ligne RB ou ON, on peut les abaisser sur RA, comme $1a$, $2a$, $3a$; puis ayant mené par le point C une ligne CD égale à la profondeur de la trompe donnée MS, on menera DR, DA; le triangle RDA sera une section par l'axe differente de la projection horisontale RSD, en ce que l'angle RDA est plus ouvert que RSB, que font entr'eux les piedroits de la trompe horisontalement; mais il est toujours la mesure de leur ouverture sur un plan incliné RA.

Par les points a, a, a ayant tiré des lignes au sommet D, on portera les longueurs Da^1, Da^2, Da^3, en $1d$, $2d$, $3d$, sur AR prolongée, où il faut; les lignes $1d$, $2d$, $3d$ seront les vrayes longueurs des joints de lit que l'on cherche.

S1

page 249.   Pl.4

DE STEREOTOMIE. Liv. IV.

Si les deux impoſtes étoient rampantes inégalement, alors le point qui repréſente la projection du ſommet du cône ſur le plan de la face, que repréſentoit le point M à la fig. 119. ſe trouvant au deſſus ou au deſſous du centre C, de la ligne RA, cette derniere conſtruction ne pourroit plus ſervir, il faudroit en revenir à la précedente, à laquelle cette difference de cas, qui ſeroit fort extraordinaire, ne ſeroit cependant d'autre changement que d'élever ou d'abaiſſer l'horiſontale ON, qui doit paſſer par c au deſſus de C, ſi Rc eſt moins incliné que Ac, & au deſſous en f, ſi Rf eſt plus inclinée que fA.

COROLLAIRE.

DE la conſtruction de ces deux principaux cas de trompes rampantes, il ſera aiſé de déduire celle des autres qui en dépendent, comme celles dont nous avons fait mention ci-devant, qui ſont de plus *biaiſes par la direction* horiſontale de leurs faces, à l'égard de l'axé du cône ou en *talud* ou en *ſurplomb*. Il n'y a qu'à faire la ſuppoſition, que la face plane triangulaire du couſſinet fait partie de la doële de la trompe, & operer comme dans les trompes biaiſes, ou biaiſes & en talud, qui ne ſont plus rampantes, la difference de ces voutes ne tombant que ſur le contour du ceintre, qui ſera ainſi partie Elliptique & partie Droit au couſſinet.

Sixiéme Cas,
Des Trompes coniques de face Angulaire en angle ſaillant.

En Termes de l'Art.
Des Trompes ſur le Coin.

LES Trompes ſur le coin ne ſont autre choſe que des voutes coniques ordinaires, coupées obliquement par leurs faces en deux parties, qui forment un angle ſaillant.

LORSQUE les deux faces ſont égales entr'elles, & leurs baſes égales à celles des piedroits, & que l'angle eſt Droit, alors la trompe eſt appellée *Droite ſur le coin*; parce que ſon axe ne tourne pas plus vers un piedroit que vers l'autre. Telle eſt celle qu'on repréſente à la fig. 121.

SI au contraire l'angle ſaillant ou rentrant eſt obtus ou aigu, & les côtez ou les faces inégales, la trompe eſt appellée *Biaiſe* ſur le coin.

Premiere Eſpece,
Trompe Droite ſur le Coin.

ON peut faire que cette trompe ſoit portion d'un cône Droit, ou d'un cône ſcalené.

Tome II.   Ii

250 TRAITÉ

Premiere Disposition.

Fig. 122.   Soit le quarré BNDS la projection horifontale de la trompe qu'on se propose de faire dans un angle Droit rentrant BSD. Ayant tiré la diagonale BD, on décrira sur cette ligne, comme diametre, un demi cercle BND pour ceintre primitif, qui est ici tourné de haut en bas, & l'ayant divisé en ses vousſoirs égaux aux points 1, 2, 3, 4, on menera par ces points des paralleles à l'axe SN, qui couperont la projection des faces BN, DN aux points q & Q, par leſquels on tirera d'un côté des lignes droites au ſommet S, qui seront les projections des joints de lit, leſquelles couperont le diametre BD aux points P & p, deſquels on élevera des perpendiculaires au diametre, qui couperont la circonference du ceintre primitif BND aux points 1. 2' 3' 4', où seront les vrayes divisions du ceintre primitif, qui deviennent inégales, comme elles doivent être pour que celles des faces soient à peu près égales, comme on va le voir sur la courbe de son ceintre que nous allons chercher. Si l'on veut que la division des têtes de l'arc de face soient parfaitement égales, il faut tracer cet arc sans égard aux divisions des vouſſoirs, ensuite le diviser également, cela vaut mieux, & est moins embarraſſant que les moyens du P. Deran & de M. de la Rue, qui ne sont point géometriques, en voici la maniere:

On élevera au point N une perpendiculaire à la diagonale SN, qui rencontrera le côté SD prolongé en b'; on portera la longueur Nb sur DN prolongée en H, où sera le ſommet de la clef sur l'angle N, & l'amplitude d'une demi-parabole, qui forme le ceintre de face de chaque côté; & parce que cette amplitude NH est une ordonnée à ſon axe BN, & le point B le sommet de la parabole, on la décrira par le Probl. X. du 2.e Livre.

Ou bien d'une maniere un peu differente, on divisera NH en quatre parties égales en G, K, L; par le point G de la premiere on tirera une perpendiculaire sur HB, qu'elle rencontrera en x. La même x G prolongée jusqu'à ce qu'elle rencontre l'axe BN prolongée en y, donnera une longueur N y égale à celle qu'il doit y avoir du ſommet B au foyer F de la parabole, & au dehors de la directrice, paſſant en I sur l'axe NB prolongé; ainsi avec le foyer F & le point I de la directrice, on tracera autant de points qu'on voudra à la circonference de la Parabole, ou bien on la décrira par un mouvement continu, comme il est expliqué au Probléme cité.

On peut aussi trouver plusieurs points de la Parabole, en tirant des paralleles à BD par les points q', q^+, de la projection des joints de

DE STEREOTOMIE. Liv. IV.   251

lit fur la face, lesquelles rencontreront SD prolongé aux points 4ᶠ, 3ᶠ, ensuite du point N pour centre, & des intervales N 4ᶠ, N 3ᶠ pour rayon, on fera des arcs de cercles, qui couperont les perpendiculaires, qui seroient élevées sur DN aux points qᶦ, q⁺, ou sur leurs correspondans q 1ᵉ Q2ᵉ en des points 1ᵉ 2ᵉ H, lesquels seront à la circonférence de la parabole. Remarquez que cette méthode suppose que le ceintre primitif est circulaire.

Les angles des têtes des lits seront aussi donnez en prolongeant les rayons Nbʳ, N3ᶠ, N4ᶠ, si l'on veut que tous les lits tendent, & s'entrecoupent à l'axe du cône SN. Ainsi S 4ᶠ 8 sera l'angle de tête des deux premiers lits, l'un à droite, l'autre à gauche, S3ᶠ 7 celui du second, ainsi du reste.

Mais si l'on tire les joints de tête perpendiculairement aux arcs paraboliques, suivant la régle donnée au Prob. 26. page 195. du 2.ᵉ Livre, les lits ne tendront pas à l'axe de la trompe. En ce cas je crois que la premiere pratique, qui est plus conforme à la bonne construction de solidité, est préferable à la régularité apparente des joints de tête.

Par le moyen des projections des joints de lit à la doële, & la hauteur des retombées des faces, il sera aisé de trouver par les manieres ordinaires les vrayes longueurs de ces joints nécessaires, pour former les panneaux ; & comme nous supposons le cône intrinséquement Droit, il n'est pas besoin de les chercher, elles sont données sur l'épure en S4ᶠ, S3ᶠ, Sbʳ.

Présentement tout est donné pour faire les panneaux de doële plate ou dévelopée, & pour ceux des lits.

1.º Pour ceux de doële, il n'y a qu'à former un triangle avec deux joints de lit, par exemple pour le premier avec les longueurs SD, S4ᶠ, & la corde de la face B1ᵉ ; ainsi des autres.

Si au lieu des doëles plates on vouloit avoir les doëles dévelopées, pour en former des panneaux flexibles, au lieu des cordes des arcs de face on prendroit les arcs paraboliques étendus, c'est-à-dire, rectifiez, & les rengeant de suite, comme on voit à la figure pour une moitié de b en d, on traceroit à la main ou avec une régle pliante une courbe b3ᵈ 4ᵈ d, qui seront le développement de la face sur une surface plane, lequel pourroit se plier & s'appliquer dans la surface d'un cône Droit, dans laquelle elle détermineroit le contour de la parabole sur la demi-face plane de chaque pan ; mais cette maniere, qui est celle des Auteurs, n'est pas la meilleure, nous en proposerons ici après une autre plus propre à la pratique.

Ii ij

252   TRAITÉ

Si l'on fait des doëles plates, il arrive encore une autre incommodité, c'est que celle de la clef se trouve partagée en deux surfaces planes $b\,3^{d}\,S\,\&\,b\,2^{d}\,S$, qui font entr'elles un angle rentrant, à peu près égal à celui que font les deux cordes $2N$, N_3 de l'arc $2N_3$, je dis à peu près, parce qu'il est un peu plus fermé que celui du biveau, qui en est la juste mesure; c'est pourquoi nous renvoyons le Lecteur à un autre *Trait*, plus convenable à la pratique & plus general, que nous donnerons ci-après.

On peut cependant faire usage de celui-ci, où l'on a tout ce qui est nécessaire pour tracer les voussoirs; car nous avons les panneaux de doële plate, & deux côtez de la clef, & l'on peut aussi n'en faire qu'un seul de la clef, en prenant la corde $2'\,3'$ au lieu des deux cordes de la face 2e H de droite & de gauche, avec laquelle & les deux joints de lit $S\,3'$, aussi de chaque côté on fera un triangle $S\,T\,V$, Fig. 124. auquel, sur la même corde TV, on en ajoutera une autre pour la valeur de l'angle saillant $2'\,N\,3'$, qui n'atteindra pas cependant à l'angle N; parce qu'il passera au dessous d'une certaine quantité, qu'il faut chercher; on prendra la longueur $l_3 r$, de laquelle comme rayon, & d'un des points T, ou V pour centres, on fera un arc vers S, qui coupera la ligne du milieu au point e, duquel comme centre & du même rayon $l_3 s$, on décrira l'arc $T t V$, dont on portera la fleche $l m$ en $3 r r$ sur $l_3 s$ de la figure 122. puis du point S par r on tirera la ligne SR; on portera aussi la distance $r R$ sur $S z$ de M en z, & de ce point z, on tirera des lignes aux points T & V, le trapezoïde $ST z V$ sera le panneau de doële plate pour la clef, dont le point z est au dessous du point b du développement, ou H de la hauteur de l'angle dans le même aplomb NH ou $N b^\circ$ du profil de l'intervale $R b^\circ$, ce qui fait voir l'erreur du trait de M. de la Rue, qui fait passer son panneau de doële plate au sommet de l'angle saillant à la doële.

Les biveaux de tête & de doële, & de doële & de lit, se formeront de la même maniere qu'à la trompe plate, chacun en particulier, par le moyen des cordes des arcs de faces prolongez, pour avoir la section de la doële plate de chaque voussoir avec l'horison.

Application du Trait sur la Pierre.

Les voussoirs de têtes unies au côté de la clef se traceront comme à la trompe plate; premierement, en posant le panneau de doële plate sur un parement, & abatant la pierre pour former la tête avec le biveau de doële & de tête; puis ayant appliqué sur ce second parement le panneau de tête, pris à l'elevation, comme $2^{e}\,6\,5\,1^{e}$, on

DE STEREOTOMIE. Liv. IV.

abatra la pierre à la régle, coulant sur les arêtes de doële & de joint de tête.

Pour la clef il y faut un peu plus de façon, parce qu'elle est angulaire à deux têtes, & que le panneau de doële plate n'en touche pas les quatre angles.

Ayant dressé un parement pour servir de doële plate, on y appliquera le panneau STzV de la fig. 124. puis ayant tracé le trait du milieu Sz, on y appliquera le biveau de l'angle SRE, suivant lequel on fera une plumée, & afin que l'arête de l'angle ne panche ni à droite ni à gauche, on fera des points T & V pour centres des arcs dans la rigole de cette plumée, qui se croiseront en un point, par lequel & le point R on tracera une ligne, qui sera l'arête de l'angle saillant.

Par le moyen de cette arête, & de celles des têtes de la doële zT & zV, on pourra faire les deux têtes de droite & de gauche sans biveau, en faisant couler la régle sur ces deux lignes, à mesure qu'on abatra la pierre.

Les têtes étant formées on y appliquera le panneau 2ᵉH de la face, posant le point 2ᵉ sur T d'un côté & V de l'autre, & le point H sur l'arête au dessus de l'angle de la doële plate de l'intervalle Rb ; dans cette situation on tracera l'arc parabolique, qui suffira pour creuser la doële sans toutes ces fausses cherches, que les Auteurs trouvent avec beaucoup de circuit, pour indiquer un faux contour circulaire, & une fausse position perpendiculaire aux doëles, auxquelles il n'y a que des arcs Elliptiques qui puissent convenir. En effet, pour creuser la doële il n'y a qu'à abatre la pierre à la régle, appuyée d'un côté sur la pointe S, si on l'a, ou sur l'arc du trompillon, fait comme nous l'avons dit pour la trompe Droite circulaire, & de l'autre sur l'arc parabolique, observant seulement que cette régle soit toujours dirigée d'un côté au sommet S, ou posée sur des parties proportionelles de la largeur de la tête & du trompillon; comme nous l'avons dit dans l'introduction à la formation des surfaces, ce qui retranche de fausses & inutiles cerches.

Si cependant on en vouloit user pour plus grande sûreté, on peut poser la cerche d'un arc de ceintre primitif, incliné suivant l'angle aigu GDS, ou son supplément CDb, contre lequel on appuyera la cerche, observant qu'une branche tende au sommet, & que l'autre soit bornoyée par l'arête du milieu de la tête, ce que je dis seulement pour la clef, car cette vérification est inutile pour les autres voussoirs.

Je n'ai rien à ajouter pour la coupe des lits, puisqu'on a les joints de tête & les joints de lit donnez pour diriger la régle, suivant laquelle on doit abatre la piérre.

Seconde Espece,
Trompe sur le Coin, Droite, surbaissée ou surhaussée.

On ne peut faire cette espece de trompe aussi facilement que la premiere, ni en varier le *Trait*, en se choisissant un ceintre primitif au dedans ou aux faces sans y trouver quelques difficultez, qui ont induit en erreur le P. Deran & Deschales, & M. de la Rue, page 151. Ces Auteurs on cru qu'on pouvoit prendre à volonté, pour ceintre primitif aux faces une courbe quelconque surbaissée ou surhaussée, & même circulaire; c'est une erreur qu'il est bon de démontrer.

Il est certain qu'une doële doit être uniforme sans plis ni jarrêts; or celle d'une voute sur le coin, dont les faces sont de toute autre courbe que d'une parabole, fait un angle saillant ou rentrant tout au long de la doële, au milieu de la clef; par conséquent l'on ne doit faire ces ceintres ni en portions de cercles, ni d'Ellipses.

Pour prouver la mineure, je n'ai qu'à démontrer que la doële des Auteurs citez est un composé de deux quarts de cônes égaux; mais tournez en sens contraire, comme on voit à la figure 80. du premier Livre Planche 7. dont l'angle du sommet est plus petit que BSD.

Fig. 123. Supposons premierement [*Fig. 123*] que le quarré BSDN est le plan horisontal de la trompe Droite surbaissée, si l'on prolonge les faces BN, DN, ensorte que NB soit égal à NB, & N*d*, égal à N*d* il est clair que cette ligne B*b* ou D*d* sera le diametre entier du ceintre de face, s'il est en quart de cercle ou en quart d'Ellipse; & par conséquent que si l'on tire des points *b* & *d* au sommet S au fond de la trompe, on aura deux demi-cônes BS*b*, BS*d* égaux & tournez en sens contraire, dont l'angle du sommet S commun à tous les deux, est moindre que celui des piedroits de la trompe BSD de la quantité BS*e* ou DS*E*.

D'où il suit que la section BD perpendiculaire à l'axe SN est un composé de deux demi-Ellipses, dont les diametres sont les parties B*g* & DG, qui sont divisées inégalement par le point *m*; mais les plus grandes ordonnées de ces Ellipses, qui sont leur plus grande hauteur sur l'horison, sont au milieu de ces diametres; d'où il suit que l'ordonnée commune aux deux Ellipses en *m* est plus petite que celles qui sont au milieu; par conséquent le point de la doële qui est aplomb au dessus du point *m* est plus bas que ceux des côtez, ainsi la surface de la doële s'y abaisse, & fait une arête en *contrebas*, suivant le terme de l'Art. ce qu'il falloit démontrer.

Si l'on faisoit les ceintres des faces de portions d'Ellipses moindres que le quart, l'arête de jarret deviendroit un peu moins sensible; mais si petites qu'on les fasse, l'erreur subsistera toujours; parce qu'on pourra toujours déterminer la longueur du diametre de cette portion d'Ellipse, qui sera toûjours finie, & l'axe de la Parabole est infini.

Il est donc évident que si l'on veut faire une trompe Droite sur le coin surhaussée ou surbaissée, il faut faire le ceintre primitif sur BD en portion d'Ellipse sur son grand ou sur son petit axe; puis ayant trouvé par le profil la hauteur que ce ceintre donne à l'angle saillant en NH, on décrira les ceintres de face paraboliques de la même maniere, que si la trompe étoit portion d'un côneDroit sur une base circulaire, dont nous venons de parler.

Si au contraire, on veut prendre pour ceintre primitif les arcs de faces, on se donnera telle hauteur NH qu'on jugera à propos, avec laquelle, le sommet B ou D, & l'axe BN ou DN, on tracera la Parabole, par le Probl. X. du 2.e Livre, & l'on continuera le trait comme au précedent, sans aucun changement que celui des mesures & des profils, qu'on ne pourra pas prendre sur l'imposte, comme à ce Trait; mais qu'on fera chacun en particulier, comme aux trompes biaises précedentes; ce qui est assez facile à concevoir sans qu'il soit necessaire d'en répeter la pratique.

Troisiéme Espece.

Trompe sur le Coin Biaise.

Les Auteurs citez sont tombez dans ce Trait dans les mêmes erreurs qu'au précedent, prenant pour ceintre primitif des arcs des faces circulaires ou Elliptiques, & n'ont parlé que de la trompe biaise, dont le plan horisontal est un parallelograme, comme FSDn, auquel cas *Fig.* 123. les faces sont toujours nécessairement des demi-paraboles; quoique le ceintre primitif formé sur FD soit circulaire ou Elliptique, c'est-à-dire, que le cône, dont la trompe est une portion, soit de sa nature Droit ou scalene, ce qui est incontestable.

La construction de ce cas n'ayant rien de different de la précedente, que l'inégalité des axes des paraboles des faces, ne demande pas qu'on en fasse une description particuliere.

Nous choisirons pour exemple de la trompe biaise, celle dont les faces & les piedroits sont inégaux, dont la projection horisontale est un trapeze, comme FNES.

Fig. 125.

M. de la Rue prend pour ceintre primitif la section verticale sur la diagonale FE ; cette construction est bonne, mais il en peut arriver une difformité, si les faces étoient fort inégales, en ce que le ceintre secondaire, Elliptique sur une des faces, pourroit devenir une portion d'Ellipse, plus grande que le quart, de sorte que l'angle saillant ne seroit pas au sommet de la face, mais au dessous en *contrebas*.

Pour éviter cet inconvenient, il faut faire ensorte que l'axe du cône soit toujours dans la diagonale SN, ou du moins que le centre du ceintre primitif de section verticale soit toujours dans cette diagonale. S'il n'est pas circulaire, il faut donc *chercher la section circulaire d'un cône scalene, dont on a les cotez & l'axe donné*.

Par un point C pris à volonté sur l'axe SN, on menera CA parallele au piedroit ES, laquelle rencontrera l'autre BS en A. On tera la longueur AS en AB, pour avoir le point B, par lequel & par le point C on tirera BCD, qui rencontrera SE au point D, la ligne BD sera le diametre du ceintre primitif, circulaire ou Elliptique, qui sert à régler le contour de la doële, à peu près comme l'arc-Droit dans les voutes cylindriques.

Presentement pour former les ceintres de face, qui sont différens, à cause de la différence de leur obliquité à l'égard de l'axe SN, on menera par le point N une parallele à BD, qui rencontrera les piedroits prolongez en ƒ & G, la moitié NG sera la hauteur de l'angle saillant, si le ceintre primitif est circulaire, laquelle NG sera une ordonnée commune aux deux courbes des ceintres de face de la droite & de la gauche, par le moyen de laquelle, des points B ou E pris pour sommet avec le diametre de la courbe, qu'on trouvera en prolongeant FN ou EN jusqu'à ce qu'il rencontre le piedroit opposé prolongé, qui ne peut le rencontrer dans cette figure que au-dehors de la planche, on décrira par le Probl. 4. du 2.ᵉ Livre la portion d'Ellipse, qui est le ceintre de l'arc de face à chaque côté.

Le ceintre primitif BHD, & ceux des faces étant donnez ou en quart d'Ellipses, ou en demi-paraboles, il est au choix de l'Architecte de faire les divisions des voussoirs où il le juge à propos, pour la régularité de la doële ou des faces, étant clair, comme nous l'avons dit ci-devant, que les obliquitez laissent toujours de leurs traces, ou sur la doële ou sur la face ; on ne peut les cacher par-tout ; si on divise la face en parties égales, les doëles deviennent inégales dans les distances transversales, & si celles-ci sont égales, celles des faces deviennent très inégales entr'elles ; de quelque maniere qu'on les fasse, il suffit qu'on ait les projections de lit pour en trouver les valeurs, avec lesquelles on forme les panneaux de lit & de doële.

Si

DE STEREOTOMIE. Liv. IV.

Si les divisions ont été faites fur les arcs de face, on en aura les hauteurs $1Q$, $2q$, $P3$, $p4$, lesquelles étant posées à angle Droit sur les projections SQ, Sq, &c. les hypotenuses Sf^1, Sf^2, &c. feront les vrayes longueurs des joints de lit.

Si les divisions ont été faites sur le ceintre primitif de section transversale BD, comme aux points 1^*, 2^*, 3^*, 4^*, on fera des triangles rectangles avec les jambes Sr^1, Sr^2 & 1^*1^1, 2^*r^2, dont l'hypotenuse fera la longueur du joint de lit jusqu'au ceintre primitif ; mais comme ce ceintre est ici partie au-dehors de la trompe en r^1 & de la longueur r^1u, & partie au-dedans, comme en Vr^2, il faut prolonger la base du profil dans ce dernier de la longueur Vr^2, & en retrancher en premier la longueur r^1u, & par les points u & V tirer des perpendiculaires à la projection, qui rencontreront les hypotenuses prolongées ou racourcies en des points y, y, qui détermineront la juste valeur des joints de lit.

Lorsque le ceintre primitif des sections transversales est circulaire, on peut trouver les mêmes hauteurs de retombées d'une autre maniere.

On menera par les points trouvez u & V, où les projections des joints de lit coupent le demi-diametre FN de la face, des paralleles à BD, qui couperont les côtez SB, SD, prolongez en i & I, L & K ; puis on cherchera des moyennes proportionelles entre les parties iu, uI, & LV, VK qui feront les hauteurs des retombées qu'on demande ; ainsi ayant élevé des perpendiculaires indéfinies uc^1 Vx^2 sur iI & LK, des points u & g milieux de ces lignes, & de leurs moitiez pour rayons, on décrira des arcs de cercles, qui couperont les perpendiculaires à ces lignes en des points x^1, x^2, qui détermineront les hauteurs des retombées ux^1, Vx^2 qu'on cherche.

Explication Démonstrative.

Les trompes sur le coin, dont nous parlons, ne sont autre chose, que des cônes coupez par deux plans, dont les intersections doivent se trouver dans la partie la plus élevée au milieu de la clef, afin que l'arc de face d'un côté ne paroisse pas retomber sans apuis. Cela supposé, il est clair, que si ces plans, qui forment les faces, sont paralleles aux impostes de la naissance de la trompe, ils formeront des arcs de Parabole, comme dans la trompe Droite circulaire, soit qu'elles soient inégales, ce qui arrive lorsque les angles des piedroits & celui du coin sont Droits, comme aux figures 122. 123. mais si l'angle du coin étoit aigu, ces arcs de face deviendroient des portions d'hyperboles, dont nous n'avons pas fait mention ; parce que dans ce cas la trom-

Tome II. Kk

pe pousseroit trop au vuide; ainsi elle ne pourroit subsister que difficilement; alors il faut émousser l'angle d'encognure, & faire une trompe à l'Pans.

Si au contraire l'angle d'encognure est obtus, comme à la figure 125. Il est clair que les plans des faces, étant prolongez, rencontreront les côtez SE & SF, à quelque distance du sommet & feront des Ellipses, à moins qu'une des deux faces ne fût parallele au côté opposé : en un mot les ceintres des faces suivront la nature des sections des cônes, ce qui ne souffre point de difficulté, il n'y a qu'à considerer chaque face comme celle d'une trompe biaise incomplete.

Il nous reste seulement à rendre raison de la pratique que nous avons donné pour trouver une section transversale, dans laquelle le point N soit le milieu de son diametre.

Puisque par la construction AB = aS, & AC parallele à SD, qui coupe l'axe donné SN au point C, on aura BA : BS :: BC : BD; mais BA = ½ BS; donc BC = ½ BD; par conséquent le demi cercle BHD est la base du cône biais, dont SN est l'axe donné.

Si cette ligne SN n'est plus donnée pour l'axe, elle sera au moins donnée pour la .... d'un plan vertical, passant par l'axe commun aux deux .... de face FM & BN, & à une section transversale inconnue, ... dont le point N devant être le milieu, elle se trouve déterminée de position par cette circonstance; ainsi ayant trouvé une section semblable où l'on voudra, comme en BD, il n'y a qu'à lui mener par le point donné N une parallele Gf, dont le demi-axe NM peut être pris à volonté pour former un ceintre surhaussé & surbaissé, ... détermineront la hauteur de l'angle, & par conséquent les deux .... des ceintres de chaque face, s'ils sont des quarts .... ou l'amplitude des arcs paraboliques, si les faces sont paralleles aux impostes.

Sixiéme Cas.

Des Trompes .... ou Polygones.

En façon de l'Art.

De Trompe à Pans.

Lorsque l'angle d'encognure est trop aigu, ou qu'il est sur la diagonale, il le faut émousser par un panneau change la face enga...

page 249.

laire d'un quarré en la moitié d'un exagone, comme on voit en per- PLAN. 42. spective à la fig. 126. & en projection à la fig. 127. où ASB est cel- *Fig. 127.* le de l'angle de la trompe, & ADEB celle de la face.

Si l'on prolonge les côtez SA & SB en a & b, & la face DE, on aura la projection d'un demi-cône Droit aSb, qui comprend toute la trompe; & parce que les côtez DA & EB de ses faces ne sont pas paralleles aux piedroits AS, BS, comme à la trompe sur le coin, mais qu'ils concourent chacun avec l'oposé au delà du sommet S, on reconnoîtra que les plans des faces coupant ainsi le cône, y font des sections en portion d'hyperboles, dont les sommets sont dans le plan horisontal en A & en B, & la face DE, qui est une portion de la base du cône, sera un arc de cercle. Cela supposé.

On fera sur AB pris pour diametre du ceintre primitif, un demi-cercle AHB, qu'on divisera en ses voussoirs aux points 1, 2, 3, 4, &c. par lesquels on tirera des lignes perpendiculaires à AB, qui couperont les faces aux points n^1, n^2, n^3, n^4, &c. par lesquels on tirera des lignes du point S, qui donneront les projections des joints de lit Sn^1, Sn^2, Sn^3, &c. Supposant que l'on veuille mettre quelque espece d'égalité de division des voussoirs aux têtes des faces; car si l'on veut que la doële soit divisée également dans sa section transversale AB, il faut tirer les projections du point S par les points P & p, qui couperont les faces aux points x & x, où elles donneront des largeurs de tête d'autant plus inégales, qu'elles s'éloigneront du point S, sommet du cône.

Les projections des joints de lit étant données avec les hauteurs de leurs divisions au ceintre primitif P1, p2, on cherchera leur longueur par des profils pour chacun, comme nous l'avons dit pour la trompe biaise sur le coin, & les hauteurs de chaque division sur la face pour en former le ceintre.

Par exemple pour le premier SPx^1, on portera P1 en Pf^1 perpendiculairement sur PS, & ayant tiré Sf^1 prolongé vers Y, on menera par x^1 une parallele à Pf^1, qui coupera le profil en Y, la ligne x^1Y sera la hauteur de la division de la tête du premier voussoir sur l'arête de la doële; par conséquent cette hauteur étant portée en x y, perpendiculairement sur AD, donnera un point y au contour du ceintre hyperbolique, ainsi des autres; ce qui est general pour toutes sortes de ceintres primitifs de section transversale, soit circulaire, soit surhaussé ou surbaissé.

Si le ceintre est circulaire, il n'y a qu'à mener des paralleles à son diametre AB; par tous les points des projections n^1, n^2 de section des faces, comme Gg par n^1, qui coupera les côtez S a en g, & S b en G, & prendre la moyenne proportionelle entre gn^1 & n^1G; cette ligne sera une ordonnée de l'hyperbole A y d, qui est le ceintre des deux premiers pans de la face à droite & à gauche, lequel ceintre sera tracé comme nous l'avons dit ailleurs, par plusieurs points avec une régle pliante.

Ces moyennes proportionelles se trouvent, comme il a été dit au Trait précedent, en élevant une perpendiculaire sur gG au point n^1, comme n^1z; puis du point G pour centre, & la moitié de gG pour rayon, on fera un arc qui coupera la perpendiculaire n^1z au point z, la ligne n^1z sera celle qu'on cherche, pour faire le ceintre des faces hyperboliques.

A l'égard de la partie de face du milieu sur DE, il ne s'agit que de faire un arc de cercle d e, du point m pour centre, & pour rayon m a, ce qui est tout simple.

Le reste des operations de ce Trait sont les mêmes que pour les trompes sur le coin, tant pour former les panneaux de lit que de doële, il n'y a de difference qu'aux voussoirs, qui ont des têtes angulaires, comme en D & E, qu'on peut faire comme une partie de trompe Droite, & recouper les retours obliques Dn^2, En^2 avec le biveau de l'ongle LEB, posé horisontalement, ou, ce qui est encore mieux, par la méthode que nous allons expliquer à la figure 130.

La disposition la plus naturelle & la meilleure pour la solidité des trompes sur le coin & en pans, dont le ceintre primitif est circulaire, & perpendiculaire à l'axe, est de suivre la direction des lits qui tendent à cet axe; mais à cause qu'elle donne des fausses coupes de tête sur les arcs hyperboliques des premiers pans, on peut les faire suivant les régles perpendiculaires à la tangente de l'hyperbole au point de division, par le Problême 27. page 197. du 2.º Livre, ou bien d'une maniere plus facile.

On fera une demi - hyperbole, semblable à la précedente A y d, à telle distance AR du point A de la doële qu'on jugera à propos pour l'épaisseur de la voute, ensuite du point D on tirera, par les divisions du premier arc, A y d, prises à volonté, ou données aux joints de têtes 1e, 2e, les lignes $D1^e 5^e$, $D2^e 6^e$, & par le point R on tirera des lignes paralleles aux cordes des têtes, qui rencontreront les lignes tirées du point D en des points $5^e 6^e$, qui feront au contour de l'extrados, par lesquels & ceux de la doële on tirera les joints de tête;

DE STEREOTOMIE. Liv. IV.

ainsi la ligne R5^e, parallele à la corde A1^e, coupant celle qui est tirée du point D par 1e, donnera le joint de tête $1^e 5^e$, & la parallele à la corde $1^e d$ par le point 5e, donnera le point X.

Il est assez inutile de tracer ces joints de têtes; puisque les biveaux de lit & de doële les donnent naturellement dans l'operation de la taille.

A l'égard de ceux de la partie de face du milieu, dont D E est la projection, & dont nous avons tracé l'élevation en $d^e b^1 e$, il est clair que ses joints de tête, s'il y en avoit, seroient tirez du centre m, pris sur l'axe SH, & la ligne DE, puisqu'elle est une portion d'une base circulaire de cône Droit.

Les hauteurs de l'élevation correspondantes aux divisions des joints de lit étant données, il sera facile de trouver les véritables longueurs des joints de lit S n^1, S n^2; puisqu'elles sont, comme dans les autres trompes, les hypotenuses des triangles rectangles, formez par les hauteurs n^1 1e & n^2 2e, & les projections S n^1, S n^2.

Les panneaux de doële seront ainsi donnez, puisqu'on connoît leurs trois côtez; sçavoir, deux lits de joint & les cordes de l'arc hyperbolique de la face Ayd, compris entre les divisions $1^e 2^e$, A 1e.

2.º Les panneaux de lit seront aussi des trapezes, dont les quatre côtez sont donnez, & les angles de tête se trouveront par le profil, comme ci-devant.

3.º Les panneaux de tête sont aussi donnez à l'arc de face.

4.º Les biveaux de lit & de doëles se trouveront en cherchant la section de la doële avec l'horison, par le prolongement d'une corde de l'arc hyperbolique A1^e, pour le premier vouffoir, $1^e 2^e$ pour le second, jusqu'à la rencontre de l'axe horisontal DA de l'hyperbole prolongé en O.

5.º Les biveaux de tête & de doële se feront aussi sur les mêmes principes, comme il a été dit ci-devant pour la *Trompe plate*, & au Probléme 14 du 3.º Livre.

MANIERE GENERALE,

De faire toutes sortes de Voutes & Trompes coniques de faces angulaires à deux ou plusieurs Pans, sans connoître les Courbes des Arcs de face de chaque Pan, supposant un cintre de face circulaire.

Quoique nous ayons donné ci-devant les constructions fort aisées pour tracer les arcs d'Ellipses, de Paraboles & d'hyperboles, des faces des trompes à pans nous pouvons montrer, qu'on peut parvenir à former les mêmes figures par une espece de hazard, sans les connoître, en commençant par inscrire chaque voussoir dans une portion de cône Droit, dont on retranche ensuite ce qui excéde le voussoir inscrit.

Fig. 129. Soit [*Fig.* 129.] une trompe à Pans dans l'angle ASB, dont la projection horisontale de sa face est à quatre pans, qui sont la moitié d'un octogone AEDFB. Du point C, milieu de AB, ayant décrit un demi-cercle ADB, on le divisera en ses voussoirs, non pas également, à cause qu'il en résulte trop d'inégalité aux têtes des faces, comme nous l'avons fait remarquer à la trompe sur le coin, mais inégalement, ou par le moyen que nous avons proposé dans ce Trait, qui est de prendre les intersections Gg des [...]bs des divisions égales avec la corde AD, on sans autre égard [...] divisions arbitraires des pans AE, ED, DF, FE, comme dans cet exemple, les projections des joints de lit $S1'$, $S2'$, $S3'$, $S4'$.

Ayant prolongé le côté SA vers d, on menera par tous les points des divisions des lits $1'$, $2'$, $3'$, $4'$, & par les angles du polygone E, D, F des perpendiculaires à l'axe ou Trait milieu SD, qui le couperont aux points c^1, c^e, c^i D, & le côté SA prolongé aux points K e i d.

Des points c^1, c^e, c^i D comme centres, & pour rayons les longueurs c^1 K, c^e e, c^i I, D d, on décrira les arcs de cercles K d, eh, IH, dS; ce dernier est tourné en haut, faute de place au bas de la planche.

On placera aussi à volonté le diametre ab du trompillon, sur lequel on décrira le demi-cercle $ab b$, & par tous les points $1'$, $2'$, $3'$, $4'$, où les projections des joints de lit coupent le diametre ab, on élevera des perpendiculaires au diametre, qui couperont le demi-cercle abb aux points n, o, 3, 4.

Cette préparation étant faite, supposons qu'on veuille tracer le second voussoir, dont la projection horisontale est le quadrilatere $S1'$ E $2'$, on prolongera $S1'$ jusqu'en L où elle rencontre la ligne I c^e, & par ce point L on élevera sur L c^e une perpendiculaire LN, qui rencontrera l'arc IH au point N; on prolongera de même la ligne SE en n, & par les points n & $2'$ on élevera aussi des perpendiculaires nV, $2'$O; cette derniere rencontrera l'arc IH en O, par où on tirera la corde NO, laquelle coupera la ligne nV au point V.

Presentement il faut chercher par des profils la valeur des lignes dont on n'a que la projection horisontale, & les hauteurs des aplombs.

On portera SL de la figure 129. en SL de la figure 131. & faisant

DE STEREOTOMIE, Liv. IV.

LN perpendiculaire sur cette ligne, & égale à LN de la fig. 129. on tirera SN, qui sera la valeur de la projection SL; on portera aussi sur SL du profil les longueurs S1', S1' du plan horisontal, & ayant élevé aux points 1' i des perpendiculaires, qui couperont SN aux points n, x, la longueur n x sera la valeur du côté du voussoir, depuis le trompillon jusqu'à la face.

Par de semblables profils on tracera la valeur de la ligne s E de la projection en t y du profil, & la valeur du second joint de lit 2', 2 en O o du profil [*Fig.* 131.]

Avec ces longueurs trouvées on pourra tracer le panneau de doële plate, comme il suit.

On tracera à part [*Fig.* 130.] une ligne 1'2 égale à la corde NO de *Fig.* 130. la figure 129. du milieu de laquelle m, on portera de part & d'autre les moitiez de la corde n o du ceintre du trompillon, en m n & m o de la figure 130. puis ayant tiré par les points 1, m, 2 des perpendiculaires indefinies à la ligne 12; des points n & o pour centres & pour rayon la longueur du côté SI de la figure 129. on fera deux arcs, qui couperont les lignes 1N, 2O aux points N & O, le trapeze n N O o sera la doële plate d'une trompe Droite, qui auroit pour base I c', laquelle excede le voussoir à pans d'une quantité, dont la projection est le quadriligne 1' L 2' E 1', dont les valeurs de tous les côtez sont connues; ainsi pour représenter la doële par dessous, ce qui met la droite à la gauche, on portera n x, du profil de la figure 131. en o x de la figure 130. la ligne NV de la figure 129. en NV de la figure 130. pour tirer V m, sur laquelle on portera la longueur t y du profil 131 en m y de la figure 130. & par les points N y x on menera les lignes droites N y, y x, qui formeront la tête angulaire de la doële plate n N y x, dont il falloit trouver le figure & l'étenduë.

Il ne reste plus à trouver pour pouvoir tracer & tailler le pierre, que les biveaux de lit & de doële, & de doële & de tête par les menieres generales.

Les biveaux de lit & de doële se trouveront comme si la trompe étoit Droite sur une face supposée ADB, quoique ce n'en soit pas une dans cette trompe, mais une section perpendiculaire à l'axe.

Ayant prolongé la corde de l'arc de la division, qui est pour le second voussoir 1', 2', ou son égale de l'autre côté 3' 4', jusqu'à ce qu'elle rencontre la ligne AB prolongée en R, la ligne SR sera la section de la doële avec l'horison, avec laquelle on cherchera l'angle de lit & de doële, comme à la trompe droite circulaire.

Le même biveau peut se trouver par le moyen de la section verticale, où est la tête du trompillon *abb*, en prolongeant la corde *on*, ou son égale, correspondante de l'autre côté de la clef, jusqu'à la rencontre du diametre *ab*, prolongée de part & d'autre en *r*, ou seulement en tirant par le point *s* la ligne *tq* parallele à *no*, ou 4 V parallele à BA; mais alors au lieu de prendre toute la hauteur 2' o, i ne seut prendre que son excès au dessus du point *n*, par où il est censé qu'on fait passer le plan horisontal, au lieu que dans la précedente operation on les suppose passer par l'axe du cône, ce qui ne change rien à la construction du Problême general.

On cherchera aussi par le même Probleme les biveaux de tête & de doële, tant pour la tête inférieure du trompillon que pour celles qui sont à pans sur la face angulaire. On peut revoir là-dessus l'application de cette pratique à la *Trompe plate*, page 80.

Par le moyen de ces biveaux on se passera de panneaux de lit.

Application du Trait sur la Pierre.

Ayant dressé un parement pour y appliquer le panneau de doële plate de la fig. 130. on en tracera le contour N *n* O, & l'on abatra la pierre avec les biveaux de doële & de tête NO & *n o* droites, comme si la trompe étoit droite sur une face, dont 1' 2' & L serviroit la projection, sans égard à ce qu'elle doit renfermer des têtes biaises, brisées en differentes directions N*y*, *yx*.

Sur les paremens dressez pour ces deux têtes de face supposée, & du trompillon, on appliquera les cerches ou panneaux des arcs NO & *no* de la figure 129. pour en tracer le contour & creuser la doële à la régle, comme nous l'avons dit pour la formation des surfaces coniques page 21.

On abatra ensuite la pierre suivant les côtez N*n*, O*o* de la figure 130. avec le biveau de lit & de doële, & l'on aura un voussoir de trompe conique droite achevée, duquel il faut retrancher la partie excedente NO*xy*N de la figure proposée, par le moyen des biveaux de tête & de doële plate; mais comme la doële plate est enlevée, puisque nous supposons que la pierre est déja creusée, il faut découper le premier panneau NO*on* suivant le contour N*yx* des faces de la tête, pour l'appliquer en cet état sur les arêtes de la doële & des joints de lit N*n*, *x o*; puis prenant le biveau de doële plate & de tête, on appuyera une de ses branches sur le panneau quarrément à chaque ligne *yx* & *y*N, à laquelle il convient, & l'on abatra la pierre suivant l'autre branche; ainsi faisant une surface plane à la régle, suivant les repaires ou plumées

qu'aura

qu'aura donné le biveau, on coupera la surface conique sur la face *x y* en Hyperbole, & la face *y* N en arc Elliptique sans connoître la courbe que l'on fait par cette section; *ce qui étoit proposé à faire*.

Nous avons suposé que la doële étoit une portion d'un Cône Droit circulaire; mais si le ceintre primitif étoit surbaissé ou surhaussé, la construction deviendroit un peu plus composée, en ce que à chaque tête de Cône Droit sur base Eliptique, il faudroit décrire pour ceintre de face des arcs Elliptiques, semblables au ceintre primitif, sur des Axes agrandis, au lieu que ces bases de suposition étoient ici toutes des quarts de cercles. Cependant le fond de la construction subsistera toujours de la même manière, à cela près.

Corollaire.

Des Trompes de faces ondées, dont les impostes sont de niveau, ou rampantes, comme celle *d'Anet.*

Si l'on avoit une Trompe à faire, dont la face ne fut pas rectiligne, composée de surfaces planes; mais courbe, ondée & même rampante comme la fameuse Trompe du Château d'Anet, on pourroit l'exécuter par la manière dont nous parlons ici.

Soit, par exemple, la projection d'une face, le contour ondé DGFKB; *Fig.* 12. il faudra lui circonscrire un Polygone d'autant de côtez que l'on voudra, en Angles saillans & rentrans, qui coupent & touchent alternativement les parties concaves & les convexes, multipliant le nombre de ces côtez plus ou moins selon qu'on voudra aprocher de la courbure; puis ayant fait, par ce problème les faces à pans, on les arondira facilement par le moyen des cerches formées sur la projection horisontale, & apliquées ensuite perpendiculairement aux Arêtes saillantes, & aux Angles rentrans que formeront entre eux les plans des faces angulaires à leur intersection. Ainsi on peut se passer des Traits que Philibert Delorme inventeur de la Trompe d'Anet, & après lui tous les Auteurs de la Coupe des pierres, ont donné, & assez ingénieusement imaginé, avec quelques modifications, pour avoir le dévelopement du contour de la doële.

Explication Démonstrative.

Si l'on releve par la pensée les demi-cercles *a b b*, ADB, & les quarts de cercle KA, LH, &c. perpendiculairement au plan horisontal ASB, on reconnoîtra que ce sont autant de sections d'un cône Droit sur une base circulaire, lesquelles passent par les extrémitez des côtez de la Trompe à pans, au dessus de leur projection; par ce moyen l'on trouve les vraies longueurs de ces côtez dans la surface du Cône, lesquelles marquent les termes par où doivent passer les plans des faces verticales de la Trompe, dont les biveaux donnent la position, à l'égard d'une doële plate supposée dans chaque vouffoir; ce qui est trop clair pour mériter qu'on entre dans le détail de cette construction, qui se trouve déja expliquée dans celle des précedentes à paris & sur le cône.

DES VOUTES CONIQUES,
dont les lits font des Sections Obliques à leurs Axes.

Jusqu'ici nous avons toujours supposé que les lits devoient être des sections d'un plan passant par l'Axe du cône, où les directions de tous les lits doivent se croiser, ou du moins par le sommet du cône, & perpendiculairement aux tangentes des points de divisions de la base, & c'est en effet la seule bonne construction & la plus commode, en ce qu'elle fait les panneaux de rectilignes, par la raison qu'on sçait que la section d'un cône par son sommet est un triangle, lequel s'il passe par l'Axe, coupe ce corps en deux parties égales.

Cependant il a plû aux Architectes de faire des Voutes dont les joins de lit ne sont pas dans un triangle par l'Axe, plombée par le sommet; mais dans un plan qui coupe l'Axe, telle est cette conique tronquée qu'on appelle [...] dans laquelle le changement de la direction naturelle aux lits, cause deux irrégularitez. L'une en ce que les joins de ces lits à [...] ne sont pas des lignes droites, quoiqu'à cause du peu d'obliquité aux Voutes ordinaires, elles paroissent telles; il semble même que le P. Derand & M. [...] les ayent pris pour droites, car il n'est fait aucune mention de leur courbure.

La seconde irrégularité consiste en ce que les murs opposez qui sont à [...] ou ces têtes [...] ne sont pas coupées perpendiculairement par les joins, c'est à dire, qu'elles ne font les desseins d'un certain nombre de degrez, comme on le souhaitteroit [...] ainsi il résulte 3. difformité, qui est que la clef du [...] n'est pas au milieu, mais plus du côté [...] [...] n'est pas de niveau comme elle doit être, mais [...] ce qui est désagréable à la vûë.

PLAN. 45. Fig. 132.

[...]

page 267.

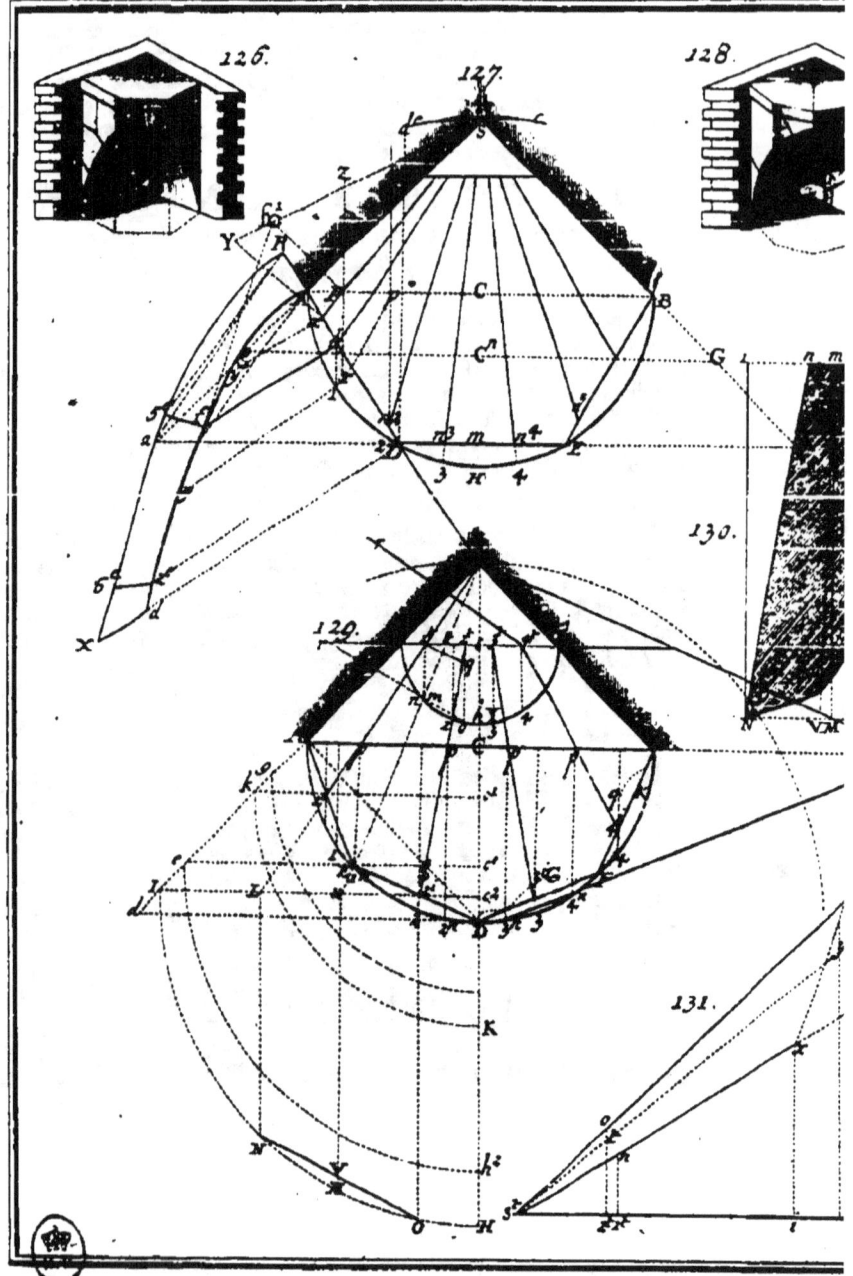

quoiqu'ils ne doivent pas l'être, puisqu'elles ne peuvent être dans un même plan, que lorsque le lit passe par le sommet du cône. La raison est que les joins de tête devant être perpendiculaires à la tangente de l'arc au point de sa division, il est visible que ces deux tangentes ne peuvent pas être dans un même plan, puisqu'elles ne sont pas dans celui qui touche le cône depuis son sommet, donc un des joins de tête est en fausse coupe; ce qu'on ne peut éviter qu'en faisant la surface du lit gauche, contre l'usage & la commodité du trait, comme nous l'avons dit au 3.ᵉ livre.

Le même inconvénient arrive à quelque chose près aux autres Voutes de même nature que celle-ci, qui sont les *Arrieres*, *voussures* coniques *bombées*, & celles de *Marseille*, dont nous parlerons ci-après.

De la Corne de Vache.

L'INTERVALE de deux demi-cercles excentriques *a*HD, B*b*D, avec *Fig.* 132. lesquels on fait l'élévation d'une Voute conique biaise *a*HD*b*B, a sans 134. doute donné occasion aux ouvriers de l'apeller de ce nom bizarre, parce que sa figure a quelque ressemblance avec une *Corne de Vache*, de même que les jeunes écoliers de Geometrie apellent la 47.ᵉ d'Euclide le *Moulin à vent*.

La Corne de vache est donc une Voute conique scalene tronquée, dont un des piedroits est biais, & l'autre d'équerre sur ses faces, & dont les joins de lit ne tendent pas au sommet du cône prolongé, comme ils devroient, mais sont tirez du centre d'une des faces, ordinairement de la plus petite; ce qui cause les irrégularitez dont nous venons de parler.

On seroit fort en peine de rendre une bonne raison de l'irrégularité de cette construction; la seule qu'on peut en donner, & qui n'est d'aucune considération, est la facilité d'exécuter ce Trait par la voye de l'équarrissement. Je dis de plus qu'elle est mauvaise, & ne doit être admise que lorsqu'on a beaucoup de pierre à perdre, car par l'ancien Trait on en consomme beaucoup inutilement: le voici.

SOIT (fig. 132.) le trapeze ABDE, le plan horisontal de la baye qu'on *Fig.* 312. veut vouter en Corne de Vache, dont le côté DE est perpendiculaire aux deux faces AE, BD, on lui menera par le point *c*, milieu de BD, & par le point A, les parallelles *cm*, A*s*; puis du point *c* milieu de BD, & du point C milieu de *a*D, on décrira les demi-cercles B*b*D, *a*HD. On choisira l'un des deux pour ceintre primitif, pour y faire les divisions des voussoirs; ordinairement c'est l'intérieur B*b*D, lequel ayant été divisé, par exemple en cinq aux points 1, 2, 3, 4. On tirera par ces points & le centre c, des lignes droites indéfinies 1° 11, 2° 12, 3° 13, 4° 14, qui donneront en même tems les joins de tête, & les projections verticales des joins de lit, & couperont l'arc extérieur a HD aux points 5, 6, 7, 8. On portera les intervales c 5, c 6, c 7, c 8 sur la ligne AB, en m 5°, m 6°, m 7°, m 8°, m b, & par les poins 5°, 6°, 7°, 8°, b, on tirera des lignes au point B, qui marqueront l'ébrasement qu'il faut donner à chaque voussoir au-delà de l'ouverture d'un cylindre à chaque lit, ainsi le premier ébrasement au lit de l'imposte sera l'angle FAB; celui du lit de dessus sera l'angle F 5° B, l'angle F 6° B, celui du lit suivant qui passe par le point 2, au second voussoir; puis F 7e B, ainsi de suite, & le trait sera achevé; il ne s'agit plus que de l'apliquer sur la pierre.

Aplication du Trait sur la Pierre.

Ayant dressé un parement pour une doële plate, on lui en fera deux autres à l'équerre à distance de l'épaisseur DE ou Aa des piedroits de la Voute, puis ayant tracé sur ces deux paremens de tête, les arcs de face de l'épure B1, ou 1 2, par le moyen du panneau aB 15, on abatra la pierre pour former les lits & un voussoir de berceau Droit, tel qu'il est représenté à la figure 137. enfin ayant tracé sur la tête du devant qui doit être ébrasée, l'arc a 5 ou 56, par le moyen du même panneau ou d'une cerche posée suivant les distances Ab, b 5°, b 6°, b 7°, &c. on tirera aux lits de dessus & dessous des lignes droites a B, 5. 1. & l'on abatra toute la partie de la pierre qui est marquée par une hachure à la figure 137. en faisant couler la regle sur l'arc d'une tête B 1, & sur l'autre a 5, observant de la placer entre les extrémitez de ces arcs proportionellement, comme nous l'avons dit pour la formation des surfaces coniques, & le voussoir sera fini.

Remarques sur la Fausseté & l'imperfection de l'ancien Trait.

On voit que par cette construction on fait toutes les arêtes des joins de lit à la doële également droites, quoiqu'il n'y ait que celle du lit qui passe par l'imposte qui doive l'être, parce qu'elle est dans le triangle par l'axe, qui est horizontal, les autres arêtes au-dessus sont nécessairement courbes aux arcs d'hyperboles; je conviens que leur courbure est peu sensible, mais puisque nous examinons les choses avec les lumieres de la raison, il n'est pas inutile de faire observer un défaut qui a échapé aux Auteurs de la coupe des pierres.

A l'égard de l'imperfection de ce Trait, il est visible à la seule inspec-

DE STEREOTOMIE Liv. IV.

[...] de la figure 127, combien on consomme de pierre en pure perte, puisqu'il faut abattre toute la partie qui est désignée par une hachure. Voici le moyen de remedier à l'un & l'autre de ces défauts.

Nouvelle maniere de faire la Corne de Vache par Panneaux.

Soit la même baye que ci-devant ABDE, (*Fig. 132.*) ayant divisé AE en deux également en M, & BD de même en c, on tirera la ligne cM, puis ayant tiré du point M la ligne MC perpendiculaire à BD, on divisera l'intervalle Cc des deux centres, en autant de parties égales qu'on voudra, par exemple ici en quatre, aux points 1, 2, 3, desquels comme centres, & pour rayon les intervales cD, 1D, 2D, 3D, CD, on décrira les demi-cercles excentriques DdB, Dqk, Drs, Dxo, DHa. *Fig. 132.*

Ensuite on divisera le premier BsD en tel nombre de voussoirs qu'on voudra, comme ici en 5; & du centre c on tirera les joins 1·11, 2·12, 3·13, 4·14, comme on a fait à la précedente construction. On pourroit prendre le plus grand demi cercle aHD pour primitif comme le plus petit, mais à cause que l'excentricité des joins cause des divisions inégales dans l'un des deux, il est plus naturel de jetter l'inégalité sur le grand, où elle est moins choquante qu'elle ne seroit dans le petit.

Il faut présentement former les panneaux de lit. Par exemple le premier 5, 1.

On transportera dans un endroit à part la longueur 1, 5 du joint de lit à la doële en T 5, (*Fig. 133.*) & l'on fera au point T une perpendiculaire T 5, égale à la longueur Aa, qui est l'épaisseur des piedroits de la voute, puis on portera sur la ligne 1T toutes les divisions faites par les intersections q, r, s, des arcs de cercles &, de la ligne 15, de la figure 132. par lesquelles on menera autant de paralleles à T 5, (à la fig. 133.) ensuite ayant divisé T 5 en quatre parties égales aux points e, 2, 4, on menera par ces divisions des paralleles à T 1 qui croiseront les autres aux points x, y, z, par lesquels on tracera à la main la courbe 5 y, r que l'on cherche, laquelle est peu differente de la ligne droite; la figure H, 5, 1, 5 T sera le panneau du premier lit au dessus de l'imposte. *Fig. 133.*

On ne peut former un panneau de doële plat dans cette espéce de Voute comme à toutes les coniques précedentes, parce que les arcs a, 5, Ba n'étant pas semblables, les quatre angles du voussoir a, 5, 1, B ne sont pas dans un même plan comme dans les autres Voutes coniques, où les lits [...] des sections par le sommet du cône.

D'où il suit que si l'on [illegible] plate, qui passe [illegible] point [illegible] une ligne ς [illegible] parallele à [illegible] parallele à A[illegible], ensuite ayant tiré BV, on [illegible] fera au point V la perpendiculaire V ς″ égale à la hauteur de [illegible] tombée [illegible], & l'on tirera la ligne B ς″ qui sera la diagonale du [illegible] de ladite plate.

Fig. 136.   Sur cette diagonale comme base mise à part, (*Fig.* 136.) on fera deux triangles, [illegible] point [illegible] point [illegible] de la courbe BV de la fig. 132 pour rayon, on trouvera [illegible] V ς″ du point ς″ pour centre & ς″ de ladite [illegible] [illegible] enfin la ligne droite [illegible] endroit qui coupera la précédente au point V[illegible] auquel du [illegible] lignes b V ς″ [illegible] qui formeront le premier triangle; le second se formera de même avec la corde Bi de la fig. 132. B. [illegible] [illegible] deux fig. 132 le trapeze b V′ ς″ [illegible] [illegible] plan question cherché, qui touchera les trois angles ς, ι, B du premier vouloir, mais non pas le quatriéme ο, dont il sera éloigné [illegible] de [illegible] [illegible] sontal [illegible]

[illegible paragraph]

Explication du [illegible]

Puisque la différence de cette Voûte conique avec les [illegible] ordinaires, ne consiste qu'en ce que le plan des [illegible] prolongée passe [illegible]

Fig. 135. [illegible large block]

page 273.   Pl. 44.

DE STEREOTOMIE, Liv. IV.

à x^1 e, qui coupera ko au point Sf; lequel representera le sommet du cône projetté sur la ligne ko.

Ayant tiré SM perpendiculaire sur Mm à la fig. 135. on portera cSf ou Mm de la fig. 134. en Mm de la fig. 135. & par le point m on tirera mB qui coupera la direction du lit mM supposée dans un plan vertical en Y où sera le sommet de l'hyperbole en profil.

Presentement si on veut l'avoir en projection horisontale sur le cône, il faut changer le plan horisontal pour le vertical, & faire la projection sur la ligne x^1 t; c'est pourquoi on portera l'intervalle Sfd de la fig. 134. en MQ à la fig. 135. où l'on tirera par les points B & D des lignes au point Q, & par le point trouvé Y, une parallele à BD qui coupera la ligne du milieu cQ en y, où sera le sommet de l'hyperbole aByDe que l'on cherche seulement à connoitre, car il est inutile de la tracer autrement qu'à la fig. 133.

Remarque sur la Réforme à faire à l'ancien Trait.

Je n'aprouve point cette espece de Voute où l'on fait des irregularitez sans autre raison que celle d'en rendre l'exécution plus facile, lorsqu'on la taille par la voye de l'équarrissement dont nous avons parlé, rien n'empêche qu'on ne reünisse la corne de Vache, pour la façon du Trait & la direction des lits à la Voute en Cavinier biaise, dans laquelle les directions des joins de lit sont droites & naturelles aux sections des coupes des têtes, dont les joins peuvent alors être tirez des centres des faces.

Tout ce changement est fort simple, suposant la figure 132. telle que *Fig. 132.* nous l'avons faite, on tirera du point D qui represente le sommet du cône en projection verticale, les lignes D1G, D2g, D3g, D4g, les lignes 1G, 2g, 3g, seront les sections des lits à la doële. Puis par les points des centres O &c. on tirera les joints de tête à l'ordinaire GR, gr, pour la grande face aHD & 1r 2r 3r, &c. pour la petite BbD; Ainsi cette Voute se fera comme une portion de trompe biaise, ce qui rétablit l'égalité des têtes de chaque face, celle des angles des joins de tête sur leur arête, & la droiture des joins de lit, au lieu des courbes, parce qu'ils deviennent alors des sections triangulaires des plans qui se croisent tous à l'axe CD du cône scalene, dont la section horisontale est representée à la fig. 135. par le triangle ASD, où l'on peut voir que dans l'élévation, ou projection verticale, les points EDS se réunissent en un seul D; puisque la representation d'une perpendiculaire au plan de description, se reduit à un seul point comme il a été dit page 208. du 2e livre.

De la Corne de Vache Double.

Les Architectes apellent *le biais passé* dont nous avons parlé au Chap. précedent *Corne de Vache double* ; mais ce nom est très impropre : car ce *biais passé* est une voute Cylindrique, par consequent bien differente de la Corne de Vache qui est Conique. S'il est quelque espece de voute qu'on doive apeler de ce nom, c'est celle où deux *Cornes de Vaches sont adossées*, dont on parlera à la seconde partie de ce livre, lors qu'on traitera des Voutes composées.

DES VOUTES CONIQUES,
tronquées par leurs Faces et par leurs Piedroits.

Nous avons parlé jusqu'ici des Voutes Coniques completes, ou qui peuvent être tronquées par une de leurs faces, qui retranchent un demi cône vers le sommet.

Ici nous traitons de celles qui sont des portions de cônes coupez par quatre plans, sçavoir par deux transversaux qui sont les faces aposées de devant & de derriere, desquelles coupent necessairement les deux côtés du cône, & par deux plans longitudinaux paralleles entre eux, ou convergens, qui font les piedroits dont chacun ne coupe le cône, que d'un côté : celles sont plusieurs de ces petites voutes qu'on fait sur les portaux, bayes de fenêtres voient les épaulemens, des murs mitoyens ou se relogent, & quelles sont apellées par cette raison *arriere-voussure*, c'est à dire, *Voussure derriere une autre*, qui est celle de la baye formée par son tableau recourbé en arc qui en fait sa couverture, ou ogive, quoy que nos dissent le contraire. En effet ces Voutes sont ordinairement composées de trois plans differens, sçavoir, 1°. d'une portion cylindrique qui se fait concentrique au tableau circulaire de la baye, qui est la voussure, & quelques fois droite en piedroit, dont nous traiterons lors que cela se trouvera...

La seconde partie qui lui est semblable ou peu differente, est rendue de l'un dedans du tableau, ou l'apelle feuillure, elle sert à y loger, d'après sourdir le dormant la fermeture de menuiserie, ou de plastre, dont on dit de sa couverture de feuillure...

Quoique ce soit la même chose que ci-precedent, & ne fait que suivre la direction des piedroits...

Le tableau peut être taillé en biais, s'élargir en dehors ou en haut, ou par les côtés, ou élargir par le bas ou au contraire se rétrecir en dedans du tableau ou de la feuillure ; c'est de celle-ci dont il est question, nous pouvons la réduire à deux especes principales.

La

DE STEREOTOMIE. Liv. IV.

La premiere qui est une portion d'un cône Droit, est l'arriere voussure *Bombée Droite*, où les arcs de la face & celui de la feuillure sont concentriques dans l'élevation, mais non pas semblables, en ce que l'un est d'un plus grand nombre de dégrez que l'autre.

La seconde espéce est l'arriere voussure bombée Droite ou Biaise, dont les arcs de la face & de la feuillure ne sont pas concentriques dans l'élevation.

Je subdivise celle-ci en deux autres especes, l'une dont l'arc de face ou de feuillure est moindre que le demi cercle.

L'autre où l'arc du feuillure est égal au demi cercle, & celui de face d'un plus petit nombre de dégrez; celle-ci dont je donne un nouveau trait, est d'une figure semblable à celle qu'on apelle *de Marseille*, dont elle ne differe que par plus de régularité à la surface de la doële.

Premiere Espece.
Arriere Voussure Conique Bombée Droite sur un Axe.

J'apelle Droite l'arriere voussure dont les cintres de face & de feuillure sont concentriques dans l'élevation, parce que l'axe du cône étant perpendiculaire sur la face, sa projection verticale se réduit à un point, qui est le centre commun de toutes les sections qui lui sont perpendiculaires.

Soit (fig. 148.) le trapeze ABDE le plan horisontal de la baye d'une porte ou d'une fenêtre que l'on doit vouter. On élevera par ces quatre points A, B, D, E, autant de perpendiculaires indéfinies sur AE, comme AF, BI, DK, EG. Puis ayant pris à volonté sur la ligne du milieu MC un point C pour centre de l'arc de feuillure IK, on décrira de ce même centre C l'arc de face interieure FG; mais parce que le rayon de celui-ci n'est pas de longueur arbitraire comme à celui de feuillure, il faut chercher la moindre longueur qu'on puisse lui donner, pour que la fermeture de menuiserie des batans de la porte ou de la Croisée, puisse s'ouvrir totalement sans être arrêtée par la voute de l'arriere voussure, en quoi les ouvriers péchent tous les jours, & même quelquefois les maîtres de l'Art, comme on le remarque trés fréquemment dans les bâtimens, & même dans la 14.ᵉ planche du Livre de la coupe des bois de Maître Blanchard, au Trait de son arriere voussure de Marseille, où les batans ne pourroient s'ouvrir totalement pour s'apliquer aux piedroits ébrasez.

Tom. II.   M m

Planc. 5ᵉ
Fig. 148.

OBSERVATION GENERALE,

Pour la position des naissances des Arrieres Voussures Bombées ou Cintrées par devant & par derriere.

La premiere attention que l'on doit avoir dans le tracé des épures des arrieres voussures bombées ou cintrées par devant & par derriere, est de bien poser la naissance de l'arc de face élevée sur l'ébrasement des piedroits, parce que si elle est trop basse, les ventaux des portes, ou volets ne peuvent s'ouvrir que jusqu'à un certain angle, où elles touchent à la voute par le milieu de leur bombement; les mauvais apareilleurs, & les ouvriers la mettent ordinairement de niveau avec celle de l'arc de feuillure, & c'est justement alors que les portes ou volets ne peuvent s'ouvrir qu'en partie : il faut donc mener par le milieu b de la clef de l'arc de feuillure une ligne de niveau bG qui coupera l'aplomb EG de l'arête d'ébrasement au point G, où sera la naissance la plus basse que l'on puisse donner à l'arc de face, si la profondeur de la voute est égale à la moitié de la largeur de la baye BD; si la largeur du piedroit DE est moindre que cette moitié CD, on peut encore un peu baisser la naissance en question, en portant DE en De^o, & tirant $e^o x^o$ parallele à CH, qui coupera l'arc SbK en x^o, par où on tirera le niveau de la naissance G, qui est la plus basse qu'on puisse trouver; mais on est le maître de l'élever au dessus de G tant que l'on voudra, alors la douëlle de la voute s'ébrase plus qu'il n'est nécessaire pour l'usage de l'arriere voussure,

La raison de cette construction est facile à apercevoir, lorsqu'on fait attention que le batant du ventau tournant sur ses gonds, décrit par ce mouvement dans l'air un arc de cercle horisontal, dont la ligne bG est la projection verticale; & l'arc Cy E l'horisontale, qui est parfaitement égale à ceux du haut & du bas qui sont décrits par les sommets des angles du batant.

Par où l'on voit clairement que la partie de la voute qui s'abaisse au dessous de cette ligne, arrête nécessairement le mouvement du ventau tournant sur ses gonds.

Ainsi supposant un arc de face nZo dont la naissance O soit de niveau avec celle de feuillure qui est en K, le sommet du batant qui étoit en b, sera arrêté au point Z, où la ligne bG coupe l'arc nZo, & si l'arc descend plus bas comme en e, la porte sera arrêtée en y, où l'horisontale bG coupe l'arc nye, supposant que la largeur de la moitié de la baye CD soit égale à la profondeur de la voute Dy; mais si cette profondeur est moindre que la largeur CD comme en DY, il est visible que le ventau s'ouvrira un peu plus, ce qu'il est facile de reconnoître comme il suit.

DE STEREOTOMIE. Liv. IV.

On portera l'ébrasement du piedroit DE en De° sur CD, & l'on tirera par le point e° une parallele à MH, qui coupera l'arc de feuillure en un point x°. la ligne menée par ce point parallelement à bG, rencontrera l'arc nye un peu au dessous de y, par exemple au dessous de Z; si par ce point on abaisse un aplomb Zz qui coupe AE en z, la ligne tirée du point D à z donnera l'angle CDz pour celui de la plus grande ouverture du batant.

D'où l'on peut tirer la maniere de poser la naissance de l'arc de face à telle hauteur, que la porte s'ouvre tant & si peu que l'on voudra.

Supposant présentement que la naissance du ceintre interieur est posée en F & en G, où elle doit être à l'égard de l'arc de feuillure I b K; du point C pour centre qui étoit celui de la feuillure, & C ; pour rayon, on décrira l'arc FHG.

Les ceintres étant tracés, il faut en choisir un pour primitif, sur lequel on fera les divisions des voussoirs, lequel des deux qu'on choisisse, on ne peut éviter quelque irrégularité de division. Il est plus naturel de choisir celui de feuillure que l'autre pour la régularité de la Fermeture, qui est ordinairement aparente en dehors; mais alors les têtes des premiers voussoirs interieurs deviendront considerablement plus larges que celles des suivans; car suposant l'arc I b K de feuillure, divisé en voussoirs égaux aux points 1, 2, 3, 4, si l'on tire par ces divisions les joins du centre C, comme IN. 1, 6, 2, 8, il est visible que l'arc F6 est plus grand que 6, 8, ou FN plus petit que N6.

On pourroit faire des divisions égales entre elles & en même nombre sur chaque arc de ceintre, comme si l'on faisoit F5 égal à 5, 8, & qu'on tirât le joint 5, 1; mais alors le joint de lit à la douële ne seroit plus une ligne droite, mais une courbe à peu près comme nous l'avons dit de ceux de la Coupe de Vache, à laquelle cette construction doit être renvoyée.

Cette courbure de joint, qui peut être évitée par la précédente division des voussoirs, devient inévitable aux impostes FI, KG, parce que la ligne EI ne peut tendre au centre où passe l'axe du cône, mais en quelqu'autre point au dessus de cet axe qui est réuni en G, parce que les arcs FH & IB ne sont pas semblables, FH étant d'un plus grand nombre de degrés que IB, de la quantité de l'arc FN; il faut donc chercher la Courbe de la naissance de la voute sur la surface plane du piedroit droit, laquelle courbe peut être un arc de differentes sections coniques, suivant le plus ou le moins d'ébrasement du piedroit DE, ce que l'on peut reconnoître par l'opération suivante.

Mm ij

Ayant prolongé les arcs des ceintres de face & de feuillure jusqu'à leur demi diametre commun C V qu'ils rencontreront en q & V, on lui menera la perpendiculaire V, dans l'épaisseur du mur, & l'on tirera par les points g & q la ligne gqS, qui rencontrera la ligne du milieu MS au point S; si la ligne qg est parallele à DE, la Courbe de l'imposte KG sera une portion de parabole; si l'ébrasement du piedroit étoit en DL, alors YL étant plus grand YE=qV, l'arc seroit une portion d'Ellipse; & au contraire. si le piedroit étoit en dedans comme Dz, ou à l'équerre comme DY, la section seroit une portion d'hyperbole, mais sans s'embarrasser de connoître l'espece de cette Courbe, on peut la décrire facilement, & régulierement par la pratique suivante, laquelle servira pour toutes les arrieres voussures qui sont à peu près de même espece.

Ayant divisé la ligne DY, ou son égale dE, qui exprime la profondeur de la voute, en autant de parties égales qu'on voudra de points de la courbe cherchée, par exemple ici en quatre aux points 1, 2, 3, E, on ménera par ces points des paralleles à AE, qui couperont la ligne du milieu MC en des points m, m, m; le côté du cône qg aux points n, n, n, & le piedroit DE aux points 11, 12, 13, par où on menera des paralleles à DK, qu'on fera moyenes proportionelles entre mn + m 12 & 11 n, mu + m 12 & 12 n, &c. c'est-à-dire, que d'un point m pour centre, & pour rayon mn, on décrira un arc qui coupera la perpendiculaire 11 n au point n'; On élevera toutes ces moyenes proportionelles au dessus de la ligne Bd en de, d, où elles donneront les points d, e, la courbe K d e G sera celle de la naissance de l'arriere voussure sur le piedroit DE, ou si l'on veut l'angle rentrant fait par la rencontre de la surface plane du piedroit DE, & de la concave conique de l'arriere voussure, non pas dans toute son étendue, mais racourcie par la projection dans le raport de Dd à DE.

Pour tracer cette courbe dans sa vraye grandeur, il auroit fallu élever des perpendiculaires sur DE, & les faire égales aux moyenes proportionelles 11 n, 12 n, 13 n, EG, cependant on peut la reproduire de son racourcissement KG, en tirant par les points K e G des paralleles Ke, e 1°, e 2° e 3°, Gg, qu'on fera égales aux lignes DE, D 13, D 12, D 11, à commencer du terme de la ligne GE, & l'on aura la vraye courbe O 1' 2' 3' g' que l'on cherche dans toute son étendue.

Comme les joins de lit à la double seroient des Courbes de même nature, si l'on faisoit les divisions des voussoirs égales à l'arc de feuillure HK, & à l'arc de face FHG; on pourroit les trouver de la même maniere, par le moyen de leur projection, comme celle du joint de lit g'g' 1, par le moyen de sa projection g' g'.

Ou bien par le moyen de la seule projection verticale, & des intersections des arcs concentriques, comme l'on a fait pour ceux de la Corne de vache.

REMARQUE

Comme cette courbure devient toujours moins sensible, à mesure que les lits aprochent de la clef où la section (s'il y en avoit une) deviendroit *verticale*, c'est-à-dire, passant par le sommet du cône, par conséquent droite triangulaire; on peut dans une opération ordinaire la négliger & faire ces joins à peu près droits, mais comme elle augmente vers l'imposte, on ne peut la négliger sans faire une faute sensible, comme je l'ai reconnu par expérience. Il est étonnant que les Auteurs des Livres de la Coupe des pierres & des bois ne s'en soient pas aperçû, & qu'ils n'en ayent rien dit, c'est une preuve qu'ils n'ont pas examiné les choses de près, & avec des yeux géometriques.

L'arriere voussure Droite faite par des ceintres concentriques, est sans doute la plus régulière, mais parce que l'on est quelquefois gêné par la hauteur intérieure d'un étage, on est obligé de faire l'arc intérieur moins bombé que celui de feuillure; d'où il résulte que sa surface, qui étoit ci-devant une portion de cône Droit, est alors une portion de surface d'un cône scalene; de sorte que quoique la direction horisontale de l'arriere voussure soit perpendiculaire à la face, l'axe du cône lui est oblique; ainsi cette arriere voussure qui est droite par son élévation, devient rampante par le profil suivant son axe, quoique sa clef puisse être de niveau ou même un peu ébrasée par le haut.

Explication Démonstrative.

Pour concevoir les raisons du Trait de cette arriere voussure, il faut se représenter un cône Droit, & voir quelle partie elle en est.

Si l'on supose (fig. 142.) que le triangle HSI est la section horisontale par l'axe d'un cône Droit, lequel est coupé par deux plans verticaux *ab*X, *ad*X, qui se croisent en X, on reconnoîtra que les sections de ces plans retrancheront de la surface du cône une portion triangulaire, composée par trois lignes courbes, sçavoir, un arc de cercle *fbg*, qui est une partie du cercle de la base HbI, comprise entre les verticales *ef* & *eg*, & deux portions de sections coniques égales à *a*'G, qui sont chacune une partie de Parabole S, *a*'a'G, dans cet exemple où Xe est parallele à SI, d'une hyperbole, si le plan vertical sur eX étoit tourné en eY, & d'une Ellipse, s'il étoit situé sur eL, ce qui est clair par ce qui a été dit des sections des cônes au premier Livre.

TRAITÉ

Présentement si l'on ne considere dans ces plans verticaux que les parties *ab* & *ed* qui representent les piedroits, & la profondeur de l'arriere voussure, on reconnoitra que cette premiere portion de surface triangulaire étant coupée par un plan vertical sur *bd*, il en reste pour l'arriere voussure une surface quadrilatere comprise par quatre lignes courbes, sçavoir, deux portions des cercles inégaux sur les diametres HI & NV, & deux portions de paraboles égales entre elles, representées ici par l'arc Z G.

Les deux arcs de cercles sont donnez, il ne reste plus à chercher que les arcs Paraboliques, ce qui est aisé; il n'y a qu'à mener des perpendiculaires à l'axe SC autant qu'on voudra avoir de points de la section, lesquelles couperont les côtez du cône en NV, *xx*, & le plan du piedroit prolongé *xX* aux points *xX*. On cherchera les moyennes proportionelles entre *xx* & *xx*, qu'on elevera perpendiculairement, X sous points *xx*, la suite de ces lignes donnera les points de la Courbe demandée S*xx*z G.

Le reste de la construction de ce Trait n'a pas besoin d'explication, il suffira de jetter les yeux sur la figure 144, où l'on a tracé en projection verticale chaque demie parabole GRTP, FSIV, dont les arcs k*f* de KI de l'imposte sont de petites parties lesquelles a courbes se joignent en T, & ont leurs sommets sur l'horizontale BD en *s s t*.

Deuxiéme Espece.

Arriere Voussure bombée & biaisée, Droite ou biaise, dont les arcs de façon de feuillure ne sont ni semblables, ni concentriques.

Premier cas,

Où les Courbes sont peu differens.

Le plan horizontal de chaque *[illegible]* étant disposé comme dans le trait précedent de la fig. [illegible] & sur le diametre donné IK, dont le centre est en C, on supposera que le *[illegible]* inscrivoire est donné plus bas que le point *[illegible]* precedent, & moins courbe, comme en RG, dont le concours se *[illegible]* au X du SM prolongé *[illegible]*.

Cas 4. supposé *[illegible]* comme *[illegible]* procedent, on peut prendre pour concentricité des *[illegible]* des voussures tel centre que l'on voudra, & que si l'on fait les *[illegible]* égales entre elles chacune

cun de ces deux centres, les joint de lit à la doële feront des lignes courbes comme à la Corne de Vache, mais qu'à la différence du trait précedent ils feront encore courbes si on les tire d'un des centres C ou X, parce que ni l'un ni l'autre de ces points ne sont la projection verticale du sommet du cône, comme l'étoit le point C dans la supofition précedente du cône Droit; supofant donc que l'on veuille faire ces joins en ligne droite, il faut chercher la projection de ce Sommet par le moyen d'un profil.

Ayant pris à volonté un point R sur la ligne BD prolongée, & sur la même un point M^f éloigné de R de l'intervale DY ou dE, qui marque la profondeur de la voute, on ménera par ces points R & M^f les perpendiculaires C^x H^f & b= b^t prolongées indéfiniment, on portera de part & d'autre du point R la hauteur C b de la fig. 138. en b^f & b=, & la hauteur C^a de la clef intérieure en M^{f}N & CX en M^f C^z puis on tirera par les points Nb^f & C^{z}R des lignes droites qui se croiseront au point S^c qui représentera le sommet du cône scalene dont la doële de l'arriere voussure doit être une partie de sa surface, & la ligne inclinée S^x C^z en représentera l'axe.

Fig. 139.

Presentement pour avoir la projection verticale du sommet sur l'élevation, il n'y a qu'à mener par S^c une parallele S^x, S^c à l'horifontale BD, qui coupera la ligne du milieu MS au point S^e, où sera la représentation du sommet du cône que l'on cherche.

Par le moyen duquel point, on peut faire les joins de doële en ligne droite; car si par ce point & ceux des divisions des voussoirs 1, 2, 3, 4, on mene des lignes jusqu'à la rencontre de l'arc de face FnG qu'elles couperont en 9, 10, &c. les joins de lit à la doële 9, 1; 10, 2, seront des lignes droites. Par quelque autre point que S^c qu'on puisse les tirer, ce seront des lignes courbes; cependant à cause de la grande inégalité des divisions des premiers voussoirs, on peut quelquefois les faire courbes, cela convient même lorsque les differences sont très grandes, comme on le verra ci-après à l'arriere voussure de Marseille.

Le second effet de l'inégalité des arcs, & des differentes positions de leurs centres, est dans la direction des joins de tête; dans le trait précedent ces joins se trouvoient sur une même ligne, par conséquent dans un même plan, par exemple le joint IN^e (fig. 138.) se trouvoit en ligne droite avec le joint de lit IN provenant du centre C, de même que celui de la tête de la feuillure; mais dans ce Trait où les centres sont differens, si pour le premier lit 9 1 on tire pour la tête intérieure le joint 9, 9e & pour le second 10, 2e provenans du centre X de l'arc de face, on ne peut avec les joins de tête de feuillure du même centre X, mais du centre C comme 1, 8 ; 2, 8, auquel cas les plans des lits prolongez s'entrecouperont à l'axe du cône comme aux trompes & autres voûtes coniques.

Le reste se formera comme au trait précédent, pour la Courbe des naissances de la doële sur les impostes, avec quelque différence que nous expliquerons plus sensiblement au trait suivant, qui n'est proprement qu'une variation de celui-ci ; quoique l'arriere voussure qui en résulte, porte un nom différent.

Il suffira de donner un exemple de la maniere de faire un panneau de lit, qui est dans le fond la même que celle que nous avons employée pour ceux de la corne de vache, lorsque les joins sont courbes, & qui est encore plus simple lorsqu'ils sont droits, soit par exemple, le second panneau de lit à faire, dont la projection verticale est la ligne 1, 6 T à la fig. 138. on portera à part cette ligne comme sous le chifre 141, & l'on élevera au point 6 une perpendiculaire 6.6ᵉ qu'on fera égale à la profondeur de l'arriere voussure prise sur une perpendiculaire à la face, comme q pᵉ de la fig. 138. ou ÆE, puis par les points 1 & 6ᵉ on tirera la droite 1 6ᵉ, qui sera le joint de lit à la doële, ensuite on menera par le même point 6ᵉ une ligne 6ᵉ Tᵉ parallele à 1 T & le panneau sera fait.

On y ajoûtera le profil de la feuillure xf, du tableau fg, & de la face extérieure gb, qui exprime le joint de tête de l'arc extérieur dans les mêmes mesures qu'à la projection horisontale B &c.

Si au lieu du joint Droit 1, 6 on avoit eu un joint courbe, comme seroit celui qui passeroit par les divisions 1, 5, il auroit fallu en faire le panneau précisément comme à la Corne de vache, mais comme dans le cas présent cette courbure n'est pas fort sensible, il suffira de creuser un peu ce joint, relativement au panneau de celui de l'imposte FI, ou son égal KG, en diminuant un peu de cette première courbure au premier lit, & encore plus au lit suivant s'il y en avoit un qui passât par le point 2 hors du point 8, comme en 2, 10 prolongé, cette seule attention suffit à la pratique ; mais il n'en sera pas de même si les arcs de face & de feuillure sont très inégaux comme à l'arriere voussure suivante, parce qu'alors la courbure seroit trop sensible pour la négliger.

Deuxiéme Cas.

page 231.   Pl. 50.

DE STEREOTOMIE. Liv. IV.

Deuxième cas.

Où les Ceintres de face & de feuillure sont très differens. En termes de l'Art.

Nouvelle Arriere voussure de Marseille. Régulierement Conique.

Le plus & le moins, disent les Philosophes, ne changent pas l'espece, mais ici la grande inégalité des ceintres de face & de feuillure changent si fort la figure de l'arriere voussure precedente, qu'elle n'y est presque plus connoissable, en ce que l'arc de feuillure est un demi cercle complet, & celui de face interieure un arc, tout au plus de 60. dégrez, ordinairement beaucoup moindre; cependant si l'on ne considére que la partie du milieu de la fig. 144. par exemple 8 2b 5 a H 8, on reconnoitra que l'arriere voussure precedente ne doit être considerée à l'égard de celle-ci, que comme la partie à l'égard du tout.

Les Apareilleurs font l'arriere voussure de Marseille, suivant les Traits du P. Deran & de M de la Rue d'une maniere fort differente, qui produit une surface irréguliere, dont nous parlerons lorsqu'il sera question de ces surfaces.

Nous ferons voir ici qu'on peut la faire régulierement conique. Et comme la régularité est un des principes de beauté, je crois que mon nouveau Trait doit rendre cette arriere voussure plus agréable à la vûë que l'ancien.

PLAN. 51
Fig. 144.

Soit (fig. 144.) le trapeze ABDE le plan horisontal de la baye de la porte ou fenêtre qu'on doit vouter, dont nous retranchons la feuillure & le tableau, comme étant des parties de voutes differentes & de ces cylindriques, où il ne se trouve aucune difficulté.

Ayant élevé comme au trait précedent des verticales indéfinies sur les quatre angles de la baye, AF, BI, DK, EG, on prendra à volonté sur la ligne du milieu M H un point C, d'où comme centre on décrira le demi cercle IbK pour ceintre de feuillure, qui touchera les lignes BI & DK aux points I & K, qu'on trouvera en tirant par C la ligne IK parallele à BD.

Par le point b sommet de ce demi cercle, on ménera FG parallele à son diametre IK qui coupera les verticales sur A & E aux points F & G, où seront les sommets des piedroits.

Tom. II.   Nn

On peut baisser un peu cette ligne si la largeur du piedroit DE est moindre que D m, alors si l'on porte la longueur DE en D e sur DB, & que l'on tire x e parallele à HM, on pourra tirer par le point x la ligne de sommité des piedroits, qui donnera des points F & G un peu plus bas que les précedens.

Les sommitez F & G des piedroits étant déterminées comme nous venons de le dire, afin que les venteaux de menuiserie puissent s'ouvrir totalement & s'apliquer aux piedroits ébrasez BA DE, on prendra à volonté sur la ligne HM un point m pour centre de l'arc de face intérieure, duquel & de l'intervalle m F ou m G pour rayon, on décrira le ceintre EHG, lequel passera dans la disposition précedente au-dessus du point b d'un intervalle Hb à peu près égal à celui de l'ébrasement du piedroit DE, exprimé par la ligne DL.

Si l'on avoit pris le centre de cet arc beaucoup plus loin que m, comme par exemple au bas de la planche en N, l'ébrasement de la clef auroit beaucoup diminué, parceque l'arc quoique passant par les sommets déterminez F & G, auroit passé au-dessous du point H; de sorte que si le centre de cet arc étoit infiniment loin, il se confondroit à peu près avec la ligne droite de sommité FG, alors la clef de l'arriere voussure seroit de niveau sans façon courbement, mais que les battans de la fermeture de menuiserie fussent empêchez de s'ouvrir totalement.

D'où il fait qu'à moins que la longueur des piedroits BA, DE, ne soit beaucoup moindre que la demie largeur m B ou m D de la baye, on ne peut gueres bomber l'arc intérieur sans empêcher le mouvement de ces venteaux, parce que les naissances d'un tel arc seront nécessairement au dessous du point b de la différence de hauteur des points x & b qui est très-peu considérable. Ainsi lorsque l'on fait la clef de niveau comme Maître Blanchard à sa planche 14, conforme à son discours, on tombe comme lui dans le défaut de hauteur des piedroits, & par consequent dans celui de ne pouvoir ouvrir les venteaux qu'en partie & non pas totalement, ensorte qu'ils puissent s'apliquer à l'ébrasement du piedroit.

Les deux ceintres de face & de feuillure étant tracez, on divisera celui de feuillure eu les voussoirs, par exemple ici en sept aux points 1, 2, 3, 4, 5, 6, par lesquels on tirera du ceintre C les coupes 1. 7, 2. 8, 3. 9, 4. 0, 5. 1, 6. 4.

On divisera ensuite l'intervalle BH de l'ébrasement à la clef, en autant de parties égales qu'on voudra avoir de points de la Courbe d'im-

DE STEREOTOMIE. Liv. IV.

poste ou naissance de la doële de l'arriere voussure sur son piedroit en K z G, par exemple ici en quatre, aux points 1, 2, 3, H. Puis ayant aussi divisé en quatre, l'intervale C m des deux centres des deux arcs de face & de feuillure aux points 1', 2', 3', m, de chacun de ces points pour centres & de l'intervale de la premiere division, correspondante entre b H pour rayon, comme 1' 1, 2' 2, 3' 3, on décrira les arcs de cercles indéfinis 3x, 2y, 1z, dont il faut chercher la terminaison.

Ayant divisé l'intervale m M qui est la profondeur de la voute en autant de parties égales entre elles, que l'on a divisé H b aux points 1", 2", 3", on menera par ces points des paralleles à AE, qui rencontreront le piedroit DE aux points 1°, 2°, 3°, par lesquels on menera des paralleles à DK qui rencontreront les arcs ci-dessus aux points z y x, qui seront à la Courbe que l'on cherche; ainsi on tirera à la main ou avec une régle pliante la courbe K z y x G, qui est la projection verticale de la naissance de la doële sur son piedroit.

Presentement il faut chercher la valeur de cette projection qui resserre cette Courbe; ce qui se fera facilement par la méthode des cerches ralongées.

On prolongera le diametre IK, sur lequel on portera la ligne DE à volonté, par exemple en ƒ k, fig. 145. avec toutes ces divisions 1 2 3 4, par lesquelles on élevera des perpendiculaires indéfinies à cette horisontale; puis par les points G x y z on menera des horisontales qui couperont les verticales précedentes aux points z y x g, par lesquels on tracera la ligne courbe ƒ z y x g que l'on cherche, laquelle est plus large que celle du profil ƒ Z Y X V, dans le raport de DE à EL, & le Trait sera fait.

Presentement si l'on considere la nature des sections de la doële, suivant les observations que nous avons faites sur les surfaces gauches au commencement de ce quatriéme Livre, page 5. on reconnoîtra que les quatre angles de la doële de chaque voussoir ne sont pas dans un même plan; par conséquent qu'on ne peut pas en faire des panneaux de doële plate.

Il ne reste donc de panneaux à faire que ceux de tête, qui sont donnez sur l'élevation, & ceux de lit dont les joins à la doële ne sont pas des lignes droites, par les raisons que nous avons données ci-devant, en parlant de ceux de la corne de Vache, dont la construction est la même, à la reserve de ceux qui traversent en partie la voute, & en partie le piedroit, comme sont ceux que donnent les coupes 1. 7, & 6 4, dont la partie du joint 6 4 est courbe, & l'autre 2 4 droite; nous donnerons un exemple de chacun de ces lits.

N n ij

Fig. 146.

Ayant porté la longueur $5n$ de la fig. 144. en un endroit séparé, comme à la fig. 146. avec toutes ses divisions t, u, v, on lui ménera par ces mêmes points des perpendiculaires, dont on prendra les longueurs au plan horisontal; sçavoir Rr ou nN égale à mM, tT égale à $m-3$, uU égale à $m-2$, & vV égale $m-1$, & par les points $NTUV$, on tracera la courbe qui sera le joint à la douële, du lit de dessous du cinquième voussoir.

Pour former le panneau du lit suivant, dont le joint à la douële est mixte, on opérera à peuprès de même.

Ayant porté à part la longueur $6q$ comme à la fig. 147. avec la division Z, on lui élevera au point q une perpendiculaire qQ qu'on fera égale à mM, ou ce qui est la même chose LE à laquelle elle répond; & sur le point z une perpendiculaire zZ égale à $m-1$, qui est la profondeur du premier arc $1Z$, puis on tirera une ligne droite de z à z, & une courbe concave de Z à 6; mais comme on n'en a que deux points, il faut en chercher au moins un troisième.

Pour cet effet on divisera l'intervalle Cr des deux premiers centres des arcs $6K$, & $1z$ en deux également en d, d'où comme centre, & pour rayon db, plus la moitié de K_1, on décrira un arc qui coupera $6z$ en un point i; on portera à la figure 147. la longueur $6i$ en $6i$ distance égale de 6, & par ce point i on élevera une perpendiculaire iI qu'on fera égale à la moitié de l'intervalle $m-1$, & par les points $6IZ$, on tracera la courbe demandée.

Il est visible que plus les lits seront près de la clef, moins leurs joints à la douële seront courbes; en sorte que s'il y en avoit un au milieu de la clef, il seroit parfaitement droit, parce qu'alors la section passeroit par l'axe du cône, & au contraire plus ils approcheront des piedroits, plus ils se creusent. Et qu'enfin lorsque le lit coupe le piedroit, le joint est par la courbe suivant la largeur de la douële qu'il coupe & partie droit, dans celle du piedroit qu'il traverse; parce que la surface du lit devant être plane, elle ne peut couper un plan que suivant une ligne droite: il n'en seroit pas de même si le lit étoit gauche.

Nous avons supposé dans les Traité précédens que l'arriere voussore n'étoit pas trop profonde pour que les voussoirs fussent d'une seule pièce de la face jusques à la feuilleure, mais si par un excès de profondeur, ou par le défaut de pierres de longueur convenable, on étoit obligé de faire des rangs de voussoir de deux ou de plusieurs pièces, il faudroit chercher les arcs de têtes qui font des joints de douële transversaux.

Ayant déterminé la longueur horisontale du voussoir, & l'ayant porté sur le *plan* quarrément, on menera par ce point une parallele à la face qui coupera l'ébrasement du piedroit, par exemple en 2", on menera une parallele à l'élévation de ce piedroit, laquelle rencontrera celle de l'angle rentrant qu'il fait avec la voute en *y*, où sera la naissance de l'arc du joint de doële qu'on cherche.

Si les arcs de face & de feuillure sont concentriques, comme à l'arriere voussure bombée Droite, cet arc seroit facile à décrire du centre commun C, & de l'intervale du point trouvé à ce centre.

Mais si ces arcs de face & de feuillure sont excentriques, il faudra chercher une quatriéme proportionelle à l'épaisseur ou profondeur horisontale de la feuillure, à celle du voussoir, & à la distance des centres de face & de feuillure; le quatriéme terme donnera la distance du centre 2' au dessous du centre C, par le moyen duquel & de l'intervale 2'*y* on décrira l'arc du joint de doële transversal qu'on cherche pour la tête en joint du voussoir.

Ce Trait supose encore une chose qui peut varier, sçavoir; que le joint transversal est dans un plan parallele à celui de la face; mais il peut arriver par une raison de décoration, que ce joint ne soit pas dans un plan vertical, comme lorsqu'on veut faire une bande de largeur uniforme mesurée non pas horisontalement, mais suivant la distance perpendiculaire de l'arête de la face, au bord oposé de la bande; telles sont les bordures des revêtemens de marbre, & les Bâtis des revêtemens de menuiserie. Alors il faut chercher la Courbe de la projection de ces joins transversaux par plusieurs points; ce qui est plûtôt un Trait de menuiserie que de Coupe des Pierres, comme on le verra à la suite de celui-ci, lorsque nous parlerons de cet Art, & des Incrustations de marbre ou de Placage.

Application du Trait sur les Pierres.

Suposant que l'on veuille commencer par faire le coussinet, marqué dans l'élévation 6 *q* I K.   *Fig. 1*

Ayant dressé un parement pour servir de surface extérieure, ou ici en sera un parallele pour la surface intérieure, si la pierre peut faire perpain, ce que nous suposerons pour la facilité de l'instruction, puis ayant levé un panneau sur l'épure en I K 6 *q*, on l'apliquera sur un de ces paremens, pour tracer les lits de dessus & de dessous, qu'on formera à l'équerre suivant les lignes 6 *q* & K I.

TRAITÉ

Fig. 148. Ensuite on creusera tout au long, aussi à l'équerre, sur les mêmes paremens une douëlle cylindrique *fR6D*, comme si l'on vouloit faire un voussoir de berceau Droit suivant l'arc K6, si la pierre se termine à la feuillure, ou sur l'arc *ab* qui marque l'arête du tableau, si la pierre comprend le tableau, lequel arc est plus avancé que K6 de toute la largeur de la feuillure, ce qui oblige à faire deux surfaces de douëlles cylindriques inégales, l'une *abba* qui comprend la largeur du tableau, l'autre *f6D* qui est celle de la profondeur de la feuillure.

On posera ensuite sur le lit de dessous le panneau du piedroit, découpé sur le plan horisontal de la fig. 144. en TDEL pour avoir à la fig. 148. le contour qui y est dessiné en perspective en *ss* DEO.

On prendra aussi le panneau du lit de dessus, à peu près tel qu'il est à la fig. 147. je dis à peu près, parce que celui de la fig. 148. désigne un lit plus élevé, où la partie courbe 6Z est plus grande que la droite Z10, ce qui est le contraire à la fig. 147. Ainsi il faut supposer que le lit en perspective de la fig. 148. représente celui qui seroit tiré du centre C de la fig. 144. par le point *y*.

Le lit de dessus & de dessous étant tracez, on abattra la pierre en forme plane, entre les trois lignes droites tracées DE, E7, 7Z Puis avec une cherche formée sur l'arc hyperbolique *eq* du profil de la fig. 145. on terminera cette surface plane par un quatriéme côté courbe DZ (fig. 148.)

Aprés il ne restera plus qu'à former la portion triangulaire de la douëlle de l'arriere-voussure, comprise entre trois lignes courbes, données à savoir, l'arc circulaire de feuillure D6, l'arc hyperbolique de joint de la face hyperbolique de naissance de la douëlle, sur le piedroit DZ. Ainsi abattant la pierre comprise entre ces trois termes, on ne peut manquer de la former assez exactement.

On peut encore pour plus d'exactitude y donner vers le milieu une quatriéme ligne droite, en tirant à la fig. 144. une ligne S*v* par les points S, 8 & c, qui donnera sur l'arc KG un point *r*, dont on prendra la hauteur sur la ligne K/ pour la porter en S, & tirer *vS* parallele à DE qui coupera l'arc D*a* en *s*; si la surface est bien faite on pourra poser […]

Fig. 149. On opérera à peu près de même pour la courbe du voussoir suivant […] du Coin[…] à la fig. 6. avec cette différence qu'il demande un peu plus d'attention, parce que la douëlle creuse

DE STEREOTOMIE. Liv. IV. 287

du précedent n'étoit terminée que par trois lignes courbes; celle-ci, qu'on a dessiné en perspective à la fig. 149, est terminée par cinq lignes courbes, sçavoir, 5n qui est le joint du lit superieur, nG l'arc de face, G z partie de l'arc de naissance sur le piedroit, z 6 joint du lit inferieur à la doële, & 65, arc de feuillure.

Ce voussoir comprend de plus un triangle plan mixte G q z, en voici la pratique.

AYANT dressé & jaugé les paremens de devant & de derriere, si la pierre fait parpain, on apliquera sur l'un des deux le panneau formé sur l'elevation de la fig. 144. en 5n Gq6 pour en tracer le contour, puis ayant abatu la pierre à l'équerre au parement, suivant les lignés droites 5n & 6q pour former les lits, & suivant le contour de l'arc de cercle 5.6, on aura un voussoir semblable à celui d'un berceau, observant le renfoncement de la feuillure.

ENSUITE on apliquera au lit de dessous le panneau de la fig. 147. & à celui de dessus le panneau 146. puis par la ligne droite ZQ donnée au lit de dessous, & par la ligne droite qG, tracée au parement de face, on fera passer une surface plane en abatant la pierre en triangle, dont on formera le côté ZG par une cerche formée sur l'arc Zq de la fig. 145. alors on aura le contour des cinq côtez courbes qui terminent la portion de Doële de l'arriere voussure comprise dans ce voussoir.

LA multiplicité de ces côtez, fait qu'il est assez difficile de bien le conduire pour abatre la pierre, de maniere qu'on forme une surface regulierement conique; c'est pourquoi il faut se donner quelques points de position pour pouvoir y apliquer la régle.

Pour cet effet, on tirera par le point S, & des points pris à volonté au contour du voussoir, par exemple 5, V, des lignes droites qui se termineront à l'arc ZG vers y & vers x, qu'on portera à la fig. 149. où l'on marquera aussi les premiers points 5 & V. Alors posant la régle RE sur ces joins, on abatra la pierre de maniere qu'elle s'y aplique exactement; Ainsi on aura des guides pour ne pas trop creuser entre les termes du contour de la doële donnée; l'on multipliera ces lignes droites autant que l'on jugera à propos, & le voussoir sera exactement formé, pour que la doële se continue sans jarret avec la portion précedente & les suivantes; celles-ci seront plus faciles à faire, parce qu'elles ne seront terminées que par quatre côtez, au lieu que celle de la fig. 149. l'étoit par cinq. Où il faut bien observer que la régle ne peut être apliquée

288　　　　　　　TRAITÉ

exactement à la doële, en aucune autre position que celle où sa direction passe par le point S.

Explication démonstrative des Traits, des deux especes d'arrieres Voussures Coniques, Scalenes, de la Bombée, & de Marseille.

Pour concevoir que l'arriere voussure Conique Scalene, simplement bombée, comme celle qui est designée à la fig. 138. par la partie F*n*GK*b*I est intrinsequement la même que l'arriere voussure de Marseille ; on n'a qu'à considerer la seule partie 82 *n*5 de la fig. 154. & imaginer que le piedroit DE est transporté en PN, alors l'élevation de son ébratement sera le trapeze mixte P 5 *n*Q, au lieu que l'autre est un triangle mixte composé de deux côtez droits DL LG, & d'un côté mixte DKG ; ainsi l'on ne doit considerer la bombée que comme une partie de celle de Marseille.

Fig. 150.　Pour donner une juste idée de cette voussure, on a dessiné à la fig. 150. un triangle scalene en petit & en perspective, semblable à celui du profil 145. dont le triangle RSH est une section par l'axe, & par le diametre H/R de la plus grande obliquité. Si l'on coupe ce cône par un plan parallelement à ce diametre, & perpendiculairement au plan de la base, il est clair qu'il se formera à la surface du cône une hyperbole FK, qui representera la section qui seroit faite par EL, à la fig. 144. & si ce plan est tourné differemment, il se fera une autre section qui peut encore être une hyperbole, ou une parabole, ou une ellipse ; quelle qu'elle soit la ligne SM representera l'axe SM' du profil de la fig. 145. la courbe FK de la fig. 150. representera la naissance *fg* de la fig. 145. & le triangle M*p*L sera la projection horisontale de la moitié du cône scalene, où SM representera l'axe.

Cette preparation étant suposée, il sera aisé de sentir les raisons de notre construction ; car suposant le cône scalene SHR fig. 150. coupé par plusieurs plans verticaux paralleles à sa base, ils seront representez dans la projection horisontale de la fig. 144. par des lignes droites dont les moitiez sont *m*D 1*m o*, 2*m o*, 3*m o*, lesquelles seront les rayons des cercles formez à la surface du cône, & dans la même projection l'axe du cône marqué SM à la fig. 150. sera representé en racourci par la ligne S*p*M, & en elevation par la ligne S*m* égale à S*q* du profil 145. Or puisque les parties Proportionelles de cet axe entre la face & la feuillure, representées en trois projections differentes, sont aussi chacune divisée en parties égales entre elles, il suit que toutes les sections

DE STEREOTOMIE. Liv. IV.

ctions du cône font proportionelles & semblables à la base. D'où il suit que les lignes semblablement posées dans chacune de ces projections, représentent la section d'un plan passant par les trois dimentions de longueur, hauteur & profondeur; ainsi le plan du piedroit DE étant suposé couper le plan de la projection horisontale ABDE, fera pour section une ligne droite DE. Le même rencontrant la surface courbe de la Doële, divisée proportionellement par plusieurs plans verticaux, formera la courbe K2G, menée par les intersections HG, 3x, 2y, 1z, xK, qu'il ne fera que toucher, lesquels plans verticaux représentez à l'élevation par ces arcs de cercles qui en font les contours, sont au contraire représentez au profil par des lignes droites 1Z 2Y 3X, ce qui est facile à apercevoir aux gens versez dans l'Architecture qui entendent le profil. Mais comme le plan du piedroit en situation oblique à l'axe, comme DE, se trouve racourci au profil dans le raport de DE à LE, la Courbe fYe devient inutile pour en former un panneau; c'est pourquoi on a ralongé cette courbe par un nouveau profil, ou plûtôt une juste élevation fyg, dont la base fk est égale à DE, & les intervales des abscisses égales aux divisions de cette ligne DE, comme nous l'avons enseigné au second Livre pour la formation des Ellipses & autres cerches ralongées.

CEPENDANT pour montrer que le premier profil peut devenir utile pour le Trait; je ferai remarquer que par son moyen & la courbe de l'élevation K2G, on peut tailler le coussinet par équarrissement.

AYANT tracé sur un parement à plomb, & de largeur égale à la profondeur de l'arriere voussure, la courbe de profil fYe, on tracera sur le retour d'équerre celle d'élevation K2G, puis on abatra la pierre en creux cylindrique jusques à la rencontre du contour convexe,

LA rencontre de ces deux surfaces, l'une concave, l'autre convexe, donnera la Courbe de la naissance plus étendue, comme celle marquée fyg de la fig. 145. toutes lesquelles courbes sont de même nature par le Theor III. du premier Livre.

A l'égard des joins de lit, ce font des courbes dont la construction est fondée sur le même principe que celles des joins de la Corne de Vache.

Tom. II.   Oo

OBSERVATIONS,

sur les Traits de la Coupe des Bois, & des Marbres Pour les Revêtemens des Arrieres Voussures en Lambris de Menuiserie, Ou en Incrustrations de pieces de Raport.

Nous n'avons parlé jusqu'ici que des Traits des sections des Solides destinées à la construction des Voutes, où l'on a autant d'attention aux lits qu'aux divisions des doëles & des têtes, pour que les pierres de taille dont elles sont faites se soûtiennent mutuellement.

PRESENTEMENT nous supposons les Voutes faites de briques ou de pierres, & sans égard aux lits, nous examinons seulement les moyens de recouvrir les doëles de Bois ou de Marbre, découpé suivant certains compartimens, dont il faut trouver les contour en projection, & quelquefois en dévelopement. Nous n'avons pas traité de cette matiere en parlant des voutes précedentes, parce qu'elles ne sont gueres susceptibles de revêtemens, à cause de leur étenduë; mais comme ces ornemens conviennent particulierement aux Arrieres voussures, & que la mode en a établi l'usage dans presque tous les bâtimens des gens un peu aisez, il est à propos d'en donner ici les Traits.

LE sieur Blanchard maître menuisier de Paris en a fait un traité en 1729. dont la moitié n'a pour objet que ceux des revêtemens des arrieres voussures; mais comme il n'avoit pas la Théorie nécessaire pour entendre le fond de cette matiere, il est tombé dans plusieurs erreurs. Le public est obligé à un bon Artisan qui lui fait part des connoissances qu'il a acquises dans son art, mais il faut que cet Artisan observe deux choses; la premiere est de consulter les gens qui ont de la Théorie lorsqu'il le peut, sans présumer que la seule pratique lui suffise dans tout ce qui a raport à la Géometrie. La seconde qu'il consulte les gens qui sçavent les langues & les termes des sciences & des arts, qui s'énoncent comme il convient, faute de quoi il fatigue le lecteur qui n'entend qu'en devinant à moitié ce que l'Auteur a voulu dire. C'est ce qui est arrivé à celui dont je parle, qui s'est fait un langage si particulier, qu'on ne peut l'entendre du premier abord; chez lui une perpendiculaire signifie ordinairement un aplomb, c'est-à-dire, une verticale, & quelquefois il apelle de même une ligne inclinée à l'horison, on ne sait à quoi s'en tenir. Il dit qu'une ligne en nourit une autre lorsqu'elle la rencontre, & qu'elle la coupe étant prolongée, ce n'est point

page 291. Pl. 5.

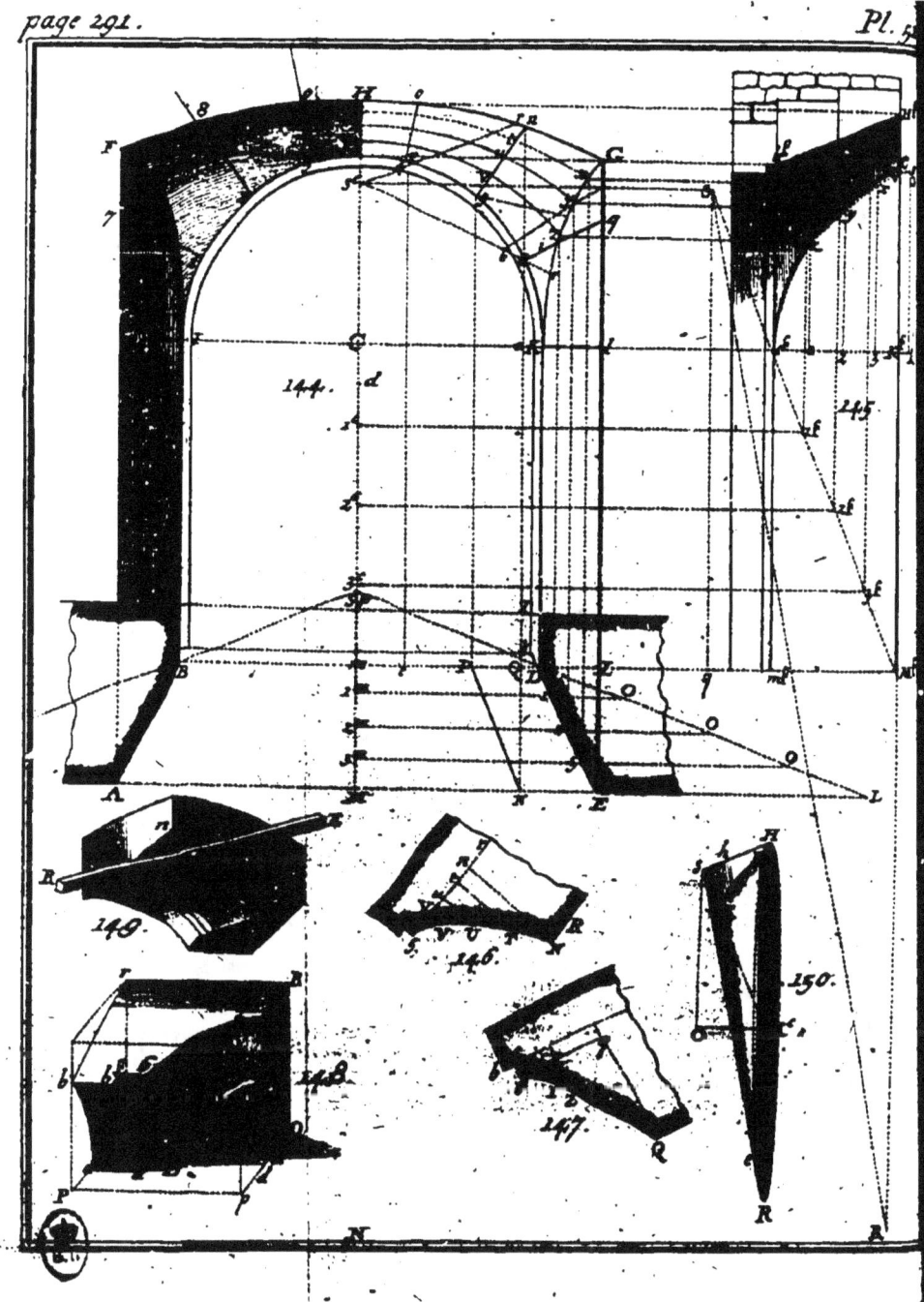

ce qu'on entend par *toucher*. Il apelle *Parallèles* des lignes qui ne le font point, & même qui font de différente nature, l'une courbe, l'autre droite, qui se rencontrent souvent; Il faut deviner qu'il entend par ce mot qu'elles sont dans un même Plan, c'est-à-dire, qu'une surface plane peut passer par les deux. Il entend par *dévelopement* d'une ligne, la valeur de sa projection, quoiqu'elle soit dans son contour naturel, sans extension de dévelopement. Il assemble des mots qui se contredisent, comme lorsqu'à la page 29. il apelle *point concentrique différent*, celui qui est excentrique. Tant de termes déplacez embarrassent & fatiguent beaucoup un lecteur. On est cependant assez disposé à les passer à un homme sans litterature, lorsqu'il dit de bonnes choses; mais l'indulgence ne peut aller jusqu'à pardonner des erreurs de construction, lorsqu'elles sont considerables, comme celles du Livre dont il est question.

Pour prendre une idée de la nature des Traits de la Menuiserie, & du Placage des revêtemens des arrieres voussures, il faut remarquer que la menuiserie ne consiste presque qu'en un assemblage de *Batis* & des *Panneaux* qu'ils renferment.

Par le mot de *Batis*, on entend les pieces de bois qui servent en quelque façon de bordures, pour contenir les parties de planches dont on couvre la voute, lesquelles ainsi renfermées de tous côtez s'apellent *Panneaux*, où l'on voit que la signification de ce mot est bien différente de celle des Panneaux qu'on employe pour la Coupe des pierres.

D'où il suit que les *Batis* étant des especes de Bordures, il convient qu'ils soient plus étroits que les panneaux, & de largeur toujours égale, excepté lorsque leur direction tend au pole d'une sphere où au sommet d'un cône; par-tout ailleurs l'irrégularité de la surface doit tomber sur la figure du Panneau, sans changer le parallelisme des côtez des Batis.

Puisque les Batis sont l'ame & le principal objet des revêtemens de menuiserie, c'est à leur construction que nous devons toute notre attention. Il s'agit donc de les tracer par équarrissement dans une masse de bois, & quelquefois aussi, mais plus rarement, par la voye du dévelopement.

Ce que nous disons ici des batis, s'aplique aussi très naturellement aux bordures & Frises des incrustations de marbre, qui sont ordinairement disposées à peu près comme les batis de menuiserie.

Ces bordures de l'une & de l'autre espece, ne renferment pas toujours des Polygones curvilignes irréguliers; elles renferment auſſi ſouvent des courbes à double courbure, qui ont l'aparence de cercles où d'Ellipſes, quoiqu'elles ne puiſſent être ni l'une ni l'autre de ces figures qui ſont planes; or nous les ſupoſons ſur des ſurfaces concaves des doëles des arrieres vouſſures, donc ce ſont des courbes à double courbure, quoique tracées d'un centre comme les cercles, ou par le moyen de deux foyers comme les ellipſes, ce qui fait la difficulté des Traits.

Précis de l'Art des Traits de Menuiſerie.

Tout l'Art de la Coupe des bois pour les revêtemens de voutes, par des lambris de Menuiſerie, & même celui des Incruſtations de marbre diſtribuées par panneaux, peut être réduit à quatre principales opérations.

Premierement, à la deſcription des lignes courbes paralleles, ou pour mieux dire équidiſtantes de celles des ceintres donnez pour les arêtes des faces extérieures & intérieures des arrieres vouſſures, ou autres voutes à revêtir, & de celles de leurs naiſſances, & des diviſions transverſales & longitudinales, leſquelles Courbes ſont preſque toujours differentes en contour des ceintres & des ſections données. Tel eſt par exemple dans un corps régulier, un cercle mineur d'une voute ſphérique parallele à un majeur, ou un autre mineur à l'égard d'un plus grand ou plus petit, ou une ſection conique équidiſtante d'une autre donnée dans un cône; laquelle ne lui peut être ſemblable, parce que les ſections Aſymptotiques ne ſont pas équidiſtantes, comme nous l'avons démontré au premier Livre.

Secondement, à faire les projections de ces Courbes ſur des plans horiſontaux & ſur des verticaux, pour avoir les intervales inégaux qu'elles laiſſent entre elles, conſidérées dans le niveau ou dans l'aplomb, lequel intervale donne ce qu'on apelle le *Gauche* des batis, étant retranché de la maſſe du bois, d'où réſulte la ſurface courbe que l'on cherche, & les arêtes qui le terminent à ſimple ou à double courbure.

La troiſiéme opération, qui eſt la moins uſitée, & dont maître Blanchard ne parle point, eſt le Dévelopement des ſurfaces à revêtir, pour les couvrir d'un bois mince plié, qui peut y être exactement apliqué & contenu par les batis: je puis parler par expérience de la bonté, de l'utilité, & de la durée d'un tel ouvrage, quoique l'auteur cité n'en diſe rien, le ſupoſant aparemment inutile.

J'ai fait revêtir par un habile menuiſier les arrieres vouſſures bombées & ébraſées d'une chambre que j'habitois, & comme il n'avoit pas du bois sec assez épais pour tailler ses batis par équarrissement, il commença par les faire droits, & les plia d'une maniere qui a parfaitement bien subsisté; mais n'ayant que l'habileté ordinaire aux meilleurs maitres de son art, il ne prévit pas que son bois étant plié en portion conique, seroit trop étroit en montant vers le milieu de la voute, du côté du chambranle des piedroits, & trop large du côté de la feuillure, de sorte que le lambris ne s'ajustoit ni à l'arête de la massonnerie, ni à la feuillure du chassis dormant, ni à l'angle rentrant de la naissance de la voussure sur les piedroits ébrasez, faute d'avoir eu connoissance du dévelopement & des sections du Cône; de sorte qu'il fut obligé de recouper vers la feuillure, d'ajouter vers le chambranle, & de courber un peu les naissances, ce qu'il auroit pû faire à peu près en tâtonnant à force de présenter son ouvrage; mais m'étant aperçû de ce qui lui manquoit, & voulant lui épargner de la perte du tems, je fis en un instant le dévelopement dont il avoit besoin, & le mis en état de corriger sûrement & en peu de tems son ouvrage. On verra cy-après la maniere de le faire, pour ceux qui se trouveront dans le même cas.

La quatriéme opération nécessaire pour les revêtemens, est celle de chercher les angles des piéces que l'on doit assembler, à peu près comme les biveaux pour la coupe des pierres; mais parce que les bois s'assemblent par le moyen des tenons & des mortoises, ils ne tirent pas leur force de leurs coupes; de sorte que l'appareil en est beaucoup plus simple, il n'est guere question de biveaux que pour les doëles & les têtes où il faut engraisser, c'est-à-dire, rendre obtus l'angle du batis avec le chambranle, ou l'amaigrir du côté de la feuillure.

Les autres angles dont on a besoin pour l'assemblage, sont ceux des diagonales formées par la rencontre des batis & traverses assemblées en angle saillant ou rentrant, ce qu'on apelle en terme de l'art à Anglet ou *Onglet*.

Ces Diagonales & les angles qu'elles font avec les côtez des batis sont faciles à trouver, car premierement si les batis sont droits, leurs diagonales sont aussi des lignes Droites déterminées de longueur & de position, par les intersections des côtez extérieurs & intérieurs des batis, & de leurs traverses tracez sur l'épure.

SECONDEMENT, si les batis & leurs traverses sont courbes tous les deux, ou l'un droit & l'autre courbe, on trouvera leurs diagonales d'assemblage, en menant dans chacun plusieurs lignes paralleles à ses côtez, s'ils sont d'égale largeur, ou convergentes & divergentes, dirigées au même point du concours & à distanges égales dans chacune des piéces d'assemblage, si elles sont d'égale largeur, ou à distances proportionelles des côtez, si elles sont d'inégale largeur, par exemple au tiers ou au quart, ou à la moitié de chacune ; les intersections de ces lignes donneront autant de points des diagonales que l'on cherche, par lesquels on les tracera à la main ou avec une régle pliante ; ainsi on aura leur longueur, leur courbure & les angles mixtes ou curvilignes qu'elles font avec leurs côtez.

Nous avons suposé que les batis étoient des surfaces planes ; mais s'ils étoient courbes en tout sens, comme ceux qui sont destinez à revêtir une surface sphérique de niche ou d'Arriere voussure de Marseille, ou de St. Antoine. Il faudra premierement en faire la projection sur une surface plane, & en chercher la diagonale comme ci-devant, par le moyen de laquelle on en trouvera la valeur par la pratique des cerches ralongées.

REMARQUE
sur la Pratique du Sieur Blanchard.

Il est clair que s'il s'agit, par exemple, d'une diagonale de deux batis en traverse, destinez au revêtement d'une portion de sphère, comme à une voute de nich., la diagonale de projection sera une portion d'Ellipse, parce que celle qu'elle représente, qui doit être sur la surface de la sphère, est un cercle, dont la projection est une Ellipse par le Theoreme II. du deuxiéme Livre (page 209.) il en sera de même de plusieurs autres diagonales, particulierement dans les angles mixtes.

D'où il suit que la pratique que donne le sieur Blanchard dans sa coupe des bois, planche 5. page 7. est alors intrinséquement fausse, parce qu'il tire ses coupes par la pratique *des trois points perdus*, ainsi apellée dans le langage des ouvriers, laquelle donne un arc de cercle.

Au lieu de ne tirer qu'une seule parallele au milieu de chaque batis, pour trouver un troisiéme point, il n'y a qu'à en tirer encore deux au quart de la largeur, & on aura cinq points de la Courbe de Coupe, qui sont plus que suffisant pour la tracer avec une régle pliante ; & alors l'opération sera exempte des reproches d'erreur.

DE STEREOTOMIE, Liv. IV.

TRAITS DE MENUISERIE.
Faire les revêtemens des Arrieres voussures Coniques quelconques.

PREMIERE ESPECE
L'Arriere voussure bombée & ébrasée, Droite sur son Axe.

PLAN 50.
Fig. 138.

AYANT fait le Plan horisontal, & l'élevation de l'arriere voussure, comme à la figure 138. & ayant déterminé la longueur du batis, on peut faire cet ouvrage de deux manieres.

PREMIEREMENT par équarrissement, on fera un profil de l'ébrasement de la voute, comme on voit au-dessus du chiffre 141. qui fera connoître l'épaisseur du bois nécessaire pour tailler chaque piece par équarrissement, par exemple *a b* pour avoir le parement *a c*, ou *e d* pour avoir *e f*. Puis pour avoir la hauteur de la traverse inferieure, on ajoûtera à la hauteur *a g* celle de la flêche de l'arc I*b*K, qui est égale à K*y*, qu'on portera en *g b* pour avoir la hauteur totale *a b* du madrier, sur lequel on doit élegir le batis, si la traverse est d'une seule piece, & à proportion si elle est de plusieurs. Il ne s'agit plus que d'y tracer l'arc I*b*K pris sur l'épure, lequel étant évuidé, on prendra avec le compas la distance *b c* du profil qu'on trainera tout au tour de l'arc nouvellement formé; ou ce qui est plus commode, on se servira de cet outil que les Menuisiers apellent Trusquin, & la piece sera tracée; il ne s'agit plus que d'abattre le bois en chanfrain entre les deux arcs, & le réduire à une égale épaisseur s'il en est besoin, ce qui est à la portée des moindres ouvriers. Il n'en est pas de même par panneaux de dévelopement, il y faut un peu plus de science.

Seconde Maniere, *par Panneaux de Dévelopement.*

ON sçait que le Dévelopement de la surface d'un Cône tronqué Droit sur une base circulaire, est une portion de couronne de cercle, dont le rayon est égal à la longueur du côté du Cône suposé entier depuis son sommet à sa base; ainsi pour former le dévelopement de la doële de notre arriere voussure, il faut commencer par chercher le sommet du Cône, dont elle est partie de la surface, en prolongeant comme nous l'avons dit la ligne *g q* jusqu'à ce qu'elle rencontre celle du milieu MH prolongée au point S en projection horisontale.

Fig. 138.

Ou bien ce qui convient encore mieux, le chercher par le profil Fig. 139.

en prolongeant la ligne H' b' jusqu'à ce qu'elle rencontre la base horifontale M' C en S'.

Fig. 140.   On prendra ensuite sur la ligne du milieu un point S' à volonté, duquel comme centre, & de l'intervalle S g pour rayon, ou ce qui est la même chose S' H', on décrira un arc F⁴ H⁴ G⁴ indéfini ; & du même centre & de l'intervalle S q ou S' b' pour rayon, on décrira un autre arc pour celui de la feuillure i⁴ b⁴ K⁴.

On portera sur chacun de ces arcs de part & d'autre de la ligne du milieu, l'étenduë du contour des ceintres, dont ils sont le dévelopement, prise par petites parties apliquées de suite, ensorte que l'arc b⁴ i⁴ de la fig. 140. soit égal en dévelopement à l'arc bI de la fig. 138. lequel est un peu plus concave, & de même l'arc H⁴ F⁴ de la fig. 140. égal en dévelopement de contour à l'arc HF de la fig. 138. ce qui donnera les points F⁴ i⁴ d'un côté & G⁴ K⁴ de l'autre, lesquels sont aux contours des dévelopemens des deux arcs d'hyperboles des naissances de l'arriere voussure sur ses piedroits.

Pour avoir un troisiéme point commun à ces deux dévelopemens qui se croisent en X, on prolongera un piedroit ED fig. 138. jusqu'à ce qu'il rencontre la ligne du milieu en z. On portera Sz en S' z' sur la base du profil S' M', & on lui élevera au point z' la perpendiculaire z' z'', qui coupera le côté S' H' au point z''. On portera la distance S' z'' en S' X, qui donnera sur la ligne du milieu le point X que l'on cherche, par lequel & par les points trouvez ci-devant au dévelopement de l'hyperbole, on tirera à la main ou avec une régle pliante les courbes X I⁴ F⁴ & X K⁴ G⁴, dont les parties I⁴ F⁴ K⁴ G⁴ sont les terminaisons du dévelopement de la doële de l'arriere voussure. Ainsi faisant un assemblage de la figure de la portion de couronne I⁴ b⁴ K⁴ G⁴ H⁴ F⁴, on pourra l'apliquer dans l'arriere voussure exactement sur toute sa surface en le pliant, ou par le moyen du feu, ou par quelques traits de scie poussez au travers du fil du bois, du côté interieur caché, à distance de 5. ou 6. pouces plus ou moins, pénétrans jusques au tiers ou à la moitié de l'épaisseur du bois, en sorte qu'il ne s'y fasse pas des côtes.

On auroit pû chercher un plus grand nombre de points du dévelopement des arcs hyperboliques, suivant la methode que nous avons donné au probléme 7. du 3ᵉ Livre ; mais il suffit dans le cas present, de voir à peu près l'effet & la saillie du bombement qui n'est pas assez considérable pour tirer à conséquence dans l'exécution.

Il faut remarquer que ce panneau de dévelopement doit être tracé
sur

DE STEREOTOMIE. Liv. IV.

sur la surface intérieure de la Menuiserie, qui s'aplique contre la doële de massonerie, parce qu'il faut avoir égard à l'épaisseur du bois & au délardement des bords des batis, qui doivent être coupez en chanfrain, les uns pour être apliquez à la feuillure, les autres au parement du mur à plomb, où l'épaisseur du lambris & son joint avec la massonerie, est ordinairement recouvert par un chambranle.

Fig. 13

Les biveaux du délardement de devant & de derriere sont donnez au profil, & même au plan horisontal en $q q N^x$ obtus de la face avec la doële & son suplément $g q V$, pour le maigre de la feuillure. Les autres angles mixtes aux impostes, sont donnez à l'élévation en $H G G^x$ pour être apliquez sur les faces, & non pas perpendiculairement à l'arête de l'angle, suivant l'usage ordinaire des biveaux.

Revêtement de la seconde & troisiéme espece d'Arriere voussure Conique.

Nous joignons ici l'arriere voussure bombée & ébrasée à ceintres excentriques, avec celle de Marseille, parce qu'il n'y a de la différence pour le Trait, qu'en ce que la surface de cette derniere est plus gauche que la précédente, d'une quantité qui ne provient que du plus ou moins de grandeur de l'arc de feuillure à l'égard du ceintre de face.

Premierement, pour la seconde espece, tout étant disposé à la fig. 138. comme il a été dit pour la coupe des pierres. Il faut chercher la valeur de la longueur donnée du Batis en projection verticale & horisontale, ce qui est une opération inverse de celles de la coupe des pierres, où les projections étant données, on cherche leur valeur. Ici tout au contraire la largeur inclinée du batis est déterminée par l'ouvrier, & pour donner à son bois la hauteur & l'épaisseur convenable pour y élegir son batis; il faut qu'il cherche une Courbe verticale, & une horisontale, ce qui ne se peut faire que par le moyen de plusieurs profils qu'on fera en aussi grand nombre qu'on voudra avoir de points de ces courbes; nous nous bornerons ici à deux pour ne pas embrouiller la figure.

Fig. 13

Il faut observer auparavant, que puisqu'on veut que les batis soient partout d'une égale largeur, il faut que leur mesure soit prise perpendiculairement à l'arc de leurs arêtes intérieure & extérieure, parce qu'il est clair que toute autre ligne qui seroit inclinée à sa tangente, donneroit une plus petite largeur; ce qui fait voir la fausseté de tous les Traits du Livre de maître Blanchard, qui prend ses mesures sur des profils obliques à cette tangeante.

Tom. II.   P p

D'où il suit que pour chercher les largeurs des projections, avec une scrupuleuse exactitude ; il faudroit faire des profils exprès pour les Traverses des batis de chaque position, sur la face & sur la feuillure. Ainsi il faudroit tirer les sections qui doivent donner les bases des profils, les unes du centre C pour la feuillure, les autres du centre X pour la face, ou pour ne pas multiplier ces bases, les tirer du milieu M de ces deux centres, ce qui ne peut produire aucune différence sensible.

Ayant tiré du point M autant de lignes qu'on voudra de points des courbes qu'on cherche, qui couperont les ceintres de face F n G & de feuillure I b K, on prendra les lignes comprises entre ces deux arcs, pour autant de bases de profil, par exemple, b n au milieu, & I 9 près de l'imposte, & les ayant porté à part comme b n en f n de la fig. 143. & I 9 en I 9 de la fig. 143. on portera l'épaisseur E d de la voute à angle droit en n & en 9, aux points n' & i des profils, & l'on tirera les lignes n' f & i I, les triangles f n n' & i 9 I, seront les profils des sections faites par les points pris à volonté b & I, non pas exactement, parce que les sections de la docle provenant de tout autre point que S ne sont pas des lignes droites, mais suffisamment pour la pratique la plus exacte, parce que cette courbure se trouve divisée en trois parties, dont deux font les largeurs du batis fort étroites, & la troisième qui est au milieu, est celle du panneau qu'ils enferment.

On ajustera à ces triangles les profils de la Menuiserie, posez parallelement aux hypotenuses, comme e d, n p fig. 143. pour les traverses du haut & du bas, au milieu de la clef, & n LK pour celles du profil au-dessus de l'imposte. Puis on mènera par les points donnez a b, c d, &c. des horisontales n b a d, & des perpendiculaires a x, c z, qui se couperont en n & z. Les largeurs n b, n K seront portées en plan horisontal de la fig. 138. en 9 n' sur la projection 9 n' B de la section I 9, & en B y de la même section. Ensuite on portera les largeurs a d, n p du profil 143. en M w 3 & C m, & par les points trouvez x w 3, y m, & quelques autres qu'il faudra chercher entre deux, on tirera des lignes comme y m & w n 3, qui seront les épaisseurs du bois mesuré de niveau pour y élegir les batis.

On en usera de même pour la hauteur, en portant les épaisseurs v y, c z, sur la ligne n' S de l'élevation, & l 9, n b, sur la ligne I 9, de l'élevation, ainsi que autres points qu'il faudra chercher entre deux, & l'on aura la hauteur du bois du batis, y ajoûtant l'épaisseur a g ou b I.

Comme la figure est petite à cause de la grandeur de la planche, à laquelle on est assujetti, nous ajoûterons ici une planche exprès, pour

DE STEREOTOMIE. Liv. IV.

le Trait du revêtement de l'arriere voussure de Marseille, qui servira d'explication à ce que nous venons de dire.

Revêtement de la nouvelle Arriere-Voussure de Marseille, *Régulièrement Conique.*

Soit (fig. 151.) le trapeze ABDE, le Plan horisontal de l'arriere voussure, & BFHGDb, son élévation faite comme il a été dit pour la maçonerie, avec la courbe de la naissance de l'arriere voussure, sur son piedroit ébrasé DE, laquelle est tracée dans toute son étendue en D$1'$ $2'$ $3'$ g, & en projection verticale en D$1'$ $2'$ $3'$ G.

PLAN. 5
Fig. 15

Il s'agit de chercher les épaisseurs de niveau, & les hauteurs des piéces de bois, dans lesquelles on veut élégir les batis de l'assemblage du revêtement qu'on se propose de faire, comme on le voit exprimé au dévelopement de la fig. 154. & comme ces batis sont gauches, en ce qu'ils sont toujours inégalement inclinez à l'horison, depuis l'imposte jusqu'au milieu de la clef, leur largeur horisontale augmente depuis l'imposte, où les batis sont les moins inclinez en surplomb, jusqu'à la clef, où ils sont à leur plus grande inclinaison; auquel endroit il peut arriver que leur surface s'incline si fort, qu'elle devienne tout-à-fait horisontale, lorsqu'en cet endroit il n'y a point d'ébrasement.

D'où il suit que l'épaisseur du bois destiné à tailler une traverse de batis par équarrissement, sera terminée d'un côté par une ligne droite BD ou AE sur les arcs de feuillure & de face; mais par une ligne courbe du côté du panneau, par exemple, x' $2'$ x', & y' 2 y', dont il faut chercher les points par des profils pris à volonté, en autant d'endroits qu'on voudra avoir de ces points à chaque batis.

Premierement, au milieu de la clef, il est toujours nécessaire d'y faire un profil qui sera rectiligne, parce que la ligne bH passe par le sommet du cône S'. On fera donc ce profil comme au trait précédent, en portant à part la hauteur Hb de la fig. 151. en bH de la fig. à gauche de 152. puis lui ayant tiré une perpendiculaire HH' égale à la profondeur de l'arriere voussure CM, on tirera la ligne H' b, le triangle rectangle b HH' sera le profil du milieu, sur lequel on fera celui des batis, dont on portera la largeur sur l'hypotenuse en bk & bH', par les points b & l, on tirera les horisontales bi, lm; & par les points k & H' les aplombs H, m & ki qui couperont les horisontales en i & m, qu'on portera au

300

plan horisontal en Cz^m, & en Mz sur CM pour avoir les premiers points du milieu de ces courbes en z^m & Z.

Les profils de ces deux traverses de batis qui ont été faits ici en une seule section, ne peuvent se faire de même dans la suite de l'arriere voussure, si l'on veut opérer exactement, parce que les largeurs des batis doivent être mesurées perpendiculairement aux arêtes courbes qui les terminent, & comme ces arêtes courbes sont excentriques, la perpendiculaire sur l'une est oblique à l'autre dans l'élevation.

Pour le faire aussi exactement qu'il est possible, il faut tirer la ligne de base des profils du milieu des centres des deux arcs excentriques, par exemple, pour les batis au-dessus de la feuillure dont les arcs ont pour centre l'un le point C l'autre le point I, dont le milieu est o, on tirera de ce point o par un point pris à volonté, par exemple T, la ligne Ts, qu'on portera à droite de la fig. 152. en Ts; puis prenant la largeur horisontale C 1^m, de ces deux arcs, on la posera perpendiculairement à Ts au point s, & l'on tirera T 1^m, sur laquelle on portera la largeur du batis $a b$ de la fig. 154. ou bk de la fig. à gauche de 152. en TK, & l'on tirera Ks parallele à S 1^m; la largeur sK étant portée au plan horisontal en zk, donnera un point k^e de la courbe qu'on cherche, qui passera par z^m. On cherchera de même un troisième point $x p$ & plus si l'on veut, & l'on tracera avec une régle pliante la courbe $x z^m k^e x^p$ qui sera celle que l'on cherche au plan horisontal.

A l'égard de l'élevation, on portera la hauteur xk du petit profil que nous venons de faire sur la ligne Ts de la fig. 152. de T en r, qui donnera un point r à la circonférence de la courbe de hauteur. Ainsi supposant la hauteur bz égale à la hauteur mH^e du profil de la fig. 152. & un troisième point X trouvé comme le second r, on tracera avec une régle pliante la courbe $1 x$, qui sera la hauteur du batis que l'on cherche au-dessus de l'arc bTD qui est son arête inférieure.

Si l'on vouloit mettre les deux profils des batis sur une seule section, il faudroit la tirer du milieu de l'intervale des centres les plus éloignez C & Hd qui est en 2e, ce qui donneroit la section QR, supposant qu'on la tire par un point Q ou R pris à volonté, alors on auroit, par les pratiques expliquées aux traits précedens, ce profil QRR^e à droite de 152. dont la ligne $QKlR^e$ est courbe en section conique, suivant les points trouvez, comme il a été dit à la formation des panneaux de la *Corne de Vache*.

Sur cette ligne courbe qui est une section de la doële, on y ajustera les profils des deux traverses de batis de devant & de feuillure, comme on voit en QK, LR, pour avoir les hauteurs inégales Kx & Ry, & les largeurs ou épaisseurs aussi inégales Qx & Ly, lesquelles mesures inégales de hauteur & de largeur, proviennent cependant de la largeur du batis qu'on supose toujours égale aux lignes ab & uR de la fig. 154.

Mais comme cette opération ne peut donner exactement les valeurs de la largeur du batis qu'on veut être toujours égale ; il suit que cette opération ne peut être tolerable que vers le milieu de l'arriere voussure Hb, & qu'elle devient de plus en plus fautive à mesure que la section choisie à volonté aproche de l'imposte ; nous ne la donnons ici que pour servir d'introduction à la preuve des erreurs de Maître Blanchard.

Erreur des Traits du Livre de la Coupe des Bois de Maître Blanchard.

J'ai dit ci-devant que le public étoit obligé aux Artisans qui lui faisoient part des secrets de leurs arts ; ainsi je crois que l'on doit plutôt les encourager à les publier, que les réprendre lorsqu'il leur arrive de faire des fautes de peu de conséquence ; mais comme celles du Livre de Maître Blanchard font trop considérables pour pouvoir les dissimuler, je me crois obligé de les rélever, d'autant plus qu'il ne s'agit pas d'une seule erreur échapée, puisqu'elle est répetée dans la plus grande partie de son Livre.

Pour trouver les points des courbes d'épaisseur & de hauteur des batis, il fait toujours des sections verticales par des points pris à volonté, & en aussi grand nombre que l'on veut, dans lesquelles il place les largeurs de ses batis en profil sans les augmenter ni les diminuer ; d'où il résulte que ces sections verticales, étant toutes inégalement inclinées aux arcs des surfaces des arrieres voussures, elles doivent nécessairement donner des largeurs de batis inégales contre son intention, & contre la beauté de la menuiserie, qui exige ordinairement des largeurs égales de batis, en ce qu'ils sont comme autant de bordures des panneaux, surtout dans les traverses ; car pour les piéces de batis posées en entretoises, il peut arriver dans les revêtemens Sphériques ou Coniques, dans lesquelles elles tendent au pole, qu'on doit les diminuer de largeur à mesure qu'elles en aprochent.

Cela suposé, il faut montrer dans la circonstance présente, combien l'erreur seroit grande si on suivoit sa pratique, au lieu de faire la section du profil destiné à chercher un point de la courbe perpendiculaire au milieu des arcs, soit pour la projection horisontale qui doit régler l'épaisseur, soit pour la verticale qui doit déterminer la hauteur du bois destiné à tailler un batis par équarrissement.

Premierement, c'est une verité sensible à tout le monde, sans le secours de la Geometrie, que les largeurs des surfaces doivent être mesurées perpendiculairement à leurs côtez ; que toute mesure oblique peut autant varier les largeurs que l'angle d'inclinaison de la ligne sur laquelle on prend cette mesure.

Secondement, il est démontré dans les Elemens de Geometrie, que la plus courte de toutes les lignes tirées d'un point à une ligne donnée, est la perpendiculaire à cette ligne, par conséquent, si l'on place obliquement à une ligne la longueur de cette perpendiculaire entre deux lignes paralleles, elle n'arrivera pas à la seconde ; mais son extrémité restera entre les deux, d'où il suit évidemment qu'elle marquera une moindre largeur.

Fig. 151. Cela suposé, si l'on fait passer une section verticale par le point R pris à volonté sur l'arc HG, l'extrémité inférieure de cette section tombera en Y, où elle fait un angle aigu avec l'arc *b*YD, & d'autant plus aigu que cette section aproche du point D ; par conséquent la même mesure donnée pour largeur de batis, étant toujours de plus en plus inclinée à cet arc, marquera par son extrémité une largeur toujours moindre.

Pour rendre cette verité sensible aux yeux aussi bien qu'à l'esprit, nous avons tracé à la fig. 154. le dévelopement de la surface de la doële de l'arriere-voussure, laquelle étant exactement Conique peut être, sans contredit, dévelopée sur une surface plane, comme il a été dit au Corol. du probleme VI. du 3ᵉ Livre.

Puisque la courbe *b*ᵈ Dᵈ est le dévelopement de l'arc circulaire *b*YD, le point Y sur le dévelopement doit être aussi éloigné du point du milieu *b*ᵈ, qu'il l'est du point *b* à la fig. 151 ; par la même raison le point R de la fig. 154. doit être autant éloigné du point Hᵈ, que le point R de la fig. 151 l'est du point H ; ainsi la ligne YR sera le dévelopement d'une portion de l'hyperbole faite par un plan coupant le Cône parallelement à son axe par la ligne RY, laquelle fera un angle curviligne aigu, avec la courbe *b*ᵈ a YDᵈ, ce qui est évident, en ce qu'elle est divergente de la ligne du milieu *b*ᵈ Hᵈ, bien loin de lui être convergente. Et quoique la ligne RY soit courbe dans le vrai dévelopement, cette courbure est si peu sensible qu'elle ne peut presque pas changer l'angle qui se fait en Y, comme on a pû le voir au probleme VII.

DE STEREOTOMIE. Liv. IV.

du 3.e Livre fig. 266. & 267. de la planche 22. fupofant donc une largeur *ab* de batis donnée entré les arcs *b*ᵃ *a* YDᵈ & K*b*X ; il eft clair que fi l'on prend fur YR une longueur YN égale à *ab*, & que l'on tire *b*N, elle retreffira le batis vers N.

Il eft encore vifible que l'erreur feroit beaucoup moins grande, fi l'on avoit pris la fection en QR tirée du milieu 2ᶜ des centres de feuillure & de face ; mais elle fubfifteroit encore, parce que cette ligne fait en *q* un angle aigu *a* qR.

D'où il fuit évidemment que *les Traits de Maître Blanchard, pour trouver les Courbes d'épaiffeur & de hauteur des bois propres à y élegir des Batis de largeurs égales, & en trouver les arêtes par équarriffemens, font généralement tous faux* ; par la feule raifon que toutes les fections fur lefquelles il fait fes profils font paralleles entre elles, étant toutes verticales ; au lieu qu'elles ne devroient pas être paralleles, mais convergentes ; ce qui ne fouffre aucune difficulté, puifque toutes ces fections font inégalement inclinées aux courbes des ceintres de face & de feuillure de toutes les arrieres voufsures, excepté aux feules fections par le milieu, lorfqu'elles paffent par leur axe.

Nous avons donné la maniere de trouver les projections verticales & horifontales des traverfes des batis qui fe font fur les faces & les feuillures, il nous refte à donner celle de trouver des piéces qui les affemblent en façon d'entretoifes du devant au derriere, lefquelles forment les naiffances des furfaces de revêtement fur les piedroits.

On tirera par les points D, *p*¹, *p*², *p* des perpendiculaires au piedroit DE, qui couperont les tranfverfales 1ᵐ *p*¹, 2ᵐ *p*², 3ᵐ *p*, ME en des points *n* 2· 3 *n*, par lefquels on élevera des verticales paralleles à CH qui couperont les arcs excentriques de l'élevation HG, 3 3′, 2 2′, 1 1· aux points *o* 2·o o.

Cette préparation étant faite, on formera des profils fur chacune des perpendiculaires à DE, qui en feront des bafes horifontales égales, mais dont les hauteurs élevées fur les points *n* feront toutes inégales, étant les différences des hauteurs des points 1·, 2′, 3′, G, & des points correfpondans de fection des arcs en *o o*.

Mais comme ces profils ne donnent que deux points de chaque courbe, l'un en haut en *o*, l'autre en bas en *i*, il convient d'en chercher un troifiéme entre deux ; ce qu'il eft facile de faire en foufdivifant 1° les intervales de la projection D*p*¹, *p*¹ *p*², &c. par les foufdivifions, defquels on ménera des paralleles à CD. 2° on foufdivifera de même les intervales des centres des arcs de l'élevation C 1', 1' 2', & ceux des arcs depuis b, jusqu'à H, pour tirer des arcs aussi excentriques entre b D, 1 1'. 2', &c. qui donneront des hauteurs différentes, par le moyen desquelles on trouvera un troisiéme point de la Courbe du profil, comme on les a representé aux figures marquées †

On pourroit bien ajuster à ces sections de doële les profils des largeurs égales des batis, comme on voit aux mêmes figures, pour en faire une ligne de projection horisontale courbe, comme on la voit en y x x', mais on retomberoit dans l'erreur que j'ai trouvé aux Traits du Sieur Blanchard, parce que quoique les bases des profils soient perpendiculaires à la projection de l'arc de naissance sur les piedroits D r g, elles ne sont pas perpendiculaires à cet arc, c'est pourquoi pour trouver la vraye largeur de cette projection, il faudroit connoître de combien l'obliquité de la section augmente le profil de largeur du batis, ce qui demanderoit une nouvelle opération qu'on peut s'épargner par la pratique suivante.

Application du Trait sur le Bois.

On commencera premierement par examiner à vûë d'œil sur l'elevation, la courbure qu'il faudra donner à la piéce de batis qu'on se propose de faire, pour choisir une piéce de bois de largeur convenable pour y tracer l'arc le plus concave, & pour s'en assurer on tirera une corde, par exemple b D, s'il s'agit du batis du côté de la feuillure Q D, sur le milieu de laquelle on élevera une perpendiculaire, qui marquera la flêche qui est le creux de cet arc, & de plus celui de la courbe au dessus Y Z X, qui est le bord superieur de ce batis, à quoi il faut ajuster l'epaisseur qu'on veut lui donner.

On en usera de même pour la traverse d'imposte, en tirant une corde D g pour sçavoir sa plus grande profondeur qui est vers le point x, à laquelle profondeur on ajouteroit la distance de ce point à la ligne X y, si elle étoit exactement tracée, mais comme on peut s'en passer, il n'y a qu'à y ajouter environ la largeur du batis, nous allons suivre la construction de cette piéce, après quoi nous reviendrons à celle de feuillure.

On commencera par dresser le côté de la piéce de bois qui doit être appliquée sur le piedroit, puis on y alignera le commencement de la courbe D r g, suivant laquelle on dresseroit le bois d'abord jusqu'à l'équerre, comme si l'on vouloit faire une portion de cylindre, puis on portera sur cette courbe du même côté, les distances D 1 D 2 D 3 D g.

DE STEREOTOMIE. Liv. IV.

Dg pour avoir des points de repaire, par lesquels on tracera à l'équerre sur la face dressée, & dans la surface concave des lignes égales à celles du plan horisontal D1^v p^1 22^v, p^2 n, p^3 n, ou seulement à leurs moitiez, si le bois n'est pas assez épais.

On prendra ensuite avec la sauterelle l'angle obtus DeG, & apliquant une régle sur les extrémitez du bois en D & g, on fera couler une des branches de la sauterelle le long de cette régle, & l'autre successivement sur l'extrémité de chacune des lignes tirées dans le creux au travers de l'épaisseur du bois; on tracera le long de cette seconde branche, des lignes droites qui seront en œuvre des verticales, sur lesquelles on portera les hauteurs correspondantes de chacun des profils marquez ✚ pour avoir des points, suivant lesquels on tracera avec la régle pliante une courbe, qui sera une section de la doële; ainsi depuis cette courbe on débillardera le bois comme en chanfrin, jusqu'à celle qui a été tracée au côté oposé suivant le panneau ou la cerche D1^v g, & le parement de doële sera fait; mais parce qu'il ne sera pas de largeur égale comme il convient au batis, on en retranchera l'excédent qu'on marquera avec le Trusquin trainé sur l'arc D1^v g, ce qui fait voir qu'on peut se passer de la projection du plan horisontal y x^s.

Venons présentement à la construction d'une piéce de batis des traverses de face ou de feuillure, qui servira d'explication à la précédente, que nous n'avons pû accompagner d'une figure pour soulager l'imagination du Lecteur.

Soit une piéce de bois b m 1 Q (fig. 153.) destinée à former la *Fig. 153.* moitié seulement d'une traverse du batis de feuillure, qu'on ne peut faire d'une seule piéce, faute de bois assez large. Ayant dressé un parement pour le côté de la feuillure, on y tirera une ligne b D égale à la corde b D de la fig. 151. sur laquelle on apliquera le panneau de l'arc b TD, pour en tracer le contour sur le parement dressé exprès.

Puis on coupera le bois à l'équerre suivant cet arc, pour former une portion creuse cylindrique, dont on réglera l'épaisseur sur les largeurs inégales de la projection horisontale du batis CD x^v 10 z, comme il suit.

On prendra autant de points que l'on voudra sur la courbe z K x^v, par lesquels on ménera des parallelles à CH, qui rencontreront l'arc b TD aux points x 8 Q Y, puis ayant porté sur le contour du bois creusé en cylindre les longueurs des cordes bx, b 8, bQ, bY, on tracera par tous les points de repaire, qu'elles donneront à l'arête du bois, autant de lignes à l'équerre sur le parement dressé, qu'on fera égales aux longueurs correspondantes dans la projection Cz-, er, 9 10, qK, Dx', & l'on coupera le bois à l'équerre sur le parement creux, suivant ces épaisseurs inégales. Ensuite par les points de repaires que ces lignes donnent sur l'arête de la nouvelle surface courbe, on menera des lignes parallèles entre elles, & à la ligne de la tête km de la fig. 153. qui répond à la ligne Hb de la figure 151. qui a dû être tracée avec le biveau mixte TbH, ou avec la fauterelle dès le commencement, suivant l'angle obtus DbH, apliquant une de ces branches sur la corde Db tracé au premier parement dressé comme Dbf à la fig. 153.

Enfin sur chacune de ces parallèles, on portera les hauteurs des profils correspondantes, on y apliquera le panneau de la Courbe $1X$, si elle a été tracée à l'élévation, quoique dans la rigueur cette maniere soit moins correcte, parce que la nouvelle surface étant courbe, il faudroit y employer un panneau fléxible.

Cette courbe de hauteur de l'arête superieure du batis étant tracée, il ne reste plus qu'à délarder le bois, ou comme disent quelques-uns *débillarder*, depuis cette ligne à la premiere arête inferieure en maniere de chanfrin qui change continuellement d'inclinaison, comme l'on voit au profil bx' de la fig. 153. qui s'élargit tellement depuis le point 1ℓ que la surface courbe jusqu'au point D, (qui est à la surface plane contre la feuillure,) que l'intervale du délardement est cinq ou six fois plus grand qu'il n'étoit en k, ce qui forme ce qu'on apelle le gauche du Batis, laquelle obliquité est en cet endroit plus grande qu'en aucun autre, il ne se presente même presque jamais dans la pratique de surface plus gauche à former; cependant son irrégularité qui est difforme dans une piéce separée, disparoit lorsqu'elle est en place, parce qu'elle est partie d'une surface regulierement Conique.

Nous ne parlons point ici des parties des assemblages qui sont les tenons, les mortoises, les clefs, &c. Ni des précautions qu'on doit prendre lorsque la Coupe du bois traverse le fil, de maniere qu'elle en ôte toute la force ; c'est à l'Artisan à prendre ses précautions dans ces sortes de choses, qui sont purement de son ressort, nous nous en tenons à l'art de tracer l'ouvrage, laissant à l'ouvrier celui de l'exécution.

Si l'on vouloit faire le revêtement de bois plié, il faudroit faire le dévelopement de la doële, comme on le voit à la fig. 154. suivant la methode qui a été donnée au Problême VII. du 3ᵉ Livre, pour le dévelopement des Côtes soûtenu.

DE STEREOTOMIE. Liv. IV.

On trouvera dans l'épure de la planche précedente 5. & dans celle-ci, tout ce qui est nécessaire pour cette opération. Il s'agit de faire le dévelopement de la surface d'un cône fcalene, représenté en petit à la figure 150. dont la section de plus grande obliquité par l'axe, est donnée au profil de la fig. 145. en H′S R, & la moitié H′S M′ est à la fig. 151. de la planche 52. en H′S C′, il n'y a qu'à prolonger H′O′ d'une longueur égale, qui feroit hors de la planche, & tirer de son extrémité à ce point S une ligne qui donneroit le plus long côté du Cône, puis traçant fur ce dévelopement celui de l'arc de feuillure B′D & de face FHG, comme il a été enseigné au Problême cité, & les deux *Paraboles ou* hyperbolas, dont les projections verticales font FB. GD; il restera fur le dévelopement de ce Cône, un quadriligne curviligne, tel qu'il est tracé à la figure 154. compris par quatre courbes B′ D′, G′ F′ inégales, & les égales oposées D′ G′, & B′ F′.

Explication Démonstrative.

On trouvera la *démonstration* de cette opération au Problême cité du troifiéme Livre.

Et celle de l'aplication du Trait fur le bois, à la page 318. du même Livre, dans lequel nous avons dit que pour tracer une courbe à double courbure, comme font celles des arêtes des Batis du côté du panneau, dans cette arriere voussure; il falloit pour y parvenir, fupofer une furface cylindrique, dont la bafe foit une des projections de la courbe à double courbure, laquelle projection donne fouvent des courbes inconnuës, comme ici $z^m x$, qu'il importe peu de connoître dés-quelle est tracée, il fuffit de porter fur cette furface les diftances de la courbe propofée à cette projection, fur des lignes parallele netre elles, ce que nous avons fait en formant le cylindre fur la courbe $z^m x^p$ de la fig. 151. fuivant une cerche ralongée fur la corde b D, & nous avons pris les diftances de cette bafe de corps cylindrique aux points donnez fur la courbe à double courbure.

REMARQUE

Après ce que nous avons dit des differentes Courbes, qui fe forment aux joins de lit, & aux naiffances de la plûpart des voutes Coniques; on peut juger de ce qu'avance l'Auteur du Livre de la *pratique de la Coupe des Pierres*, à la page 265. où il dit, *que la connoiffance des fections Coniques eft plus propre à la Catoptique, à la Dioptrique, & à l'Aftronomie qu'à la Coupe des Pierres*: puifqu'on a vû;

Premierement, que l'Ellipfe qu'on y trouve prefque partout eft commune à toutes les voutes Coniques & Cylindriques, on verra dans la suite, qu'elle n'est pas moins frequente dans les Traits des voutes Sphériques & Sphéroïdes.

Secondement, qu'il n'est pas rare de trouver dans ces voutes Coniques, les plus ordinaires des portions de Parabole & d'hyperbole, puisqu'elles sont inseparables de nos arrieres voussures. Ainsi l'on ne doit conseiller à personne, de ceux qui veulent se rendre habiles dans l'Architecture, de régler leurs études sur l'avis de cet Auteur.

Il n'est déja que trop rare de trouver parmi les gens qui s'en mélent, une théorie suffisante pour une parfaite exécution des ouvrages qui s'y presentent, sans vouloir encore les détourner de celle dont ils ne peuvent se passer, qu'au risque de faire des fautes grossiéres, ou sans perdre du tems & des materiaux, pour réformer ce qu'ils ont fait au hazard.

Ce sont de pareils discours, qui ont semé chez les Artistes la prévention, que la théorie étoit inutile; erreur qui à souvent coûté cher au Roy & aux particuliers qui font bâtir.

On ne doit pas exiger qu'un apareilleur, un Charpentier ou un Menuisier, soient de grands Géometres, leur éducation, & le besoin qu'ils ont d'employer leur tems à un travail journalier pour leur subsistance, ne leur donne pas des moyens de s'instruire dans les sciences; mais un Ingenieur, & même un Architecte né de parens aisez, n'est pas excusable d'ignorer les élemens des sections Coniques, au point de n'en connoître l'utilité, & l'usage dans les arts rélatifs à l'Architecture, & encore moins d'en vouloir établir l'inutilité.

Usage des Voutes Coniques.

On fait rarement des voutes Coniques assez grandes, pour qu'on puisse les mettre au rang de celles qu'on apelle *Maitresses Voutes*, je n'en sçai de cette espece, que celle du grand escalier du Vatican, que j'ai vû à Rome, laquelle diminuë de diametre à mesure qu'elle s'éleve par ses impostes, de même que les rangs de colomnes qui la soûtiene, lesquels font une Architecture, en façon de perspective; rare & ingenieuse invention du Cavalier Bernin.

Aprés cet unique exemple de grande voute Conique, on peut dire que les plus grandes qui se fassent sont les Lunettes ébrasées qu'on pratique dans les berceaux, pour tirer plus de jour des Vivaux, que par les Cylindriques, faisant ainsi des espéces d'entonnoirs à la lumiere.

Les autres voutes Coniques, qui sont les embrasures de Canonieres, les arrieres voussures, & les trompes ne sont que de peu d'étenduë.

Les Trompes coniques, en bonne Architecture, ne doivent être mises en œuvres que dans les cas de nécessité, où l'on est obligé de menager la place d'un angle rentrant, & même lorsqu'on en peut occuper une partie, on doit leur préferer les trompes Spheriques, dont nous parlerons ci-après, par plusieurs raisons.

La premiere, est qu'en celles-ci on diminuë *le porte à faux*.

La seconde, parce que les Spheriques effacent l'angle rentrant, qui est moins agréable à la vûë qu'un arc de cercle.

La troisiéme, parce qu'elles presentent dans leur piedroit une place propre à y pratiquer une porte, s'il en est besoin, comme à celle de l'Hôtel de Toulouse, ruë des bons enfans à Paris.

On fait aussi usage des trompes dans les escaliers *Suspendus & à Rampas*, ou dans ceux dont les angles sont arondis, comme à l'Observatoire de Paris ; alors leurs impostes deviennent rampantes, & le sommet du Cône est en bas. Nous parlerons de cette disposition à la seconde partie de ce Livre.

Les Canonieres sont moins fréquentes présentement dans la nouvelle fortification que dans l'ancienne, parce qu'on ne fait plus gueres de soûterrain pour y placer du Cannon, à cause qu'il est difficile d'en faire dégorger la fumée. Cependant dans les forts Maritimes, & dans les fortifications par Amphithéatre, sur des Rochers, l'occasion d'en faire se présente assez souvent.

Les plus usuelles de toutes les voutes Coniques, sont les arrieres voussures bombées, & celles de Marseille ; ces dernieres qui sembloient n'être destinées qu'aux *portes Cocheres*, ou du moins aux *Bataraës*, sont devenuës présentement à la mode, pour les fenêtres, depuis que les Architectes se sont avisez de ceintrer celles des maisons, comme les vitraux des Eglises.

Enfin la construction des voutes Coniques, est une bonne introduction à celles des Sphériques, dont les voussoirs peuvent être premierement ébauchez en portion de Cône, qui donne le contour des arêtes des douëles, & des lits dans leur place, par le moyen desquelles il est facile d'achever de creuser la portion Spherique de la douële, comme on va le voir au Chapitre suivant.

CHAPITRE VII.
DES VOUTES SPHERIQUES,
En termes de l'Art.
Des Voutes en Cu-de-Four.

LEs voutes Sphériques sont si communes, & si souvent exécutées dans l'Architecture Civile, qu'il semble inutile de remanier cette matiére, pour en donner les *Traits* qu'on trouve dans tous les livres de la Coupe des Pierres. Cependant lorsqu'on sçaura leur imperfection, & les fautes grossiéres qui s'y trouvent mêlées, j'espere qu'on ne trouvera pas à redire que je la traite de nouveau.

On sçait qu'il n'y a aucun corps plus simple, ni plus uniforme que la Sphère; que toutes les sections qu'on en peut faire par des plans ne varient jamais dans la figure, mais seulement dans l'étenduë de cette figure; ce sont toujours des cercles, les uns plus grands à mesure qu'ils aprochent de son centre, les autres plus petits, à mesure qu'ils s'en éloignent; cependant l'exécution des voutes Sphériques, n'est pas celle qui a le moins de difficulté lorsqu'on veut menager la pierre, & ne pas la prodiguer comme font la plûpart des Apareilleurs, qui en consomment beaucoup en pure perte, en se servant d'une methode plûtôt que d'une autre, soit en les taillant par équarrissement ou par les *Equelles*, de Mr. DE LA RUE.

La premiere raison de la difficulté des voutes Sphériques, vient de ce qu'elles ont une double courbure à l'égard de leur situation, sçavoir, une horisontale, & une verticale, c'est-à-dire, qu'elles sont courbes en tout sens. De sorte qu'on ne peut faire le dévelopement de leur surface pour en former des panneaux, à quoi il faut suplèer par des supositions de Cônes tronquez, ou de Polyédres inscrits dans leur surface concave, ou circonscrits à la convexe, afin de venir par gradation à la formation de leur double courbure horisontale & verticale; d'où il suit qu'on ne peut facilement les tracer & tailler du premier coup.

La seconde, c'est que dans la construction de ces voutes, il ne s'agit pas seulement de la formation d'une surface Sphérique, composée de plusieurs parties rassemblées; mais quelquefois de deux surfaces inégales, l'une concave, l'autre convexe, lorsque la voute est extradossée, & de plus de plusieurs portions de Cônes tronquez inégaux, les uns con-

page 311.   Pl. 52.

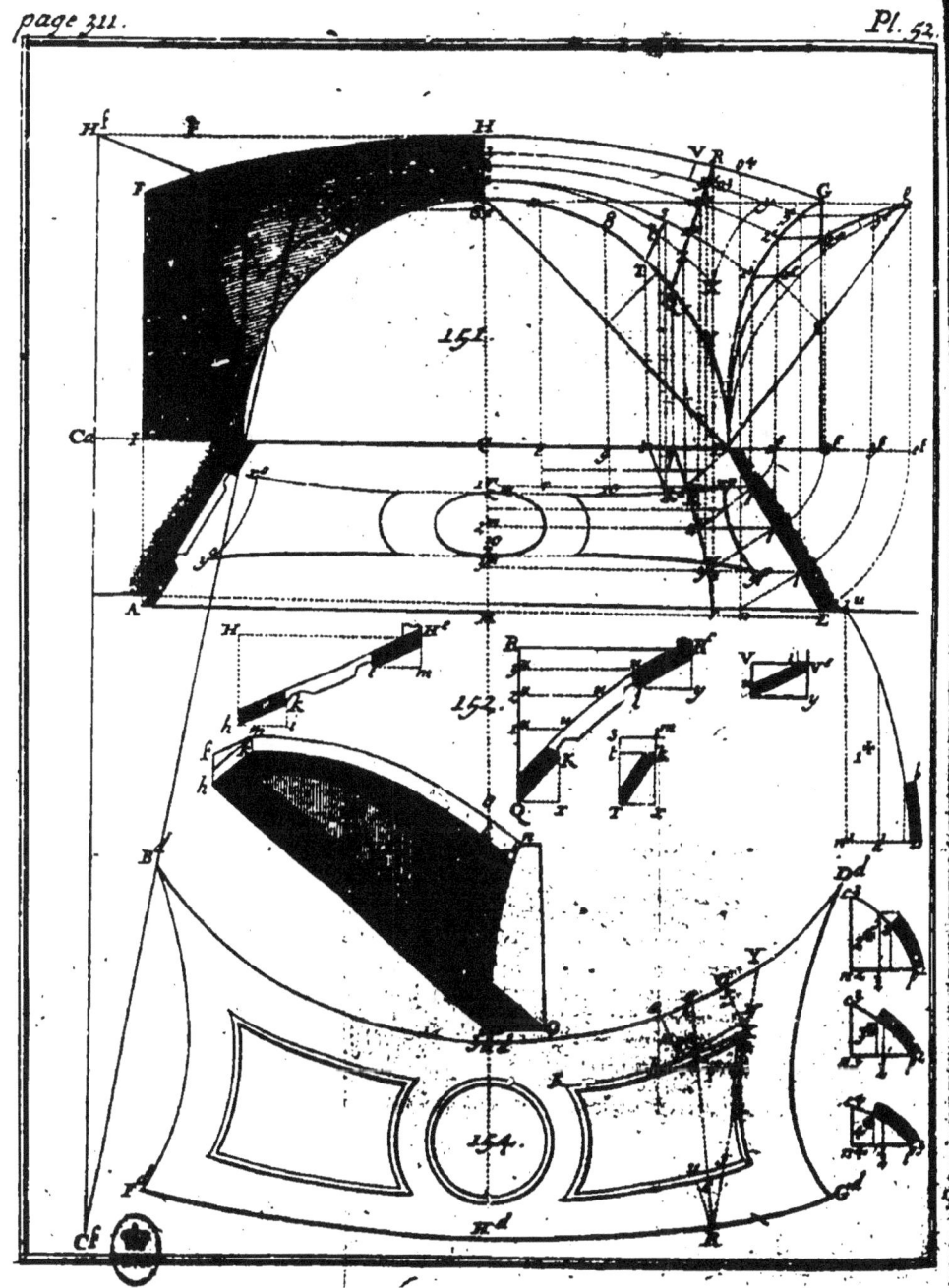

caves, les autres convexes, les unes plus grandes, les autres plus petites. PLAN.

Pour expliquer cette remarque, soient fig. 155. deux quarts de cercles Concentriques AGP, LFH, dont le centre commun est en C, lesquels sont divisez par les rayons CG, CK, dont les parties CF & CI, sont communes; si l'on fait mouvoir cette figure au tour du rayon CP, le mouvement des deux quarts de cercles produira les surfaces de deux Hemisphères APB, LHM, & celui des deux rayons inclinez CG & CK, produira deux Cônes G Cg, KCk, qui ont leur axe dans le rayon CP; & si l'on considére la Couronne du cercle APB MHL, comme l'épaisseur de la voute, on reconnoîtra que ces Cônes n'y sont compris que dans leur partie GF, IK, $gf\,ik$. Donc ils sont tronquez de toute la partie produite par la révolution des lignes CF, CI, & parce que ces Cônes tronquez doivent s'apuyer les uns sur les autres; il suit que leur surface superieure doit être concave pour recevoir l'inferieure du voussoir, c'est-à-dire son lit de dessous, qui est convexe; tels sont des Cornets emboitez les uns dans les autres, lesquels diminuent toujours de grandeur de base, à mesure que la ligne du joint de tête FG ou IK aproche du point P, qui est le pole de la Sphère. Fig. 1

D'où il suit que chaque voussoir est composé de six surfaces, dont il n'y a d'égales que les deux qui sont planes, toutes les autres étant courbes & inégales.

Ces surfaces sont 1°. Ces deux planes qui sont les têtes des joins, montans comme GFIK, & des portions de Couronne de cercles égales.

2°. Deux portions sphériques, l'une concave qui est la doéle, l'autre Convexe, l'extrados, qui apartiennent à des Sphères d'inégale grandeur.

3°. Deux portions coniques, l'une Concave, l'autre Convexe, qui apartiennent à des Cônes inégaux, pour les deux lits de dessus & de dessous.

La troisiéme raison de difficulté dans la construction des voutes Sphériques, vient des differentes dispositions des joins des voussoirs, ausquels on donne certains arrangemens par assises reglées. 1o. Tantôt verticales, 2°. tantôt horisontales. 3°. Quelquesfois inclinées à l'horison ou tournées vers plusieurs poles. 4°. Enfin quelques fois dans un tel ordre que la projection de leurs joins de lit, trace un Poligone regulier ou irregulier, ou d'autres figures rectilignes.

Cette complication de differentes figures dans une même Pierre a donné lieu à plusieurs especes d'épures, & de manieres de tracer, & tailler les voussoirs des voutes Sphériques. On en trouve trois dans les Livres, auſquelles j'en ajoûterai une quatriéme après que je les aurai expliqué, & fait mes remarques ſur leurs avantages & desavantages.

PROBLEME XVI.

Faire une Voute Sphérique de rangs de voussoirs horiſontaux ou verticaux.

Premiere diſpoſition, en termes de l'Art.

Faire une Voute en Cu-de-Four, par aſſiſes de niveau.

On peut réſoudre ce Probléme de quatre manieres.

1°. En commençant par former un ſegment de Sphère, dans lequel on inſcrit les arcs des joins de lit & de doële, qui terminent chaque vouſſoir.

2°. En réduiſant la Sphère en Cylindres inſcrits.

3°. En réduiſant la Sphère en Cônes tronquez, inſcripts ou circonſ-crits à ſes ſurfaces.

4°. En réduiſant la Sphère en Polyèdres inſcrits, dans la ſurface concave, ou circonſcrits à la ſurface convexe.

Premiere Methode,

Par la formation d'un ſegment de Sphère, dans lequel on inſcrit les cotez des Vouſſoirs.

Fig. 156. Soit (fig. 156.) la demie Couronne de cercle AHB, EbD, la ſection verticale d'une Sphère, par ſon axe HC, laquelle repreſente l'épaiſ-ſeur d'une voute Sphérique, & doit ſervir de ceintre primitif. Ayant fait à l'ordinaire, la diviſion des vouſſoirs, aux points 1, 2, 3, 4, de la doële, la diviſion des vouſſoirs, aux points 1, 2, 3, 4, de la doële, tiré du ceintre C, les joins de tête 1·5, 2·6, 3·7, 4·8, & abaiſſé ſur le diametre AB, les aplombs de leurs extrémitez 5*p*, 1*p*, 6*p* 2*p*, on tracera du centre C par tous les points *p* des cercles qui ſe-ront les projections horiſontales des joins de lit à la doële, & à l'extra-dos. Nous n'avons beſoin pour cette premiere methode que de ceux de doële; ceux d'extrados ſerviront pour la ſuivante.

Enſuite, on fera la projection horiſontale de chaque vouſſoir que l'on veut faire, en menant du centre C à quelques points F & I, pris

à

DE STEREOTOMIE. Liv. IV.   313

à volonté fur le joint du lit de deſſous, d'une aſſiſe quelconque qu'on
ſe propoſe de faire; les projections des joins de tête F*d*; I*e*, leſquelles déterminent la longueur du vouſſoir entre ſes deux lits de deſſus &
de deſſous; ainſi la projection horiſontale de ſa doële eſt le trapeze
mixte FI*ed*, dans lequel on tirera la diagonale F*e d'*un angle à ſon opoſé, dont il faudra chercher la veritable longueur, parce qu'elle eſt racourcie par la projection. On la trouvera en portant la longueur F*e*
en *p¹* Z, la ligne Z1 ſera celle que l'on cherche. Cela étant fait, &
ayant coupé une cerche ſur un arc du demi cercle D*b*E, on aura tout
ce qu'il faut pour tracer la pierre.

Application du Trait ſur la Pierre.

AYANT dreſſé un parement ſur une pierre (fig. 157.) on y tracera un
cercle d'un rayon & d'un centre pris à volonté. Il faut ſeulement avoir
attention de le faire aſſez grand, pour qu'on puiſſe y inſcrire la doële
du vouſſoir.   *Fig.* 157.

On creuſera enſuite dans ce cercle un ſegment de Sphère, ſuivant
les préceptes du Problême II. avec la cerche du cercle majeur D*b*E,
qui eſt celui de la doële.

Ce ſegment étant formé, on y inſcrira la figure quadrilatere de la
doële, en la diviſant en deux triangles, dont tous les côtez ſont donnez ſur l'épure de la fig. 156. ſçavoir, les deux joins montans des
têtes ſur l'élévation par l'intervale D1, les deux joins de lit ſur la projection horiſontale, par l'intervale FI, pour celui de deſſus,
& *de* pour celui de deſſous, & la diagonale de ce quadrilatere, ſur
l'élévation en Z1, qu'on peut commencer à poſer la premiere dans le
ſegment de la fig. 157. en *di*, parce qu'elle eſt la ligne la plus longue; puis de ſes deux extrémitez *d* & *i* & de l'ouverture de compas des
lits, & des joins montans, on fera des interjections d'arcs, qui donneront les points *f* & *e* pour former le quadrilatere *fied*.

Les ſommets des quatre angles de la doële étant trouvez. Il eſt
queſtion de tracer dans ce ſegment de Sphère, les arcs de cercles
qui conviennent à la ſection que font les plans des joints de lit & de
tête; or ces arcs ne ſont pas tous de même eſpece, par conſéquent ils
ne peuvent être tracez avec la même cerche; car ceux des joins montans apartiennent à des cercles majeurs qui paſſent par l'axe de la Sphère, & ceux des lits, apartiennent à des cercles mineurs, qui coupent
cet axe perpendiculairement, il en faut ſeulement excepter celui de
l'impoſte AD ou EB qui paſſe par le centre C, qui eſt par conſéquent

Tom. II.   R r

majeur, & l'équateur de cette Sphère. De sorte qu'excepté pour la premiere section, il faut toujours trois cerches pour tracer les arcs qui comprennent la doële d'un voussoir, sçavoir, une pour les deux joins montans, laquelle est une portion d'un grand cercle, & deux pour les joins de lit, qui ont des rayons inégaux, lesquelles sont formées sur le plan horisontal, suivant le contour des arcs de projections de lit, comme FI, *d e* pour la premiere assise, où *d e* au lit de dessous, est un arc de grand cercle, & pour la seconde assise *p' 1*, au lit de dessous, & *p² n*, à celui de dessus, qui sont tous deux mineurs, dont les arcs doivent être posez dans le segment de Sphère, de maniere qu'étant placez dans la voute, ils soient dans une situation horisontale.

Or comme il est difficile de trouver cette position, quoique suivant les avertissemens de Mr. DE LA RUE, il suffise *d'incliner cette cerche de maniere qu'elle touche le fond de l'écuelle de toute sa longueur*, cette précaution ne me paroît pas suffisante pour déterminer exactement le contour de l'arc de la cerché sur le segment de Sphère; elle est trop méchanique & trop sujette aux erreurs que peuvent causer les fautes que les ouvriers ont pû faire dans l'excavation de ce segment. Il faut poser la cerche sur les deux sommets des angles donnez comme *f* & *i* fig. 157. & avec un biveau mixte à branches mobiles, prendre l'ouverture de l'angle de l'horison avec la doële, comme CD1, fig 156. pour la premiere assise, & 9 1 2. pour la seconde; & ayant posé la branche convexe sur le milieu de la doële, on apuyera le milieu de la cerche sur la branche droite du biveau, & dans cette position du plan de la cerche, on tracera suivant son contour l'arc qui doit marquer l'arête du joint de lit.

Pour la position des cerches des joins montans, on en usera à peu près de même, en se servant des biveaux mixtes *d* F I, F *d e*, dont la branche courbe convexe sera posée sur les arcs des lits qu'on vient de tracer; & la branche droite apuyera la cerche des joins montans, en la tenant toujours dans le plan de la cerche des joins de lit, posée comme nous venons de le dire. Je ne crois pas qu'on puisse s'assurer de la position des arêtes de ces joins, sans ces précautions.

Il est encore un autre moyen plus sûr, & moins embarrassant de poser les cerches suivant l'inclinaison qui leur convient, c'est de chercher un troisiéme point de chaque arc, qu'il faut inscrire dans le segment, en prenant des diagonales sur le milieu des projections des joins de lit & de tête, comme K*e*, dont on cherchera la veritable longueur, de la même maniere qu'on a trouvé celle de F*e*, on divisera l'arc D1 au point *g* en deux également, on abaissera son aplomb, g_1^1, par lequel on menera l'arc horifontal ½K, jufqu'à l'interfection de la projection du joint *d*F au point K. On prendra l'intervale K*e* que l'on portera fur le diametre BA, prolongé de ½ en W, par où on tirera la ligne W*g*, qui fera la diagonale, qu'on cherche pour avoir le milieu de l'arc *df*, ou *e*; de la fig. 157. qui doit être infcrit dans le fegment de Sphère; car fi des points *e* & *d* pour centres, & de l'intervale *gw* pour rayon, on fait des arcs de cercles 9 10, *g* 11, & que des mêmes points pour centres, & de l'intervale D*g* (de la fig. 156.) pour rayons, on faffe des arcs 9 12, *g* 13, qui couperont les précedens aux points 9 & 9, ces points feront les milieux des arcs dont on cherche la pofition dans le fegment de Sphère, par le moyen defquels on tracera les arcs propofez, en apuyant le contour de la cerche fur les trois points donnez *d*, 9, *f*; *i*, *g*, *e*; de forte qu'en paffant par ces points, on ne pourra donner une fauffe inclinaifon à la cerche; & par conféquent tracer un faux arc, ce qui arrivera dans toute autre pofition, quoiqu'on fuive exactement le contour de la cerche.

Ce que nous avons dit des joins montans, peut s'apliquer avec la même facilité aux joins de lit, en tirant des diagonales à leur milieu, comme de F à *m* & de *d* à *n*, dont on cherchera les veritables longueurs, comme on a fait aux précedentes, & en formant des triangles dans le fegment, avec les trois côtez donnez.

Comme nous avons pris notre exemple, pour un vouffoir de la premiere affife, nous avons porté les longueurs des cotez, & des diagonales racourcies par la projection fur le diametre AB, qui paffe par les impoftes de la premiere affife; mais s'il s'agiffoit de la feconde, les projections horifontales du vouffoir dont on cherche les vrais côtez, & leurs diagonales, feroient portées fur l'horifontale 1, 4, depuis l'aplomb 2 2', pour profiter fi l'on veut de l'angle droit 2 2' 4; car rien n'empêche dans l'un & l'autre cas, qu'on ne faffe un angle droit à part où l'on voudra, pour porter fur un de fes côtez la hauteur 2 2', & fur l'autre la projection du côté racourci, dont on cherche la veritable longueur, qui eft celle de l'hypotenufe de ce triangle rectangle, comme nous l'avons dit aux Livres précedens.

Les contours de la doële d'un vouffoir étant exactement tracez par les arcs de cercles qui conviennent à leurs joins montans, ou à ceux de lit, il n'y aura plus qu'à abattre la pierre avec les biveaux de lit & de doële formez fur l'angle mixte D 1 5, ou 2 1 5. (fig. 156.) lefquels feront toujours égaux, à caufe de l'uniformité de la Sphère. On aura feulement attention que les branches droites & courbes, foient toujours dirigées perpendiculairement (autant qu'il eft poffible) à l'arête du joint, comme nous l'avons dit au 2.e Livre, dequoi on peut s'assurer si l'on vouloit agir avec une scrupuleuse précision, en prenant des parties égales sur l'arête de chaque côté du lieu où l'on pose le biveau, & de ces parties comme centres, & d'une ouverture de compas prise à volonté, faire des interjections d'arcs, comme si l'on vouloit tirer une perpendiculaire sur une surface plane, mais aux gens accoûtumez au dessein, le coup d'œil en décide suffisamment, pour se conduire dans la pratique.

L'Architecte de la Rotonde, qui est hors des murs de Ravenne en Italie, s'est débarrassé du soin d'en former la voute de plusieurs rangs de voussoirs, par une maniere inimitable, en la faisant toute d'une seule pierre. Je répete ici ce fait, parce qu'à la page 30. de ce tome je l'ai revoqué en doute sur le recit de quelques incredules, qui pour diminuer cette merveille, la réduisent à la formation d'une clef de dix pieds de diametre, cependant comme le témoignage de Scamozzi que j'ai raporté, se trouve apuyé de celui de Misson à la 19.e Lettre de son voyage d'Italie, que j'ai lû depuis peu, je crois que je dois citer ici ce qu'il en dit, comme une espece de réparation de l'injure que j'ai pû faire à la mémoire de Scamozzi. Le lecteur ne me sçaura pas mauvais gré de cette petite digression, qui est assez intéressante par la rareté de l'ouvrage.

„ Hors des Murs de Ravenne (dit Misson) près de l'ancien port,
„ il y a un Mausolée qu'Amalazonte avoit érigé pour son Pere Theo-
„ doric, Roy des Ostrogots, qui faisoit son séjour à Ravenne. On
„ a fait de ce bâtiment une petite Eglise, à laquelle on a don-
„ né le nom de Rotonde; & ce qu'il y a de plus remarquable, c'est
„ la pierre taillée en coupe renversée, de laquelle cette Eglise est couverte.
„ J'ai mesuré cette pierre, & j'ai trouvé qu'elle a trente-huit pied de
* Il veut di- „ diametre, & quinze d'épaisseur.* Cette pierre (ajoûte-t'il en marge)
re apperem- „ n'est pas percée par le milieu, comme quelques-uns l'ont écrit;
ment avant „ on dit à Ravenne qu'elle pese plus de deux cens mille livres, ce que je
qu'elle fût „ crois aisément.
coulée.

„ Le Tombeau de Theodoric étoit sur le haut, & au milieu de ce
„ petit Dome, entre les Statues des douze Apôtres qu'on avoit posé
„ sur le bord tout au tour, ce qui ne subsiste plus.

Si ce Tombeau a été bâti par Amalazonte, qui est mort en l'année 534. ce bâtiment est beaucoup plus ancien que son changement en Eglise, que j'ai daté de l'année 717. sur une description de Ravenne. Revenons à notre sujet.

DE STEREOTOMIE. Liv. IV.

Remarque sur cette premiere Methode de la formation des Voutes Sphériques.

Mr. DE LA RUE est le premier qui ait donné la maniere de tracer les voussoirs des voutes Sphériques, par l'inscription de leurs angles, dans les segmens de Sphère, à laquelle il veut donner la préference sur toute autre méthode d'exécuter ces sortes de voutes, blamant beaucoup & avec quelque raison celle de Mathurin Jousse, de Philibert Delorme, & du P. Deran, qui se servent de Panneaux. Nous devons lui sçavoir gré d'avoir ajoûté cette méthode aux anciennes, cependant il nous a laissé encore quelque chose à ajoûter.

Premierement, à prendre des précautions pour en rendre l'exécution bien correcte dans la formation de son *Ecuelle* entiere, & encore plus dans celle qui est ébréchée comme on a pû le voir au commencement de ce Livre, lorsque nous avons parlé de la formation des segmens, & des portions de segmens de Sphère; je trouve même que le P. Deran page 356. conduit mieux l'ouvrier dans les portions de segment que lui (page 60.) mais ni l'un ni l'autre n'ont pris le moyen de le faire correctement.

Secondement, à prendre des moyens plus sûrs que ceux qu'il donne, pour poser les Cerches destinées à inscrire dans *l'écuelle* les arcs de cercles qui sont les contours des joins des voussoirs, parce que ce n'est pas assez de donner les deux points des extrémitez, car nous avons montré dans les Lemmes du Ch. 1. qu'on peut faire passer une infinité d'arcs de cercles de differens rayons, par deux points donnez dans une Sphère, & que ces arcs de cercles sont entre eux en raison réciproque de leurs fléches.

Troisiemement, je voudrois pour la position des angles, me servir d'un panneau de doële plate, parce que si la surface concave de *l'écuelle* n'est pas correctement creusée, elle peut faire faire des sections d'arcs, qui donneront des angles mal placez. J'y trouverois encore une sûreté pour l'exécution, parce que le Tailleur de pierre ne pourroit pas s'y tromper.

Quant à ce qui concerne la méthode en elle même, elle a comme les autres *ses desavantages*.

Le premier, en ce qu'elle n'est propre que pour les voutes parfaitement Sphériques, car notre Auteur ne l'aplique point aux Sphéroïdes qu'il renvoye à celle de l'équarrissement. J'ai bien fait voir qu'on

318   TRAITÉ

pouvoit auſſi l'étendre à la formation des vouſſoirs des Cu-de-fours, ſur un plan Ovale; mais on a à remarquer par la multiplicité des opérations, qu'elle ne ſeroit convenable qu'au défaut d'une plus ſimple.

La ſeconde, c'eſt qu'elle cauſe une perte de pierre conſidérable, particulierement dans les vouſſoirs qui ſe reſſerrent beaucoup, & ceux qui ſe terminent en pointe, comme les premiers des enfourchemens des Sphériques formée, en Polygones, d'un petit nombre de côtez, quoiqu'on puiſſe la ménager par d'autres moyens, comme on le verra ci-après.

Au reſte, on doit fort loüer Mr. DE LA RUE, d'avoir tâché de corriger la méthode des Panneaux dont on ſe ſervoit avant lui, *parce que les côtez de ce Panneaux, qui ſont les joins montans ſont droits, au lieu qu'ils devoient être courbes*, comme l'avoit déja remarqué *Deſargues*, au raport de *Boſſe*; cependant cette raiſon n'eſt pas ſuffiſante, pour qu'on doive la rejetter totalement. Ces joins droits des Panneaux étant dans le même plan de coupe que les courbes de ceux de la ſurface concave dont ils ſont les Cordes, ſont un moyen très commode pour parvenir à la formation de la ſurface concave de la Sphère, & de plus à celle des Sphéroïdes, avec la même facilité; ce qui ne ſe rencontre pas dans la méthode de la formation des vouſſoirs, par l'inſcription dans les ſegmens. Nous allons tâcher de rectifier cette ancienne pratique ſi inépuiſée, dont nous tirerons bon parti.

Seconde Méthode de former les Voûtes Sphériques, Apellée par *Panneaux*.

En réduiſant la Sphère en Cônes tronquez, inſcrits ou circonſcrits à ſa ſurface.

Nous avons expliqué au troiſième Livre, comment on pouvoit développer la ſurface de la Sphère, en une infinité de portions de Couronnes de cercles, qui ſont conſiderées comme les développemens d'une infinité de ſurfaces de Cônes tronquez d'égales longueurs de côtez, ſi l'on veut, mais dont les angles des ſommets & les diametres des baſes ſont inégaux. Il ne s'agit ici que de faire l'application de ce principe, à la conſtruction de nos voutes Sphériques, qu'il ne conduit pas à leur perfection, dans les petites hémiſphères, où la largeur des vouſſoirs a un grand raport au diametre de la voute; mais qui en aproche ſi foit dans les grandes, que la différence devient insensible dans l'exécution.

Suposons pour exemple une voute Sphérique, de grandeur assez ordinaire comme de 30. pieds, & ⅓ de diametre, & la largeur de la doële de chaque rang de voussoir qu'on apelle *Assise* d'un pied mesuré à la Corde, qui sera égale à la longueur des joins montans, ces cordes des arcs d'un cercle majeur de la Sphère, formeront un Polygone de 96. côtez. Or la difference du côté d'un tel Polygone, avec l'arc de cercle dans lequel il est inscrit, est si petite, qu'elle est absolument imperceptible dans la pratique, puisqu'elle l'est à peine aux Geometres qui ont cru pouvoir la mépriser dans le raport qu'ils ont cherché entre le diametre & sa circonference, ce qui est connu par l'histoire du calcul d'Archimedes, qui a trouvé ce raport égal à celui de 7 à 22, en suposant un Polygone de 96. côtez, inscrit au Cercle.

Je sçai bien que ce raport n'est pas exact, puisque le calcul poussé plus loin, donne des fractions sans fin; mais aussi je sçai qu'elles sont trop petites pour tirer à conséquence, pour l'exactitude nécessaire en Architecture, ce qui suprime ou du moins, excuse l'erreur que Mr. DE LA RUE reproche à l'ancienne Méthode. Le P. Deran n'y étoit pas tombé par surprise, ni par ignorance, si l'on en juge par ce qu'il dit dans sa Préface. ,, On ne peut exiger (dit-il) en nos opérations une
,, rigueur telle qu'on la recherche d'ordinaire, és matieres de Géometrie
,, purement spéculative, car outre qu'ensuite de cette contrainte, nos
,, pratiques se trouveroient souvent plus embarrassées, cela d'ailleurs seroit
,, tout à fait inutile, vû que sans se rendre exact à ce point, on ne
,, laisse de conduire heureusement à chef les ouvrages des voutes,
,, comme la Pratique journalière le fait voir, & partant on prend
,, quelquefois ce qui aproche du vrai pour le précis, comme
,, *la Corde d'un arc pour l'arc même*, ou au contraire, & ce lors
,, seulement que ni la curvité de l'arc, ni sa quantité, ne sont pas bien
,, grandes ni considérables.

Je conviens que la Corde d'une voute Sphérique d'un petit diametre, comme de dix pieds, dont les assises ont un pied de largeur de doële, differe trop sensiblement de son arc, pour qu'on n'y doive faire aucune correction, parce qu'elle s'en éloigne au milieu d'une fléche d'environ trois lignes; alors il est à propos de faire une correction à la méthode des Cônes tronquez dont nous parlons; mais cette correction est facile, puisqu'elle ne consiste qu'à une reprise d'opération; ainsi que nous allons l'expliquer, en donnant les moyens de se servir de cette méthode suivant les loix de la Géométrie ; même avec plus d'exactitude que celle où les ouvriers peuvent atteindre, parce que nous cherchons à contenter l'esprit, en n'admettant rien qui ne soit exactement juste dans son principe ; en fera usage qui voudra.

Fig. 161. Soit fig. 161. le demi Cercle majeur APB, la section verticale de la Sphère, par son centre C, & le pole P de ses divisions de joins de lits horisontaux. Ayant divisé ce ceintre en ses voussoirs, par exemple en sept, aux points 1, 2, 3, 4, 5, 6, & abaissé de ces points des perpendiculaires sur son diametre AB, qui le couperont aux points p¹ p² p³, &c. On décrira par ces points autant de cercles concentriques p¹ E p², p³ F p⁴, qui seront les projections des joins de lit.

On tirera ensuite les cordes des divisions de la douële, qu'on prolongera jusqu'à ce qu'elles rencontrent l'axe CD prolongé. Ainsi A1 rencontrera l'axe au point S¹, duquel pour centre & pour rayon S¹ A, on décrira un arc AE terminé en E à volonté, d'où on tirera au centre S¹ une ligne E 1⁴, du même centre S¹, & pour rayon S¹ 1 on fera un arc parallele au precedent, qui coupera la droite AE 1⁴ au point 1⁴, la portion de couronne de cercle A E 1⁴ 1 sera le Panneau de dévelopement de la surface conique de la premiere assise, inscrite dans la Sphérique.

On fera de même le dévelopement de la seconde assise, en prolongeant la Corde du second voussoir 1, 2 jusqu'à ce qu'elle rencontre l'axe prolongé au point S², duquel comme centre, & pour rayon les longueurs S² 1, S² 2, on décrira les arcs paralleles 1 1', 2 2', qu'on terminera à volonté par une ligne 1' 2', tirée du centre S², ainsi des autres parties de la douële jusqu'à la clef, dont la douële n'est plus une portion de surface de Cône tronqué, mais celle d'un cône entier, qui a pour base le cercle dont le diametre est la corde 3, 4, pour côté la corde de l'arc 3 P, & pour hauteur d'axe, la fléche a P, mais cette observation n'est d'aucun usage, la clef se fait sans Panneau comme nous le dirons ci-après.

Si par un cas extraordinaire, on faisoit une voute extradossée, après avoir tiré la corde A1, il faudroit lui mener une parallele par le milieu m de l'extrados, laquelle seroit une tangente T r, qu'il faudroit prolonger de même que la Corde A1, jusqu'à ce qu'elle rencontrât l'axe prolongé en un point, d'où comme centre, on décriroit les arcs T, T 1", qu'on termineroit par une ligne 1 1" tirée sur même centre ; cette portion de Couronne de cercle seroit le dévelopement du Cône tronqué, circonscrit à la Sphère ; mais ce Panneau est inutile, à moins qu'il ne s'agit uniquement que d'une surface Sphérique convexe, parce que

DE STEREOTOMIE, Liv. IV.

que lorſqu'on fait une doële, on s'épargne le panneau de l'extrados, en faiſant des arcs ſur les lits & joins montans, parallelement à ceux des arêtes de la doële.

Nous ne propoſerons point de panneaux pour les lits parce qu'ils ſont inutiles, en ce qu'on les forme très-bien par le moyen des biveaux, & que d'ailleurs étant des dévelopemens d'autres ſurfaces coniques tronquées, on ne pourroit en faire uſage qu'après que le lit ſeroit formé ; & alors ils ne ſerviroient tout au plus que pour verification. Au reſte, il eſt viſible par la figure 155. que le centre C eſt le ſommet commun de tous les Cônes des lits GF, gfj, IK, ik ; & leurs côtés CG, CF, CK, CI, tous égaux aux rayons extérieurs & intérieurs de la Sphère, & par conſéquent que tous les panneaux de lit dévelopez ſont des portions de couronnes de cercles égales en largeur, qui eſt la différence des rayons de doële & d'extrados $DHEI$, $APBg$, mais inégales en longueur de contour, qui diminuë à meſure que les lits approchent de leur pôle P, où eſt la clef, dans le raport des contours des cercles de la projection horiſontale des rayons inclinez Cp^2, Cp^3, Cp^1, c'eſt-à-dire dans le raport des lignes CA, W_1, G_2, n_3.

On remarquera que nous avons tracé les panneaux de doële hors de la Voûte, pour ne pas embrouïller le Trait ; ils pouvoient être tracez en dedans ſans aucun inconvénient, comme en $A\,d\,1$; car leur poſition ne décide de rien dans l'épure.

Les panneaux étant tracez ; nous ne prétendons pas nous en ſervir comme d'un modéle immédiat pour former la doële de la Sp..., nous retomberions dans la faute qu'on reproche à cette méthode que Mathurin Jouſſe, les P. Deran & Dechailes ont tirée de Philibert Delorme ; mais ſeulement nous en ſervir pour former une des concavitez de cette doële ſuivant la direction horiſontale, dans laquelle nous trouverons plus facilement le moyen de la creuſer une ſeconde fois ſuivant ſa direction verticale ; c'eſt-à-dire que nous ferons premiérement une ſurface Conique, dans laquelle nous apliquerons ces panneaux tracez ſur une matiere flexible, pour avoir dans cette ſurface par le moyen de leur contour, celui des arrêtes des joins de lit de deſſus & de deſſous, & les cordes des arcs des joins montans de la doële.

Pour parvenir à la formation de la premiere ſurface conique de la doële, on commencera par déterminer dans le Plan la longueur du Vouſſoir qu'on ſe propoſe de faire, dont on fera le Plan horiſontal comme dans la méthode précédente, par exemple le trapeze mixte $noq1$, on diviſera la corde 51 en deux également en M par où on tirera du centre C la ligne du milieu mR, qui donnera les fléches mr & MR, qu'on portera au profil ſur les horiſontales 63, 52 ; ſçavoir MR de 6 en n & ſur de 5 en V, & l'on tirera la ligne nV ;

322   TRAITE'

enfin du centre C on menera par le point V la ligne V*z* qui coupera 6 5 prolongée au point *z*, & l'épure sera faite ; il ne reste plus qu'à en faire l'aplication pour tracer la pierre & la tailler.

Application du Trait sur la Pierre.

Fig. 162.

SOIT, fig. 162. un quartier de pierre *a b c d g* destiné (par exemple) pour un Voussoir du deuxiéme rang, on commencera par lui faire un parement *b c d e*, au milieu duquel, ou à peu près, on tirera une ligne droite M*m*, sur lequel par un point pris à volonté comme *n*, à peu près éloigné de *b c* de la longueur MN du Plan horisontal, on tirera une perpendiculaire *q s* ; puis prenant le biveau de l'angle V*n* 6 du profil, on abattra la pierre suivant cette ligne, tenant ses branches toujours d'équerre sur *q s* pour former la surface plane *h i s q*, sur laquelle on apliquera le panneau du segment de cercle *q* R *s* du Plan horisontal en Q*n*S ; ensuite ayant pris au profil la longueur *n* V, on la portera sur la ligne du milieu de la pierre, & l'on tirera par le point V une parallele à *q s*, sur laquelle on portera de part & d'autre du milieu *m* les moitiés de la corde *m o* & *m n* du Plan horisontal en VK & VL, où faisant une cizelure creuse ou plumée, on apliquera la cerche du segment *n r o* inclinée en angle aigu, suivant la branche TV du biveau obtus TV*n*, que l'on posera d'équerre sur la ligne du milieu M*m*, en sorte que l'inclinaison de cette cerche soit le suplément du biveau obtus dont on se sert, & l'on tracera l'arc de cercle de la cerche dans le creux de la cizelure, suivant lequel & l'oposé C S on abattra la pierre à la régle pour former une surface conique entre ces deux arcs de cercles, sur lesquels on la fera couler comme nous avons dit au Chap. I. Ou bien à cause que l'obliquité de la cerche peut devenir incommode aux voussoirs qui aprochent de la clef, on pourra en faire une qu'on posera perpendiculairement sur la surface *b d*, comme il suit.

Fig. 163.

Fig. 163.

ON portera à part, fig. 163. la corde *n o* du Plan 161, sur le milieu de laquelle ayant fait une perpendiculaire, on y portera pour fléche la longueur V*z*, au lieu de la fléche du cercle *n r* ; & par ces trois points on tracera à la main une courbe qui sera un arc elliptique dans les premieres assises, un arc parabolique plus haut, & un hyperbolique vers la clef ; ces trois points suffisent pour la pratique. Mais si l'on vouloit opérer plus juste, il faudroit transporter le Triangle VZ5 à part, mener à l'arc *n o* du Plan horisontal plusieurs perpendiculaires, & les porter sur V5, puis par ces points mener des paralleles à *z* 5 en des points *x*, sur lesquels élevant des perpendiculaires, on porteroit les ordonnées à la fléche *n r z* ; mais cette précision est inutile, parce que les voussoirs comprennent une trop petite partie de la Sphère, pour qu'on ait besoin de cette exactitude.

DE STEREOTOMIE. Liv. IV.

Aprés avoir creusé la surface conique entre les arcs donnez, on y apliquera le Panneau de doële : Q 2 O pris dans une partie des arcs de 1, 11, & 2, 2¹ qu'on supose être coupé sur une surface flexible comme du carton, pour être apliqué dans le creux de la doële conique, dans laquelle on tracera le contour de ce Panneau.

On remarquera qu'un seul Panneau peut suffire à tracer tous les voussoirs du même rang, quoiqu'on les fasse de longueurs inégales, parce qu'on peut prendre la moitié de chaque voussoir, & la porter sur ce Panneau où l'on tracera une ligne par le milieu, si le Panneau n'étoit pas assez long pour le voussoir entier; & si le voussoir est plus court que le Panneau, on fera des repaires de la longueur des arcs du lit de dessus & de dessous, qui serviront à terminer la doële, ou en retournant le Panneau bout pour bout, à commencer de la division où ces longueurs se prendront par petites parties au Plan horisontal sur la projection des joins de lit, & se porteront en même grandeur & nombre sur le contour du Panneau.

Le contour du Panneau étant tracé dans la surface conique, on formera les lits avec les biveaux 6 5 8 & 5 69, qui seront égaux, si la voute est exactement Sphérique, & inégaux, si elle est surhaussée ou surbaissée; car cette méthode convient aux unes & aux autres, en tenant ces biveaux d'équerre sur les arêtes des lits, & à distance proportionelle. Par ce moyen on formera sans Panneau les surfaces coniques, concaves & convéxes, qui sont les lits des voussoirs.

Ensuite on formera les têtes ou joins montans avec le biveau 658 ou 1 AD, posant la branche courbe sur l'arête du lit, & la droite suivant le biveau de doële conique, & par les trois points 5, 6, 9, on fera passer une surface plane, sur laquelle on apliquera le Panneau de tête 9 6 5 8 pour avoir les arcs des joins montans, suivant lesquels on doit creuser la surface Sphérique qui est la véritable doële demandée.

Pour mieux se conduire dans cette excavation, on se servira d'une cerche d'un arc du cercle majeur A P B, de telle grandeur qu'on jugera à propos, ayant soin de la poser toujours perpendiculairement aux arêtes des lits de dessus & de dessous, & à une distance proportionelle de leurs angles; par exemple, si on la met au milieu, au tiers, ou au quart du lit de dessous, elle doit être aussi au milieu, au tiers, ou au quart du lit de dessus, & le voussoir sera achevé.

Ss ij

DÉMONSTRATION.

Si l'on supose que le quart de cercle APC se meut autour de son axe CP, il est clair que les cordes A1, 1·2, 2·3, 3P décriront par ce mouvement des portions des Cônes Droits, que décriroient les lignes inclinées à l'axe AS⁴, 1S³, 2S¹, 3P, puisque chacune des cordes est partie d'une de ces lignes.

Nous avons aussi démontré que le dévelopement d'un Cône Droit est un secteur de cercle, duquel retranchant le dévelopement d'une de ses parties parallelement à sa base, il reste pour dévelopement du Cône tronqué une portion de couronne de cercle, telle qu'on voit à la fig. 161, A1 1ᵈ Æ, & les autres au dessus; de sorte que si le contour des arcs de cette couronne est égal à celui de la projection, cette couronne envelopera toute la Sphère d'une Zone conique. Or puisque les cordes qui forment les côtés des Cônes tronqués sont inscrites dans les arcs de cercles des divisions du quart AP, il est clair que l'une & l'autre Zone conique & sphérique seront terminées par des cercles communs & paralleles à l'équateur AB (par le Théor. XII. du premier Livre.

Que ces cercles soient communs, on peut le démontrer de deux manieres : Premiérement, parce qu'ils sont formez par la révolution d'un même rayon AG ou 1W, 2G & 3*w*.

Secondement, si l'on considére les arêtes des lits à la doële comme les sections de la Sphère coupée par les surfaces coniques des lits, il est démontré que cette section est un *cercle* (par le Th. XII. du premier Liv.) puisque l'axe du Cône Droit passe par le centre de la Sphère (par la construction.)

On peut aussi démontrer que celles des Cônes tronquez de la doële, pénétrez par les Cônes tronquez des lits, sont encore des cercles, par le Théor. XXVIII. du premier Livre, puisque ces Cônes ont leurs axes dans une même ligne CP, quoique tournez en sens contraire, en ce que le sommet commun des Cônes des lits est en C vers le bas, & leur base du côté de P. Ceux des doëles au contraire ont leur sommet vers P & au dessus, & leur base en bas du côté de C ; donc les lignes des arêtes des lits de la doële conique sont les mêmes que celles de la sphérique. Ainsi on peut former en même tems leur contour commun, mais non pas les angles rectilignes & mixtes des surfaces qui sont inégaux, celui de la doële sphérique avec le lit étant plus aigu que celui de la conique avec le même lit.

Cela suposé, il est clair que notre aplication du Trait sur la pierre est un moyen sûr pour la bien tailler ; car nous la suposons coupée hori-

DE STEREOTOMIE. Liv. IV.   325

fontalement par une surface plane *b i s q* qui représente celle du profil *Fig.* 161.
s u 6 *o*, dans laquelle nous avons tracé le segment de cerche horisontal & 162.
qR s, qui est la projection de l'arête du joint de lit de dessous, dont la
flèche RM donne la distance horisontale de cet arc à une surface
plane qui passe par sa corde *q s*, & qui est représenté au profil par le
point *u*; & le milieu *u* M du Plan horisontal par la ligne V*u* du même
profil.

Il est encore visible que si l'on pose le segment *n r o* du Plan horisontal, suivant l'angle obtus *u* VT à l'égard de V*u*, il sera posé parallelement au segment *q r s*, par conséquent il sera à la base du Cône retranché dont il sera une section circulaire ; donc il sera la base supérieure de la partie de ce Cône restant tronqué.

Ou bien si l'on coupe le Cône par un Plan perpendiculaire à *u* V en prolongeant 6 5 jusqu'à la ligne V z, il est visible que l'une & l'autre section auront pour corde commune la perpendiculaire sur le Plan *u* V ς, dont la projection verticale est le point V ; donc ces sections qui ont une ordonnée commune seront entre elles comme leurs abscises V ς & V z ; ainsi en divisant ces abscises proportionellement comme on a fait, & élevant sur ces divisions des paralleles à l'ordonnée commune, on aura la courbe de la section passant par V z qui sera à la surface du même Cône, soit qu'elle soit elliptique, parabolique, ou hyperbolique ; car elle peut être de ces trois courbes différentes. Aux premieres assises, V z donnera une Ellipse, aux autres au dessus elle peut donner une Parabole, & vers la clef une Hyperbole ; mais on la trouvera par la méthode que nous avons donnée, sans avoir besoin de la connoître.

Le reste du Trait concernant la maniere de faire les lits & les têtes, est commun avec les autres méthodes, & n'a pas besoin de démonstration.

Troisiéme Méthode de former les Voutes Sphériques ou Sphéroïdes,

En réduisant la Sphère en Polyédre.

Ayant tracé l'épure comme à la seconde méthode des Cônes tron- *Fig.* 16 quez pour la Sphère (fig. 161.) ou pour un Sphéroïde aplati, alongé, ou surhaussé, & ayant fait la projection horisontale *n o q s* d'un voussoir du second rang donné pour exemple, lequel est marqué au profil en 5, 8, 9, 6, on portera, comme à la méthode citée, les flèches MR

326 TRAITE'

& *mr* du Plan horisontal en ₅V & 6*u* du profil, & l'on tirera la ligne V*u* qui servira à tracer le Panneau de doële plate, laquelle est une des surfaces du Polyédre qu'on va décrire à la fig. ✥ à côté de 159. On tirera sur une ligne droite *m*M, qu'on fera égale è V*u* de la fig. 156. deux perpendiculaires indéfinies *no sq*, sur lesquelles on portera de part & d'autre des points *ns* & M les grandeurs *mo* & M*q* du Plan horisontal de la fig. 156. en *un* & *mo* & *ms* & MQ, & l'on tirera les lignes *ns* & *o*Q, le trapeze *noQs* sera le Panneau de la doële du voussoir représentée en racourci dans le Plan horisontal *noqs* de la fig. 156.

Aplication du Trait sur la Pierre.

Fig. 159. ON commencera, à l'ordinaire, par dresser un parement, comme à le fig. 159. *bcde*, capable de contenir le Panneau de doële & l'engraissement du lit; ensuite ayant tracé le contour du Panneau de la figure ✥ sur le parement qui lui est destiné, on prendra le biveau de l'angle de

Fig. 156. la doële plate V*u* avec l'horison *u*O, & avec cet angle V*u*O on abattra le Prisme triangulaire *babcfg*.

ON tracera ensuite sur le nouveau parement *abcf* l'arc *qr*S par le moyen de la cerche SR*q* de la fig. 156. ou plûtôt par le moyen d'un Panneau de lit horisontal suposé K*sR q*L, qu'on apliquera sur ce parement en *k*SRQ*l*, & par les trois points donnez *l*Q*o* & *k*S*n*, on fera passer (par le Probl. L) une surface plane qui sera celle de chaque tête, sur laquelle on tracera l'arc 3·4 & les joins de lit 3·7, 4·8 par le moyen d'un Panneau 7·3·4·8 de la fig. 156. en posant le point 4 sur le point Q, & le point 3 sur le point *o*, pour avoir les joins de tête & de lit.

ON creusera la doële avec le biveau mixte de doële creuse & de l'horison 3×4O (de la fig. 156. ou de la fig. 161. s'il s'agit d'une voute parfaitement sphérique) en tenant toujours sa branche droite perpendiculaire à la courbe S*r*Q; ensuite ayant porté la corde Q*o* en *ry* sur le milieu de la doële, on posera la cerche *wro* de la fig. 156. sur les trois points *oyn* de la fig. 159. & l'on tracera l'arc de cercle qui forme l'arête du lit supérieur. Enfin avec les biveaux mixtes de lit & de doële courbe 8·4×3 & 7·3×4 on abattra la pierre excédante sur les arêtes des lits marquées à la doële, ausquelles on tiendra la branche droite toujours perpendiculaire. Ainsi on formera deux surfaces coniques, une convexe au lit inférieur, & une concave au lit supérieur, & l'on aura un voussoir exactement formé.

Explication Démonstrative.

Puisque les quatre angles du Sphéroïde ou de la Sphère sont dans un même Plan, comme nous l'avons prouvé à la page 5. le trapéze $snoQ$ de la fig. ✠ peut & doit les toucher tous, puisque les côtez no, sQ sont les cordes des arcs de cercles horisontaux des lits, & les côtez sn, oQ, celles des arcs verticaux qui passent par les joins montans de la doële.

Il est aussi clair par la construction, qu'ayant fait l'angle RMm égal à l'angle OnV, le trapéze du panneau de la fig. ✠ qu'on a tracé sur la pierre à la fig. 159. est incliné à la surface $lqsk$ du voussoir, comme le même trapéze considéré dans la voute, l'est au Plan horisontal ; donc la projection horisontale on SRq de la fig. 156. ou 161. convient à cette surface.

Troisiemement, puisque les Plans des joins montans sont perpendiculaires au Plan horisontal, & qu'ils ont une direction tendant au centre C, les lignes Sk & ql de la fig. 159. & 161. sont dans ces Plans de même que les points o & n, par conséquent en faisant passer des Plans par les points donnez kSn & lQo de la fig. 159. on aura les surfaces des joins de tête.

Enfin puisque les arêtes des lits supérieurs & inférieurs sont dans des Plans horisontaux paralleles entre eux, il est clair que les intervalles de leurs parties aliquotes, comprises entre des Plans verticaux, seront égaux entre eux ; donc le point y du milieu de l'arc on doit être à même distance du point r du milieu de l'arc QrS, que les cordes Qo & Sn ; or puisqu'on a trois points donnez dans le cercle horisontal du joint supérieur oyn, on aura la position de l'arc nro de la fig. 156. Donc l'arête du lit supérieur sera bien tracée, & par conséquent aussi les lits qui sont formez sur cette arête par le moyen du biveau de lit & de doële, *ce qu'il falloit faire*.

Quatriéme Méthode de former les Voutes Sphériques par l'inscription des Cylindres.

En Termes de l'Art, quoiqu'impropres.

Par Equarrissement.

La premiere Méthode que nous avons donnée pour former les voutes sphériques, n'est guères propre qu'aux voutes exactement sphériques; la seconde & la troisième s'étendent aux Sphéroides, dont les bases sont circulaires.

Cette quatriéme est générale pour toutes sortes de Sphéres, de Sphéroïdes & de Conoïdes, comme nous le ferons voir en son lieu. Il suffit présentement d'en faire l'aplication à la Sphère.

Fig. 16.

Soit, Sg. 161. le cercle APB, le Plan horiſontal de la voute, dont nous conſidérons la moitié APB comme ſon profil, & l'autre moitié AℓB comme ſon plan horiſontal.

Ayant divisé le cintre APB en ſes vouſſoirs, par exemple en ſept aux points 2, 3, 4, 5, 6, on abaiſſera de chacun de ces points des perpendiculaires qui couperont le diametre AB aux points p', p'', p''', &c. par leſquels du centre C on fera paſſer des cercles concentriques à AℓB, Ep', Fp'', Gp''', qui ſeront conſidérez comme les baſes d'autant de Cylindres Droits, & qui ſont les projections des joins de lit inſcrits dans la Sphère par les aplombs $1p'$, $2p''$, $3p'''$, leſquels Cylindres ont pour axe commun CB.

On tirera enſuite du centre C les joins de tête à l'ordinaire 6 7, 5 8, 4 9, & le Traitéſera fait. Il ne s'agit plus que d'en faire l'aplication ſur la pierre, ce qui eſt très aiſé.

Aplication du Trait ſur la Pierre.

On prendra ſur le Plan horiſontal la plus grande longueur qu'on veut donner au vouſſoir par ſon lit de deſſous, par exemple, pour la ſeconde aſſiſe ik, puis on tirera par le centre C les lignes oi & uk, qui couperont la projection du lit de deſſus en uo, & la queuë du lit de deſſous en ik, ce qui donnera le quadriligne mixte $uoik$ pour une portion de la baſe d'un Cylindre, dans laquelle eſt compris le vouſſoir que l'on veut faire.

AYANT

DE STEREOTOMIE, Liv. IV. 329

Ayant dressé un parement pour servir de lit nQ de supposition hori- Fig. 160.
sontale, on y appliquera le panneau de la figure $noik$, dont on tracera
le contour, suivant lequel on abattra la pierre quarrément, ce qui formera une espece de coin émoussé, tel qu'on voit à la figure en NQ,
lequel sera composé de deux surfaces planes, & d'une portion cylindrique creuse $NOon$, qu'on formera avec la cerche nro du Plan horisontal.

On portera ensuite la hauteur de la retombée $5t$ sur les arêtes oO,
nN, de o en 5, de n en 2, & la retombée $t6$ sur les arêtes oQ & nK
de o en q, & de n en p; ensuite on posera sur les plans des joins montans le panneau de tête 9658, & sur le lit horisontal le panneau $qiks$
en $qpKQ$, pour tracer l'arc qp de l'arête du joint de lit de dessous
avec la doële, ce qui se fait aussi plus simplement, mais moins correctement, en trainant np sur no perpendiculaire à l'arc no.

L'arete du lit de dessus se tracera par les points 2 & 5, parallelement à celle de la base no, avec une régle pliante : ainsi les quatre côtez de la doële qu'on doit creuser seront donnez ; il ne s'agit plus que
d'abattre la pierre de l'un à l'autre, s'aidant d'une cerche faite d'une
portion du cercle majeur, dont on tiendra le plan perpendiculaire à
l'arc de la base pq; ensuite on abattra la pierre pour former les lits avec
le biveau mixte 658.

On peut aussi, avant que de creuser la doële, former les lits avec
le biveau d'aplomb & de coupe $t58$ pour le lit de dessus, & celui de
l'horison & de la coupe $t69$ pour le lit de dessous, tenant une de ses
branches parallele aux arêtes nN, oO, & l'autre perpendiculaire aux
arcs 25, no; par ce moyen on s'épargne la peine de faire un biveau
mixte pour la doële & les lits. Il suffira d'une cerche pour la doële,
dont la position n'est pas indifferente, comme nous l'avons dit cy-devant ; il faut avoir grand soin de la tenir dans la situation d'un méri-
dien, perpendiculairement aux plans passans par les joins de lit, &
dans une direction qui tende à l'axe de la Sphère.

On peut aussi sans le secours des biveaux faire le lit de dessus, si l'on
s'est donné la peine de faire un lit parallele à nQ en NS, & qu'on y trace
par le point 8 un arc 89 parallele à ON, parce qu'on pourra abattre la
pierre à la regle comme pour une portion conique sur les arcs 25 & 98.

Explication Démonstrative.

Si l'on suppose la Sphère coupée par des plans horisontaux passans par les
points les plus élevez de l'extrados, comme 9, 8, 7, ils couperont les

Tom. II. Tt

aplombs prolongez en des points x, y, z, qui donneront la plus grande hauteur du voussoir sur sa retombée, & l'on inscrira par ce moyen le voussoir 9 6 B E portion de Sphère, dans un cylindre de même hauteur $x p^e$ E c; car faisant mouvoir le paralléloframe C e autour de l'axe C c, il est évident qu'il formera un cylindre, dont ôtant le cylindre inscrit C $p^6 \times c$, il reste une couronne de cylindre formée par l'angle qui est exprimé au plan horisontal par la couronne de cercle, dont $p^5 p^y$ KS est une partie, & à cause que le mouvement qui forme la Sphère dont le voussoir est une partie, se fait autour d'un axe commun, il suit que lorsqu'on a celle du cylindre, il ne reste plus qu'à abattre la pierre d'une maniere uniforme pour en retrancher les solides courbes prismatiques, formez l'un par le triangle x 96 rectiligne qui est une portion de Cône, l'autre par le triangle mixte 6 B p^e, qui est une portion de Sphère circonscrite au cylindre vuide, dont le côté est 6 p^e, ou ce qui est la même chose inscrite dans l'anneau solide.

COROLLAIRE.

Il est clair que cette méthode est également propre à la formation d'un Sphéroïde dont l'axe est vertical, qu'à la Sphère, puisque la formation de ce solide est la même que celle de la Sphère & du cylindre par la révolution d'une courbe A d Elliptique autour d'un axe commun, car si au lieu de l'arc circulaire 6 B, & de la coupe 69 on substitué un arc Elliptique & une coupe plus ou moins inclinée, on aura toûjours un raport constant de la figure qui en résultera, à celle du cylindre inscrit; mais nous en parlerons ailleurs en traitant des Sphéroïdes.

Remarque sur les quatre Methodes de former les Voutes Sphériques & Sphéroïques.

Nous avons déjà dit que la première méthode par les segmens de Sphère n'étoit pas générale, mais particuliere à la Sphère, & qu'elle occasionnoit beaucoup de perte de pierre, d'où nous pouvons conclure que c'est la moindre de toutes.

Nous avons aussi fait voir que la seconde *par l'inscription des Cônes tronquez* étoit plus générale, puisqu'elle peut s'appliquer aux voutes Sphéroïdes, de même qu'aux Sphériques, & de plus aux Annulaires comme nous le dirons en son lieu; mais elle est plus propre aux grandes voutes qu'aux petites, & lorsque la différence de la concavité du Cône tronqué & de la Zône de Sphère ou de Sphéroïde est assez peu sensible pour qu'on puisse la négliger dans la pratique; car dans les petites voutes où il faut reprendre le parement de la douelle conique

page 331.
Pl. 53.

pour le creuser en Sphérique, elle n'a aucun avantage sur la quatriéme méthode.

La quatriéme par *l'inscription des Cylindres* est sans contredit la plus étenduë & la plus sûre pour l'execution, mais elle cause beaucoup de perte de pierre, particulierement vers l'élévation de 45 dégrez, d'où il faut conclure que la troisiéme est la plus commode, & celle qui cause le moins de perte de pierre, pour les Sphères & les Sphéroïdes alongez ou aplatis verticaux; mais elle n'a pas le même avantage pour les Conoïdes que la précédente, qui non seulement supprime l'usage des biveaux de lit & de doële variables pour le même lit, mais qui peut encore servir pour les doëles gauches qui n'ont pas leurs quatre angles dans un même plan, de sorte que le Sphéroïde Conoïde ne peut être réduit en Polyédre de surfaces quadrilateres, mais seulement triangulaires, ce qui rendroit cette méthode trop composée, quoique toûjours bonne dans son principe.

Seconde disposition des Voussoirs.

Des Voutes Sphériques lorsque leurs rangs font dans une situation verticale.

Il ne sera pas nécessaire d'entrer dans le détail de la construction des Voutes Sphériques, dont les voussoirs au lieu d'être dans une situation horisontale, sont rangez en Arcades verticales, parce que l'on sent bien du premier abord que ce n'est que la même chose tournée differemment, comme on voit à la fig. 183. de la planche 57. c'est-à-dire que les joins de lit sont devenus les joins de tête, & que les póles de leurs cercles qui étoient dans un axe vertical, l'un au sommet de la voute, l'autre dans le vuide au dessous, sont icy dans la base horisontale diametralement oposez; la seule difference qu'il y a de cette disposition à la précédente, c'est qu'une partie de la voute peut être élevée sans l'autre, & se soutenir, au lieu que dans la précédente il faut que chaque rang horisontal soit continué dans le pourtour, de sorte qu'on ne peut faire un tiers ou un quart de Sphère comme dans cette derniere; de là vient qu'on en fait principalement usage pour les Niches qui ne sont que des quarts de Sphères, mais nous parlerons ailleurs de ces mutilations.

Troisiéme disposition des Voussoirs.

Des Voutes Sphériques dont les rangs sont inclinez à l'horison, en termes de l'Art, en Coquilles.

Nous traiterons de cette espéce d'arangement des Voussoirs des Voutes Sphériques lorsque nous parlerons des tronquées, parce qu'il n'est d'usage, comme le précédent, que pour les Niches.

Quatrieme disposition des Voussoirs.

Des Voutes Sphériques, où ils sont arangez de differente maniere dans la même Voute.

Quoiqu'il soit de la délicatesse de l'Art, de cacher autant qu'il est possible, les joins des pierres qu'on employe à la formation des voutes; cependant comme il est impossible de les cacher entierement sans les couvrir d'un enduit, qu'on ne peut apliquer solidement sur la pierre de taille, les Architectes se sont avisez d'affecter certains arangemens de voussoirs qui font des figures agréables à la vûe, tirant ainsi une décoration de l'imperfection de l'Art, qui ne peut faire les voutes d'une piece.

Ils prennent pour base de cet arangement une figure rectiligne divisée par des paralleles, qui forment en differens sens des rangs des voussoirs verticaux; tel est un Poligone regulier inscrit dans le cercle horisontal, comme un Triangle, un Quarré, un Pentagone, un Exagone, &c. cette disposition s'apelle *voute de four fermée en Triangle, en Pentagone, &c.* les rangs disposez suivant chaque côté du Poligone ont un pole à l'horison entre les deux angles inscrits dans le cercle de la base horisontale, comme on peut le voir à la figure 166. ou bien au lieu de placer les angles du poligone à l'horison, il n'en ont placé qu'un à son pole, d'où abaissant des quarts de cercles verticaux sur les divisions de l'horison en certain nombre de parties égales comme en 3, 4, 5, 6, &c. ils ont fait des rangs de voussoirs verticaux, qui se rencontrent & se penetrent les uns les autres suivant autant de diagonales, ce qu'ils ont apellé *voute Sphérique faisant le plan d'une voute d'arête triangulaire, quarrée, pentagone, &c.* comme on peut voir à la figure 180 de la planche 56.

Planc. 54.
Fig. 166.

De la premiere espece de Variations.

Des Voutes Sphériques fermées en Poligones.

Ces Voutes peuvent être considerées comme composées de deux parties, l'une qui est celle de chaque rang vertical conduit tout uniment comme s'il étoit dans une voute simple, qu'on apelle la Coquille ou la Trompe, telle est la partie AHET fig. 166, l'autre qui est la rencontre de deux rangs qui se croisent & se terminent à un cercle majeur, qui les coupe obliquement dans le plan de la diagonale de leur projection horisontale; & parce que cette rencontre des deux rangs se forme d'une seule pierre E*i*, qui a deux branches comme une fourche, cette partie s'apelle *Penfourchement*. La premiere partie des voutes Sphériques composées, n'a aucune difficulté, puisqu'elle est la même que celle des voutes Sphériques à rangs de voussoirs verticaux, dont nous avons parlé cy-devant à la seconde disposition.

Toute la difficulté consiste donc à la formation des voussoirs d'enfourchement qui sont communs à deux rangs differens.

PROBLEME XVII.
Faire une Voute Sphérique composée de rangs de Voussoirs de differentes directions.

Premiere Disposition.
En termes de l'Art,

Faire les Voussoirs d'enfournement des Voutes Sphériques ou Sphéroïdes formées en Poligone.

On peut résoudre ce Problême de trois manieres, la prémiere par l'analyse de la projection du Polygone inscrit dans le cercle de la base horisontale, en faisant par son moyen l'élevation des arcs verticaux, dont elle donne les diametres ou parties de leurs diametres.

La seconde, qui est fondée sur la réduction de la Sphère en cônes tronquez, c'est d'en assembler les surfaces dévelopées qui se coupent obliquement suivant une diagonale, & d'en former le panneau d'enfourchement.

La troisieme, c'est par la médiation des doëles plates.

Premiere Méthode, par l'inscription de l'enfourchement dans un segment de Sphère.

Soit (fig. 164.) le cercle horisontal I 5 O 15, qui est la base de la voute Sphérique dans laquelle on veut inscrire un Polygone, par exemple un Quarré, ayant tiré par le centre C les diametres I O & 5 15 à angle droit, on tirera par leurs extrémitez les lignes I 5, 5 O, O 15, 15 I, on divisera ensuite deux de ces côtez en deux également en *k* & K, par où l'on menera par le centre C deux diametres P*p* & P' *p'*, qui seront les axes des quatre segmens de Sphère que retranchent les côtez du quarré

Fig. 164.

inscrit, sçavoir I P 5, 5 P 2 O, &c. On divisera ensuite chacun de ces segmens en autant de parties égales que l'on voudra avoir de rangs de voussoirs, comme par exemple icy en cinq aux points o, 1. 2. 3. 4. & 5, & par ces divisions on menera des paralleles aux côtez du quarré 1 5 & O 15, qui couperont les diametres I O & 5, 15, aux points 6. *d*, *e l*, *g f*, 8 7, par lesquelles on menera des paralleles aux côtez du quarré entre ses diagonales, comme 68, *d* 7, *e* 9, *l f*, & d'autres dans les segmens comme 4. 1. 14. 11 &c. 3, 2, 13, 12, & l'on aura la projection de tous les joins de lits des rangs de voussoirs qui sont dans une situation verticale, c'est-à-dire, à la circonférence des cercles verticaux, qui auront pour diametre les lignes inscrites dans le grand cercle horisontal, où est la naissance de la voute.

Il s'agit à present de former les Voussoirs d'enfourchement dans lesquels consiste toute la difficulté de ces voutes, renvoyant le lecteur, *aux voutes simples formées par des rangs verticaux*, pour la formation des voussoirs compris entre les enfourchemens. On commencera par déterminer dans la projection horisontale, la largeur du voussoir sur les côtez du quarré, comme I *a* & I a, suivant la grandeur de la pierre qu'on veut employer, & par les points donnez *a* & *a*, on tirera les lignes *a b*, a b paralleles à ces mêmes côtez, lesquelles détermineront la direction des joins de tête & donneront pour la projection horisontale du voussoir le rectiligne de six côtez I *a b d* b a I, dont les côtez I *a* & I a expriment les lits de dessous, *d b* & d b ceux de dessus, & les deux autres *a b*, a b les joins montans de la doële; comme cette figure est divisée en deux également par la diagonale, I *d* nous ne parlerons que de la moitié qui est le trapeze I *d b a*, parce que ce que nous en dirons s'apliquera facilement à l'autre.

Il s'agit 1° de trouver la grandeur d'un segment de Sphère capable de contenir le voussoir, & les côtez de la figure de la doële pour y inscrire les sommets des angles, & les arcs compris entre deux, suivant la méthode que nous avons donné pour les voutes Sphériques à lits horisontaux simples; mais avec un peu plus de compositions dans cette espéce.

Pour y parvenir il n'y a qu'à examiner dans quels cercles de la Sphère doivent se trouver les lignes de la projection; si étant prolongées elles passent par le centre C de la fig. 164, elles apartiennent à des cercles majeurs; & si elles n'y passent pas, elles apartiennent à des cercles mineurs, mais auquel des deux qu'elles apartiennent, leur terminaison à la circonférence du cercle I 5. O 15. donne toûjours le diametre du cercle dont les joins du voussoir font partie, & la ligne de

DE STEREOTOMIE. Liv. IV.

la projection est toûjours une abscisse de ce diametre, laquelle donnera l'ordonnée qui est l'aplomb d'un des angles du voussoir sur son plan horisontal.

Ainsi du point *d* de la projection, on élevera la perpendiculai- *Fig. 16* re *d* D sur le rayon I C, laquelle coupant l'arc I 5 au point D, donne *&* 16 l'arc I D pour celui du milieu du voussoir, dont la projection & en même tems l'abscisse, est la droite I *d*; de sorte que transportant sa corde I D dans le segment de Sphère (fig. 165.) de D en I, on aura la position de deux des angles du voussoir, sçavoir le saillant qui est la naissance de la voute au point I de la fig. 164, & le rentrant *b d* b du lit supérieur. Il faut à present se servir de cet intervale D I pour trouver la position des angles *a* & a, comme de la base d'un triangle dont il faut trouver les côtez; pour cela il faut diviser la projection en triangles, en menant une droite de *d* en a, que l'on prolongera de part & d'autre jusqu'à la rencontre du cercle horisontal de l'imposte I 5, O 15, qu'elle coupera en F & G, & ayant divisé FG en deux également en *m*; du point *m* pour centre, & *m* F pour rayon on décrira un arc de cercle F *a d* indéfini, & par les points *a* & *d* on élevera des perpendiculaires *a a'*, *d d'*, qui couperont l'arc de cercle aux points *a' d'*, dont l'intervale *a' d'*, qui est la longueur de la corde, est déja un des côtez que l'on cherche, avec laquelle comme rayon, & du point D de la fig. 165. pour centre, on décrira un arc de cercle dans le segment de part & d'autre de la ligne ou corde DI en *a v* & *a u*. Ensuite pour avoir le troisieme côté, dont I *a* ou I a son égal, est la projection, on tracera du point *k* milieu de la ligne I 5, dont I *a* est une partie, l'arc indéfini I H, & élevant au point *a*, la perpendiculaire *a* A, qui coupera cet arc en A, l'intervale IA, qui est la corde de cet arc, sera le troisieme côté que l'on cherche; de sorte que portant avec le compas cet intervale dans le segment de la fig. 165; du point I pour centre, on décrira un arc qui coupera *a v* au point *a*, & *a v* au point a, qui est le sommet de l'angle du joint de lit de dessous, & de celui de la doële.

Il ne reste plus à trouver que les deux angles *b* & b des joins du lit de dessus avec celui de doële, en cherchant de la même maniere les arcs qui répondent aux lignes de projection *a d* & *b d*, ce qui est facile à concevoir après ce que nous venons de dire. Il ne s'agit de même que de prolonger de part & d'autre la ligne *d b*, jusqu'à la circonférence du grand cercle qu'elle coupera aux points E & 4, & de son milieu L décrire un arc EB, puis élevant des perpendiculaires *b* B & *d d'* sur son diametre en *d* & *b*, l'intervalle B *d'* sera une des cordes des triangles D *a b* de la fig. 165. avec laquelle pour rayon, & du point D pour centre, on décrira un arc de part & d'autre en *b* 6.

& *b* 6 ; enfin fur *a b* prolongée de part & d'autre en *z*, & en *f*, & du point R pour centre, on fera l'arc *z* 2 *a* 6, puis élevant aux points *a* & *b* des perpendiculaires à *z a b* 6*b*, l'intervalle *z a* 6*b*, fera le troisieme côté, lequel tournant sur le point *a* ou *a*, pour centre, coupera l'arc 6 *b* en *b*, où fera le sommet du dernier angle que l'on cherche, & l'on aura dans le segment les angles du voussoir I *a b* D *b a*.

Il ne reste plus qu'à placer entre ces angles les arcs de cercles dont on a trouvé les cordes, & sur lesquels on aura coupé & formé les cerches pour les transporter dans le segment de Sphère creuse dans la pierre. Ce qui se fera avec les mêmes précautions que nous avons marquées dans la construction des voutes sphériques simples faites suivant cette méthode, dans laquelle nous avons dit que le moyen le plus sûr étoit d'avoir trois points à chaque arc, pour y placer la cerche, afin que son plan ne puisse être dans une fausse inclinaison ; ainsi pour le côté I *a*, on prendra à volonté un point *n* vers son milieu ; d'où tirant par le point *d*, un diametre *q s*, qu'on divisera en deux également en *r*, on fera avec le rayon *r q* l'arc QN ; enfin élevant sur I *a* du point *n* la perpendiculaire *n n**, si avec les cordes I *n*: & N *d* pour rayons, & les points N & D pour centres, fig. 165. on fait des arcs de cercles, leurs intersections donneront les points *n** d'un côté & *m* de l'autre, lesquels détermineront la position de la cerche, formée sur l'arc I A. On en usera de même pour les autres côtez, afin que le plan de leurs cerches étant situé dans celui de la section de la Sphère, elles n'y donnent pas de faux contour, observant d'abattre les arêtes de la planche dont la cerche est formée jusques vers le milieu de son épaisseur en chanfrain, afin que cette épaisseur ne soit pas un obstacle pour la pancher comme elle doit être sans s'éloigner du segment creusé dans la pierre.

Les arcs des arêtes des joins étant tracez, on leur apliquera perpendiculairement les biveaux de lit & de doële pour abattre la pierre suivant l'éxigence, & former une figure de solide, telle qu'on la voit à la fig. 168, ou pour le premier rang, ou pour le second, comme à la fig. 167, qui paroit à moitié taillée & à moitié tracée.

On a vû par l'exemple du premier voussoir, comment on trouvoit la position des angles des joins, en divisant la projection en triangles, & pour montrer qu'il n'importe de quelque maniere que se fasse cette division, nous en avons représenté une différente dans le second voussoir, fig. 164, en tirant une perpendiculaire 10. 19, sur la diagonale 9. 8, & faisant avec le rayon M G pris sur 10. 19. prolongée en *g* l'arc du cercle *g* 17. 16, qui donnera la cerche traversante 17. 16, laquelle sera portée dans le segment de 7. en 7 (figure 167) pour donner le plus grand arc d'un des angles à l'autre On

On a marqué dans la fig. 168, comment le premier vouſſoir de la fig. 165, & celui de la fig. 167, ſe poſent l'un ſur l'autre, & combien le premier eſt plus grand que le ſecond, quoique dans la projection fig. 164, les lignes de leur milieu I d, & d I, ſoient à peu près égales, & même inégales en ſens contraire, puiſque I d, qui repreſente I 8 de la fig. 168, eſt plus petite que d I, qui repreſente la hauteur 8, 9, laquelle eſt cependant plus petite que I 8; la fig. à côté d n i eſt la cerche qui a ſervi à tracer l'arc d n I, en apliquant les points d en d, n en n & i en L

A l'égard des autres rangs de vouſſoirs dont on en repreſente un à la fig. 169, marqué 4¹ p⁵, c'eſt celui qui eſt marqué en plan horiſontal de la fig. 164, en 3 b b 4, & celui qui eſt à côté en portion de Cône tronqué, dont la petite baſe eſt marquée 3 P 2, eſt celui qu'on apelle *trompillon*, qui ſeroit la moitié de la Clef d'une voute Sphérique, dont les joins de lit ſeroient horiſontaux.

Tous ces differens vouſſoirs ſe voyent raſſemblez dans la moitié d'une Voute Sphérique, deſſinée en perſpective au nombre 166, laquelle Fig. montre comment les joins des rangs de vouſſoirs, répondent au quarré inſcrit dans le cercle horiſontal qui comprend leur projection.

L'IDE'e de ce genre de conſtruction de Vouſſoirs d'enfourchemens, par l'inſcription de leurs angles dans un ſegment de Sphère, apartient à M. de la Ruē, je n'ai fait ici que de la rendre plus ſimple, & plus exacte pour l'exécution, parce qu'il ne donne qu'une maniere de tâtonnement méchanique très incertaine, pour la poſition des cerches, qui eſt de voir ſi elles joignent au fond du ſegment, qu'il apelle *écuelle*.

Explication Démonſtrative.

LA juſteſſe de cette méthode ſera facile à apercevoir, ſi l'on ſe repreſente toutes les lignes de la projection, ſur leſquelles nous avons décrit des arcs de cercles, comme autant de portions de diametres de cercles élevez ſur le plan horiſontal I 5 O, u 5. à angle droit, & les perpendiculaires tirées ſur ces lignes, comme autant de verticales, qui ſont les ordonnées de chacun de ces cercles, dont les lignes de projection ſont les abſciſſes, leſquelles ſont formées par l'interſection des differens plans qui ſe croiſent dans la Sphère, & la coupent en differentes zônes & ſegmens, qui ont autant de Poles, que le Polygone inſcrit dans le cercle de la baſe, a de côtez; Or comme tous ces cercles majeurs & mineurs ſont verticaux, ils ſont tous exprimez dans la projection horiſontale, par des lignes droites ſuivant le Théoreme I. du 2ᵉ Livre; de ſorte que pour connoître la grandeur de leurs arcs, correſpondans aux lignes de la projection, il faut en faire une élévation, comme si l'on couchoit le plan vertical, dans lequel ils sont, sur le plan horisontal, parce que le diametre est commun à l'un & à l'autre plan, dont il est l'intersection; Ainsi la figure 164. est un mélange de Plan Ichnographique, & d'élévation ou Ortographie, pour ne pas multiplier le nombre des figures, & en conserver plus facilement le raport, & avoir des points communs à la projection horisontale, & à la section verticale de la Sphère, faite par ces points donnez dans le Polygone, inscrit au cercle de l'imposte, ou naissance de la voute; En quoi on peut s'aider l'imagination, par des morceaux de papier ou de carton, découpez & apliquez à l'équerre sur le plan horisontal.

Seconde *Méthode*, de faire les Voussoirs d'enfourchement, *par le moyen des Panneaux de doële plate.*

La perte de pierre est si considérable en suivant la méthode précédente, particulierement pour le premier Voussoir à branches, que j'ai cru devoir en proposer une autre, plus propre au menagement auquel on est souvent forcé, & même plus précise; car au lieu de former un segment entier, on ne formera que le triangle sphérique; dans lequel se trouve le voussoir d'enfourchement, par le moyen d'une doële plate.

PLAN. 55. Soit, (fig. 170.) le cercle A P B *p* D, le plan horisontal de la voute
Fig. 170. sphérique, qui est proprement celui de son imposte, dans lequel on a inscrit un Polygone à volonté, par exemple ici un triangle équilateral A B D, on menera par le centre C, les diagonales A C N, B C *s*, D C S, prolongées indéfiniment, qui couperont le cercle A B D, aux points P *pp*, où seront les pôles des joins de lit de chaque secteur A C D, A C B, B C D.

On divisera ensuite les arcs A P, ou B *p*, en autant de parties égales, qu'on voudra avoir de rangs de voussoirs dans les segmens A B, ou B D, que retranchent les côtez A B, ou B D, du Polygone inscrit, plus une moitié de partie 5 *p*, pour le trompillon, comme ici en 4, 5, aux points 2, 3, 4, 5, *p*, par lesquels on menera des parallèles à 2, 9; 3, 8; 4, 7; 5, 6 : qui seront les projections des joins de lit des voussoirs, compris dans la partie de la Sphère, qui est hors du Polygone.

Pour avoir celles des Voussoirs, qui sont au dedans du Polygone, il n'y a (dans la figure présente,) qu'à tirer des mêmes divisions 2, 3, des parallèles 2 9, 2, E, 3, F, jusqu'à la diagonale A C, ou bien tirer par le centre C, une parallèle C P, qui coupera le cercle en *r*, & diviser l'arc *r* 5, en deux parties & demie, ou plus, si on le juge à propos, aux points 2, 3; ou en d'autres, si cet arc donne de plus grandes

page 339.

ou de plus petites divisions, & par les points où ces lignes couperont les diagonales E r°, d° q°, on menera des paralleles aux autres côtez du Polygone, qui en formeront de semblables à A B D, lesquels feront les projections des joints de lit des vouffoirs, compris dans le Polygone infcrit.

Presentement pour former le *panneau de doële plate* du premier vouffoir d'enfourchement à l'angle A, on menera par le point E, qui eft la projection de fon angle rentrant au lit de deffus, la ligne H K, perpendiculaire à la diagonale A C, qui fera terminée aux côtez A B en H, & A D, en K ; puis fur A B comme diametre, & du milieu m, pour centre, ayant décrit un arc indéfini A b, on élevera fur A B, la perpendiculaire H l, qui coupera cet arc au point b, & l'on tirera la corde A b, qui fera un des côtez de la doële plate, qu'on décrira comme il fuit.

D'un point A pour centre, mis à part, comme à la fig. 171, & de l'intervale de cette corde A b pour rayon, on décrira un arc de cercle, dans lequel on infcrira la ligne k b, égale à K H du plan horifontal de la fig. 170, & l'on tirera les lignes A k, A b, le triangle A k b, fera la doële plate que l'on cherche, qui eft fuffifante pour l'ufage qu'on en veut faire, car la véritable eft un quadrilatere qu'on trouvera facilement fi l'on veut.

Des points k & b, de la fig. 171. pour centre, & de l'intervale H b, de la fig. 170. pour rayon, on fera des arcs qui fe couperont en y, d'où comme centre & du même rayon, on décrira un arc de cercle k m b ; fi du milieu m de cet arc, on tire des lignes aux points k & b, le quadrilatere k m b A, fera la doële plate qui touche en quatre endroits une portion de Sphère, qui eft la doële du tronc de l'enfourchement des premiers rangs de vouffoirs verticaux.

Comme il convient à la bonne conftruction d'ajoûter quelques commencemens de branches à ce tronc d'enfourchement, au lieu de tirer la ligne H K, de la fig. 170. par le point E, il faut la tirer un peu plus près du centre C, fuivant que l'on veut faire fes branches longues, ou courtes, par exemple en L, & alors faifant l'opération comme il a été dit ci-devant, au lieu du point F, on aura un point l, & au lieu du point b fur l'arc A b, on aura un point n, & une corde A n, au lieu de A b, dont on fera le même ufage.

La doële plate étant tracée, comme à la fig. 171, il faut chercher le biveau de cette doële, avec les plans verticaux, où font les arcs formez par les fections, fur les diametres donnez A B, & A D, afin de pofer les cerches de l'arc A b, dans leur fituation à l'égard de cette doële plate.

Des points k & b pour centres, fig. 171. & de l'intervale H A, de la fig. 170. pour rayon, on fera des arcs vers a & a indéfinis, & du point A pour centre de l'intervale b H, de la fig. 170 pour rayon, on décrira de part & d'autres des arcs qui couperont les précédens, aux points a & a, & l'on tirera les lignes a A, ak & ab, a A, ces trois triangles de suite feront le developement des furfaces d'une pyramide renverfée, dont on cherchera les angles des plans par le Probl. XII. du troifiéme livre.

Par un point D pris à volonté fur A b, ou A k, il n'importe, on tirera à cette ligne une perpendiculaire b N, qui coupera les côtez A k & A a en b & en N, on portera A N, fur A a en A n, & l'on tirera nb, puis du point b pour centre, ayant fait un arc $n x$, & du point D auffi pour centre, un autre N x, qui coupera le précédent en x, l'angle b x D, fera celui du biveau que l'on cherche, & b x v fon fuplemennt, dont on fera ufage, comme il fuit.

Application du Trait fur la Pierre.

Ayant dreffé un parement B C D E, fig. 174, on y tracera le triangle de la doële plate A k b, de la fig. 171, ou fi l'on veut le quadrilatere A k m b, puis ayant pris avec la fauffe équerre l'angle b x v, de la fig. 171, & une cerche formée fur l'arc A f i b, de la fig. 170, on fera une plumée ou rigole le long d'un côté A K, de la fig. 174, pour y apliquer cette cerche, & pour lui donner l'inclinaifon de l'angle aigu qu'elle doit faire avec la doële plate, on pofera la fauffe équerre ouverte comme nous l'avons dit perpendiculairement au côté A K, & l'on apuyera la cerche contre la branche qui eft en bas dans cette pofition, on formera exactement la plumée, & on tracera de même l'arc A H.

Au lieu de prendre l'angle du fuplément b x v, de la fig. 171, on auroit pû prendre l'angle naturel b x D, mais alors on auroit été obligé de couper les branches du biveau, à la longueur de la flèche f l, de l'arc A b de la fig. 170, pour pouvoir l'apliquer dans la plumée, comme on l'a repréfenté fur la ligne A K, de la fig. 174, ce qui eft moins expéditif.

On en fera autant fur le côté A H, de la fig. 174, puis avec la cerche de l'arc k m b, de la fig. 171, pofée avec le biveau A F z, de la fig. 170, on tracera un troifiéme arc K M H, à la fig. 174, qui terminera le triangle fphérique du tronc de l'enfourchement, fuivant lefquels on creufera la doële fpérique, dans laquelle on aura les quatres points A K M H, repréfentez à la projection de la fig. 170, par les points

A K E H, & l'arc du milieu, qui est une portion du cercle majeur dont la cerche se formera sur le cercle A B D, de la grandeur de l'arc qui conviendra, qui est au moins A F, pour le tronc, & plus, si on y ajoute des branches comme il convient, au moins un peu, pour former l'angle rentrant du lit de dessus, qui doit recevoir l'angle saillant du lit de dessous du second voussoir.

Il ne reste plus qu'à retrancher de ce triangle sphérique, un autre petit triangle qui excede la direction du joint en lit, qui doit faire le coussinet du rang de voussoirs élevez sur le diametre A B, lequel triangle étant exprimé à la projection par le rectiligne E I H, il faut chercher la valeur d'un de ces trois côtez sur les profils, qui est celle de I H, laquelle est donnée sur l'arc A b en i b, on la portera à la fig. 174, sur l'arc tracé H A en H i, puis ayant posé une regle pliante sur les points i & m, on tracera dans la surface concave de la doële, l'arc i M, qui donnera l'arête du lit de dessus du tronc de l'enfourchement, sur lequel s'établit le premier voussoir simple du rang vertical, sur le côté A B du Polygone A B D, dont on formera la coupe avec le biveau A i d, de la fig. 170.

Nous supposons ici que le point M, soit celui du sommet de l'angle d'enfourchement du lit de dessus, de sorte que ce premier voussoir n'est que le tronc, d'où partent les branches que forment les deux rangs de voussoirs qui en sortent, dirigez l'un sur A B, l'autre sur A D; il est aisé de voir que si ce même voussoir formoit déja un commencement de ses branches, il seroit aisé de retrancher la partie de l'angle rentrant qui seroit à leur origine, en traînant la longueur de la corde A g, de la fig. 170, sur l'arc A H, de la fig. 174, & sur l'autre arc A K, perpendiculairement à ces arcs, l'intersection de la trace de ces cordes donnera dans la doële sphérique creusée, l'angle de la naissance du second voussoir d'enfourchement qu'on abattra, suivant le biveau formé sur l'angle de coupe A P S, dans le milieu de l'angle d'enfourchement, & les branches suivant les biveaux de lit & de doële du rang A B 2 G, comme s'il s'agissoit d'une voute simple à rangs de voussoirs verticaux; cet angle rentrant convient pour y placer l'angle saillant du voussoir d'enfourchement, qui doit être posé au dessus, parce qu'il en assujettit la pointe sur la diagonale du premier.

Ce second voussoir doit aussi avoir des branches, & se formera tout comme le premier, prenant sa naissance inférieure au point F, du profil qui est représenté en projection par le point E, & la corde E Q, pour la diagonale, si le voussoir étoit sans branches commencées, ou F c, si on vouloit que ses branches eussent pour longueur la moitié du rang.

E M, & pour avoir la valeur de l'arc dont la projection est E M, on fera un profil sur le diametre G 2, comme on l'avoit fait pour le premier vousloir sur A B, en retranchant de ce second profil la hauteur I *i* du premier, ce qui est facile après les exemples que nous avons donnez de pareils profils, à la construction précédente des voutes sphériques, par la méthode des segmens de Sphère, aux figures 164, 165, 167 & 168.

Explication Démonstrative.

Pour former le premier voussoir d'enfourchement, qui est le concours des deux rangs élevez sur les côtez A B & A D du Polygone inscrit, nous avons commencé par suposer un triangle, apliqué à la surface concave de la Sphère qu'il touche en trois points, dont les projections sur le plan horisontal, sont A, H & K, les cotez de ce triangle sont les cordes de trois arcs trouvez par les profils, comme nous avons fait à la méthode précédente, sçavoir a *b*, valeur de la projection A H, & son égale A K, par la construction; & parce que la corde H K est horisontale, la valeur en est toute trouvée, c'est pourquoi nous l'avons inscrit dans l'arc *k b* de la fig. 171, où il est clair que le triangle A *k b*, est la valeur de la projection A K H, de la fig. 170.

Cette surface étant suposée apliquée dans la Sphère, entre les plans verticaux des joins de la voute, exprimez par les lignes A B & A D, qui en sont les projections, est un côté de Pyramide triangulaire renversée, dont la pointe est à la naissance de la voute en A; & la base dans un plan horisontal imaginaire passant par le point F, qui exprime en profil la corde dont la projection horisontale est H K; de sorte que la hauteur de cette Pyramide renversée, est une verticale élevée sur le point A, qui est égale à la ligne H *b*, plus à l'excès de la hauteur K F, sur H *b*. Ainsi nous avons les quatre triangles qui comprennent cette Pyramide, sçavoir, 1° (fig. 171) A *k b*, qui couvre la partie de la surface concave de la Sphère où est la douële du voussoir, 2° deux triangles qui sont les sections des plans verticaux, coupant la Sphère par les lignes A B & A D, & le triangle horisontal A H K, qui la coupe par les points K & H, un peu au dessous de la hauteur F. Ainsi par le Problême 12 du 3ᵉ livre, nous avons pû chercher les angles d'intersection de ses surfaces entre-elles, qui sont les vrais biveaux de la douële plate avec les plans verticaux, où sont les arcs montans des joins de lit, tournans de A en B & en D; mais comme ces plans ne continuent pas au delà de ces arcs, dans la coupe qui doit faire un angle obtus mixte avec la douële concave, ces biveaux ne servent qu'à trouver la position de cerches de ces arcs, lesquels étant tracez en angle rentrant, deviennent ensuite une arête saillante de lit & de doële, dont le biveau est celui de l'angle mixte, fait par un arc de cercle majeur avec son rayon prolongé.

Il est visible que cette disposition de Trait est plus générale, que celle des *écuelles* ou segmens de Sphère, puisqu'elle ne convient pas seulement aux voûtes exactement sphériques, mais aussi aux culs-de-four surhaussez ou surbaissez; En effet, si l'on substituoit des arcs Elliptiques, aux circulaires élevez sur A B, ou A D, il ne surviendroit aucun changement à la maniere de trouver les biveaux de doële plate avec les plans de ces arcs; or ces arcs étant tracez sur la doële, le reste de la construction suit le train ordinaire des coupes convenables aux joints & aux lits des sphéroïdes.

Troisiéme méthode de faire les Voussoirs d'enfourchement, par Panneaux fléxibles, *suivant le sistême de la réduction de la Sphère en Cônes tronquez.*

Quoique la maniere dont Philibert De Lorme & ses sectateurs, Jousse, Déran, & Dechalles, ont tracez les Panneaux des enfourchemens des Voutes Spériques fermées en Polygones, soit très fautive, comme l'a fort bien remarqué M. de la Ruë, il ne s'en suit pas, ainsi qu'il le croit, qu'on ne puisse en faire de plus justes, suivant le même sistême de la réduction de la Sphère en Cônes tronquez, en faisant quelques changemens à leur construction. Nous avons déja prouvé que ce sistême n'est point fautif dans son principe, mais seulement qu'il ne pouvoit conduire l'opération, à l'entiere perfection de la formation d'une surface sphérique, en ce qu'il étoit borné à celle d'une conique inscrite dans la Sphère; la même vérité subsiste, soit que les Voussoirs ayent des branches comme ceux des enfourchemens, ou qu'ils n'en ayent point; qu'ils soient triangulaires, ou qu'ils ayent leurs côtez paralleles; ainsi nous l'avons purgée du reproche de *Perrault* intrinseque. A l'égard de celui de l'incommodité de l'exécution, en ce que *l'éloignement des centres des arcs à décrire, peut causer de l'embarras pour la place*, comme le remarque l'Auteur cité, nous y avons pourvû au Probléme VIII. du 3ᵉ livre.

La projection horisontale des joins de lit étant faite, comme il a été dit aux deux exemples précédens du quarré inscrit, fig. 164, ou d'un triangle équilateral, fig. 170, on prolongera les cordes des arcs G A, Fig. 170. & g A, jusqu'à ce qu'elles rencontrent les diagonales D C, en S, & B C, en s, où seront les sommets des Cônes A S N, A s N, dont les ranges de voussoirs verticaux G A B 2, & g A D 9, sont des parties tronquées; lesquels deux Cônes égaux se pénétrent suivant une section, dont

A N est la projection horisontale ; par conséquent pour avoir le developement de ces Cônes tronquez, on décrira du centre S, & des intervales S G, & S A pour rayons, la portion de Couronne de cercle indéfinie A G W *, & du centre *s*, & des intervalles *s g*, *s* A pour rayon, une autre portion de Couronne égale A T *t g*, qui croisera la précédente de *x*, en X, la figure *x* * W X *t* T *x*, est celle que les Auteurs citez, prenoient pour Panneau de leur doële très mal à propos, comme on va le démontrer.

Erreurs de l'ancien Trait.

Premierement, on ne peut faire ce panneau d'une seule piece, il faut nécessairement qu'il soit de deux, parce que l'enfourchement est un composé de deux surfaces coniques, qui se rencontrent dans un angle rentrant.

Secondement, le contour de la ligne du milieu, n'est pas une ligne droite comme dans l'ancien Trait l'est *x* X, mais une ligne courbe qu'il faut tracer comme il suit.

Troisiémement, la ligne X *x* diagonale du Panneau est trop courte, ainsi il faut réformer & rejetter cet ancien Trait.

Correction & réforme de ce Trait.

Ayant abaissé du point E, sommet de l'angle de la projection du lit de dessus du premier voussoir de l'enfourchement, une perpendiculaire E *e*, sur la ligne G 2, on décrira du point M, pour centre, & de la longueur M G pour rayon, un arc G *e*, qui coupera E *e*, au point *e*.

On divisera cet arc G *e*, en autant de parties égales qu'on voudra avoir de points de la courbe, comme ici en quatre aux points 1, 2, 3, d'où l'on abaissera des perpendiculaires sur G E, qu'elles couperont aux points *b*, *b*, *b*, par lesquels on tirera des lignes dirigées au point S, qui couperont la ligne A E, aux points 2¹, 2², 2³, par lesquels on menera des parallèles à G E, qui couperont la corde A G, aux points v *u*. On portera ensuite les intervales de chacune des divisions de l'arc G *e*, sur l'arc de devélopement G W, aux points 1, 2, 3, *e¹*, par lesquels on tirera des lignes dirigées au point S, comme 1. 1¹, 2. 1², 3. 1³, indéfinies ; puis du point S, pour centre, & des intervales S v, S *u*, pour rayons, on décrira des arcs de cercles qui couperont les droites ci-devant, aux points 1¹ . 1², 1³, par lesquels on tracera à la main, une courbe A 1¹, 1², 1³, *e¹*, qui est une portion d'Ellipse dévelopée sur le Cône ; laquelle est le dévelopement de celle
du

DE STEREOTOMIE. Liv. IV. 345

du milieu de l'enfourchement, de sorte que le triangle mixte distingué par une hachure A e^4, 1^4, est le panneau de la moitié du premier voussoir, laquelle moitié est représentée au plan horisontal, par le triangle rectiligne A E I. L'autre moitié du panneau étant en tout égale à celle-cy, le même demi panneau retourné en sens contraire, servira à tracer le reste de la surface du premier voussoir d'enfourchement, ce qui demande une préparation sur la pierre, & des attentions particulieres pour l'y apliquer ; mais il faut auparavant connoître & tracer la courbe, qui se forme à l'angle rentrant des deux surfaces coniques, pour en former une cerche.

AYANT prolongé les lignes S B & A C, jusqu'à ce qu'elles se rencontrent en N, & divisé en deux également A N en n, on tirera par ce point n la ligne 1^4, 1^5, parallele à A B, qui coupera les lignes S A, S B, prolongées aux points 1^4, 1^5, puis ayant tiré à cette ligne une perpendiculaire n 1e, du point Q^e, milieu de 1^4, 1^5, pour centre, & de cette moitié pour rayon, on décrira un arc 1^4, 1^5, qui coupera n 1e, au point 1e; la ligne n 1e, sera le demi petit axe conjugué au grand A N, par le moyen desquels on décrira à part, (fig. 175.) la demie Ellipse A 2e N.

ENSUITE ayant porté le demi diametre A C, de la fig. 170, de A en C, de la fig. 175, on décrira le demi cercle A e p, qui coupera la demie Ellipse A 2e N au point e, l'arc Elliptique A y e, est celui sur lequel on doit former le contour de la cerche du milieu de l'enfourchement, qui est un angle rentrant formé par la rencontre de deux portions de surfaces coniques ; c'est pour quoi la cerche doit être délardée en chanfrain, sur l'épaisseur de la planche dont elle est faite.

IL faut encore tracer par la même maniere une demie Ellipse g s e, fig. 175, dont le grand axe se trouvera en menant par g, une ligne g e, parallele à A N, fig. 170, & le petit sera la moyenne proportionelle, entre 4^5 d & d 3, de la ligne menée par le milieu d, parallelement à A B, observant de poser le point g, à distance de A, de la longueur de la fléche de la corde G g, de la fig. 170, qui est si petite icy, qu'on n'a pas pû la marquer correctement, & par le point e de l'Ellipse A N, on tirera une ligne au point e, qui coupera l'Ellipse sur g e, en un point s, dont on fera usage, comme on le va dire.

Aplication du Trait sur la Pierre.

AYANT dressé un parement G lg, fig. 172, de la largeur au moins de la corde G g, de la fig. 170, & de la longueur au moins de la corde A F, on portera sur la ligne du milieu A e, la longueur de la corde A s, puis aux deux côtez de cette ligne, on en tirera deux autres parallèles G I, i g, à distances égales à la demie corde G g, de la fig. 170, on prendra ensuite la longueur de la flêche de la corde G g, pour la profondeur d'un enfoncement de repaire, qu'on fera sur le trait du milieu en A, & la distance e x, pour un pareil repaire qu'on fera en e, puis on creusera une plumée le long de cette ligne du milieu, avec la cerche formée sur l'arc Elliptique A e, de la fig. 175, posée sur les deux repaires & perpendiculaires au parement dressé : On en creusera deux autres sur les lignes G I, i g, avec la cerche formée sur l'arc Elliptique g x, tenuë aussi perpendiculairement au même parement, & on formera à la regle apuyée sur deux plumées une surface conique, comme il a été dit au commencement de ce livre, de chaque côté du milieu, laquelle fera avec la conique de l'autre côté un angle rentrant.

Ces deux surfaces coniques étant faites, on y apliquera le panneau fléxible de carton, ou autre chose, découpé sur le triligne mixte A e¹, 1 d, de la fig. 170, pour en tracer le contour d'un côté & d'autre du milieu, en le retournant de droite à gauche, comme on voit à la fig. 172. à chaque moitié.

Il ne reste plus pour achever la douële, que de la recreuser un peu sur les milieux de chaque portion conique, pour effacer l'angle rentrant du milieu A e, en y apliquant une cerche de l'arc G A g, d'un cercle majeur A B D, que l'on fera mouvoir sur les arcs tracez A 1ᵈ, A 1ᵈ, comme nous l'avons dit pour la formation des surfaces sphériques. Ensuite de quoi on formera les lits & les coupes, avec les mêmes biveaux qu'aux deux méthodes précédentes.

Quoique je propose ici une application du trait sur la Pierre dans l'exactitude Géométrique, ce n'est que pour en montrer la possibilité, & même la facilité, car on peut se relâcher de cette grande précision dans la pratique, sans qu'il en puisse résulter aucune erreur sensible, dans les voûtes où il y a plusieurs rangs de voussoirs, entre les angles du polygone & leurs pôles.

Alors on peut s'épargner la peine de tracer les arcs Elliptiques A N & g e, de la fig. 175, en leur substituant sans façon, un arc de cercle majeur formant une zône de Sphère, ou un triangle sphérique indéfini, où l'on apliquera le panneau fléxible de part & d'autre; d'un arc de cercle majeur tracé au milieu du voussoir, puisqu'une telle circulaire A a e, est si peu enfoncé au dessous de l'Elliptique, que presque la différence est presque imperceptible, & que [...] pliée dans la surface sphérique, ne peut donner une différence de largeur qu'on puisse percevoir, étant comprise de[...]

surface conique dans la partie étroite vers A, elle pourroit seulement en donner à l'endroit où le paneau a toute sa largeur, comme en E I; mais quelle différence de longueur y a-t'il entre la corde A G, dans cet exemple & son arc, qui n'est que d'environ 13. dégrez? elle est si petite qu'on peut la négliger. Il n'en étoit pas de même dans l'ancien trait, où le panneau avoit le double de cette largeur en R r, fig. 170.

Ainsi pour faciliter cette construction sans inconvenient, on peut tout d'un coup former une surface sphérique, & y appliquer les panneaux de dévelopement. En effet après avoir formé à la rigueur les deux portions de surfaces coniques, on trouvera que pour y faire passer une surface sphérique, il n'y aura presque pas de ragrément à faire qui en vaille la peine, pour peu que la voute soit grande, & ce ragrément sera d'autant moindre, que la largeur du voussoir sera petite, à l'égard de la circonférence du cercle majeur de la Sphère; & ordinairement dans les voutes qui auront plus de 15. à 20. pieds de diametre, il se réduira presque à rien.

Nous ne dirons rien des branches des voussoirs qui excedent la longueur de la partie commune A E, qu'on peut apeller le tronc, on peut les alonger autant qu'on le jugera à propos, suivant la grandeur de la pierre avec laquelle on fait le voussoir d'enfourchement, cette partie de branche qui excede le tronc, ne differant en rien des voussoirs des parties de voutes, dont les rangs sont verticaux, desquelles nous avons parlé cy-devant. Le joint de doële & de lit du panneau doit toujours être tiré au sommet S, comme W *a*, *l b* &c.

La doële creuse étant formée en portion de Sphère, & les joins montans tracez, on abattra la pierre avec les biveaux de doële & de lit, comme il a été dit pour toutes sortes de voutes sphériques, soit que les joins de lit soient en situation verticale ou horisontale.

La seule attention que l'on doit avoir, c'est de tenir toujours le biveau perpendiculairement à l'arête du joint, tant sur la doële que sur le lit.

Aplication de ce Trait aux Voutes Sphéroïdes, surhaussées ou surbaissées.

Nous avons montré, ci-devant, que le systême de l'inscription des Cônes tronquez dans la Sphère, pouvoit aussi bien convenir aux cul-de-fours surhaussez ou surbaissez, qu'aux sphériques à simples rangs de Voussoirs, pourvû qu'ils ne soient pas sur un plan ovale, c'est-à-dire, que ce ne soit pas un Conoïde de base Elliptique. Il sera aisé de faire voir aussi que si les rangs de Voussoirs sont variez dans leurs di-

348   TRAITÉ

Fig. 170. rections, les panneaux d'enfourchemens peuvent être faits par la même méthode que nous venons d'expliquer, si au lieu des arcs de cercles verticaux A F, A b, G e, qui ont servi à faire les profils des hauteurs des points E & H de la projection, on leur substitue des arcs Elliptiques surhaussez, si le cul-de-four excéde le plein cintre ; ou surbaissez s'il est plus bas, parce que nous avons donné au 2ᵉ livre, la maniere de trouver les Ellipses de toutes les sections d'un Sphéroïde, & nous en parlerons encore ci-après au chapitre suivant en parlant des Voutes Sphéroïdes.

Il est cependant vrai qu'en ce cas, les Cônes tronquez n'étant pas Droits sur une base circulaire, mais sur une base Elliptique, leurs dévelopemens ne seront plus des Couronnes de cercles, mais des Zônes comprises par deux courbes ondées, telles que sont celles des dévelopemens des Ellipses perpendiculaires à l'axe d'un Cône scalene, dont nous avons parlé au 3ᵉ livre, page 327, ainsi la construction devient beaucoup plus composée ; c'est pourquoi, si l'on a de pareilles voutes à faire, je conseille plutôt la méthode précédente de l'usage des doëles plates, que de celle ci, parce qu'elle sera moins composée, plus expéditive, & plus sûre ; mais de telles sortes de voutes tombent rarement dans la pratique, un Architecte qui formeroit de pareils desseins, se tailleroit inutilement de la besogne difficile.

Explication Démonstrative.

La premiere partie de la construction qui concerne la formation des Cônes tronquez, & de leur dévelopement a déja été expliquée ci-devant, lorsqu'on a parlé de la formation du Trait des Voutes Sphériques, par le moyen de ce systême.

Il s'agit ici d'expliquer ce qu'il y a de particulier à cette espece de Voute, dans la variation de ses joins.

Il est visible que les rangs de Voussoirs étant tournez différemment, autant de fois que le Polygone inscrit a de côtez, il se forme aussi autant de Cônes tronquez, qui se pénetrent suivant les diagonales, A C, B C, D C, qu'il y a de rangs de Voussoirs enfermez dans le Polygone A B C, ainsi en les supposant prolongez, on peut considerer autant de Cônes égaux qui se pénetrent, dont les axes se croisent au point C ; Or nous avons démontré au Theoreme 27. du premier livre, qu'en pareil cas les courbes faites par leur pénétration étoient planes, & qu'elles suivoient la nature de la position de la diagonale A C N, considerée comme un plan qui coupe ces Cônes perpendiculairement à leurs triangles par l'axe A S N, A s N ; ici cette diagonale A N, coupe les deux côtez du Cône S A, & S N, par conséquent elle forme une Ellipse, & non pas un cercle comme l'a cru M. de la Ruë, avec les Auteurs qu'il critique, dont il n'a connu qu'une partie de l'erreur; car ce cas de section circulaire ne peut arriver dans aucun Polygone inscrit, mais seulement sur une seule diagonale, lorsque les axes des Cônes se confondent, comme il a été démontré au Théoreme cité du premier livre.

Dans les Polygones au dessus du quarré, cette courbe est une hyperbole, ou bien une parabole, ce qui ne pourroit arriver que par un grand hasard.

Quelle que soit cette courbe, formée à l'angle rentrant par la pénétration des deux Cônes, il est clair que son dévelopement, sur une surface conique étenduë sur une plane, ne peut être une ligne droite, mais une courbe dont la convexité est tournée vers la base, par conséquent deux de ses arcs tournez du côté de leur convexité, ne peuvent se réünir dans un plan; donc cette courbe dévelopée ne peut être commune aux deux surfaces coniques opposées, qui forment la doële de l'enfourchement. Donc il est impossible de faire un panneau d'une seule piece qui puisse s'y apliquer, si fléxible qu'en soit le carton, c'est pourquoi nous n'en faisons qu'une moitié.

Sans nous embarrasser de connoître cette courbe, nous la décrivons par notre construction, en faisant le dévelopement du triangle rectiligne G A E, qui représente la partie du Cône tronqué A B 2 G, restant de la pénétration du Cône tronqué A g 9 D, hors de la diagonale A E; car si on releve la portion de cercle G e E, sur son côté G E, perpendiculairement au plan horisontal A B D, on connoîtra que c'est une partie de la base du Cône tronqué G 2 B A, laquelle ayant été divisée à volonté en plusieurs parties égales 1, 2, 3; si l'on supose des plans verticaux passans par ces divisions, & par le sommet du Cône S, on aura sur le plan horisontal leurs projections en b 2^1, b 2^2, b 2^3, qui donneront sur la diagonale A E, des divisions 2^1, 2^2, 2^3, correspondantes à celles de la portion de base A e, aux points 1, 2, 3.

Presentement si l'on tire des parallèles à la base G E, par les points 2^1, 2^2, 2^3, elles couperont la corde G A, aux points v n u, par où, & du point S pour centre, ayant fait des arcs de cercles concentriques au développement G W, de l'arc de cercle dont G 2 est la projection, chacun de ces arcs seront les développemens des lignes droites u 2^1, n 2^2, v 2^3; or puisque nous avons déja fait l'arc G e^4, sensiblement égale à l'arc G e, par une opération Méchanique, (la Géometrie n'en fournissant pas d'autre,) & que de ses divisions aussi

350 TRAITE'

égales, nous avons tiré des lignes droites au sommet S du Cône, il est visible que ces arcs de dévelopemens sont divisez proportionnellement à ceux de la projection A E, par conséquent que les points 1', 1', 1', répor droient exactement sur 2', 2', 2' de la projection, si le dévelopement G e⁴ A, étoit replié sur la portion de Cône G A E, qui est hors de la section A E, par conséquent la courbe A 1', e⁴, est le vrai dévelopement de la diagonale A E, de l'intersection des deux Cônes tronquez, & le triangle mixte A e⁴ i⁴, sera le vrai panneau de la moitié du tronc de l'enfourchement, qui est le dévelopement de la surface conique triangulaire, marquée au plan horisontal A E I, ce qu'il falloit faire.

Ce Panneau étant supofé bon, il est clair que l'aplication en a été bien faite sur la pierre, car nous avons pris l'angle rentrant que font les cordes A G, & A g, qui sont à la surface des deux Cônes tronquez qui se pénetrent au dessus du point E, où elles font un angle un peu plus aigu que n'est l'angle g A G ; ainsi nous avons donné à chaque moitié du tronc de l'enfourchement l'inclinaison qu'elle doit avoir à l'égard de l'autre avec laquelle elle fait un angle rentrant, suivant la

Fig. 175. courbe A g e, de la fig. 175, comme nous l'avons dit.

Apre's avoir démontré la justesse de notre Trait, il est à propos de faire voir en quoi péche celui des anciens Auteurs de la coupe des pierres, pour montrer la fausseté du raisonnement du Pere Déchalles qui l'avoit adopté, & suppléer à la remarque de M. de la Rue, qui a bien indiqué la faute de leur Trait, mais non pas d'où elle venoit, ni en quoi elle consistoit, car la preuve Méchanique qu'il a voulu donner par le moyen des piéces mobiles de papier découpé, n'est que l'exposition d'un seul cas, qui ne conclut pas pour les autres, & qui n'éclaire point l'esprit.

Démonstration de l'erreur de l'ancien Trait des Panneaux d'enfourchement des Voutes Sphériques, fermées en Polygone.

On peut démontrer cette erreur par plusieurs raisons.

1°. Parce que le Panneau qui est la partie commune de deux Couronnes de cercles, qui sont le dévelopement de deux Cônes tronquez, qui se croisent en changeant de place, change aussi de grandeur relative de l'envelopement, ou dévelopement.

2°. Parce qu'on ne peut faire ce Panneau d'enfourchement de doële, d'une seule piéce.

3°. Parce que la ligne du milieu de ce Panneau, ne peut être une ligne droite.

4°. Parce que fupofant qu'elle pût l'être, elle feroit trop courte pour fe plier fur l'arc de cercle de la Sphère, auquel elle doit s'apliquer d'un bout à l'autre.

La premiere fource de l'erreur de Philibert De Lorme, inventeur des Panneaux de dévelopement des Doëles Sphériques en furfaces, aplicables aux Cônes tronquez, vient aparamment de ce qu'il a cru que puifque la Couronne de cercle G W a A, étoit le dévelopement du rang de vouffoirs G 2 B A, & que l'autre portion de Couronne g t T A, étoit celui du rang g 9 D A, la partie X R x r, commune à ces deux Couronnes devoit être le panneau de l'enfourchement, exprimé dans la projection horifontale, par le Rhumbe A Q E q, qui eft auffi commun aux deux Cônes G B & g D, qui fe croifent.

Mathurin Jousse, le Pere Deran, & ce qui eft encore plus furprenant le Pere Dechalles, qui étoit Mathématicien, ont donné dans la fauffe lueur de ce raifonnement, fans s'apercevoit qu'il ne pouvoit conclure que pour un dévelopement, dont les parties demeuroient entre elles à même diftance où elles étoient, fur la furface du corps envelopé.

Or, il eft clair que les deux Couronnes de cercles, qui font des dévelopemens des deux Cônes tronquez G B, g D, infcrits dans la Sphère, n'ont pû être tranfportées fur une furface plane, leurs côtez A G, A g, reftans inmobiles, fans que leur partie commune change de place & de grandeur ; donc elle ne peut repréfenter celle qui eft commune aux deux Cônes, qui fe croifent dans la Sphère.

Pour prouver cette mineure, il fuffiroit de montrer la figure 170, *Fig. 17* où l'on voit que les deux arcs A b x, A d x, qui font les dévelopemens des arcs A B, A D, s'écartent du point A avant que de fe réünir au point x, d'où il fuit que ce point x, ne doit plus repréfenter le point A, affecté à la naiffance horifontale des arcs de dévelopement, ni la ligne X x, la courbe d'interfection des Cônes en angle rentrant, exprimée à la projection par A E.

Pour prouver ces dernieres conféquences, j'établis le Lemme fuivant.

LEMME

Si l'on fait mouvoir deux Couronnes de cercles égales, qui fe croifent autour de leurs rayons ou diametres, comme fur des axes de révolution, je dis:

1°. Que plus les axes de révolution seront inclinez entre eux, plus l'interfection sera éloignée de la ligne qui passe par les deux centres des Couronnes.

2°. Que plus l'interfection sera éloignée de cette ligne, plus la diagonale qui lui est perpendiculaire sera courte, & au contraire plus la diagonale de la partie commune des deux Couronnes, perpendiculaire à la précédente, sera longue.

Fig. 173.   SOIENT (fig. 173.) deux portions de Couronnes de cercles égales, H g A I, A F K d, dont les rayons C g, T d, font en ligne droite; Soient aussi deux autres Couronnes de cercles égales aux précédentes, H g A I, G A W x A, dont les axes C g, C' G, se croisent en A, on tirera par l'intersection X, la ligne X o, perpendiculaire à la ligne C c', passant par les centres C, c'; je dis que X o, est plus grand que e A, & x X plus petit que e A.

LA premiere partie est claire, car les lignes C X, & C e, sont égales comme rayons du même cercle, & C o plus petit que C A, opposée à l'angle droit C o A; or dans les triangles rectangles C o X, C A e, la somme des quarrez de C o, + o X, est égale à celle des quarrez de C A + A e, donc en retranchant le quarré de C e, plus petit que celui de C A, il restera X o, plus grand que e A.

SECONDEMENT, suposant les Couronnes & la ligne X o prolongées, il est clair que o X = o Z, & o x = o A, par conséquent X x = A z, par la même raison A e = A E. Or par la 31°. du 3°. livre d'Eucl. ou par la 15°. du même A E = A e, est plus grand que A z; donc A e est plus grand que X x, ce qu'il falloit démontrer.

PAR la même raison, si l'on supose une autre portion de Couronne H I A g y Y, dont le centre est au point y, qui coupe la précédente H g A I; on démontrera que la diagonale Y I, est plus petite que X x; car puisque A y = Y I, & X x = A z, & que la ligne A y, s'aproche plus de la ligne C g, qui passe par le centre du cercle, A z, sera plus grande que A y = I Y, donc X x = A z, est plus grand que I Y, ce qu'il falloit secondement démontrer.

Nous n'avons pas besoin de démontrer que l'autre diagonale devient plus grande, pour le sujet dont il s'agit, on peut le voir dans la figure. il nous suffit de conclure que si les axes diviennent parallèles, comme C g, C' N, alors la diagonale de la partie commune aux deux Couronnes, qui passe par leurs centres, est la plus petite qu'il se puisse, parce qu'alors elle est égale à la différence du grand & du petit rayon de chaque Couronne; & que si les axes concourrent en ligne droite, elle est plus grande, étant égale au Sinus droit de l'arc e g, dont cette

différence

DE STEREOTOMIE. Liv. IV.

différence est le Sinus verse, & qu'elle s'étend depuis le diametre à la circonférence extérieure, au lieu que les autres diagonales n'arrivent point au diametre.

COROLLAIRE I.

D'où il suit que plus l'angle que font les côtez des Cônes S A s, deviendra aigu, plus la diagonale S s, s'éloignera du point A, & de son équidistant x, par conséquent plus l'intervale x X se racourcira; c'est-à-dire que l'erreur du premier panneau d'enfourchement sera plus grande; or comme cet angle S A s, est égal à son oposé au sommet G A g, que font entre elles les cordes inscrites G A, & g A, dans les rangs de voussoirs verticaux qui se croisent; il suit que plus les rangs seront larges, les angles qu'elles feront entre elles en A, étant plus aigus, plus aussi il y aura d'erreur, & par un raisonnement contraire, plus ils feront étroits, moins il y en aura; de sorte que s'ils étoient infiniment étroits, la diagonale se confondroit avec la tangente au point A, & alors l'erreur s'évanoüiroit avec le Paralogisme du P. Déchalles, & toute la construction du Trait.

COROLLAIRE II.

Non seulement les differentes largeurs des rangs de voussoirs, changent les angles des arcs des Couronnes, mais encore le nombre des côtez du Polygone inscrit dans le cercle, raprochant ou éloignant la diagonale S s, du point A, change aussi la grandeur de la partie commune aux deux Couronnes de cercles, parce qu'elle racourcit ou alonge les rayons G S, g s; d'où il suit que plus le nombre de ces côtez est grand, plus ces rayons font courts, parce que l'angle A C S, qui est la moitié de celui du Polygone, devient plus aigu, & par conséquent la largeur des Couronnes a un plus grand raport à son rayon. La corde A g, c'est-à-dire la largeur du rang de voussoir, restant égale, parce qu'elle fait toujours la même angle avec le rayon A C, du Polygone de quelques nombres de côtez qu'il soit.

La *seconde raison* qui condamne l'ancien Trait, est qu'on ne peut faire ce panneau de doële d'enfourchement d'une seule piéce, parce que les Cônes tronquez G B, g D, qui se croisent en A E, font un angle rentrant solide curviligne, qu'on peut considerer comme une suite de ceux que feroient des pyramides d'une infinité de côtez. Or nous avons démontré au 3e livre, qu'on ne peut faire le dévelopement d'un angle solide d'une seule piece, qui n'est pas divisée par quelque angle rentrant, pénétrant jusqu'au sommet de l'angle solide; parce que (par la 21. prop. du 11e livre d'Euclide, les angles qui composent un angle folide font moindres que quatre droits ; donc il est impossible de faire d'une seule piece un Panneau de surface sur une sphere si fléxible qu'on voudra, qui puisse se plier & s'adapter parfaitement à l'angle rentrant de deux Cônes qui se croisent sans être plié en double, mais seulement de deux moitiez égales, comme nous le faisons dans notre nouveau Traité.

La *troisième raison* est que le dévelopement de la ligne d'intersection de ces deux Cônes, ne peut pas être une ligne droite ; car soit que cette ligne soit une Ellipse, comme nous l'avons démontré au premier livre, d'un cas pareil à celui-ci, soit qu'elle soit d'une autre section conique ; il est clair, (parce que nous avons dit au 3e. livre du dévelopement des sections coniques sur la surface du Cône,) qu'elle ne peut être une ligne droite. Or une telle courbe ayant sa concavité tournée du côté du sommet S, ou s du Cône, elle aura sa convexité tournée du côté de la base ; donc les deux arcs oposez ne pourront se réunir en une ligne droite ni courbe, mais seulement se toucher en un point, d'où elles s'écartent l'une de l'autre ; par conséquent les deux panneaux de chaque moitié dont la projection est A Q E, ou A q E, ne peuvent être assemblées en surface plane continuë, & si la concavité est tournée vers la base comme aux hyperboles, elles enfermeront un espace hors œuvre, qu'il faut retrancher de la surface, sur laquelle on les assembleroit, & qui les diviseroit encore en deux panneaux.

Fig. 170. Enfin *la quatrième raison*, qui est le défaut dont M. de la Ruë s'est aperçû, est que la ligne du milieu du panneau X x, est trop courte pour être couchée sur la Sphère, depuis le point A, au point F, auquel elle répond, comme on peut le voir en élevant sur A C, au point E, de la rencontre de la projection des Cônes tronquez, une perpendiculaire E F, sur le rayon A C, la ligne X x devroit être égale à l'arc A F.

Cette inégalité ne peut se démontrer que pour un cas particulier, & encore en suposant la rectification du cercle, parce qu'elle est variable. 1°. Suivant la largeur des voussoirs qui donne un plus grand ou un plus petit raport de l'arc A g, à l'arc A F. Secondement suivant le nombre des côtez du Polygone inscrit dans la Sphère, qui donne une plus grande ou une plus petite diagonale A E ; car si au lieu du triangle A B D, on avoit inscrit un exagone A P B p D p A, on auroit eu une diagonale B f, beaucoup plus petite que A E, & l'arc B 1, auquel elle répond, auroit eu un moindre raport à B f, & B 1 ou A g son égale, un plus grand raport à cet arc, par conséquent une moindre erreur.

Ainsi lorsque M. de la Ruë détermine celle de la voute de four *sur un quarré*, d'environ un sixiéme ; (ce qui ne s'accorde cependant pas avec la figure,) il ne peut le dire que dans la suposition de l'exemple

DE STEREOTOMIE. Liv. IV.

qu'il en donne, où le quart de cercle horisontal n'est divisé qu'en cinq voussoirs ; car s'il l'avoit été en quinze ou en dix-neuf, comme il le seroit pour une Voûte de 21. pieds de diametre, l'erreur deviendroit si peu sensible, que l'Apareilleur ne s'en apercevroit peut-être pas.

Il importe peu de connoître cette erreur précisément, puisqu'il faut rejetter ce Trait ; cependant comme il se peut trouver des gens curieux d'éxactitude, je vais donner le moyen de la trouver avec précision.

Soit l'arc A P B, ou A G D, divisé en 9. voussoirs, cet arc étant le tiers du cercle, sera de 120. dégrez, par conséquent la 9e. partie sera de 13 dégrez 20', ainsi ôtant 13^d 20' de 180, il reste pour l'arc G D p, 166^d 40', & pour l'angle G A C, 83^d 20', ou pour son suplément à deux droits 96^d 40', qui est l'angle C A S. Fig. 170

Presentement, 1°. dans le triangle C A S, on connoit l'angle A C S, de 60^d ; l'angle C A S, de 96^d 40' ; donc on connoîtra l'angle C S A, de 23^d 20'. On connoit de plus le rayon C A, que nous suposerons de 1000. parties ; ainsi on trouvera par la Trigonometrie le côté A S de 2186.

Secondement, dans le triangle A S o, rectangle en o, on connoit l'angle o A S, égal à son oposé, au sommet G A C, de 83^d 20', & son complément 6^d 40', qui est l'angle A S o ; ainsi on connoîtra le côté o S, de 2171, & o A, de 254.

Troisièmement, il faut chercher la valeur de la corde A G, qui sera la base d'un triangle isoscele G A C, où l'on connoit les deux angles à la base de 83^d 20', & l'angle A C G, de 13^d 20'. On connoit de plus ses côtez, qui sont le rayon A C = C G ; ainsi l'on parviendra à connoître la corde A G, de 230.

Quatrièmement, pour avoir le Sinus X o, de l'arc X R n, on ajoutera 230 au côté S A 2186, ce qui donnera le rayon S G de cet arc de 2416, du quarré duquel ôtant le quarré du Sinus du complément S o de 2171, il reste pour le Sinus o X 1060 ; dont il faut retrancher o x = o A de 254, il restera pour la valeur de la ligne X x 806, *qu'il falloit premièrement trouver*.

Cinquièmement, pour comparer la longueur de cette ligne X x à l'arc A F, auquel elle doit s'apliquer, il faut chercher la valeur de sa projection A E, par le moyen du triangle A G E, où l'on connoit l'angle A E G de 30^d, l'angle G A E de 83^d 20', par conséquent le troisième A C E de 66^d 40' ; on connoit de plus le côté A G de 230.

Y y ij

Donc on parviendra à connoître A E de 422, qu'il faut ôter du rayon A C 1000, reste 578, pour le Sinus du complément de l'arc cherché, dont on trouvera le nombre des dégrez par cette analogie, comme 1000 est au Sinus total, ainsi 578 est au Sinus de 35ᵈ 19′, dont le complément est 54ᵈ 41′.

Présentement, il ne reste plus qu'à rectifier cet arc d'environ 55 dégrez pour en connoître la longueur, & la comparer à la ligne trouvée X x, par l'analogie ordinaire ; comme 100 est à 314, ainsi 2000 est à 6280, & ensuite comme 360, 6280 :: 54ᵈ 40′, 952. Or nous avons trouvé X x de 806, ainsi cette ligne est à l'égard de l'arc sur lequel elle doit se plier, comme 806, est à 952, où ce qui est la même chose 403 à 476, aprochant comme 7 à 8 $\frac{2}{7}$.

Par un semblable calcul, on trouvera que dans la Voute Sphérique *sur le quarré* dont le quart de cercle horisontal est divisé en cinq parties, comme l'exemple de la Planche de M. de la Rue, la ligne X x, sera à son arc A F, comme 744, est à 873 ; ce qui est un peu different du raport du sixiéme que cet Auteur a trouvé, car prenant pour 3ᵉ. terme 6. le quatriéme est 7 $\frac{11}{16}$.

Si l'on veut se contenter de trouver cette erreur sur la figure du Trait, il n'y a qu'à rectifier l'arc A F, le porter en A z, & continuer l'arc X G, en Y ; l'intervale Y Z, est la longueur qui manque au milieu du panneau X x, parce que la ligne S o, étant perpendiculaire sur X Y, o X, est égal à o Y, & o x = o A, donc A Y = x X, cette maniére est plus exacte que de porter l'arc sur X x, parce que l'origine x, est moins sensiblement déterminée.

REMARQUE

Il faut observer ici, qu'à examiner le Trait dans la rigueur Géométrique, la ligne X x, ou la notre A eᶠ du vrai panneau doit encore être plus courte, que celle du dévelopement de l'arc A F de la Sphère, parce que cette ligne est le dévelopement de l'Ellipse d'intersection des deux Cônes tronquez A S N, A s N, laquelle est toute dans le cercle depuis le point A, jusqu'au point F, marqué eᶠ dans la fig. 175, au dessous, lequel point F, est l'intersection des Cônes tronquez inscrits dans la Sphère.

Pour le démontrer, soit A 2ᵇ N l'Ellipse d'intersection de ces Cônes, & A eᶠ p le demi cercle majeur de la Sphère, qui coupe cette Ellipse au point eᶠ. Ayant pris à volonté des points v & n, sur A N, & élevé sur ces points des perpendiculaires v z n Z, elles couperont le cercle & l'Ellipse, l'un en y en dedans, l'autre en z au dehors.

DE STEREOTOMIE. Liv. IV.

Par une des propriétez de l'Ellipse, on aura $AEN . A\mu N :: \overline{Ex}^2 . \overline{\mu Y}^2$, mais $\overline{Ex}^2 = AEx \times Ep$, par la nature du cercle; donc $AEx \times EN . A\mu x \mu p :: A\mu x \mu n . \overline{\mu Y}^2$, & $AE \times Ep . A\mu x \mu p :: \overline{Ex}^2 . \overline{\mu z}^2$, par la propriété du cercle; or le raport de $p\mu$ à μA, est plus grand que celui de $n\mu$ à μA; donc le raport de μz à Ex, est plus grand que celui de μY à Ex, donc μY est plus petit que μz, par conséquent tous les points de l'Ellipse, sont au dedans du cercle, donc l'arc Elliptique Ayx, est plus court que l'arc circulaire Ax, *ce qu'il falloit démontrer.*

De la Seconde espece de Variation des Joins, inverse de la précédente.

En termes de l'Art,

Des Voutes Sphériques faisant le Plan d'une Voute d'Arête.

Ce qu'on apelle *Voute Sphérique, faisant le plan d'une Voute d'arête,* n'est qu'un renversement de la disposition des joins des Voutes Sphériques fermées en Polygones. Dans celle-ci, fig. 176 & 177, l'ouverture des angles du Polygonne est disposée du centre C, à la circonférence du cercle horisontal, ou ce qui est la même chose, du Pôle de l'horison à ce cercle de base, comme on peut le voir à la fig. 177 en perspective, coupée à moitié dans son élevation; & dans les Voutes Sphériques fermées en Polygone, les joins de lit sont disposez de la circonférence au centre; non que dans l'une ou dans l'autre les angles des enfourchemens, soient tous au centre ou à la circonférence; mais dans une situation parallele à ceux qui sont au centre, ou à la circonférence. Ainsi dans cette espece de Voute, les enfourchemens dont la situation étoit d'avoir la pointe en bas, & les branches en haut, sont au contraire tournez la pointe en haut & les branches en bas, ce qui ne change en rien la construction que l'on a donné dans les articles précedens, puisqu'il ne s'agit que de la renverser.

D'ou il suit que l'on peut exécuter ces sortes de Voutes de trois maniéres, comme celles qui sont fermées en Polygone, sçavoir:

1°. Ou par l'inscription des arcs qui forment les côtez des Voussoirs dans un segment de Sphère, si la Voute est parfaitement Sphérique.

2°. Ou par les panneaux des Cônes tronquez dévelopez.

3°. Ou par la réduction de la Sphère en Polyèdre, c'est-à-dire par les panneaux de doële plate.

Il suit secondement, qu'en suivant la méthode des Auteurs qui en ont écrit, parmi lesquels M. de la Rue n'est pas compris, parce qu'il n'a pas parlé de cette espéce de Voute, on trouvera les mêmes erreurs pour les panneaux d'enfourchemens qu'on a exposez en parlant des Voutes Sphériques fermées en Polygone, mais en sens contraire; car au lieu que dans celle ci le panneau étoit trop court, dans les Voutes Sphériques faisant le plan des Voutes d'arête, ces panneaux se trouvent trop longs d'une semblable quantité; ce qui est bien sensible, puisque c'est *Fig. 176.* la même construction renversée. Ainsi fig. 176., l'intervale b^* P de la ligne du milieu, est plus court que R P trouvé suivant l'ancienne méthode, par l'intersection de l'arc L R, tiré du centre S, & de la diagonale G R, du Polygone qui est ici un Pentagone A D E G 5.

On pourroit se dispenser d'entrer dans le détail de cette construction en renvoyant le Lecteur à la précédente qu'il ne s'agit que de renverser, mais crainte de me rendre obscur en affectant d'être concis, je vais l'exposer au long, parce que l'une servira d'explication à l'autre.

Fig. 176. Soit pour exemple (fig. 176.) le cercle horisontal A K B F, qui est la base ou l'imposte de la Voute Sphérique dont on veut disposer les joints, en sorte que leur direction projetée, soit telle que le seroit celle d'une Voute de cinq arêtes. Ayant divisé sa circonférence en cinq parties égales aux points A, D, E, G, 5. on tirera par ces points & par le centre C, autant de diagonales A E, D F, E g, G P, 5 K, dont une moitié D C, A C, E C, &c. donnera la direction du milieu des joints de lit qui se trouvent dans les secteurs P C K, P C g, g C F, &c. & l'autre moitié du diametre donnera la diagonale de tous les angles d'enfourchement, comme E C, C g, C K, &c.

On divisera ensuite chaque cinquième partie de la circonférence, comme P K, K B, &c. en autant de parties égales qu'on voudra avoir de Voussoirs, lesquelles doivent être en nombre impair, afin qu'il y en ait une au milieu, comme P g, en L, M, N, O, g. en sorte que l'intervale M N, donne un rang de Voussoirs, dont le milieu soit suivant le rayon à C, qui divise l'arc B g, en deux également, afin qu'il y ait cinq rangs de Voussoirs qui se croisent en C, d'où ils partent en forme de rayons d'étoile.

Le plan horisontal étant ainsi tracé comme on voit dans la figure, on se déterminera au choix de la méthode, dont on veut se servir pour l'appareil.

Premiere Méthode.

Si la Voute est parfaitement Sphérique, on peut l'exécuter par l'inscription des arcs de cercles, qui forment les côtez des Voussoirs d'en-

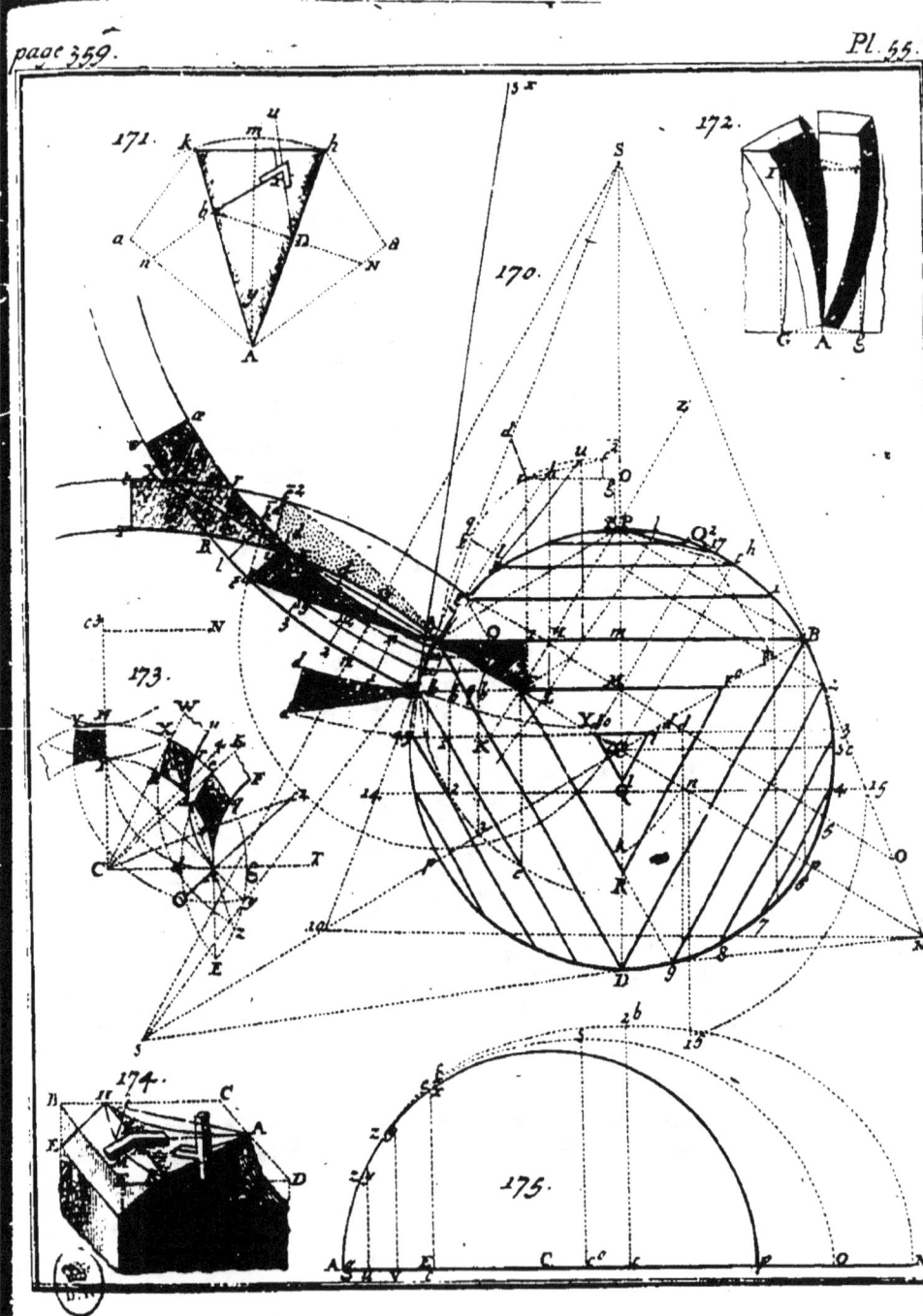

page 359. Pl. 55.

DE STEREOTOMIE. Liv. IV. 359

fourchement dans des segmens de Sphère, comme nous l'avons dit des Voutes fermées en Polygone. Il ne s'agit que de les chercher, en prolongeant les lignes droites de la projection, jusqu'à ce qu'elles coupent la circonférence de part & d'autre, & donnent par ce moyen leur diametre.

Ainsi pour avoir l'arc L 4, dont L H est la projection, on prolongera L H jusqu'en ll, & ayant divisé L ll en deux également, en $\frac{1}{2}$, on fera au dessus ou au dessous de L H un arc indéfini, puis on élevera sur L H une perpendiculaire H 4, au point H qui coupera cet arc au point 4, l'arc L 4 sera celui d'un des côtez du Vousloir, & la valeur de la projection du côté L H, égal à H X ; de même pour trouver l'arc du milieu de l'enfourchement, dont la projection est P H, on élevera en H, une perpendiculaire H Q, sur le rayon H C, l'arc P D Q sera celui du milieu que l'on cherche. On a aussi dans l'horison l'arc L P X ; ainsi par le moyen de leurs cordes on inscrira ces arcs dans un segment de Sphère préparé, comme nous l'avons dit, pour y tracer le Vousloir du premier enfourchement, les suivans se trouveront de même.

Seconde Méthode, *par Panneaux fléxibles.*

AYANT divisé l'arc L 4, formé comme il a été dit ci-devant, sur le diametre L ll, en autant de parties égales qu'on voudra avoir de points au contour du Panneau d'enfourchement, on prolongera la corde L P, jusqu'à ce qu'elle rencontre la perpendiculaire C S, sur le milieu du diametre L ll, au point S, où sera le sommet du Cône tronqué, dont L P est une partie de côté. De ce point S pour centre, & S L pour rayon, on décrira un arc L R, sur lequel on portera les parties de l'arc L 4 successivement, pour y avoir une même longueur de contour L b^4.

ON tracera ensuite la courbe b^4 P du milieu de l'enfourchement, de la même maniére qu'on a tracé celle du premier Vousloir de la Voute Sphérique précédente fermée en triangle, en menant *premiérement* des perpendiculaires sur L H, par les divisions 1, 2, 3, 4 de l'arc L 4, qui tomberont sur L H aux points t & T. *Secondement* par ces points t & T, des lignes droites au point S, qui couperont P H aux points u v. *Troisiémement* par ces points u & v, des paralleles à L H, qui couperont la corde P L aux points o n. *Quatriémement* par ces points & du point S pour centre, on décrira des arcs indéfinis o 5, n 6, &c. dont les longueurs seront déterminées aux points 5, 6, & 7, par les intersections des lignes droites tirées des divisions de l'arc L b^4, au point S, la ligne tirée par les points b^4, 5, 6, 7, P, sera le côté du demi panneau d'enfourchement, qui doit être apliqué au milieu du premier Vousloir, comme en P b, de la fig. 178. dans un angle rentrant de deux portions de Cônes tronquez qui se pénetrent, comme il a été dit au Trait précédent. Les Vousloirs suivant au dessus se feront de même.

REMARQUE.

Il faut cependant remarquer dans cette méthode, que l'on ne peut faire des panneaux de doëles des rangs de Voussoirs qui sont sur les rayons A C, D C, E C, &c. parce que les cordes de l'arc M N, & de ses semblables étant paralleles à la ligne C S, qui est l'axe commun des Cônes tronquez établis sur les cercles, dont L H & M I sont les projections d'une partie de leurs bases, ces cordes, dis-je, ne peuvent rencontrer un tel axe, de sorte que tous les rangs de Voussoirs, depuis l'imposte jusqu'au sommet de la Voute représenté par le point C en projection, doivent être ébauchez comme des portions de Berceaux, & non pas de Cône, comme les autres Voussoirs faits suivant ce systême des Cônes tronquez inscrits dans la Sphère, & ensuite creusez en portions de Sphère, comme les rangs verticaux des Voutes Sphériques simples, où il n'y a pas de changement de direction des joins, à moins que l'on ne voulût diviser la doële en deux portions de Cônes, tournez en sens contraire, ce qui seroit se donner inutilement du travail, & s'amuser à la bagatelle.

Troisiéme Méthode, *par Panneaux de Doële plate.*

Fig. 176.

On formera un triangle isoscele avec trois côtez donnez, sçavoir la corde L X, de l'arc horisontal L P X, & les deux cordes égales à L 4, de l'arc vertical L 2 · 4, dont L H & X H sont les projections, ce triangle représenté en L b x, de la fig. 178, sera la doële plate du premier Voussoir d'enfourchement.

On cherchera ensuite le biveau de doële plate & du plan vertical, passant par chaque joint montant, en suposant à peu près comme au Trait précédent, une pyramide triangulaire L p̄ x H, dans le vuide de la Voute, mais en situation naturelle, la base en bas & la pointe en haut, au lieu qu'à ce Trait elle étoit renversée. Ainsi ayant ajoûté de part & d'autre du triangle l b x, de la fig. 178, les triangles égaux A. l b, a x b formez sur ses côtez, par l'intersection des lignes prises pour rayons, & des points l & b, x & b pour centres, à la fig. 179. en L H & L 4, on trouvera par la même pratique l'angle E Y D, de la fig. 179, dont le suplément E D a est celui que l'on cherche, par le moyen duquel on aura la coupe l x X, de la fig. 178, qui résultera de l'angle du plan vertical passant par H x, & du plan incliné de la doële plate L b x, qui est en surplomb sur la base de suposition L p̄ x.

L'Aplication

DE STEREOTOMIE. Liv. IV.

L'Aplication du Trait fera facile, ayant dreſſé un parement pour y apliquer le Panneau triangulaire de doële plate, on abattra la pierre pour former les joins montans avec le biveau E D u, de la fig. 179, & avec le biveau formé ſur l'angle Q z R, de la fig. 176, où l'on ſupoſe le point z au milieu de la corde L X, en dedans du point P, qu'on a ſupoſé ci-devant à la circonférence avec ce biveau poſé perpendiculairement ſur le côté L x, de la fig. 178, on abattra la pierre pour former le lit de deſſous.

Les Vouſſoirs d'enfourchemens qui doivent ſe poſer au deſſus ſe feront de même, avec cette différence, qu'on ajoûtera une partie de longueur au deſſous de l'angle rentrant, pour avoir une partie de la naiſſance des branches qui ſont ici renverſées du haut en bas, au lieu qu'au Trait précédent elles s'ouvroient du bas en haut.

Les ſurfaces des joins montans étant faites, on y apliquera les cerches des arcs dont les arêtes de la doële plate ſont les cordes, qui ſont à la fig. 176; les arcs L 2 4, pour le joint $l z b$, de la fig. 178, & L P X, de la fig. 176, pour le lit L P x, de la fig. 178.

On trouvera auſſi la cerche du milieu de la doële, à la fig. 176, ſur l'arc P D Q, qui eſt déterminé par la droite H Q, perpendiculaire ſur le rayon P C, d'un cercle majeur paſſant par le point P, où eſt le milieu de la baſe horiſontale du Vouſſoir L X, & par le point H, où eſt le ſommet de la doële plate, repréſenté en L $b x$, de la fig. 178.

Le reſte s'achevera comme aux Voutes Sphériques à joins ſimples, en formant les lits & têtes par le moyen des biveaux de doële creuſe, & de lit ou de tête.

Pour donner une juſte idée de l'impoſſibilité du dévelopement des Panneaux d'enfourchement de cette Voute, comme à la précédente, ſuivant l'ancien Trait, nous avons tracé une partie du panneau A I $z b$ L, dans la place où le Traité le donne, en $l^s b b^s l^s m^s$, que nous avons diſtingué par une hachure d'une moitié de ce panneau, laquelle anticipe ſur celle qui ne l'eſt pas $l^s b^s x^s y^s$, d'une quantité exprimée par la ſaillie de l'arc $l^s b b^s$, & comme l'autre moitié avance autant ſur celle qui eſt hachée en d, il faut que la partie en fuſeau $l^s l^s y^s d$ eſt commune aux deux moitiez de panneau, par conſéquent double; donc il eſt impoſſible d'exprimer ce dévelopement par une ſurface ſimple, qui puiſſe s'étendre ſur une ſurface plane.

USAGE.

Cette difficulté des joins des Voutes Sphériques, ſe met rarement en pratique dans toute la surface, mais elle est très commune vers le sommet dans toutes les Rotondes décorées de Colomnes ou de Pilastres, dont la saillie est ordinairement en partie continuée dans la Voute, par des Arcs doubleaux, qui vont se réunir tantôt à la clef, tantôt à une bordure, qui renferme une Calotte, comme aux Chapelles du Dôme des Invalides à Paris, & ailleurs.

DES VOUTES SPHERIQUES, INCOMPLETES ET TRONQUÉES.

Toutes les Voutes en cul-de-four, qui sont moindres qu'un Hémisphère, ou Hémisphéroïde, peuvent être apellées *Incompletes*, cependant je crois devoir en distinguer de deux sortes.

Les unes que j'apelle *Incompletes soutenues*, sont celles qui n'ont pour apui qu'un arc horisontal moindre que le cercle, & au reste se soutiennent en l'air par art de leur especeté ou servant face comme les *Niches*, ou sur deux ou plusieurs, comme les *Niches Sphériques*.

Les autres que [...] *Tronquées*, sont celles qui ont peu ou point de base horisontale, mais qui sont soutenues par des murs en ligne droite, qui [...] par un demi segment de Sphère [...]

page 363.   Pl. 56.

res, ni latérales; cependant si l'on considere la rélation que les rangs de Voussoirs ont entr'eux dans une même Voute, on reconnoîtra que l'on peut quelquefois retrancher beaucoup de l'Hémisphère sans les détruire, & qu'en leur substituant des apuis de murs, on peut les tronquer tout comme l'on voudra.

On conçoit facilement qu'on peut retrancher des rangs de Voussoirs tous entiers, lorsqu'ils ne servent pas d'apui à un autre rang; ainsi dans les arrangemens horisontaux, on peut retrancher autant de rangs que l'on veut, à commencer à la Clef qui est au pôle de l'horison, parce que chaque rang se contient lui-même dans l'effort qu'il fait horisontalement pour s'écarter, c'est-à-dire, en termes de l'Art, qu'il *fait Clef*, & qu'il est soûtenu par l'inférieur suivant l'effort qu'il fait verticalement; ainsi d'une Voute Sphérique à rangs de niveau, on peut élever autant de rangs & si peu que l'on veut, sans achever la Voute.

Secondement, des rangs à plomb, on peut en faire des complets, si peu & autant que l'on veut jusqu'à la Clef de la Voute, c'est-à-dire, depuis le pôle horisontal jusqu'à l'équateur, où est le sommet de la Sphère; mais on ne peut aller au-delà.

Troisiémement, des rangs inclinez à l'horison, qui aboutissent à deux pôles oposez de niveau, & qui diminuent en côtes de Melon, on peut comme aux verticaux en élever jusqu'aux pôles de l'horison, lorsqu'ils sont entiers; je veux dire, lorsqu'ils vont d'un pôle de leurs cercles à l'autre, comme l'on conçoit les Méridiens dans la Sphère du monde Droite, dont l'équateur devient un cercle vertical, & dans ce sens on peut en élever si peu que l'on veut, parce que chaque rang a son apui sur les inférieurs collatéraux.

Dans cette troisiéme espece d'arrangement de rangs de Voussoirs inclinez à l'horison, on peut encore faire des retranchemens de leurs parties, depuis l'équateur jusqu'aux pôles; de sorte qu'on peut conserver le même arrangement, & ne faire qu'un quart de Sphère, ou moins si l'on veut, parce que les apuis ont leurs directions au pôle qui est à la base horisontale.

Ces quatre circonstances sont les seules où l'on peut faire des Voutes Sphériques incompletes, c'est-à-dire, moindres que l'Hémisphère, & ouvertes.

Mais en leur donnant des apuis de murs de force suffisante pour résister à leur poussée, on peut les *tronquer* d'autant de façons que l'on voudra; d'où il résulte qu'on peut établir une Voute Sphérique sur une enceinte de murs droits, disposez entr'eux en forme de tel Polygone que l'on voudra. Nous nous arrêterons aux trois arrangemens de Voussoirs qui conviennent le mieux aux réguliers, pour que la direction de leurs joins y fassent une agréable simétrie, après que nous aurons traité des Voutes Sphériques incompletes.

Des incompletes ouvertes.

La premiere est celle qui est faite par rangs de Voussoirs, dont les lits sont plans & horisontaux, au lieu d'être inclinez & coniques, ce qu'on apelle *en tas de charge*, elle ne peut être mise en usage que pour des petites niches; & parce qu'il n'y a point d'Art dans son apareil nous n'en ferons pas mention, nous avertirons seulement qu'on fait un peu de coupe vers le sommet, parce que les arêtes y deviennent trop aiguës, & par conséquent cassantes. Cette disposition de joins n'est pas agréable à la vûë, par ce qu'elle n'est pas naturelle, on en peut voir l'effet, fig. 185.

Fig. 185.

PROBLEME XVIII.

Faire une Voute Sphérique, ou Sphéroïde incomplete.

Ce Problème comprend trois cas. 1°. Lorsque la disposition des joins continus est en demi-cercles verticaux paralleles à l'équateur, en sorte que leur pôle commun soit au milieu de la portion du cercle horisontal de l'imposte.

Fig. 182. & 183.

2°. Lorsque l'arrangement des rangs de Voussoirs est en côte de Melon, comme les intervales des Méridiens dans la Sphère armillaire, en sorte que leur commune intersection qui est au pôle de l'Équateur, par lequel on supose la Sphère coupée, ou par un de ses paralleles, soit au milieu de l'arc horisontal de l'imposte, comme au cas précédent.

Fig. 180.

3°. Lorsque les Voussoirs étant arrangés de la même manière, la Sphère n'est pas coupée comme dans les deux cas précédens, perpendiculairement à son axe, mais obliquement par deux ou plusieurs plans verticaux, ou si l'on veut inclinez à l'horison est talud, pourvû que l'angle des plans latéraux, ne fassent pas un angle plus aigu que celui de 45. dégrez avec l'axe mesuré horisontalement, parce qu'au dessous, les clavaux pousseroient trop au vuide.

Fig. 186.

PREMIER CAS

Où les joins continus des rangs de Voussoirs, sont des cercles verticaux perpendiculaires à l'axe de la Sphère, dont le pôle est au milieu de l'arc de l'imposte.

DE STEREOTOMIE. Liv. IV.

En termes de l'Art,

Trompe en Niche droite pardevant, par rangs de Vouſſoirs paralleles à la face.

Ce premier Cas ne demande point de conſtruction particuliére, puiſque ce n'eſt que la moitié, ou moins ſi l'on veut d'une Voute de rangs verticaux, ou d'une Voute Sphérique ordinaire, dont les joins de lit ſont changez en joins de tête; comme on peut voir à la figure 182, qui en eſt le plan horiſontal, & 183 la vûë en perſpective.

SECOND CAS.

Où les joins continus des rangs de Vouſſoir ſont inclinez à l'horiſon, comme autant de Méridiens de la Sphère Droite, coupée par ſon équateur.

En termes de l'Art,

Trompe en Niche & en Coquille.

Soit (fig. 182.) le demi cercle A P B, le plan horiſontal de la Ni- Fig. 180. che à ſon impoſte, dont le centre eſt C, on fera l'autre demi cercle & 181. A H B, pour l'élevation verticale de la Niche, quoiqu'il ſoit renverſé ici du haut en bas, ce qui revient au même, comme nous l'avons fait obſerver dans les Principes du Deſſein, au 3e. livre. On diviſera ſa circonférence en autant de parties égales qu'on voudra avoir de Vouſſoirs, comme ici en cinq, aux points A, 1, 2, 3, 4, B; par leſquels on tirera, à l'ordinaire, des perpendiculaires ſur ſon diametre A B, pour en avoir les projections en 1', 2', 3', 4', par leſquelles & par le point P, milieu du demi cercle A P B, où eſt un pôle de la Sphère, on fera paſſer autant de quarts d'Ellipſes (par le Problême VII. du 2e. livre) dont les deux axes ſont donnez, ſçavoir P H, commun à toutes les Ellipſes pour grand axe, & 1'C, 2'C, pour les deux autres demi-axes, ces Ellipſes ſeront les projections horiſontales des cercles majeurs inclinez à l'horiſon, qui ſont les joins de lit de la Niche.

Cependant comme l'on n'a beſoin pour la conſtruction, que d'un point ou deux de chacune de ces Ellipſes, on peut s'épargner la peine de les tracer, ſuppoſé qu'il ne s'agiſſe que d'une Niche qu'on fait ordinairement, d'une ou deux pièces par chaque rang; car s'il s'agiſſoit d'une plus grande Voute, comme pourroit être le Chevet de quelque Chapelle, il faudroit tracer les quarts d'Ellipses dans tout l'intervale de la ligne de face au pôle.

Pour trouver les points de la projection Elliptique des joins de lit à la jonction d'un Voussoir à son trompillon, ou à un second Voussoir, entre celui du devant & le trompillon, on menera par le point D, pris à volonté suivant l'exigence de l'apareil, la ligne D E parallele à A B, sur laquelle comme diametre, ayant fait le demi cercle D b E, en haut ou en bas, il n'importe, & l'ayant divisé en même nombre de parties égales que le demi cercle A H B, si l'on abaisse par les divisions des perpendiculaires sur D E, elles donneront les points 1', 2', qui seront aux projections Elliptiques des joins de lit sur le plan horisontal, par lesquels & par les points correspondans sur A B, on menera des lignes droites indéfinies 1', 1', 2', 2', qu'on prolongera jusqu'à leur intersection avec la ligne du milieu C P, prolongée en S.

Par ce moyen on réduira la portion de Sphère A D E B, en portion de pyramide tronquée inscrite à l'Hémisphère, dont l'axe C S, est commun à la Sphère dans la partie C P, les cinq côtez de cette pyramide tronquée, seront autant de doëles plates des Voussoirs, desquelles il faut tracer les surfaces.

Si les divisions des Voussoirs sont égales, il est clair que toutes les doëles le seront aussi, en ce cas un panneau servira pour toutes.

Fig. 184. Ayant tracé à part, fig. 184, une ligne 3. 4, on lui fera une perpendiculaire M m, puis ayant pris la moitié de la corde de l'arc de tête du Voussoir qu'on veut faire, par exemple 1', 1', fig. 183, on la portera de part & d'autre du point m, de la fig. 184, en 1', 1', & la moitié de la corde 3. 4, de la fig. 184, qu'on portera en m 3, & m 4, de la fig. 184. Par les points 3, 4, on menera des lignes 3. 3', 4. 4' paralleles a m M, & des points 1', 1', pour centres, & pour rayon l'intervale de la corde A D ou E B, on fera des arcs de cercles qui couperont les lignes 3. 3', 4. 4' aux points 3', 4', par lesquels on menera des lignes 3. 1', 4. 1', & 3'. 4', le trapeze 1'. 3'. 4'. 1', sera la doële plate que l'on cherche.

Les panneaux de lit seront tous égaux à celui de l'imposte O B K N, soit que les divisions des têtes des Voussoirs soient égales ou inégales entr'elles dans l'intervale A B E D.

Les joints de lit & de tête se trouveront par la même generation, on prolongera la corde 3. 4, jusqu'à la rencontre du rayon A D ou C.

la ligne tirée de O en S fera la section de la doële plate avec l'horison, on en usera de même pour les autres Voussoirs, excepté pour la Clef dont la section avec l'horison sera la ligne *x* S v, parallele à la corde 2' 3.

L'INTERSECTION des plans des lits prolongez avec l'horison sera comme dans les Voutes coniques, à l'axe P C H, où ils tendent tous par la direction des joins de tête ; avec ces deux lignes & les projections des joins de lit, on trouvera l'angle des plans qui est le biveau demandé.

ON élevera sur le point 3', la perpendiculaire 3' 3', sur la projection 3' 3' S, qu'on fera égale à la hauteur 3' 3, & ayant tiré 3' S, on lui fera la perpendiculaire 3' K, qui coupera S 3' prolongée en K, par où on menera la perpendiculaire F G, qui coupera l'axe P C en F, & S O prolongée en G ; sur S K prolongée, on prendra K *x* égal à K 3', on menera F Y & *x* G, le suplément à deux Droits de l'angle F *x* G, donnera le biveau Y *x* L que l'on cherche.

ON trouvera aussi le biveau de la doële & de tête, comme aux Voutes coniques ; ainsi ayant formé un morceau de Pyramide tronquée, on apliquera sur les plans des faces, les arcs de tête & de trompillon s'il est vertical, & sur les plans des lits, les arcs des Méridiens A D, B E, & l'on aura ce qui est nécessaire pour creuser la doële Sphérique exactement.

L'Aplication de ce Trait sur la Pierre n'a aucune difficulté, non plus que sa démonstration, dans laquelle il y a seulement une observation à faire sur la difference de cette espece de Voute avec les autres Sphériques ; c'est que les joins de lit sont plans & non pas coniques, parce qu'ils sont tous des cercles majeurs, dont le plan passe nécessairement par l'axe de la Sphère, au lieu que dans les autres especes de Voutes Sphériques, le plan du cercle du joint de l'extrados, & celui de la doële correspondant, ne sont pas dans un même plan, mais à la surface d'un Cône tronqué, comme nous l'avons dit, il n'y a dans celle-cy de joint conique que celui qui se fait à la tête du Voussoir qui joint le trompillon, encore pourroit-il être plan, si les arêtes ne devenoient pas trop aiguës, comme on le voit par l'angle mixte I E R ; il convient mieux de les faire suivant la coupe naturelle I E N, qui les rend droites, & la surface conique.

Il n'est pas nécessaire de dire pourquoi on fait un segment de Sphère au pôle qu'on apelle trompillon comme aux Voutes coniques, puisqu'il est visible que c'est par la même raison que les angles deviendroient trop aigus. Ces lits en joins coniques tant au trompillon qu'aux Voussoirs, se feront comme aux Voutes Sphériques ordinaires, en abattant la Pierre suivant le biveau mixte I E N ou P E N, qui est le même au trompillon & au reste de la doële.

Remarque sur cette Construction.

L'AVANTAGE de cette construction sur celle des Auteurs qui ont écrit de la Coupe des Pierres, consiste en ce qu'elle s'aplique également aux Sphéroides, comme à la Sphère; la seule différence qu'il y a, c'est que les biveaux de la doële plate avec les plans des lits, ou des têtes dans les Voutes surhaussées ou surbaissées, ne peuvent servir que pour les deux Voussoirs collateraux correspondans, ce qui ne fait aucun changement à la construction, mais qui augmente seulement le nombre des opérations; c'est pourquoi nous n'avons pas jugé nécessaire d'en donner des exemples particulieres.

A l'égard de l'aplication des cerches pour l'excavation de la doële Sphéroïde, il faut toujours avoir attention à situer leurs plans dans la doële, comme les Ellipses d'où elles sont tirées sont situées dans le Sphéroïde, ou si elles sont circulaires, comme elles peuvent l'être, dans le sens qu'elles sont perpendiculaires à l'axe du Sphéroïde & qu'on veuille opérer avec justesse. Il faut les situer par le moyen des biveaux mixtes, formez suivant la perpendiculaire à la tangente, comme I E N l'est dans la Sphère.

TROISIEME CAS.

Des Voutes Sphériques incomplettes, dont les joints sont inclinez à l'horison, comme à la précédente, mais qui ne sont que jusqu'à un endroit quelconque de Sphère, dont les faces sont dans des plans inclinez en angle solide.

En termes de l'Art,

De la Trompe Sphérique sur le Coin,

ou

De la Trompe sur le Coin & en Niche.

Fig. 187. Soit (fig. 187.)

Du même point C, & de l'intervale CA ou CB, on décrira un quart de cercle B 2 H, qui représentera l'élévation d'une des deux faces de la Trompe, que l'on divisera en autant de parties que l'on voudra avoir de Voussoirs, comme en trois & demie, aux points 1, 2, 3, H, mettant une demie pour la moitié de la Clef. De chacune du ces divisions on abaissera, à l'ordinaire, les aplombs 1 *p*', 2 *p*'', 3 F pour avoir les projections de ces divisions sur le rayon horisontal C B, & par ces points de projection donnez à l'axe commun P *p* double de P C, on fera passer des Ellipses P L F, P N I, P *p*'. par le Problême VI. du 2.° livre, qui seront les projections horisontales des joins de lit depuis la face jusqu'au pôle P, on les tracera aussi si l'on veut, de l'autre côté dans le Secteur A C P; comme dans son Collatéral C P B; ensuite on réduira la surface Sphérique en Pyramide tronquée, comme nous avons fait à la construction précédente pour chercher la doële plate, en supposant autant de sections circulaires perpendiculaires à l'axe P C, qu'on aura de Voussoirs.

Par exemple, pour le troisième Voussoir dont la projection est F F *p*', on tirera par le point F, la perpendiculaire G K, sur l'axe C P, laquelle coupera le cercle majeur de la Sphère A P B *p*, en K. Du point G pour centre, & pour rayon G K, on décrira un quart de cercle K *i g*, dans lequel on menera F *f* parallele à G *g*, & par la rencontre I de l'arc Elliptique P N *p*', avec la ligne G H, on menera I *i* parallele à F *f*, ou ce qui est la même chose à l'axe P *g*.

Il faut ensuite déterminer la tête du Voussoir du côté du trompillon. Par le point D, pris à volonté sur l'arc horisontal D P, pour terme du trompillon D P E, on menera D E, perpendiculaire à P C, par conséquent parallele à G K, sur laquelle, comme diametre, on décrira le demi cercle D *b* E, dont les divisions se trouveront en tirant par les points L & N d'intersections de ce diametre, avec les arcs Elliptiques P L F, P N I, les perpendiculaires L *l*, N *n*, sur D E, qui couperont ce demi cercle aux points *l* & *n*, & l'on aura toutes les lignes nécessaires pour trouver le panneau de la doële plate comme il suit.

Ayant tiré du point N en I, la corde N I, on la transportera à part, (à la fig. 189.) en N I, & sa division au point Q, faite par l'intersection de la ligne C B, projection d'une face de la Trompe. Ensuite on élevera à chacune de ces extrémitez & de sa division en Q, une perpendiculaire, faisant N *n*, égale à l'ordonnée N *n* du demi cercle D *b* E, de la fig. 187, & I *i* égale aussi à *l i* de la même figure. On tirera *n i*, qui coupera l'indéfinie Q *q* au point *q*, la ligne *n i* sera la corde de l'arc que le joint forme dans la Sphère, laquelle corde

370 TRAITÉ

étoit racourcie par la projection en N I, on la prendra pour un des côtés du panneau, pour trouver les autres.

Fig. 188. On fera à part, (fig. 188.) une ligne *m* M, perpendiculaire sur une autre indéfinie ƒ i, & ayant pris la moitié de la corde l *n*, de l'arc D *m* E, de la figure 187, on la portera de part & d'autre du point *m*, fig. 188, en l & en *n*. De même on prendra la moitié de la corde ƒ i, de la fig. 187, & on la portera aussi de part & d'autre du même point *m* en ƒ, & i, par où l'on menera les lignes ƒ F, & i I, parallèles à *m* M. Ensuite du point l pour centre, & de l'intervalle *n* i, de la fig. 189, pour rayon, on décrira un arc qui coupera ƒ F, en F ; puis du point *n* de la fig. 188, pour centre, & de l'intervalle *n* q de la fig. 189, on fera aussi un arc qui coupera i I, au point q ; on tirera la ligne q F, le trapézoïde F q *n* l, sera le panneau d'une douelle plate qui paroît plane ; mais parce que la Sphère est coupée par le plan vertical de la face B H, dont la projection est C B, lequel n'est pas parallèle à la section du joint du trompillon D E, il suit que les quatre angles de cette portion de Sphère ne sont pas dans un même plan, (par l'observation de la page 4 ;) de sorte que le trapézoïde F l *n* q, n'en peut toucher que trois, sçavoir ceux dont la projection est L N F de la figure 189, & que le point q ne touche pas le quatrième *p* ; cependant, comme il est dans le même plan que le joint de lit, il sert à le trouver.

Il faut premièrement chercher la véritable longueur des lignes N *p*, & Q *p*, qui sont racourcies par la projection, en faisant un profil sur la base N *p*, aux extrémités de laquelle on élèvera deux perpendiculaires N *n'*, *p'*, 2', qu'on fera égales à N *n*, & à 2 *p* ; ce qui est indiqué dans la figure par les arcs de cercles 2 2', *n n'*, ensuite on menera *n'*, 2', qui sera la valeur de N *p*.

Pour trouver la valeur de la projection Q *p*, on fera Q q parallèle à 2 *p*, & l'on portera sur l'indéfinie Q q, l'intervalle Q q, de la fig. 189, qui donnera le point *p* de la fig. 187 ; si l'on tire q 2, cette ligne sera la valeur de la projection Q *p*, par le moyen de ces deux lignes, on trouvera la position du quatrième angle du Voussoir, dont la projection est *p*, en faisant un triangle qu'on peut joindre au panneau de la fig. 188, pour lequel on a les trois côtés donnés, sçavoir, q *n* qui est la base, *n'* 2' & q 2 de la fig. 187, qui sont les deux autres côtés, avec lesquels faisant des intersections d'arcs de cercles, on aura le point *p* de la fig. 188.

Il faut considérer que ce triangle q *n* 2, ajouté au panneau, n'en fait pas une partie, mais un second panneau, qui doit être apliqué sur la surface du joint de lit, pour y trouver par ce moyen, l'angle qui est hors du plan de la douële plate, laquelle devroit être gauche, pour les toucher tous quatre.

Il reste à trouver le biveau qui doit servir à donner l'inclinaison de la douële plate, & du plan du joint de lit & de tête, ce qui se fera suivant nos principes ordinaires, en trouvant ; 1°. la section du joint de douële avec l'horison 2°. du joint de lit, avec la même horison, 3°. & de la face avec le même.

Pour trouver la section de la douële avec l'horison, il n'y a qu'à prolonger la corde *l n*, jusqu'à la rencontre du diametre D E, prolongé en O, & par le point S, rencontre de F L, ou I N, prolongées jusqu'à la rencontre de l'axe C P S, on menera la ligne S O, qui sera celle qu'on cherche. *Fig.* 187.

La section commune de tous les plans des joins de lit avec l'horison & entr'eux, est à l'axe P C. Celle de la face & de l'horison est C B. Par le moyen de ces lignes, on trouvera les biveaux de douële plate & de lit, comme dans le Trait précédent, & celui de douële & de tête, comme au Trait de la *Trompe plate*.

Aplication du Trait sur la Pierre.

Ayant tracé le contour du panneau de la douële plate, tracée à la fig. 188, on abattra la Pierre au long des joins de lit, avec les biveaux de lit & de douële, trouvez par la maniere ordinaire, & la tête, avec son biveau de douële & de tête ; l'arête formée sur le côté *l* F, sera la corde de l'arc de Sphère, dont la valeur est E K à la fig. 187. qu'on tracera sur le lit, par le moyen d'un panneau, ou d'une cerche.

Il n'en sera pas de même de l'autre côté *n q* de la douële plate, il faudra ajouter sur la surface du lit le triangle *n q* 2, pour avoir la corde *n* 2, de l'arc de cercle qu'il faut tracer avec la même cerche ou panneau, quoiqu'il soit plus petit, parce que tous les plans des lits, passans par l'axe P C, forment à la surface de la Sphère des cercles majeurs.

Pour tracer l'arc de tête, on tirera sur le parement coupé au biveau, une ligne du point F, au point 2, qui sera la corde de l'arc de cercle majeur 3 2 de la fig. 187.

Enfin pour former la tête du côté du trompillon, marquée sur le panneau *l n*, on tracera l'arc *l n* du demi cercle D & E, de la figure 187. & par le moyen des quatre arcs tracez pour les quatre côtez du Voussir, & la cerche d'un arc de cercle majeur, posée sur les arcs de tête pour apuis, à distances proportionnelles des lits, & suivant une

Kaa ij

direction tendant à [Droit]?, on creusera exactement la Doüelle Sphérique dont on a les quatre termes bien posez.

A l'égard de la Clef, il en faudra faire le panneau de la même manière que celle de la Trompe sur le coin, parce qu'il n'y aura point de gauche, si les demies têtes sur chaque pan sont égales entr'elles, avec cette seule différence, qu'au lieu des arcs de parabole, qu'on traçoit sur les plans des Trompes coniques, on se servira ici d'un arc de cercle majeur A D B ?, pris en H 3, qui en est la longueur. A l'égard du trompillon, c'est un demi segment de Sphère, à former suivant ce que nous avons dit au commencement de ce livre, page 2[?].

Explication Démonstrative.

Fig. 189. Lorsque nous avons tiré par la projection F, de la troisiéme division des Voussoirs masquée 3, nous avons changé l'obliquité de la face C B, à l'égard de l'axe P C de la Sphère, en une base de pyramide tronquée Droite G K S, formée par les Doüelles plates, comme au Trait précedent, & inscrites dans la Sphère par les cordes de l'arc du cercle mineur, qui a pour rayon G K, afin que les côtez L F, & N I, deviennent égaux entr'eux; ainsi le trapeze isocéle F I n I, de la figure 188, en exprimera la surface, puisque tous ces côtez & ces angles sont égaux à ceux d'une surface de cette pyramide, par la construction; mais parce que l'obliquité de la section, en retranche une partie qui est F Q I dans la projection, à la fig. 187, & F q I dans le panneau, à la fig. 188, nous avons retranché de la ligne n I, la partie q I, égale à la valeur de la projection Q I, de la fig. 187, & nous avons réduit le trapeze F I n I, surface de la pyramide droite, en un trapézoïde F I n q, surface de la pyramide oblique sur la base C B. Or parce que l'angle des plans de la pyramide droite, se fait suivant la ligne N I, qui est en sa projection, & que celui de la pyramide oblique, se fait suivant la ligne N ?, qui est dans le même plan que la ligne N I, parce que les trois lignes N I, N ?, I ?, sont dans un même plan, nous avons fait servir N I, c'est-à-dire, sa valeur, ou celle de sa partie n q fig. 188, de base à la formation d'un triangle qui nous a donné le point 2, quatrième angle de la portion de Sphère que comprend le Voussoir; lequel point 2, est hors du plan F I n q, dans un plan qui lui est incliné, en sorte que le point 2 ne tombe pas perpendiculairement sur le point q; mais suivant l'angle des plans du côté de la pyramide, & de celui qui passe par son axe C S, & son côté I S, comme nous avons fait & ce qu'il falloit faire, pour avoir sur ce plan, tous les arcs de la Sphère, & la creuser par le moyen de ses cordes.

DE STEREOTOMIE. Liv. IV.

Remarque sur la Construction.

On peut faire la même application de cette construction, aux Trompes qui sont surbaissées ou surhaussées, (c'est-à-dire, des portions de Sphéroïdes,) que dans le Trait précédent ; car supposant toujours l'axe du Sphéroïde en P C, en sorte que la courbe P K p, soit une Ellipse, qui se meut autour de cet axe, comme sur un côté immobile. Soit que P p, soit son grand ou petit axe, il est clair que les rayons x E, & G K, décriront toujours des cercles, & que le Sphéroïde pourra être réduit en un Cône droit inscrit, & tronqué entre ces deux ordonnées x E, & G K ; & par conséquent en pyramide droite.

La différence tombera seulement sur l'arc de face, dont C B est la projection, lequel sera un quart d'Ellipse, au lieu que dans le précédent cas, il étoit quart de cercle. Or ce quart d'Ellipse sera facile à tracer, puisque ses deux demi-axes conjuguez, seront donnez par la détermination du côté C B de la face de la Trompe, & de la hauteur de sa Clef C H.

Il sera encore vrai que les projections des joins de lit, seront des Ellipses pour le Sphéroïde, comme pour la Sphère ; car les sections de leurs plans, seront des Ellipses, par le Théoreme V. du premier livre, & la projection d'une Ellipse, est aussi une Ellipse, par le Théoreme III. du même livre ; donc cette construction convient au Sphéroïde, comme à la Sphère ; *ce qu'il falloit prouver.*

DES VOUTES SPHERIQUES TRONQUE'ES.

Quoique l'on puisse tronquer les Voutes Sphériques, aussi bien que toutes les autres, en les coupant par des murs de forces suffisantes pour soutenir leur poussée, on ne doit le faire, que lorsqu'il n'en résulte aucune difformité ; comme lorsque ces Voutes Sphériques sont coupées par des murs disposez en Polygone régulier inscriptible dans le cercle, tels sont le Triangle équilateral, le Quarré, le Pentagone, l'Exagone, &c. parce que la régularité de leurs côtez retranche toujours des demis segmens égaux, autour de l'Hémisphère, & fait que les parties qui restent entre les angles des murs, ausquelles on donne le nom *de pendentifs*, sont toutes égales & uniformes dans la distribution des joins ; ce qui fait une simétrie agréable à la vûë.

Mais lorsqu'on s'écarte de cette régularité, comme lorsqu'on veut faire une Voute Sphérique entre quatre murs, disposez en *quarré long*, l'inégalité des côtez de cette figure, qui sont alternativement plus longs

& plus courts, retranche des segmens de Sphére inégaux ; d'où il résulte que les Clefs des *Formerets*, c'est-à-dire, des Ceintres en demi cercle formez par la section des murs verticaux coupant la Sphère, sont de hauteurs inégales, aussi bien que tous les joins qui y viennent aboutir, lorsque les Voussoirs sont situez par rangs verticaux.

PLAN. 56. Fig. 190. Il y a trois sortes de Voutes tronquées usitées, la premiére est celle dont les joins de lit ont leurs pôles au sommet de la Voute, c'est-à-dire, dont les rangs de Voussoir sont horisontaux, on l'appelle *Cul-de-four en Pandantif*.

La seconde est de celles qui ont plusieurs pôles à l'horison, & autant que le Polygone a d'angles, telles sont les *Voutes Sphériques en Pandantif, sur un Quarré, un Pantagone, un Exagone, &c.* dans celles-ci les rangs de Voussons sont verticaux, & coupent perpendiculairement les diagonales du Polygone, on en peut voir de cette espece à la planche 59. fig. 207 & 208.

La troisiéme espece est semblable à celle-ci, dans l'arrangement des joins de lit, à l'égard de l'horison, mais non pas à l'égard du Polygone inscrit dans la Sphére ; car ils ne sont pas perpendiculaires aux diagonales, mais parallèles aux côtés du Polygone ; ainsi leurs pôles qui sont aussi en même nombre que les côtez, ne sont pas dans les angles du Polygone, mais au milieu du segment que chaque côté en retranche, de sorte qu'au lieu de Pandantifs, elles forment des enfourchemens dans les angles. Ce sont les Voutes Sphériques, dont nous avons parlé sous le nom de Voutes Sphériques fermées en Polygone, qu'on a vû dessinées en perspective à la fig. 166. de la planche 54. dont on ne fait que retrancher la partie du trompillon en lui substituant un mur si l'on veut ; car si les angles de ces Voutes sont bien butez, les formerets peuvent être sans apuis, au lieu qu'il n'en est pas de même des deux précédentes.

Premiére espece.

Cul-de-four en Pandantif, sur un Polygone quelconque.

Fig. 191. Soit pour exemple, (fig. 191.) le triangle équilatéral ABD, la disposition des moindres vents pôler ce cul-de-four, nous choisissons cette figure comme moins usitée, mais plus facile & plus simple & plus propre que le Quarré, à distinguer les lignes du Trait de celles du plan horisontal, & à servir de modéle pour les Polygones impairs.

On commencera par diviser en deux également les angles A, B, &

page 375.   Pl. 57.

DE STEREOTOMIE. Liv. IV. 375

D, par des diagonales A C, B C, D C, dont l'interſection donnera le point C, pour centre de tous les arcs qui repréſentent la projection des joins de lit, & le pôle P, de tous les cercles horiſontaux, que ces mêmes joins font dans la ſurface concave de l'Hémiſphère tronquée par les trois plans verticaux A B, B D, D A.

La diſtance de tous ces cercles du centre C, ſera déterminée par la quantité de Vouſſoirs que l'on veut former, depuis l'impoſte juſqu'à la Clef, c'eſt-à-dire, au pôle P; c'eſt pourquoi, ayant élevé ſur C B, la perpendiculaire C P, égale à C B, on décrira du centre C, le quart de cercle B 4 P, qui repréſentera le profil de la Voute, depuis l'impoſte B, juſqu'à la Clef, dont le milieu doit être le point P ; on diviſera ce quart de cercle en tel nombre de Vouſſoirs qu'on voudra, par exemple ici en ſept & demi, mettant la demie P 7, pour la moitié de la Clef. Par chaque point des diviſions ayant abaiſſé, à l'ordinaire, des perpendiculaires qui repréſentent des aplombs, on aura ſur le rayon C B, les points 7', 6', 5', 4', &c. qui détermineront la longueur des rayons de la projection des joins de lit, leſquels joins ſeront tous des arcs de cercles concentriques, paſſant par ces points, & terminez en partie par les côtez du Polygone A B D ; je dis en partie, parce que tous ceux qui ſeront en dedans du point 5', ſeront des cercles entiers, qui ſeront au dedans du Polygone.

Les Architectes ont coutume d'inſcrire le premier cercle T F G, dans le Polygone, en ſorte qu'il touche les côtez A B, B D, D A du Polygone, peut-être parce qu'ils y trouvent quelque raiſon, peut-être auſſi pour plus de facilité de l'Apareil, afin que les Vouſſoirs qui ſont aux points d'atouchement G T F, ſoient moins compoſez ; cas autrement leur doёle ſeroit en partie plane & verticale, & partie concave ; mais comme cette difficulté arrive aux rangs de Vouſſoirs inférieurs, qui ſont tronquez par le mur, elle me paroit de peu de conſéquence ; cependant cet aſſujetiſſement cauſe une grande irrégularité dans la largeur du Vouſſoir du Cul-de-four entier, & de ceux des Pandantifs, particulierement dans le Quarré, dont on ne peut diviſer le quart de cercle du profil B P, en parties égales plus une demie, en voici la raiſon, le point 5', eſt terminé ſur C B, par l'interſection de l'arc A 5 B, & de la ligne G T 5, perpendiculaire ſur le côté du Polygone A B. Or il eſt clair, que dans le Quarré, l'arc 5 B, eſt de 45 dégrez, puiſqu'il eſt la moitié de A 5 B, qui eſt le quart du cercle de 90 dégrez, tel eſt l'arc B P, ou B b, à la fig. 196 ; de ſorte qu'en ce cas le point P, tombe ſur A, parce que la perpendiculaire ſur la demie diagonale C B, tombe en C A, & que l'intervale P 5, devient égal à 5 B ; donc l'arc 5 P, qui doit contenir une moitié P 7, au deſſus des diviſions égales, laiſſera un plus petit reſte de 5 à P, qui de 5 à B; donc les diviſions deviendront inégales dans chaque partie, & par conſéquent les largeurs des Vouſſoirs qui en dépendent & déterminent les intervales des joints de lit le ſeront auſſi, & ne ſeront plus de ſimétrie depuis la Clef à l'Impoſte.

Il n'en eſt pas de même dans le cas préſent du triangle équilatéral A B D, où l'arc 5 B n'eſt pas de 60, mais de 60 dégrez, parce qu'il eſt la moitié du tiers 120, qui eſt l'arc A 5 B; de ſorte que l'arc P 5 reſtant au deſſus vers le pôle, eſt de 30 dégrez, lequel étant diviſé en deux & demi, donne 12 dégrez pour chaque largeur de Vouſſoir, laquelle diviſion eſt partie aliquote de 5 B, de 60 dégrez qui donne 5 Vouſſoirs de 12 dégrez chacun, de même que les deux & demi reſtant de 5 à P.

D'où il ſuit, que ſi le nombre des Vouſſoirs dans le Cul-de-four en Pandentif ſur un Quarré, eſt aſſez grand pour rendre l'inégalité qui en réſulte peu difforme, on pourra faire le cercle entier T G F, tangeant au Quarré, mais ſi le nombre en étoit trop petit pour couvrir le défaut, je veux dire diminuer l'apparence de cette irrégularité, je ne vois pas qu'on doive ſuivre dans cette partie du Trait, ni le Pere Derand, ni Monſieur de la Ruë.

La projection des joints de lit horiſontaux étant faite, on peut choiſir une des trois manieres que nous avons donné pour la formation des Voûtes Sphériques, dont la partie qui eſt au deſſus de G T F, ne differe en rien de celles de la premiere eſpece, toute la difference tombe dans celle qu'on appelle Pandentif, laquelle eſt compriſe dans le triangle mixte G F D de la projection.

La maniere la plus ſimple & la plus commode, eſt celle de l'équariſſement, particulierement pour la premiere & ſeconde Pierre, que l'on fait ordinairement en ceux de charge, c'eſt-à-dire, ſans donner de coupe aux lits, par deux raiſons : la premiere c'eſt que l'engueulement de la coupe, c'eſt-à-dire, ſon inclinaiſon au deſſus d'un plan horiſontal, étant peu conſidérable, ne rend point les arêtes des lits ſupérieurs trop aigues. La ſeconde, parce que, les Pierres faiſant partie d'un mur, dont les lits ſont de niveau, le raccomodement en eſt plus commode, en ce qu'il faudroit reſerver un excédent de Pierre ſur le lit, pour y menager l'engueulement de la partie qui doit être en coupe; mais lorſqu'on commence à monter plus haut, cette pratique ne convient plus.

Il faut remarquer que la partie de la Voûte qui eſt en Pandentif, eſt d'autant plus grande, que le Polygone ſur lequel le Cul-de-four eſt

est établi a moins de côtez; ainsi le Pandantif du Triangle est plus grand que celui du Quarré ; celui du Quarré plus grand que celui du Pentagone, & ainsi de suite, parce que l'angle du Polygone devenant plus grand, les deux tangentes tirées de son sommet au cercle inscrit, sont toujours plus petites, comme on peut le voir en jettant les yeux sur B T de la fig. 191, & B T de la fig. 196.

D'où il suit que lorsque le Polygone a plus de quatre côtez, on peut sans inconvenient, mener le tas de charge jusqu'au sommet du Pandantif, mais non pas dans le Quarré, & encore moins dans le Triangle ; car il est clair que si l'on tire 5 R, parallele à C B, la ligne R 5, représentant un lit horisontal, feroit avec la doële 5 · 4, un angle mixte R 5 · 4, dont l'arête 5 feroit trop aiguë, & pour le Quarré faisant p' e, perpendiculaire sur B E, & menant e f, parallele à E C, on voit que l'angle 2 e f est moins aigu, mais qu'il l'est encore trop. Pour le Pentagone dont l'enfourchement finiroit à peu près au point 3. fig. 192, on voit que l'angle 2 3 · 2, commence à devenir assez fort pour qu'on y mene les assises, en tas de charge, & à plus forte raison à l'Exagone, dont la derniere assise de Pandantif, feroit au milieu des points 2 & 3.

Fig. 196.

Cette petite digression fait voir jusqu'où l'on peut élever les assises des Pandantifs en tas de charge, c'est-à-dire, jusqu'où il convient de les tailler par équarrissement, car dès qu'elles deviennent en coupe, on les fait aussi commodement & avec moins de perte par panneaux.

Aplication du Trait sur la Pierre.

Pour faire les premieres assises du tas de charge, par exemple pour la Pierre e i k de la fig. 191, ayant tracé au lit de dessous l'angle i D K, on se retournera d'équerre sur ce lit, pour tracer le même angle au lit de dessus, & y inscrire l'arc i k, qu'on prendra sur l'épure, & on abatra la Pierre entre les points i & k du lit de dessus, & le point D du lit de dessous, suivant une cerche formée sur une portion d'un cercle mineur, qui aura pour diametre le côté du Polygone, tel est le demi cercle A H B.

Fig. 194.

Quoiqu'il n'importe de former cette cerche de la longueur précise de l'arc que doit occuper le côté du premier Voussoir, on peut cependant la trouver très facilement, si on éleve une perpendiculaire q 1. sur le côté A B, au point q, où l'arc 1' q le coupe, l'arc B 1', sera celui que l'on cherche, & l'arc B 1 du cercle majeur, sera celui de la cerche qui convient au milieu du premier Voussoir, depuis le sommet B, ou D de l'angle du Polygone, jusqu'au milieu de l'arc i k.

du lit de dessus ; ainsi ayant deux points de chaque cercle, & l'arc du cercle qui doit s'y adapter, on creusera avec toute la précision possible la premiere doële au dessus de l'imposte, dont la figure sera telle qu'elle paroît en D, fig. 194 pour l'intérieur, & au coin saillant D de la figure 191, si la Voute étoit extradossée.

La seconde assise du tas de charge se fera de la même maniere, en traçant le lit de dessus o l m n suivant l'épure, en o l m n de la figure 193, & s'étant retourné d'équerre au lit de dessous pour y avoir des repaires aux points L & m, on y tracera le triangle l D m de la fig. 191, sur les côtez duquel on portera les longueurs l i & m k, pour y poser l'arc i k du lit de dessous, qui étoit celui de dessus de la premiere assise, ce qui est très aisé & facile à concevoir.

On poursuivra de même à la troisiéme assise, si le tas de charge peut encore y être pratiqué, sans que le lit de dessus fasse un angle trop aigu avec la doële, & que le Voussoir du Pandantif comprenne toute la partie qui est entre les deux murs, se servant toujours pour la naissance du Pandantif sur le mur, d'une partie quelconque du cercle mineur A H B à la fig. 191, & B H D à la fig. 196, d'un arc du cercle majeur A B D pour le milieu de la doële.

Mais si le Voussoir du Pandantif ne s'étend pas d'un mur à l'autre, comme aux assises au dessus de la premiere & de la seconde, où il ne pourroit occuper tout l'espace G T, l'application du Trait sur la Pierre devient un peu plus difficile, ou du moins demande plus d'attention, parce que la doële qui est une surface courbe, fait un angle mixte rentrant avec la plane du mur, lequel angle est d'une ouverture inégale d'un bout à l'autre, étant d'autant plus aigu qu'il approche de B en T, de sorte qu'on ne peut le former avec un biveau.

Fig. 196. Soit (fig. 196.) la derniere assise du Pandantif K L T G, divisée en quatre Voussoirs, ou la moitié Q G M A, en deux également, ou inégalement, par la ligne b o, tirée du centre C, qui coupe le sien A B au point n.

Le Plan horisontal du premier Voussoir, sera le Pentagone mixte m M b n a, composé de trois Droites m M, b n & n a, & de deux courbes M b & m a.

On taillera la Pierre sur l'un M b, comme si on vouloit faire une portion cylindrique de Tour ronde, étant A M b n dans le plan de la horisontal, suivant les côtes duquel on abattra la Pierre d'équerre

DE STEREOTOMIE, Liv. IV.

fur le parement creux M b, & fur les joins A M, b s. La hauteur de ce Voussoir sera reglée par celle que la coupe P q du lit de dessus donne au dessus de P, par exemple en S, qu'il faut ajoûter à la hauteur de la retombée P g; on décrira ensuite du centre C, par le point n, l'arc n x, qui coupera C A en x, d'où on élevera sur la même C A, la perpendiculaire x y, qui coupera l'arc d P, profil du Voussoir au point y, & la retombée de d g en z, la figure r z y P q, sera le panneau du joint montant v b, & la figure r d P q, sera celle de l'autre joint montant A M ; ainsi apliquant ces deux panneaux sur les côtez du Voussoir préparé en portion de cylindre, comme à la fig. 195. & la figure M m K n b sur le lit de dessous, on aura toutes les arêtes du Voussoir tracées.

Il ne s'agit plus que d'abatre la Pierre de l'une à l'autre. Premierement par les trois points donnez (fig. 195.) y, z, K, on fera passer une surface plane qu'on terminera entre y & k, par un arc de cercle formé par le moyen d'une cerche coupée sur le cercle mineur B H D, de telle longueur qu'on voudra, il n'importe, pourvû qu'elle soit assez longue pour s'étendre de y en K.

Secondement, on abatra la Pierre entre les cinq lignes courbes P r, p y sur les joins montans, P p sur la surface creuse, m k sur le lit de dessous, & k y, qu'on vient de former, lesquelles étant les termes de la surface courbe qu'on doit former, conduiront le Tailleur de Pierre de façon qu'il ne peut se tromper pour peu qu'il ait de connoissance. Il pourra encore s'aider d'une cerche convexe faite sur le cercle majeur A B D, pourvû qu'il la tienne toujours perpendiculairement à l'arc P y, & parallelement aux joins montans A M du plan horisontal, ou P M de la fig. 195.

Pour tailler le second Voussoir s b G Q de la fig. 196, on commencera de même par faire une portion de cylindre Droit, en traçant sur le lit de dessous le panneau s b G Q, & abatant la Pierre à l'équerre de tous côtez ; ensuite sur la surface du joint montant s b, on posera le panneau qui a été employé au Voussoir précédent, qui doit se joindre contre celui-cy, & le joint G Q restera en ligne droite ; puis on apliquera au lit de dessous le panneau du triangle mixte G b n, dont ayant tracé le contour, on aura toutes les arêtes de la Pierre tracées. On abatra la Pierre en droite ligne de s en y, & par les quatre points donnez b P y z, on fera passer une surface plane qu'on terminera entre y P, avec une cerche convexe formée sur le cercle du ceintre du formeret B H D, & la surface courbe triangulaire P T y, avec une cerche convexe formée sur le cercle majeur A P B, qu'on observera de tenir perpendiculairement à l'arc P T, & parallelement à P G ; & la coupe P q se

Fig. 196. & 197.

fera à l'ordinaire, comme à toutes les Voutes Sphériques ; l'effet de ces deux Pierres rassemblées est representé à la figure 198 & 199.

REMARQUE.

Le dernier Voussoir du Pandantif qui aboutit au milieu du formeret en T, ou qui le touche par son milieu au point T, s'il est commun à deux Pandantifs, devient si aigu en ce point, ou si mince, qu'on ne peut le faire sans y ajouter une partie du mur qui fortifie la Pierre, c'est pourquoi, on ne peut le faire que composé d'une surface courbe & d'une surface plane dans sa doële, ce qui en réduit le Trait à la voye de l'équarrissement.

D'où il suit, que si le mur du formeret étoit suprimé par une ouverture en arcade sans bandeau, il faudroit que ce dernier Voussoir n'eût pas son lit de dessus dans un cercle tangent au Polygone en T, comme le veulent les Auteurs de la coupe des Pierres, mais dans un cercle qui fût tout au dedans du Polygone, à quelque distance du point T, pour lui donner de l'épaisseur ; il n'en est pas de même des Voussoirs inférieurs du Pandantif, on peut les faire sans y ajouter une partie de la surface du mur, & les poser sur des lits concaves cylindriques, ou coniques, appuyés sur le contour de ce mur arondi cylindriquement de niveau, ou coniquement en coupe, pour mieux buter la Voute ; et en ce cas, on peut faire les Voussoirs du Pandantif, suivant les trois methodes convenables aux Voutes Sphériques.

Fig. 191. Premierement, si on veut les faire par panneaux flexibles de dévelopement, (fig. 191.) on élevera une perpendiculaire CQ, sur une des diagonales, par exemple AC, & ayant transporté les divisions du quart de cercle B 5 F, sur l'arc de cercle circonscrit A 5, en A 1, 1 2, 2 3, &c. on prolongera les cordes A 1, 1 2, 2 3, 3 4, jusqu'à la rencontre de la ligne CQ, pour avoir les sommets des Cônes 1, 2', 3', 4', 5', &c. desquels, comme centres, on décrira des arcs de dévelopement suivant la maniere ordinaire à ce systême, puis d'un point pris à volonté sur chacun de ces arcs pour le milieu du Pandantif, on menera son rayon m x, & l'on prendra la moitié m i, de l'arc i l, de la projection, qu'on portera de part & d'autre du point m, l'on tirera les courbes o i m l 3, en subdivisant les Voussoirs pour trouver des points entre o & 1, & 1 & 3, mais à cause que cette précision donneroit trop d'embarras, il suffira de les tracer avec une cerche de l'arc A H B, & l'on aura le troisiéme panneau.

Pour le quatriéme, on prendra de même sur la Couronne de dévelopement l 4 4, m ... m aux côtez duquel on portera les demi-arcs de i 4 & de G M T, M l = M, & entre les points i 4, 4 8, on tracera de même des arcs i g, k 4.

Remarquez que cette pratique quoique d'une exactitude suffisante pour une bonne exécution, n'est pas exacte dans la rigueur Géometrique, je ne trouve pas étrange que le Pere Dérand ait passé par dessus cette petite erreur, parce qu'il nous a préparé dans sa Préface à ces sortes de négligences, qui ne tirent point à conséquence pour l'exécution ; mais je suis surpris que le Pere Déchalles, qui a prétendu en le copiant y ajoûter des Démonstrations, se soit grossierement trompé dans celle qu'il veut en donner, *clarum est*, dit-il, *quòd arcus desumptus à semi circulo terminet tale exemplar*, il est bien vrai que l'arc A H B, termine les côtez des Voussoirs, mais non pas celui des panneaux faits suivant le systême des Cônes tronquez inscrits dans la Sphère ; car puisque ces portions de Cônes inscrits, ont leur axe dans une ligne verticale élevée au point C, qui représente le centre commun de leurs bases, & que ces Cônes sont coupez par des murs verticaux, par conséquent parallelement à leur axe, qui est aussi vertical, il suit que les sections que font les surfaces planes des murs, sont des hyperboles, & que la courbe du panneau tiré par le dévelopement de la surface du Cône, est une hyperbole dévelopée avec la surface du Cône, & non pas un arc du cercle A H B ; or parce que tous ces Cônes tronquez, ont leurs côtez de plus en plus inclinez à l'axe commun, à mesure que les rangs de Voussoirs approchent de la Clef ; il suit que la courbure des hyperboles diminuë toujours, parce qu'elle augmente d'amplitude ; de sorte que si la Clef étoit si plate, que l'angle du sommet du Cône fût infiniment grand, l'hyperbole se réduiroit à une ligne droite.

Nous ne proposerons pas dans la pratique la recherche de ces courbes, quoique nous ayons donné la maniere de les tracer au 3e. livre, parce que ce seroit s'amuser à la bagatelle, il suffit d'en trouver un point ou deux entre les extremitez données par la subdivision des Voussoirs ; mais comme nous n'admettons point de faux principe de pratique, nous voulons que le Lecteur soit toujours convaincu de la verité de celles qu'on propose, & qu'il sçache à quoi s'en tenir pour celles que la facilité fait adopter, lorsque l'erreur qui en résulte peut être insensible dans l'exécution.

La *démonstration de* ce Trait est répanduë dans l'explication qu'on en a donné, & dans celui des Voutes Sphériques completes.

Quant à la seconde méthode de la construction des Voutes Sphériques, on remarquera que les Pandentifs peuvent être exécutez par l'inscription des côtez des Voussoirs, dans un segment de Sphère, lorsqu'ils doivent comprendre une partie de la surface étant en œuvre, laquelle entre dans le segment de Sphère, & doit s'ossier pour une plus solide construction.

A l'égard de la méthode de la réduction de la Sphère en Polyèdre, elle peut très-bien être employée pour les Pandantifs, en croisant la doële plate des Voussoirs, faisant l'angle du suplément à deux Droits de la pyramide triangulaire, formée par les quatre plans de la doële plate des deux cordes, & des arcs qui sont sur les murs verticaux qui le joignent, & du plan du lit de dessus, comme on a fait au Problème XVI. fig. 159, parce que les Voussoirs angulaires des formerets doivent comprendre une partie de la surface du mur, au moins le premier qui seroit extrêmement aigu & posé sur la pointe; cependant les Voussoirs ensuite pourroient fort bien être réduits à la portion de Sphère qu'ils occupent, sans y comprendre une partie du mur, & alors rien n'empêcheroit qu'on ne se servît de cette méthode, où les angles des pierres du mur, que leurs joints de lit horisontaux formeroient avec l'arc du formeret, ne seroit pas trop aigu; ainsi comme cet inconvénient est presque inévitable, il faut convenir que la voye de l'équarissement, c'est-à-dire, de l'inscription des Cylindres dans la Sphère, est celle qui convient le mieux à tous les Voussoirs angulaires, pour joindre le Pandantif au mur sur lequel il s'apuye.

REMARQUE

Cette sorte de Voute étoit usitée chez les Anciens, Palladio liv. I. dit, qu'il a retrouvé dans les ruines des Thermes de Titus à Rome, une Voute en Cul-de-four sur un Quarré, cependant Vitruve dans l'énumération des Voutes ne dit mot de celle-ci.

Seconde Espece.

Voutes Sphériques en Pandantif sur un Polygone régulier quelconque, où les Voussoirs sont verticaux.

PREMIER CAS

Sur le Quarré

DE STEREOTOMIE. Liv. IV.

circonscrit à son plan horisontal, ce qui est possible, comme nous l'avons dit, sans la construction du reste de la Voute, parce que les rangs de Voussoirs qui sont paralleles entr'eux, & verticaux dans le segment de Sphere, ne sont pas de suite necessaire avec ceux dont est composé le Polygone, ils leur servent seulement d'apuis, qui peuvent être remplacez par ces murs ; nous ne dirons rien de cette premiere façon qui a été expliquée au Probléme XVII. On n'a qu'à revoir la fig. 166. à la planche 54. où les joins sont paralleles aux côtez du Polygone, & imaginer qu'on éleve des murs sur les cordes A E, E B, B D, D A, qui mettent les Trompes ou Niches Sphériques, hors de l'enceinte quarrée.

Secondement, on peut changer la direction des joins des rangs de Voussoirs verticaux, en les faisant perpendiculaires aux d'agonales du Polygone inscrit dans le cercle majeur, qui est le plan horisontal ou projection de l'Hémisphere, comme on voit (fig. 209.) & dont l'effet est représenté en prespective (fig. 210.) pour un Quarré ; alors il se fait une double inscription. *Premierement* du Polygone dans le cercle ; *Secondement* d'un second Polygone dans le premier, comme ici le Quarré E F G I, dans le Quarré A P B D.

Fig. 209. & 210.

Soit pour exemple (fig. 209.) le Quarré A P B D inscrit dans un cercle, ou sur tout autre Poligone que l'on voudra sur un de ses côtez, comme A D pour diametre, ayant tracé le demi cercle A H D, on le divisera en tel nombre de Voussoirs que l'on jugera à propos, mais en nombre pair, *contre l'usage ordinaire*, parce qu'il n'y a pas de Clef sur le milieu, il doit s'y trouver un joint, ou un Voussoir à branches, qui en commence deux rangs ; nous avons divisé ici le quart de cercle A H, en quatre parties égales, desquelles ayant abaissé des perpendiculaires 1', 2', 3', H I, pour en avoir la projection, on tirera les diagonales A B, D P, ausquelles on menera des paralleles par les points ?, comme ?', ?', & I E à D ?, & ?, 6 & I G à A B, & transportant les mêmes divisions & paralleles sur ? ?, F, F B & B G, on aura la projection de ces quatre portions de la Voute, qu'on apelle *Pandantifs*, lesquelles sont l'espace compris entre le quarré E F G I inscrit, & le quarré A P B D circonscrit au précédent, mais inscrit dans la Sphére.

Plan 60. Fig. 209.

Il reste à faire la division des rangs de Voussoirs du quarré inscrit, pour cela ayant prolongé un de ses côtez, E F, jusqu'à la rencontre du cercle circonscrit, qu'il coupera au point ?, on divisera l'interville ? B en deux & deux, pour avoir deux rangs, & la moitié de la Clef, aux points 3' & 1', qui donnent des divisions inégales à celles des Voussoirs demmurs les Pandantifs : car l'arc P 1 3 étant de 45 degrez,

P f fera de 56ᵈ 36′, & par conséquent f E de 33ᵈ 24′, lequel nombre de dégrez étant divisé en deux & demi, donne 13ᵈ 20′, pour une division entiere, au lieu de 11ᵈ 4′, 15′, que donne la premiere division du Pandantif ; ainsi les Voussoirs du quarré inscrit seront plus larges à la doële, que ceux des Pandantifs.

Par les points 1′ & 1′, ayant mené 2′ X, 2′ X, paralleles à A B, on menera par ces mêmes points V & X des paralleles à F E & F G, qui donneront les points v & 2, x & 2 sur les diagonales E G, F I du quarré inscrit, par le moyen desquels on achevera la projection, en menant par ces points des paralleles aux côtés F I & G I.

Pour en venir à présent à l'Aplication de Thtis, il faut comme aux Pandantifs de la Voute précédente avoir égard à la liaison des Voussoirs avec les murs, pour une bonne construction, en la composant d'une partie de la doële sphérique, & d'une partie de la surface plane du mur en formeret, où se fait l'angle de la jonction des deux surfaces ; de sorte, qu'on ne peut exécuter cette sorte de portion de Sphere, par l'inscription de ses cotés dans un segment de Sphere parfait, pour lequel il faudroit enlever la pierre qui doit faire un angle avec la surface sphérique, & une partie du mur.

Mais rien n'empêche qu'on ne se serve toujours de celle de la Vdaësin de la Sphere ou Dépuis, laquelle donnera pour le premier Voussoir une doële plate triangulaire, que l'on creusera dans la pierre suivant le biseau de cete doële plate, avec les murs verticaux de joinage sur lequel on éleve la Voute Sphérique, tronquée, ce premier Voussoir, à deux angles finis de l'angle des plans de la doële plate, & de celui qui passe par la corde & l'arc du formeret, que l'on trouvera de la même maniere que nous l'avons expliqué au nombre XVII...

plan P B, dont *s q* est une partie; & enfin le joint du formeret, dont *o n* est la projection, est une hyperbole, parce que si l'on prolonge la corde 1', 1², qui est le côté du Cône tronqué, & qu'on prolonge aussi le plan B P, il coupera ce côté au delà du sommet S du Cône parfait.

CEPENDANT à cause que les panneaux ne sont qu'une disposition à la perfection des Voutes Sphériques, puisqu'après les avoir employé pour former des Cônes tronquez, il faut en venir à une seconde excavation de la pierre, on peut fort bien, au lieu des courbes des sections coniques, tracer tout d'un coup sur le panneau une portion d'arc du formeret, lorsque les Voussoirs comprennent un petit nombre de dégrez du cercle, parce qu'alors la corde differe peu de l'arc, & par conséquent la surface conique rentre si peu dans la Sphérique, que l'erreur de ce contour devient insensible, & peut être négligée.

La construction des panneaux de la figure 209, étant la même que celle de la figure 170 & 191 pour le Pandantif, depuis P, jusqu'en F, on verra à la seule inscription de la figure, la maniere de les tracer.

La différence qu'il y a de ces Pandantifs à ceux dont les joins de lit sont horisontaux, est que le pôle de chaque Pandantif, est dans l'angle du Polygone en A, ou B, ou P, ou D, & que dans l'autre espece de Voute, les pôles sont tous réduits à la Clef.

A l'égard des Voussoirs d'enfourchement rangez sur les perpendiculaires E G, I F, aux côtez du Polygone qui sont les diagonales du Quarré inscrit, il faut se rappeller ce que nous avons dit des enfourchemens au Probléme XVII des Voutes Sphériques fermées en Polygone; on y verra que pour trouver le panneau de l'enfourchement *m* F *g* N *n y*, il faut en faire deux moitiez, & chercher la courbe Elliptique, comme il a été dit au même endroit, auquel on renvoye le Lecteur.

La *démonstration* de cette construction, étant la même que celle du cas précédent pour les Pandantifs, & que celle des enfourchemens des Voutes Sphériques fermées en Polygone, on n'a rien à ajouter à ce qui en a été dit.

Troisiéme maniere de faire les Pandantifs de rangs de Voussoirs verticaux.

Par équarrissement.

Nous nous sommes peu arrêtez sur les manieres précédentes, parce que nous jugeons que la voye de l'équarrissement est la plus convenable à ces sortes de Pandantifs.

La préparation du Trait, est de faire la projection verticale du Pandantif sur un plan perpendiculaire à la diagonale du Polygone inscrit dans la Sphère.

On tirera par le point P, la ligne *b* P R, perpendiculaire à la diagonale D P, & par les points E, K, L, I ; F, *q, o, n*, on menera des paralleles à la même diagonale ; puis on prolongera les projections des joins de lit F E, *q* K, *o* L, &c. jusqu'à ce qu'elles rencontrent le cercle circonscrit A F B, aux points *e k l i*, qui donneront pour rayons des arcs de la projection verticale, les lignes *m e, m k, m l, m i* ; de sorte que prenant chacun de ces rayons successivement, on décrira du même point P pour centre, les arcs *e° M 4°, k° 3°, l° 2°, i° 1°*, qui seront terminez de part & d'autre à des lignes paralleles à D P, tirées par les points E, K, L, I ; F, *q, o, n*, & l'on tracera à la main par les points de leurs intersections les Courbes P *e°*, P 4 *s*.

Ou bien d'une autre maniere plus simple & plus correcte, ayant trouvé comme nous venons de dire, les rayons *m e, m k, m l, m i*, & ayant tracé avec ces rayons des arcs concentriques au point P, on prendra la longueur de la ligne R 4 *s*, de laquelle pour rayon, & du point P pour centre, on fera des arcs qui couperont cette ligne F 4 *s*, aux points *x* & X, qui seront les foyers d'une Ellipse, dont l'arc P 4 *s* est le quart, P R la moitié du petit axe, & R 4 *s* la moitié du grand ; ainsi il sera aisé de le décrire, & son égal *b* P *e°*, par le Problême VII. du deuxiéme livre.

Il ne reste plus pour achever le Trait, que de tirer du centre C les coupes *e* T, *k s*, &c.

Aplication du Trait.

Fig. 214. On fera trois paremens d'équerre les uns aux autres, par exemple fig. 214. N A, N H, N C ; sur celui qui sera destiné pour être aplomb A D N B, on apliquera le panneau formé sur l'épure de Passiie ; ou une partie du rang de Voussoir qu'on peut faire avec la pierre qu'on veut mettre en œuvre, par exemple pour la moitié du dernier rang, on levera le panneau *e° M m z k z* à la fig. 209, posant M *z* sur Parête M N de la fig. 214, & *z k*, sur N K, puis on tracera suivant ce panneau, Parête *e° M*, en *e° M* de la fig. 214, on repairera ainsi le point *m°* de ce panneau en *m*, par où on menera *m g*, parallele à Parête N G, sur le parement de retour N H, & par le point *k*, on menera sur le

DE STEREOTOMIE. Liv. IV. 387

lit de deſſous, une parallele k F à la même arête N G. Enſuite prenant avec la fauſſe équerre l'angle C A P du plan horiſontal fig. 209, on le portera à la fig. 214, en N P K pour tracer au lit de deſſous, la ligne P K, qui coupera k E au point K ; on creuſera enſuite une portion de cylindre entre les lignes k F & m g, par le moyen d'une cerche formée ſur l'arc k', m° de la fig. 209 ; on levera le panneau de tête S e k s, de l'horiſontale S e avec l'arc e k, ou bien le panneau 9 k e T de la verticale 9 k avec le même arc k e, puis on apliquera ce panneau ſur le parement N H, poſant le côté droit 9 k, ſur l'arête M D ; ſi on fait le panneau ſur 9 k, qui repréſente une verticale, ou bien s e ſur r g, ſi on a levé le panneau de la ſeconde maniere, puis avec le panneau on tracera l'arc e k en M r, avec ſes coupes M T, r s marquées au panneau, puis on trainera avec le compas la ligne r K, parallelement à la ligne ou arête courbe m k, qui a été formée en creuſant la portion de cylindre, ou bien avec une regle pliante, on tracera dans ce creux l'arc r K, entre lequel & l'arc e M, on creuſera une portion de doële Sphérique, par le moyen d'une cerche faite ſur e k, portion d'un cercle majeur qu'on tiendra toujours perpendiculairement autant qu'il eſt poſſible à ces deux courbes ; de ſorte qu'on ne pourra s'en ſervir que juſqu'au point L, ſuivant la poſition K L ; il reſtera donc à creuſer la partie triangulaire L e K, qui ſe termine au mur E P ; pour le faire on formera une cerche ſur l'arc 3 H, puis abattant la pierre ſuivant la ligne K P tracée au lit de deſſous, & la ligne P e, on formera une portion de ſurface plane ſur laquelle on apliquera la cerche ou panneau H 3 r', qui donnera l'arc e K, entre lequel & l'arc K L, on achevera de creuſer la portion de Sphère e L K.

La doële Sphérique étant creuſée, on abattra la pierre pour former les lits de deſſus & de deſſous E Q T M, & K r s avec les biveaux mixtes k e T, ou ce qui eſt le même, e k s de la fig. 209, comme à toutes les autres Voutes Sphériques ; & l'on aura un Vouſſoir qui comprendra une portion du mur K P E Q, pour éviter l'arête trop vive qui ſe formeroit ſuivant l'angle m E K de 45 dégrez (fig. 209.)

Explication Démonſtrative.

Il eſt viſible que la projection horiſontale & verticale ſont bien faites pour ce qui regarde les joints de lit, on peut ſeulement demander pourquoi nous avons formé la projection verticale des arcs des formerets P 4', P e' en quarts d'Ellipſe, la raiſon eſt qu'ils ſont la projection verticale d'un quart de cercle A H ; or nous avons démontré au 2° livre, que la projection d'un cercle étoit une Ellipſe, donc ces arcs ſont bien tracez.

Ccc ij

Il est clair aussi que nous avons suposé l'Hémisphère entiere par la circonscription du cercle APBD, au quarré inscrit APBD. Suivant cette supofition nous avons prolongé les projections des joins de lit F E en *e*, q K en *k*, &c. pour avoir les diametres des cercles des projections verticales des rangs de Voussoirs verticaux concentriques en P, où est le pôle de tous ces cercles considerez dans la Sphére, ainsi que les autres points A D B, où sont les pôles des portions Sphériques apellées Pandantifs, qui sont retranchez de l'Hémisphère par le Quarré E F G I, inscrit dans le premier APBD, & par les plans des murs des formerets A P, A D ; B P, B D.

L'*Aplication du Trait sur la Pierre* est claire par les principes du 3.e livre, puisqu'à chaque face de pierre supofée verticale, nous avons apliqué la projection d'élevation & de profil, & à l'horisontale le Trait du plan horisontal.

Des Voutes Sphériques en Pandantif sur des Polygones irréguliers.

Lorsque les côtez du Polygone qui font les murs des formerets, sont de longueurs égales, ils retranchent évidemment des demis segmens de Sphère égaux entr'eux, par conféquent d'une hauteur égale à la Clef, alors toutes les Clefs sont de niveau.

Par un raifonnement contraire, si les murs des formerets sont de longueurs inégales, les segmens de Sphère qu'ils retrancheront dans une Voute Sphérique, seront plus grands les uns que les autres, par conféquent leurs Clefs ne seront plus de niveau, ce qui est une difformité insuportable dans un lieu de parade pour l'habitation, & qu'un Architede ne doit exécuter que dans quelques Souterrains.

Fig. 212. Suposant par exemple que l'on veüille vouter en Cul-de-four un Quarré long, dont nous représenterons ici la moitié suivant la diagonale en A D B fig. 212, le ceintre du formeret du grand côté A D, sera le demi cercle A H B, & celui du petit D B, sera le demi cercle D *b* B, lesquels étant divisez à même nombre de Voussoirs, donneront par leurs projections des divisions inégales en E D, & en F D.

D'où il suit, 1.° que le pôle du Pandantif qui étoit au Quarré de la fig. 209. en P sur la diagonale, s'en trouve icy éloigné de l'intervale d'un arc de cercle majeur P D, décrit sur la diagonale A B pour diametre, lequel arc P D sera d'autant plus grand, que les côtez du Quarré long seront inégaux, parce que C P devant toujours être perpendiculaire sur A B, l'inégalité des côtez du Quarré long, retranche

DE STEREOTOMIE. Liv. IV. 389

plus ou moins du quart de cercle P D B, suivant leurs plus ou moins de différence de longueur, ou d'obliquité des angles si le Polygone n'est pas rectangle.

D'où il suit encore, 2°. que les centres des arcs verticaux des joins de lit du Pandantif, ou Panache $E^1 M F^1$, $k^1 m_3$, $1^1 m_2$, ne sont plus réünis à l'angle D, comme ils l'étoient en P au Quarré, mais separez en des points c, c, c, donnez dans les intersections de la ligne T D, parallele à A B, avec les verticales $m^1 M$, $m^3 m$, $m^2 m$, tirées par les milieux des projections de ces joins en E F, K q, &c.

Les intersections de ces mêmes lignes avec les arcs $E^1 M f^1$, $k^1 m_3$, &c. marqueront aussi le milieu du Pandantif, en tirant par les points où ils se croisent, la courbe M m D qui est Elliptique.

De cet exemple de la moitié d'un Quarré long, on peut déduire celle du Rhumbe du Rhumboïde, & des autres polygones irréguliers.

Comme la construction en est parfaitement semblable à celle de la figure 209, dont nous venons de parler, nous ne nous y arrêterons pas plus long tems, d'autant plus qu'on peut voûter un Quarré long, & de telles figures de beaucoup d'autres manieres plus agréables à la vûë, & au cas qu'on veüille les voûter en Pandantifs, il convient pour mettre les Clefs de niveau aux figures en parallelogrames oblongs, de faire la Voûte en Hémisphéroïde au lieu de l'Hémisphère, c'est de quoi nous allons parler.

CHAPITRE VIII.
DES VOUTES EN SPHEROIDES.

En termes de l'Art,

Des Voûtes en Cul-de-four surhaussées, surbaissées, où sur un Plan Ovale.

NOUS distinguons de deux sortes de Sphéroïdes, les uns réguliers, les autres irréguliers.

Nous apellons *Sphéroïde régulier* le solide formé par la révolution d'une Ellipse constante autour d'un de ses axes, si c'est sur le grand, le Sphéroïde sera appellé *Oblong* ou *Alongé*, si c'est sur le petit le Sphéroïde sera appellé *Aplati*.

Nous apellerons *Sphéroïde irrégulier* celui qui est formé par la révolution d'une demie Ellipse variable dans son contour, telle seroit celle qui en tournant sur un axe vertical constant, s'élargiroit ou se retréciroit par son autre axe, suivant le contour d'une autre Ellipse horisontale.

On doit encore faire une distinction des Sphéroïdes réguliers *Oblongs*, lorsqu'on aplique leur figure aux Voutes; si le grand axe est vertical, la Voute s'appellera *surhauffée*, & si le même axe est horisontal, elle ne s'appellera pas surbaissée, mais *Cul-de-four sur un Plan Ovale*.

La raison de cette distinction de nom, est fondée dans la maniere de la construction, parce que le Cul-de-four surhauffé dont les joins de lit sont horisontaux, se fait comme les Voutes Sphériques où ces joins sont des cercles concentriques, mais dans l'autre situation ces joins de lit sont des Ellipses qui rendent le Trait de la coupe des Voussoirs si difficile, que tous nos Auteurs de la coupe des pierres y ont échoué, comme nous allons le montrer.

Erreurs de tous les anciens Traits des Voutes Sphéroïdes.

La premiere faute des Auteurs des Livres de la Coupe des Pierres dans ce Trait, consiste en ce qu'ils n'ont pas sçû faire le *Plan*, c'est-à-dire, la projection des joins de lit. Le Pere Derand veut que ce soient des *Ovales équidistantes*. M. de la Rue dans la même idée, les trace par des arcs de cercles concentriques mal assemblez, avec d'autres aussi concentriques entr'eux, mais excentriques aux premiers avec lesquels ils font des jarets, qu'il auroit pû éviter en suivant une meilleure méthode, mais il n'auroit jamais pû éviter les inconveniens attachez à ce mauvais principe, comme on le verra ci-après.

PLAN 59.
Fig. 205.

Pour sentir la raison de cette Erreur, il faut sçavoir que les *Ovales équidistantes*, ainsi que les Ellipses qui seront aussi équidistantes, sont des figures dissemblables, qui formeroient dans la doële de la Voute des joins de lits irrégulierement placez, & hors de la surface d'un Spheroïde régulier, la raison peut en être aperçûë du premier abord en jettant un coup d'œil sur la fig. 205, où l'on voit sensiblement que les Ovales concentriques & équidistantes, s'alongent de plus en plus à mesure qu'elles aprochent du milieu G, où elles deviennent enfin pointuës.

Mais comme ce n'est pas assez d'en convaincre les yeux qu'une figure mal faite peut tromper, il faut aussi en convaincre la raison. Puisque les points F & f, par exemple, sont deux des quatre centres de l'Ovale sur lesquels sont décrits tous les arcs qui passent par les extrémitez des grands axes, il est clair que les Ovales qui passeront par ces points, ne seront plus composées que de deux arcs de cercles tracez des centres c^3 & c^3, qui se croiseront aux points F & f, où les arcs de réunion s'évanoüiſſent en se réduisant à un seul point. La chose est encore plus claire, ſi l'on veut décrire d'autres Ovales au dedans des points F & f; donc la figure des premieres Ovales ſe change alors en celle d'un Fuſeau qui n'eſt plus propre à déſigner un lit de Voute Sphéroïde, où il ne doit point y avoir d'angle.

Fig. 205.

Le Pere Dechalles pour éviter cet inconvenient dans ſon Trait de la Voute *rampante, ouverte au milieu, & tournante ſur un Plan Ovale*, veut que l'on prenne les diſtances égales, non ſur les rayons tirez des foyers, comme les Auteurs citez, mais ſur *les rayons tirez au centre* de l'Ovale, comme en D C; nous allons démontrer que cet expédient ne ſert de rien, en ce qu'il ne peut rendre les Ellipſes ou Ovales, ni concentriques, ni équidiſtantes.

Alia interior Ellipſis, ſi feri poteſt, non tantùm cum centrica ſed nisus æquali intervallo diſtans ab exteriori, quæ diſtantia ſumantur ſecundùm radios à centro precedentes. lib. V. prop. 12.

Premierement il eſt viſible à la figure 205, que la courbe I K p, s'approche plus de l'Ovale A D B en K, que la courbe I L p^1.

Pour en ſentir la raiſon il faut tirer du centre C par le point L, où la ligne D C coupe l'intervale I p^1 i, la ligne L q; & par le point K, une ligne qui lui ſoit parallele K P.

Puisque les arcs de cercles F L & D q, ſont tirez du même centre c^3, ils ſont par la conſtruction équidiſtans d'un intervale égal à A I, mais ſuivant la conſtruction du Pere Dechalles, la diſtance D K doit être faite égale à A I; donc les lignes D K & q L devroient être égales, mais D K n'eſt qu'une partie de D L; donc le point K eſt au dehors de l'Ovale I L p^1, par conſéquent plus près de l'arc D N. Il ſemble que cet Auteur a ſenti la contradiction de ſa conſtruction lorsqu'il a ajouté, *ſi fieri poteſt*.

Il ne reſte donc d'autre moyen pour rendre la ſurface de la doële de cette Voute, d'une figure réguliere, que de faire les Ellipſes des joints de lit concentriques & ſemblables, mais non pas équidiſtantes, comme le demandent le Pere Derand & Dechalles, puisqu'il eſt impoſſible, comme on le verra encore plus clairement dans l'explication du Trait de notre conſtruction.

Le *ſecond défaut* du Trait des Auteurs des Livres de la Coupe des Pierres eſt moindre que celui-ci; peut être même pourra-t'il être conteſté que s'en ſoit un; c'eſt qu'ils font les joins montans en ligne droite à la projection tendant au centre C, au lieu qu'ils doivent être courbes, si l'on veut observer une parfaite simétrie dans les divisions des lits, où les joins de douële doivent couper des parties proportionnelles de chacune des Ellipses de ces lits, depuis l'imposte jusqu'à la Clef, dont le milieu est représenté dans la projection horisontale, par le centre commun C; or les lignes droites tirées par des divisions de parties égales à l'imposte, coupent les Ellipses des lits supérieurs en parties inégales entr'elles; donc les joins de douële dont les projections sont des lignes droites, alterent & gâtent la simétrie des Voussoirs, donc ils doivent être faits courbes en projection, d'où il suit, qu'ils doivent être en œuvre des courbes à double courbure, puisqu'ils ne peuvent être représentez en projection par des lignes droites.

Fig. 200.

Pour prouver la mineure, il faut tirer du point K, pris au milieu de l'arc DB de la fig. 200, une ligne droite au centre C; & l'on montrera que cette ligne coupera l'Ellipse concentrique $I p'$ i plus près du point 6, qui est le correspondant du point 6 i, que du point 7, c'est-à-dire, que l'arc p' k est plus petit que k i, auquel il devroit être égal.

Il est clair que les arcs Elliptiques des Ellipses concentriques, ne sont pas coupez par un diametre en même raison que leurs cordes, parce que leurs cordes sont paralleles entr'elles, & les arcs ne sont pas équidistans, comme nous l'avons démontré au premier livre, par conséquent ils ne peuvent être coupez proportionnellement par une ligne droite, comme le feroient des arcs de cercles concentriques par leurs rayons. Ainsi dans l'Ovale de la figure 205, qui imite l'Ellipse, on voit que les cordes semblables G, A D, ne parviennent pas jusqu'au diametre D C, & qu'au contraire si l'on en tire d'autres B D, E e, Q G, elles passeront au dela de la ligne D C tirée au centre; donc elles ne couperont pas les Ovales concentriques proportionnellement, mais dans un raport toujours inégal que l'on peut facilement reconnoître dans cette Ovale, en ce que la différence des sections des arcs concentriques coupez par des lignes droites, D C, tirées au centre de l'Ovale, & D Y, c, au centre de l'arc D N, est l'arc Y L; car puisque les lignes D c, N c, sont des rayons d'un même cercle, tous les arcs D N, e P, G p', Y p' sont semblables étant concentriques & entre les mêmes rayons; or la ligne D L retranche de ces arcs les parties G O & Y L, qui sont d'autant plus grandes, qu'elles aprochent du centre; par conséquent si l'on divise l'arc I L p' en deux également en m, l'imposte A N divisée également en D, il n'y aura qu'une ligne courbe qui puisse passer par les points D m &c, puisque le point m est hors de la Droite D C, ce qu'il falloit démontrer.

QUOIQUE

DE STEREOTOMIE. Liv. IV.   393

Quoique cette démonftration dans l'Ovale compofée d'arcs de cercles, ne concluë pas exactement pour l'Ellipfe, elle donne du moins un grand indice de la même propriété, puifque cette compofition d'arcs de cercles, eft une bonne imitation de la figure de l'Ellipfe; je la mets ici, parce qu'elle eft à la porté de tous ceux qui n'ont qu'une fimple notion des Elemens de Géometrie.

Pour en faire l'aplication à l'Ellipfe, il faut fçavoir que hors des axes les diametres ne coupent pas les cordes & les arcs également, comme dans le cercle que nous avons démontré au Lemme du liv. II. pag. 193, parce qu'ils font inclinez aux cordes plus qu'aux arcs qu'elfouftendent, par conféquent le demi diametre CK de la fig. 200, coupera la corde DB plus près de D, que de B, quoique les parties DK, & KB de l'Ellipfe foient égales; or les cordes DB & $p^1 i$, étant paralleles entr'elles, font coupées proportionnellement par le demi diametre CK; donc le point x eft plus près de p^1 que de i, mais il n'en eft pas de même des Ellipfes, puifqu'elles ne font pas équidiftantes entr'elles, l'arc $p^1 k$ eft plus près du point x, que l'arc DK ne l'eft du point X, parce que les diametres n- font pas en même raifon; donc la Droite KC coupera le premier en k, plus près de p^1 que le point K ne l'eft de D, *ce qu'il falloit démontrer.*

REMARQUE

Il fuit de ce que nous venons de dire, qu'on ne peut éviter toute forte d'irrégularité, fi l'on fait les divifions des Vouffoirs égales entre elles, leurs joins montans feront des Courbes à double courbure, & fi l'on fait les joins à fimple courbure Elliptique, les divifions feront inégales. On remarque ordinairement ces défauts dans les Edifices, où les Voutes font ornées d'arcs-doubleaux élevez fur des Pilaftres efpacez dans une Tour Elliptique à diftances égales, comme à un Salon des plus modernes & des plus beaux Hôtels de Paris. La raifon des Architectes eft fans doute, afin que les arêtes des arcs doubleaux fe bornoyent en ligne droite.

Je n'oferois me déclarer en faveur des joins à double courbure, contre un principe de décoration fi bien établi par l'ufage; je ne voudrois pas même faire de tels arcs-doubleaux en petit nombre & fort éloignez, ou qui ne feroient pas continuez en croifées à la Clef, ou diametralement opofez, s'ils font coupez par un plafond de milieu; mais je penfe que s'il y en a plufieurs dans une Voute fimétrifée, cette ondulation des arcs-doubleaux ne fçauroit être que très agréable à la vûë, en voici felon moi une preuve convainquante.

Tom. II.   Ddd

Si l'on ornoit une Voute Sphéroïde de compartimen horifontalement égaux, je veux dire d'égale largeur à chaque rang, comme font ceux de la Voute Sphérique du Panthéon, on ne pourroit conferver l'égalité des parties horifontales, fans incliner les côtez montans des quadres qui fe plieroient en façon de S par leurs infléxions ; or cette figure qui n'eft point défagréable à la vûe, paroîtroit au jugement une fuite néceffaire de l'égalité des quadres renfoncez, par conféquent un effet de l'art, que la fimétrie rendroit agréable. On peut avoir remarqué pareille décoration dans plufieurs ornemens d'Ouvrages d'Architecture & de Meubles, comme en des Tabatieres de ces figures qu'on apelle *de Gent*.

Quoique les joins montans à double courbure, foient attribuez à une plus grande perfection d'ouvrage, que les joins à fimple courbure dirigez dans des plans verticaux, je ne condamnerai pas ceux-ci, lorfqu'ils feront interrompus par des liaifons & non pas continuez jufqu'au pôle ou près du pôle, comme les arcs-doubleaux & les compartimens des quadres refferrez. Je ferai feulement remarquer que cette conftruction ôte la facilité de l'apareil, en ce qu'elle fait que les doëles des Vouffoirs deviennent gauches, c'eft-à-dire qu'elles n'ont pas leurs quatre angles dans un plan ; ainfi on ne peut en faire comme nous avons enfeigné au Chapitre VII, par la voye du demi équarriffement, fans une correction un peu difficile, mais feulement par l'infcription des cylindres Elliptiques dans le Sphéroïde, ce que le Pere Derand apelle par équatriffement.

Je conviendrai auffi que fi on les fait courbes, & que les Vouffoirs foient en affez petit nombre en hauteur, pour que la courbure devienne fenfible, c'eft encore une autre petite difficulté, ou plûtôt une fujetion ; mais fi le nombre en eft grand, ils pourront être pris fans erreur fenfible pour droits, chacun en particulier, parce qu'il comprendroient une très petite partie d'une Courbe, dont les infléxions ne font pas confidérables.

De toutes ces obfervations il fuit, que M. de la Rue a eu raifon de dire que *cette Voute à caufe de fa figure Elliptique eft affez difficile à bien exécuter, c'eft pourquoi, on doit aporter autant de foin à tracer les Vouffoirs, qu'à les bien pofer*. Mais comme il fe contente d'indiquer les difficultez fans en lever aucune, & fans éviter les fautes du Pere Derand qu'il a fuivi, je vais tacher d'y fupléer.

Je remarquerai auparavant une correction dans fon Errata qu'il n'auroit pas dû faire. *Les foyers*, (dit-il,) *de l'Ovale du plan, ferviront pour tracer les Ellipfes qui repréfentent les plans des affifes*. Cela eft impoffi-

page 395.   Pl. 58

ble ; car s'il entend par le mot *d'Ellipse*, la Courbe qui est une des sections coniques, il est démontré que les concentriques semblables, ne peuvent avoir les mêmes foyers, & s'il entend par ce mot *l'Ovale* composée d'arcs de cercles, nous en avons fait voir l'inconvenient qu'on ne peut lever.

Pour donner ce Traité avec toute la justesse convenable, & pour distinguer par des noms, des choses differentes, nous diviserons les Voutes Sphéroïdes en *Régulieres* & *Irrégulieres*. Les *Régulieres* sont celles qui sont formées par la révolution d'une Ellipse sur son grand axe. Les *Irrégulieres* sont celles qui ne sont pas formées par cette révolution, mais dont les sections des joins horisontaux sont des Ellipses semblables & concentriques dans la projection, rangées dans la hauteur les unes sur les autres, suivant le contour d'une demie Ellipse verticale, & perpendiculairement à son petit, ou à son grand axe.

On peut encore la considerer suivant une autre Génération en suposant une demie Ellipse verticale, qui se meut autour de son demi axe vertical, laquelle s'ouvre & se resserre en tournant suivant le contour d'une Ellipse horisontale, dont le centre est dans l'axe de la verticale ; nous apellerons cette derniere espece de corps une *Ellipsoïde*, pour les distinguer du Sphéroïde.

PROBLEME XIX.
Faire une Voute en Sphéroïde Oblong.
En termes de l'Art,
Voute en Cul-de-four, sur un Plan Ovale.

PREMIER CAS.
Du Sphéroïde Régulier.

Soit (fig. 200.) l'Ellipse A H B D. le plan horisontal de la Voute, ou si l'on veut seulement sa moitié A D B, pour faire servir l'autre moitié A H B de profil, suivant son grand axe où est sa longueur ; sur D H petit axe comme diametre, on fera le demi cercle D *b* H pour servir de profil suivant sa largeur, & on divisera la moitié D *b* en ses Voussoirs, par exemple ici en trois & demi aux points 1, 2, 3, *b*, par lesquels on abaissera des perpendiculaires sur D C, aux points P, *p*, *p*. On tirera la corde D B du petit au grand axe, & par les points P, *p*, *p*, on lui menera des paralleles, qui couperont le demi grand axe C B, aux points *e*, *g*, *i*, qui seront les extremitez des Ellipses concen-

Fig. 200.

D d d ij

triques, qu'il faut tracer pour faire les projections des joins de lit de chaque assise ou rang de Voussoirs ; ainsi on portera les moitiez de leurs grands axes de l'autre côté de C, sçavoir C *e* en C E, C *g* en C G, C *i* en C I, & par le Problême VII. du 2⁵ livre, on tracera les Ellipses E P *e*, G *p' g*, I *p' i*, qui seront semblables & concentriques, mais non pas *équidistantes*, comme les demandent mal à propos le Pere Derand & ses Sectateurs.

Pour le démontrer, on n'a qu'à examiner les triangles semblables C D B, C P *e*, où l'on a C D. C P :: C B. C *e*, ou en divisant C D — C P = P D. C D :: C B — C *e* = *e* B. C B, & en alternant P D . *e* B :: C D . C B ; or C D est plus petit que C B, donc l'intervale P D d'une Ellipse à l'autre au petit axe, est plus petit que C B distance des deux Ellipses au grand axe, *ce qu'il falloit démontrer* pour condamner les pratiques des Auteurs de la coupe des pierres.

Mais diront leurs Partisans, il suit de là que les doëles seront de largeurs inégales, puisque la corde B 1° du profil B H sur le grand axe, est plus grande que la corde *b* 1*f* du profil *b* H sur le petit axe, quoique la hauteur horisontale de ces points soit égale, parcequ'entre les parallèles 1*f* 1° & C B, la corde *b* 1*f* est moins inclinée que la corde B 1°, ce qui n'arrive pas dans la construction du Pere Derand. J'en conviens, mais cette inégalité, outre qu'elle est imperceptible à la vûë, n'est point un défaut, c'est une propriété inséparable & nécessaire à l'uniformité des divisions de la figure coupée par des plans horisontaux, telle, est celle du retrécissement des dégrez de longitude sur la Sphère Armillaire, & des quadres de compartimens des Voutes Sphériques qui ne sont en rien désagréables à la vûë.

Les projections horisontales des joins de lit, étant tracées par des Ellipses concentriques & semblables, on pourra tracer les joins montans par des lignes droites, au lieu des courbes tirées de la circonférence au centre, si l'on veut tailler les Voussoirs par équarrissement, & ne pas se piquer d'une trop grande régularité. Mais si on est plus curieux d'éxactitude, ou qu'on ait des compartimens suivis, à faire depuis la naissance jusqu'à la Clef, on les tracera en lignes courbes par plusieurs points que l'on trouve très-facilement.

Ayant divisé l'arc de naissance D K B, en un nombre arbitraire de parties égales, comme ici en 5 aux points 5, 6°, 7°, 8, B, on divisera les autres quarts d'Ellipses, qui sont les projections des joins de lit en un même nombre de parties égales, comme P *e* aux points 5°, 6°, 7°, 8°, *e*, & ainsi des autres, & par les points trouvez, on

DE STEREOTOMIE. Liv. IV. 397

tirera à la main ou avec une regle pliante les Courbes C 7 7¹ · 7² 7² ;
C 6 6¹ · 6¹ 6² ; C 5 5¹ · 5² 5² , qui auront deux infléxions opofées,
comme des S.

On peut aussi les trouver autrement par des lignes droites, en déterminant la longueur des doëles des Voussoirs, par des cordes paralleles entr'elles, qui coupent les Ellipses concentriques ; ainsi ayant déterminé, par exemple dans un second rang de Voussoirs la longueur *a b* fur l'Ellipfe E L P pour une pierre, on tirera les cordes E *a* & *a b*, & par le point G du lit de deſſus, leurs paralleles G *d*, *d c*, qui donneront fur la troiſiéme Ellipse G *p*¹, les points *d* & *c*, aux interſections de ces cordes avec l'Ellipse, la figure *a d c b* ſera la projection horiſontale du Voussoir qu'on se propose de faire, par le moyen de laquelle on pourra tailler ce Voussoir de deux manieres, comme il a été dit pour les Voûtes Sphériques. 1°. Ou par équarrissement en faiſant une portion de cylindre elliptique qui ait pour panneau du lit de deſſus l'arc *d l c*, & pour celui de deſſous l'arc *a L b*. 2°. Ou par panneaux de doële plate, comme nous l'avons expliqué à la méthode de la réduction de la Sphère en Polyèdre, dont nous allons faire l'aplication au Sphéroïde.

Ayant diviſé les cordes *a b*, *d c* en deux, également en M & *m*, on menera par ces points la ligne Q *q*, qui coupera l'axe A B en C, ou D H auprès du point C, on la diviſera en deux également au point *x*, d'où on tirera une parallele à C B, ou à C D, qui coupera l'arc de cercle R *r* au point R, la ligne *x* R ſera le demi axe d'une Ellipſe, dont Q *q* ſera le grand axe, par le moyen duquel on décrira le quart d'Ellipſe R *y* Q. Enſuite des points L *l*, on élevera des perpendiculaires au diametre Q *q*, qui couperont l'arc Q *y* R aux points *a y*, par leſquels on tirera des lignes *a k*, *y x*, paralleles & égales aux flêches L M, *l m* par les points *k* & *x*, on menera la ligne *k x*, l'angle rectiligne *a k x* donnera le *biveau* de l'horiſon avec la doële plate, & la ligne *k x* donnera la vraye longueur du milieu de cette doële.

Pour former le panneau de cette doële, dont on a la projection en *a b c d*, on tirera une diagonale dont on cherchera la vraye longueur par le profil, en faiſant à part un triangle rectangle, qui aura pour une de ſes jambes cette ligne *a m*, portée en *a* T, & pour l'autre la hauteur de la retombée T 2, du ceintre primitif D *b*, l'hypotenuſe *a m*ˣ, ſera la vraye longueur cherchée, avec laquelle on fera le panneau de doële plate. *Fig.* 204.

On prendra 1°. ſur le plan horiſontal la longueur *a* M ; 2°. ſur le profil de l'arc Q R la longueur *k x* ; & 3°. ſur le profil ſeparé la lon-

398   TRAITE'

Fig. 201. gueur *a m*, dont on fera le triangle *i k m*; enfuite on prolongera la ligne *i k*, d'une longueur *k b*, égale à M *b* du plan; par le point *m*, on menera une parallele *d c* à *i b*, fur laquelle on prendra les parties *m d*, *m c* égales à celles du plan horifontal *m d*, *m c*, & l'on tirera les lignes *i d*, *c b*; le trapeze *i d*, *c b* fera le panneau de doële plate que l'on cherche; ainfi on aura tout ce qui eſt néceſſaire pour tailler la pierre.

Aplication du Trait fur la Pierre.

Fig. 202. AYANT dreſſé un parement pour ſervir de lit ſupoſé de niveau, on y tirera une ligne *a b* (fig. 202.) avec laquelle on fera par le moyen de la fauſſe équerre, les angles *b a* N, & *a b o* égaux à ceux du plan de l'épure; enſuite ayant divifé cette ligne en deux également en M, on prendra avec la fauſſe équerre l'angle *a* M L de la fig. 200. pour tracer ſur ce lit la ligne L M. On abatra la pierre avec le biveau N *k m* du profil, en tenant une de ſes branches ſur la ligne L M, & l'autre en ligne droite, en borneyant par le plan de cette planche; en ſorte que l'angle M ne ſoit ni à droite ni à gauche des points L & *m*, ce qui donnera ſur la pierre un point *m*, par lequel & par la ligne *a b*, ayant fait une ſurface plane, on y apliquera le panneau *i d*, *c b* de la fig. 201, pour y tracer la doële plate qui donne la poſition des quatre angles du Vouſſoir. Il reſte à préſent à creuſer la doële entre ces angles.

1°. Sur le plan horifontal on tracera l'arc *a* L *b*, par le moyen d'un panneau levé ſur le plan de l'épure. 2°. Au lit de deſſus, on creuſera avec une cerche l'arc *d c*, en faiſant une plumée par le moyen de cette cerche, dont on tiendra le plan parallele au lit horifontal du deſſous, puis avec une autre cerche formée ſur l'arc *x y* du profil Q *y* R, on fera une autre plumée pour le milieu de la doële; enfin les deux joins montans ſe creuſeront ſuivant deux autres arcs elliptiques, pris ſur des Ellipſes qui auront pour grand axe les lignes *a d*, *b c* prolongées, comme on a fait pour le milieu L *l*; mais comme cette opération ſeroit un peu trop longue, il ſuffira dans la pratique de prendre la flêche de l'arc 1, 2 du centre primitif D *b*, ou du ſecondaire A H & de la porter ſur le milieu de la corde du panneau en *f l*, & de mener par les points *c*, *f*, *b*, une courbe avec une regle pliante

La doële étant creuſée, on abatra la pierre pour former les joins montans, faiſant paſſer une ſurface plane par les trois points donnez N *a d* d'un côté, & *o b c* de l'autre, après quoi il ne reſtera plus qu'à faire les lits de deſſus & de deſſous qu'on doit faire avec le

DE STEREOTOMIE. Liv. IV.   399

biveau de doële & de lit du ceintre primitif circulaire, pris seulement avec la fausse équerre sur la corde & la coupe *b* 1 *f* 5, en la faisant courir quarrément sur les arêtes des lits de dessus & de dessous; mais cette méthode toute bonne qu'elle est & suffisante pour la pratique, n'est pas tout à fait exacte, en ce qu'elle fait les lits coniques gauches, comme il est visible par le profil, car si l'on fait la ligne de coupe naturelle à l'Ellipse 1 · 5 · égale à celle de la coupe du cercle 1 *f* 5, la ligne 5 5 · ne sera plus parallele à l'horisontale 1 *f* 1·, & comme les cordes 1 *f b* · 1 · B sont inégalement inclinées, il suit que les coupes 1 *f* 5 · 1 *f* 5 ·, qui doivent faire à peu près les mêmes angles avec ces cordes, ne sont pas aussi également inclinées, ni paralleles entr'elles. Il semble que pour la commodité de l'apareil il convient mieux de faire ces sortes de Voutes, par la voye de l'inscription des cylindres, qui fournit un moyen de faire les coniques en portions de Cônes Droits, en sorte qu'à même épaisseur de Voute, ils sont toujours de niveau.

Seconde Méthode, *par l'inscription des Cylindres*.

Nous avons assez expliqué cette méthode en parlant des Voutes Sphériques, pour qu'il ne soit pas nécessaire d'en repeter ici la pratique; à la perte de pierre près elle est préférable à celle des panneaux de doële plate, dans ces sortes de Voutes, à cause de la facilité de l'exécution, particuliérement si l'on vouloit faire les joins montans courbes, comme ils sont tracez à l'épure, parce qu'on peut en apliquer le panneau au lit de niveau du dessus & du dessous, & le tailler comme une portion cylindrique très-peu creuse; cependant elle n'empêche pas qu'on ne soit obligé de faire des cerches differentes pour chaque joint montant, & même pour le milieu des doëles, si le Voussoir occupe une assez grande partie, pour que les arcs elliptiques deviennent sensiblement differens en contour. On a mis au bas de la planche 59. à la fig. 207, un quartier de pierre ébauché, pour y poser les hauteurs des retombées, les retombées, & les panneaux de tête, & le même Voussoir achevé à côté à la fig. 208, ce que l'on peut comparer à la figure 160 de la planche 53, & au discours du Chapitre précédent page 328 & 330.

Fig. 207.
Fig. 208.

SECOND CAS.

Des Voutes Sphéroïdes irrégulieres, ou des Voutes Ellipsoïdes.

En termes de l'Art,

Voutes de Four surhaussées ou surbaissées, ou sur un Plan Ovale.

Cette sorte de Voute differe de la précédente, en ce que les sections perpendiculaires à son axe ne sont pas des cercles, mais des Ellipses dont le demi axe vertical est plus grand ou plus petit que le demi axe horisontal, c'est-à-dire, dont le ceintre est surhaussé ou surbaissé, mais qui sont cependant semblables entr'elles.

Fig. 206. Soit (fig. 206.) l'Ellipse A D B E le plan horisontal de la Voute, son ceintre à plomb ou sa coupe par le milieu en travers A H B, & son ceintre à plomb ou sa coupe par le milieu suivant sa longueur D b E ou e H d, on prendra celui des deux qu'on voudra pour primitif. Soit, par exemple, la moitié du petit A H divisée en ses Voussoirs aux points 1, 2, 3, H, d'où ayant abaissé des aplombs sur le demi axe A C, qui le couperont aux points Q, q^2, q^3, on menera par ce point des lignes $p^3 q^3$, $p^2 q^2$, P Q, paralleles à la corde A E, qui détermineront les longueurs des demis grands axes des Ellipses qui doivent être les projections des joins de lit, & les perpendiculaires sur C E, comme $q^3 3^e$, $q^2 2^e$, Q 1e, étant faites égales à celles du ceintre primitif A H, donneront les points b $3^e 2^e 1^e$ E de l'Ellipse du ceintre sur le grand axe.

Si l'on vouloit trouver un ceintre sur la ligne F C, ayant tiré la corde A F, on en useroit de même qu'au cas précédent, dont celui-ci ne differe que par un peu plus de variété, & par conséquent de difficulté pour l'exécution.

Cette trop grande variété de courbures & de sections elliptiques fait, 1° qu'on ne peut exécuter ces Voutes par l'inscription des Cônes tronquez, comme les Voutes parfaitement Sphériques, parce que n'ayant pas pour base des cercles, mais des Ellipses, les développemens n'en seroient plus des Couronnes de cercl mais des courbes ondées, telles qu'on les voit à la planche 22 troisiéme livre, ce qui rendroit l'opération trop composée.

Ex

En second lieu, on ne peut les faire par le moyen des segmens de Sphéroïde, qu'il seroit long & difficile de tracer pour chaque Voussoir en particulier, comme on en peut juger par ce que nous avons dit au Chapitre premier de ce livre.

Troisièmement, on ne peut les faire par la voye des panneaux de douëlle plate, lorsqu'on voudra faire les joins montans par des plans verticaux menez sur les lignes droites tirées du centre à la circonférence, parce qu'en ce cas les douëlles sont gauches, c'est-à-dire, que les quatre angles des Voussoirs, excepté ceux qui sont à distances égales des axes, ne sont pas dans un même plan, à moins qu'on ne commençât par les faire plans pour les recouper ensuite, ce qui employeroit du tems inutilement & demanderoit encore une attention particuliere. Ainsi on est en quelque façon obligé de les exécuter par la voye, apellée improprement par les Auteurs de la coupe des pierres, *par équarrissement*, qui est celle de l'inscription des cylindres dans l'Ellipsoïde.

REMARQUE SUR L'USAGE

Ces sortes de Voutes sont très communes dans les Eglises modernes, il y en a six égales entr'elles dans celle de Saint Pierre de Rome, trois à chacun des *bas côtez*, dont l'Ellipse de l'imposte a 45. pieds de longueur de grand axe, 34. de petit, & 21. de hauteur sous clef, suposant qu'il y en eût une, au lieu de la Lanterne qui la couronne. Il y en a une à peu près de même grandeur à Saint Sulpice à Paris, à la Chapelle de la Vierge, dont le grand axe a 48. pieds de long, le petit 35, & la hauteur sous clef 19. Les Eglises de Saint André du Quirinal, ou de Monte Cavallo, de Saint Charles du Cours à Rome, sont voutez de cette espece de Voute, avec des Lunettes & Lanternes, la Chapelle du Saint Sacrement des Peres de l'Oratoire de Saint Honoré à Paris, & quantité d'autres, qu'il est inutile de citer ; ainsi on peut dire que quoique la plus irréguliere des Voutes en Cul-de-four, ce n'est pas la moins usitée.

On me dira peut-être que les grandes Voutes se font souvent de Briques, comme une partie de celles que je cite, & qu'ainsi on n'y trouve pas les mêmes difficultez qu'aux Voutes de Pierre de Taille, j'en conviens, mais le Trait devient alors nécessaire aux Charpentiers, pour la formation des ceintres sur lesquels on construit la Voute, & il sert de plus pour la Charpente extérieure du comble dont nous allons parler.

Observations sur les Figures des Dômes.

Lorsque les Voutes Sphériques ou Sphéroïdes sont aparentes au dehors, on est ordinairement obligé de les recouvrir d'une seconde Voute d'*Entrecoupe*, ou d'un comble de charpente de figure differente qui se présente agréablement à la vûë, parce qu'une surface Sphérique ou Sphéroïde surbaissée, n'a pas la même grace étant vûë par dehors que par dedans, elle paroit trop basse, en termes de l'Art, trop *écrasée*, comme l'expérience le montre en quelques-uns des Dômes modernes des Eglises de Paris ; de sorte qu'on est obligé de les surhausser par dehors, comme l'on a fait à Saint Pierre de Rome, & à Paris à la Sorbonne, au Val-de-Grace & aux Invalides, afin qu'étant vûs d'en bas ils soient d'un agréable contour, en voici la raison.

Il est certain qu'une Sphère entiere de quelque côté qu'elle soit vûë, paroit toujours comme un cercle, c'est ainsi que le Soleil, la Lune, & les Planettes lorsqu'elles sont dans leur *plein*, paroissent en quelque endroit qu'ils soient, sur l'horison, ou au Zenith, faisant ici abstraction d'un changement insensible que la réfraction peut y causer.

Il n'en est pas de même d'un Hémisphère, dont la section n'est pas dans un plan qui passe par l'œil du Spectateur, ni perpendiculaire au rayon visuel passant par le centre de l'objet ; car hors de ces cas l'Hémisphère paroitra plus grand que le demi cercle, si l'œil est du côté de la convexité, & plus petit s'il est du côté de la section plane, ce qui est visible par les differentes Phases de la Lune, où il n'y a jamais qu'un Hémisphère de Lumiere, & un peu plus, lequel change cependant toujours à notre égard par ses differentes expositions, c'est pourquoi, les Dômes en Hémisphère qui sont sujets à être vûs de differens endroits, & de bas en haut, ne sont aperçûs que suivant l'aparence du plan passant par leurs impostes, laquelle sera toujours une Ellipse par dehors, parce que le rayon visuel ne peut être perpendiculaire à ce plan, que lorsqu'on est précisément sous le milieu de la Clef, ou précisément en l'air au dessus, dans l'aplomb de la même Clef ; c'est pourquoi il faut que l'Art corrige les aparences qui diminuent la grace du contour du Dôme, en le rendant plus bas que l'Hémisphère aparent, ce que l'on fera par le Trait suivant tiré d'une des Leçons de feu M. de la Hire à l'Academie d'Architecture que j'ai énoncé differemment, précedé & augmenté des raisons qu'il laissoit à trouver à ses Auditeurs, & qu'un habile Professeur en Mathématique, qui l'a publié depuis peu, a de même obmises & laissez à la méditation du Lecteur.

DE STEREOTOMIE. Liv. IV.

PROBLEME XX.

Trouver les axes conjuguez de la portion d'Ellipse Génératrice d'un Sphéroïde, lequel étant vû d'une distance & d'une hauteur donnée, présente à l'œil l'aparence d'un corps Sphérique.

Ou pour l'Architecture,

Faire l'épure d'un Dôme surhaussé, de maniere qu'étant vû d'une distance & d'un niveau donné à la ronde, il paroisse à peu près Sphérique en plein ceintre.

Soit (fig. 203.) A H la hauteur de la naissance du Dôme qu'on doit faire, prise à plomb sur le niveau du point de distance donné D; on réduira cette hauteur A H & la distance A D en petit, comme l'on fait tous les desseins par le moyen d'une échelle, par exemple au douziéme prenant des demi-pieds pour des toises, pour en faire un triangle rectangle A H D, qui est une préparation nécessaire au Trait de l'épure de la grandeur naturelle du Dôme.

Fig. 203.

Ayant fait A H verticale A D horisontale, dans les mesures proportionnelles aux vrayes longueurs & hauteurs, & ayant tiré H D, on lui menera du point H une perpendiculaire H B, qu'on fera égale à la mesure du demi diametre du Dôme, suivant sa réduction en petit, comme on vient de faire pour le triangle A H D, & l'on tirera la ligne D B.

Ensuite sans faire aucune réduction de mesure en petit par l'échelle, on menera par le point A une ligne A E perpendiculaire à H D, & égale à la vraye mesure du demi diametre du Dôme, par exemple, si la Tour qui le porte avoit douze toises de diametre, comme celle des Invalides, on porteroit sur A E la longueur de six toises, & par le point E, on menera la ligne E F parallele à D B, laquelle coupera A H prolongée au point F.

On fera ensuite G I = G H, & l'on tirera A I K, qui rencontrera F E prolongée au point K, on portera la longueur A K de F en L, & l'on divisera le reste L A en deux également en C, par où on menera C M parallele à A D, & égale à A E demi diametre du Dôme.

Les lignes F C & C M sont les deux demis axes conjuguez que l'on cherche, & le point C le centre du Sphéroïde, par le moyen desquels on tracera une portion d'Ellipse plus grande que le quart d'un arc M N, dont la révolution sur son grand demi axe C F, formera le Sphéroïde d'un Dôme dont l'aparence sera Sphérique, lorsqu'on

E e e ij

le regarder du point donné D, & de tous les équidistans à la ronde qui seront dans le même niveau.

Explication Démonstrative.

Si on prolonge D B jusqu'à son intersection O avec la verticale A F, & qu'on supose une Sphère dont le rayon vertical H O, est élevé au dessus de D ou A D de la hauteur A H, on reconnoîtra que ce rayon étant vû du point D, doit paroître racourci suivant la perpendiculaire H B, à laquelle il paroîtra égal, l'un & l'autre étant compris dans le même angle de la vision H D O, formé par les rayons visuels D H & D O ; donc par l'inverse supofant un rayon de Sphère incliné en H B, il paroîtra égal à un plus long H O.

Or par la construction, à cause des paralleles E F & B O partie de D O, on aura H B. A E :: O B. F E :: H O. A F ; donc le Dôme doit être alongé, c'est-à-dire surhauſſé dans le raport des lignes A E & A F ; cependant parce que la ligne A K qui fait au deſſous de A E un angle égal à E A F, paroîtroit auſſi égale à A F, quoiqu'elle soit plus courte, puisque la ligne F K est inclinée à la ligne H I, autant que sa parallele O D ; il paroît convenable de ne prendre ni l'une ni l'autre de ces lignes A F, A K pour demi axe, mais de placer le centre C au milieu de leur différence L A.

Présentement si l'on demande le lieu où l'on doit placer la naiſſance de la Lanterne ou de l'ornement qui doit servir d'amortiſſement au Dôme, il semble qu'on ne peut mieux la mettre qu'au point d'atouchement T d'une tangente P T menée parallelement à F E, parce que la partie supérieure T F, ne peut être vûe du point D, confideré dans le vrai hors de la réduction, ainſi cette partie étant totalement inutile à la décoration, on ne peut se diſpenſer d'y ſubſtituer quelque Lanterne, Piedouche ou autre ornement plus élevé, dont la baſe doit paſſer au point T. Mais comme un Dôme n'eſt pas toujours vû d'une même diſtance, pluſieurs Architectes veulent que cette Lanterne ait le tiers du diametre du Dôme ; c'est une affaire de gout, dont on trouve différens exemples dans les Ouvrages des plus fameux Architectes. Il ne s'agit pas ici d'en faire l'examen.

pag. 405.   Pl. 59.

DE STEREOTOMIE Liv. IV.

DES VOUTES SPHEROIDES TRONQUEES.

En termes de l'Art,

Voutes en Cul-de-four en Pandantif sur un quarré long, ou sur une Lozange, dans laquelle les Clefs des Formerets sont de niveau.

PLAN 60.

Soit (fig. 213.) le quarré long A D B E le plan horisontal de la Fig. 213. Voute en Cul-de-four. Ayant tiré les diagonales A B, D E, qui se croisent en C, on décrira sur un des petits côtez A D comme diametre, le demi cercle A b D pour ceintre du petit formeret, qu'on divisera en ses Voussoirs en nombre pair, comme aux Traits précédents des Voutes Sphériques de cette espece, aux points 1, 2, 3. b, 5. 6, 7, desquels ayant abaissé des perpendiculaires sur A D, qui la couperont aux points P p, on menera par ces points de chaque côté du milieu F, des lignes F G, $p q$, $p q$, paralleles aux diagonales A B, D E, qui couperont le côté D B aux points G, q, q; on en fera de même aux quatre coins du quarré long, comme on le voit à la figure pour avoir les plans ou projections horisontales des Panaches.

On portera ensuite la moitié A F de I en b' sur le côté A E, & du centre C, par le point b', on fera un quart de cercle C S K, qui coupera G I prolongée en K, par où on menera K L parallele à I F, qui coupera H F prolongée au point L, les lignes C K & C L seront les moitiez des axes conjuguez de l'Ellipse A L D N B O &c. circonscrite au quarré long A D B E, laquelle est le plan horisontal de la Voute Sphéroïde, tronquée par les murs elevez sur les côtez A D, D B, B E, E A.

Or parce que nous suposons le Sphéroïde régulier formé par la révolution de cette Ellipse sur son axe L O, on peut considérer sa moitié L D N B O, comme le profil ou section verticale de cette Voute par son axe, dans lequel on voit que C G étant égal à F b, hauteur du ceintre A b D, par la construction, le point G peut représenter le point H du formeret D H^a B, au dessus duquel la Voute s'éleve d'un segment, dont D N B est le profil qui comprend la partie représentée à la projection par le Rhumbe F G H I, & ses paralleles, lesquelles sont les projections des joins de lit, comme à la Voute précédente.

La formation du ceintre D H B du formeret est très aisée, puisque l'on a les points de la projection de ses divisions en G, q, q, & les hauteurs des perpendiculaires qu'on y doit élever, sçavoir $p^1 1$, $p^1 2$, $p^1 3$. F h.

Il nous reste à trouver les hauteurs du milieu des arcs du Panache qui sont les demi-axes des Ellipses, dont les arcs f M g, 3^p m 3^q, &c. sont des parties, on menera par les points p^1, p^6 & p^7, des parallelles à F I, qui couperont la diagonale A C aux points n, n, par lesquels on menera des parallelles à A K, qui couperont le rayon C K, aux points o 1, o^6, o^7, desquels on élevera des perpendiculaires à C K, qui couperont le quart de cercle S K aux points z, b^j, 1^6, 1^7, où seront les hauteurs demandées; ainsi la ligne o z sera le demi axe de l'Ellipse dont f M g est une partie, de laquelle F G est la projection horisontale, & en même tems une partie de son grand axe, dont on trouvera la longueur entiere en la prolongeant de part & d'autre, jusqu'à ce qu'elle rencontre l'Ellipse A L D B O circonscrite au rectangle A D B E, qu'elle coupera aux points f', g', la ligne $f' g'$ sera son grand axe, par le moyen duquel & du petit axe trouvé $o z$, on décrira une portion d'Ellipse f M g, qui est le dernier joint de lit du ceintre du panache.

On trouvera de même le grand axe L N de l'Ellipse dont $3^p m 3^q$, est l'arc vertical de l'élevation du troisiéme joint de lit du panache, par le moyen duquel & de la moitié de son petit axe I b^j, on décrira un arc elliptique qui passera par les points 3^p, m, 3^q.

On aura aussi de même le grand axe $i k$, & la moitié du petit o^6, 1^6, pour tracer l'arc $2^p m 2^q$, &c. & le reste de la projection verticale de tous les joins de lit du panache compris dans la figure D f M g D.

Il reste encore à tracer les projections des joins de lit compris entre les quatre panaches dans le Rhumbe F G H I; pour cela on divisera l'arc S $b i$ qui est coupé en b^f par la ligne A E, en deux parties & demies pour comprendre deux rangs de Voussoirs, & la moitié de la Clef aux points y, x, desquels on abaissera des perpendiculaires sur le rayon C K, qui le couperont aux points v & u. On menera par ces points de part, & d'autre des lignes $u t$ & V T parallelles à I H, qui couperont C H aux points t & T, par lesquels on menera d'autres lignes égales au précédentes, & parallelles à H G; ainsi en continuant autour de C, ces lignes $u x$, & v y seront les hauteurs des naissances u, t & V, T des arcs elliptiques des joins de lit des rangs de Voussoirs verticaux compris dans le Cul-de-four dont les projections horisontales sont les Droites $u t$, V T, qui sont aussi des parties de leurs grands axes, qu'on trouvera en prolongeant ces lignes jufqu'à l'Ellipfe circonfcrite, comme V T en *a*, la ligne *b a* fera la moitié de cet axe, dont il faut encore trouver la moitié de fon conjugué, qui eft repréfentée en projection horifontale par le feul point *b*.

On tirera la Droite E O, à laquelle on fera *b e* parallele, qui coupera C O en *e*, d'où on élevera fur la même C O, une perpendiculaire *e d*, qui coupera l'arc elliptique D N B du Cul-de-four au point *d*, la ligne *e d* fera le demi axe conjugué au demi axe *b a*, par le moyen defquels on décrira l'arc elliptique dont V *b* T eft la projection horifontale, comme nous l'avons dit pour ceux du Panache. On trouvera de même celui dont *u t* eft la projection.

Ces arcs étant tracez à part, (ce que nous n'avons pas fait dans ce Trait faute de place dans la planche,) on aura tout ce qui fera néceffaire pour tailler les Vouffoirs par la voye de l'équarriffement, qui eft la plus convenable & la plus expéditive pour ces fortes de Voutes.

On pourroit cependant fort bien fe fervir de la formation des fegmens de Sphéroïde, pour y infcrire les Vouffoirs à branches des angles F, G, H, I; T, V, *u*, *t*, &c. de la même maniere que nous l'avons expliqué pour les Vouffoirs du Sphéroïde Oblong de la Voute en Cul-de-four, fur un plan Ovale; car celle-ci eft de même un Cul-de-four fur un plan Ovale, mais tronqué de fes parties A L D, D N B, & des deux autres opofées & égales, par les murs B E, E A, avec cette feule différence que les rangs de Vouffoirs font verticaux.

Nous ne propoferons pas ici la voye des doëlles plates, parce que les furfaces paffans par les quatre angles des Vouffoirs, ne font pas ordinairement planes, mais gauches, il n'y a que le Vouffoir triangulaire de la naiffance de chaque pannache, qu'il convient fort de tailler par le moyen d'une doëlle plate, comme nous l'avons expliqué au Chapitre précédent, pour les panaches des Voutes Sphériques; parce qu'il n'a que trois angles dans fon tronc; c'eft en effet le moyen le plus fimple & où il y a le moins de perte de pierre. La meilleure méthode pour les autres Vouffoirs qui ont quatre côtez, eft de les tracer & tailler par équarriffement, comme il a été dit pour les Voutes Sphéroïdes, il n'y a de difference que dans la figure de l'élevation & point dans l'aplication.

Il faut feulement changer les biveaux mixtes de lit & de doëlle, fuivant l'éxigence des coupes des Ellipfes, aux points où elles font coupées par les lits, ce qui demande un peu de foin & d'attention, parce que ces lits sont des surfaces coniques gauches, en ce qu'elles sont parties des Cônes Scalenes & non pas Droits, comme aux Voutes Sphériques.

Explication Démonstrative.

Il faut se représenter une moitié entiére de Voute Sphéroïde, dont l'Ellipse A L D N B O &c. est le plan horisontal de l'imposte, ensuite que cette moitié est coupée par des plans verticaux parallèles entr'eux D B, A E, & A D, B E, qui rétranchent des segmens elliptiques A L D, D N B &c. dont les sections verticales sont représentées, l'une par le demi cercle A b D, considéré comme perpendiculaire à l'axe L O de la demie Ellipse L N O, qui est la génératrice du Sphéroïde par sa révolution autour de cet axe L O. L'autre section est représentée par l'Ellipse D H* B, qui doit être semblable à l'Ellipse génératrice L N O par le Théoreme V. du premier livre, parce que le Sphéroïde est coupé en D B, parallelement à l'axe L O, & la moitié de son petit axe G H*, doit être égal au demi diametre F b de la section circulaire, c'est-à-dire, que les hauteurs des deux sections doivent être égales, en voici la raison.

Si l'on suppose un troisiéme plan vertical coupant le Sphéroïde par les points F & G du plan horisontal, qui sont les projections des points b & b f, il coupera les plans verticaux par A D & D B, à distances égales du point R de la diagonale D E, où est le centre de la section elliptique faite par ce troisiéme plan ; donc les ordonnées de l'Ellipse tirées des points F & G à son diametre f, g', seront égales entr'elles par l'article 37. du premier livre ; mais ces ordonnées sont aussi communes aux sections des plans A D & D B coupez par leur milieux F & G ; donc les verticales représentées par les lignes F b & G H* sont égales entr'elles, ce qu'il falloit démontrer.

Par ailleurs, si l'on examine le reste de la construction, pour trouver les diametres & les hauteurs des sections elliptiques des plans passans par les joins de lit ; on remarquera facilement que nous avons trouvé ces diametres en prolongeant les projections des joins de lit, jusqu'à la circonférence de l'Ellipse A L D N B O, &c. où elles doivent se terminer, supposant le demi Sphéroïde entier, & que nous avons trouvé les hauteurs en divisant ces diametres proportionnellement à ceux des autres sections, qui ne leur sont ni égales, ni parallèles ; & qu'enfin nous avons quelquefois supposé des sections imaginaires, par exemple par le milieu de la Clef en H N, pour avoir la hauteur du quart de cercle S N, qu'il faut représenter comme perpendiculaire au plan A D B E, quoiqu'il soit couché sur ce plan

par

page 409.

DE STEREOTOMIE. Liv. IV.

par la nécessité du dessein qui ne peut exprimer des surfaces en l'air; ainsi pour peu qu'on y fasse attention, on reconnoîtra que tout y a été fait dans l'éxactitude Géometrique.

DES VOUTES CONOIDES.

Ce seroit ici le lieu de parler des Voutes *Conoïdes*, si elles étoient en usage dans l'Architecture, mais comme il est rare qu'on se serve de paraboles ou d'hyperboles pour faire des ceintres, à cause que leur naissance feroit un jarret à l'imposte avec les pieds-droits, nous n'en dirons rien; cependant si le cas arrivoit, il ne seroit pas plus difficile à résoudre que pour les Sphéroïdes, lorsque les lits feront de niveau à chaque rang de Voussoir, parce que leurs projections feroient des cercles, & les joins montans des portions de paraboles ou d'hyperboles égales entr'elles dans chaque rang; enfin les coupes des lits se trouveroient par la méthode qui en a été donnée au Probl. 16. page 194. du deuxieme livre. Mais si ces Voutes étoient fermées en Polygone, comme certaines Sphériques dont nous avons parlé, pour trouver les joins de lit il faudroit chercher les sections des plans qui les couperoient, lesquelles suivant les directions données, feroient ordinairement des Ellipses, comme il a été démontré au Théoreme VI. du premier livre.

CHAPITRE IX.
DES VOUTES ANNULAIRES.
En termes de l'Art,
Des Voutes sur le Noyau.

NOUS rangerons les Voutes sur le Noyau à la suite des Shériques, parce qu'elles y ont beaucoup de raport dans leur partie concave, & qu'elles peuvent être construites par les mêmes moyens.

Le nom d'*Annulaires* que je donne aux Berceaux tournans quoiqu'inusité en Architecture, exprime parfaitement la figure de ces sortes de Voutes; car si l'on coupe un anneau à verge ronde sans chaton par la moitié de son épaisseur, on aura une figure semblable à une Voute sur le Noyau, en prenant le plein de l'anneau pour le vuide de la Voute.

Tom. II. Fff

410

Fig. 215.

Pour donner une idée plus juste de cette figure & en exprimer géometriquement la Génération, il faut la considerer comme la trace d'un demi cercle ou d'une demie Ellipse verticale A H B (fig. 215.) qui se meut par son centre sur une Courbe quelconque horisontale C I K circulaire elliptique, ou de telle autre courbure qu'on voudra, en telle situation que son rayon C H toujours vertical, & son diametre A B, soit non seulement toujours horisontal, mais aussi toujours dirigé au centre C n du Noyau B D C, dont on ne met ici que le quart, suposant la Courbe de révolution C I K circulaire; car si elle étoit elliptique comme il arrive quelquefois, le diamette A B ne doit pas être dirigé au centre, mais en un point n fig. 216, déterminé par une perpendiculaire V u menée à la tangente T t, sur un point R de la courbe elliptique de révolution K R C; cette connoissance présuposée, venons à la pratique.

PROBLEME XXI.

Faire une Voute sur le Noyau circulaire ou elliptique tournant sur une Courbe quelconque.

PREMIER CAS

où la Courbe de révolution est circulaire.

Fig. 215.

Soit (fig. 215.) un quart de Couronne de cercle A B D E Q L A, le plan horisontal de la Voute dont le quart du Noyau est B D E C ; sur A B comme diametre du cintre, on décrit un demi cercle A H B, ou si l'on veut une demie Ellipse surhaussée ou surbaissée, dont on divisera le contour en ses Voussoirs aux points 1, 2, 3, 4, d'où on abaissera à l'ordinaire, des perpendiculaires qui en donneront les projections aux points p', p², p³, 4°, par lesquels on tracera autant de cercles concentriques au Noyau du point C ; enfin par les divisions 1, 2, 3, 4, & par le centre C, on tirera les joins de tête 1, 5, 2, 6, &c. & la préparation générale sera faite. Il n'y a plus qu'à se déterminer au moyen de faire le Trait, par panneaux ou par équarrissement, c'est-à-dire, par l'inscription des cylindres.

Premiere Méthode.

Par l'inscription des Cylindres, apellée équarrissement.

L'APLICATION de ce systême est ici la même que pour les Voutes Sphériques ou Sphéroïdes.

AYANT déterminé la longueur du Voussoir qu'on se propose de faire, par exemple un du second rang 1' 1' dans la partie concave près du grand pied droit, sur la projection p' M s r, on tirera par les extrémitez & par son milieu M, des lignes droites au centre C° du Noyau, qui donneront pour la projection horisontale du Voussoir, le quadriligne mixte 1' M 1' 2' s 2', dont on élevera le panneau suivant lequel on abatra la pierre, pour en former une portion de cylindre, telle qu'on le voit en perspective à la fig. 221, puis ayant pris à l'élevation 215, la différence des hauteurs de retombée 2 g, on la trainera sur la surface concave g s g de la figure 221, pour y tracer la Courbe 2 e 2 parallele à l'arrête g g.

ON prendra aussi la retombée 1 g de la fig. 215, pour la tracer sur le lit de dessous parallelement à la même arête g s g; ensuite apliquant le panneau de tête 5. 1. 2. 6. sur chacune des têtes a g & son oposée, on en tracera le contour, suivant lequel on peut abatre la pierre de differentes manieres. *Premierement* pour former les lits on peut se servir du biveau g 2. 6. pour former celui de dessus 6. 6. 2. 2. apuyant une de ses branches sur le parement creux g 2, 2 g quarrément sur la ligne 2. e 2. de la Fig. 221.

Secondement, on peut creuser la doële par la même maniere avec un biveau mixte, formé sur l'angle mixte du lit & de la doële 6. 2 e 1. ou, si le lit n'est pas encore fait, avec le biveau de l'aplomb & de la même doële V 2. e 1, & ensuite former de même le lit de dessous avec son biveau.

CE que nous avons fait pour la partie concave, se fera de même pour la partie convexe, par exemple pour le quatrieme Voussoir dont la projection est le trapeze mixte 3' 4' n 4' 3' m, ainsi qu'il est representé à la figure 222 en perspective, laquelle produira un Voussoir dont la figure est dessinée de même au chiffre 220 avec les lettres & chiffres relatifs à la fig. 215.

Seconde Méthode, *par Panneaux fléxibles*.

L'APLICATION de ce systême de suposition de Cônes tronquez inscrits dans l'anneau, est encore la même qu'aux Voutes Sphériques; car si l'on fait Q S perpendiculaire au rayon A C° du cercle de révolution A L Q, cette ligne pourra être considerée comme l'axe commun à tous les Cônes tronquez des rangs de Voussoirs, dont une partie en dessus, est l'axe de ceux de la partie concave, depuis la naissance du grand pied droit en A, jusqu'à la Clef en H, & la partie en dessous,

412 TRAITÉ

sera l'axe commun de tous les Cônes tronquez de la partie convexe autour du Noyau, depuis la naissance B sur ce noyau, jusqu'à la Clef en H.

Cela supposé, il n'y a qu'à prolonger les cordes des arcs A 1. 1. 2. en dessus, jusqu'à la rencontre de l'axe Q C', que la premiere corde A 1 ne rencontre que bien loin hors de la planche, & que la corde 1. 2 rencontre au point C', duquel comme centre & pour rayons les intervales, C' 1, C' 2, on décrira des arc. 1. 1ᵈ, 2. 2ᵈ, qu'on terminera à telle grandeur que l'on voudra, par une ligne 1ᵈ 2ᵈ, tendant aussi au centre C', la portion de Couronne de cercle 1. 1ᵈ, 2ᵈ 2, sera le dévelopement de la doële conique tronquée, inscrite à la partie concave de la seconde assise de la Voute sur le Noyau.

On en usera de même pour la partie convexe du côté du Noyau, avec cette difference qu'au lieu de prolonger les cordes en haut, on les prolongera en bas jusqu'à l'axe C•Q, comme la corde 3•4, qui rencontrera cet axe au point xᵉ, où sera le centre de la portion de Couronne 3•3ᵈ 8•4, & la corde 4 B le rencontrera au point S', où sera le centre de celle B 4ᵈ, ainsi il n'y a qu'à se rappeler ce qui a été dit de la construction des Voutes Sphériques suivant ce systême, pour l'apliquer à celles des Voutes sur le Noyau, où il n'y aura d'autre difference que des Cônes renversez, dont les panneaux de dévelopement s'apliqueront sur des surfaces convexes, au lieu que dans les Voutes Sphériques il n'y en a que des concaves. A l'égard de la Clef, il n'y a aucune façon qu'à lever le panneau de doële plate sur le plan horisontal où il est dans sa juste étenduë & figuré sans altération, & en faire les coupes suivant les angles 6. 2. 3, ou 7. 3. 2.

Troisieme Méthode.
Par le moyen des Doëles plates.

Lorsqu'il s'agit de menager la pierre, on doit préferer la méthode des doëles plates aux précédentes, la construction en est tout à fait la même dans la partie concave, depuis la clef jusqu'à la naissance au pied droit de la Tour, que pour les Voutes Sphériques, auxquelles on renvoye le Lecteur pour ne pas repeter ce qui a été dit à la pag. 325.

Nous nous arêterons seulement à ce qu'il y a de particulier dans la partie convexe, depuis la clef jusqu'au Noyau.

Fig. 215. Ayant déterminé au plan horisontal la longueur du Voussoir qu'on veut faire, par exemple (fig. 215.) au quatrieme rang marqué 3•4, à l'elevation, & 3•4•4•3 au plan horisontal, comme il a été dit ci-devant à la première méthode page 411, on portera dans une figure 218. à part la longueur de la corde 3 · 4 en *m n*, à laquelle on fera deux perpendiculaire *q r*, *t* T, qu'on terminera en portant de part & d'autre de *m*, la longueur *q m* du plan horifontal en *q* & *r*, & la longueur *n* T en *n t* & *n* T, & l'on aura le trapeze *q r* T *t*, qui fera le panneau de doële plate tangente à la doële convexe du Vouſſoir demandé.

Enfin on tirera par le point 4 l'horifontale 4 O, & la préparation fera faite.

Aplication du Trait fur la Pierre.

Ayant dreſſé un parement pour y apliquer le panneau de doële plate fig. 219, & en ayant tracé le contour, on prendra avec la fauſſe équerre l'angle de la doële & de l'horifon 3 · 4 O, fuivant lequel on abatra la pierre pour former un parement de fupofition, fur lequel on apliquera le panneau levé fur le plan horifontal en *n' t* T *n'*, qui donnera la pofition des lignes *n' t* d'un côté, en *n'* T de l'autre, par lefquelles & par les lignes *t q* & T R, on fera paſſer de furfaces planes qui feront les joins montans des Vouſſoirs, fur chacun defquels on apliquera le panneau de tête pris à l'élevation de la figure 215 en 7 · 3 · 4 · 8, obſervant de l'éloigner au point 3 de l'arête de la doële plate au lit de deſſus de l'intervale marqué au plan *q* 3 ·, & au lit de deſſous de l'intervale *t* 4 ·, pris horifontalement, c'eſt-à-dire, parallelement au lit de fupofition horifontale.

On abatra enſuite la pierre en furface conique convexe, par le moyen des cerches concaves formées fur les arcs 3 · *m* 3' au lit de deſſus, & 4 · *n* 4' à celui de deſſous tenuës horifontalement, c'eſt-à-dire parallelement au lit de fupofition, laquelle poſition eſt déterminée par les trois points donnez.

Enfin avec la cerche convexe de l'arc 3 · 4, on creuſera la véritable doële en tenant cette cerche apuyée fur les deux arêtes de lits de deſſus & de deſſous qu'on veut tracer, obſervant de tenir le plan de cette cerche dirigé perpendiculairement à la tangente de la furface convexe & pofée à diſtance proportionnelle des deux têtes, c'eſt-à-dire, que fi elle eſt fur le milieu du lit de deſſus, elle ſoit auſſi fur le milieu de l'arête du lit de deſſous, fi elle eſt pofée au tiers de l'un, qu'elle ſoit auſſi au tiers de l'autre, & par ce moyen on aura la doële exactement formée, par le moyen de laquelle on abatra la pierre avec les biveaux mixtes 4 · 3 · 7 · & 3 · 4 · 8, pour guides poſez de la même maniere que la cerche de la doële, pour former les lits convexes au dessus, & concaves au dessous en surfaces coniques.

Si les arêtes des lits sont bien faites, on peut s'épargner la peine de faire des biveaux mixtes en se servant de la fausse équerre ouverte sur les angles de coupe 4·3·7· & 7·3·8, tenant ses branches perpendiculaires aux arêtes courbes des lits, c'est-à-dire, à leurs tangentes. La différence de ces Voussoirs convexes avec ceux de toutes les autres Voutes, est qu'ils se rétrécissent en dehors de la doële, & que dans toutes les autres Voutes à doëles concaves ils s'élargissent.

Il faut remarquer que la méthode des doëles plates peut servir généralement pour toutes sortes de Voutes sur le Noyau, de quelques courbes que soient leurs ceintres de doële surhaussé ou surbaissé, & de quelque Courbe que soit le contour de leur révolution horisontale; mais comme le Trait devient alors un peu plus difficile, il est à propos d'ajoûter ici quelque chose touchant celles qui ne sont pas circulaires.

Seconde Espece.

Des Voutes sur le Noyau Elliptique.

La construction des Voutes en Berceau qui tournent autour d'un Noyau Elliptique, peut être facilement déduite de celle des deux autres dont nous avons parlé, sçavoir pour la partie concave, depuis la grande circonférence de la Tour jusqu'à la Clef, elle doit être semblable à celle d'une Voute Sphéroïde, & pour la partie convexe, depuis le Noyau jusqu'à la Clef, elle doit être tirée de celle de la Voute sur le Noyau circulaire, avec quelques petits changements de direction des têtes & des lits, qui ne doivent pas tendre au centre de l'Ellipse du Noyau, mais être perpendiculaires à la tangente du Noyau, aux points où ils le rencontrent.

Il n'y a donc pas de difficulté pour l'exécution, mais il y en a un peu pour en tracer le plan horisontal sur des termes donnez.

Premierement, si le Noyau est Ovale d'une composition d'arcs de cercles, dont les deux centres des petits arcs soient dans la masse du Noyau, il n'y aura point de difficulté à continuer toutes les Ovales concentriques qui doivent marquer les projections des joins de lit, & le contour du mur de la Tour en Ovale.

DE STEREOTOMIE, Liv. IV. 415

Mais si le contour concave de ce grand pied-droit de la Tour, étoit donné de même composition d'arcs de cercles, & que les centres de ses arcs donnez sur le grand axe, fussent hors de la masse du Noyau, c'est-à-dire, dans le vuide de la Voute, on ne pourroit plus lui tracer un Noyau parallele, je veux dire équidistant du contour creux de la Tour qui porte la Voute, ce qui est clair par ce que nous avons dit du Trait des *Voutes sur un plan Ovale*.

Secondement, si la révolution de la Voute est Elliptique régulière, je veux dire, que le contour du Noyau & celui du mur de la Tour soient deux Ellipses Géométriques concentriques au centre du Noyau C^a & semblables, qu'on apelle Asymptotiques, comme sont les quarts E a, Q b de la figure 216, il est évident par les Théoremes 1, 4 & 5 du premier livre, & ce que nous avons dit des Voutes Sphéroïdes, que l'intervale du vuide de la Voute sera toujours inégal dans chaque quart d'Ellipse, depuis le grand axe C^a Q au petit C^a b ; ainsi tous les rangs de Voussoirs seront de largeurs inégales & gauches, c'est cependant la figure la plus régulière. Fig. 216.

Troisièmement, si l'on donne pour le contour creux de la Tour, une Ellipse Q c c b, & qu'on veüille que la Voute ne soit pas plus large dans un endroit que dans l'autre, il faut prendre sur cette Ellipse autant de points que l'on voudra à volonté en C, C, C, desquels comme centres, & d'un intervale donné pour rayon, qui sera la largeur de la Voute, par exemple a b, on tracera autant d'arcs de cercles vers d d x ausquels on menera à la main ou avec une regle pliante, une ligne courbe a d d X qui les touche tous sans les couper ; cette ligne sera le contour du Noyau demandé, laquelle Courbe ne sera plus une Ellipse semblable, mais une *Epicicloïde* ou *Roulette*.

D'où il suit, comme dans le premier cas, que ce Noyau deviendra angulaire au point X.

Quatriémement, si au contraire on donne le quart d'Ellipse convexe E a pour contour du Noyau, on cherchera par la même pratique le contour concave correspondant vis-à-vis, qui doit terminer celui du creux de la Tour sur un rayon donné pour la largeur de la Voute, par exemple a b ou E Q, par le moyen duquel on tracera autant d'arcs que l'on voudra avoir de points de l'Epicicloïde, laquelle sera la courbe menée par l'atouchement de tous ces arcs en Q z z z.

Cette construction est la plus régulière & la plus convenable à la beauté intérieure de la Voute & de son Noyau, dont le contour peut être tel qu'on le souhaite.

Les projections des joints de lit se traceront aussi de la même manière, & seront équidistantes du pied-droit, comme l'on voit Y y b.

Le plan horisontal de la Voute étant tracé, il sera facile de faire les ceintres tels qu'on voudra surhaussez ou surbaissez avec leurs divisions & aplombs de retombées à l'ordinaire, un seul suffira si la Voute est par tout également large, mais si elle est faite en anneau régulierement elliptique, ce ceintre & ses divisions changeront continuellement dans le quart d'Ellipse. Si le ceintre sur la plus grande largeur E Q est circulaire, comme son égal A H B, celui de la petite distance a b b sera surhaussé, afin que la clef & tous les joins de lit soient de niveau. Il n'y a pour en faire le Trait qu'à suivre ce qui a été dit, pour les divisions proportionnelles des diametres des Ellipses d'inégales largeurs & de même hauteur.

Par les points 1°, 2°, 3°, 4°, provenant des points 1, 2, 3, 4, du ceintre primitif A H B, on tirera des lignes parallèles à la corde Q b, qui couperont le diametre a b aux points s°, e°, e°, e°, par lesquels on élevera des perpendiculaires égales aux hauteurs des retombées du ceintre primitif 1 s°, 2 l°, &c. lesquelles donneront les points 1, 2, 3, 4, au contour de l'Ellipse surhaussée a b b.

Il suit de cette construction, qu'à faire les joins montans suivant la regle, ils ne seroient pas en ligne droite par tout ailleurs qu'aux axes, ainsi qu'il a été dit de ceux des Voutes Spheroïdes.

Des Voutes sur le Noyau incompletes.

Puisque la partie concave d'une Voute sur le Noyau, depuis son grand pied droit jusqu'à la Clef, n'est autre chose qu'une Voute de four surbaissée, il est visible que chaque rang de Voussoir complet fait Clef, c'est-à-dire, se soutient par lui-même; par conséquent qu'on peut ne faire que cette seule épaisse, laissant le milieu vuide, ou y substituant un plafond : telles sont les Voussures des Salons, ovales & des Tours rondes, ce qui se réduit à une petite Chapelle Elliptique que j'ai fait bâtir dans une Tour.

Il ne seroit pas de même de la partie concave autour du Noyau; aussi faut-il qu'elle ne peut se soutenir sans être appuyée par la concave ci-dessus.

Je ne donne pas ici une explication démonstrative de toutes les parties de la Voute sur le Noyau, parce qu'ils ont tant de ressemblance

page. 417. Pl. 61.

DE STEREOTOMIE. Liv. IV.   417

ressemblance à ceux des Voutes Sphériques & Sphéroïdes, qu'il est très aisé d'en faire une aplication de soi-même; faisant seulement attention à la différence de la Génération des Voutes sur le Noyau, dont le ceintre décrit par sa révolution autour du Noyau, autant de courbes horisontales, qu'il y a de divisions de Voussoirs, lesquelles sont ordinairement équidistantes dans leur projection de l'intervalle des retombées, à moins que l'Anneau ne soit regulierement Elliptique. D'où il résulte, hors de ce dernier cas, que ces courbes de projection des lits peuvent n'être pas de même espece que celles du Noyau ou de la Tour, comme nous l'avons fait remarquer, mais des Epicicloïdes si le Noyau est donné de contour Elliptique, & le vuide de la Voute de largeur uniforme.

DES VOUTES HELICOIDES.

En termes de l'Art,

Des Berceaux Tournans & Rampans.

SI l'on supose qu'une Voute sur le Noyau, au lieu de tourner horisontalement s'éleve à mesure qu'elle tourne, il se formera une autre espece de Voute qu'on doit apeller *Vis sur le Noyau*, cependant on luy donne ordinairement deux differens noms; si le Noyau est d'un diametre assez grand pour pouvoir être vuide dans le milieu, on l'apelle *Berceau tournant & rampant*, tel est celui qui est representé en Perspective à la fig. 225. mais si le Noyau est si petit qu'il soit plein en façon de Colonne, on apelle la Voute, *Vis St. Giles*, parce que la plus considerable ou peut être la premiere a été faite au Prieuré de *St. Giles*, en Languedoc.

DE ce que nous venons de dire, il suit 1°. que la Génération des *Vis sur le Noyau* ne differe de celle des *Voutes sur le Noyau*, qu'en ce que le demi cercle Générateur AHB, qui faisoit sa révolution sur une Courbe horisontale, la fait en s'élevant sur une helice sans incliner son plan & son diametre, & sans en changer la Direction du côté de l'axe de cette Helice.

2°. QUE chaque point du demi cercle Générateur pris à son diametre, ou à sa Circonference décrit par ce mouvement, une helice de même nature que celle de la révolution centrale, c'est-à-dire dont la projection sera une Courbe de même espece, circulaire, ou Elliptique, mais que chacune de ces helices sera non seulement differente de la centrale, mais encore qu'elles sont toutes differentes entr'elles, en sorte qu'il ne s'en trouvera pas deux égales; celles qui seront les plus

Ggg

près de l'axe, seront les moins courbes & moins inclinées, que celles qui en sont plus éloignées.

3°. Que cependant celles qui seront produites par les mouvemens des points, qui sont de niveau entre eux, comme 1 & 4, 2 & 3, de la fig. 224. & tous ceux du diametre A B, marcheront à pas égal, en hauteur, & parviendront en même tems à la ligne perpendiculaire, à l'axe de la Vis & au plan tangent de l'helice de révolution centrale. J'apellerai celles-cy des *Helices compagnes*.

4°. Que les lignes dont l'inclinaison est donnée avec le diametre AB, ou un arc du cintre Générateur, comme sont les coupes des joins de tête, conserveront aussi toujours leur même inclinaison, à l'égard de l'horison, ou d'une ligne à plomb parallele à l'axe de la Vis.

5°. Que non seulement chaque point du demi cercle Générateur, ou d'un autre cintre Elliptique ne change pas de hauteur relative à son diametre horisontal, mais encore qu'il ne change pas de distance à l'égard de l'axe de la Vis, lorsque la projection de l'helice est circulaire; il n'en est pas de même si la projection de l'helice est elliptique; car alors il est visible que le cintre Générateur & ses parties s'en aprochent, & s'en éloignent deux fois à chaque révolution complete. J'apellerai cette distance de l'helice à son axe *le demi diametre de l'helice*.

6°. Enfin il suit de cette Génération, que la surface d'une Voute en *Vis* est un composé d'une infinité d'helices inégales quoique de même espece, qui forment une Doële, & des lits intrinsequement *gauches*, de sorte qu'on ne peut y adapter une surface plane quadrilatere qui puisse la toucher par ses quatre angles; par consequent qu'on ne peut faire une telle Voute par la voye des panneaux de Doële plate simple; sans y ajouter un second panneau en joint, qui atteigne au quatriéme angle, comme nous avons fait à la *Trompe en Niche sur le coin*, ce qui jetteroit une confusion dans le Trait; ainsi l'on peut dire avec Mr. de la Rue que la voye des panneaux ne convient pas à ces Voutes, mais non pas qu'elle soit impossible comme il le dit, puisqu'il est toujours possible de faire passer un plan quadrilatere par trois points, & trouver la distance d'un quatriéme point donné à ce plan, par un second panneau en retour.

DE STEREOTOMIE. Liv. IV.

PROBLEME XXII.

Faire une Voute en Vis d'un ceintre quelconque.

En termes de l'Art,

Faire la Vis St. Giles, en plein ceintre, surhaussée ou surbaissée.

Soit, Fig. 224. le quart de cercle B D E C, le Noyau de la Vis, Fig. 224. c'est-à-dire le quart de Noyau auquel les trois autres sont égaux, & le quart de cercle A L Q, le plan horisontal de la Tour ronde, dans laquelle est la Voute en Vis, tournant & rampant autour du Noyau.

On commencera par faire les divisions du ceintre A H B, & les projections des joins de la même maniere, que pour la Voute sur le Noyau, dont nous venons de parler.

Ensuite on divisera le grand arc A L Q, en autant de parties égales qu'on voudra, pour assigner à chacune une hauteur arbitraire par exemple celle d'une marche de l'escalier, qu'on supose dans la Tour Voutée, par exemple en six aux points 1′ F L G, 5′ Q, dont les intervales rampent, chacun de six pouces en hauteur. Par tous ces points on tirera les lignes droites au ceintre C. du Noyau, qui couperont sa Circonference aux points n¹, n², D, &c.

Ou bien sans égard aux marches, assigner au quart de révolution une hauteur comme *f*B, premierement il faut déveloper les deux helices, qui se forment aux impostes de la Voute, l'une au Noyau B D E, l'autre au mur de la Tour A L Q, ce que l'on fera par le moyen des divisions, que nous venons de trouver sur la projection de l'une & de l'autre, par les hauteurs qui leur sont assignées. *Dévelopement.*

Ou bien en rectifiant tout d'un coup, chacun de ces Arcs A L Q & B D E, & prenant la hauteur totale qui seroit dans cet exemple de 3 pieds, suposant chaque hauteur de six pouces.

On fera donc à part Fig. 230. un angle droit *f a* Q, on portera sur *f a* la hauteur donnée pour un quart de révolution, & sur *a* Q la longueur de l'arc A L Q de la fig. 224. rectifiée en portant successivement autant de petites parties qu'on jugera à propos, par exemple ici seulement les six de la premiere division 1′, F, L, G, 5′, Q, plus il y en aura, plus l'operation sera exacte; & l'on tirera l'hypotenuse *f* Q, laquelle sera le dé- Fig. 230.

Ggg ij

420　　　　　　　TRAITE

velopement de la premiere helice, de la naiſſance de la Voute ſur le côté de la Tour creuſe.

Fig. 230. ON rectifiera de même tous les Arcs de projections des joins de lit, p^1q^1, p^2q^2 &c., & celui du contour du Noyau BDE, où eſt l'autre naiſſance de la Voute, pour avoir au dévelopement de la fig. 230. les points e, q^4, q^3, q^2, q^1, Q, par leſquels & le Sommet S, on tirera des lignes droites $\int e$ $\int q^4$, $\int q^3$, $\int q^2$, $\int q^1$, qui ſeront les deux dévelopemens de chacune des helices des joins de lit.

ON déterminera enſuite la longueur du Vouſſoir qu'on ſe propoſe de faire par des lignes tirées ſur le plan horiſontal, par exemple pour un Couſſinet de la Tour creuſe, la longueur FG; par les extrémitez F, G, & le milieu L, on tirera des lignes au centre C du Noyau, qui couperont la projection du premier lit, aux points 1° 1¹, & ayant prolongé ces lignes dans l'épaiſſeur du mur à volonté pour la queuë de la pierre qui doit y entrer en r & f, la figure quadrilatere mixte r 1° 1¹ f, ſera la projection du Vouſſoir qu'on ſe propoſe de faire, dont les côtez n'étant pas dans leurs meſures, à cauſe de l'inclinaiſon de la Voute, il faut en chercher la valeur comme on va le dire.

Fig. 229. PREMIEREMENT, on tirera les cordes 1° 1¹, FG, & la parallele r r, qui couperont le ligne du milieu aux points M, m, m; puis on fera à part, comme à la Fig. 229. une verticale XL, & une horiſontale r S, ſur laquelle on portera de part & d'autre du point L, les longueurs des moitiez des cordes m r en L r, & LS; MF de la fig. 130. en LF & LG, de la fig. 129. & M 1° en L 1° & L 1¹; puis par tous les points r, S, F, G, 1°, 1¹, on tirera des paralleles à XL indéfinies, qui ſeront les bornes des trois differentes helices des arêtes du Vouſſoir, 1°. au lit de deſſus 2°. à celui de deſſous à la naiſſance, & 3°. au même lit de deſſous dans l'épaiſſeur du mur priſe en r f de la fig. 224.

Il faut preſentement chercher la hauteur dont chacune de ces helices s'éleve en rampant ſur la longueur horiſontale donnée, & parce que elles doivent toutes s'élever au même niveau, il ſuffit d'avoir la hauteur de l'une pour les avoir toutes.

ON portera la rectification de l'arc FLG, de la figure 129. en QF de la figure 130; la hauteur 2 F ſera celle que l'on cherche, qu'on portera à la figure 129. en Ff par où tirera l'horiſontale fR qui coupera les verticales ſur rR & 1°i en R & i. On tirera par ces points & les opoſez de l'autre les lignes RS, fG & I 1¹ qui marqueront les inclinaiſons differentes de chacune des helices des arêtes du Vouſſoir propoſé, au lit de deſſous; où elles ſe croiſeront toutes en M.

DE STEREOTOMIE. Liv. IV.   421

Pour tracer les helices du lit de deſſus, il faut premierement porter sur la ligne du milieu XL, la hauteur de la retombée 1 p', de la fig. 224. en M m de la fig. 229. & au deſſus de la hauteur N 1 de la fig. 224. priſe de niveau à un point *a*, ou à un autre point ς, pris à volonté ſur la coupe 1. ς, & par les points *m* & N on tirera des paralleles à la ligne du deſſous, *i* 1¹. comme V *u*, & *c d* terminées aux verticales 1° C, 1· *y*.

Par le point N on tirera auſſi *k l* parallele à F G, ſi le point N a été pris de niveau au point *a* de la fig. 224. mais ſi ce point eſt pris ailleurs comme à la hauteur d'un autre point, à volonté comme ς. qui réponde per exemple au point *u* de la projection ſur la ligne F *u*, on tirera par le point C une horiſontale *a*, ſur laquelle on portera la longueur I *u* de la fig. 224. en X K, & par le point K & N on tirera la ligne *k l*, faiſant N *l* égal à N *k*, l'on aura une projection verticale du Vouſſoir, R *a c d b s* 1¹ R, qui donnera toutes les meſures de la hauteur & de la longueur de la pierre compriſe par des lignes droites, qui n'expriment pas les arêtes du Vouſſoir, qui ſont des helices, mais ſeulement leurs cordes paſſans par trois de leurs points chacune, ſçavoir, leurs extrémitez & le projection verticale du milieu.

Or comme ces helices ont pour projection horiſontale un arc de cercle, ſi la Vis eſt circulaire, il ſuit que ces courbes ſont à la ſurface d'une portion de cylindre, dont les baſes ſont les arcs F G, 1° 1¹, *u v* de la fig. 224. il faut commencer par former un ſegment de cylindre, aſſez grand pour pouvoir les y tracer.

C'est pourquoi il faut tirer des lignes droites par les points les plus avancez C & *b* au lit de deſſus, & R & 1¹ à celui de deſſous des lignes *t b* & R T, la tranche de cylindre R *t b* T, qui ſera circonſcrite aux angles du Vouſſoir, ſera capable de le contenir dans toute ſon étenduë.

Il faut preſentement chercher la valeur de l'arc, dont la projection eſt l'arc du centre 1° *n* 1¹ de la partie du Vouſſoir la plus avancé en dedans, qui a pour corde la ligne inclinée *x* 1¹ de la fig. 229. au lit de deſſous, ou C *y* au lit de deſſus, lequel arc eſt une portion d'Ellipſe, & non pas une portion de cercle, comme le font tous les Auteurs de la coupe des pierres, par l'operation des *trois points perdus* il faut en chercher les points comme il ſuit.

On diviſera la moitié de la projection 1° *m* de la fig. 224. en deux également en *o*, pour tirer *o p* parallele à la fleche *m n*, puis ayant diviſé le ligne *i* 1¹, ou C *y* en quatre parties égales aux points *o*, M, O, & tiré par ces points des perpendiculaires, on y portera les longueurs

Mn de la fig. 224. & op, en Nn, op & Op de la fig. 229. & par les points C p n P y, on tracera à la main ou avec une regle pliante la courbe sur laquelle on doit former la cerche, pour creuser la surface cylindrique de préparation à la taille du Voussoir.

Les Auteurs en décrivent autant qu'il y a d'autres helices, mais dans notre méthode on verra qu'une seule nous suffit, on pourroit même se contenter de l'arc de cercle 1° n 1¹, si l'on vouloit faire un premier Voussoir qui portât son coussinet de niveau à la naissance de la Voute.

Aplication du Trait sur la Pierre pour la formation des Voussoirs concaves.

Fig. 224.   Ayant dressé un parement de suposition verticale, on y apliquera le panneau en Rhomboïde, de la Section plane faite par une corde par exemple 1° 1¹ du premier Voussoir du côté de la Tour où il forme la naissance de la Vis, lequel est le parallelograme x c y 1¹ de la fig. 229.

Fig. 229.

Le contour de ce panneau étant tracé sur le parement, on abatra la pierre à l'équerre sur les deux côtez C y & x 1¹, pour former deux lits plans inclinez, sur lesquels on tracera par le moyen d'un panneau ou d'une cerche l'arc Elliptique ralongé x p n p 1¹. posant sa corde en haut sur le côté C y, & en bas sur le côté x 1², par le moyen de ces deux arçons creusera à la regle une surface concave cylindrique, com-

Fig. 228.   me celle est représentée à la fig. 228.

On portera ensuite la hauteur de la retombée 1 p¹ de la fig. 224. en 1¹ x de la fig. 229. sur le côté de l'arête y 1¹, & la même hauteur sur le côté oposé C x en i V, de sorte que l'intervale x V de ce côté est plus grand que 1¹ x, de l'autre de la hauteur x i comprise entre la ligne de niveau R i, & l'inclinée R T, passant par les points les plus avancez R & 1¹, entre des points repaires sur les arêtes en x & V, on trouvera une helice avec le panneau de développement, de celle qui passe par les points x q¹ de la figure 224. qui est à la figure 230. le triangle rectangle V¹ g q¹, lequel panneau sera fait de carton, ou d'une lame de plomb, pour être apliqué dans le creux du parement concave, formé pour la préparation de la figure 228. en posant le côté V¹ g sur l'arête C x de la figure 229. le point V¹ sur V, la pointe q¹ tombera de l'autre côté en x.

On peut aussi tracer la même helice sans panneau flexible, seulement avec une regle pliante, sur laquelle apuyant d'une main pour la faire toucher au fond du creux, on tracera avec l'autre l'helice V x x, qui fera l'arête de la doële avec le lit de dessus du Voussoir, par le moyen de laquelle on trouvera celle de l'arête du lit de dessous.

Il faut auparavant former les têtes oposées du Voussoir, par le moyen d'un biveau mixte, F 10 *p n* pris sur le plan horisontal de la fig. 224. dont les branches seront posées d'équerre aux arêtes *x* C & *y*¹, comme il est marqué aux fig. 228. en F *p* & 229. en *d o*. Sur chacune de ces têtes on trouvera par le moyen d'un panneau, ou d'une cerche l'arc A 1, de l'élévation de la figure 224. & la coupe 5. 1, comme on le voit en racourci à la figure 229. en bas en *l u* G, & à celle d'en haut en CV *f*. On formera ensuite un biveau mixte N 1 A, à la même élevetion, qui est compris par l'aplomb N 1, & l'arc de la doële 1 A.

On posera la branche droite N 1 parallelement aux arêtes C *x* & *y* 1¹, & on abattra la pierre suivant l'éxigence de l'autre branche courbe convexe, pour creuser la doële, observant que le plan de ce biveau, soit toujours bien perpendiculaire à la surface concave, & que son angle 1 coule toujours sur l'helice, qui a été tracée en V *m u*, l'extremité de le branche courbe tracera par ce mouvement l'arête du lit inferieur avec la doële.

Enfin on formera un second biveau de lit & de doële sur l'élévation de la figure 224. en 5 1 à abattant la pierre suivant l'éxigence de la branche droite, la courbe servant ici de guide, comme la droite seroit au premier biveau d'aplomb & de doële; Si le ceintre est circulaire, le même biveau renversé servira pour les lits de dessus & de dessous, observant de tenir ce second précisément dans la même situation verticale, & son plan perpendiculaire au creux cylindrique, en sorte que s'il étoit prolongé il passât par l'axe de la Vis, suposé au point C.

Formation des Voussoirs convexes.

Il faut se ressouvenir que j'apelle Voussoirs convexes ceux qui sont du côté du Noyau, depuis la Clef jusqu'à la naissance sur le Noyau, parce qu'ils sont en effet convexes dans le contour horisontal, quoiqu'ils soient encore concaves dans le contour vertical, desorte qu'on pourroit les apeller *concavo-curvexe*.

Lorsque le Noyau est assez gros pour être composé de plusieurs pieces dans son circuit horisontal, il est clair que la construction des Voussoirs convexes n'est qu'un renversement de celle des concaves, en ce qu'il faut commencer par former une surface cylindrique convexe fig. 227. pour tracer l'arête de lit superieur, & de doële au lieu de la *Fig.* 227.

cylindrique concave, que nous avons formé à la fig. 228. & 229. & que le Voussoir doit être plus large à la doële qu'à la queuë, comme le represente la fig. $c f^a g^a d$ de la fig. 227. au lieu que le contraire est observé aux Voussoirs concaves.

Cette différence au reste ne change en rien le fond de la construction, de sorte qu'en jettant les yeux sur la figure 227. on peut y reconnoître celle de la figure 229. observant que celle-cy étoit pour un des premiers rangs des Voussoirs concaves, à la naissance, & que la figure 227. est celle d'un Voussoir du second rang concave convexe, dont l'helice $a b$ a sa projection au quart de cercle $p 3 q 3$, & son dévelopement à la figure. 230. est le triangle rectangle $v^3 q^1 q^3$, il sera facile d'en faire usage comme du premier $V' g q_1$, ainsi je crois pouvoir me dispenser de détailler la construction de la fig. 227. où il ne peut avoir aucune nouvelle difficulté.

Il n'en seroit pas de même pour la formation du premier rang des Voussoirs convexes, à leur naissance sur le Noyau, si le Noyau est un si petit diametre qu'on soit obligé de le faire d'une piece à chaque assise, comme l'on fait les colonnes par *tambours*, & même s'il n'étoit fait que d'un petit nombre de pierres à chaque assise, comme de trois ou quatre par ce qu'alors il faut que les Voussoirs en Tambours portant la rampe du coussinet pour que les lits soient de niveau, ce qui nous oblige à chercher deux courbes de section de la Vis par un plan horisontal.

La premiere est la section d'un corps heliboïde convexe, coupé par un plan perpendiculaire, à l'axe de ce corps cylindrique tournant, & rampant autour de son axe, laquelle courbe donne le contour des arêtes de la doële avec des lits de niveau, ou plûtôt les arêtes des doëles de deux Voussoirs portans coussinet.

La seconde courbe qu'il faut trouver, est la section d'un corps helicoïde en Vis, dont la surface est toute convexe dans son contour, mais droite dans sa direction à l'axe de la Vis, à la difference de la doële qui étoit courbe en tout sens.

Premiere Courbe de section horisontale.

Fig. 224 & 230.

Pour la facilité de l'instruction, nous ne suposerons ici que le quart de l'helice, & du Noyau B D E C. On commencera par diviser sa Circonference B D E, en autant de parties égales qu'on voudra avoir de points en la courbe, comme ici en six aux points n^1, n^2, D m^3, m^2, E, par lesquels on tirera autant de droites indéfinies paralleles à l'axe Q R,

sur

DE STEREOTOMIE. Liv. IV.

fur lesquelles on portera successivement les hauteurs de la ligne fc de la fig. 230. qui est le dévelopement de l'helice du contour du Noyau au dessus de l'horisontale A C°, par exemple 5 1" de la fig. 230. en 5 a de la fig. 224. 4 V° en 4 b, d 3° en g', 2 4° en 2 d, ainsi du reste, & par tous les points C°, a, b, c, d, e, f, on tirera une ligne courbe $c°f$, qui sera la projection verticale de l'helice de la naissance de la Voute en Vis sur le Noyau ; comme cette naissance doit être coupée par le lit horisontal du tambour à la hauteur de la premiere retombée de la division 4 du ceintre A H B, il faut chercher les differentes saillies de la Voussure de cette naissance, à la hauteur du lit du niveau du tambour. C'est pourquoi on menera par chacun des points donnez à la projection de l'helice $abcdef$, des horisontales paralleles au diametre AB, comme aC¹, bC₂, cC³ &c. & une autre horisontale 4 dR par le point 4 de l'arc H B qui représentera le lit de dessus du Tambour.

Enfin avec le rayon AC transporté successivement sur toutes les horisontales en a c^1, b c^2, & on trouvera tous les points c^1, c^2, c^3, c^4, desquels on décrirera des arcs c g, $a g$, $b g$, $c g$, qui couperont l'horisontale 4 R aux points W, x, y, z, où seront les avances que l'on cherche.

Ainsi prenant à volonté un point P sur l'arc de la projection du joint de lit $p+a+$ sur un rayon de la révolution n^5, $5'$, pour la plus grande saillie, qui est celle de la retombée $p+$ B, on portera sur le rayon suivant n^* G, l'intervale x W de la ligne verticale n^5 b à l'arc $a g$ coupé par l'horisontale 4 R en x, cette longueur x W portée sur $n+$ G, donnera le point X, qui est un de ceux que l'on cherche ; on continuera de même à porter l'intervale $y n$ sur D L, pour avoir le point Y, & l'intervale $z n$ sur n^2 F, pour avoir le point Z, & comme l'helice af est coupée par l'horisontale 4 R au point d, il n'y aura point de saillie en ce point, qui répond au point n^4 du contour horisontal du Noyau, ainsi on tirera à la main ou avec une regle pliante la ligne courbe n^1 Y P, par les points trouvez n^* ZYXP, qui sera celle que l'on cherche, pour section horisontale de la doële à hauteur du point 4, de la premiere retombée du côté du Noyau.

Seconde Courbe de section horisontale au lit de la Vis.

Le même plan horisontal qui a coupé la doële depuis le point d jusqu'au point R°, à l'élévation suivant le courbe n^x Y P du plan horisontal Fig. 224. coupe ensuite le lit de la Vis suivant une courbe differente P x E, depuis le point P, qui est commun aux deux sections jusqu'au point E qu'il faut trouver.

On prendra la hauteur r 0 du point r, où le joint de tête 4 8 coupe l'aplomb du Noyau ƒ B, sur l'horisontale 4 R, & on la portera à la figure 230. du point 4 en R, par où on tirera une parallele à la base 4 e, qui coupera la ligne ƒ e au point 1°, d'où l'on abaisse sur 4 e la perpendiculaire 1° 5.

On portera ensuite la longueur rectifiée 5 e sur l'arc B E de la figure 224 du point n⁵, qui répond au point P, sur la ligne Cⁿ P de n⁵ en E en la cintrant, c'est-à-dire en apliquant & pliant cette longueur sur la ligne courbe, ce qui se fait de deux manieres, ou en prenant successivement des petites parties de la longueur 5 e de la figure 230. & les portant de même sur l'arc B E, ou en prenant sur une regle la longueur 5 e, & en la tournant comme une tangente mobile, depuis le point n⁵ jusqu'à , ce que le point e de la regle deviennent celui de l'atouchement de la regle au point e.

Cela fait on a déja deux points de la courbe en P & E, il faut en chercher d'autres ; ayant divisé l'intervale du point 4 e en autant de parties égales qu'on voudra avoir de ces points, par exemple seulement en deux en x, on divisera aussi en même nombre l'arc n⁵ E au point x, par où on tirera du centre Cⁿ une ligne indéfinie x x, sur laquelle on portera la distance x V du point x, au nud du Noyau ƒ B, de x en x, la ligne menée à la main ou avec une regle pliante, par les points P x E, sera celle que l'on cherche pour la section horisontale du lit de la Vis.

L'espace que les deux courbes n⁵ Y P & E x P comprennent, est la section horisontale de la Vis coupée par le lit horisontal d'un Tambour du Noyau, tant à la doële qu'au lit, dont on fera usage comme il suit.

Formation d'un Tambour d'une portion d'assise du Noyau, portant la Naissance de la Vis.

Si le Noyau de la Vis est d'un assez petit diametre pour être fait d'un seul Tambour, il faudra ajoûter à chaque extremité de son diametre l'alongement de la premiere retombée ƒ⁰B, & sur ce nouveau diametre former un Tambour en tranche de cylindre, pour qu'il puisse comprendre le Tambour du nud du Noyau, & la saillie de la naissance.

Pour la facilité de l'instruction nous supposerons le Noyau assez grand pour être fait de quatre pieces à chaque assise, ainsi nous ne formerons qu'un quart de tambour, comme on voit à la fig. 226.

On commencera par former un quart de Tambour, dont la hauteur sera celle de la retombée 4 p^4, & les lits de dessus & de dessous jaugez, & en retour d'équerre sur les joints montans, seront égaux au quart de cercle C, p^4 q^4 de la fig. 224.

On levera ensuite le panneau B n^1 Y P E, qu'on apliquera sur le lit de dessous en $e p m$ de la fig. 226. puis ayant tracé un quart de cercle E D B au lit de dessus avec le rayon C, B de la fig. 224. on portera sur son contour l'intervale E n^2, de quatre divisions, parce que le point n^2 répond aplomb sous le point d, où l'horisontale 4 d coupe l'helice de la naissance C, df, & l'on aura pour reculement du lit sur le Tambour le point D de la fig. 226. par lequel on tirera du centre C°, la ligne C° L qui coupera l'arête supérieure du grand Tambour p^4 P q^4 au point L par lequel, & par le point q on tracera l'helice L l q sur la surface du plus gros cylindre avec une regle pliante.

On portera ensuite l'intervale q p du lit de dessous, en L P au lit de dessus, & par les points p & P, on tracera avec une regle pliante apuyée sur ces deux points une seconde helice semblable à la premiere. Enfin ayant tiré à la fig. 224. une ligne du centre C° par l'origine n^1, de la section de la doële m YP, qui coupera l'arc p^4 P q^4 au point K, on portera la distance q^4 K en q^4 K de la fig. 226. pour avoir le point K, qui répond au point n^1 de l'origine de la section horisontale de la doële, & au lit de dessus en reculant le panneau, on aura le point de la même naissance qui tombe au-delà du quart de cercle, par le moyen duquel on trouvera une troisiéme helice parallele, & égale aux deux précedentes.

La pierre étant ainsi tracée, on abattra quarrément 1°, le prisme mixte D L $q q^4$ E e D, pour avoir l'angle rentrant en helice D e.

Secondement le prisme triangulaire mixte D L P p $q e$ D par le moyen d'une petite cerche concave formée sur la ligne convexe P x E de la fig. 224. qu'on tiendra toujours de niveau, c'est-à-dire parallele au lit.

Troisiémement on abattra le prisme mixte p^4 B b a k n^1 B, pour avoir l'angle rentrant du tambour, & de la naissance ébauchée avec le nud du Noyau. Enfin on abattra un quatriéme prisme mixte B p^4 P p k n^1 B par le moyen d'une cerche convexe, formée sur l'arc concave A 1 ou 4 B de la fig. 224. qu'on tiendra toujours dirigée au centre du Noyau, & son plan par l'axe du Noyau ;& la pierre sera achevée.

Du Berceau tournant & rampant incomplet.

En termes de l'Art,

De la Vis à jour suspenduë.

Si l'on suprime toute la partie convexe de la Vis St. Giles, le Noyau qui lui servoit d'apui devient inutile, par conséquent l'on peut le suprimer aussi, il semble du premier abord que cela ne se peut sans détruire le reste de la Voute, cependant l'experience nous fait voir le contraire dans ces escaliers fort communs, qu'on apelle *Vis à jour suspenduë en Voussure*, qui subsistent parfaitement par une raison semblable à celle que nous avons donné des Voutes Sphériques, & sur le Noyau incompletes, qui est que les rangs des Voussoirs depuis l'imposte concave de la Tour jusqu'à celui qui forme la Clef, se soutiennent mutuellement, & pour me servir des termes de l'Art, *font Clef* chacun en particulier; la difference qu'il y a dans la Vis consiste en ce que le dernier Voussoir qui est le plus haut de chaque rang, n'étant pas buté contre un autre Voussoir, comme aux Voutes sur le Noyau, ne se soutiendroit pas sans un apui de quelque arcade, ou d'une piece de bois de palier; mais aussi ce dernier Voussoir n'est pas si difficile à contenir qu'aux Voutes sur le Noyau, parce qu'il pousse très peu, particulierement si la Vis est un peu roide, l'inclinaison de sa position en rejettant le fardeau sur les Voussoirs inferieurs qui lui servent d'apui.

Il ne paroit pas necessaire d'entrer dans le détail de la construction de cette Vis incomplete, puis qu'elle est exactement la même que celle de la Vis St. Giles jusqu'à la Clef, le reste demeurant vuide & suprimé, il ne s'agit que d'une petite difference au rang de Voussoir, le plus élevé qui doit porter le Limon de l'escalier, sur lequel on met la Balustrade, ou un apui de fer.

Cette difference du dernier rang qui fait clef, consiste à faire le pazement qui est aplomb du côté du vuide en portion de cylindre, de la hauteur que donne l'épaisseur de la Voussure en cet endroit, précisément de la même maniere qu'il a été dit, pour l'ébauche d'un Voussoir concave dessiné à la fig. 228. dans laquelle portion cylindrique ayant décrit les helices égales du haut & du bas *c d* & *i* 1, on fera l'apui de la balustrade avec l'équerre; au lieu du biveau d'aplomb & de coupe, dont nous nous sommes servis pour former les lits de la vis, tenant toujours une des branches de l'équerre aplomb parallele à l'axe du cylindre, ensorte qu'étant apliquée sur la surface concave, il ne paroisse pas de jour entre deux; l'autre branche qui est suposée de niveau, sera toujours dirigée à cet axe, comme nous l'avons dit au commencement de ce livre, pour la formation des surfaces en helices page 37.

Nous parlerons plus au long des Vis à jours à la fin du 3ᵉ. Tome.

Des Berceaux en Vis sur le Noyau Elliptique.

CE que nous avons dit des Voutes sur le Noyau elliptique, fournit déja la maniere de faire les projections des vis, sans aucune difference, ce qui est clair.

OR cette projection étant faite, il ne se présente aucune nouvelle difficulté pour l'élevation, il n'y a qu'à se servir des mêmes Biveaux d'aplomb, de doële, & de coupe, que dans les exemples précédens, ainsi cette difference ne mérite pas qu'on s'y arrête.

IL n'est pas nécessaire non plus de parler du cas, où le ceintre primitif de la vis au lieu d'être circulaire, comme nous l'avons suposé est elliptique surhaussé ou surbaissé, parce qu'il est visible que la difference ne tombant que sur les coupes, il faut se servir des biveaux de la même maniere, qu'il a été dit pour les berceaux horisontaux de cette espece ; pour les biveaux d'aplomb & de doële, il en faut changer à chaque assise, que le ceintre soit circulaire ou non, ainsi il ne s'agit que de changer la branche coûrbe suivant l'éxigence de la partie elliptique, que comprend le rang de Voussoir que l'on fait.

Explication Démonstrative.

CE que nous avons dit au commencement de ce Chapitre, touchant la Génération des Berceaux tournans, & rampans en vis sur le Noyau, est déja une bonne préparation, pour rendre raison de leurs constructions.

PREMIEREMENT on connoit que les surfaces de ces Voutes étant composées d'une infinité d'helices, qui sont des courbes à double courbure, elles sont intrinséquement gauches, de sorte qu'il est impossible d'y apliquer des panneaux de doële plate, qui les touchent en plus de trois angles ; ainsi les Apareilleurs qui du tems de Philibert de Lorme cherchoient à faire le Trait par panneaux, faute d'entendre le fond de la question, cherchoient l'impossible, suivant le méthode des doëles plates ou flexibles pour être apliquez à une surface conique, comme aux Voutes Sphériques. Ils pouvoient seulement se servir de panneaux flexibles de dévelopement, pour en tracer les arêtes sur une surface cylindrique, dont l'interfection commune à la doële forme une helice, qui est l'arête de lit & de doële.

Secondement, puisque la Vis n'est en quelque façon qu'une répétition continuelle du ceintre primitif AHB, qui s'éleve sur une helice, en changeant la direction de son plan, sans changer la situation horisontale de son diametre, il suit que tout ce qui convient aux berceaux touchant les coupes, les retombées & les biveaux d'aplomb & doële, convient aussi à nos Vis dans une ligne d'interfection seulement, qui est commune au berceau de niveau & la à Vis qu'il peut pénetrer.

De la premiere observation que l'helice est une courbe à double courbe, qui peut être commune à un cylindre & à une vis, il suit que pour trouver plusieurs arêtes de lit & de doële, il faut aussi suposer plusieurs surfaces cylindriques, pour pouvoir y tracer par le moyen des panneaux fléxibles, les helices des arêtes, suivant les principes qui en ont été donnez au troisiéme livre, page 342. & fig. 281. La raison est que la surface helicoïde étant intrinséquement gauche, il est impossible de parvenir immédiatement à sa formation; ainsi on est obligé de considerer chaque rang de Voussoir comme enfermé entre deux cylindres, passans l'un par l'arête du lit de dessous avec la doële, l'autre par celle du lit de dessus, les uns concaves du côté de la Tour, les autres convexes du côté du Noyau.

Presentement, si l'on considere les differentes helices, qui se forment aux arêtes de chaque Voussoir, on reconnoitra qu'il y en a quatre, sçavoir deux aux arêtes de lit & de doële, & deux aux arêtes d'extrados & de lit; car quand même la Voute ne seroit pas extradossée, on est obligé de suposer des largeurs égales à chaque lit, qui déterminent une arête d'extrados.

C'est pourquoi en faisant l'élevation d'un Voussoir ébauché en portion de cylindre il faut faire la projection de six helices, qui sont totalement inégales dans leur contour & dans leur inclinaison à l'horison, sçavoir, de trois helices à la surface cylindrique passant les points C, V, i; (fig. 229.) & quatre aux arêtes du Voussoir en K, v, f, R, desquelles il y en a une en V u, qui est commune à la surface du cylindre.

De ces six helices il en a deux K L, cd au dessus, & deux autres R S, fr au bas de la portion du cylindre, qui doivent marcher à pas égal, quoique par de plus long & plus courts circuits, c'est-à-dire qui ne doivent pas plus s'élever n'y avancer en nombre de dégrez dans le circuit, l'une que l'autre, ensorte que la ligne droite ac X perpendicu-

DE STEREOTOMIE. Liv. IV. 431

laire à l'axe de la vis qui passe par l'une de ces helices cd, qui est sur le cylindre, rencontre aussi la compagne KL qui est sur la vis, d'où il suit, que si l'on considere le point N, comme la projection d'une horisontale perpendiculaire au plan du papier, les deux helices compagnes KL, cd doivent passer par le point N, par conséquent les deux lignes droites KL & cd, de même que leurs égales RS & f 1' qui se croisent en M, passent cependant chacune par trois points des deux helices paralleles & compagnes, qui sont toujours à distances égales l'une de l'autre; ainsi les points NM sont équivalamment doubles, & si au lieu des deux lignes droites RS, f1' on supose deux courbes qui soient les projections verticales des helices compagnes, ces deux courbes qui se croisent au même point M, répresenteront deux helices paralleles entr'elles, que j'apelle par cette raison compagnes; ce qui ne peut arriver en aucun cas des lignes droites, parce que les projections de deux paralleles en quelque situation qu'elles puissent être, sont aussi toujours paralleles entr'elles, quoique plus ou moins éloignées que les objectives qu'elles répresentent; elles peuvent bien dans un cas se confondre en une, dans la projection, mais jamais elles ne peuvent se croiser.

Cette projection verticale des arêtes du Voussoir étant suposée, il est visible que pour en comprendre tout l'intervale dans une portion de cylindre, il a fallu suposer des plans sb & RT, passans par les points les plus élevez c & b, & les plus bas R & 1'; de sorte que la surface du cylindre excede les helices qui doivent être tracées sur le cylindre, de deux triangles mixtes, ponctuéez à la fig. 228. en CYd, & x i 1', lesquels doivent être retranchez par une coupe à l'équerre sur la surface cylindrique, pour que les lignes qu'on doit suposer tirées à l'axe, par les points de l'helice du cylindre, rencontrent à même hauteur, celle de l'arête du Voussoir à la doële ou à l'extrados.

Il reste à démontrer que les points des Courbes de la situation horisontale de la doële, & celle du lit ont été bien trouvez.

Premierement pour la section de la doële, puisque nous voulons que cette section soit faite par un plan horisontal, ce plan & la courbe de son contour sera représenté dans une projection verticale, par une seule ligne horisontale 4 R, passant par le point 4 de la division du premier Voussoir du côté du Noyau; c'est un effet de la projection expliquée au deuxiéme Livre, page 207. parce qu'il est perpendiculaire au plan de description; il sera encore vrai par la même raison, que si l'on supose plusieurs plans verticaux passans par l'axe en C°, & par les points pris à volonté F L G, 5°Q, ils couperont le Noyau suivant des lignes

TRITE'

droites, ont les points m, m^2, D, n_4, n^3, E, sont les projections horisontales, par lesquelles si l'on tire des perpendiculaires au dessus de l'horisontale AC^a, on aura la représentation des intersections de ces plans avec le Noyau, aux lignes C^aR^a, $5^b, 4^b, 3^b, 2^b$, qui couperont l'horisontale $4R^a$ aux points d, n, n, n, R^a de l'aplomb du nud du Noyau; mais parce que ce Noyau est debordé par une partie de la doële au dessus de la naissance de la Voute, exprimée en projection verticale par la courbe $C^a a b c d e f$, il faut trouver la saillie de la partie de la doële qui déborde le Noyau sur, chacune des sections des plans verticaux passant par l'axe C^a, & les points F L G 5^r Q.

Puisque les sections de tous ces plans sont des demis cercles égaux au Générateur A H B, il est visible que toutes ces saillies $R_a, n, nx, ny, nz,$ seront égales au Sinus verse de l'arc de cercle compris entre la naissance sur le Noyau, & la ligne horisontale $4R$ passant par le point 4, où est la hauteur du lit de dessus du Tambour; puisque les hauteurs an, bn, cn, sont égales à leurs Sinus droits, qui sont déterminez par les restes des hauteurs $abcd$, au dessus de l'horisontale BC^a, jusqu'à sa parallele $4R^a$; ce qui paroit évidemment à la plus grande hauteur $4p^4$, laquelle est le Sinus droit de l'arc $4B$, & p^4B, son Sinus verse, lequel arc est égal à l'arc C^aW, la hauteur CR égale à $4p^4$, & par conséquent WR^a, égal p^4B.

Il ne reste donc plus à prouver que les hauteurs de ces points $a b c d$, ont été bien trouvées, ce qui ne souffre aucune difficulté, puisqu'elles ont été prises sur les perpendiculaires comprises entre le dévelopement du Noyau B D E, représenté à la fig. 230. par la ligne ae, & le dévelopement de l'helice fe, la hauteur $5a$ de la figure 224. ayant été faite égale à $5 1^a$ de la figure 130; la hauteur $4b$ de la figure 224. égale à $4V^a$ de la figure 230. ainsi de suite, par conséquent la courbe $C^a f$ est la projection verticale de la ligne de la naissance de la Voute, sur le Noyau de la Vis, enfin il est clair que toutes ces saillies étant posées sur les projections des plans verticaux coupans la vis r^a E nu L D n, &c. en n^2 z, $D y n^3 x$, seront dans la situation où elles doivent être, puis qu'elles sont des parties de ces plans, dont la courbe $n^i z y x P$ est celle de la section horisontale de la doële qui doit être ajoutée au nud du Noyau, pour former le premier Tambour qu'on se propose de faire.

L'explication de la construction de la seconde courbe, de la section horisontale du dit lit, dont le profil est la ligne 4.8, est peu differente de celle de la doële, en ce que la section du plan vertical A H B, qui donne la plus grande saillie en n^i P, égale à la retombée qui est le Sinus verse p^4 B de l'arc B 4. donne aussi la plus grande saillie du lit $4.0 = p^4 B$,

qui est

qui est la projection de la ligne 4 e, qui excéde le nud du Noyau ƒ 3, c'est pourquoi le point P est commun aux deux courbes de section de doële P Y m¹, & de la section de lit P x E ; or la hauteur r e à la partie de l'helice, dont la projection verticale est e d, & son dévelopement à la figure 230. en ſe sera la ligne 1ʳᵉ e, dont la projection est la droite 5 e qui doit par conſéquent être aussi le dévelopement de l'arc horisontal o d, à la projection verticale & de l'arc n⁵ E à l'horisontale, parce que le point n⁵ répond à la plus grande saillie P, ainsi le point E sera la naiſſance de la saillie.

Présentement il est clair que puisque la ligne e 4 est divisée en deux également, en m, la hauteur e o sera aussi divisée également par la ligne m u au point u, par conséquent le point u répondra à la moitié de l'arc d'helice e d, & de même à la moitié de sa projection ; d'où il suit que le point v doit être au milieu de l'arc n⁵ E, & puisque la ligne m u doit tendre à l'axe v, & que la ligne u x doit avoir la même direction, la saillie u m sera bien portée en v x, par conséquent le point x est à la section du lit, donc la courbe P x E passe par trois points de la section horisontale du lit, ce qu'il falloit faire.

Il sera aisé de trouver autant de points qu'on voudra entre x & P, x & E, en sousdivisant 4 m & m e du joint 4 8, si l'on veut avoir la courbe avec plus d'exactitude.

Remarque sur l'usage.

La partie du Trait, qui concerne la maniere de faire porter la naisſance de la vis, aux tambours du Noyau, n'est nécessaire que dans la construction de la vis St. Giles, proprement dit, où l'inclinaison de l'helice du coussinet donneroit des angles trop aigus.

Dans les berceaux tournans & rampans autour d'un grand Noyau, où cet inconvenient ne ſe trouve pas, il convient mieux de faire les Vouſſoirs des premieres retombées de la même maniere que les autres au dessus.

Au reste un bon Architecte qui n'a pas lieu de craindre la bombe, ne s'avise guere de vouter en vis St. Giles, un escalier qui est assez petit, pour que ſon Noyau puiſſe être fait de Tambours d'une seule piece à chaque assise; car alors il est censé que les marches ne sont pas trop longues pour être aussi faites d'une seule piece, de sorte qu'en les délardant par dessous, on fait à peu de frais une Voute en coquille, qui est fort propre.

Tom. II.   I i i

Si l'escalier est trop spatieux pour qu'on puisse faire solidement les marches d'une seule piece, alors il ne convient pas de faire un Noyau si petit, parce que les marches deviennent ou trop étroites au collet, ou trop larges à la queuë ; dans ce cas on peut faire un Noyau assez épais pour y loger les coussinets de la vis, qui en forment la naissance de ce côté, comme on le pratique à son oposé dans le creux de la Tour, alors le trait des sections horisontales n'est d'aucune utilité.

Nous avons parlé au premier & deuxiéme livre du Trait des sections verticales des mêmes voutes, dont nous faisons aussi peu d'usage dans cette construction ; il n'est en effet nécessaire qu'au cas qu'on voulût faire une vis St. Giles, ronde dans une Tour quarrée, ou à plusieurs pans ; ce que personne que je sçache n'a proposé de metre en pratique, quoique la chose soit aussi faisable qu'une Voute Sphérique sur un quarré ; la seule observation qu'il y auroit à faire, c'est que les cintres rampans des formerets sur les murs des pans de la Tour, seroient d'un contour peu agréable à la vûe dans le quarré ; mais ils le deviendroient davantage à mesure que le polygone augmenteroit en nombre de côtez.

Cette partie de la construction ne rendroit pas le trait plus difficile, parce qu'il ne s'agiroit que de substituer au dévelopement de l'helice de la naissance de la Voute, la courbe du quatriéme ordre dont nous avons parlé, formée sur la section du mur vertical de chaque pan de la Tour, laquelle sera dans un angle rentrant, si l'on veut que le Voussoir comprenne une partie de ce pan ; ou en angle saillant formant une arête avec la doële de la vis, & un lit taillé horisontalement, comme si l'on formoit une arcade d'arc rampant, laissant dans les angles du polygone un pendantif aussi rampant.

CHAPITRE X.

Des Voutes de surfaces irrégulieres.

Toutes les Voutes dont nous avons parlé jusqu'à présent, sont des portions des corps réguliers primitifs, de Cylindre, de Cone, ou de Sphére, ou des corps régulierement irréguliers, comme les Conoïdes, Sphéroïdes, & les Cylindres sur d'autres bases que les circulaires.

Il y en a d'autres de celles qui n'ont qu'un raport très imparfait à celles-là, desquelles nous faisons deux classes, l'une de celles qui ont des courbes que dans leurs sections transversales, & droites dans les longitudinales, comme les cylindriques & les coniques, telles sont quelques arrieres Voussures, & autres Voutes qui participent de l'une & de l'au-

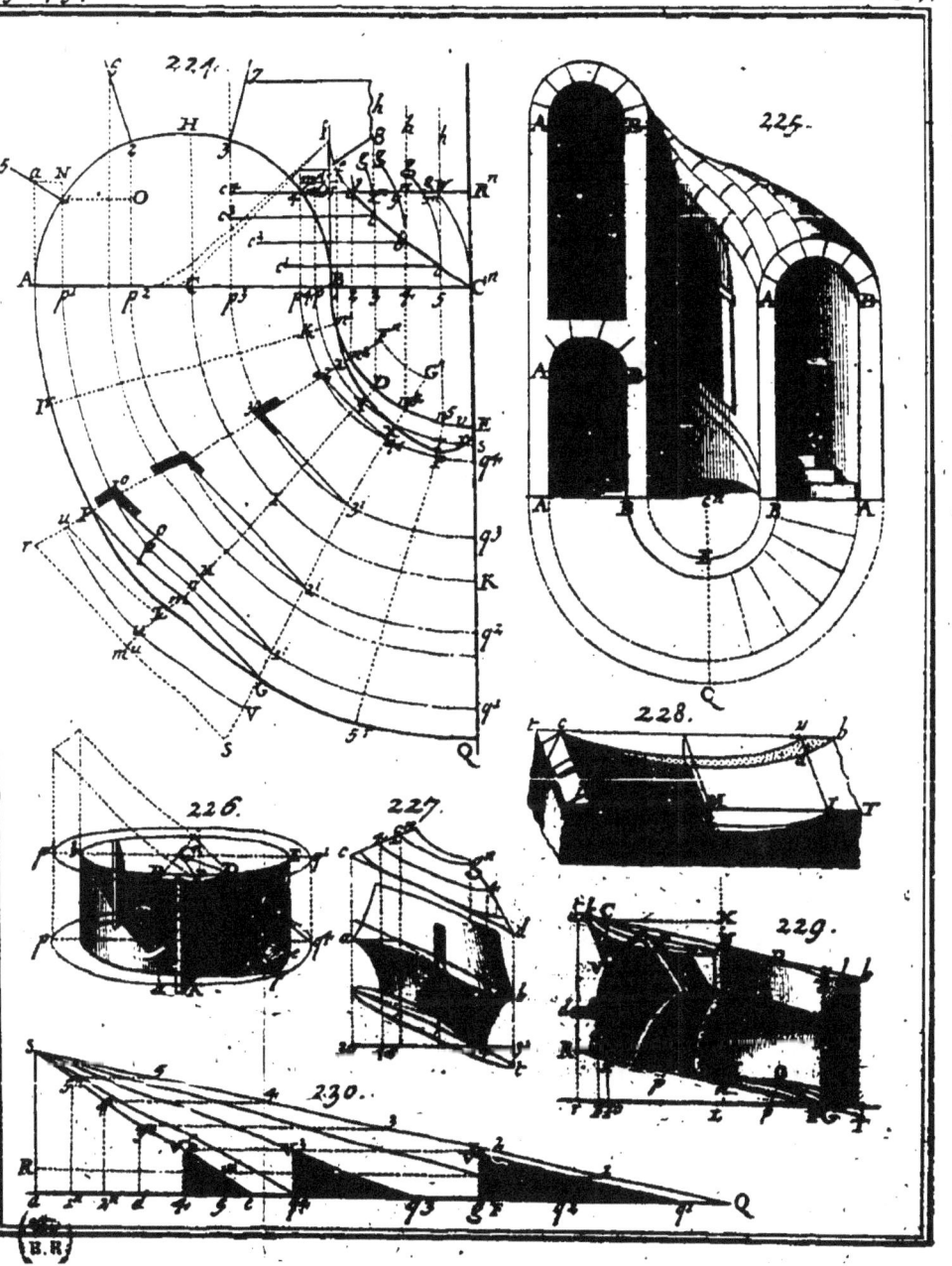

Pl. 62.

tre espece, en ce qu'elles ont dans une de leurs sections la proprieté du cylindre, lorsque les côtez sont parallelles à l'axe, & dans une autre la proprieté du cone, en ce que les côtez sont convergens & tendent à un axe; c'est pourquoi je les apelle *Conico-cylindriques*.

La seconde classe est de celles dont la surface est *à double courbure*, l'une transversale l'autre longitudinale, & comme cette proprieté est commune à la Sphére, nous les comparons toutes à ce corps primitif; mais aussi parce qu'outre cette proprieté il s'en trouve d'autres communes au cone, au cylindre & aux prismes, nous les apellerons des noms composez de *Conico-Spherique*, de *Spherico-Cylindrique*, & de *Spherico-Prismatique*, comme nous l'expliquerons cy-après.

Premiere Classe, des Voutes Conico-Cylindriques.

On peut raporter au cone & au cylindre quelques figures de Vou- *Fig. 231.* tes simples, dont les suites des sections paralleles entr'elles, & perpen- *& 232.* diculaires au plan horisontal & au vertical, par où passe leur axe, sont des courbes differentes, ou de differents diametres; l'on peut réduire ces sortes de Voutes à trois especes, qui ne sont proprement que des differens cas de la même figure de surface.

La premiere est celle qu'on apelle *Passage ébrasé* entre deux portes, qui paroit du premier abord une Voute en canoniere, ou un cone tronqué, mais cependant qui n'en est pas un; car suposant les impostes & la clef de niveau, chacune à part, il est clair que les directions des impostes étant prolongées, se rencontreront hors de la Voute, puisqu'elles sont convergentes dans un même plan, horisontal ou incliné, mais l'axe ou ligne du milieu entre ces impostes, qui est dans ce même plan à l'intersection du vertical, passant par la clef qu'on supose toujours également haute, au dessus des impostes, ne rencontrera jamais la ligne de direction de la clef, puisqu'elle lui est parallele; donc le cintre de face surmontée se retrécira tellement, qu'il se réduira à la ligne droite verticale, au point de la jonction du concours des impostes; ainsi la demie Ellipse de ce cintre se réduit à la moitié de son grand axe, où elle est infiniment étroite, son petit axe étant devenu à rien, c'est-à-dire, suivant le langage de l'Algebre, égal à zero.

La seconde espece est celle des *Voutes en Berceau*, *en plein cintre par une face*, *& surhaussé ou surbaissé à l'autre*, c'est-à-dire, dont les demis diametres verticaux sont inégaux, en sorte que la Voute est rampante, ou *Fig. 233.* par ses impostes, ou par sa clef, suposant l'un des deux de niveau, ou la clef ou l'imposte; cette espece n'est réellement qu'une position differente du passage ébrasé tourné sur son axe, en transportant la clef à l'imposte : car alors cette Voute qui avoit de l'ébrasement horisontalement, n'en a plus à l'égard de l'horison, mais bien verticalement à la clef, ce qui est facile à concevoir.

Fig. 237. La troisiéme espece, qui est l'arriere-voussure reglée & bombée, peut être considerée comme le suplément de la précédente, je veux dire son extremité, si on la supose prolongée jusqu'à ce que sa clef, qui concourt avec l'axe, s'abaisse tellement sur le plan des impostes, que le cintre surbaissé n'ait plus de hauteur, en sorte qu'il se réduise à une ligne droite qui étoit son grand axe, le petit étant devenu à rien, en langage de calcul égal à zero.

Fig. 238. Pour donner une idée plus simple de la formation de cette arriere-Voussure, il n'y a qu'à se représenter une ligne droite A B, qui parcourt en tems égaux par une de ses extrémitez un arc quelconque D H E, & par l'autre une ligne droite F G, le flux de cette ligne décrira une surface, que nous avons apellé *mixtiline* au commencement de ce livre, laquelle est celle de la Voute dont nous parlons, où les piédroits peuvent être convergens, ou parallèles entr'eux sans aucun changement de figure.

Fig. 234. On pourroit ajoûter ici une quatriéme espece de surface de Voutes, dont la génération peut être expliquée par le mouvement d'une ligne droite, sur des courbes de differente espece, telle est celle de l'arriere-Voussure de Marseille ordinaire, considerée dans certaines circonstances de sujétion, comme si (figure 234) l'on donnoit l'inclinaison A K de la clef, le point T pour la hauteur du sommet d'un des vantaux, l'arc K 1 pour moitié du cintre exterieur, & un angle d'ébrasement imaginaire à l'imposte 1 g, qui n'est aussi que suposée, puisque le veritable cintre est l'arc T 1 dans le plan vertical T 1 f ; si l'on prolonge les différens ébrasement g 1 de l'imposte en Y, & A K de la clef en ligne droite jusqu'à la ligne du milieu D S en B, on reconnoitra que la ligne génératrice doit se mouvoir sur l'axe D S, de B en Y, pendant qu'elle se meut en tems égaux sur l'arc K L 1, & que par ce mouvement la ligne génératrice coupera le plan de la face interieure g A D, suivant une courbe g T A, qui sera variable selon les differentes ouvertures des ébrasemens donnez. Mais quoique cette surface ne soit pas tellement gauche, qu'elle ne puisse être coupée suivant certaines positions des plans coupans en ligne droite comme à la clef, nous la renvoyons au rang des Voutes irrégulieres à double courbure, parce que les sections des lits dans l'apareil, sont des lignes courbes excepté à l'imposte, & qu'au milieu de la clef, il n'y a jamais de joint.

PROBLEME.

Faire une Voute Conico cylindrique.

Premiere Espece.

Passage ébrasé entre deux faces droites, dans lequel les impostes sont de niveau, aussi bien que le milieu de la Clef.

Dans ce Traité comme dans les précédens, il faut commencer par se déterminer au choix du cintre primitif, la hauteur qu'on se propose de lui donner à la clef, doit décider en quelque façon du lieu de cintre, parce qu'il convient quelquefois de le prendre au milieu du passage, quelquefois à une des faces ou d'entrée, ou de sortie.

Soit, (figure 232.) le trapeze ABDE, le plan horisontal de la Baye qu'on veut vouter, qui est plus ouverte d'un côté AB que de l'autre DE ce qui causeroit de la différence de hauteur à la clef, si les cintres étoient tous circulaires, mais parce qu'on veut qu'elle soit de niveau, il est évident qu'il faut les rendre elliptiques pour leur donner à tous un demi axe vertical d'égale hauteur. *Fig. 232.*

Suposons que l'on veüille prendre le cintre du milieu a H b, pour primitif circulaire, celui de la petite face ED sera surmonté, & celui de la grande face AB sera surbaissé.

On divisera donc le demi cercle a H b en ses Voussoirs à l'ordinaire, aux points 1, 2, 3, 4, ayant fait la projection de ses divisions en P & p sur le diametre ab, on prolongera les côtez AD BE jusqu'à ce qu'ils se rencontrent en f; d'où par les points de projection P p, on tirera les lignes opq, OPQ, qui seront les projections horisontales des joints, sur lesquels on portera les hauteurs des divisions du cintre primitif, sçavoir, P 1 en O 1', & en Q 1"; p 2 en o 2' & en q 2"; CH en H b & m C ainsi du reste, & par les points de ces hauteurs, on menera la courbe elliptique qui sera le cintre de chaque face, ou si l'on veut sur les diametres donnez AB, DE, & les demi-axes H b, & m C, on divisera les Ellipses à l'ordinaire, par le Probl. VI du deuxiéme Livre.

Si l'ébrasement donnoit le point f trop loin hors du plan de l'Epure, on aura recours au problème I. du troisiéme Livre pour faire la projection des joins.

Les points de division des trois cintres de face, & du milieu étant donnez, les inclinaisons des joints de tête le seroient aussi, suivant l'usage des perpendiculaires aux tangentes, mais parce qu'elles sont sur des courbes inégales, il en résulteroit que les lits seroient gauches, ce qu'on ne veut pas faire par les raisons, que j'en ai donné au Livre troisième, il convient donc qu'on les assujetisse aux plans passans par les joins de coupe $1^s 5$, $2^s 6$ du cintre primitif.

D'où il résulte que les joins de tête $1^s x$, $2^s x$ du cintre ACB sont trop couchez, & ceux du cintre DXE sont trop roides; cela près cette espece de Voute n'enferme aucune difficulté. On pourra la faire par panneaux ou par équarrissement, cette derniere méthode sera la plus aisée, parce que à l'exception de la clef toutes les doëles sont gauches, ce qui rendroit la voye des panneaux trop composée.

Aplication du Trait sur la Pierre.

Ayant dressé un parement pour servir de lit horisontal en suposition, on y apliquera le panneau de la projection horisontale, par exemple A Q O D pour le premier, QO oq pour le second &c. on fera les deux paremens de tête, sur lesquels on portera les hauteurs des retombées $1 P$, $2 p$, &c. pour y apliquer les panneaux des arcs de face, qui donneront les joins de tête qu'on taillera à l'ordinaire, ce qui ne soufre aucune difficulté, parce que toutes les surfaces pourront être dressées à la regle, observant ce que nous avons dit touchant sa position dans la formation des surfaces gauches doliolimes, à la page 36. de ce Livre.

Si le passage est assez long pour qu'on ait besoin de former des têtes de Voussoirs entre le cintre primitif, & une des faces de devant ou de derriere, on verra par le point donné, par exemple L, une ligne LN qui sera le grand axe d'une Ellipse, dont la moitié du petit axe sera la hauteur constante CH.

Au contraire si le point étoit donné entre *a* & D, par exemple en 1, alors la ligne 1 K seroit le petit axe, & CH la moitié du grand.

Sur quoi il y a une *observation curieuse* à faire, c'est que la suite des foyers des Ellipses depuis le cintre primitif *a b* vers A, forme une hyperbole *fy* CYF, dont les lignes des impostes ADS, BES, sont les asymptotes qui s'en aprocheront continuellement, si on les prolonge, & ne la rencontreront jamais, comme il est aisé de le demontrer.

Car si l'on nomme A *m* moitié du grand axe *a*; F C qui lui est égal par la construction b, la hauteur constante mC, c & la distance variable mF, x, on aura $bb = aa = cc + xx$, donc $aa - cc = xx$, par conséquent x sera toujours plus petit que a, c'est-à-dire que mF ne pourra jamais devenir égal à mB ou à mA, ce qu'il falloit démontrer.

Il n'en sera pas de même de la courbe que formera la suite des foyers, depuis le diametre ab vers DE, & jusqu'au point S, celle-ci formera une demie Ellipse gGC, dont la moitié du grand axe sera CS, & du petit gG égal à la ligne ab, diametre du cintre primitif tourné dans un plan vertical ; la raison est que les foyers ne seront plus dans le même plan horisontal, que les précédens ; mais dans un plan vertical qui lui est perpendiculaire, dans lequel sont tous les grands axes de la suite des Ellipses, or ici le petit axe diminuë continuellement jusqu'à zero en S, de sorte qu'alors xx devient $= aa$; par conséquent la ligne du milieu de la clef est une tangente de la courbe, laquelle étant parallele à l'horisontale CS, il suit que la courbe rentreroit en elle-même, si elle étoit prolongée au-delà de S.

Corollaire I.

De-là on tire la construction d'une autre Voute que j'appelle Berceau Fig. 233. Irregulier en descente, *dont les cintres de face sont d'inégales hauteurs sur leurs diametres* : car il est facile à concevoir que cette Voute n'est autre chose que la partie cCHEb, de la moitié du passage ébrasé tournée differemment, mettant l'imposte bE pour la clef, & la clef CH pour une des impostes, repetant la même chose pour l'autre moitié, comme on le voit à la fig. 233.

Ainsi la doële de cette Voute est aussi gauche que celle du passage ébrasé, par conséquent on ne peut la faire commodément par panneaux qu'à la clef, où les cordes des arcs des tétes sont paralleles entre elles ; ailleurs elles ne le sont pas, c'est pourquoi il convient de la faire par équarrissement comme le passage ébrasé, prenant seulement la hauteur de sa retombée au lieu de la retombée.

Il se trouve aussi dans ce trait la même difficulté concernant les coupes des lits, qu'on ne peut faire plans sans fausser les coupes des differens cintres, & même qu'il convient de faire gauches lorsque les faces sont aparentes, ce qui embarasse fort un apareilleur, comme je l'ai experimenté au premier agrandissement de St. Malo à la Place du Fiel, dont j'avois la conduite en second.

Nous faisions une Voute sur l'escalier, qui monte au rampart, laquelle devoit se racorder par le bas avec celle d'un palier en plein cintre, & être surbaissée par le haut, pour pouvoir passer sous la plate-forme.

où étoit la fortie aparente, de forte qu'en cette circonftance la doële & les lits devoient être gauches, l'apareilleur embaraffé traçoit fes pierfur le tas, & malgré cette précaution les Vouffoirs fe trouvent *caspez*, c'eft-à-dire gatez, perdant ainfi le tems & la pierre ; m'étant aperçû qu'il rejettoit mal à propos la faute fur l'exécution du travail des tailleurs de pierres, il m'avoüa qu'il fe conduifoit à tâton, parce que ce trait ne fe trouvoit pas dans le Livre du P Deran.

Alors je fentis de quelle utilité étoit la connoiffance de la coupe des pierres dans la conduite des Fortifications, d'autant plus que parmi les cinquante Voutes que nous avions à faire fous le rampart il s'en trouvoit encore deux de figure irréguliere. Quelques années après il fe préfenta un cas *d'Arondiffement d'angle fingulier*, dont j'ai parlé au commencement de ce Livre ; je me trouvai enfuite obligé à l'Ifle de St. Domingue en Amerique, de faire moi-même l'apareilleur, pour executer des Voutes en arcs de cloitre. Toutes ces circonftances, les fautes que j'avois remarqué en plufieurs ouvrages, & celles des autres qui ont écrit fur cette matiere, m'ont fait fentir la néceffité du Traité que j'ai entrepris, principalement à l'ufage des Ingenieurs.

On voit à la figure 233. que fi les coupes $1^{\cdot} 5$, $2^{\cdot} 6$ du cintre anterieur a FH, font tirées du centre C, & que celles du cintre b D b, $1^{n} f$, $2^{n} t$ foient perpendiculaires au contour de l'Ellipfe, ces coupes n'étant pas paralleles, les lits font des quadrilignes gauches, $5 f 1^{n} 1$, que j'ai apellé *pLurolignes* au commencement de ce Livre. Si on veut les faire plans, il faut coucher la coupe $1^{n} s$ parallélement à la coupe $1^{\cdot} 5$ mais alors l'angle de la tête $s 1^{n} b$ deviendra entierement aigu & foible, & l'inclinaifon aparente fera difforme, en ce qu'elle fait de part & d'autre, deux angles inégaux, l'un aigu & l'autre trop obtus ; c'eft pourquoi je fis les lits de la Voute dont je parle gauches contre l'ufage ordinaire.

Corollaire II.

De l'arriere-Vouffure de Marfeille ordinaire.

Si l'on fupofe que le paffage ébrafé, repréfenté en Perfpective à la figure 231. foit coupé de chaque côté par un plan vertical, paffant par un impofte s ou d de l'arc cbd, & par un point p ou i pris à volonté fur l'arc bH, ces deux plans verticaux retrancheront de ce paffage une partie de furface courbe, comprife par quatre lignes courbes, fçavoir par tout le demi cercle ou demie Elipfe gbd, par l'arc pHi, qui eft
une

DE STEREOTOMIE. Liv. IV.

une partie arbitraire du cintre bHa, & par deux autres courbes pe, & di. Laquelle portion de surface forme celle d'une sorte d'arriere-Voussure qu'on apelle du nom de Marseille, parce qu'on dit que la premiere qui ait été exécutée, l'a été à une des Portes de cette Ville.

Nous avons parlé d'une pareille arriere-Voussure en traitant des Voutes conique, où nous avons donné la nouvelle maniere de la faire régulierement en portion de cône scalene, présentement nous la consi-derons suivant l'usage ordinaire, comme une portion de surface irreguliere, qui ne peut être exactement conique, parce que l'on veut que les courbes ep, & di qui devroient être des portios d'hyperpoles, soient des arcs de cercles, ou du moins des portions de l'arc ebd, de quelque courbe qu'il soit, en voici la raison.

La fermeture de menuiserie, qui doit s'apliquer en deux ventaux à l'arc ebd, lorsque la Porte est fermée, doit trouver un pareil espace entre les points b & p, pour pouvoir s'ouvrir, ensorte que chaque ventau, lorsqu'elle est ouverte, puisse s'apliquer sur son piédroit, représenté par le plan vertical fe pg & diL, ce que l'on voit plus distinctement à la figure 236. dessinée en Perspective en AB ba, ED de.

Soit, (figure 235.) la trapeze $ABDE$, le plan horisontal de la Baye qu'on veut vouter en arriere-Voussure de Marseille, dont la feüillure est BL & lD, & le Tableau TL & tL.

Fig. 235.

Du point C milieu de $bd=BD$ pour centre, on décrira un demi cercle, ou une demie Ellipse bHd, qu'on divisera en ses Voussoirs, par exemple ici en 5 aux points 1, 2, 3, 4, par lesquels on tirera les joins du centre C indéfinis comme aux Voutes cylindriques; puis ayant porté la base du piédroit BA sur BD en bF, on élevera à ce point une perpendiculaire FG, qui coupera l'arc bHd au point G, par lequel on menera aGe parallele à EA, qui rencontrera Aa perpendiculaire sur AE au point a, & sa parallele Ee au point e, puis ayant pris sur la ligne du milieu CH prolongée, un point m à volonté, on tirera l'arc du cercle ame par les trois points donnez.

Tous les joins de lit à la doële qui couperont cet arc comme 2 6, 3 7 seront des lignes droites, & tous ceux qui couperont l'arête du piédroit ak ou ek feront un pli en angle rentrant, parce que le plan du lit coupe deux surfaces differentes, l'une courbe de l'arriere-Voussure, l'autre plane du piédroit.

Premierement il faut chercher la projection verticale de l'arc b 1 2 G,

Tom. II.   K k k

442 TRAITE

sur l'ébrasement du piédroit en *a* Y *b*, ou seulement le point Y de cette projection, où passe le plan du lit *o ʃ*.

Fig. 240.

ON tirera par le point *b* ou B une parallele à la verticale CH, qui coupera le joint 1˙ 5 au point *x*, par le point 5 on menera la ligne 5 I parallele à BD ou *a e*, qui coupera la verticale GF au point I, par lequel & par le point *x*, on tirera la ligne inclinée *x* I, qui coupera l'arc *b* 1 2 G au point *y*, par où on menera l'horisontale indéfinie *y* Y, & l'aplomb *y* n qui donnera sur *b d* la retombée *b n*, qu'on portera sur le piédroit AB en BN, par le point N on menera une parallele à la verticale A *a*, qui coupera l'horisontale *y* Y, au point Y que l'on cherche, lequel est sur l'arc elliptique *a* Y *b*, où est le pli du joint 1˙ 5 ou *o* ˙ 5.

ON pourra trouver plusieurs autres points de cet arc elliptique *a* Y *b*, si on veut le décrire exactement par la même pratique, par exemple les correspondans aux points 1 & 2, en portant leurs retombées *b p*, *b* P sur BA en B*r*, BR, & tirant par les points *r* & R, des verticales R *z*, *r* V, qui couperont les horisontales *z* 2, V 1 aux points *z* & V, la courbe *a z* Y V *b* sera la projection verticale de l'arc *b* G sur l'ébrasement du piédroit, qui peut avoir son usage pour l'aplication du Trait sur la pierre.

IL nous reste présentement à tracer les panneaux de lit 1˙ 5, 2˙ 6 pour le premier qui fait un pli, on tirera par un point C, pris à volonté sur *b d*, une perpendiculaire CM, qui coupera BD en O, & AE en M; on prendra O 1' égale à la feüillure BL, puis ayant mené par le point Y, une verticale YN, qui rencontrera la base du piédroit BA en N, on tirera l'horisontale NY' indéfinie, qui coupera CM au point 9, sur laquelle on portera la longueur de la partie *o* Y du joint 1˙ 5, on *o* 5 en 9 Y', & l'on tirera la ligne 1' Y'; ensuite portant toute la longueur du joint 5 *o* en M 5' sur AE, on tirera la ligne Y' 5', le contour *s* CO 1' Y' 5' E, sera celui du panneau du premier lit *o* 5, & de son égal 4˙ 8.

LES autres panneaux de lit qui se terminent à l'arc *a a e* sont plus simples, suposant la même base de profil pour le tableau, & la feüillure en CO 1', on portera la longueur 2˙ 6, sur ME en M 6', puis on tirera la ligne inclinée 1' 6'; le contour *s* CO 1' 6' E, sera celui du second panneau de lit 2˙ 6, & de son égal de l'autre côté de la clef 3˙ 7.

CES panneaux étant tracés, l'aplication du Trait sur la pierre se fera de la même maniere qu'il a été dit page 285. pour celle de la même arriere-Vousſure plus régulierement conique.

page. 443.   Pl. 63.

DE STEREOTOMIE. Liv. IV.

COROLLAIRE III.

Arriere-Vouſſure reglée & bombée.

DE la conſtruction du *Paſſage ébraſé*, on tire encore celle *de l'arriere-Vouſſure reglée & bombée*, laquelle n'eſt autre choſe que le complément de la prolongation d'une des deux Voutes précédentes. Car ſi les piédroits ſont donnez paralleles entr'eux, l'arriere-Vouſſure reglée & bombée n'eſt autre choſe que la prolongation de la Voute de la figure 233. dont les cintres ſont d'inégale hauteur ſur leurs diametres, juſqu'à ce que la ligne du milieu de la clef FD rencontre le plan qui paſſe par les impoſtes *a b* H *b*.

SI les piédroits ſont ébraſez comme ceux de la figure 239. de la planche 64. qui concourent au-delà de *t* T, ce peut être encore le complément de prolongation de la figure 232. avec cette difference que l'on ne ſupoſeroit plus les hauteurs des cintres égales, mais diminuer depuis H juſqu'à rien à un diametre donné, par exemple BD (figure 239.)

LA difference qu'il y a ordinairement dans le cintre de l'arriere-Vouſſure reglée, conſiſte en ce que au lieu d'une demie Ellipſe ce cintre n'eſt qu'un arc de cercle AHE, figure 239. ce qui ne fait que rendre la conſtruction plus facile. *Pl. 64. Fig. 239.*

SOIT, (figure 239.) le trapeſe ABDE, le plan horiſontal de la Baye qu'on veut vouter pour ſoutenir le mur, derriere celle d'une Porte ou Fenêtre fermée au-dehors en plate-bande; & en dedans en demi Ellipſe ſurbaiſſée, ou ſeulement en arc de cercle de 30 ou moins de degrez. On tirera par le milieu *m* de la plate-bande BD, une perpendiculaire indéfinie HC, ſur laquelle on prendra à volonté un point C, pour centre de l'arc de face intérieure AHE, plus près ou plus loin, ſuivant la hauteur qu'on ſe fixera, pour le milieu H, ſur l'horiſontale AE des impoſtes.

ON diviſera enſuite l'arc tracé AHE, en autant de parties égales qu'on voudra de Vouſſoirs, par exemple ici en cinq, aux points 1, 2, 3, 4, par leſquels on tirera au centre C, les coupes des joins de tête 1 *e*, 2 *f*, 3 *g*, 4 *i*, leſquelles étant prolongées couperont la corde AE, aux points Q, R, &c.

POUR faire les projections des joins de lit ſuivant la maniere ordinaire, il n'y a qu'à mener par les poins des diviſions 1, 2, 3, 4, des paralleles à HC, qui couperont la ligne AE, aux points P, *p* &c. &

444 TRAITÉ

la ligne BD aux points 5, 6, 7, 8, les lignes P 5, p 6, p 7, p 8, seront les projections des joins de lit.

Il seroit plus convenable pour la régularité de la division, de la surface de la doële, de diviser la ligne BD proportionnellement à la ligne AE, dont les points P, p &c. répondent à des arcs égaux entr'eux A 1, 1·2, 2·3 &c. en prolongeant AB, jusqu'à ce que la direction de ce piédroit concoure avec l'autre ED, en un point qui tomberoit ici hors de la planche, & que j'apellerai X, si l'on tire à ce point X, des lignes droites par les points P & p, on aura sur BD les points x, y, où seront les divisions des Voussoirs à la feuillure de la plate-bande, au lieu des points 5·6 ; ainsi la différence des largeurs AE, de face intérieure, & BD de la plate-bande sera répandue également sur tous les Voussoirs, au lieu que suivant l'usage ordinaire elle tombe toute sur les deux premiers Voussoirs des impostes, AP 5 B, & son égal oposé en ED 8 1.

Il faut présentement faire un profil de tous ces joins de lit, pour avoir les Biveaux des angles qu'ils font avec la face & avec la plate-bande.

Fig. 240.

On tracera dans une figure à part (240.) deux verticales e p, d 5, éloignées entr'elles de l'épaisseur du piédroit, ou plûtôt de la profondeur P 5, de la Voute prise à la figure 239. que l'on traversera par une horisontale p 5 à la figure 240. qui représentera la naissance de Niveau ; ou un plan passant par l'imposte de l'arriere-Voussure, au dessus de la feuillure de la plate-bande.

On portera sur P e les hauteurs des retombées P 1, p 2, & MH de l'arc AHE en p¹, p², p b du profil, & on tirera par les points 1 & 2, & par le point 5 les lignes 1· 5, 2· 5, qui donneront l'inclinaison des arêtes des Voussoirs, & b 5 pour celle du milieu de la clef.

On peut trouver ces inclinaisons & leur longueur sur le plan horisontal, sans faire de profil à part, en portant les hauteurs des retombées P 1, p 2, en P l, p n sur la ligne AE, si la direction de joins P 5, p 6, lui est perpendiculaire ; mais si elle lui est oblique comme P x, p y, il faut que ces retombées soient perpendiculaires à la projection du joint, auquel elles répondent, les lignes l 5, n 6, seront les vraies longueurs des joins de lit, par le même moyen on aura b m pour le profil du milieu de la clef dans sa juste mesure ; ce qui revient au même qu'à la figure 240. mais qui convient moins à la pratique, parce que l'on doit mêler le

DE STEREOTOMIE. Liv. IV. 445

moins que l'on peut les repréſentations de differente eſpece, crainte d'une confuſion de lignes, qui embaraſſe & occaſione des mépriſes.

Pour achever la préparation, il faut tirer une horiſontale par chaque diviſion de la face, par exemple 4 V & 1 k, qui couperont les aplombs des diviſions en V & k.

On tirera auſſi ſi l'on veut des lignes Q 5, R 6, qui donnent un élargiſſement à la projection de chaque Vouſſoir d'un triangle P Q 5, p R 6, dont on pourra faire uſage comme on va le dire ci-après.

Enfin on portera les longueurs des profils 5 l en 5 L ſur la projection 5 P prolongée, & 6 n en 6 N, de même pour tirer par les points L & N, les lignes L u, N o, la ſurface 5 L u 6 ſera le panneau de doëlle-plate du ſecond Vouſſoir, & 6 n o 7, celui de la clef.

Aplication du Trait ſur la Pierre.

Ayant dreſſé un parement pour y apliquer le panneau de la doëlle-plate, par exemple du premier Vouſſoir, on pourra s'y prendre de deux manieres. La premiere & la plus ſimple eſt de former le panneau ſur le trapeze A Q 5 B, dont le contour étant tracé ſur la pierre, on formera en retour d'équerre ſur le côté A Q, la tête du Vouſſoir, ſur laquelle on tracera par le moyen de la fauſſe équerre l'angle A Q e, comme l'on voit à la figure 241. a q e, puis portant ſur la ligne q e, la longueur Q 1 de la figure 239. en q 1, on tracera par le moyen d'un panneau ou d'une cerche l'arc a 1, égal à l'arc A 1 de la figure 239. *Fig.* 239. *et* 241.

Par les trois points donnez e, q, 5, on fera paſſer une ſurface plane, ſur laquelle on tirera une ligne droite du point 1 au point 5, & la pierre ſera tracée, faiſant abſtraction de la feüillure qui doit être formée en b 5, de la largeur & profondeur arbitraire 5 f.

Enfin on abattra la pierre à la regle, comme il été dit au commencement de ce Livre page 36. pour former la ſurface de la doëlle qui eſt de cette eſpece, que nous avons apellé Mixtilime.

Si la pierre ne porte pas immédiatement ſur le piédroit, & qu'elle ait un premier joint de couſſinet en a S, il ne ſera pas difficile d'en former, avec la regle le lit, comme le précedent par les trois points dondonnez a ſ b. Si le Vouſſoir porte un Clavau de la plate-bande, on y ajoûtera la partie V L 1 ſ f, tracée comme il a été dit en parlant des plates-bandes, page 64.

La seconde manière est de se servir du panneau de la doële plate AP 5 B, sans y ajouter le triangle PQ 5, alors il faut faire au long de P 5, un parement de retour d'équerre, sur l'arête duquel avec la tête, on portera la hauteur de la retombée 1 P, puis ayant tracé sur ce parement la ligne 1 5, on abattra la pierre pour former le lit de dessus, avec un Biveau formé sur l'angle obtus P 1 e, ce qui demande comme l'on voit deux opérations au lieu d'une; mais qui épargne de la pierre.

Fig. 240. Le second Voussoir se fera de même que le premier, avec cette différence que la tête se formera à angle obtus avec la doële, suivant le Biveau formé au profil sur l'angle 5 1 e, parce que la doële plate du premier étoit une supposition de surface horisontale, passant par l'imposte exprimé au profil (figure 240.) par la ligne p 5; mais celle du second Voussoir sera inclinée comme la ligne 1' 5 du même profil; enfin par cette raison l'ang le de la tête de la clef sera encore plus obtus comme on le voit en e 2' 5, & ce Voussoir aura ses côtez de joins de lit, dans le même plan, c'est-à-dire que le panneau de doële plate passera par les quatre angles de la clef, ce qui n'arrive point aux autres Voussoirs.

Ainsi le plus grand gauche qui se trouve à la doële, est au premier Voussoir exprimé par la hauteur de la retombée 1 P, au second il diminué comme l'on voit par la hauteur 3 V, qui est la différence des retombées 4' I & 3' 0, & enfin à la clef il n'y a point de gauche à la doële plate, mais il en reste toujours à la doële-creuse, parce qu'elle est en ligne droite à la feuillure, & qu'elle se courbe vers la tête suivant l'arc 2 H 3.

Il faut remarquer que le gauche de la doële plate, ne s'évanoüit à la clef, que parce qu'on suppose les joins du lit équidistans de son milieu, ce qui fait un assemblage de deux surfaces gauches, égales tournées en sens contraire.

Il reste à présent à chercher les Courbes des sections de cette arriere-Voussure, entre les faces de devant & de derriere, lorsque les Voussoirs sont de plusieurs pieces, parce que leurs têtes qui forment les joins de doële, sont bien des sections paralleles aux faces; mais non pas semblables entr'elles, en ce qu'elles s'applatissent à mesure qu'elles aprochent de la feuillure.

Si le cintre de face intérieure AHE est un arc de cercle, par exemple de 30. dégrez, le cintre de la section faite par la ligne GF, prise à volonté entre les deux faces, sera un arc de cercle d'un nombre dé-

DE STEREOTOMIE. Liv. IV.

dégrez beaucoup moindre, c'est-à-dire d'un plus petit nombre de dégrez que AHE ; il ne s'agit que d'en trouver la fleche *b u*.

On portera la longueur de la pierre destinée à faire un Vouſſoir au profil 240. de ς en *g*, & l'on fera *g* F parallele à *e p*, qui coupera *b* ς au point *x*, la ligne *x g* sera la fleche qu'on cherche, laquelle étant portée à la figure 239. de *u* en *b*, donnera un troisiéme point *b* du cintre en arc de cercle, qui doit passer par les trois points donnez G *b* F.

COROLLAIRE.

Il suit de cette construction, qu'à mesure que la section aprochera de la ligne droite BD, l'arc de cercle sera toujours moins concave, c'est-à-dire d'un moindre nombre de dégrez, & son rayon beaucoup plus grand, & qu'enfin la ligne droite AB pourra être considerée comme un arc d'un cercle, dont le rayon est infini, & la fleche est infiniment petite, auquel cas cette arriere - Vouſſure peut être considerée comme une portion de surface de Cône, dont le sommet n'est pas du côté BD, où l'arriere-Vouſſure se retrecit ; mais au contraire à son oposé en-de-là de AE, ou elle s'élargit, parce que les rayons des sections paralleles diminuent ; ainsi on peut mettre cette Voute au rang des coniques scalenes.

D'où il suit que les impostes AB, DE, considerez dans la rigueur Mathématique, ne doivent pas être en ligne droite.

Si le cintre AHE n'est pas un arc de cercle, mais fort surbaiſſé en arc d'Ellipſe, il sera facile d'en trouver plusieurs points, en portant au devant de la ligne GF de la figure 239. les hauteurs Y *t*, Z *t*, que donnent les interſections de la ligne GF, avec les profils *l* ς, *n* 6, comme Y *t* en *t y*, Z *t* en *t z*, &c. & l'on tirera par les points GYZ *b* &c. la Courbe G *b* F, qui sera l'arc elliptique que l'on cherche.

La figure 242. fait voir en Perspective un second Vouſſoir de la gauche ς6 NL, renversé pour montrer comment il doit être ébauché, où la partie distinguée par des hachures, exprime ce qu'il faut enlever de la pierre pour former la d oële.

Je n'ai point parlé dans ce Traité de la plate-bande, qui fait le linteau de la Porte ou Fenêtre, où se fait l'arriere-Vouſſure, parce qu'elle en peut être détachée, soit qu'on la faſſe de clavaux ou d'une seule pierre, quoique l'arriere - Vouſſure soit de plusieurs pierres, ſes Vouſſoirs se termineront à la feüillure, où se loge la fermeture de bois du chaſſis dormans ou de ventaux ; ainsi on peut joindre ou ne pas joindre l'arriere-

Vouſſure à la plate-bande, ſans quil en réſulte aucune mauvaiſe conſtruction.

Il faut ſeulement remarquer que les coupes de l'arriere-Vouſſure doivent être conformes à celles de la plate-bande, lorſque l'on joint l'un à l'autre pour ne pas faire les lits gauches, & ſi on ne peut les faire de même inclinaiſon, il convient de faire une retraite à la feüillure, à laquelle les lits changeront d'inclinaiſon, pour être faits chacun en ſurface plane.

Il ſera aiſé d'aſſujettir les coupes de la plate-bande à celle de l'arriere-Vouſſure, en faiſant les unes paralleles aux autres; ainſi à la figure 241. ayant tracé l'arête qE à la tête de l'arriere-Vouſſure, pour avoir la coupe, d de la plate-bande, telle que le lit ne ſoit pas gauche, il faut dégauchir deux regles poſées ſur l'une & l'autre de ces coupes.

On ne propoſe pas de faire cette arriere-Vouſſure avec d'autres panneaux, que ceux de doëlle-plate & de tête, parce que ceux de lit deviennent inutiles, quoiqu'on puiſſe les faire, lorſque les lit ſont plans, il ne pourroit tout au plus ſervir qu'à une verification.

Explication Démonſtrative

Si l'on réleve par la penſée les triangles ζLP, $6np$ perpendiculairement au plan AD, les faiſant mouvoir autour des lignes ζP, $6p$ comme au tour d'un axe, & de même le ſegment de cercle AHE, autour de ſa corde AE; il eſt viſible que le point l ſe joindra au point 1, & le point n au point 2, & par la même raiſon élevant le ſegment GbF, le point y ſe joindra au point Y & x à z, puiſque par la conſtruction les hauteurs P 1, pl; ty, z Y ſont égales, par conſéquent les lignes $\zeta \zeta$, n 6 repréſentent les joins de lit dans leurs juſtes meſures.

La même grandeur ſe trouve auſſi exprimée par le profil 240. où les lignes pe, gF, ζd repréſentent les plans verticaux perpendiculaires à la direction de l'arriere-Vouſſure, exprimée au plan horiſontal par les lignes AE, GF, BD, dont les élevations ſont les arcs AHE, GbF, la troiſiéme BD reſtant ſans hauteur en ligne droite, & ce même profil conſideré dans ſa longueur, eſt équivalent à trois ſections des plans verticaux, paſſant par les projections des joints de lit ζ P, 6 y, n M, & leurs égaux de l'autre côté; d'où il ſuit qu'on peut y prendre toutes les meſures des angles des têtes, & des longueurs des même des joins de lit, s'ils ſont perpendiculaires à BD, ſuivant l'uſage ordinaire, mais non pas s'ils lui ſont inclinez comme px & py, alors il faut un profil pour chacun.

Corol-

DE STEREOTOMIE. Liv. IV.   449

Corollaire IV.

Du Larmier reglé & bombé.

Lorsque la naissance de l'arriere-Voussure précédente est en descente comme pour un *Abajour*, cette Voute change de nom chez le P. Deran, qui l'apelle Larmier reglé ; ce n'est cependant qu'une très petite modification de la même figure, comme l'on voit au chifre 245. la seule différence qu'il y a dans la construction, consiste en ce qu'au profil 240. au lieu de faire celui de la face exprimée par la ligne *e* P, perpendiculaire sur la naissance P ς, il faut qu'il lui soit incliné, par exemple en RP, suivant le plus ou le moins de descente, & alors ce profil mis dans sa situation, est tel qu'on le voit à la figure 244. en RMB. *Fig.* 245. *Fig.* 244.

D'où il suit que les Biveaux des joins de lit à la doële plate avec la face, qui étoient déja obtus au dessus de la naissance, le deviennent encore plus.

On a tracé la moitié de l'élévation de cet *Abajour*, A *a* H *m*, à côté du profil RHBN *m*, pour montrer le raport des divisions des Voussoirs 1, 2, avec les profils de leurs joins KB, LB, MB, ce que la figure montre assez clairement sans y ajouter une plus longue explication.

Il faut seulement remarquer que si la naissance à l'imposte est fort inclinée, elle forme en B un angle quelquefois si aigu, qu'on ne peut se dispenser de joindre à la plate-bande une partie de l'arriere-Voussure pour éviter l'angle trop aigu ; & quelquefois aussi pour obvier à la poussée, qui pourroit faire sortir le linteau hors de l'alignement du mur.

Corollaire V.

Du Bonnet de Prêtre.

Des deux précédentes constructions, on tire celle d'une sorte de Voute peu usitée, que j'apelle à cause de sa figure *un Bonnet de Prêtre* ; telle est celle qu'on voit à la figure 243. laquelle peut être propre à racorder une ouverture de Fenêtre quarrée, par dehors avec une ronde par dedans, ou au contraire d'un rond extérieur avec un quarré intérieur ; ce qui peut aussi convenir aux Voussures d'une chambre quarrée, au milieu de laquelle on veut faire un plafond rond, ou au contraire une chambre ronde où l'on voudroit faire une ouverture quarrée.

Tom. II.   L l l

Il est clair qu'une telle Voute seroit un composé de quatre arriere-Voussures bombées & reglées, dont les cintres intérieurs comme AHE, (à la figure 239.) au lieu d'être d'unsixiéme, seroient d'un quart de cercle ; ainsi la construction n'offre aucune nouvelle difficulté ; ce seroit faire quatre arriere-Voussures continuées au lieu d'une.

Je remarquerai seulement en passant pour égayer le discours, que cette figure de *Bonnet* extraordinaire, inventé depuis environ deux siécles à l'usage des Prêtres, par un Bonnetier nommé Patroüillet, (selon Pasquier), donna occasion à la plaisanterie d'un Historien ; qui dit que de son tems les Prêtres avoient trouvé la *Quadrature du Cercle*.

On peut varier cette figure de Voussure, pour la rendre plus agréable, en la faisant à double courbure, comme nous le dirons ci-après.

Deuxiéme Classe, des Voutes irrégulieres, dont les surfaces sont à double Courbure.

Puisqu'il n'y a que la Sphère entre les corps réguliers primitifs, qui soit courbe en tout sens, il semble qu'on peut lui comparer les surfaces irrégulieres, qui ont une double courbure, l'une longitudinale & l'autre transversale ; c'est-à-dire suivant la longueur de leur direction, & suivant leur largeur.

Pour donner quelque ordre à leur figure, on peut aussi leur atribuer quelque conformité avec le Cône & le Cylindre ; ainsi lorsqu'une Voute aura deux côtez droits convergens, & le reste de la surface à double courbure, je l'apellerai *Conico-Sphérique* ; telle est la *Trompe droite sur les impostes & courbe sous la clef*.

II. Lorsqu'une Voute aura un côté droit & trois côtez courbes, dont l'oposé au droit sera dans un plan à peu près parallele à ce droit ; je l'apellerai *Sphérico-cylindrique* ; telles sont les Voutes ci-après, sçavoir.

1°. Le *Berceau de Niveau Courbe aux impostes* & droit à la Clef.
2°. *Berceau ou demi Berceau rampant, droit sur un imposte & bombé vers la clef*.
3°. La *Trompe à Panache*.
4°. L'*arriere-Voussure de Montpellier*.

III. Lorsqu'une Voute aura trois côtez droits, & une surface à double courbure, je l'apellerai *Sphérico-Prismatique* ; telle est la seule *arriere-Voussure de St. Antoine*.

IV. Enfin lorsqu'une Voute simple sera terminée par trois ou quatre

page 450.   Pl. 64.

DE STEREOTOMIE. Liv. IV.   451

courbes, sans que la surface courbe qu'ils comprennent soit Sphérique; je l'apellerai Sphéroïdale ; tels sont 1o. les Pandantifs des Voutes d'arêtes Gotiques, 2o. les *Trompes à joins de lit cintrez en coquille*, & 3o. l'*Arriere-Voussure de Marseille ordinaire*.

PROBLEME XXIV.

Faire une Voute Conico-Sphérique.

Apellée en termes de l'Art,

Trompe droite sur les impostes, & Courbe sur la Clef.

Pl. 65.
Fig. 246.

Soit (figure 246.) l'angle rentrant A ∫ B qu'on veut vouter de maniere, que la pointe ∫ soit en partie émoussée autant qu'il est convenable, pour conserver quelque beauté à la surface de la doële : sur AB, comme diametre, ayant fait le demi cercle AHB pour cintre de face, qui est ici renversé, & l'ayant divisé en ses Voussoirs aux points 1, 2, 3, 4, on tirera de ces points des perpendiculaires 1 P, 2 p^2 3 p^3, &c. à l'ordinaire; on tirera ensuite par les points P p au sommet ∫, les lignes P∫, p∫ lesquelles ne seront pas les projections des joins de lit, comme aux Trompes coniques ; mais les cordes des Courbes de leur projection, qui seront les hyperboles aussi bien que les joins qu'elles représentent, par le Theor. V, du premier Livre; & le L du deuxiéme.

Pour les décrire il faut observer.

1o. Que puisque tous les joins de lit aboutissent à la circonference de la face AHB, les hyperboles auront toutes une amplitude égale au rayon CA.

2o. Que passant toutes au même sommet ∫ de l'angle, elles ont pour axe commun la ligne C ∫; ainsi elles seroient toutes égales, si elles avoient le même centre ; mais puisqu'elles doivent se resserrer vers les impostes, & s'ouvrir vers la Clef; il faut qu'elles ayent differens centres.

Pour trouver ces centres on tirera au milieu de la Clef la corde AH, qui coupera la ligne 1 P au point D, la longueur DP portée sur CS, prolongée de ∫ en C¹, donnera le centre de la premiere hyperbole en C¹, la même corde AH coupant aussi la ligne 2 p au point d, donnera la longueur dp, laquelle étant portée sur l'axe prolongé de

Lll ij

S en C², marquera le centre de la seconde hyperbole. Enfin si l'on vouloit tracer celle qui passe par le milieu de la clef, on porteroit la longueur du rayon CH sur l'axe prolongé, comme les précédentes en S b.

PREMIEREMENT, par le Probleme 11. ou 12. du second Livre, on peut décrire chacune de ces hyperboles, puisqu'on à trois points donnez, sçavoir le centre C' ou C², le sommet ʃ, & une ordonnée CA ou CB, c'est-à-dire un point à la circonference du demi cercle AHB; ainsi on pourra en trouver les asymptotes, ou bien les foyers; mais pour ne pas renvoyer le Lecteur à ce Probleme, nous allons donner ici une maniere fort aisée d'en trouver plusieurs poins; par exemple pour l'hyperbole qui passe par le point 2 du second joint de lit, laquelle a son centre en C²; on tirera la ligne C² B, & autant de perpendiculaires à l'axe ʃC que l'on voudra avoir, de points de l'hyperbole, comme i o, k o, l o, qui couperont C² B aux points o, o & o, l'imposte ʃB aux points e e, & l'axe ʃC aux points n, n, n; puis ayant prolongé le côté AS jusqu'à la rencontre de C² B en z, on tirera au centre C la ligne ZC, qui coupera toutes les paralleles à AB, en deux également en m, d'où comme centre, & de l'intervale m o pour rayon; on décrira des arcs de cercles qui couperont ʃC en x, les lignes n x ordonnées chacune au diametre de son arc, étant portées en n y, sur leurs diametres; donneront les points y, y à la circonference d'une hyperbole, par lesquels & par les points ʃ & B, on tracera à la main la courbe du joint de lit ʃ Y y B, que l'on cherche.

DE la même maniere on tracera les points de l'hyperbole ʃ x b, qui est celle qui doit passer par le point 1 du joint de lit de l'hyperbole, & ʃVB, qui doit passer par le milieu de la clef.

IL reste à présent à tracer les projections P l ʃ, & p g ʃ de ces joins de lit qui sont aussi des hyperboles; dont nous nous contenterons de chercher un point dans une des lignes perpendiculaires à C ʃ.

DU centre C on tirera au point 1 & 2, les rayons C 1, C 2, & prenant par exemple sur la ligne k o, la longueur n y, on la portera de C en G, sur le rayon C 2 du point G, on menera une parallele à C ʃ, qui coupera k o en g, où sera un des points de l'hyperbole p g q ʃ, qui est la projection du joint de lit, passant par le point 2 à côté de la clef, c'est-à-dire de l'arête du lit de dessus du second Voussoir, & d'un des lits de la clef.

PAR la même maniere on trouvera le point f de la projection de

DE STEREOTOMIE, Liv. IV.

l'hyperbole, qui paſſe par le point 1. en portant *n y*, c'eſt-à-dire le point pris de *y*, où l'hyperbole S *n* B coupe la ligne *i o*, ſur le rayon C 1 en C1, la parallele à *c* S menée par I, coupera *o m i* au point *f*, qui ſera un de ceux de l'hyperbole P*ff*, laquelle eſt la projection de l'arête du lit de deſſus du premier Vouſſoir, & de celui de deſſous du ſecond.

Il faut préſentement tracer le panneau de doële plate, lequel ne peut toucher les quatre angles de la ſurface du Vouſſoir, auquel il eſt deſtiné, parce qu'elle eſt intrinſéquement gauche. Il en touchera ſeulement trois, dont il déſignera les ſommets, & ſervira à trouver celui du quatriéme, & l'inclinaiſon des coupes pour former les lits, ſur leſquels on doit tracer les Courbes des arêtes hyperboliques de leurs joins à la doële.

On peut auſſi faire cette doële plate, de maniere qu'elle ne touche que deux angles de la doële du Vouſſoir, qu'on ſe propoſe de faire, & cependant qu'elle ſerve à trouver la poſition des deux autres, comme nous allons le montrer dans la conſtruction ſuivante.

Ayant déterminé la poſition de la tête du Trompillon, ſuivant la grandeur de la pierre qu'on y doit employer, par exemple en TR, (figure 246.) on portera la longueur de ſon côté ST, ſur le rayon C1 en C*s*, & l'on tirera *s r* parallele à la corde 1 2, & terminée aux deux rayons C1, C2, ſuppoſant par exemple qu'il s'agiſſe de la formation du ſecond Vouſſoir ; cette préparation étant faite, on tracera à part (figure 248.) deux lignes *a b*, *m* M, qui ſe coupent à angle droit, & *Fig. 248.* du point *m* de leur interſection, on portera ſur *a b*, de part & d'autre, les moitiez M 1, M 2 de la corde 1 2 de la figure 246. & les deux moitiez de ſa parallele *s r* en *m s*, *m r* de la figure 248.

Par les points *a* & *b* on menera les lignes *a* 1, *b* 2 paralleles à celle du milieu *m* M, & ayant ouvert le compas de l'intervale TA, des points *s* & *r* pour centres, de la figure 248. on fera des arcs 1 *d*, 2 *d* qui couperont ces paralleles aux points 1 & 2, par où on tirera la ligne 1 2, le trapeze *r* 2 1 *s* ſera le panneau que l'on cherche ; lequel ſera celui de la doële plate d'une Trompe droite circulaire, inſcrite à la Trompe en conoïde dont il s'agit, par le moyen de laquelle doële plate on parviendra à la formation des lits, ſur leſquels on doit tracer les arêtes hyperboliques de leurs joins à la doële, comme nous le dirons ci-après en parlant de l'aplication du Trait ſur la pierre.

Secondement, on peut faire ce panneau de doële comme nous l'avons

454 TRAITÉ

dit en premier lieu, de maniere qu'il touche trois angles de la doële du Voussoir ; mais alors il faut s'y préparer en décrivant la Courbe de la section plane transversale, qui est le cintre de la tête du Trompillon.

Fig. 247.
On décrira avec la longueur TN, pour rayon (figure 246.) un demi cercle T b R (figure 247.) qu'on divisera en autant de parties égales que le cintre primitif AHB, par exemple ici en cinq aux poins 1, 2, 3, 4. par lesquels on tirera du centre n des rayons n 1, n 2 &c. prolongez indéfiniment, & une ligne aplomb au milieu b n, sur laquelle on portera la longueur N z⁴ de la figure 246. qui est l'intervale de l'axe pris à la face du Trompillon, jusques à sa rencontre avec l'hyperbole du milieu SV z⁴ B.

On prendra aussi l'intervale NY du même point N, à l'hyperbole SYB, qu'on portera sur les rayons de la figure 247. en n Y & n y, pour avoir les points Y y ; & enfin l'intervale NX du même point N, à la troisième hyperbole, faite pour le premier lit en f n XB, qu'on portera sur les rayons N 1, n 4, en n X & n x, & par les poins TXYZ, y x R on tracera la Courbe qui sera la section plane transversale de la Trompe par la ligne TR de la figure 246. laquelle est le cintre de face du Trompillon.

Suposant présentement qu'on se propose de faire un second Voussoir comme 3·4, on tirera à la corde 3·4, & par le point du cintre le plus bas x ; on lui menera une parallele z n, comprise entre les deux rayons n y, n x ; & l'on tirera les coupes n 7, x 8 du centre n, comme aux Trompes ordinaires.

Aplication du Trait sur la Pierre.

Ayant dressé un parement pour y apliquer le panneau de doële plate, & en tracer le contour, on formera des lits avec les Biveaux de lit & de doële, de la même maniere que si l'on faisoit un Voussoir de Trompe Droite, ou bien avec le Biveau de doële plate & de tête, comme il a été dit à la page 210. puis on levera un panneau de joint de lit RYB sur la Courbe YB, qu'on apliquera sur le lit de dessus, ensorte que la ligne RB soit sur l'arrête de lit, & de doële conique ; on en usera de même pour le lit de dessous, pour lequel on levera un panneau sur R x B & sur la tête du côté du Trompillon ; on apliquera le panneau 3 y x 4 de la figure 247. & l'on aura les traces des quatre arêtes du Voussoir, par le moyen desquelles on creusera la doële à vûë d'œil, parce que la regle ne peut y servir nulle part.

Il suffira de s'aider de quelque cerche formée entre la tête de face, & à la tête du Trompillon, par le moyen d'un cintre pris, par exemple en *k e* & tracée de la même maniere, qu'on a tracé celui de la tête du Trompillon TXR de la figure 247.

Il est aisé de voir que si la doële plate a été faite par la seconde construction, de maniere à toucher trois des angles de la doële creuse, il faudra former les lits avec le biveau de lit & de doële conique, parce que la ligne *xu* étant parallele à la corde 4˙3, l'angle 8 *x u* est égal à l'angle 8˙4˙3 ; mais alors au lieu du panneau de lit en triangle R *x* B, il faut seulement un segment d'hyperbole *x* B, dont la corde *x* B sera apliquée sur l'arête de la doële plate, & au lieu du triangle mixte RYB, pour le lit de dessus, il en faut un plus petit *x* YB, parce que *x* Y répond à 4*x* de la figure 247.

Explication Démonstrative.

PREMIEREMENT on remarque en fait de beauté de figure, que tous les angles qui se font à la jonction des surfaces planes avec des courbes, sont un peu désagréables à la vûë ; c'est pourquoi on tache d'effacer ces angles en faisant la jonction des surfaces, qui se rencontrent à la ligne d'atouchement de la courbe avec la plane ; or dans les Voutes coniques on ne peut effacer l'angle rentrant horisontal ASB, formé par les plans des piédroits convergens ; mais on peut effacer l'angle vertical de la ligne d'intersection des piédroits, avec le côté incliné du Cône, passant par la clef en courbant ce côté, de maniere que cette ligne verticale devienne sa tangente ; on en peut faire autant à chaque joint de lit, suposé dans un plan incliné passant par un joint de tête ; faisant ensorte que l'intersection du plan du lit & du vertical passant par l'intersection des piédroits, soit la tangente de la courbe substituée au côté du Cône, lequel côté devient la corde de cette courbe, par ce moyen on émousse la surface pointuë du Cône.

On peut pour cette fin se servir de plusieurs Courbes. Le P. Deran, comme nous le dirons ci-après, a voulu se servir du cercle ; mais il n'a pas examiné qu'il ne le pouvoit que pour le milieu de la clef, sans faire une surface difforme.

On pourroit se servir de l'Ellipse, faisant toujours ensorte que la naissance en S fut à l'extremité d'un des axes.

Mais comme l'hyperbole est la courbe qui aproche le plus de l'angle rectiligne, qui est la section du Cône par son axe, où doit être la rencontre de tous les joins de lit, cette Courbe est celle qui convient le mieux pour former l'arondissement du fond de la Trompe, & en émousser la pointe.

Secondement parce que les hyperboles doivent s'ouvrir & s'arondir, à commencer depuis l'angle des impostes A ƒB, qu'on peut considerer comme la premiere hyperbole infiniment peu arondie, & que la plus arondie est celle qui doit passer par le milieu de la clef, puisqu'elle est la plus éloignée de cette premiere, on prend la distance des centres de toutes les hyperboles possibles entre la premiere & la derniere, suivant une progression exprimée par les lignes parallelles à CH, dans le triangle AHC, telles sont DP & d p, &c. provenant des divisions de la base 1, 2, 3, 4; or comme les centres des hyperboles représentent les sommets de Cône dont elles sont des sections, on a trouvé les ordonnées de ces hyperboles, par le moyen des côtez C₁B, C₂ B, des Cônes differens que donnent les positions de ces centres; ainsi ces Courbes des joins de lit sont bien trouvées, *ce qu'il falloit faire.*

Autre façon de Trompe Conico-Sphérique, à joins cintrez en Coquille.

Le P. Deran à la suite du Trait de la Trompe sur le coin, dont nous avons parlé ci-devant page 349. donne une maniere de changer la doële conique en une surface irréguliere, qu'il apelle en *Niche*, en traçant sur les plans des lits des quarts de cercles dont les côtez du Cône, c'est-à-dire les arêtes des joins de lit étoient les cordes.

Fig. 249.

Soit, par exemple (figure 249.) le quarré ASBN, la projection horisontale de la Trompe, les lignes SQ, S q celles de ses joins de lit; on menera par les poins Q & q des perpendiculaires à l'axe SN, qui le couperont aux points ƒ & e, si de ces points pour centres & pour rayons ƒS, eS, on décrit les quarts de cercles F k S, E i S, D b S, on aura les joins de lit de la doële en niche, & la quart de cercle D b S sera la cerche du milieu de la clef.

Le Pere Dechalles dans son *Traité de Lapidum sectione*, a voulu en changer le Trait, comme il suit:

Ayant décrit le quart de cercle D b S, ainsi que le P. Deran, il fait avec le même rayon DN ou NS, des arcs de cercles E o S, F n S, A n S sur les cordes qui étoient données pour joins de lit de la doële conique ES, FS, AS, & des centres x, y, z trouvez par des intersections faites avec

DE STEREOTOMIE. Liv. IV.

avec ND pour rayon, & des points S, A, F, E pour centre; mais ce changement fait une figure encore plus irreguliere que celle du P. Deran, qui l'étoit déja beaucoup; pour en juger, il faut tracer la téte du Trompillon, que ni l'un ni l'autre n'ont décrit.

Ayant pris un point G à volonté sur l'axe SN, on lui tirera la perpendiculaire indéfinie *t* G*b*, qui coupera les arcs des joins de lits aux points *b*, *i*, *k*, *l*, suivant le Trait du P. Deran, & ceux du Trait du P. Dechalles aux points *b*, *o*, *n*, *m*.

Presentement ayant pris une ligne LL (figure 250.) pour base du Trompillon, du milieu *g* pour centre, & pour rayon G*l* de la figure 249. on décrira un demi cercle L U L, qu'on divisera en même nombre de Voussoirs, que le cintre primitif ANB aux points 1, 2, 3, 4, par lesquels on tirera du centre *g* des rayons *g* 1, *g* 2, &c. prolongez, sur lesquels on portera les longueurs correspondantes de la section G*b*, de la figure 249. sçavoir G*b* en *g* H de la figure 250. G*i* en *g* I à la même, G*k* en *g* K & G*l* en *g* L, & par les points LKIH raportez de l'autre côté en *iK*, on tracera à la main la Courbe LHL, qui est l'élevation de la téte du Trompillon du P. Deran. *Fig. 250.*

Par la même pratique on trouvera la Courbe M 2 H 3 *m* pour la téte du Trompillon du Trait du P. Dechalles.

Il est visible à l'inspection de cette figure 250. que la surface de la douële d'une telle niche doit être desagréable à la vûë, en ce qu'elle fait un pli à la clef H comme les Voutes Gotiques, lequel est moins choquant dans le Trait du P. Deran, que dans celui du P. Dechalles, qui fait un angle curviligne fort aigu 2 H 3.

Il suit de ces constructions, qu'en faisant les impostes concaves horisontalement, on sort de l'hypothese, qui veut que les piédroits AS, SB soient en ligne droite comme à toutes les Trompes coniques, de sorte qu'en les faisant creux en quart de cercle comme le P. Deran, ou changer leur angle rectiligne en une demie Tour creuse, qu'il seroit plus beau & plus facile de vouter en niche Spherique ou Spheroïde, que de cette maniere irréguliere.

Que si l'on fait les impostes d'un arc moindre que le quart de cercle comme le P. Dechalles, les deux portions de Tour creuse, qui se formeront une à chaque piédroit, feront à leur jonction un angle curviligne desagréable à la vûë.

Enfin si l'on vouloit conserver les impostes droites, & commencer seulement au dessus à creuser la Voute, pour aller chercher le premier joint de lit courbe du coussinet, il s'y formeroit un creux en forme de sac, comme en TKI, suivant le Trait du P. Deran, qui seroit fort vilain, & un moindre TN 2, suivant le P. Dechalles, lequel sac seroit d'autant difforme que le premier lit g K, seroit abaissé près de l'imposte g L.

Il est vrai que ce sac diminueroit peu à peu en s'aprochant de la face AB d'un côté, & du sommet S au fond de la Trompe, de l'autre côté où il se réduiroit à rien; ainsi le sac MKI, qui répond à la section X 6 M x de la figure 249. est moindre que TKI, qui répond à GT.

D'où l'on doit conclure, que cette espece de Trompe est une idée mal concertée, qu'on ne peut mettre en pratique sans vouloir faire une chose difforme de propos déliberé; laquelle est non seulement moins reguliere & moins belle que la Trompe conique sur le coin, & que la Sphérique; mais aussi moins solide; par conséquent dont on ne peut tirer aucun avantage.

PROBLEME. XXV.

Faire une Voute Cylindrico-Sphéroïde.

En termes de l'Art.

Faire une espece de Berceau, dont la Clef & les Impostes sont de differente nature, sçavoir, l'un droit, l'autre courbe.

On a vû par le Trait précédent, qu'on peut faire une Voute dont les impostes sont droites & convergentes; mais dont toutes les autres lignes de joins ou de pareilles tracées sur la doële tendantes au point de concours des impostes, se courbent d'autant plus qu'elles s'élevent, de sorte que celle du milieu de la clef est la plus concave.

D'où il suit qu'on peut encore faire la même chose, lorsque les impostes ne concourent qu'à une distance infinie, c'est-à-dire lorsqu'elles sont paralleles entr'elles.

On peut encore donner à cette figure de doële une autre modification, en faisant faire un quart de révolution au corps cylindroïde, dont il s'agit, autour de son axe, alors les lignes droites des impostes se placeront où étoit la clef, sans qu'il arrive d'autre changement à la

page 459.

Pl. 65.

247.

246.

248.

249.

250.

DE STEREOTOMIE. Liv. IV. 459

Voute, que celui de la situation de ses parties, considerées à l'égard de l'horison; à laquelle situation ayant égard, je distinguerai ces sortes de Voutes en deux especes, l'une où la clef est droite & les impostes courbes, l'autre où l'imposte est droite & la clef courbe.

PREMIER CAS.

Berceau irrégulier, dont les impostes sont courbes & la Clef droite.

Soit, (figure 251) le quadriligne mixte ABKI, la projection hori- Pl. 66. sontale d'une Voute, dont les côtez AB, IK sont droits, & AI, BK courbes Fig. 251. concaves, lequel étant divisé par les lignes de milieu CX, FG, est uniforme dans chacun de ses quarts ACMF, BCMG, &c.

Sur AB pris pour diametre du cintre primitif, ayant décrit le demi cercle AHB, on portera les distances de la ligne du milieu, MF, MG en Cf, Cg, de part & d'autre du point C, & de même les longueurs mD, mE en Cd, Ce, supposant DE parallele à AB, & éloignée à volonté, par exemple à moitié de CM.

Sur la ligne fg prise pour grand axe d'une Ellipse, & CH pour moitié du petit, on décrira la demie Ellipse fHg, qui est le plus grand de tous les cintres, de même sur de pour grand axe, & le double du même CH pour le petit, on décrira la demie Ellipse dHe entre ces ceintres, on en pourra tracer de même autant qu'on le jugera à propos, pour la commodité & l'exactitude de la construction.

On divisera ensuite chacun de ces cintres en un même nombre de parties égales entr'elles, pour former autant de Voussoirs qu'on voudra, par exemple ici en cinq aux points A, 1, 2, 3, 4, B pour le circulaire f, 1°, 2°, V, o, g, pour le grand surbaissé d, 1', 2', n, ne pour le moyen surbaissé, & par ces points on tracera les courbes 4 n o, 3 n V qui seront les projections verticales, en profil de chacun des joins de lit d'un côté, & leurs égales 1, 1', 2, 2', de l'autre, lesquelles sont d'autant plus courbes qu'elles aprochent de l'imposte Bg, & d'autant plus droites que les lits aprochent de la clef H, dont le milieu est parfaitement droit; ces courbes servent pour la formation des têtes des Voussoirs, par la voye de l'équarrissement.

Il faut présentement tracer celles des joins des mêmes lits à la doële.

Sur le diametre AB prolongé, on portera la profondeur de la Vou-

Mmm ij

te exprimée par CX avec ses divisions MN en *a i*, & par les points *s*, *n*, *m*, *n*, *i*, on lui élevera des perpendiculaires indéfinies *a h*, *nb*, *mb*, *nb*, *ih*; puis par les points des courbes de tête dont nous venons de parler 4, *n*, *o*, 3, *u*, V, & le sommet H, on menera des horisontales paralleles à AB, qui couperont les verticales *a h*, &c. en des points qui seront au contour des courbes que l'on cherche, lesquelles seront repetées de part & d'autre également en sens contraire, depuis la ligne du milieu *mb*; ainsi l'horisontal passant par le point 4, donnera les points d'intersection 1*f*, 4*f*; le point *n*, donnera les points N & N, & le point *o*, celui du milieu O, la courbe 1*f* NON 4*f*, sera celle du premier lit à la doële.

Par la même pratique les points 3, *u*, V, du profil de tête donneront la courbe 2*f* UVU 3*f* pour le second joint de lit à la doële.

De ce que les projections verticales des lits à la tête & à la doële sont courbes, il suit que les projections horisontales des joins à la doële le seront aussi; c'est pourquoi il faut les chercher à peu près comme celles de la coupe, par le moyen des points du profil de tête, d'où l'on abaissera des perpendiculaires sur AB, qu'on prolongera jusqu'à la rencontre de ses paralleles DE, FG, T*t*, IK. Ainsi la verticale menée par le point 1, donnera les points P & R, celle qui sera abaissée du point 1*,*, donnera les points *x* & *x*, à la rencontre des lignes DE, T*t*, & celle qui sera tirée par le point 1*o*, donnera sur la ligne du milieu FG le point Q, la courbe P*x*Q*x*R sera la projection horisontale du premier joint de lit. Celle du second *pqr* se trouvera de même, laquelle comme l'on voit est beaucoup moins courbe que la précédente, parce qu'elle aproche de cette projection du milieu de la clef CX, qui est parfaitement droite au plan horisontal comme au vertical en *bbb*.

Puisque toutes les projections des joins de lit sont courbes, il suit que les arêtes des joins en œuvre sont des Courbes à double courbure, qu'on ne peut faire par la voye du simple équarrissement, par des préparations des surfaces planes, mais par une préparation de surface cylindrique, & par panneaux flexibles, comme il a été dit au troisième Livre page 311.

Aplication du Trait sur la Pierre.

Soit, par exemple, proposé à faire le premier Voussoir, dont la projection horisontale est le quadriligne mixte APQF. Ayant dressé un parement pour servir de lit de niveau, on y apliquera le panneau formé Fig. 152. sur l'épure AP*x*QFDA, dont on tracera le contour sur ce lit, puis on

DE STEREOTOMIE. Liv. IV.

abattra la pierre à l'équerre suivant la courbe P x Q, formant ainsi un morceau de Tour creuse, dans laquelle on élevera sur les repaires P x Q, des perpendiculaires au lit de niveau paralleles entr'elles, sur lesquelles on portera les hauteurs des retombées 1 P, 1'A sur le milieu x & 1'' sur le point Q, lesquelles hauteurs donneront des points, par lesquels on tracera avec une regle pliante l'arête du lit de dessus.

On prendra ensuite le Biveau d'aplomb & de coupe P 1' 5, avec lequel on abattra la pierre, pour former le lit tenant une des branches aplomb, & l'autre d'équerre sur l'arête, & par ce moyen on formera une surface convexe cylindrique, dont la projection est marquée au profil par la courbe 1, 1', 1'', ou son égale 4 n o, de l'autre côté. On formera les têtes avec les Biveaux mixtes x QF & x PA, pour y tracer les arcs A 1 & f 1., suivant lesquels la courbe du lit de dessous ADF, & l'arête trouvée du lit de dessous, on abattra la pierre pour former la doële concave gauche, dans le milieu de laquelle on apliquera la cerche de l'arc d 1', sur les apuis donnez en D au lit de dessous & en x à celui de dessus, & la pierre sera faite.

USAGE

Quoiqu'il paroisse du premier abord quelque chose de bizarre dans la figure de cette Voute, je puis juger qu'elle réussit très bien en œuvre, par le modele que j'en ai fait faire pour vouter les bras renflez de la Croix Grecque, d'une Chapelle dont j'ai donné le dessein à un Comte de l'Empire, qui le fait exécuter auprès de son Château de Bockenheim dans le Palatinat. Quoique j'évite les occasions de me mêler d'Architecture, j'ai embrassé celle-ci avec plaisir, tant pour obliger un Seigneur très estimable par lui-même, qui m'honore de ses bienveillances, que pour contribuer à l'œuvre pie du rétablissement d'une Chapelle anciennement célèbre dans le voisinage, & même bien avant en Allemagne, qui étoit tombée en mazure par les révolutions des Héresies.

La Providence ayant rapellé ce Souverain au giron de l'Eglise à la Religion de ses Peres, il suit les tracées de ces Illustres Ancêtres, qui ne se sont pas moins distinguez par leur pieté, que par les grandes actions qui leur ont donné un des premiers rangs dans l'Empire de tems immémorial. Nous avons à Landau une preuve de ce que j'avance, car c'est à Mrs. les Comtes de Linange, que le Chapitre & l'Eglise Collegiale doivent leur Fondation depuis environ 470. ans.

Second Cas inverse du précédent.

Berceau droit sur les Impostes, & courbe sous la Clef.

Si l'on faisoit un Berceau complet, c'est-à-dire, qui s'étendit d'une imposte à son oposée; après avoir déterminé la ligne courbe du cintre, de chacune de ses têtes à volonté suivant l'exigence de l'ouvrage, il faudroit déterminer de même à volonté suivant l'occurence la ligne courbe, qui détermine la concavité du milieu de la clef au dessus du côté droit d'un Cylindre inscrit dans ce Berceau irrégulier sur même base. Ensuite diminuer cette courbure peu à peu en descendant jusqu'aux impostes où elle doit se redresser totalement, & se confondre avec les cotez du Cylindre inscrit.

Comme cette figure de Voute n'est d'usage en Architecture que pour les *Escaliers suspendus & à Repos*, où elle n'est mise en œuvre qu'à moitié, depuis une imposte jusqu'à la clef, le reste demeurant vuide, & qu'elle est aussi plus ordinairement rampante que de niveau, nous choisissons ce cas d'usage pour l'exemple du Trait, qui consiste à:

Faire un demi Berceau Rampant droit à son Imposte, & courbe sous la Clef.

Fig. 253.

Soit, (figure 253.) le parallelograme rectangle ABDR, la projection horisontale du demi berceau, dont l'imposte rampante est AM, terminée en M par la verticale BM, donnée pour hauteur de la rampe d'escalier, élevé sur le point B, qui est de niveau au point A, déterminée suivant le nombre & la hauteur des marches.

Ayant prolongé BA vers C, & déterminé la nature du cintre de face de montée en quart de cercle ou d'Ellipse, ou seulement en arc moindre que le quart, on portera la largeur AR en AC, pour décrire du centre C, l'arc AH, par exemple en quart de cercle; on menera par A la verticale RAT, & par C & M les paralleles C*f*, & M *b*. Ensuite par le sommet H, on tirera l'horisontale H *b*, qui coupera AT en *b*, d'où on menera *b b'* parallele à AM, qui coupera la verticale BM prolongée en *b'*.

Ensuite on tracera la Courbe du bombement du sommet *b f b'*, comme on le jugera à propos, je la suposerai pour plus de facilité en arc de cercle, tiré du point D pour centre, afin que si cette Voute rachete par le haut un arc de cloitre *b* N, comme il arrive ordinairement, il ne se fasse pas de jarret en *b*.

DE STEREOTOMIE. Liv. IV.

Le cintre de face AH étant divisé en ses Voussoirs, par exemple en trois également aux points 1, 2, H, on menera par les points 1 & 2 des horisontales, qui couperont la verticale AT aux points 1ᵃ, 2ᵃ, par lesquels on menera des paralleles à la rampe AM, qui donneront sur M bʳ, les points 1ⁿ 2ⁿ; ces lignes droites seront les cordes des arcs des joins de lit, dont la courbure doit diminuer insensiblement, à mesure qu'ils aprochent de l'imposte AM, qui devient enfin en ligne droite.

Pour trouver les points de ces courbes, qui sont les projections verticales des joins de lit, dont les arêtes doivent être en œuvre à double courbure, il faut diviser la rampe AM en autant de parties égales qu'on voudra avoir de points de chacune de ces courbes, par exemple en quatre aux points E, F, G, par lesquels on élevera autant de verticales paralleles à TR, qui couperont l'arc donné pour la clef b ƒ bʳ, aux points e, ƒ, g, & la projection horisontale aux points bʳ, ƒʳ, mʳ.

Par les points e, ƒ, g, on menera des paralleles à la rampe AM, qui couperont la ligne AT aux points r, ſ, t, par lesquels on menera des horisontales r ƒʳ, ſ eʳ, t gʳ, dont les intersections avec la verticale C ſ aux points ƒʳ, eʳ, gʳ, donneront les sommets de chaque quart d'Ellipse, qui doit être la section de chachun des plans passans verticalement par les points donnez E, F, G, & perpendiculairement à la direction de l'axe du berceau.

Ainsi les lignes C ƒʳ, C eʳ, C gʳ étant doublées seront le grands axes de ces Elipses, & CA la moitié du petit axe commun à toutes, de sorte que par le Probl. VII. du deuxième Livre, on pourra décrire les quarts d'Ellipses A ƒʳ, A eʳ, A gʳ, qu'on divisera chacun en même nombre de parties égales entr'elles, qu'on a divisé le cintre primitif AH, & comme toutes les circonferences de ces quarts d'Ellipses sont inégales, leurs divisions en Voussoirs de même nombre seront aussi toutes inégales, comme on voit au profil par les points 2, 2ˢ, 2ʲ, 2ⁿ; lesquels serviront à trouver la projection horisontale des joins de lit, & si l'on veut aussi leur projection inclinée sur le plan de Rampe AM.

Pour trouver les points de leur projection horisontale, il n'y a qu'à abaisser de ces mêmes points des perpendiculaires sur AC, qu'elles couperont en des points ρ, z, y, x, où seront leurs retombées, lesquelles seront portées sur les horisontales correspondantes, sçavoir, A x provenant du point 2ˢ de l'arc A ƒʳ, sur la ligne F ƒʳ du point L en x, la retombée A y provenant du point 2ʲ de l'arc A eʳ en K y, & enfin A z provenant de 2ⁿ de l'arc A gʳ sur G mʳ de m en z, & par les points

r^2, y, x, z, d^2, on tracera la courbe qui sera la projection horisontale du second joint de lit.

On tracera de la même maniere celle du premier lit $r^1 l d^1$, qui servira à tracer les Voussoirs par l'équarrissement ordinaire.

PRESENTEMENT, si pour le menagement de la pierre, on veut tracer la projection de ces mêmes joins de lit sur le plan de-rampe, il faut operer differemment.

PAR tous les points b, e, f, g, b^1 de la Courbe du renflement, & par tous les points trouvés des autres joins $2^2, x^2, 2^2$; $1^2 X 1^2$, où sont les intersections de ces courbes avec les verticales eE, fF, gG, on tirera des perpendiculaires sur AM, lesquelles étant prolongées, couperont le côté $r b^1$ aux points $b^1 e^1 f^1 b^1$, qui marqueront les sommets des tous les cintres transversaux, en projection sur le plan incliné de la Rampe; & pour en trouver les autres points, on prendra les retombées des divisions de chaque cintre $A x$, $A y^2$, &c. ou ce qui est la même chose, les distances horisontales $V 2^2$, $x 2^2$, &c. qu'on portera sur les perpendiculaires à AM, qui correspondent à ces divisions, par exemple $V 2^2$, qui est au cintre du milieu pour la seconde division en V^2, provenant du point x^2 de la ligne fF, & la distance horisontale 1^2 sur $X o$, prolongée en OP, la courbe $FPV^2 f$, sera la projection inclinée de l'arc elliptique, qui est la section transversale par le milieu de la longueur du berceau, ainsi des autres, comme la figure le montre sensiblement; ce qui est si relatif aux Traits que nous avons donné ci-devant au Chapitre V. pour les Traits des *Descentes*, qu'il paroit inutile d'en détailler tous les autres exemples.

CES courbes sont necessaires pour tracer les têtes des Voussoirs, qui sont aplombs; mais si l'on vouloit les faire couchées perpendiculairement à la rampe, ou bien faire des cerches pour creuser la doële, propres à être posées perpendiculairement à la ligne de rampe AM, il est clair que les courbes de ces cerches seroient representées sur le plan incliné, en projection par les lignes droites; de sorte qu'il faut une opération à part pour en décrire le Contour.

SOIT, par exemple une de ces cerches qu'on veut faire, passant par le point g, pris à volonté.

ON tirera par ce point une perpendiculaire $g e$ sur AM, laquelle étant prolongée, coupera les courbes de projection $1^1 1^1 1^1$, & $2^2 V 2 2^1$ en des points $e^1 e^2$, & la Droite $b^1 b^1$, au point k.

ON portera à part (figure 254.) la ligne $a b$ avec ses divisions $a e$ en $a b$.

DE STEREOTOMIE. Liv. IV.

e b, V¹, V², par lesquelles on élevera des perpendiculaires V¹ 1ª, V² 2ª b⁺ g⁺, qu'on fera égales aux hauteurs des divisions, prises sur la projection verticales dans les points d'intersections de la ligne g a, avec les courbes des projections verticales des joins de lit 1ª 2ª g, de la figure 253. & par les points trouvez 1ª 2ª g⁺ de la figure 254. on tracera une courbe qui sera celle de la cerche qu'on demande, ou d'une section de tête inclinée de Voussoir, pour servir de joint de doële transversale.

J'ai donné pour exemple de ce Trait un cintre primitif en quart de cercle, d'où suivent des cintres secondaires en quart d'Ellipse ; mais comme cette Voute pousse au vuide à son sommet entre ses deux extrémitez, il convient souvent de faire le cintre primitif moindre que le quart de cercle, ou plûtôt parabolique ; de cette derniere construction, il suit que les cintres secondaires sont aussi tous paraboliques, dont les amplitudes se trouvent de même que les sommets des quarts d'Ellipses, & qu'on peut décrire par le Probl. X. du deuxiéme Livre.

Explication Démonstrative

Lorsque les surfaces sont des Voutes nécessairement differentes des régulieres primitives, il convient de les en raprocher autant qu'il est possible, c'est pourquoi entre les courbes données, pour les deux cintres de face, de montée & de descente, nous avons déterminé une suite de quarts d'Ellipses, terminez par le bas à l'imposte donnée, & à la hauteur designée par les points de section, pris à volonté sur la courbe du sommet, qui est aussi donnée, & parce que les joins de lit aparens doivent diviser la doële en parties toujours proportionelles, pour que les intervales des Voussoirs s'élargissent, & se resserrent d'une maniere uniforme, nous avons divisé les circonferences des sections prises à volonté, en un même nombre de parties aliquotes, lesquelles sont toujours une suite qui s'écarte de la ligne droite, d'où il résulte que les arêtes des lits à la doële sont des courbes à double courbure, puisque leurs trois projections, sçavoir, la verticale de coupe en longueur, celle de profil en travers & celle du plan horisontal, sont chacune differemment courbes.

Or le Trait de pareilles arêtes ne peut être ébauché que par le moyen de la suposition d'une surface creuse cylindrique, formée sur l'une des trois projections, comme nous l'avons expliqué au troisiéme Livre à la page 311. & aux suivantes. Le reste de cette Voute rampante est relatif aux descentes, dont nous avons parlé au long à la fin du cinquiéme Chapitre.

Aplication du Trait sur la Pierre.

Puisque cette Voute est à double courbure comme les Sphéroïdes, & que les arêtes des lits des Voussoirs ne sont pas planes, c'est-à-dire dans un plan, il est clair qu'il faut commencer par former une surface concave cylindrique, comme nous l'avons expliqué au Chapitre VII. en parlant des Voutes Sphéroïdes, & recemment au dernier Trait; mais à cause que cette Voute rampe, on peut faire cette premiere surface cylindrique, ou sur les courbes de la projection horisontale comme $r^2 x d^2$, $r^1 l d^1$, ou sur celles de la projection inclinée $2' V^2 2'$, & $1' 1 f^1$.

Dans la premiere méthode il y a beaucoup de pierre à perdre, parce qu'après avoir operé comme au cas précédent, il faut ensuite retrancher les parties triangulaires, l'une par exemple AEK, pour un premier Voussoir au lit de dessous, & l'autre 1^a Y 2^a au lit de dessus.

Dans la seconde méthode il y a encore deux parties triangulaires à retrancher d'un Parallelepipede AY, mais un peu moindres qu'à la précédente dans le raport du triangle LEK à son oposée YEO, auquel est égal celui de l'autre extrémité a i A, si les joins de tête sont aplomb, & il n'y aura que ce dernier, si l'on fait les têtes perpendiculaires à la rampe; ainsi l'on peut choisir celle des deux méthodes, qui conviendra le mieux, suivant les circonstances d'aplomb, ou d'équerre sur la rampe.

Cette premiere disposition d'ébauche étant faite, après avoir creusé une doële de supofition d'aplomb comme il a été dit au Trait précédent, on portera dans ce creux les hauteurs des retombées des bouts du Voussoir, & du milieu pour y tracer avec une regle pliante l'arête du lit superieur, & avec le biveau d'aplomb & de coupe, on formera le lit de dessus convexe, & le lit de dessous du Voussoir suivant concave, comme il convient au complément du même biveau renversé.

Le parement creux de supofition verticale, & les lits étant faits, on tracera l'arête du lit de dessous, en portant les retombées perpendiculairement aux arêtes de tête du parement creux, de la même maniere que nous l'avons expliqué pour la formation des Voussoirs de la Vis St. Giles, à laquelle cette Voute a quelque raport, avec cette difference que les têtes ne sont pas en coupe comme à la Vis, mais paralleles entre elles, comme aux Voutes en berceau en descente.

Remarques sur les Fautes de l'ancien Trait.

Les Auteurs de la coupe des Pierres, on fait quatre fautes dans le Trait de cette Voute.

La premiere consiste en ce qu'ils font un jarret en pli, à la naissance de leur cintre primitif sur le piédroit, comme il est aisé de le voir par leur construction; ayant élevé CH perpendiculaire & égale à CA, ils prennent l'intervale HA pour rayon de ce cintre, dont ils cherchent le centre par l'intersection des arcs V 7 V 8, décris avec le même rayon des centres H & A; ainsi décrivant l'arc A 9 H du centre V, il est visible que la verticale AR, qui est le profil du piédroit ne lui est pas tangente, puisque le rayon VA lui est incliné en angle aigu VAR, par conséquent cet arc fait un jarret en A, où est sa naissance.

On voit par cette construction, qu'au lieu d'un quart de cercle comme je l'ai fait par exemple en H 2 A, ils ne font qu'un arc de 60. dégrez; leur raison est sans doute de deminuer la poussée du sommet, qui pousse au vuide entre ses deux extrémitez. J'admets cette raison, mais je ferai voir comment on peut concilier la régularité de la naissance sans jarret, avec cette raison de solidité, par le moyen d'un cintre Parabolique, lorsqu'il sera question des Voutes composées par la jonction des Trompes, comme il arrive aux *Escaliers suspendus*, *& à Repos*.

La seconde faute des Auteurs consiste, en ce qu'ils font les projections horisontales des joins de lit en ligne droite, ce qui rend les divisions des doëles des Voussoirs inégales entr'elles dans chaque section verticale, parce que les quarts d'Ellipses ou autres courbes de ces sections, n'étant pas paralleles à celle du cintre primitif HA, seront inégalement inclinées à une même verticale, par exemple 2ᵉ P, d'où il suit que les divisions ne seront point des parties aliquotes égales de chaque cintre; car, si l'on prend par exemple 2 q, pour une de ces verticales, qui representent le plan, dont la section longitudinale parallele à l'axe, donne pour projection du joint de lit une ligne droite, il est clair que la portion *f* q est moindre que *f* 2ᵉ, qui est le quart de l'arc elliptique *f* A; & par l'inverse, si l'on prend cette varticale en 2ᵉ P, il est visible que l'arc HP sera plus grand que le quart de l'arc de cercle HA: ainsi des autres joins.

La troisième faute consiste, en ce qu'ils tracent mal les courbes des joins de lit, considerez dans leur élévation, comme 1ᵉ X 1ᵉ; 2ᵉ x 2ᵉ, relativement à la courbe du sommet *b f b'*, parce qu'ils partagent la distan-

N n n ij

ce fQ, du sommet f de cet arc donné à sa corde bb, en un même nombre de parties égales, qu'il y a de rangs des Voussoirs, par exemple ici en trois pour déterminer la distance de chaque arc au dessus de la corde, par le nombre de ces divisions, dont elle doit être augmentée ou diminuée ; ainsi l'intervale $1X$ de la corde $1^a 1^a$, à son arc $1^a X 1^a$, est le tiers de Qf selon les Auteurs; l'intervale qx^2 de la corde $2^a 2^a$ à son arc, & les deux tiers de Qf, ainsi du reste; ce qui leur donne occasion de tracer des arcs circulaires par trois points donnés, dont ils font les joins de lit, & qui produit encore évidemment des divisions des Voussoirs inégales entr'elles, parce que ces distances en aplomb sont proportionelles aux fleches fd, &c. de ces arcs; lesquelles fleches ne sont point entr'elles en raison Arithmétique, ni dans le cercle, ni dans l'Ellipse; or il est visible que ces distances dépendent de la différence des hauteurs des divisions proportionelles des arcs $f^a 2^a A$, & $H 2 A$.

La quatriéme faute consiste dans la nature de ces courbes, qu'ils font circulaires, qui ne peuvent l'être suivant les divisions des rangs de Voussoirs, ni suivant la nature du corps coupé, qui n'est certainement point du nombre des réguliers, dont les sections par des plans paralleles entr'eux, en long ou en large sont circulaires, par conséquent forçant les joins à passer par des arcs de cercles; ils ne peuvent le faire que par le moyen des inflexions de la surface de la douële, qui doivent y causer des irrégularitez, comparables à celles des ondes de l'eau agitée. Je conviens que ces sinuositez ne seront pas fort sensibles, mais elles y seront réellement & sans aucune nécessité, puisqu'on peut mieux faire avec autant de facilité qu'il s'en trouve dans l'exécution de l'ancien Traité.

COROLLAIRE.

Du Bonnet de Prêtre, de Direction concave d'une face à l'autre.

Nous avons parlé ci-devant de la figure, que produiroit dans son ébrasement une ouverture quarrée d'un côté, & ronde par l'autre comme une Fenêtre, ou un enfoncement de Voute, lorsque les lignes de direction, tirées du quarré intérieur au cercle extérieur sont droites; présentement nous supposons que ces lignes sont courbes en quart d'Ellipse, plus & moins alongées ; en ce cas il se formera une surface à double courbure, qui peut très bien convenir à racorder dans une chambre quarrée; par un renfoncement de Voussure, une bordure ronde, ou au contraire une ouverture, ou bordure quarrée sur une Tour ronde.

page 469.   Pl. 66.

LE Trait d'une telle Voussure ne seroit different de la Voute, dont nous venons de parler, qu'en ce que ce seroit un composé de quatre parties de la même espece tournées differemment, ensorte que leur naissance & leurs sommets soient dans des plans horisontaux, l'un au dessus de l'autre, au lieu qu'il étoient dans des plans verticaux parallelles entr'eux. Secondement que chacun de ces quarts soit renfermé entre des plans verticaux convergens, sur lesquels on pourra prendre les cintres primitifs, dont les diagonales seront un des demi-axes, & la hauteur sera l'autre toujours égal ; ces Voussures sont très propres à orner un plat-fond, par la varieté de transition des figures du rond au quarré, ou du rectangle à l'Ellipse qui se trouvent ainsi racordez agréablement.

Deuxiéme Espece.

VOUTE SPHERICO-CYLINDRIQUE.

Apellée en termes de l'Art,

Trompe à Panache.

Lorsque deux Berceaux d'égale hauteur se croisent perpendiculairement, il se forme à leur intersection deux arêtes elliptiques, qui n'ont pas tant de force que le reste des Berceaux, parce qu'elles sont fort surbaissées, si les cintres de ces berceaux sont circulaires, & encore plus s'ils sont deja surbaissez, pour fortifier cette croisée, & pour lui donner plus de grace, on la voute en cul-de-four, comme on voit en plusieurs Eglises, dont le plan est en Croix, ce qui forme une *Voute Spherique en pandantif sur son quarré*, lorsque les diametres des berceaux sont égaux.

Dans la plûpart de nos Eglises modernes au lieu du cul-de-four, on a élevé sur ce quarré une Tour ronde, qui porte en l'air à *faux* sur quatre *Panaches*, dans laquelle on tire du jour par plusieurs vitraux, au dessus desquels on voute la Tour en hémisphère ; cette espece d'édifice s'apelle en François un *Dome*, & en Italien *Cupola*, au lieu que *Dome* signifie la principale Eglise d'une Ville.

Lorsque la Tour du Dome est de même diametre que les berceaux de la Nef, & ceux des bras de la Croix, les Panaches prennent leurs naissances, comme les Pandantifs de la Voute d'arête, qu'on y peut faire, chacun sur un point, qui est l'angle saillant de la rencontre de deux piédroits des berceaux, avec cette difference, que le Panache tient lieu des deux Pandantifs de la Voute d'arête, qui feroient un angle saillant.

Et parce que ce Panache est triangulaire, il s'apelle aussi Pandantif ; dans ce cas il peut être un triangle Sphérique, tel que nous l'avons dit en parlant de la Voute Sphérique sur un Pandantif.

Mais parce qu'une telle naissance est trop petite pour la solidité de l'Edifice, les bons Architectes coupent l'angle des deux piédroits des berceaux par un *Pan*, qui diminue un peu l'imperfection du *Porte-à-faux*, ce qui augmente aussi le diametre du Dome à l'égard de celui des berceaux.

On voit des exemples de differens raports de ces diametres de Tour, & de Berceaux dans les Edifices les plus considerables.

Aux Invalides à Paris, celui du berceau est à celui de la Tour, environ comme un est à deux, ce qui retranche du côté du quarré circonscrit, à chaque angle, environ le quart du diametre du Dome.

A St. Pierre de Rome, environ un cinquéme. Au Val de Grace à Paris environ un sixiéme, à la Sorbonne encore moins, & au Noviciat des Jesuites les diametres des Berceaux, & du cul-de-four sont presque égaux.

Dans tous ces cas le Panache n'est pas comme le Pandantif un triangle Sphérique, mais une surface quadrilatere mixte irréguliere, d'autant moins creuse que le *Pan* ou la naissance, qui est sur une ligne droite est plus grande.

J'apelle cette surface *Spherico-cylindrique*, parce qu'elle est à double courbure comme la Sphère, & qu'on peut faire passer un Cylindre par trois de ses côtez, sçavoir par son imposte qui est droite, & ses deux arcs de cercles verticaux ; en voici le Trait, qu'aucun Auteur n'a donné.

Pl. 67. Soit, (figure 255.) le quart de cercle CGD, la projection horison-
Fig. 255. tale du quart de la Tour, d'un Dome inscrit dans un quarré SDCG, coupé par un pan AB, qui en retranche le triangle ASB, le quadriligne mixte ABDMG, sera la projection horisontale du Panache, qui doit racheter le quart de la Tour creuse, ou d'une calotte Sphérique élevée sur le cercle, dont l'arc horisontal GMD est le quart, lequel est tout en
Fig. 257. l'air comme il est représenté à la figure 257. au dessous par les mêmes lettres G' M' D' B' A', où l'on voit qu'il n'y a que la seule imposte A' B', qui en est le plus petit côté, qui porte de fond sur le solide.

Comme cette imposte, & le Couronnement G' M' D', sont chacun dans un plan horisontal, il suit que les joins de lit doivent aussi être tous

DE STEREOTOMIE. Liv. IV.   471

horifontaux, du moins à la doële ; mais les joins montans qui doivent être dans des plans verticaux, peuvent avoir deux differentes directions, l'une Sphérique qui peut tendre au centre C, comme (dans l'Octans MKD) les plans dont les projections font m MC, BLC, p^1 KC, p^2 IC, &c.

L'autre difpofition de joins montans, qui eft la conique peut être fuivant les directions des plans verticaux, qui concourent tous en S, où eft le fommet S de l'angle du quarré circonfcrit, comme font (dans l'Octans GNM) ceux dont la projection font les lignes GAS, O o S, N n S, M m S.

La premiere de ces difpofitions de joins montans, qui eft la Sphérique, paroît la plus naturelle, & doit être fuivie lorfque le Panache porte immédiatement une calotte de Voute Sphérique, parce qu'alors ils doivent tous tendre au Pole, dont le point C eft la projection ; mais c'eft celle qui pouffe le plus fur les arcades des berceaux, parce que les parties p^1 K, p^2 I, pouffent totalement au vuide en p^1 & p^2.

La feconde de ces difpofitions, qui eft la conique, paroît la plus belle, en ce que les joints qui viennent toujours en s'élargiffant jufqu'au couronnement, forment l'agréable figure de la queuë de Paon ; elle eft auffi plus folide que la précédente, parce que, fupofant que l'on fit les joins montans en déliaifon, chaque rang vertical de Vouffoir porteroit fur une bafe folide, & non pas une partie au vuide comme dans la difpofition précédente ; mais elle ne convient qu'aux Panaches, qui portent une Tour, & non pas immédiatement une Voute Sphérique, parce que la direction des joins du Panache ne pourroit pas être continuée dans la Voute en calotte. Ainfi l'une & l'autre difpofition pouvant avoir fon ufage ; il convient de donner la conftruction des deux.

Pour *la premiere difpofition*, on commencera par faire fur le demi diametre d'un des berceaux BD, le cintre circulaire ou elliptique B 2 H, qu'on divifera en fes Vouffoirs comme ici en fept, qui donnent trois & demi jufqu'au milieu de la clef aux points 1, 2, 3, H, d'où ayant abaiffé des perpendiculaires, on aura leurs projections fur BD en p^1, p^2, p^3, par lefquels on tirera des lignes au centre C, qui couperont l'arc horifontal MD, aux points L, K, I, &c.

On élevera enfuite B d parallele & égal à DH, & par le point H fommet du cintre, on tirera H d parallele & égal à DB, fur laquelle d H, on portera les longueurs BL en d L', B $p^1 + p^1$ K en d K', B $p^2 + p^2$ I en d I'; les points B, L'; 1, K'; 2, I', feront les extrémitez des arcs de cercles des joins montans, qui passeront par les points donnez à chaque assise B, 1, 2, &c.

La corde d'un arc étant donnée, tout le monde sçait la maniere de décrire cet arc, il n'y a qu'à la diviser en deux également, lui tirer une perpendiculaire sur le milieu, & prendre le centre à l'intersection de cette ligne avec le demi diametre BD prolongé; ainsi on aura le centre de l'arc BL· en X, celui de 1 K· en Y, & celui de 2 I· en Z.

Par une semblable méthode, on trouvera les arcs des sections verticales des joins montans de la seconde disposition.

Par les points G, O, N, M, pris à volonté, ou si l'on veut, par parties égales sur l'arc GM, on tirera au point S des lignes qui couperont la droite AB, aux points A, o, n, m; puis ayant pris à volonté un point a sur DS prolongée, on y élevera une perpendiculaire a T égale à DH, & l'on tirera l'horisontale TH, sur laquelle on portera les longueurs oO en TO·, nN en TN·, mM en TM·, & par les points M·, N·, O·, on tirera des lignes droites au point a, qui seront les cordes des arcs que l'on cherche.

On peut diviser toutes ces cordes en deux également tout d'un coup, en menant par le milieu de la ligne T a, la ligne $e i$ parallele à TH; elle les coupera aux points m, m·, m·, par lesquels tirant une perpendiculaire à chaque corde prolongée, jusqu'à ce qu'elle rencontre la ligne BD prolongée, on aura pour centre de l'arc $a z$ O·, le point Z pris sur a E, pour centre de l'arc $a y$ N·, le point y pris sur la même a E, & le point x pris sur la même pour l'arc a M·.

Presentement, il faut chercher les courbes horisontales des joins de lit a chaque assise.

Ayant divisé le cintre primitif B 2 H, en ses Voussoirs aux points 1, 2, 3, H, on menera par chacun de ces points des paralleles V 3, a 2, a 1, à la ligne TH, chacune desquelles coupera les trois arcs des profils des joins montans a M·, a N·, a O·, aux points x, y, z.

On prendra les distances de ces points à la verticale T a, pour les porter sur chaque projection des arcs, o O, n N, m M, depuis la ligne AB, par exemple V x du profil en $m x$, du plan horisontal, V ⁻ en $m y$. V z en $m z$, ensuite $a x$ au dessous en $n x$, du plan, $a y$ en $n y$, $a z$ en $n z$, ainsi du reste, & par les points des projections des divisions 1, 2, 3, sur AG & sur BD, & par les points trouvez, on tracera à la main les
courbes

courbes $1. x p^1$, $2. y p^2$, $3. z p^3$, qui feront les projections demandées des joins de lit à la doële.

On en usera de même pour trouver plusieurs points sur les projections BC, p^1 C p^2 C, lorsque les joins montans ont été tracez suivant la premiere disposition Sphérique, par exemple sur BC, on portera les distances de l'arc BL, à la ligne verticale dB, sçavoir $d^1 l$ en $B l$, $d^2 l$ en $B l^2$, $d l$ en $B b$ & $d L$ en BL.

A l'égard des distances des autres arcs, il en faudra retrancher les longueurs des retombées ; ainsi sur p^1 C, on prendra les distances des sections, des arcs de profil à la ligne $b p^1$, & non pas à la ligne dB, ainsi des autres ; parce que chacune des projections des divisions du cintre primitif, donne le premier point de la courbe horisontale des joins de lit, de chaque assise sur le rayon BD.

Pour les autres profils, qui du point C vont se terminer à la ligne AB, comme par exemple C m, & tous ceux qu'on peut tirer entre m & B, les distances des sections des profils, s'il y en avoit, se prendroient toujours depuis la ligne dB, qui représente en profil tout le plan, dont AB, est la projection.

La maniere d'orner les piédroits de pilastres, les uns droits, les autres pliez dans les angles rentrans, est exprimée en plan horisontal à la figure 260. & en élévation à la figure 257. comme on l'a exécuté à St. Pierre de Rome.

Il peut arriver que le Panache au lieu d'avoir pour base une ligne droite comme AB, à la figure 255. prenne naissance sur un angle obtus comme b Q a, à la figure 256. alors ce Panache devient un vrai Pandantif Sphérique régulier, pour lequel il faut faire le Trait de la Voute Sphérique en Pandantif sur un Octogone; tels doivent être ceux de l'Eglise de St. Paul de Londres, représentez en Perspective à la figure 258. *Fig. 256*

Où il faut remarquer une irrégularité assez singuliere, c'est que le sommet de l'angle du Pandantif a Q b, ne tombant pas au milieu du piédroit du pilier $a b$, il doit rester d'un côté de la surface Sphérique une portion de surface plane verticale triangulaire mixte, comprise entre l'arc $q m$ du Pandantif, l'arc $b m$ de l'arcade du *Pan coupé*, & l'imposte $q b$ droite, qui est plus longue que l'imposte $c a$ de toute la largeur d'un pilastre, & l'intervale du pilastre plié au pilastre droit. *Fig. 258. & 259. Fig. 259*

On demandera peut-être d'où est provenuë cette bizarrerie, je vais en dire la raison par une petite digression, qui ne déplaira peut-être pas au Lecteur.

Tom. II.   O o o

Le Chevalier Wren, Architecte de la fameuse Eglise de St. Paul de Londres, a fait le Dome d'un diametre plus de moitié plus grand que celui de la Nef, dans le raport de 108 à 42, pour pouvoir prolonger les bas côtez au travers de la Tour du Dome, & pour ne pas trop resserer l'ouverture de la Nef, il a jetté les pilliers sur les bas côtez; comme l'on voit à la figure 256.

L'IRREGULARITE' dont nous venons de parler, en occasionne encore une autre dans les Bayes des arcades des pans coupez, en ce qu'elles deviennent plus étroites que celles des Nefs, par conséquent pour faire toutes les clefs de niveau, il faut qu'elles soient surhaussées, quoique les cintres de la nef & de la croisée soient circulaires. Mais ces irrégularitez sont balancées par des avantages qu'a cette construction, sur les Domes à petits pans coupez ordinaires.

PREMIEREMENT, en augmentant le nombre des pilliers, l'Architecte a diminué l'imperfection du *Porte-à-faux*, qui est choquant dans les Domes ordinaires, où les pans sont fort petits, comme au Noviciat des Jesuites de Rome, bâti par Vignole, qui a été imité par un grand nombre d'Architectes.

Secondement, la base de la Tour devient régulierement octogone.

Troisièmement, les bas côtez tant de la nef que de la croisée, percent & se continuent sans interruption au travers du Dome; comme on voit à la figure 256. par la direction des lignes du milieu ki & gl, qui se croisent au milieu M de l'arcade bd, ce qui paroit encore mieux à la figure en Perspective. 258.; en KM imk.

Explication Démonstrative.

DE quelque maniere que l'on coupe une Sphère par des plans, la section sera toujours un cercle; ainsi supposant que le Panache ne fût qu'un Pandantif ordinaire, en triangle Sphérique, comme ceux d'une Voute Sphérique sur un quarré, il est clair que les sections qui concourent au centre C de la Sphère, ou celles qui concourent à un point S consideré comme Pole, seront toujours des cercles, & que ce triangle Sphérique étant coupé par un plan vertical, passant par AB, il se formeroit par cette section un arc de cercle, dont AB seroit la projection; mais comme cet arc s'éleveroit tout au dessus de la ligne AB, il s'écarteroit de l'imposte droite & de niveau, sur laquelle on veut que le Panache prenne sa naissance; donc aucun des points du corps Sphérique régulier ne passeroit par la naissance rectiligne AB, par conséquent la surface du Panache est irréguliere, & toute en dedans de la Sphère.

Présentement, supposant des plans verticaux, qui coupent cette surface, leurs sections en seront les élemens, dans lesquels on a deux points donnez, l'un sur l'imposte AB, l'autre sur le cercle du couronnement GMD, par conséquent on a les deux extrémitez de leurs cordes; mais comme ce n'est pas assez de deux points pour décrire un arc de cercle, puisqu'on peut faire passer une infinité d'arc differens par les deux mêmes points, on a tiré une perpendiculaire sur le milieu de cette corde, pour trouver un centre qui n'est pas donné de position, mais seulement de hauteur, parce qu'il doit être dans l'horisontal BD, pour que chaque arc soit tangent au piédroit vertical; afin qu'il ne s'y fasse point de jarret par la raison, que nous avons tant de fois repeté, que l'angle de l'arc avec sa tangente est infiniment ouvert, par conséquent insensible à la vûë.

Il est clair que quoique tous les élemens verticaux de cette surface soient des arcs de cercle, il ne s'en suit pas qu'elle soit pour cela Sphérique, parce que les sections horisontales que j'apelle les élemens horiiontaux, sont des courbes differentes $1\, xp^1$, $2\, yp^2$, &c. qui se redressent d'autant plus qu'elles aprochent de l'imposte droite AB, & au contraire qui se courbent d'autant plus qu'elles s'en éloignent; ensorte qu'elles different peu de la circulaire dans les assises du Panache, qui sont sous le couronnement de la Tour à pans, lequel est la base de la Tour circulaire, que les Panaches doivent racheter & porter.

Quoique nous ayons pris pour les élemens verticaux de cette surface des arcs de cercles, rien n'empeche qu'on ne puisse leur substituer des arcs elliptiques; mais alors le Trait deviendroit trop difficile, en ce que les axes & les foyers seroient trop indéterminez, n'y ayant que deux points donnez à la circonference de l'Ellipse, ou équivalemment trois, sçavoir, un à l'imposte, un au dessus de l'axe, & l'autre au dessous à pareille distance; or on ne peut déterminer une Ellipse que par le moyen de quatre points donnez, c'est pourquoi nous ne parlons point de ce cas, qui ne me paroît d'aucun usage, n'étant pas nécessaire pour les Panaches qui doivent racheter des berceaux surhaussez ou surbaissez. Cependant s'il arrivoit, qu'on voulût faire tous ces arcs d'un quart d'Ellipse chacun, on pourroit former cette surface à peu près comme l'arriere-Voussure suivante; parce qu'alors on a quatre points donnez pour chaque Ellipse, puisqu'on a les deux axes.

COROLLAIRE

De l'Arriere-Voussure de Montpelier.

Si l'on renverse la Voute du Panache, dont nous venons de parler, avec ébrasement, ou sans ébrasement, transportant la naissance droite AB,

Pl. 68.
Fig. 263.

de la figure 245. au Couronnement en plate bande, comme à la figure 262. de la planche 68. & prenant l'arc GMD qui étoit horisontal, pour la naissance de l'Arriere-Voussure, tournée en situation verticale, & plus étendue : l'on aura cette figure de Voute représentée en Perspective aux chifres 263. appellée *Arriere-Voussure de Marseille*, tombant sur l'angle droit de deux Angles, *Arriere-Voussure de Montpelier*, laquelle étant regulierement faite, ne differe du Panache renversé, qu'en ce que les élemens de ses sections verticales doivent être des quarts d'Ellipses, au lieu qu'au Panache c'étoit des arcs de cercles de different nombre de dégrez, comme les fait encore le même Blanchard, assez mal à propos : nous en dirons la raison.

[...texte illisible...]

Fig. 261.

Page 477   Pl. 67.

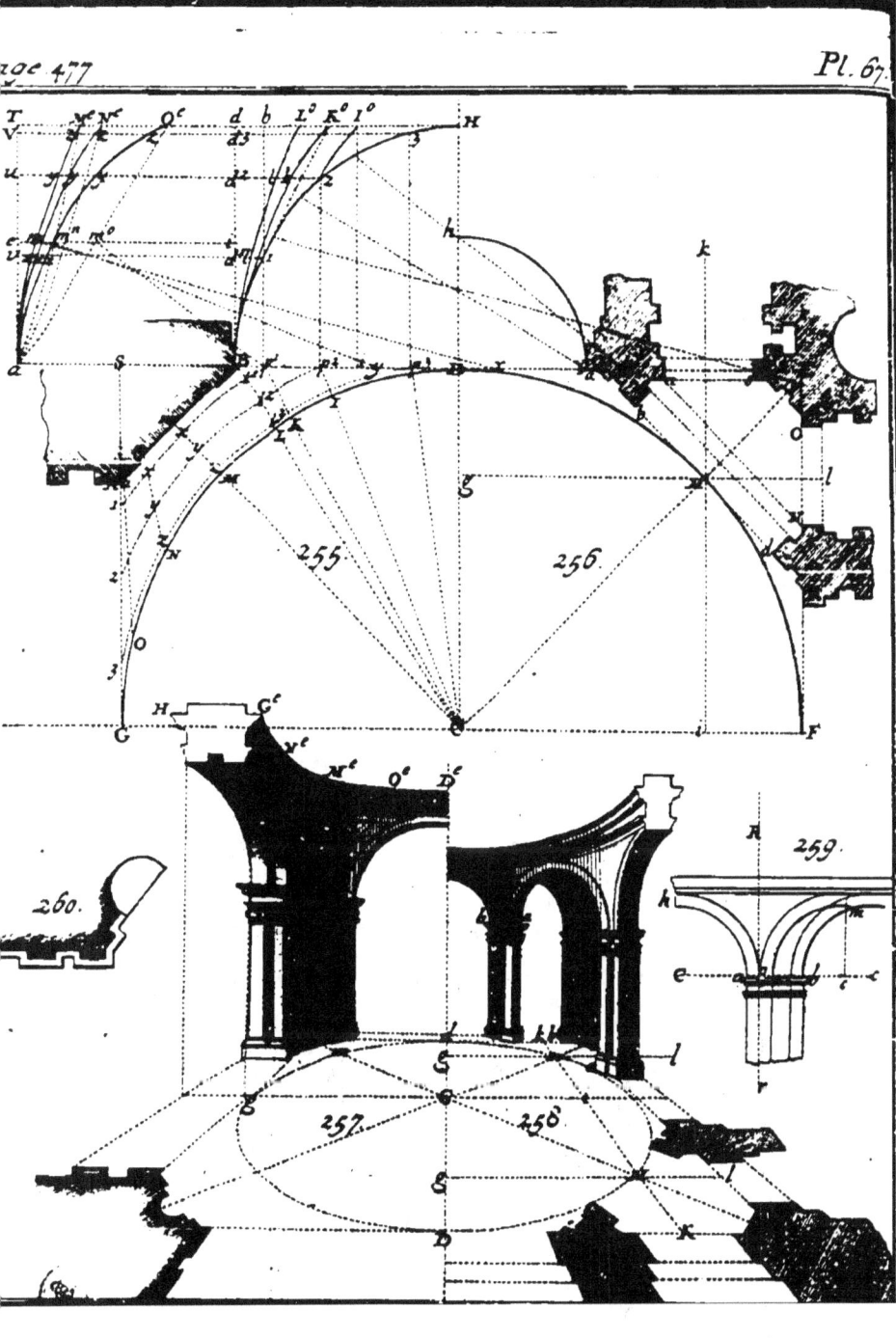

ce qui les rend sans force, & faciles à casser en les taillant, de sorte qu'on est obligé d'en changer la direction.

Secondement, on peut faire les joins de doële dans des plans paralleles à la direction de la Voute, tels sont ceux dont les projections sont exprimées par les lignes p^4 N, p^5 N, p^6 N, ce qui pourroit s'exécuter en brisant le lit en deux ou trois parties, sçavoir, l'un aplomb sous la plate-bande, l'autre en coupe au dessus de la plate-bande peu inclinée, & la troisiéme à l'arcade du cintre sur le tableau;

Mais cette disposition a encore ses inconveniens.

1°. Que si l'on fait les divisions du cintre de feüillure égales entr'elles, les largeurs des têtes des Voussoirs à la plate-bande deviennent très inégales entr'elles, comme l'on voit les têtes fg, gh, ik, qui vont en diminuant dans les raports des Sinus verses jusqu'à l'ébrasement, & augmentent au contraire tout d'un coup de k en e, suivant le plus ou moins d'ébrasement, ce qui jette une irrégularité desagréable à la vûë.

2°. Lorsque les largeurs horisontales des Voussoirs diminuent, suivant le raport des Sinus verses des arcs, elles deviennent tout d'un coup ridiculement petites, comme on voit ik, à l'égard de la précédente hi; de sorte que pour y conserver quelque aparence d'égalité aux têtes de la plate-bande, il faudroit embrasser deux têtes du cintre de feüillure $5'6$, $6d$ pour avoir celle de la plate-bande bk, à peu près égale à gh.

3°. Enfin il en résulteroit encore un troisiéme défaut, c'est que les angles mixtes du côté de l'imposte comme $5'6i$ & $6dk$, deviendroient si aigus, qu'il seroit impossible de les former en pierre sans les casser, de sorte qu'il faudroit en retrancher la partie $6d$, pour l'ajouter au coussinet, ce que l'on peut faire par le moyen d'une petite portion de coupe $6l$, qui donneroit la partie $l6d$, au dehors de l'aplomb kd, du sommier.

La troisiéme maniere, de disposer les joins des lits à la doële, est de les faire dans des plans verticaux dirigez à un point S, de l'axe MS, où tendent les ébrassemens des piédroits prolongez comme ABS, EDS. alors par le point S, & les projections des divisions 1; 2, 3, données sur BD en p^1, p^2, p^3, on tirera les lignes p^1 Q, p^2 R, p^3 O, qui couperont la projection de la face AE aux points Q, R, O, par lesquels on menera les verticales Qx, Ry, Og, qui couperont la plate-bande ae aux points x, y, g, où seront les divisions des têtes des Voussoirs, par lesquelles on tire d'un point M, pris à volonté pour centre de coupe, les joins de tête x X, y Y, g Z.

478   TRAITÉ

Cette maniere est plus belle que la précédente, en ce qu'elle répand sur chaque Voussoir une partie de l'ébrasement, qui se trouvoit tout entier au premier DNE ; mais elle n'ôte pas les imperfections des arêtes trop aiguës vers les divisions 1 & 2 ; de sorte qu'il y faut toujours une portion de coupe en o 1, o 2, o 3, en dedans à la feüillure, & la prolonger au dehors, comme il convient à la largeur du Bandeau, ou de l'Archivolte ; ce qui oblige l'Apareilleur de faire un ressaut dans le lit. Nous allons parler en particulier de chacune de ces manieres, en passant la premiere à cause de ses défauts, nous venons à la deuxiéme.

Fig. 261. Soit, (figure 261.) le trapeze ABDE, le plan horisontal de la Baye qu'on veut voûter ; soient BF, GD, les feüillures où doit se loger la fermeture de Menuiserie, & FT, G les tableaux.

On décrira sur bd comme diametre égal à BD, le demi cercle bHd, & son parallele pour la feüillure Tbp. On placera ensuite au dessus à volonté l'horisontale ae pour la hauteur de la plate-bande intérieure, qui sera terminée en a & b par les verticales aA, eE, tirées par les points d'ébrasement A & E.

Puis ayant divisé le cintre primitif bHd en ses Voussoirs, par exemple en sept aux points 1, 2, 3, 4, 5, 6, on menera par ces points des perpendiculaires à la base d'élévation PQ, qui couperont la plate-bande ae, aux points 8, 9, c, f, g, h, i, k, par lesquels on tirera les joins comme aux plates-bandes d'un point M, pris au sommet d'un triangle équilateral, qui a pour côté la longueur de la plate-bande ae, (comme il a été dit au Probleme VII. page 64.)

Présentement, si l'on tire les coupes du cintre bHd du centre C ; comme il convient naturellement au plein cintre, on aura les lignes 4 a, 5 a, 6 a, qui ne seront pas paralleles aux coupes de la plate-bande gx, lx, ix, par conséquent les lits qui passeront par ces lignes, ne seront pas des surfaces planes ; mais gauches d'autant plus qu'elles s'éloigneront de la clef, ce que l'on doit éviter, par les raisons que nous avons données plusieurs fois ; de sorte qu'il convient de faire ces lits en deux parties planes, l'une qui comprenne le tableau & la feüillure seulement, & l'autre qui se détache de la précédente, par une retraite ou ressaut intérieur, qui ne peut paroître qu'à l'extrados, qui n'est jamais vû en oeuvre.

Pour en sentir la nécessité, il n'y a qu'à tirer par les points 6 & 5, (par exemple) les lignes 5 a, 6 V, paralleles aux coupes de la plate-bande gx, lx, ix, & l'on verra qu'outre que la coupe du cintre circulaire seroit fausse & difforme, si la face extérieure étoit aparente, les

DE STEREOTOMIE. Liv. IV.   479

angles de la coupe au tableau 4 5 *a*, 5 6 V, feroient fi aigus qu'on ne pourroit les conferver en les taillant, & qu'étant posez ils feroient sans force, & éclateroient infailliblement à la charge.

Les directions des coupes étant déterminées, & celles des lits étant auffi données parallelement à la ligne du milieu MC, il faut trouver les Courbes des joins, c'eft-à-dire des arêtes des mêmes lits à la doële, qui font des fections de plans verticaux exprimez à la projection par les lignes p^4, N^4, p^5, N^5, &c. paralleles entr'eux, & à la direction du milieu MC, defquelles fections, il n'y a que deux points donnez à chacune, sçavoir, l'un à la feüillure aux divifions 1, 2, 3, 4, &c. l'autre à la plate-bande, *y*, *e*, *f*, *g*, &c. de forte qu'on peut faire paffer par les deux points de chaque fection plufieurs Courbes de même, ou de differente efpece. Blanchard y fait paffer des arcs de cercles; mais comme leur naiffance à la feüillure doit commencer infenfiblement, & finir de même à la plate-bande, il faut que les arcs foient tangens à la feüillure, à une ligne verticale, & tangens auffi à une ligne horifontale fous la plate-bande; ce qui ne peut convenir au cercle, que dans le feul cas où la hauteur de la plate-bande fur le joint du tableau eft égale à la profondeur de l'arriere-Vouffure; par tout ailleurs un arc de cercle y fera un pli avec la ligne d'aplomb, & celle de niveau, c'eft pourquoi on n'y peut employer que des quarts d'Ellipfes.

Pour les tracer ces quarts d'Ellipfes, il faut commencer par faire le profil de l'arriere-Vouffure, qui donnera la pofition de leurs demi axes. (figure 262.)

Ayant prolongé *a e*, & PQ à volonté vers S & O, on prendra auffi à volonté une ligne de hauteur FI, à laquelle on menera une parallele SO, à la diftance FS, égale à la profondeur de l'arriere-Vouffure *m* M; puis par le milieu H de la clef, & les divifions 4, 5, 6, on menera des paralleles à *a* S, qui couperont FI aux points 3+, 2⁵, 1⁶, & SO aux points b', 3ᵉ, 2ᵉ 1ᵉ, les lignes IO, OS feront les deux demi-axes, du plus grand quart d'Ellipfe, exprimé à l'élevation de la figure 261. par la verticale $k d$ à l'impofte pour tracer I *a* S; les lignes 1⁶ 1ᵉ, 1ᵉ S, feront les deux demi-axes de la fection exprimée par la verticale *i* 6, les lignes *a* 2ᵉ, 2ᵉ S, feront ceux de la fection par *l* 5, ainfi des autres; puis par le Probleme VII. du deuxiéme Livre, on tracera les quarts d'Ellipfes I *a* S, 1⁶ *b* S, 2⁵ *c* S, 3+ *d* S, où l'on voit que leurs demi-axes étoient déja donnez à la figure 261. sçavoir, l'horifontal *m* M, qui eft commun à tous ces quarts d'Ellipfes, eft donné au plan horifontal, & les autres qui font variables, font donnez à l'élevation en *g* 4, *l* 5, *i* 6, *k d*.

Les Courbes des joins de lit étant tracées, on tirera leurs cordes

Fig. 262.

1S, 1⁶S, 2⁵ S, &c. dont on se servira pour former les panneaux de la doële plate, qui seront des Parallelogrames rectangles, dont ces cordes détermineront la longueur, & les divisions des Voussoirs donneront leur largeur.

Ainsi le Parallelograme *p³. p u t*, sera la doële plate de la clef, faisant *p u =* à la corde S 3⁴. du profil de la figure 262. le rectangle *p P s n'*, sera le panneau de doële plate du Voussoir suivant, compris entre les divisions 4 & 5; P G r *n⁴*, celui du panneau ensuite, &c. comme on les voit rangez de suite en forme de dévelopement, à la figure 261. & l'épure sera tracée.

Aplication du Trait sur la Pierre.

Pour ôter de ce Trait l'embarras, que peut causer la formation du tableau & de la feüillure, qui sont des parties étrangeres à l'arriere-Voussure, nous renvoyons leur construction à l'arriere-Voussure de Marseille, dont nous avons parlé ci-devant; cela suposé nous prendrons pour exemple la taille du second Voussoir au dessus de l'imposte, marqué à l'élevation 5 *l i* 6, dans lequel il y le plus de gauche.

Ayant dressé un parement pour servir de doële plate, on y apliquera le panneau PG r *n⁴*, pour en tracer le contour, puis avec le biveau formé sur l'angle 1⁶ SV de la corde avec une verticale, on abattra la pierre pour former la tête de la plate-bande, sur laquelle on apliquera le panneau de tête *x⁶ l i x⁶*. posant le côté *l i*, sur l'arête de la doële plate.

Fig. 61. & 62.

On prendra aussi de même le biveau de l'inclinaison, de la doële plate avec l'horison sur l'angle S 1⁶ W, avec lequel on abattra la pierre, comme on a fait à la plate-bande, pour prendre sur cette troisiéme surface l'épaisseur de la feüillure, & même encore du tableau, si le Voussoir peut le porter; nous suposerons qu'il ne porte que la feüillure pour la simplicité de l'operation.

Ayant tracé sur cette troisiéme surface, la ligne de profondeur de la feüillure, on abattra la pierre en retour d'équerre, pour former une quatriéme surface plane, qui sera le parement extérieur, si le tableau est compris, ou qui sera en œuvre verticale dans l'épaisseur du mur, s'il ne s'agit que de la feüillure; sur laquelle surface on tracera la tête V 6 5 *n*.

Apres avoir fait ces deux paremens de troisiéme & quatriéme surface, on en fera une cinquiéme en retour d'équerre au lit de dessus, passant par

le

DE STEREOTOMIE, Liv. IV.   481

le côté droit du panneau de la doële plate, pour y appliquer le panneau de joint de lit inférieur S b 1⁶, & le supérieur 2⁵. c S, posez l'un sur l'autre comme ils sont au profil, & en tracer le contour. La même chose ne peut se faire au lit de dessous, à cause que la coupe 6 V fait un angle obtus avec l'horisontale t 6, c'est pourquoi il faut creuser une fausse doële cylindrique, sur la Courbe T AL, de la figure 265. quarrément à la surface T 5, & une plumée suivant le côté de la doële plate, dans laquelle on ajustera la cerche du lit inférieur 1⁶ b S, posée perpendiculairement au plan de la doële plate, posant le point 1⁶, sur le point 6 de la figure 265. & le point S de la cerche elliptique sur le point i de la même figure 265.

ALORS on aura les quatre lignes du contour de la doële creuse, sça- *Fig.* 265. voir la droite $l i$ à la plate-bande.

L'ARC de cercle 6, 5 à la feüillure.

LE quart d'Ellipse 1⁶ b S, au lit de dessous.
ET le quart d'Ellipse 2⁵ c S, au lit de dessus.

ENFIN on tracera sur la seconde surface, qui est celle de la plate-bande, les coupes de tête $x^6 i$, $l x^5$, avec le panneau de tête, & sur la quatriéme surface, qui est l'aplomb de la feüillure contre le tableau, on tracera la tête V 6 5 u, faisant 5 u & 6 V parallele à $l x^5$, & $i x^6$, & le Voussoir sera tout tracé, comme il est représenté en Perspective à la figure 265.

IL ne s'agit plus que d'abattre la pierre des lits, qui ne sont pas des surfaces planes, quoiqu'ils le paroissent du premier abord, en ce que les joins sont dans des plans verticaux, car celle du lit de dessus est convexe, & celle du lit de dessous est concave; mais leur courbure se fait insensiblement, & facilement au lit de dessus, il n'y a qu'à prendre le biveau de l'angle obtus d'aplomb, & de coupe t 5 u, & abattre la pierre à mesure qu'on le fait couler sur la Courbe du lit, qui a été tracée dans le plan vertical, tenant toujours une des branches parallele à elle-même, & à la surface de la plate-bande.

IL n'en est pas de même pour le lit de dessous, il faut prendre le biveau de l'inclinaison de la coupe sur l'horison, qui est t 6 V, & tenir toujours une de ses branches parallele à l'arête de la plate-bande, avec la doële qu'on fera couler ainsi dans la surface creuse cylindrique, & l'autre branche sera tenuë parallele à l'arête de cette plate-bande, avec la coupe du lit inférieur; dans cette situation on fera couler l'angle du biveau, sur la Courbe d'arête du lit inférieur, pour abattre la pierre du lit de maniere qu'il se forme une surface un peu concave.

Tom. II.   P p p

482   TRAITE

Si le Vouſſoir portoit le tableau, il eſt viſible que les ſurfaces des lits qui ſont cylindriques, ſe changeroient en d'autres à double courbure, qui ſeroient très gauches dans les premiers Vouſſoirs, parce que la coupe 6 6' fait un grand angle avec la coupe parallele à celle de la plate-bande 6 V, ce qui rend l'exécution plus difficile; c'eſt à l'Apareilleur à voir ſi cette conſtruction lui convient, en ce cas on formera cette ſurface comme les gauches planolimes, dont il a été parlé au Chapitre 1. de ce Livre.

Seconde maniere, où les lits ſont droits.

Il y auroit encore une maniere de tracer des Courbes des arêtes, ſi l'on vouloit faire *des lits plans*, ce qui eſt poſſible & qui rendroit l'exécution beaucoup plus aiſée, ſupoſant que les Vouſſoirs ne portent pas le tableau, ou qu'au cas qu'on veüille qu'ils les portent, on change les coupes intérieurement par un reſſaut.

Nous avons fait à la conſtruction précédente les directions des joins de lit, en projection horiſontale paralleles entr'elles, & à la ligne du milieu m M, & pour conſerver la régularité de ces directions; nous avons fait des lits de ſurfaces courbes cylindriquement concaves & convexes.

PRESENTEMENT, nous allons propoſer de leur donner des directions convergentes vers la feüillure, proportionnellement à l'ébraſement des piédroits.

Et nous ferons des lits en ſurfaces planes au lieu des cylindriques.

Fig. 261.   Soit, le même plan horiſontal de la Baye de l'arriere-Vouſſure de la figure 261. on prolongera les piédroits AB, DE, juſqu'à ce qu'ils concourent en S, d'où par les projections p¹, p², p³ des diviſions 1, 2, 3, du cintre primitif, ou tracera les lignes p' Q, p² R, p³ O, qui ſeront les projections des cordes des Courbes des joins de lit à la doële, leſquelles Courbes ſeront comme à la conſtruction précédente des quarts d'Ellipſes; mais differens en ce qu'au lieu de prendre pour le demi-axe de hauteur une ligne verticale comme 1 z, 2 c, 3f, on prendra la diſtance de la diviſion du cintre primitif à la plate-bande, ſur une ligne inclinée parallele à la coupe de la plate-bande, comme 6 Z', 5 Y', 4 X'. tirées des diviſions correſpondantes, & égales à celles de l'autre côté 1, 2, 3, pour éviter la confuſion des lignes; par le moyen de ces demi-axes, & de l'horiſontal m M, commun à toutes les ſections, on tracera d'autres quarts d'Ellipſes que ceux de la figure 262.

On élevera enſuite des verticales ſur AE', par les points trouvez

Q, R, O, qui couperont la plate-bande ae aux points x, y, 9, par lesquelles du centre de coupe M ou T, on tirera les joins de téte $9Z$, yY, xX.

Pour former les panneaux de doëlle plate, on prendra les cordes des quarts d'Ellipses, ensuite les projections horisontales des divisions du cintre primitif & de la plate-bande, dont on formera un trapeze, comme il a été dit aux Problemes X & XI, du troisiéme Livre.

Suposons, par exemple (ce qui n'est pas) que l'arc $1^6 bS$, soit celui de la section par le point 1 de la premiere division, on fera Qq, perpendiculaire sur AE & indéfinie, puis du point p^1 pour centre, & de l'intervale de sa corde $1^6 S$, pour rayon, on décrira un arc qui coupera la perpendiculaire Qq au point q, par où on menera qr, parallele & égale à QR, puis on tirera rp^2, le trapeze $p^1 q r p^2$, sera celui de la seconde doëlle plate, de la méme maniere on aura le trapeze $p^2 r^2 f p^3$, pour le panneau de la troisiéme, ainsi de suite.

Aplication du Trait sur la Pierre.

L'Aplication du Trait sur la pierre, suivant cette construction est presque la méme que la précédente, la difference ne consiste qu'en ce que les lits étant des surfaces plans, il y a beaucoup moins de façon; après avoir formé la quatriéme surface qui est verticale parallele aux faces, pour y poser le panneau de tête cintrée, il n'y a qu'à abattre la pierre en parement droit d'un joint de tête à l'autre, ce qui est aisé à la regle, puisqu'on la peut faire couler sur trois lignes données, sçavoir, sur le côté de la doëlle plate, & sur les deux têtes tracées.

Les lits étant formez, il ne s'agit que d'y apliquer les panneaux des quarts d'Ellipses, tracez au profil pour les joins de lit à la doëlle, alors on à les quatre côtez de la surface gauche, & sans qu'ils soit nécessaire de biveau, on en taillera la surface comme les gauches, que nous avons apelé mixtilines au commencement de ce Livre, & la doëlle de l'arriere-Voussure de Marseille, dont celle-ci est dérivée, en suposant sa ligne de sommité infiniment peu courbe, c'est-à-dire sensiblement droite.

Il nous reste à chercher les Courbes des joins de doëlle transversaux, comme sont ceux des têtes des Voussoirs, qui ne sont pas assez longs pour occuper toute la profondeur de l'arriere-Voussure; ce qui se fera à peu près de méme, que nous l'avons dit pour l'arriere-Voussure de Marseille ordinaire. Soit par exemple pour la premiere construction, un plan vertical qui coupe l'arriere-voussure parallelement à ses faces par les points k, r, n, de la p... suon horisontale, ou $dcba$, qui marque la longueur de la pierre depuis la ..... jusqu'à sa tête, au joint de doële transversale ; on portera la distance 1 ..... ou P c de la figure 261. au profil 262. de F en E, ou P k de F en G, si la pierre étoit plus longue ; puis par le point E ou G on menera E a ou G g, parallele à la verticale FI, qui coupera les quar... ellipses du profil aux points a, b, c, d, par lesquels on menera des ho...ontales, qui couperont les joins correspondans à l'élevation en a', b', c', d', sçavoir, le premier vertical dk en a' ; bi en b' ; ζl en .... $4g$ en d', & par ces points d'intersection, on menera la Courbe d', c', b', a', qui servira à former le panneau de tête du Voussoir, qui n'auroit de longueur horisontale a que FE, de la figure 262, ou ce qui est la même chose G b, de la figure 261 ; il est visible qu'on auroit de même la tête d'un Voussoir, qui auroit pour longueur GI, du plan horisontal ou FG du profil, qui donneroit une autre Courbe moins concave, tracée à l'élevation au dessus de la précédente, & au dessous de la plate-bande ae.

Pour ne pas trop embrouiller l'épure par des lignes horisontales, il suffira de porter les hauteurs du profil E a, E b, E c, &c. sous la plate-bande ae, de l'élevation sur les verticales, qui font les élevations des joins de lit comme E a, sur ka, &c.

Nous ne comprenons point dans les Voussoirs le premier, qui comprend une partie de l'ébrasement du piédroit, & le sommier de la plate-bande, parce que la meilleure maniere de le faire est la même, à peu de chose près, que pour l'arriere-Voussure de Marseille, dont nous avons parlé ; afin qu'il comprenne l'angle rentrant dans une seule piece ; quoiqu'on puisse aussi le faire comme les autres Voussoirs ; mais avec trop d'inconveniens pour en conseiller la taille.

Du Revêtement de cette Arriere-Voussure, par un Lambris de Menuiserie.

Le Principe des Traits expliqué à la page 290. par les revêtemens de Menuiserie, où l'on supose les pieces des Bâtis de largeurs égales, doit s'apliquer à l'arriere-Voussure de Montpelier, à peu près comme à celle de Marseille, dont nous avons parlé à la page 299 ; mais à cause que la doële de celle dont il s'agit ici, est une surface à double courbure, le Trait en est un peu plus difficile ; on reconnoîtra par la comparaison de celui que je vais donner la grossiereté de l'erreur de celui qu'on voit au Livre de la coupe des Bois de Maître Blanchard.

DE STEREOTOMIE. Liv. IV.   485

(Chap. XI.) sous le nom d'*Arriere-Voussure de Marseille*, tombant sur l'angle obtus.

Soit, (figure 264) le trapeze ABDE, le plan horisontal de la Baye; P $a e^2$ Q, l'élevation de l'arriere-Voussure faite comme au Trait de la coupe des pierres de la figure 261. on divisera le cintre BHD en autant de parties égales qu'on voudra avoir de points des Courbes de projection des Bâtis, tant horisontales, que verticales, par exemple ici en six aux points 1, 2, H, 4, 5, par lesquels on tirera autant de perpendiculaires à PQ ou AE, commme mM, nN, nN, K^5, &c. rp^2, rN^2, sur lesquelles on tracera des quarts d'Ellipses, comme il a été dit au Trait précedent, sur les demi-axes donnez, & Gp^2; $r2$&I N^2; mH, & CM; tels sont les arcs $n\ o\ y$1, az2, M^2 lH, pour les sections passant par les points 1, 2, H, lesquelles sont égales à celles de l'autre côté, faites par les lignes n4, n5 & l'arc D T k^2, pour la section par KD & BM^2.

Fig. 264.

A l'égard de l'arc de naissance sur le piédroit DE, on en fera l'élevation comme D 2, E^2, & la projection verticale D fe^2, sur les demi-axes donnez, dont les horisontaux DQ & DE, sont l'un plus grand, l'autre plus petit que ceux des autres sections, qui sont tous égaux entr'eux; & à la perpendiculaire CM, & les verticaux sont égaux à la hauteur Qe^2, comme on voit en DT k^2.

Cette préparation étant faite, il faut chercher par le moyen de ces sections verticales, des points équidistans du contour du cintre BHD, & de la plate-bande ae^2, pour tracer les Courbes de projection des arêtes des bâtis, qui sont à double courbure, comme fLg & 6 o 7, au plan horisontal & sur le plan vertical V 9 & 8 7.

Par des points pris à volonté sur l'arc BH, comme d & e, on tirera du centre C des lignes dx, ei, qui couperont les sections verticales r G, r I aux points x, & i, par lesquels on tirera les perpendiculaires xy, iz, qui couperont les arcs elliptiques ny1, ez2, aux points y & z. ensuite par les points x & i, on tirera des perpendiculaires xY & eZ aux lignes ei & dx, qu'on fera égales aux précédentes xy & iz, & l'on tracera à la main des arcs Z e, Y d, sur lesquels on prendra la largeur donnée du bâtis d F & e Z, qui se trouve ici par hazard tomber en Z.

Il suffira pour l'exactitude nécessaire à la pratique, de tracer ces arcs à la main un peu plus concaves, que ceux des sections verticales y 1 & z 2; cependant si l'on vouloit avoir ces arcs avec plus d'exactitude, & en trouver plusieurs points, il faudra chercher comme il suit.

On prolongera la ligne dx en S, cette ligne coupera deux verticales rG & M^tB, aux points x & u, & la plate-bande ae en S, par où l'on tirera sur dS les perpendiculaires xY, uv, Ss, lesquelles seront autant d'ordonnées de la Courbe que l'on cherche, qui sont communes aux sections verticales: nous avons déja trouvé la premiere $xY = xy$; la troisiéme Ss est évidemment égale à la profondeur de l'arriere-Voussure CM, la seconde ut se trouveroit comme la premiere, si nous avions tracé la section elliptique sur la verticale; mais comme faute de place, & pour éviter la confusion de la figure, son égale a été tracée de l'autre côté en DT k^2, on tirera par le point u une parallele uT, au diametre BD, qui coupera l'arc D k^2 au point T, & la droite KD au point V; la ligne VT sera l'ordonnée que l'on cherche, qu'on portera de l'autre côté en ut, & par les points f, t, Y, d, on tracera à la main, ou avec un regle pliante la Courbe $ftYfd$, que l'on cherche.

Nous avons trouvé dans la formation des Courbes ex, df, les saillies des largeurs du bâtis inférieur, exprimées par les lignes gf, ia, pour avoir les ordonnées de la Courbe de projection horisontale f, z, L 9, & les largeurs gd, ie, prises sur un plan vertical, lesquelles déterminent les points de la projection verticale g, i, V, g. Il faut présentement déterminer la rencontre de la largeur du bâtis transversal inférieur, avec celui de chaque naissance de l'arriere-Voussure, sur les piédroits en traçant la Courbe de projection de chacun de ces bâtis, ce que l'on fera de la même maniere que nous l'avons dit à la page 303. relativement à la figure 151. de la planche 52.

L'Aplication du Trait sur le bois sera aussi la même.

Explication Démonstrative

Nous avons déja dit plusieurs fois pourquoi les naissances des arcs, & surfaces qui s'élevent sur des lignes droites, ou sur le plan, doivent se trouver aux points d'atouchement; ainsi les lignes courbes qui sont les élemens verticaux de la surface de l'arriere-Voussure, doivent être tangentes à deux plans, c'est-à-dire à leurs sections par ces Courbes, sçavoir, au plan vertical passant par le centre primitif, & à l'horisontal passant par l'arête de la plate-bande; or comme ces plans sont perpendiculaires entr'eux, il n'y a de Courbe des sections coniques, qui puisse les toucher tous deux, que celles qui rentrent en elles-mêmes, comme le cercle & l'Ellipse; mais le cercle ne peut toucher deux perpendiculaires qu'à distances égales de leur intersection, donc cette Courbe ne convient qu'au seul cas, où la hauteur de la plate-bande sur la naissance de la doële est égale à la profondeur de l'arriere-Voussure, donc par-tout ailleurs cette Courbe sera un jarret avec la ligne d'aplomb sur la naissance, ou avec celle du niveau à la plate-bande, par la 36. du troisiéme Livre d'Euclide; ce qui condamne le Trait de Maitre Blanchard.

Il n'en est pas de même de l'Ellipse, elle peut toucher deux lignes perpendiculaires entr'elles, à telle distance qu'on voudra de part & d'autre du point de leur intersection, donc les élemens de la surface de l'arriere-Voussure en question doivent être des quarts d'Ellipses; & il n'importe qu'ils soient dirigez parallelement entr'eux, ou dans des plans converges proportionnellement à ceux des piédroits, parce que en quelque situation qu'ils soient autour de l'axe, qui demeure en situation verticale, ils seront toujours tangens au plan horisontal passant par la plate-bande.

Mais si l'on supose la doële coupée par un plan incliné, comme par exemple en S *d*, (figure 264.) il est clair que la section ne sera plus de même espece, c'est pourquoi nous avons été obligé d'en chercher les points par l'intersection de ce plan incliné, avec les verticaux elliptiques; parce que tous ces plans étant perpendiculaires à un troisiéme vertical, passant par le cintre primitif BHD, leurs communes intersections lui seront aussi perpendiculaires; or ces lignes d'intersection sont des ordonnées connuës dans l'Ellipse, par conséquent elles donneront à leurs extremitez des points de la nouvelle Courbe inconnuë, dont la connoissance devient par cette construction inutile pour la Tire, puisqu'on la décrit exactement sans en connoitre la nature.

COROLLAIRE.

De là on tire la maniere de *faire une Voussure droite sur les impostes, qui rabotte un arc circulaire ou elliptique, dont le plan est parallele à celui qui passe par les impostes.*

Si l'on veut faire un plat-fond circulaire sur une chambre quarrée, ou elliptique sur une chambre barlongue, on le peut facilement par le moyen d'une Voussure, dont le Trait se fera de la même maniere que l'arriere-Voussure de Montpelier; car si l'on y fait attention, la hauteur aplomb de l'imposte au plat-fond étant par-tout la même, & la retombée de chaque point du cercle horisontal, qui est la bordure du plat-fond étant inégale, on aura une suite de quarts d'Ellipses, qui auront un demi-axe constant, sçavoir, le vertical & un autre variable, qui est l'horisontal.

Il doit y avoir seulement une petite différence dans la position des plans de ces Ellipses, qui doivent toujours être rangez du centre du cercle à la circonférence, ce qui n'est pas de même dans l'arriere-Voussure.

Secondement, que les joins des lits horisontaux de la Voussure, seront inégalement éloignez dans la surface, qu'ils partagent en assises de largeur inégale.

Au reste les Courbes de ces joins horisontaux se trouveront précisement de la même maniere, que nous avons employé pour trouver celle de la trompe à Panache, il faut seulement du choix pour le quart d'Ellipse, qui doit servir de cintre primitif, sur lequel on veut faire la division; si l'on prend celui qui est dans la diagonale du quarré, pour y prendre des divisions égales, il en résulte deux inconveniens, l'un que l'irrégularité se jette au milieu dans le quart d'Ellipse, qui est entre les deux diagonales, & perpendiculaire au côté droit, où les assises superieures se resserrent trop à la doële, & si l'on prend ce dernier pour cintre primitif, l'irrégularité se jette aux diagonales où les assises superieres s'élargissent trop; d'où il faut conclure qu'on doit prendre pour cintre primitif l'arc elliptique, qui est au quart de la circonference du quart de cercle compris entre les deux diagonales. Ayant les arcs elliptiques des joins montans, & les Courbes irrégulieres des joins de lit, on fera cette Voussure comme la Trompe à Panache, ou pour remonter plus loin par la méthode de l'inscription des cylindres, comme on l'a expliqué pour la construction des Voutes Sphériques.

On pourroit faire les divisions des joins en lit toutes égales à chaque quart d'Ellipse, alors les lits ne seroient plus de niveau, mais ondez, montans depuis le milieu de l'imposte droite jusqu'à la diagonale du quarré, d'où ils retomberoient en descendant jusqu'au milieu du côté contigu; ainsi de suite, la construction & la décoration n'en seroient pas moins bonnes.

Troisiéme

page 489

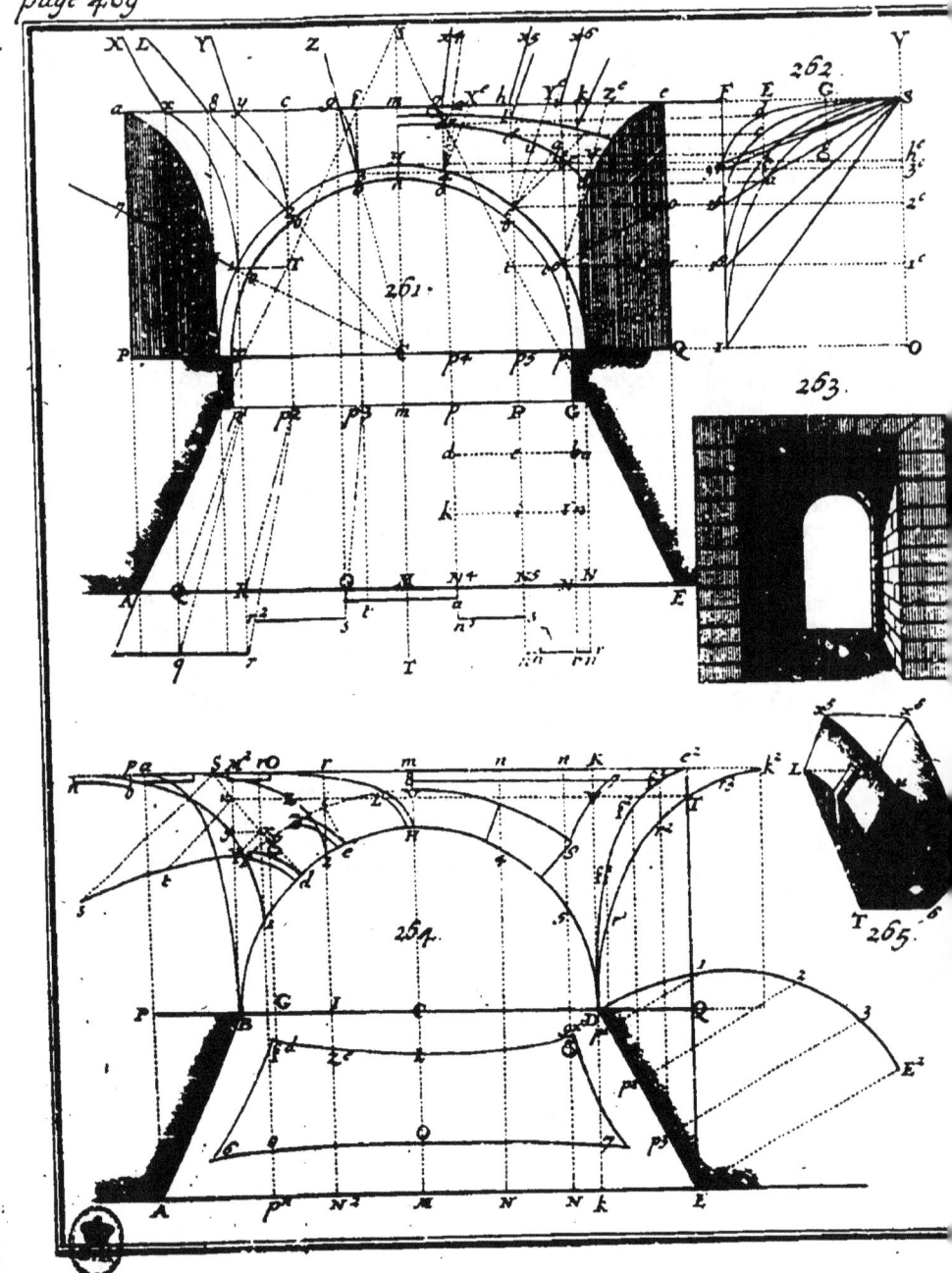

Troisiéme espece de Voute, de Surface irréguliere, que j'apelle Sphérico - Prismatique.

En termes de l'Art,

ARRIERE - VOUSSURE DE ST. ANTOINE.

Nous avons parlé des Voutes de surfaces irrégulieres à double courbure, qui étoient terminées les unes par un côté droit & trois Courbes, les autres par deux côtez droits & deux Courbes; il nous reste à traiter de celles qui sont terminées par trois côtez droits & un Courbe, telles sont *les Arrieres - Voussures de St. Antoine*; ainsi apellées, parce qu'aparemment les premieres qui ayent été faites, sont les trois de la Porte de Paris connuë, sous le nom de Porte de *St. Antoine*.

La figure de cette Voute, qui est représentée au chifre 266. de la soixante-neuviéme planche, est telle qu'elle présente par sa face une section de Voute Sphérique, qui dégenere dans le fond en plate-bande, sous laquelle est la Baye de la Porte voutée aussi en plein cintre, pour soutenir cette plate-bande, où est la hauteur des impostes sur les piédroits, lesquels sont paralleles entr'eux. PL. 69. Fig. 266.

Comme cette plate-bande peut se soutenir par sa coupe, ou par un linteau d'une piece, on peut suprimer cette seconde Voussure du tableau cintré en berceau, & faire l'arriere - Voussure plus simple, telle qu'elle est représentée à la figure 269, & ébraser les piédroits si on le juge à propos. Fig. 269.

On peut considerer la surface de cette Voute, comme une suite de quarts d'Ellipses de differentes hauteurs; mais dont les naissances sont de niveau, lesquels sont rangez suivant la direction des piédroits, s'ils sont paralleles, ou concourant au même sommet, s'ils sont convergens; ainsi cette arriere-Voussure est la contraire de la précédente, où les sommets étoient de niveau, & les naissances à hauteur inégales.

Autrement on peut la considerer comme une suite de demi - Ovales verticales, paralleles à la face, dont un des axes qui est l'horisontal peut être constant, si les piédroits sont paralleles entr'eux comme à la Porte *St. Antoine*, ou variable si les piédroits sont ébrasez; & dont l'autre demi-axe qui détermine la hauteur de chaque Ovale, diminue depuis la face jusqu'à la plate-bande, où il se réduit à rien, suivant le raport des ordonnées d'un quarts de cercle; si la hauteur de la face, & la profondeur de l'arriere-Voussure, sont égales entr'elles, ou bien suivant le raport des ordonnées d'un quart d'Ellipse, lorsque la hauteur & la profondeur sont des lignes inégales.

Cette sorte d'arriere-Voussure, qui est le contraire de la précédente, dont la plate-bande est transportée du haut en bas, & du dehors au dedans, est susceptible des mêmes variétez, non seulement dans la situation de sa direction à l'égard des faces qui peut être droite ou biaise, & de celle des piédroits, qui peuvent être paralleles entr'eux ou ébrasez; mais aussi dans la nature, & l'arangement des cintres, qui déterminent la concavité de la doële, & les sections des joins de têtes & des joins de lit.

Premierement, on peut faire les cintres des joins de lit en arcs de cercles, suivant la pratique du Trait de P. Deran; mais cette Courbe ne convient non plus à l'arriere-Voussure dont il s'agit, qu'à la précédente par la même raison, & encore moins à la naissance des angles rentrans; ainsi les elemens de cette surface doivent être des quarts d'Ellipses verticaux, dont les centres soient rangez sur une ligne horisontale.

Secondement, ces quarts d'Ellipses peuvent être paralleles entr'eux, ou convergens, proportionnellement à l'ébrasement des piédroits.

Troisièmement, les sections de cette Voute qui forment les lits des Voussures, peuvent être des surfaces planes ou des cylindriques, à peu près comme à la précédente.

A l'arriere-Voussure exécutée à la Porte St. Antoine à Paris, les piédroits sont paralleles entr'eux, M. de la Ruë y a remarqué que les Voussoirs du fond y étoient apuyez à leur naissance sur une feüillure en retraite, qui en soutient la plate-bande, de sorte qu'ils ne font pas corps avec le tableau de la Baye, qui a son centre au dessous, sur les Voussoirs duquel cette feüillure est pratiquée.

Cette construction a donné occasion à l'Auteur cité, de distinguer de deux sortes d'arrieres-Voussures de St. Antoine, l'une qu'il appelle seulement en *plein Cintre*, qui est celle-ci, dont la naissance est soutenuë par une seconde naissance, l'autre qu'il appelle en *plein Cintre* par derriere & quarrée par devant.

Je ne vois pas là de raison suffisante pour une distinction, j'aimerois mieux dire l'arriere-Voussure, dont la naissance en plate-bande est soutenuë, & celle où elle se soutient elle-même par la coupe; d'autant plus que le plein cintre dénominateur peut fort bien être furbaiflé, & même un apui maffif, ou une plate-bande au deffous de celle de la naiffance.

Au refte l'arriere-Voufflure peut fort bien fubfifter à la plate-bande par fa propre coupe, l'Architecte de la Porte St. Antoine ne l'a apuyé que pour une plus grande folidité, parce qu'elle eft compofée de quinze Vouffoirs, c'eft pourquoi nous fubftituons à cette diftinction, celle du nom propre originaire, & celle à fermeture droite fans fuport à la plate-bande.

Arriere - Vouffure de St. Antoine, proprement dite, dont les piédroits font paralleles entr'eux.

Soit, figure 267. le rectangle ABDE, le plan horifontal de la Baye, qu'on veut vouter avec fes feüillures Af, Bg, & fes tableaux Ff, Gg, que nous regarderons comme des parties étrangeres à l'arriere-Vouffure, de laquelle elles font indépendantes, quoique adhérentes; fur de, égal DE comme diametre, on décrira le cintre de face circulaire, ou elliptique comme l'on voudra, nous le fupoferons ici circulaire dHe, puis l'ayant divifé en fes Vouffoirs, par exemple en fept aux points 1, 2, 3, 4, 5, 6, on menera par ces points autant de paralleles aux piédroits AD, BE, qui couperont la projection de la plate-bande AB, aux points p^1, p^2, p^3, m, &c. & la face DE, aux points q^1, q^2, q^3, M, &c.

On fera enfuite le profil de la Voute, c'eft-à-dire une projection verticale de fes joins de lit, raffemblez fur un même plan.

Nous prenons ici pour la commodité de l'épure la ligne BE, pour bafe de ce profil; & la ligne EH' égale à CH, pour la hauteur, fi ces deux lignes BE, EH', font égales entr'elles, elles feront les rayons d'un quart de cercle, lequel eft le cintre du milieu de la clef de l'arriere-Vouffure.

Mais fi ces lignes font inégales, on les prendra pour des demi-axes d'un quart d'Ellipfe, qui fera un cintre furhauffé ou furbaiffé; en continuant la même conftruction pour tous les joins de lit, on aura toujours la même ligne BE pour axe commun, & les hauteurs des retombées 1F, 2P, 3p, &c. pour l'autre demi-axe de chaque quart d'Ellipfe, qui défigne la fection par les joins de lit à la doële. Ainfi ayant tranfporté la hauteur 1F en E 1⁶, on décrira le premier quart d'Ellipfe Br 1⁶, de même la hauteur 2P tranfportée en E 2⁵, on décrira le fecond quart d'Ellipſe B$f2^s$, de méme auſſi avec la hauteur 3 t tranſportée en 3^4, on aura le quart d'Ellipſe B$t3^4$.

Il faut préſentement chercher les Courbes des joins de doële tranſverſaux, tant pour ſervir à former les cerches néceſſaires pour creuſer exactement la doële, que pour former les tétes des Vouſſoirs, qui ne ſont pas aſſez longs pour s'étendre depuis la plate-bande du fond au cintre de la face intérieure.

On prendra à volonté ſur la ligne BE, autant de points que l'on voudra former de ces cerches, nous n'en prendrons ici que deux, un en L l'autre en N, par leſquels on lui menera des perpendiculaires, qui couperont les Courbes du Profil, l'une aux points $rſtb$. l'autre aux points $xyzv$, & l'on portera toutes ces differentes diſtances de la ligne BE, ſur les aplomos correſpondans.

Sçavoir, Nr en FK & GR; NS en PS & oS; Nt en pT & ot, &c. Nb en Cb, & par tous les points RST bt, &c. on tracera à la main ou avec une regle pliante la Courbe $db t$.

De la méme maniere on portera Lx du profil en FX & Gx, de l'élevation, Ly en PY & oy; Lz en pz & oz, Lv en CV, & par les points XYZV, &c. on décirera de méme la Courbe dVe, que l'on cherche, pour ſection verticale de la doële coupée par un plan parallele à ſa face.

Aplication du Trait ſur la Pierre, par équarriſſement.

Fig. 268. Sourosons, par exemple qu'il s'agiſſe de faire le premier Vouſſoir ſur l'impoſte, qu'on appelle *Sommier*.

Après avoir dreſſé un parement pour ſervir de lit de deſſous, comme $kbFp$, on lui en fera deux autres à l'équerre l'un $kp b e$, pour la téte, l'autre bp, FG, d'équerre auſſi ſur la téte, pour y tracer l'aréte du premier lit en coupe.

On tracera enſuite au lit de deſſous, le contour KDAfF, du piédroit, ſoit par le moyen d'un panneau, ou ſeulement à la regle, & au Compas, en KD, à fFd, de la figure 268.

On apliquera ſur le parement de téte kb, le panneau levé ſur la téte d I T, de la figure 267. pour en tracer les contours ſur la pierre.

Enfin on apliquera sur le parement *b* GF*f*, le panneau d. quart d'Ellipse B *r* 16 E en *bfp*, pour y tracer l'arete du lit *bf*, & la pierre sera tracée.

Il faut présentement prendre le biveau d'aplomb, & de coupe F *i* T, & tenant toujours une de ses branches paralleles à l'arête *bp*, & l'autre parallele à *b*T, on le fera mouvoir en cette situation, le long de la Courbe *fb*, abattant toute la pierre qui excéde l'angle, qui formera une surface cylindrique convexe.

Les lits de dessus & de dessous étant formez, on abattra la pierre comprise entre quatre lignes données, & tracées sur ses paremens, sçavoir, l'arc circulaire de tête D *b*, les quarts d'Ellipse *bf*, la droite d'arête du lit de dessous D *a*, & de la droite de feuillure *af*.

Mais comme cette surface est du nombre de ces irrégulieres, dont la concavité varie continuellement, il est à propos pour la creuser régulierement de se servir des cerches, formées comme nous l'avons dit sur des sections transversales, prises à volonté parallelement aux faces, c'est pourquoi, supposant qu'on veuille se servir de la premiere, marquée au plan horisontal *l*L, on portera la distance D *l* sur l'arête D *a* du Voussoir de la figure 268. en D *l*, puis ayant levé une cerche sur le *d* X de l'élevation, on la placera sur le point L*x*, de la figure 268. parallelement à la surface de la tête *k* D *b*, en apuyant le bas de la cerche sur L, & le haut sur l'arête eliptique *bf*, & l'on creusera suivant l'exigence du contour de la cerche. Si l'on veut operer avec plus de précision, on peut encore se servir d'une autre cerche *d* R, prise sur la section *n* N, laquelle aproche plus de la figure de l'arête circulaire de la tête; il est visible que si le Voussoir ne compernoit qu'une partie de la profondeur de l'arriere-Voussure, il faudroit operer comme nous venons de faire, en se servant de pareille cerche pour tracer le contour de la tête au lieu de l'arc D *i*.

En suivant cette méthode de tailler les Voussoirs par équarrissement, on sent la nécessité de former deux paremens, l'un de suposition horisontale, l'autre de suposition verticale pour tous les Voussoirs, qui sont au dessus du sommier, pour pouvoir placer dans l'un la projection horisontale de l'arête du joint de lit de dessous, & dans l'autre la projection verticale de l'arête du lit de dessus, & servir à la position du biveau de coupe & d'aplomb, comme nous l'avons fait au premier Voussoir.

Il sera aussi nécessaire d'en user pour la formation des Voussoirs de cette arriere-Voussure, comme nous avons fait pour ceux de la précédente à l'égard de la formation du lit de dessous concave, à tous les Voussoirs au dessus du sommier.

C'est-à-dire, qu'il faudra tracer sur le parement aplomb, dans lequel est l'arête du lit de dessus celle du lit de dessous, pour former une fausse doële cylindrique, laquelle servira pour poser le biveau de l'angle de la coupe de lit de dessous avec l'horison, qu'on fera mouvoir parallelement à la surface de tête sur l'arête du lit de dessous, après quoi on abattra cette surface cylindrique en creusant entre les Courbes des arêtes du lit de dessus & de dessous, avec le secours des cerches des sections transversales, comme nous l'avons expliqué pour le sommier.

REMARQUE.

On peut remarquer qu'en conservant la même inclinaison, de coupe du lit à l'égard de l'horison, il en résulte l'inconvennient des fausses coupes, qui font les angles des arêtes obtus, & aigus alternativement. Ainsi par cette construction on fait une arête très aiguë au sommier vers la feüillure, lorsque le Coussinet n'est pas un peu élevé sur l'imposte; en ce cas il faut remedier par quelque artifice, en abattant un peu de l'arête en angle obtus saillant, qui se loge dans un rentrant, que l'on fait porter au Voussoir de dessous, comme nous l'avons dit des clavaux des plates-bandes; ce qui est indispensable, lorsque l'arête est si vive qu'on a lieu de présumer, qu'on ne pourra la tailler sans risque de la casser.

On voit à la figure 268. l'accord de l'arriere-Voussure avec la plate-bande, par un ressaut triangulaire marqué $t R f$, faisant $R f$ parallele à $g F$, du devant de la plate-bande, où nous suposons que la coupe du claveau doit faire abattre le prisme triangulaire $g G f F r R$, qui est moins incliné que $t f$; on voit à peu près la même chose à la figure 271.

Seconde maniere, & Variation de figure, par Panneaux de Doële Plate.

Les differences de ce Trait avec le précédent sont.

1°. Que dans le Trait précédent nous avons fait les joints de lit dans des plans paralleles entr'eux, présentement nous les faisons dans des plans convergens.

2°. Nous avons fait les divisions de la plate-bande inégales, ici nous les faisons égales. Enfin nous avons operé par équarriſſement, ici nous operons par panneaux de doële plate, voilà deux Variations de conſtruction, & une difference de méthode.

Soit, (figure 272.) le trapeze ADEB, le plan horiſontal de la Baye qu'on veut vouter en arriere-Voulſure de St. Antoine, laiſſant à part la feüillure, & le tableau comme une partie facile à creuſer, & étrangere au Trait:

Sur AB comme diametre du cintre de face, on décrira la demi-cerche AHB, ou ſi l'on veut une demi-Ellipſe ſurhauſſée ou ſurbaiſſée, il n'importe; l'ayant diviſé en ſes Voulſoirs, par exemple en ſept aux points 1, 2, 3, 4, 5, 6, on abaiſſera à l'ordinaire des perpendiculaires indéfinies ſur AB, qui les couperont aux points p^1, p^2, p^3, P p^5 p^6.

On diviſera enſuite la plate-bande DE en un même nombre de parties égales, moins deux de ce qu'on a diviſé le cintre AHB, c'eſt-à-dire ici en cinq, ſi ce cintre a été diviſé en ſept Voulſoirs, ſçavoir, aux points 2^n, 3^n, 4^n 5^n, deſquels points on tirera des lignes aux projections des diviſions p^1 p^2 p^3, &c. ces lignes ſerviront pour faire les profils des arêtes des joins de lit, comme il ſuit.

Ayant fait l'angle droit NL b, on portera ſur LN les longueurs de chacune de ces lignes Dp^1, 2^n p^2, 3^n p^3 de L vers N, où nous ſupoſons pour plus de facilité du diſcours, qu'elles viennent toutes aboutir, parce que la difference de leur longueur n'eſt pas fort ſenſible, quoi-qu'elle ſoit réelle, enſuite on portera ſur L b les hauteurs des retombées 1 p^1, 2 p^2, 3 p^3, qui donneront ſur L b les points 1^6, 2^5, 3^4, par leſquels & par le point N, on tirera les cordes N 1^6, N 2^5, N 3^4, & par les mêmes points on fera paſſer autant de quarts d'Ellipſes N f_1 1^6, &c. ſur les demi-axes donnez, qui ont leur centre commun en L.

Cette préparation étant faite, on tracera les panneaux de doële plate, dont les deux premiers ſeront des triangles compoſez de trois côtez, dont il y en a deux de donnez, ſçavoir. 1o. l'impoſte au piédroit AD ou BE. 2o. la corde A 1 ou B 6, de la premiere tête ſur l'impoſte, & le troiſiéme ſe trouvera en portant la retombée 1 p^1, de p^1 en x, ſur une perpendiculaire à la projection D p^1; la ligne D x ſera le troiſiéme côté de ce triangle; ainſi faiſant une ſection avec les rayons D x & A 1 des points D & 1 pour centre, on aura le point y, le triangle A y D ſera le panneau de doële plate que l'on cherche ſi l'on veut.

Je dis ſi l'on veut, parce qu'il n'y a aucun avantage de tailler ces Voulſoirs ou Sommiers par panneaux, il eſt plus commo-

496 TRAITE'

de de le faire par équarriſſement ; il n'en eſt pas de même des autres Vouſſoirs.

Les panneaux des doëles plates ſuivantes ſeront des trapezes de grandeur, & de figure inégales dans chaque côté de la clef.

Pour le premier au deſſus du Couſſinet, on prendra au profil la corde N 1^6 avec le Compas, dont on mettra une pointe au point 2ⁿ du plan horiſontal, & avec l'autre on fera un arc qui coupera l'aplomb 2 p^2, prolongé en X par où on menera une parallele à BA, qui coupera l'aplomb $1p^1$, prolongé au point d^1; ſi l'on tire les droites X 2ⁿ, D d^1, le trapeze D 2ⁿ X d^1, ſera le panneau que l'on cherche, dont il n'y a que les trois angles D, 2ⁿ, d^1, qui touchent la doële ; le quatriéme X en eſt éloigné aplomb ſuivant la hauteur de la retombée 2 u, laquelle diminuë à meſure qu'on aproche de la clef.

De la même maniere pour former celui du Vouſſoir ſuivant, on prendra avec le compas l'ouverture de la corde N 2s, avec laquelle pour rayon, & du point 3ⁿ pour centre, on décrira un arc qui coupera l'aplomb 3 p^3, prolongé au point Y par où on menera une parallele à BA, qui coupera l'aplomb 2 p^2, prolongé au point d^2, le trapeze 3ⁿ Y d^2 2ⁿ ſera la figure de la doële plate que l'on cherche ; ainſi des autres, obſervant que le panneau de la clef touche les quatre angles de la doële concave, ce qui n'arrive à aucun autre Vouſſoir.

Il ne reſte plus qu'à chercher les angles des biveaux de doële plate avec la face, & avec la plate-bande, leſquels ſont à très peu près les mêmes que ceux des cordes du profil avec la ligne d'aplomb pour les faces, & la ligne de niveau pour la plate-bande ; cependant comme ces cordes ſont dans des plans un peu inclinez aux verticaux de face & de feüillure, leurs interſections avec ces plans n'en donnent pas les angles, par le Lemme du troiſiéme Livre, c'eſt pourquoi il faut faire un profil exprès.

On portera la ligne CM, qui eſt la profondeur de la feüillure en MQ à part (figure 273.) ſur laquelle ayant élevé la perpendiculaire QH, on y portera toutes les hauteurs des retombées 2 p^1, 1 p^2, 3 p^3, aux points 1, 2, 3, par leſquels on menera du point M, les lignes M¹, M², M³, les angles M 1 H, &c. ſeront ceux de la doële plate avec la face, & leurs égaux opoſez 1 MF, 2 MF, ceux de la même doële avec la feüillure, & ſi la plate-bande eſt portée comme à la Porte St. Antoine, on prendra les angles de la doële avec l'horiſon 1 MR, &c. & l'épure ſera faite.

Aplication

DE STEREOTOMIE. Liv. IV. 497
Aplication du Trait sur la Pierre.

Ayant dressé un parement, par exemple pour le premier Voussoir; on y apliquera le panneau de doële plate, tracée à l'épure en $D 2^s X d^t$, de la figure 272. qu'on a dessigné en Perspective, à la figure 271. & marqué des mêmes lettres.

Ensuite avec le biveau de doële & de tête M 1 H, posé quarrément sur la ligne tracée $d^t X$, on abattra la pierre pour former un second parement, sur lequel on apliquera le panneau de tête T 1 u 2 t de la figure 272.

On fera de même avec le biveau de doële plate avec l'horison 1 MR, on formera un troisième parement pour la plate-bande, si elle est soutenuë dans une retraite, comme à la Porte citée.

Il est visible que si la plate-bande n'est pas soutenuë, il faut commencer par former l'angle rentrant FM 1, de la feüillure avec la doële, qui doit être d'une même piece.

Presentement, il faut former une portion de surface verticale, pour y poser le panneau du lit supérieur, qui est le quart d'Ellipse, marqué au profil $N f^s 2^s$, en abattant la pierre le long du côté $n^2 X$, & de la ligne $u 2$, qui est dans le plan de la tête, à la figure 272. & marqué X 2, à la figure 271. c'est-à-dire en faisant passer une surface plane par trois points donnez $n^2 X^2$ (par le Probleme I. du quatriéme Livre.)

On apliquera sur cette surface la panneau de profil du second point de lit elliptique, (figure 272.) $N f^s 2^s 1^6$, posant la corde N 1^6 sur le côté $n^2 X$, de la figure 271. & après avoir tracé le contour $N f^s 2^s$ en $2 f n^2$, on prendra le biveau d'aplomb & de coupe $u 2 t$, dont on tiendra les deux branches paralleles, l'une à l'arête X 2, l'autre au joint de tête $2 t$, & dans cette situation, on fera couler son angle sur la ligne courbe $2 f n^2$, abattant la pierre qui excéde, & ainsi on aura formé le lit de dessus.

Le lit de dessous se fera par la même méthode, qu'au cas précédent, comme il a été dit & expliqué par la figure 270. en formant une fausse doële cylindrique passant par l'arc du premier joint de lit $N f^s 1^6$, pour y faire couler un biveau dans la situation parallele à la face.

Pour poser la cerche de ce premier joint dans sa juste situation, il faut tirer sur le parement de tête une ligne $d_1 V$, perpendiculaire à
Tom. II.   R r r

d'X, sur laquelle on apliquera une regle, par laquelle il faut borneyer le plan de la cerche, & dans cette situation on en tracera le contour pour marquer avec précision dans la surface cylindrique la ligne d'arête de lit & de doële, sur laquelle il faut faire couler le biveau T 1 *u*, comme nous l'avons dit pour former exactement le lit concave du dessous du premier Voussoir, qui doit s'adapter sur le convexe du sommier, après quoi on creusera la doële comme il a été dit à la construction précédente; si les Voussoirs ne sont pas assez longs pour s'étendre du devant au fond de l'arriere-Voussure, on pourra chercher les joins transversaux comme à la construction citée.

Ou bien pour s'en épargner la peine, assembler deux quartiers de pierre bien joins à l'équerre, & de longueur convenable, puis les tracer ainsi joins, comme si ce n'étoit qu'une seule pierre.

Cette pratique est commode ; mais si les joins transversaux devoient faire une suite, elle ne pourroit servir à leur donner une régularité de contour, telle qu'il convient, il faut alors avoir recours au Trait, & aux panneaux de tête de joins de doële, lesquels sont aussi nécessaires, étant coupez en sens contraire de cerches convexes pour se bien conduire dans l'excavation de la doële, qui est une surface très gauche, dont la concavité diminue insensiblement depuis la face jusqu'à la plate-bande, où elle se reduit à la ligne droite.

REMARQUE.

Quoique nous ne parlions pas ici des arrieres-Voussures biaises, pour ne pas multiplier les exemples du même Trait, nous pouvons avancer que la méthode des panneaux de doële plate, leur convient également qu'à celle qui sont droites dans leur direction aux faces; la seule difference qui en résultera sera celle des surfaces de trapezes changez en trapezoïdes, qui n'auront aucun côté parallele à son oposé, parce que le plan vertical de face & celui de feüillure ne seront plus paralleles.

Si l'arriere-Voussure se faisoit dans un mur en talud, il faudroit en former le cintre primitif sur une surface plane aussi en talud, parce que si on le prenoit sur un plan vertical, le cintre secondaire qui seroit la section plane d'une arriere-Voussure ordinaire deviendroit une Ovale, dont le contour seroit moins agréable, que le cercle ou l'Ellipse du cintre primitif, d'où il dériveroit.

Il est aisé de voir combien la méthode des panneaux de doële plate est avantageuse pour le ménagement de la pierre.

Troisième manière, & Variation de Coupes.

DANS les deux manieres précédentes, les arêtes des joins de lit à la doële étoient des courbes planes formées par des sections de plans verticaux; ici se font des Courbes à double courbure, formées par des sections des surfaces cylindriques perpendiculaires au plan vertical de la face, passant par les divisions du cintre de cette face, & par celle de la plate-bande.

L'ÉPURE du plan horisontal & de la face, étant tracée précisément, comme au Trait précédent pour la division de la plate-bande, & les projections des divisions de la face. On tirera des lignes droites de chacune des divisions de la plate-bande 4^*, 5^*, E, des parallèles à la direction HC, qui couperont AB aux points Qq & K, par lesquels & ceux des divisions de l'arc de face 4, 5, 6, on tirera les lignes inclinées 4 Q, 5 q, 6 k, qu'on divisera chacune en eux également aux points m, m, m, par où on leur tirera des perpendiculaires, qui couperont le diametre AB, prolongé en z, y & x, qui se trouve hors de la planche; ces points d'intersection seront les centres des arcs de cercles 4 S Q, 5 S q, 6 S K, lesquels sont les projections verticales des joins de lit à la doële de l'arriere-Voussure.

PRESENTEMENT, il faut faire les profils des joins de lit comme à la premiere construction, avec cette difference, qu'au lieu de prendre pour demi-axe vertical une ligne droite, qui étoit la hauteur de la retombée de chaque division, il faut prendre ici la rectification de l'arc de cercle, qui est la projection verticale du joint courbe.

PAR exemple pour le profil du joint de lit, qui doit passer par la division 4, il faut prendre pour axe horisontal la droite $4 \cdot$ Q, qu'on portera en NL du profil, & pour demi-axe de hauteur le dévelopement de l'arc Q 4, qu'on portera en L 3 4 du profil, le quart d'Ellipse N fi, 3^+, formé sur ces deux demi-axes, sera celui que l'on cherche, ainsi des autres.

QUANT à la description des sections transversales pour former les têtes cachées des Voussoirs, qui sont trop courts pour s'étendre de la plate-bande à la face, on suivra la construction du premier Trait, sans égard aux quarts d'Ellipses destinez pour la formation des panneaux de joins de lit; parce qu'il ne s'agit que de trouver les hauteurs des points de ces Courbes, qui doivent toujours être prises sur une projection verticale.

Aplication du Trait sur la Pierre.

Ayant dreſſé un parement pour être ſupoſé lit horiſontal, on lui en fera un autre d'équerre pour vertical deſtiné à la face, ſur lequel on apliquera le panneau de tête, joint à toute la partie compriſe au dedans du cintre, qu'il faudra enſuite enlever, lequel panneau ſera une figure mixte compoſée de trois lignes droites, & de trois Courbes, par exemple pour le ſecond Vouſſoir au deſſus de l'impoſte, la figure $t \, s \, f \, q \, K \, 6 \, t^s$, pour le ſuivant la figure $t + 4 \, S Q \, q \, 5 \, t$.

Le contour du panneau étant tracé, on abattra la pierre tout au tour à l'équerre, comme ſi l'on vouloit faire des Vouſſoirs d'un berceaux droit, formant deux ſurfaces cylindriques, l'une concave, l'autre convexe, ſur leſquelles on apliquera les panneaux des quarts d'Ellipſes des profils des joins de lit tracez, & découpez ſur une matiere flexible comme du carton, du fer-blanc, ou des lames de plomb; afin qu'ils puiſſent être exactement apliquez ſur les ſurfaces courbes dont nous parlons, poſant un des axes ſur l'arête du lit horiſontal, & l'autre ſur celle de la face verticale; dans cet état on en tracera les contours, qui déterminent les arêtes courbes à double courbure des joins de lit à la doële; entre leſquelles on creuſera la doële par le moyen des cerches, comme on a fait aux deux Traits précédens.

On voit que par cette conſtruction les lits ſont faits avant la doële, & qu'ainſi on n'a beſoin d'aucun biveau.

Il eſt viſible auſſi que ces mêmes lits ſervent à la coupe de la plate-bande, qu'ils ſoutiennent à la place des lits droits, qu'on y employe ordinairement, de ſorte qu'il n'eſt pas néceſſaire de faire un reſſaut dans l'intérieur des Vouſſoirs, qui portent la plate-bande au deſſus de la feüillure, où il ſefait une interruption de la coupe droite des Clavaux de la plate-bande, & de la coupe courbe des lits de l'arriere-Vouſſure; ainſi ce Trait facilite beaucoup l'operation, & a encore cette proprieté de plus que toutes les Coupes courbes de la plate-bande, commencent par un angle droit ou infiniment peu different du Droit, parce que le centre des arcs cylindriques eſt ſur l'arête de la plate-bande prolongée, de ſorte que les Clavaux contigus ont des crêtes d'égale force, au lieu qu'aux plate-bandes ordinaires l'un eſt obtus, & l'autre aigu, d'autant plus qu'il aproche du ſommier.

Le ſeul inconvenient qui ſe rencontre dans ce Trait, c'eſt qu'il y faut employer de très gros quartiers de pierre, & que la perte en est très considerable, particulierement lorsque les Voussoirs sont parpains; ainsi lorsqu'on n'a pas de gros blocs à discrétion, il est plus avantageux d'avoir recours à la méthode des panneaux de doële plate.

On peut cependant encore menager la pierre dans la disposition des joins courbes de plate-bande, parce que l'on peut commencer la tête du côté de la plate-bande, pour faire les lits cylindriques en portion de Cylindres Droits excentriques, l'un concave au lit de dessous, l'autre convexe au lit de dessus, & apliquer sur ces surfaces les mêmes Courbes elliptiques pliées sur des panneaux flexibles, taillez en sens contraire des précédens; c'est-à-dire, qu'au lieu de les couper dans la partie intérieure, qui donne un contour convexe, & un quart de la surface elliptique, on peut les découper sur la partie extérieure, qui donne un contour concave, laissant la surface elliptique au dehors, comme par exemple le quadriligne $nNbS$ du profil, au lieu du quart d'Ellipse en triangle mixte LNb; ce qui revient au même; ou pour le dire en deux mots, suivant les termes de l'Art, tourner en panneau ce qui étoit en cerche.

Nous n'avons point proposé le Trait de P. Deran, qui fait ses joins de lit en arcs de cercles, par la même raison que nous avons donné pour rejetter les Traits de Maitre Blanchard, laquelle est aprouvée par l'experience, comme l'a remarqué M. de la Ruë, qui dit que l'arriere-Voussure *est bien moins gracieuse, & régulière*, principalement du côté de sa feüillure;

Du Revêtement de cette Arriere-Voussure de St. Antoine, en Lambris de Menuiserie.

Nous avons dit que l'on pouvoit considerer cette arriere-Voussure, comme une espece de renversement de celle de Montpelier, tant il y a de conformité dans la formation des surfaces concaves de ces deux Voutes, en effet si l'on transporte le cintre de l'une à la place de la plate-bande de l'autre, c'est-à-dire le haut en bas, & le devant au derriere, on pourra avec les mêmes profils de sections verticales aussi transposez du milieu sur les côtez, former la surface de l'arriere-Voussure de St. Antoine.

D'où il suit que la maniere d'en tracer les bâtis de Menuiserie, doit aussi être la même transposée; par conséquent tout ce que nous avons dit de l'arriere-Voussure de Montpelier servira pour le revêtement de celle de St. Antoine, dont il s'agit; il n'y a qu'à en faire une Aplication, dont tout Lecteur qui aura entendu la premiere, sera capable de lui-même, obfervant que les juftes hauteurs & largeurs, qui doivent déterminer les points des Courbes de projection des arêtes des bâtis, doivent être prises fur les co-ordonnées aux axes des Courbes des fections perpendiculaires aux arêtes des cintres donnez, & non pas fur des fections verticales comme le fait Maitre Blanchard, dont nous avons démontré l'erreur.

Mais comme ces nouvelles fections, fuivant la coupe des joins de tête, ne font pas des quarts d'Ellipfes ainfi que les fections verticales, quoiqu'elles foient de même perpendiculaires au plan de la face, & qu'il faut en chercher plufieurs points par les interfections des profils aplombs, comme nous l'avons dit ; je vais donner un moyen de s'épargner la peine de chercher ces points, & de former des Courbes, qui fervent à prendre les largeurs des bâtis.

Ayant déterminé la largeur du bâtis, fuivant le deffein de la Menuiferie ; on en prendra l'intervale avec le Compas, dont on pofera une des pointes en B, au profil de la figure 267. & avec l'autre on tracera un arc, qui coupera les profils des joins de lit aux points ay R, par lefquels on abaiffera des perpendiculaires fur CM prolongées, qui couperont les lignes des projections des joins de lit aux points $bcd\,e\,dcb$ par lefquels on tracera la Courbe de projection du bâtis à la plate-bande.

Au contraire pour le Bâtis du cintre, on prendra la projection verticale à l'elevation fur la Courbe, qui a été tracée pour une cerche de joint ou fection tranfverfale, paffant par les points nN de la projection, fupofant que cette ligne paffât par le point r du profil le plus couché, fur lequel on a dû prendre la largeur du bâtis $1^6 r$, parce que c'est l'endroit où elle avance le plus dans la Voute.

On me demandera pourquoi je me fers dans l'un des bâtis de la projection horifontale, & à l'autre de la fection verticale, c'eft parce qu'il convient de chercher la partie la plus creufe, pour connoitre quelle doit être l'épaiffeur du bois ; or à la plate-bande c'eft l'arête fupérieure; puifque l'inférieure eft droite, & au cintre c'eft l'arête fupérieure, dont la projection horifontale eft une ligne droite, & l'inférieure $d\,h\,e$ eft moins creufe dans fon élevation, puifqu'elle eft furbaiffée.

Aplication du Trait fur le Bois.

Cette préparation étant faite, fupofant que le bâtis d'impofte doive monter jufqu'en a, où nous prenons le premier point, que nous pou-

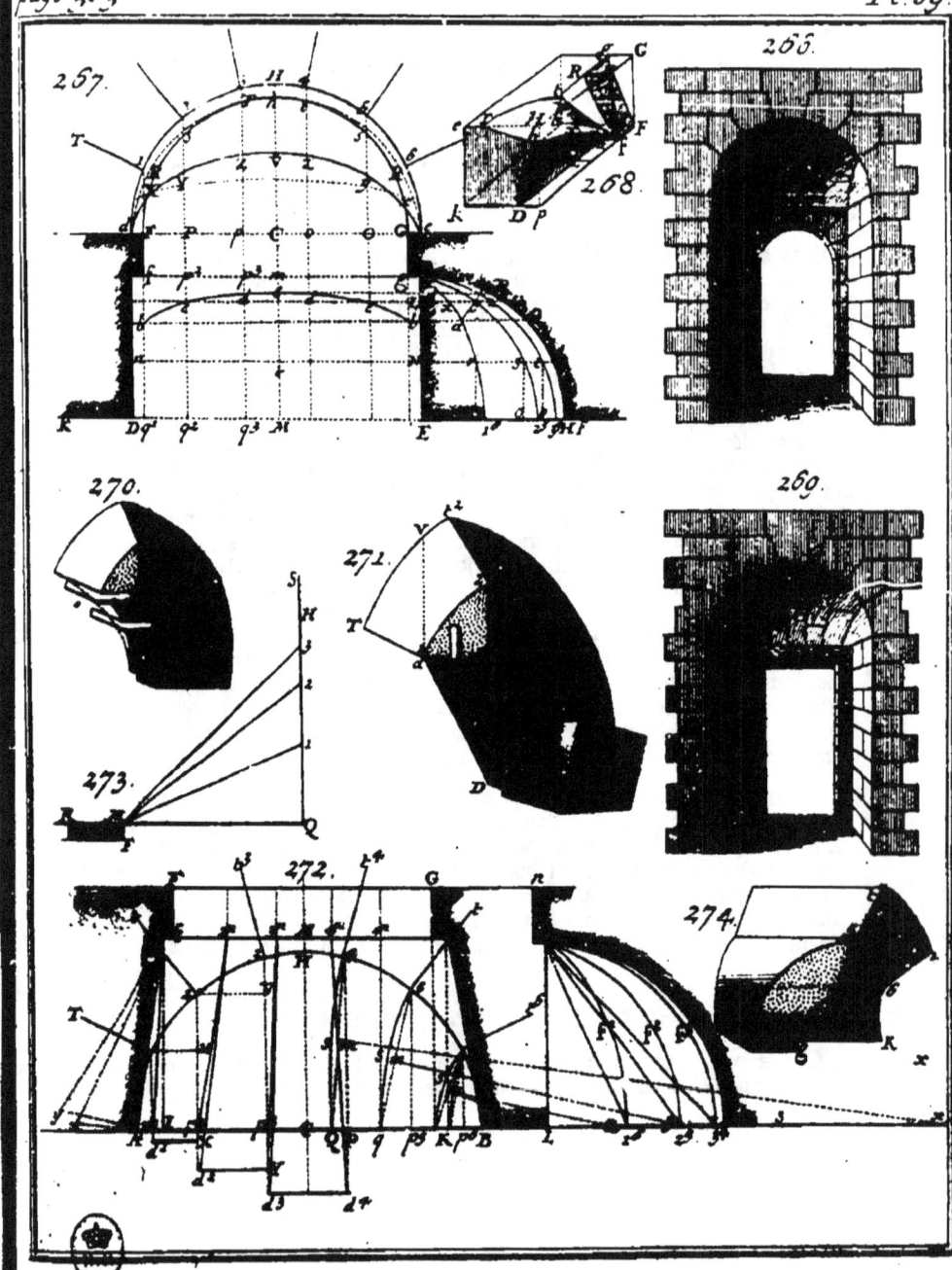

vons prendre plus bas ou plus haut, suivant l'exigence de ce bâtis, on prendra un morceau de bois de la largeur de fb, & de la hauteur de LR, qui est la plus grande qu'on équarrira, puis ayant tracé au parement de deſſus la Courbe $bdeb$; on débillardera, c'eſt-à-dire, on creuſera le bois, depuis la ligne droite de la plate-bande du deſſous juſqu'à la ligne courbe du deſſus, ſuivant les cerches des arcs des profils Ba, $B\gamma$, BR, puis avec un compas ouvert on trainera la largeur donnée du bâtis, en tenant une pointe ſur la plate-bande, l'autre tracera l'arête du deſſus, tenant ce compas un peu incliné vers les côtez, je veux dire que la ligne droite qu'on imagine paſſer par les deux points, ne doit être perpendiculaire à la plate-bande qu'au milieu, & pancher de plus en plus en coupe vers les côtés, en ſorte qu'elle ſoit toujours à peu près perpendiculaire à la Courbe de l'arête de deſſus.

On obſervera la même choſe pour le bâtis du cintre, où l'on peut ſe ſervir du *Truſquin*, ou bien du Compas, dont la direction des points ſoit perpendiculaire à une ligne moyenne entre les deux arêtes, en trainant la pointe de direction ſur le cintre de face, l'autre pointe tracera l'arête inférieure, & l'on coupera du bois ce qui excéde le Trait que le Compas aura marqué pour telle arête.

Par cette méthode on voit qu'il ſuffit de connoître un des côtez, pour trouver la largeur de l'autre exactement, ſans en chercher la Courbe dans l'épure en deux endroits, à la projection horiſontale & à l'élévation.

Je ne crois pas qu'il ſoit néceſſaire d'ajouter ici une explication de ces trois conſtructions de l'arriere-Vouſſure de St. Antoine, parce que j'en ai déja donné une bonne introduction au troiſiéme Livre à la page 312. & ſuivantes, relatives à la planche 21, & que d'ailleurs j'ai mêlé les raiſons à la pratique dans la deſcription des differentes operations, que je viens de propoſer.

Voila toutes les eſpeces de Voutes ſimples, qui ſont venuës à ma connoiſſance, je doute qu'on puiſſe en former de nouvelles qui ſoient intrinſequement differentes, car les variations de biais, de talud, & de rampe, de cintres ſurhauſſez ou ſurbaiſſez, ne ſont que des accidens, dont je crois avoir ſuffiſamment inſtruit les Lecteurs, pour qu'ils ne doivent lui cauſer aucun embarras, c'eſt pourquoi je paſſe à la ſeconde partie de ce quatriéme Livre, qui concerne les Voutes compoſées.

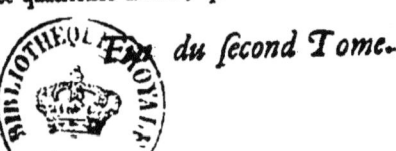

Fin du ſecond Tome.

www.ingramcontent.com/pod-product-compliance
Lightning Source LLC
Chambersburg PA
CBHW060259230426
43663CB00009B/1520